KATHARINA
KRAMER

DIE SPRACHE DES LICHTS

ROMAN

DROEMER

Besuchen Sie uns im Internet:
www.droemer.de

Aus Verantwortung für die Umwelt hat sich die Verlagsgruppe Droemer Knaur zu einer nachhaltigen Buchproduktion verpflichtet. Der bewusste Umgang mit unseren Ressourcen, der Schutz unseres Klimas und der Natur gehören zu unseren obersten Unternehmenszielen. Gemeinsam mit unseren Partnern und Lieferanten setzen wir uns für eine klimaneutrale Buchproduktion ein, die den Erwerb von Klimazertifikaten zur Kompensation des CO_2-Ausstoßes einschließt. Weitere Informationen finden Sie unter: www.klimaneutralerverlag.de

MIX
Papier aus verantwortungsvollen Quellen
FSC® C083411

Originalausgabe April 2021

Ein Imprint der Verlagsgruppe
Droemer Knaur GmbH & Co. KG, München

Redaktion: Dr. Heike Fischer
Abbildungen im Innenteil:
http://kryptografie.de/kryptografie/chiffre/templer.htm,
© Oliver Kuhlemann
Covergestaltung: Carola Bambach
Coverabbildung: Mann: akg-images / WHA /
World History Archive + Bridgeman Images;
Frau: Bridgeman Images; Hintergrund: Shutterstock.com
Satz: Adobe InDesign im Verlag
Druck und Bindung: CPI books GmbH, Leck
ISBN 978-3-426-28241-0

2 4 5 3 1

PERSONENVERZEICHNIS

* historische Figur
(*): angelehnt an eine historische Figur (Erklärung im Anhang)

DIE HAUPTFIGUREN

Margarète Labé (*): Übersetzerin aus Bordeaux; Spionin für die Katholische Liga
Jacob Greve: Lehrer für Latein, Griechisch und Hebräisch aus Sachsen, Polyglotter und Kryptologe
Edward Kelley oder Kelly alias Edward Talbot* (1555–1597, Sterbejahr nicht gesichert): englischer Alchemist, Engelsmedium und Betrüger
John Dee* (1527–1608 oder 1609): englischer Mathematiker, Astronom, Astrologe, Kartograf, Geograf, Mediziner und Alchemist

GELEHRTE

Christoffel Plantijn* (um 1520–1589): bedeutender französisch-flämischer Buchdrucker und Verleger in Antwerpen
Élie Vinet* (1509–1587): Übersetzer, Mathematiker, Archäologe, Pädagoge und Historiker; leitete viele Jahre das Collège de Guyenne in Bordeaux
Giordano Bruno* (1548–1600): italienischer Priester, Dichter, Philosoph, Gedächtniskünstler und Astronom; er wurde durch die Inquisition der Ketzerei und Magie für schuldig befunden und in Rom zum Tod auf dem Scheiterhaufen verurteilt und hingerichtet
Simon Thanner: begabter Schüler von Jacob Greve in Schulpforta; Sohn eines Webers
Thaddaeus Hagecius von Hayek* (1525–1600): Prager Astronom und Leibarzt Rudolfs II., der sich auch mit Botanik und Alchemie befasste

HERRSCHER

Catherine de Bourbon* (1559–1604): vertrat von 1577 bis 1592 als Regentin ihren Bruder, Heinrich III. von Navarra, der 1589 Heinrich IV. von Frankreich wurde

Elisabeth I.* (1533–1603): von 1558 bis an ihr Lebensende Königin von England; die protestantische Herrscherin wurde nach und nach immer restriktiver gegen Katholiken. Sie ließ ihre Cousine, die katholische Maria Stuart, ehemals Königin von Schottland, hinrichten, nachdem diese sich an einem Komplott zur Ermordung Elisabeths beteiligt hatte. Während des Elisabethanischen Zeitalters blühten Wissenschaft und Kultur auf (u. a. wirkte Shakespeare in dieser Zeit)

Heinrich III. von Navarra* (1553–1610): ab 1572 als Heinrich III. protestantischer König von Navarra, wozu das Béarn zählte; von 1589 bis zu seiner Ermordung 1610 war er als Heinrich IV. König von Frankreich und konvertierte zum Katholizismus

Rudolf II.* (1552–1612): Kaiser des Heiligen Römischen Reichs Deutscher Nation, König von Böhmen sowie König von Ungarn und Erzherzog von Österreich; an seinem Hof in Prag scharte der in religiösen Belangen tolerante Herrscher bedeutende Wissenschaftler und Künstler um sich und legte eine riesige Sammlung von Kunstwerken und Kuriositäten an

SPIONE

Francis Walsingham * (1532–1590): Chef des Geheimdienstes der Königin Elisabeth I. von England

Thomas Phelippes * (1556–1625): polyglotter Kryptologe für den englischen Geheimdienst unter Francis Walsingham

Richard Rowlands * (1550–1640): aus England geflohener Katholik und Spion

VERSCHWÖRER DER KATHOLISCHEN LIGA IM BÉARN

Florimond de Vaillac (*): Baron vom Château Trompette am Hafen von Bordeaux
De Durfort: Marquis aus Toulouse
Jacques Clément (*): junger Dominikanermönch
Martin d'Espalungue: Burgherr des Châteaus de Béost in der Nähe von Laruns im Béarn

WEITERE

Horace de Lancre (*): Richter und Hexenjäger in Pau, der Hauptstadt des calvinistischen Béarn in den Pyrenäen
Pierre Chantelle*: in den 1580er-Jahren Gärtner des prächtigen Schlossgartens von Pau
Mr. Clerkson *: vermittelte Engelsmedien an John Dee

INHALT

1: DIE PFEIFSPRACHE DER HIRTEN

April 1582 in der von den Calvinisten besetzten Provinz Béarn in den Pyrenäen: Margarète Labé, Übersetzerin und Spionin der Katholischen Liga, schmiedet Kriegspläne und benutzt eine Pfeifsprache, die sie nicht versteht.

Hell wie Vogelgesang klangen die Pfiffe über die Berge, hallten an den schroffen Felsgipfeln wider. Margarète hatte die Burg von Béost fast erreicht. Sie brachte ihr Pferd zum Stehen und schaute um sich. Ein Triller erschallte und gleich darauf ein Schlenker nach unten, dann ein langer Ton in der Mittellage. Margarète suchte den Hirten, der pfiff. Dort, auf einer Wiese nahe dem hoch aufragenden Felsen im Südosten stand er, unweit einer großen Schafherde. Ein kristallklarer Ton kam daraufhin von einem mit Pinien bewachsenen Hügel weiter östlich: ein Triller, so scharf und so frei, dass Margarète Gänsehaut bekam. Der zweite Pfeifer, der dem ersten antwortete, war nicht zu sehen. Er musste hinter dem Kamm im Osten stehen. Dort lag am Waldrand das Hirtendorf Aas, wo bekanntlich die besten Pfeifer lebten. Der Ton stieg höher und höher, bis er die ganze Landschaft erfüllte: eine Sprache aus Pfiffen, eine Sprache, die meilenweit flog.

Margarète stieg ab, tränkte ihr Pferd am kleinen Fluss Gave, tauchte die Arme und Hände ein und schüttete sich Wasser ins Gesicht. Sie hatte die Pfiffe vermisst, wie sie erst jetzt bemerkte. Sie hatten zu den Sommern gehört, die sie als Mädchen nur wenige Meilen von hier, auf dem kleinen Pachthof ihrer Großmutter, verbrachte. Vor zwanzig Jahren war sie das letzte Mal hier gewesen. Damals war sie vierzehn. Die Hirten konnten alles ausdrücken mit ihren Pfiffen, hatte die Großmutter ihr erklärt: was sie am Abend tun wollten, in wen sie verliebt waren oder ob ein Bär sich der Herde näherte. Doch wie die Signale zu entschlüsseln waren, wusste niemand außer den Hirten – und die gaben das Geheimnis nicht preis. Wieder kamen Pfiffe aus der Richtung von

Aas. *Ob es stimmt,* fragte sich Margarète, *was die Leute sagen, dass die Pfiffe älter sind als alle anderen menschlichen Sprachen?* Margarète schwang sich in den Sattel und trieb ihr Pferd an.

Unter einem runden Torbogen hindurch ritt sie in den Innenhof des Châteaus de Béost. Sie atmete tief ein, während sie Blumenbeete, Obstbäume und einen Springbrunnen, in dem ein steinerner Delfin Wasser spie, passierte. Sie war angekommen, ihre Mission begann. Margarètes Puls ging schneller. Die Befreiung des Béarn vom calvinistischen Joch würde ein Abenteuer werden, ein Spiel mit hohem Einsatz und komplizierten Regeln, bei dem es auf Witz und Geschicklichkeit ankam. Zehn Jahre lang hielten die Calvinisten nun schon das Béarn besetzt. Es war höchste Zeit, dass es wieder katholisch wurde. Von den Stallungen kam ein Knecht herbeigelaufen, übernahm ihr Pferd. Margarète ging zum von Säulen gesäumten Eingangstor, richtete Haube und Haare, strich ihr Hemd und ihre kurze Jacke mit den Puffärmeln zurecht und läutete dann die Glocke, viermal kurz und zweimal lang: das Signal, das sie mit dem Baron Florimond de Vaillac verabredet hatte. Er hatte sie vor zwei Wochen hierherbestellt, unter dem großen Kronleuchter des Salons in seinem Château Trompette am Hafen von Bordeaux.

Der Baron öffnete ihr höchstpersönlich. Er trug ein gelbes Wams, einen Degen am Gürtel und eine Miniaturuhr am Zeigefinger. Er schaute Margarète auf den Busen, besann sich, blickte ihr lächelnd auf den Mund, dann in die Augen. Sein angegrauter Spitzbart war länger geworden, seitdem sie sich in Bordeaux gesehen hatten. Er bemerkte ihre Reithosen, verzog die Lippen und gab ihr einen Handkuss. »Du bist schön wie immer«, er verbeugte sich, »willkommen, Margarète.«

»Danke.« Margarète knickste. »Eure Uhr ist auch schön wie immer.«

Florimond de Vaillac lachte, schulterte ihr Gepäck und führte sie über eine mit Holzschnitzereien verzierte Wendeltreppe hinauf. »Ich hoffe, das Zimmer ist nach deinem Geschmack.« Im dritten Stock schloss der Baron eine schwere Eichentür auf. Margarète blieb auf der Schwelle stehen: Was für ein Gemach! Es gab ein Cembalo, zwei mit Kissen ausstaffierte Stühle, ein Himmelbett mit blauen Vorhängen, einen Schrank, einen mit Schnitzereien verzierten Paravent und holzverkleidete Wände.

Margarète unterdrückte ihre freudige Überraschung und setzte sich in den Stuhl am Fenster. Das war sogar verglast, gut geputzt, und gab einen weiten Blick über die Berge frei. Wie düster und armselig sich dagegen ihre kleine Bleibe in Bordeaux ausnahm, durchfuhr es Margarète, in der sie einen Spiegel auf die Fensterbank stellen musste, um einen Schnipsel Himmelsblau zwischen den engen Mauern der Gasse einzufangen. Ihre Witwen- und Übersetzerinnenbleibe in der Tischlergasse von Bordeaux bestand aus einer Truhe, einem Bett, einem Tisch und sieben Büchern. Hier, in ihrem Spioninnen-Gemach, würde sie eine Weile wie eine Freiherrin leben. »Fürs Erste wird es reichen«, Margarète räkelte sich, »nur der Paravent müsste demnächst ausgewechselt werden: Die Schnitzereien sind ein wenig schlicht. Bemalte Seide wäre besser.«

De Vaillac grinste, legte Margarètes Bündel auf dem Himmelbett ab und reichte ihr einen Becher frisches Quellwasser aus den Bergen. Es gab kein besseres. Sie trank langsam, auch wenn ihr danach war, alles in nur wenigen Schlucken hinunterzustürzen wie ein Kutscher.

»Wie stehen die Dinge in unserem schönen Bordeaux?«, fragte de Vaillac. »Ich vermisse die Seeluft. Ist der Bürgermeister schon an der Pest krepiert oder wenigstens an einer verschluckten Gräte?«

Margarète hob die Hände. »Bedaure.«

De Vaillac verabscheute kaum jemanden mehr als Michel de Montaigne, der zwar Katholik war, aber die Liga bekämpfte, weil sie ihm zu radikal erschien.

Margarète entknotete ihre Bündel. »Sind schon viele Ligisten da?«

»Außer dem Burgherrn Martin d'Espalungue nur zwei. Die anderen werden in den nächsten Tagen eintreffen.« De Vaillac stand am Fenster, studierte Margarètes Hände.

»Gibt es schon etwas für mich zu tun?« Margarète legte ihre Mieder in den Schrank.

De Vaillac lachte auf. »Immer mit der Ruhe.« Er blickte ernst aus dem Fenster. »Es wird nicht ganz einfach, Margarète. Die Leute hier kennen dich noch nicht.«

Sie hielt beim Auspacken inne.

Der Baron drehte seine Fingeruhr hin und her. »Du darfst nicht erwarten, dass die Männer dich hier mit offenen Armen empfangen. Sie haben Vorbehalte.«

Margarète hängte ihre Kleider auf die Holzhaken an der hinteren Schrankwand, sah in den Spiegel neben dem Paravent. Die unter ihrer Haube hervorquellenden rotbraunen Locken waren feucht von Schweiß. Auf dem Ritt hatten ihre Sommersprossen sich offenbar vermehrt.

Florimond de Vaillac stellte sich hinter sie, drehte eine ihrer Locken zwischen den Fingern. Sie spürte seinen Atem im Nacken. Er roch nach Kümmel. »Wir brauchen dich in diesem Kampf. Zehn Jahre haben ihn nur Männer geführt und verloren.«

Margarète trat zurück ans Bett, zog ihre Hemden hervor und hängte sie auf.

De Vaillac verfolgte die Bewegungen ihrer Arme. »Bisher haben die Katholiken zu kleinmütig und zu feige gehandelt«, sagte er, »zu viele Michel de Montaignes, gemäßigte Katholiken, die meinen, tolerant sein und ausgleichen zu müssen.« De Vaillac lachte spöttisch auf, umfasste den Griff seines Degens. »Die ihren ärgsten Feind in der Liga sehen statt in den Häretikern.«

Margarète betrachtete ihre Kleidung im großen Schrank. *Wirklich praktisch,* dachte sie, *so ein Schrank.* Dank der Haken gab es nicht einmal Knicke im Stoff.

Sie legte ihre Strümpfe und Hauben in die Regale, nahm das Fläschchen mit Gift aus dem Bündel.

Der Baron zog die Brauen hoch. »Tollkirsche?«

»Hoch dosiert, ein Schluck genügt.«

De Vaillac sprach versöhnlich: »Ich habe den Ligisten gesagt, wie sehr du dich bewährt hast. Dass du mit deinen Betörungskünsten den Häretikern die Zunge löst, dass du einen Richter in La Rochelle davon abgehalten hast, katholische Verschwörer zu hängen.«

Margarète begab sich mit einem Mieder und einem Hemd hinter den Paravent, trug Nelkenparfüm auf und zog sich um.

»Ich habe ihnen erklärt, dass du bei dem Gelehrten Élie Vinet als Hausmädchen gedient hast«, fuhr de Vaillac mit so lauter Stimme fort, als wäre der Wandschirm nicht aus Holz, sondern aus Stein, »und er dich wegen deiner Begabung im Lateinischen unterwiesen hat. Ich habe von deinen Italienisch-, Spanisch- und Bearnesischkenntnissen berichtet, von deinen Übersetzungen, deinen erfolgreichen Erkundungsgängen und Beschattungen. All das wissen sie bereits.«

»Dann bringt mich ins Spiel.«

»Es ist mehr als ein Spiel, Margarète«, Florimond de Vaillacs Stimme klang väterlich und milde zurechtweisend, »es ist ein Krieg, ein Krieg gegen den Teufel.«

Margarète trat hinter dem Paravent hervor.

De Vaillac hatte sich auf den Stuhl am Fenster gesetzt, musterte sie von Kopf bis Fuß. »Willst du nicht ein Kleid anziehen?«

Margarète schaute in den Spiegel. Die Reithosen ließen sie wie eine Amazone aussehen. »Wenn ich es richtig verstanden habe, soll ich hier in einen Krieg ziehen, nicht wahr?«

Der Baron hob schmunzelnd die Hände. »Gehen wir.«

Sie stiegen eine enge Steintreppe hinauf. Im Turm angekommen, klopfte de Vaillac gegen eine mit Eisen beschlagene Holztür. »Monstra te esse matrem«, sprach er die Losung der Liga aus dem Lobgesang auf die heilige Maria. Die Worte erfüllten Margarète mit Zuversicht: Sie würde die Ligisten überzeugen.

Die Tür öffnete sich knarzend. Ein schlanker Mann mit gewellten Haaren und einem perlenbesetzten Barett lächelte Margarète höflich zu. Das durch ein Turmfenster einfallende Sonnenlicht ließ seine Augen wie Bernsteine leuchten. Mit Mühe sah er über ihre Hosen hinweg, verneigte sich. »Willkommen in meinem Château, Madame.« Das war also der Freiherr Martin d'Espalungue. Er war bekannt dafür, jeder zweiten Frau das Herz zu brechen. *Er sieht gut aus, keine Frage,* gab Margarète zu. Aber ihr Herz würde er nicht bekommen. Das gehörte seit drei Jahren ausschließlich ihr selbst, und so sollte es bleiben. Seit ihr Gatte vor fünf Jahren an der Ruhr gestorben war, hatte sie gelebt, ohne sich zu verlieben, und gut gelebt ohne Ablenkung durch einen Mann. Sie hatte sich ganz auf sich selbst konzentrieren können, auf die Schönheit der Welt, auf das Übersetzen, auf Bücher und Tanz. Und auf die Abenteuer, die sie dank der Liga erlebte.

Am runden Eichentisch in der Mitte des von groben Sandsteinmauern begrenzten Raums standen zwei weitere Männer. Ein Adliger von etwa vierzig Jahren hatte einen Degen am Gürtel und war nach der spanischen Mode gekleidet: ein enges schwarzes Wams, kurze Pluderhosen, die nicht bis zum Knie reichten, und lange weiße Strümpfe. Mit gestrafften Schultern und kerzengerader Haltung blickte er durch Margarète hindurch.

»Marquis de Durfort aus der Nähe von Toulouse«, stellte d'Espalungue den Mann vor. In Toulouse gab es einen großen Zusammenschluss von Ligisten, wie Margarète wusste.

Der andere war ein Mönch mit Pausbacken und einem Haarkranz wirrer Locken, höchstens siebzehn Jahre alt. Er trug ein weißes Dominikanerhabit und einen schwarzen Kapuzenmantel und starrte mit erstauntem Kinderblick auf ihre Hosen.

»Jacques Clément aus dem dominikanischen Jakobinerkloster in Sens in der Bourgogne«, sagte d'Espalungue.

Der junge Mönch verbeugte sich, widerwillig, als wären Frauen, und insbesondere solche in Hosen, für ihn gefährliche Wesen, deren Sündhaftigkeit bei jeder Annäherung ansteckend wirken könnte.

»Ich hoffe, es wird Euch in den Pyrenäen gefallen«, d'Espalungue wandte sich an Margarète, »auch wenn es weit und breit kein Theater und keinen Salon gibt.«

Die Männer grinsten.

»Und auch keine erlesenen Schneidereien und Märkte, wo man Kleidung kaufen kann«, ergänzte der Burgherr.

»Und womöglich nicht einmal weit geschnittene Hosen für Frauenbeine.« De Durfort verzog die schmalen Lippen. Die Männer lachten, der Mönch schlug sich vor Vergnügen sogar auf die Schenkel.

Margarète nahm einen tiefen Schluck und lächelte. »Die Wirklichkeit ist immer besser als die Illusion des Schauspiels im Theater, zumal wenn es darum geht, diesem Land die Freiheit zurückzugeben.« Sie warf einen Blick auf d'Espalungues mit Perlen besetztes Barett und das mit Edelsteinen geschmückte Wams de Durforts. »Auch nehme ich an, dass Eure Kleidung nicht von einem Marktstand in den Pyrenäen stammt?«

De Vaillac schmunzelte, d'Espalungues Augen flackerten auf. Der Burgherr ging zu einem Tisch am westlichen Fenster, goss Wein in ein Glas und reichte es Margarète. »Bordeaux, 1508. Ein gutes Jahr.«

»Da war Calvin noch nicht geboren und Luther noch Katholik.« Der

Marquis de Durfort lächelte dem Gastgeber zu. D'Espalungue bewirtete die Männer, hob sein Glas in die Runde. »Auf den Sieg!«

»Auf dass es nach zehn Jahren endlich vorbei ist mit dem Morden, Vertreiben und Enteignen von Katholiken«, sagte de Vaillac.

»Auf dass wir der protestantischen Hydra jeden Kopf einzeln abschlagen«, de Durfort straffte seinen sehnigen Oberkörper im eng anliegenden Wams, in den Seidenstrümpfen traten die Muskeln seiner Beine deutlich hervor, »bis sie vom Erdboden vertilgt ist!«

»Auf dass wir den Satan besiegen, der in jedem Ketzer atmet.« Der Mönch blickte nach Zustimmung heischend zu de Durfort, der nickte.

Sie tranken.

»Hervorragend«, lobte der Marquis mit genüsslich geschlossenen Augen den Wein.

»Die Calvinisten trinken Wein nur in der Kirche«, lachte d'Espalungue.

»Und nach dem Gottesdienst torkeln sie durch die Schafscheiße, weil sie nichts vertragen.« Der junge Mönch lachte hoch auf und wand den zur Plumpheit neigenden Körper im weißen Habit.

Margarète hüstelte.

»Verzeiht«, d'Espalungue strich sich eine hellbraune Haarsträhne hinter das Ohr, »unser Bruder Jacques Clément ist zu jung und zu fromm, um höflich zu sein.«

»Und will schon für die Liga sterben, bevor der Bart sich ausgewachsen hat?« Margarète musterte den Mönch mit schief gelegtem Kopf.

D'Espalungue schmunzelte, warf einen flüchtigen Blick auf ihre Hüfte und rückte sein Barett zurecht.

Der junge Mönch richtete sich auf und stand nun mit strammen Armen wie ein Soldat. »Zum Sterben kann es nie zu früh sein, nur zu spät.« Seine tiefe Stimme passte nicht zu seinem Jungengesicht, in dem lediglich ein zarter Flaum über der Oberlippe spross.

De Durfort schürzte die Lippen. »Manchmal sind ein paar grobschlächtige Worte doch recht ausdrucksstark, nicht wahr?« Mit gönnerhaftem Lächeln blickte er Margarète fragend an. Da sie nicht antwortete, sondern am Wein nippte, schaute er in die Runde. »Was Menschen aus Handwerkerfamilien sicherlich besser wissen als wir.«

Die Männer blickten belustigt drein, einzig Florimond de Vaillac sah zu Boden. Margarète hatte verstanden. Der Grund für die Vorbehalte der Ligisten ihr gegenüber bestand also nicht nur darin, dass sie eine Frau war, sondern zudem die Witwe eines Tischlers und dass sie von einem Zimmermann und einer Stickerin abstammte. Die meisten Ligisten hingegen gehörten dem adligen oder geistlichen Stand an.

»Cunabula non sunt aestimanda magni, sed gradus, quos aliquis agit ipse.« Margarète sprach die lateinischen Silben gelassen und schnell.

Die Männer merkten auf, warfen einander ratlose Blicke zu. Der Mönch drückte an einem Pickel auf seinem Kinn herum. Der Marquis de Durfort sah über die Berge. D'Espalungue trat von einem Fuß auf den anderen. Er trug sehr spitz zulaufende Schuhe nach der neuesten Mode.

»Nicht auf die Wiege kommt es an«, übersetzte Florimond de Vaillac und zwinkerte Margarète dabei zu, »sondern auf die Schritte, die man selbst tut.«

Die Männer räusperten sich und tranken wortlos, offenbar verlegen, weil sie mit dem Latein einer Zimmermannstochter nicht mithalten konnten.

Auf dem Eichentisch erblickte Margarète eine Landkarte, in die rote Linien eingezeichnet waren. Sie bildeten einen Stern, in dessen Zentrum das Château de Béost lag.

»Die möglichen Eroberungsrouten.« Der Burgherr sprach schroff. Margarète nickte und schaute ihn aufmerksam an, doch er kehrte ihr den Rücken zu und begann, den Männern, die einen engen Kreis um die Karte bildeten, die Einzelheiten der Invasionspläne zu erläutern. Für Margarète ließen sie keinen Platz. Sie blieb, am Wein nippend, außen vor. Mit kerzengeradem Oberkörper und einer Hand am Schaft seines Degens setzte der Marquis de Durfort den anderen nun auseinander, wie er mit einer fünftausend Mann starken Armee von Norden vorrücken könnte. »Die Zitadelle von Navarrenx im Nordwesten müssten wir gemeinsam mit Euren von Westen herankommenden Truppen stürmen.« Er nickte dem Baron de Vaillac zu. Der fuhr mit dem Finger über die Karte. »Damit würden wir den von Süden kommenden Truppen den Rücken frei halten.«

»In der Grenzgarnison von Jaca ziehen die Spanier bereits Truppen zusammen, um uns zu unterstützen«, sagte de Vaillac. »Es wäre ja gelacht, wenn wir mit den protestantischen Blässlingen nicht fertigwerden würden.«

»Gott wird uns beistehen, so, wie er den Katholiken immer beigestanden hat«, de Durfort ballte die Hand über der Karte zur Faust, »ob gegen die Goten, die Vandalen, die Alanen, die Ungarn, die Türken oder die Hussiten – immer waren die Armeen der heiligen einigen Kirche siegreich.«

»Diesen Sieg«, sprach de Vaillac feierlich, auf die abgebildeten Berge, Täler und Orte schauend, »schulden wir unseren Nachkommen.«

»Gott ist stets auf der Seite derer, die den größten Mut haben«, der Mönch sprach im Staccato, reckte das Kinn empor, »und die größten Opfer bringen.«

Margarète blickte auf die Rücken der Männer, trank das Glas leer. Da drang ein heller Triller durch das südliche Fenster. Ob dies wieder der gute Pfeifer war? Es klang zumindest so und kam aus der Richtung von Aas.

»Was ist das?« Der junge Mönch blickte misstrauisch und staunend zugleich nach draußen, wirkte mit seinen aufleuchtenden Augen plötzlich wie ein Knabe.

»Unser junger Freund aus dem Norden kennt die pfeifenden Hirten noch nicht.« D'Espalungue wandte sich Margarète zu. Er hatte sehr weiße Zähne.

»Die Pfiffe sind eine vollwertige Sprache.« Margarète sprach mit weicherer Stimme als vorher zu dem Mönch, der immer noch mit offenem Mund dastand und den Pfiffen nachlauschte.

»Man sagt, dass die Pfiffe Überreste der ersten Sprache enthalten sollen«, ergänzte d'Espalungue.

»Der Sprache Adams?« Der Mönch verschluckte sich am Wein.

De Vaillac blinzelte in die Nachmittagssonne. »In dieser Sprache liegt eine ungeheure Macht. Sie hat Schöpfungskraft. Was man in ihr sagt, entsteht, genauso wie bei der Erschaffung der Welt.«

»*Und Gott sprach: Es werde Licht, und es ward Licht*«, zitierte de Durfort aus der Genesis.

Der Mönch stutzte. »Wenn ich also *Wein* in der ersten Sprache sage, entsteht Wein?«

»Genau«, bestätigte der Marquis.

»Und Gold?«

»Langsam, langsam«, der Burgherr lachte, »wo bleibt denn da die mönchische Enthaltsamkeit?«

»Papst Leo der Zehnte hat die Suche nach der Sprache der Schöpfung für christlich und erstrebenswert erklärt«, de Durfort sprach langsam, in Ehrfurcht vor dem verstorbenen Papst, »es ist eine der größten und schwierigsten Aufgaben unserer Zeit.«

Der Mönch stand vornübergebeugt und nahm die Worte tief in sich auf.

Der Marquis winkte ab. »Ein Mensch, der diese Sprache finden will, müsste mit einer außergewöhnlichen Gabe für Sprachen ausgestattet sein, wie sie vielleicht nur einmal unter zehntausend Menschen vorkommt.«

»Hunderttausend«, d'Espalungue lächelte Margarète an, »eine Million.«

De Durfort stellte das Glas auf dem Eichentisch ab, horchte den über den Bergen widerhallenden Pfiffen nach. »Die Pfiffe tragen meilenweit. Sie könnten nützlich sein, als Code bei der Invasion. Die Männer könnten sich auf den Bergkuppen postieren und Nachrichten zur militärischen Lage übermitteln: von hier bis Spanien.«

D'Espalungue schüttelte den Kopf.

Der Marquis runzelte die Stirn. »Sind die Hirten etwa Calvinisten?«

»Sie geben sich zumindest den Anschein«, grinste der Burgherr, »aber zu Hause beten sie den Rosenkranz.«

»Gott schütze sie.« Der Mönch legte die Handflächen aneinander und neigte den Kopf, wodurch seine Tonsur sichtbar wurde.

»Die Hirten hüten das Geheimnis ihrer Pfiffe wie einen Augapfel.« Der Burgherr hielt die Weinflasche in die Runde, de Vaillac ließ sich nachschenken.

»Und Fremde, die ihnen zuhören, bewerfen sie mit Steinen«, ergänzte Margarète.

Der Marquis de Durfort zuckte mit den Achseln. »Sie müssten uns das Geheimnis nicht einmal verraten. Wir bräuchten nur einen Mittelsmann für die Übersetzung. Das könnte einer der ihren sein.«

Die Männer wandten sich wieder der Karte und Margarète den Rücken zu, spannen ihre Invasionspläne weiter.

Margarète ging zum Fenster, beugte sich hinaus, steckte Daumen und Zeigefinger in den Mund und pfiff: einen langen hohen Ton, einen Triller, einen Schlenker nach unten. Ihre Pfiffe klangen klar und kräftig, hallten an den Felsen nach. Ruckartig schauten die Männer von der Karte auf, drehten sich zu ihr um und blickten sie ungläubig an. *Antwortet,* beschwor Margarète innerlich die Hirten, *kommt schon.* In ihrer Kindheit zumindest hatte das hin und wieder geklappt. Vielleicht hatten die Schäfer damals nur als Antwort gepfiffen, dass sie in ihrem Gespräch nicht von Dummköpfen gestört werden wollten, aber das war unerheblich, sie sollten jetzt nur wieder antworten. Margarète blickte über die hoch gelegenen, von der Sonne beschienenen Schafweiden, pfiff erneut, noch lauter als beim ersten Mal, ihr Herz pochte. Ja! Pfiffe schallten in ihre Richtung: ein langer tiefer Ton, zwei Triller, ein hohes Zwitschern, ein Schlenker nach unten. Die Ligisten lauschten wie erstarrt. Margarète sandte drei tiefe Signale und ein hohes, langes, wie sie es vorhin gehört hatte.

»Beherrscht Ihr die Pfiffe?« De Durfort sah ihr zum ersten Mal in die Augen.

»Was habt Ihr gesagt?«, haspelte d'Espalungue.

»Dass ein Wolf sich der Herde nähert.«

»Und was haben die Hirten geantwortet?« Der Marquis neigte sich ihr entgegen. Alle Steifheit hatte ihn verlassen.

»Sie haben gefragt, von wo der Wolf kommt.« Margarète trat vom Fenster weg, an den Eichentisch heran, rückte die Karte mit beiden Händen zurecht, warf einen ausgiebigen Blick darauf und genoss die ungeduldigen Blicke. »Ich habe gepfiffen: *Von Westen.*«

»Das ist ja großartig«, hauchte de Durfort, »mit diesen Fähigkeiten könnt Ihr der Invasion sehr nützen!«

Margarète lachte lauthals, die Männer schreckten auf.

»Ich verstehe die Signale nicht und was ich da gepfiffen habe, weiß ich auch nicht.« Ihre Worte hallten klar zwischen den hohen Mauern.

Florimond de Vaillac blickte unsicher zwischen d'Espalungue und de Durfort hin und her.

D'Espalungue zwinkerte Margarète zu. »Bei Spionen kommt es nicht darauf an, wer sie sind, sondern wer sie zu sein vorgeben.«

Der Marquis lockerte seine Halskrause, lächelte. Der junge Mönch schaute sie mit geducktem Oberkörper und angehaltenem Atem ehrfurchtsvoll an.

»Und bei Spioninnen erst recht«, gab Margarète zurück.

Die Männer lachten. D'Espalungue trat neben Margarète an die Karte und erläuterte weiter. Margarètes Hände ballten sich zu Fäusten: Auch geschicktes Täuschen gehörte zu einem guten Spiel.

2: ZU LAUTES WALISISCH

Zur gleichen Zeit in der Nähe von Naumburg, Sachsen: In Pforta, einer protestantischen Landesschule für begabte Knaben aller Stände, ahnt Jacob Greve – Lehrer für Latein, Griechisch und Hebräisch – noch nichts von pfeifenden Hirten und der Katholischen Liga in den Pyrenäen. Einstweilen übt er sich im Simultandolmetschen, sorgt sich um seine Zukunft und hört zu gut.

Jacob Greve saß an seinem wackelnden Tisch in der hinteren Ecke der Bibliothek der Knabenschule von Pforta und übertrug, leise murmelnd, einen Abschnitt aus Homers *Odyssee* vom Altgriechischen ins Deutsche. Als er bei der Stelle *Hermes band sich unter die Füße die schönen goldnen ambrosischen Sohlen* angekommen war, begann er, die Worte ins Lateinische zu übertragen, dann ins Italienische, murmelte *womit er über die Wasser und das unendliche Land im Hauche des Windes einherschwebte* auf Polnisch vor sich hin und flog mit Hermes auf Hebräisch weiter bis nach Makedonien. Immer schneller sprang er von einer Sprache zur anderen. *Und senkte sich schnell aus dem Äther nieder aufs Meer, und schwebte über die Flut wie die Möwe* übersetzte er ins Walisische: *A disgynnodd yn gyflym o'r ether i'r môr, a llifodd dros y llanw fel yr wylan.* Die walisischen Silben gurgelten tief in der Kehle, das Italienische summte hinter der Stirn, das Polnische zischelte an den Rändern der Zunge. Mit jeder Sprache verwandelte er sich ein wenig, verschob sich etwas im Innern seines Körpers. Jacob verschränkte die Hände im Nacken, sprach zur aus massiven Holzplanken bestehenden Decke, beobachtete das Farbenspiel vor seinem inneren Auge, das er immer sah, wenn er Worte hörte. Das Spanische sah aus wie grüne Wellen, das Lateinische schillerte rot wie Wein, das Walisische ergab gelbe wässrige Punkte. Der schönste Moment war immer der, wenn er zwischen den Sprachen hin und her wechselte: ein leichtes Schweben.

Jacob sagte die Passage über den Götterboten noch einmal auswendig auf, in anderer Sprachenreihenfolge, schloss das Buch, wandte es hin und her. Der Wurmstich über dem zweiten Bund des Buchrückens der *Odyssee* war bereits da gewesen, als er als elfjähriger Schüler vor dreiundzwanzig Jahren an diese Schule kam. Sein Blick glitt zum schiefen Bücherregal, dessen Holzmaserungen ihm schon seit einer Ewigkeit vertraut waren. Cicero stand dort, in grobes Schweinsleder eingebunden, daneben der *Kleine Donat,* die Latein-Anfängergrammatik. Jacob nahm sie heraus. Die Flecken von gesottenen Kirschen auf dem brüchigen, abgenutzten Ziegenledereinband stammten von ihm, von seinen Kinderhänden. Als Sohn eines einfachen Schusters aus Leipzig war er in doppeltem Sinne ausgehungert gewesen, hatte geistige und leibliche Nahrung, Kirschen und Deklinationen, in sich hineingestopft, als gäbe es kein Morgen. Hoffentlich würden die Bücher nicht irgendwann durch neue und makellose ersetzt werden. Jacob sog, das Ende der Hermes-Passage auf Italienisch murmelnd, den Geruch von Papier und Leder ein, den besten, den es gab.

Er schreckte auf. Es war totenstill. Jacob schaute in den Kreuzgang hinaus, aber da war niemand. Die Turmuhr der ehemaligen Zisterzienserkirche zeigte fünf nach zwölf. Er würde zu spät zum Mittagessen kommen! Jacob sprang auf. Kaum zu glauben, dass er die Schulglocke überhört hatte. Und das, obwohl ihm sonst nie ein einziges Geräusch entging, ob er dies wollte oder nicht. Er lief den schmalen Gang zwischen den Holzregalen hinaus in den Kreuzgang und an den Säulen mit den von Blattmustern geschmückten Kapitellen vorbei. Dabei kreisten walisische Wörter in seinem Kopf, so, wie er sich deren Aussprache von Händlern in Naumburg und Leipzig abgelauscht hatte, nachdem er sich die Sprache aus Büchern angeeignet hatte.

Vorsichtig öffnete er die Eichentür zum Speisesaal. Sie knarzte. Unter dem Tonnengewölbe stießen die Knaben an den beiden langen Esstischen einander an, flüsterten und kicherten bei seinem Eintritt. Der Rektor, der Konrektor und der Kantor, die auf der erhöhten Bühne am Lehrertisch saßen, schauten zu ihm herüber. Jacob holte tief Luft. Eigentlich hatte er durch nichts auffallen wollen, wenigstens diesen einen Tag lang. Er ging den von der Sonne hell beschienenen Gang zwischen den Tischen der Knaben entlang auf den erhöhten Lehrertisch zu. Seine Absätze hallten auf dem Steinboden wider. Die rund hundertdreißig Knaben musterten ihn, seine löchrigen Kniehosen, seine dürren Unterschenkel, seine ungeputzten Schuhe.

»Wo kommt denn Präzeptor Greve jetzt her?«, hörte er den Grafensohn Caspar von Colwitz raunen, der in einem gelben Seidenwams mit anderen rund siebzehnjährigen Schülern aus dem Abschlussjahrgang am Westfenster saß. Unter dem Tonnengewölbe klangen die Worte des Jungen mit den dunklen Locken ziemlich deutlich in Jacobs Ohren.

»Aus der Bibliothek natürlich«, lachte der pummelige Hans, ein Bäckersohn, »woher sonst?«

»Es ist nur eine Frage der Zeit«, grinste der kräftige junge Freiherr Johannes von Saltza, der nach Landsknechtmanier geschlitzte Kleidung trug, die in Pforta eigentlich nicht erlaubt war, »bis sein Kopf sich in ein Buch verwandelt, und wahrscheinlich auch sein Schwanz.«

»In ein lateinisches oder in ein griechisches?«, hakte Caspar prustend nach.

Der breitschultrige Konrektor mit seinem von dunklen Haarstoppeln bedeckten, fast quadratischen Schädel verfolgte jeden von Jacobs Schritten. Der hagere Kantor nestelte an seinem schwarzen Umhang und betrachtete forschend Jacobs Gesicht. Der Rektor hielt beim Suppeschöpfen inne, schüttelte leise lächelnd den Kopf. Jacob fühlte, wie er errötete. Der Verwalter und sein junger Küchengehilfe, die zwischen den Tischen hin- und herliefen, um nach dem Rechten zu sehen, wichen Jacob mit übertriebenem Hüftschwung aus, ernteten dafür laute Lacher. *Alle diese Leute,* ging es Jacob durch den Kopf, *sind nicht länger als ein paar Jahre hier; ich dagegen schon zwanzig Jahre: sechs als Schüler, vierzehn als Lehrer.*

Er stieg die vier Stufen des Podests hinauf und ging an den Tisch der Lehrer, wo es von den beiden großen Zinnplatten nach Lachs, Rübenmus und Gerstenbrei sowie gebratenen Milchäpfeln duftete. Außerdem standen Zwetschgen, Weizenbrot, Biersuppe und Weißwein bereit. Rektor Lindner fuhr sich mit der Hand durch die kurzen grauen Haare unter der schwarzen Gelehrtenkappe und schaute Jacob mit dem nachsichtigen Blick an, mit dem er ihn in den letzten Wochen immer wieder – viel zu oft – angesehen hatte. Jacob entschuldigte sich, setzte sich an seinen Platz zwischen Rektor und Kantor, dem Konrektor gegenüber, legte Halskrause und Barett ab, sprach leise das Tischgebet, während sein Blick auf einen langen tiefen Sprung in der Tonschüssel mit Biersuppe fiel, die er mit dem Rektor teilte. Diesen Riss hatte die Schüssel schon seit seinen ersten Jahren als Lehrer. Niemand im Saal kannte diesen Sprung so lange wie er. Jacob zog seinen Löffel und sein Messer aus dem Köcher an seinem Gürtel, schnitt ein Stück Lachs ab, nahm es zwischen die Finger, löffelte Rübenmus und Gerstenbrei. Dabei musterte ihn der Konrektor mit geschürzten Lippen über dem breiten Kinn, als habe er, Jacob, diese Mahlzeit nicht verdient. Beim Essen achtete er darauf, nicht zu stark mit seinem Messingbesteck an die Zinnplatten zu stoßen. Denn vom dabei entstehenden Klirren bekam er in letzter Zeit häufig Kopfschmerzen.

»Zum Glück kommt der Frühling«, sagte Rektor Lindner mit tiefer, selbstbewusster Stimme, während er Biersuppe löffelte. Die walisischen Worte für *Zum Glück kommt der Frühling* tauchten unvermittelt in Jacobs Kopf auf: *Mae'r gwanwyn yn dod, diolch byth.*

»Wenn die Knaben erst wieder auf dem Hügel Ballschlagen können«, fuhr der Rektor fort und nahm sich eine Messerspitze Salz aus dem Fässchen, »werden sie auch bessere lateinische Gedichte schreiben. Hoffen wir also auf gutes Wetter.« Jacob lachte und übertrug die Wörter im Stillen ins Walisische. Ihm wurde leicht zumute.

Das Lachsfleisch schmeckte gut, war reichlich mit Pfeffer gewürzt. Jacob ließ das Rübenmus auf der Zunge zergehen, die walisischen Silben vermischten sich damit, machten es noch besser. *Wenn ich stumm vor mich hin übersetze,* dachte Jacob, *bin ich aus dem Spiel und kann bei niemandem anecken.*

Der Kantor beugte sich vor, wobei die langen Rüschenärmel seines Hemdes, wie es viele Künstler trugen, fast in die Biersuppenschale gerieten, die er mit dem Konrektor teilte. »Aber die Tage werden auch länger«, sagte er in seinem näselnden Tenor, »und es werden wieder mehr Knaben nachts über die Mauer steigen, um Naumburgs Wirtshäuser und Straßen unsicher zu machen.«

Jacobs Fuß wippte auf und ab. Im Walisischen standen die Verben am Anfang des Satzes, im Deutschen an zweiter Stelle oder am Ende. Dadurch geriet man leicht in Verzug. Doch er brachte den Satz rechtzeitig zu Ende: Die walisischen Wörter rauschten heran wie Freunde.

Der Rektor löffelte Gerstenbrei. »Keine Sorge, Kantor. Die Knaben werden in diesem Sommer ein Theaterstück einstudieren. Dabei können sie ihre aufwallenden Gefühle ausleben.«

Aufwallend: Das war schwierig zu übersetzen. Jacob wurde heiß. Er musste eine Umschreibung finden. Beim Dolmetschen war es das Wichtigste, nicht aus dem Fluss zu geraten. Er drückte ein Stück Weizenbrot zwischen den Fingern zusammen, kam auf ein halbwegs passendes Wort. Schon fuhr der Kantor sich mit einem Lappen über das spitze Kinn und holte tief Luft. »Wenn die Knaben zu viel auf der Bühne agieren, werden sie kühn und trotzig, wenn ich mir die Bemerkung erlauben darf, Rektor.«

Man muss die Verben vorausahnen, dachte Jacob, *dann geht es besser.* Der Rektor warf ihm einen auffordernden Blick zu, erwartete offenbar seine Unterstützung.

Jacob nahm einen tiefen Schluck Wein aus dem Zinnbecher, den er ebenfalls mit dem Rektor teilte, und sagte, dass das Theaterspielen sich sehr gut zum Sprachenlernen eigne, weil man die fremde Sprache dabei nicht nur auswendig lerne, sondern sie sich einverleibe. Er nahm ein Stück Milchapfel, suchte Blickkontakt mit dem Rektor, erwartete, dass dessen dunkle Augen aufleuchteten und sein Gesicht die üblichen Lachfalten zeigen würde.

Doch Lindner starrte Jacob nur mit offenem Mund und geweiteten Augen an. Auch der Konrektor und der Kantor saßen wie vom Donner gerührt da und fixierten Jacob, ohne ein Wort zu sagen. Jacob hielt inne, in seinen Ohren pochte es. Was war so verkehrt an seinen Ausführungen? Martin Luther selbst hatte zum Theaterspielen an Schulen ermuntert, weil es das Lateinische fördere und den Menschen lehre, entsprechend seinem Stand zu leben. Die letzten Worte, die er gesagt hatte, hallten in Jacob nach: *Bywyd i'r geiriau ac mae'r geiriau'n dod yn rhan ohonynt.* Heiß schoss Jacob das Blut in den Kopf. Er hatte vorher also Walisisch gesprochen, laut heraus, zwei lange Sätze.

Mit wulstigen Lippen grinste der Konrektor dem Kantor zu, der die Augen zusammenkniff und Jacob ansah, als hätte er den Verstand verloren. Jacob lächelte dem Rektor entschuldigend zu, schob ihm seinen eigenen Teil der Zinnplatte hin, wo sich noch reichlich Lachs, Rübenmus und Gerstenbrei befand. Seit er mit elf Jahren zum ersten Mal ein Gespräch im Stillen ins Lateinische übertragen hatte, war ihm nie auch nur eine einzige fremdsprachige Silbe über die Lippen gekommen. Was war nur los mit ihm? »Ich wollte sagen«, Jacob räusperte sich, schaute den Rektor an, »dass Theaterspielen dabei hilft, sich eine Sprache wirklich einzuverleiben.«

Der Konrektor schüttelte den Kopf und stieß den Kantor an. »Ein allzu tiefes Einverleiben fremder Sprachen, welcher auch immer«, er betonte das *welcher* und das *immer,* »kann befremdliche Folgen nach sich ziehen. Sehr befremdliche.« Er warf einen vielsagenden Blick auf Jacob. Der Kantor lachte auf, schlug mit der flachen Hand auf die Tischplatte. Rektor Lindner wischte sich den Mund mit einem Lappen ab und sah Jacob mit zusammengezogenen Brauen an.

Jacob steckte sich das Stück Milchapfel in den Mund. Es schmeckte erdig. Das Klappern der Löffel, Messer und des Geschirrs im Saal, das Plaudern und Scharren hallten in seinem Kopf nach. Jacob durchfuhr ein Schreck: Es ging wieder los. Seine Glieder versteiften sich. Das Absetzen der zinnernen Weinbecher auf den Tischplatten dröhnte. Das Brotschneiden klang so laut, als würden Feilen auf hartem Holz schaben. Das Mahlen der Kiefer, das Schmatzen und Schlürfen schallten tief. Die Gesichter, die Hände, die malmenden Kieferknochen der Lehrer und Knaben kamen Jacob plötzlich größer vor: Als wäre er bei Riesen zu Gast, bei Riesen, die ein Festmahl hielten. Jacob rührte sich nicht, war gebannt von den lauten Klängen. *Was,* ging es ihm durch den Sinn, *hat diese Schärfung meines Gehörs zu bedeuten? Warum widerfährt mir das seit einigen Monaten immer wieder?*

Der Kantor beugte sich zum Konrektor hin, flüsterte, die schmale Hand vor dem Mund: »Der hält sich nicht mehr lange.« Die Worte waren nicht für Jacobs Ohren gedacht, doch er hörte jede Silbe.

Der Konrektor biss in eine Zwetschge, drehte den mächtigen Schädel zur Seite und raunte ins Ohr des Kantors: »In einer Woche kommt ein Professor aus Leipzig zur Visitation hierher. Danach dürfte es für Jacob Greve an dieser Schule zu Ende sein.«

Jacob hielt den Atem an.

»Der hochnäsige Bücherwurm lässt schon viel zu lange sein überdrehtes Latein auf die Schüler los«, flüsterte der Kantor und musterte Jacob mit schmatzenden Lippen. Jacob wandte sich ab.

»Soweit ich weiß«, der Konrektor rückte noch näher an den Tisch heran und stützte sich mit einer Hand ab, »schaut sich der Rektor schon nach einem neuen Präzeptor um.«

Jacob setzte das Herz aus. Bisher hatte der Rektor ihn immer geschützt. Und jetzt erwog er, ihn fortzujagen?

Der Küchengehilfe eilte mit Schüsseln und Besteck vorbei, ließ versehentlich ein Messer fallen. Das Scheppern schallte Jacob in den Ohren. Er fuhr zusammen. Ein paar Knaben bemerkten es und kicherten. Jacob betrachtete den Sprung in der Biersuppenschüssel, atmete ruhiger. Auf dem Unterarm spürte er einen sanften Druck. Der Rektor schaute ihn an. »Übernimmst du die Lesung, bitte?«

Die tiefen ruhigen Worte schwappten über Jacob hinweg wie eine Welle. Im gleichen Moment erschienen vor seinen Augen die Farben der Buchstaben, die aus dem Wortfluss herausstachen: das *ü* war gelb, das *i* violett, das *e* blau. Doch die Farben waren nicht zart und durchsichtig wie sonst, sondern schillerten wie auf einem Gemälde.

Jacob erhob sich. Wollte der Rektor ihm die Möglichkeit geben, seinen Patzer von eben wiedergutzumachen? Mit weichen Knien ging er über die knarzenden Holzplanken. Auf dem Pult in der Mitte der Bühne lag die Bibel, die der Verwalter für die Lesung aufgeschlagen hatte. Meist las ein Schüler, Lehrer nur selten. Alle Gesichter wandten sich Jacob zu. Keiner sprach. Die Stille war so erdrückend, dass sie in Jacobs Ohren rauschte wie ein Wildbach. Es war, als wäre allen klar, dass er, Jacob, hier auf der Kippe stand und dass diese Lesung eine Probe war. Sein Herz schlug ihm bis zum Kehlkopf. Er hatte noch nie gesprochen, wenn sein Gehör geschärft war.

»Präzeptor Greve hat schon ewig nicht mehr gelesen. Warum liest er heute?«, hörte Jacob den Bäckersohn Hans am Westfenster fragen.

»Psst!«, machte Simon Thanner, ein schmächtiger Webersohn mit spitzem Gesicht, der besser Latein beherrschte als irgendein anderer Schüler in Pforta, aber einen schäbigen schwarzen Umhang aus von der Schulverwaltung gestelltem Stoff trug. »Lasst es uns genießen.«

»Jacob Greves Latein genießt an dieser Schule nur einer.« Johannes von Saltza zeigte mit seinem verzierten Silberlöffel auf Simon.

»Weil euch Latein einerlei ist«, entgegnete Simon, den Blick auf das Pult gerichtet.

»Nein, wir wissen, wie wichtig es ist«, sagte Hans mit heiserer Stimme, »aber Präzeptor Greve spricht es zu schnell und benutzt zu viele unbekannte Wörter.«

Jacobs Mund war trocken. Er schluckte, befeuchtete mit der Zunge seine Lippen.

»Und er zuckt zusammen, wenn wir Fehler machen.« Caspar von Colwitz strich sich eine Locke aus der Stirn.

Johannes lachte.

»Früher war es nicht so«, warf Simon ein, »erst in letzter Zeit.«

Jacobs Finger zitterten, als er die Hand auf die Pergamentseiten der Bibel legte. Seit einigen Monaten hörte er die sprachlichen Fehler der Knaben wie schiefe, schabende Fiedeltöne und sah sie als rote Schlieren vor den Augen. Er hatte gehofft, sein unwillkürliches Zusammenzucken wäre niemandem aufgefallen. Jacob wischte sich den Schweiß von der Oberlippe und senkte den Blick auf die Bibel. Aufgeschlagen war das erste Kapitel des Evangeliums nach Johannes. Jacobs Kehle verengte sich. Er betrachtete die Wörter, hörte sie innerlich. Sein Herzschlag beruhigte sich. Er holte tief Luft: »In principio erat Verbum et Verbum erat apud Deum et Deus erat Verbum.« Die Wörter hallten unter dem Tonnengewölbe wie in einer Kathedrale. Sie strömten nicht nur von ihm weg, sondern rauschten gleichzeitig in ihn hinein. Jacob sprach die folgenden Sätze gierig, sog sie in sich auf. Die Silben waren so dicht und flossen so langsam, dass er jede bis ins kleinste Detail ausmodellieren konnte wie ein Töpfer den Ton. Die Farben glitzerten vor seinem inneren Auge, tanzten und sprangen, setzten sich zu Bildern zusammen; er sah einen Ball von der Mauer im Kreuzgang von Pforta abprallen, schien darauf zuzulaufen, zu fliegen, mit einem geschmeidigen jungen Körper, wie er sich mit vierzehn Jahren gefühlt hatte, spürte einen Jeu-de-Paume-Schläger in der Hand und wie er den Ball traf, mit voller Wucht, sah Samuel rennen, der den Ball erwischte. Samuel war sein bester Freund gewesen, vielleicht sein einziger. Als sie beide fünfzehn gewesen waren, hatte Samuel Pforta verlassen und war mit seinen Eltern nach Lübeck umgezogen. Seitdem hatten sie einander aus den Augen verloren.

»Et angelos Dei ascendentes et descendentes supra Filium hominis.« Und die Engel Gottes fahren hinauf und herab auf des Menschen Sohn. Die Worte hallten im Raum nach. Stille. Der Abschnitt war zu Ende. Jacob atmete in langen Zügen. Sein Körper fühlte sich an wie nach einem langen Lauf über Wiesen, in frischem Wind.

Er blickte auf die Sandsteinmauern des Refektoriums, die schweren Sandsteinsäulen, die Kapitelle, über die zwei langen Tische der Knaben hinweg, den Mittelgang entlang. Alles wirkte fremd, als sähe er es zum ersten Mal. Die Augen der Jungen strahlten, ihre Wangen glühten. Jacob hob die Hände vom Pult, wandte sich zum Tisch der Lehrer. Der Rektor saß mit geschlossenen Augen da, alle Muskeln entspannt, er wirkte zehn Jahre jünger. Jacobs Brust weitete sich. Der Kantor lächelte geistesabwesend. Der Konrektor schlug mit zusammengekniffenem Mund und einer weit ausholenden Bewegung nach einer Fliege.

»Während er gelesen hat, habe ich mich am See angeln sehen, an meinem Lieblingssee«, der Bäckersohn Hans packte Simon Thanner am Arm, »ich habe alle Einzelheiten gesehen: die Sonne auf dem Wasser, das Schilf am Ufer.« Seine Stimme überschlug sich: »Ich habe sogar das Holz der Angelrute gerochen, genauso wie es riecht, wenn man schwitzende Hände hat.«

»Ich bin über ein Stoppelfeld geritten, ungeheuer schnell«, berichtete Caspar von Colwitz atemlos und mit ungläubig aufgerissenen Augen, »unter mir donnerten die Hufe auf der Erde, ich hörte das Schnauben des Pferdes, als säße ich wirklich im Sattel!«

Simon strahlte Jacob an. Auf seinem Gesicht lag der Triumph, den er, Jacob, selbst in jeder Sehne spürte. Er hatte sich seine Heimat zurückerobert, alle auf seine Seite gezogen, nur mit ein paar lateinischen Worten.

Federnden Schrittes ging Jacob zum Lehrertisch. Aus der Richtung des Holzschuppens vor dem Südfenster hörte er ein scharfes Klirren. Es klang wie gegeneinanderscheppernde Metallgegenstände in einem Sack, der getragen wurde: Scheren, Messer und Zangen zum Zähneziehen vielleicht. Heute war Badetag, fiel Jacob ein. »Ich höre den Bader kommen«, sagte er deshalb leichten Herzens, »wir brauchen ein weiteres Gedeck und einen Becher Wein.« Jacobs Worte hallten schon unter dem Tonnengewölbe. Der Verwalter, der Richtung Küche geeilt war, blieb stehen, horchte. Auch die anderen Präzeptoren und die Knaben hielten inne, lauschten, hörten aber nichts. Natürlich nicht. Jacob brach der Schweiß aus. Alle blickten zu den Fenstern hinaus. An den Tischen begann es zu raunen, von überallher schossen Blicke zu Jacob. Sicher hatte der Bader gerade den Weg zwischen Küche und Schlachthaus eingeschlagen und war darum nicht zu sehen. Der Konrektor schmunzelte, einige Knaben glucksten. Der Rektor sprang auf, hob hastig seinen Weinbecher und rief: »Wohl sein!« Die tiefe Stimme dröhnte kaum, hallte nicht nach. Die Farben der Silben waren blass. Während alle zu ihren Bechern griffen, hatten Jacobs Ohren sich fast gänzlich entschärft. Wie immer schnell und unvermittelt. Warum nicht schon vorher? Jacob biss sich auf die Lippe und setzte sich wieder an seinen Platz. Warum nicht, bevor er den Bader gehört hatte?

Alle prosteten einander zu. Jacobs Herz hämmerte. Seine Hände zitterten, während er einen Brocken Brot zwischen den Fingern knetete. Mit der Lesung hatte er alle wieder für sich eingenommen, doch mit der Ankündigung des Baders alles verdorben. Er steckte sich die zusammengeknetete Brotkugel in den Mund. Sie schmeckte nach Schweiß. Da öffnete sich die Seitentür des Speisesaals. Alle sahen auf. Im Eingang stand, mit grünem Mantel, einen Sack über den Schultern, in Schnallenschuhen und mit verdutztem Gesichtsausdruck, weil ihn alle anstarrten wie einen Geist, der Bader.

3: UNSICHTBARE BUCHSTABEN

In den fernen Pyrenäen reitet Margarète in Begleitung des jungen Dominikanermönchs nach Sallent de Gállego im Königreich Aragonien, entziffert eine unsichtbare Botschaft und wird Zeugin eines zielgenauen Dolchwurfs.

Margarète ritt neben dem jungen Dominikanermönch am Río Aguas Limpias entlang, als die ersten Holzhütten von Sallent de Gállego in Sichtweite kamen. Das Dorf lag auf einem Hang im Schatten hoher Berge. *Endlich,* dachte Margarète erleichtert. Mit einem ebenso schweigsamen wie humorlosen Siebzehnjährigen über die Pyrenäen bis nach Aragonien zu reisen, war kein Vergnügen. Margarète ritt voraus, die kurvenreiche Straße bergan auf die Kirche mit einem viereckigen Sandsteinturm und zwei in offenen Rundbogenfenstern hängenden Glocken zu.

»Sind dir genügend Sünden eingefallen, die du beichten kannst?« Margarète sah über die Schulter zu dem Jungen hinter ihr, der mit gelangweiltem Gesichtsausdruck im Sattel hin und her schaukelte. *Heute wird sich zeigen,* überlegte Margarète, *ob dieser Jüngling aus dem Norden dem Spiel der Liga in den Pyrenäen gewachsen ist.*

Der Dominikaner nickte. D'Espalungue hatte ihn angewiesen, Margarète ohne Wenn und Aber zu gehorchen, was dem Mönch sichtlich missfiel.

»Eine Viertelstunde brauche ich mindestens.« Margarète band ihr Pferd an die Tränke nahe der Kirche. »Ein, zwei Morde zu gestehen, wäre also nicht übel.«

Der Mönch nickte wieder, ohne den Anflug eines Lächelns. Hatte er den Scherz nicht verstanden? Sie stiegen die Steinstufen zur Kirche hinauf. Margarète hob ihr Kleid an. Der Mönch blickte auf seine Sandalen.

»Zur Not reicht auch ein Apfeldiebstahl, wenn du ihn nur lange genug ausschmückst«, fügte Margarète hinzu, als sie an der Kirchenmauer entlanggingen. Von der Terrasse aus waren die Dächer des Ortes, die Berge und im Südosten ein in der Nachmittagssonne glitzernder See zu sehen.

Aus dem Haus, das direkt an die Kirche anschloss, kam ihnen der Pfarrer entgegen. Er war um die fünfzig Jahre alt, trug eine geflickte Soutane und lächelte.

»Seid gegrüßt«, der Geistliche verneigte sich, »was kann ich für Euch tun?« Er sprach Aragonesisch, das dem Spanischen und Bearnesischen genügend ähnelte, um verständlich zu sein.

Margarète antwortete ihm auf Spanisch: »Mein junger Begleiter würde gern beichten, auf Französisch, wenn möglich.«

»Ich verstehe Französisch«, erwiderte der Pfarrer, eilte ihnen unter einem Torbogen hindurch voraus in die Kirche. Er wirkte wie ein gewöhnlicher Gebirgsgeistlicher, nicht wie ein häretischer Verräter. Es war schwer zu glauben, dass die Liga mit ihrem Verdacht richtiglag und dieser Mann für die bearnischen Calvinisten nördlich der Grenze spionierte.

Nur durch einige Rundbogenfenster in der Kuppel fiel Licht in die kleine Kirche. Der Pfarrer wies den Mönch an, in einem einfachen Beichtstuhl aus zerkratztem Tannenholz Platz zu nehmen.

»Was kann ich Euch anbieten?«, fragte er, erwartungsgemäß, an Margarète gewandt.

»Ein Becher Quellwasser wäre schön. Wir hatten einen langen Ritt.« Sie lächelte höflich.

»Gern.« Der Pfarrer führte sie durch die Sakristei in einen schäbigen Raum, der nur einen Tisch, drei Stühle und einen Kamin aufwies, schenkte ihr Wasser ein, trank einen Schluck mit.

»Dann schauen wir mal, was für Verfehlungen junge Mönche heutzutage begehen«, lachte er und verschwand.

Margarète stellte den Becher ab und eilte zur Tür am Ende des Zimmers. Sie war offen. Ihr Herz machte einen Sprung: So blieb es ihr erspart, einen Draht zum Öffnen des Schlosses zu benutzen, was ihr trotz de Vaillacs Unterweisungen noch immer nicht gut gelang. Sie befand sich nun in einem Arbeitszimmer, wo ein Kruzifix und ein Bild, das den heiligen Antonius mit Lilie und Christuskind zeigte, an der Wand hingen. Auf dem Tisch lagen zahlreiche Schreiben: Ablassbriefe, Steuereinnahmen, Rechnungen, nichts Auffälliges. Margarète öffnete die oberste Schublade, die quietschte. Sie hielt inne, sah über die Schulter zur Tür zurück, dann in die Lade: Kerzenstummel, Siegelwachs, Siegel. Die zweite Schublade. Ihr Puls ging schneller: geöffnete Briefe. Sie nahm sie heraus, las. Ein Brief auf Spanisch kündigte den Besuch des Bischofs an. Der nächste, auf Aragonesisch, betraf eine Lieferung von Wein und Tuch. In einem weiteren wurde um mehr Pilgerquartiere im Ort gebeten. Margarète legte die Briefe zurück in die Schublade, öffnete die untere: Federn, eine Bibel, Papierbögen. Sie schaute sich um. Ob es irgendwo ein Geheimfach gab? Vielleicht hinter dem Bild an der Wand? Margarète lauschte. Der Pfarrer und der Mönch kamen noch nicht zurück. Der junge Dominikaner schien doch fantasiebegabter zu sein oder mehr Sünden begangen zu haben, als sie gedacht hatte. Sie hob das Bild an, lugte dahinter, doch da war nur die nackte Holzwand. Margarètes Blick fiel auf eine schwere Truhe in der Ecke. Sie zog am Deckel, doch er war verschlossen. Sie kniete nieder, holte einen gebogenen Draht aus der Stofftasche an ihrem Gürtel, drehte ihn im Schloss hin und her, doch es gab nicht nach.

Von der Straße her waren Pferdehufe zu hören. Ein einzelner Reiter mit einer großen Ledertasche näherte sich der Kirche: ein Bote.

Sie eilte zurück ins Arbeitszimmer und durch die dortige Tür hinaus auf die Straße, setzte sich auf eine Mauer, richtete sich die Haare, lächelte, während sie, scheinbar verträumt, über die Berge schaute. Schon stand der Bote vor ihr, lüftete das Barett. »Kennt Ihr den Pfarrer am Ort?«

Der Mann sprach Französisch und schaute sie von oben bis unten an, schmunzelte.

Margarète nickte, strahlte dem Boten ins Gesicht, hielt ihm eine halbe Dukate hin, was einem sehr ordentlichen Trinkgeld entsprach. Der Bote nahm sie, übergab ihr drei Briefe und zwinkerte ihr zu, bevor er sein Pferd wendete und die Straße hinuntertrieb. Margarète wandte sich zur Kirche. Der Pfarrer war weder an einem Fenster noch am Eingang zu sehen, auch sonst niemand. Margarète steckte die Briefe unter ihr Mieder und ging leichten Schrittes ins Empfangszimmer zurück, wartete. Vor dem Fenster schimmerte der See im Südosten schon rosa im Abendlicht. *Meine Güte,* fragte sich Margarète, *gesteht der kleine Mönch gerade die Ermordung der gesamten päpstlichen Leibgarde?*

Sie schob die Briefe noch etwas tiefer. Am See brachten Fischer die Boote ans Ufer, Frauen wuschen Kleider in Kübeln. *Wie herrlich wäre es jetzt doch,* dachte Margarète, *im See zu schwimmen, im sanften Licht.* Wenn sie etwas liebte, dann das Schwimmen, doch sie hatte zu selten die Gelegenheit dazu. Obendrein musste man immer damit rechnen, dass ein paar Sittenwächter herumzeterten. Margarète stellte sich vor, wie sie durch das samtweiche Wasser des Sees glitt, auf den Grund tauchte und flitzende Fische sah. Schritte. Margarète schreckte auf. Der Pfarrer und der Mönch traten ein: der Pfarrer lächelnd, der Mönch mit ernstem Blick. Nach dem Austausch einiger Höflichkeiten wandte Margarète sich zum Gehen. Es dämmerte schon.

Der Pfarrer ging zum Kaminfeuer, steckte eine Fackel an, hielt sie Margarète hin. »Es wird bald dunkel.«

Margarète schüttelte den Kopf, besann sich dann aber anders. »Danke.«

Durch verwinkelte Gassen führten sie ihre Pferde hangabwärts, bis sie einen menschenleeren, kleinen Platz mit einem Brunnen erreichten. Der Mönch betätigte den Hebel, trank. »Habt Ihr etwas gefunden?«

Margarète setzte sich auf den Brunnenrand, beugte sich darüber und schaute in die Tiefe, wo bereits der Mond auf der Wasseroberfläche glitzerte, kostete den fragenden Blick des Jungen aus und die Gewissheit, ihn beeindrucken zu können, und holte dann die drei Briefe hervor. »Frisch von einem Boten.« Der Mönch sah düster auf die Pergament- und Papierbögen, hatte wohl gehofft, dass sie nichts aufzubieten hätte. Margarète erbrach das erste Siegel, las Aragonesisch: eine Bitte um Beherbergung des Sohnes eines Goldschmieds aus der Nähe. Das zweite Schreiben war auf Bearnesisch und enthielt eine Liste von Waren und Preisen. Darunter befanden sich, anstelle einer Unterschrift, nur drei Buchstaben: EVJ. Wofür stand das? Der gesamte untere Teil des Bogens war unbeschrieben. Das sah verdächtig aus. Margarète gab dem Mönch die Fackel, spähte um sich. »Halte sie vorsichtig unter das Papier, ohne es anzuzünden.« Er schaute verständnislos, gehorchte aber. Margarètes Puls beschleunigte sich. Auf dem unteren Teil des Bogens erschienen Buchstaben.

»Zwiebel- oder Zitronensaft«, erläuterte Margarète.

Während die dunkelbraune Schrift erschien, schaute der Mönch sie geradezu unverschämt überrascht an. Mit gespannten Gliedern beobachtete Margarète, wie die Buchstaben sich stetig dunkler und klarer abzeichneten. Sie übersetzte den bearnesischen Text ins Französische: *Nachricht über Verstärkung der Garnison in Jaca dankend erhalten; werden Kundschafter aussenden und mehr Truppen an die südliche Grenze schicken. Bitte um Nachricht bezüglich der Grenzüberquerung von Señor S. EVJ.*

Margarète ballte die Hand zur Faust.

»Wo liegt Jaca?«, fragte der Mönch.

»Eine spanische Grenzgarnison siebzehn Meilen südwestlich von hier. Der Pfarrer hat offenbar die Calvinisten gewarnt, dass die Spanier dort Truppen zusammenziehen, um das Béarn anzugreifen.«

»Hurensohn«, zischelte der Mönch. Seine Stimme bebte voller Hass. Es war befremdlich, so viel Hass in einem jungen Körper.

EVJ … Margarète bekam Gänsehaut. Wenn man die Buchstaben im Alphabet um vier Stellen weiter nach vorn verschob, ergab sich BSG. Sie murmelte die Buchstaben leise vor sich hin.

Der Mönch runzelte die Stirn. »Was bedeutet das?«

»Das Caesar-Verfahren, eine Verschiebung der Buchstaben.« Sie genoss es, den Jungen zappeln zu lassen. Dies war ein großer Fund.

»Die Buchstabenfolge sagt mir nichts.« Der Mönch kniff die Lippen zusammen. »Ich bin nicht von hier.«

»Baron de Saint-Geniès.«

»Der oberste Befehlshaber der Truppen von Navarra und des Béarn?« Der Mönch erstarrte.

Margarète nickte. »Der Pfarrer steht mit dem mächtigsten calvinistischen Heerführer in Verbindung.«

Sie steckte den Brief ein. »Suchen wir uns eine Herberge.« Es war stockfinster geworden.

»Wer ist Señor S?«, fragte der Mönch.

»Wahrscheinlich ein Calvinist oder Protestant, der aus Spanien fliehen will.«

»Möge man ihn fangen und vierteilen«, presste der Mönch hervor, während sie die Pferde bergan zur Hauptstraße zurückführten.

Der Mönch sah auf das Kopfsteinpflaster. »Wie kommt es, dass Ihr Kryptologie beherrscht?«

Da war sie wieder, die kindliche Neugierde des Mönchs, wie im Turmzimmer, als er die Pfiffe der Hirten gehört hatte. Margarète unterdrückte ein Schmunzeln. »Eine Spionin ohne Kryptologie ist wie ein Mönch ohne Kutte.«

Unwillkürlich zog der Mönch die Kutte enger um sich.

»Es gibt ein Buch mit dem Titel *De furtivis literarum notis, vulgo de ziferis*«, wieder war ihre Stimme sanfter geworden, wie beim Erläutern der Pfeifsprache, »da stehen alle bekannten kryptologischen Verfahren drin.«

Der Junge nickte, fragte aber nicht weiter. Während sie um eine Ecke bogen, dachte Margarète daran, wie Florimond de Vaillac ihr einst dieses Buch geliehen hatte. Er hatte den mit Ziegenleder eingebundenen Band mit einem Augenzwinkern aus einem Regal seiner hellen Bibliothek im Château Trompette gezogen, die mindestens hundert Bücher enthielt. Das war vor drei Jahren gewesen, nachdem er sie als Spionin angeworben hatte.

Einige angetrunkene Handwerker, die ihnen aus einer Taverne entgegenkamen, beschrieben ihnen den Weg zu einer Herberge unweit der Kirche.

Schweigend führten sie ihre Pferde an niedrigen Häusern aus Bruchsteinen vorbei. Als sie die Kirche passiert hatten, kam ihnen eine Gestalt in dunklem Gewand entgegen, trat ins Fackellicht und lächelte: der Pfarrer.

»Sucht Ihr eine Herberge? Ihr könnt auch bei mir Quartier nehmen.«

»Danke für das Angebot«, entgegnete Margarète, »aber wir haben Eure Gastfreundschaft schon zu sehr in Anspruch genommen.«

Der Mann schüttelte den Kopf. Dann steckte plötzlich ein Dolch in seiner Brust. Er röchelte, sah Margarète an, fiel zu Boden und regte sich nicht mehr.

Margarète stand wie erstarrt. Der Mönch trat an ihr vorbei, drehte den Toten auf den Rücken, zog seinen Dolch aus der Brust des Leichnams, wischte die Waffe an dessen Soutane ab, steckte sie ein und stieg wieder auf sein Pferd. Margarète starrte auf den Pfarrer.

»Wir sollten in die Berge reiten«, sagte der Mönch, schaute zu ihr herab, das Gesicht hart, die Stimme fest.

Margarète stieg auf, es würgte sie im Hals. Sie ritt dem Mönch auf dem Pfad Richtung Norden nach. Der Río Aguas Limpias lag silbern im Mondschein. Sie folgten der Ufermauer, galoppierten. Margarètes Glieder zitterten so sehr, dass sie sich kaum im Sattel halten konnte.

»Wenn ich das nächste Mal beichte, habe ich jetzt wenigstens etwas zu erzählen!«, rief der Mönch über die Schulter, grinste im Mondlicht.

Einen häretischen Verräter zu töten, ist keine Sünde, rief Margarète sich in Erinnerung, atmete tief. Es war eine gute Tat, die das Vordringen des Teufels aufhielt. »Immerhin wird Euer Beichtvater ein katholisches Begräbnis bekommen«, gab sie so unbeschwert wie möglich zurück. Der Mönch lachte ausgelassen wie ein Kind. Margarète fröstelte. Dieses Kind hatte eben einen Menschen umgebracht. Der letzte Blick des Pfarrers hatte ihr gegolten. Der Mann hatte Halt gesucht zwischen Leben und Tod.

Margarète trieb ihr Pferd an. Sie wollte weg, weg von dem toten Körper, weg von dem jungen Mönch. Zurück in die Burg: zu de Vaillac und d'Espalungue. *Die Liga tötet,* wurde ihr erst in diesem Moment voll und ganz bewusst. Bisher hatte sie es nur noch nicht erlebt.

4: DIE ERSTE UNBEKANNTE SPRACHE IN AFRIKA

Am Tag der Visitation knetet Jacob Greve Wachskugeln, begeht zwei Diebstähle und begegnet einem barfüßigen Freund.

Den Visitator, den Rektor und den Konrektor im Rücken, trat Jacob durch den Kreuzgang ins Schulhaus, stieg zum zweiten Stock hinauf, blickte auf die vertrauten Maserungen der Holzstufen. Während sie den Korridor entlanggingen und die drei Männer hinter ihm munter plauderten, hielt Jacob seine Textsammlung fest umklammert. Heute galt es: Wenn er den Visitator, einen Professor der Universität Leipzig, nicht überzeugte, dürfte es für ihn an dieser Schule zu Ende sein, wie der Konrektor sich vor einer Woche im Refektorium ausgedrückt hatte. Seit seiner Ankündigung des Baders, das wusste Jacob, hatte sich seine Lage nicht verbessert. Hinter seinem Rücken munkelte man mehr denn je über ihn, von Luchsohren, Überreiztheit und übernatürlichen Fähigkeiten.

Jacob erreichte den Unterrichtsraum des Abschlussjahrgangs und trat ein. Die Schüler verstummten augenblicklich. Der rund sechzig Jahre alte Visitator in Seidenmantel und Strickstrümpfen setzte sich ächzend mit seinem breiten Professorenbarett auf dem Kopf in die letzte Reihe. Konrektor und Rektor nahmen rechts und links von ihm Platz. Alle drei Männer legten ihre Federn und Notizbücher auf die Pulte. Mit pochendem Herzen begab sich Jacob zum Katheder. Die Schüler verfolgten jeden seiner Schritte. Jacob kam es vor, als hielten sie den Atem an. Er legte die Textsammlung auf die Eichenholzplatte, löste mit zitternden Fingern die Haken aus den Ösen des Einbands, begrüßte die Schüler mit »Salvete, discipuli«. Wie aus einem Mund antworteten die zwanzig Knaben »Salve, magister«, nicht etwa kleckerweise wie sonst. Sie wirkten sehr angespannt. *Dabei werden nicht sie geprüft,* dachte Jacob, *sondern ich.* Der Konrektor beugte sich zum Visitator hin und raunte ihm etwas ins Ohr. Jacob schlug Platons Text über die Kugelmenschen aus dem *Symposion* in altgriechischer Sprache auf. Er hatte die Passage ausgewählt, weil es darin um Freundschaft ging: ein Thema, das junge Menschen bewegte. Die Schüler ergriffen ihre Federn und beugten sich über ihre Pulte. Jacob begann, auf Altgriechisch zu diktieren:

Unsere ehemalige Naturbeschaffenheit nämlich war nicht dieselbe wie jetzt, ein jeder hatte vier Hände und ebenso viele Füße, aber einen gemeinschaftlichen Kopf. Man ging aber nicht nur aufrecht, sondern bewegte sich, wenn man recht schnell fortzukommen beabsichtigte, wie die Radschlagenden, auf seine acht Glieder gestützt, schnell im Kreise fort. Die Kugelmenschen waren daher auch von gewaltiger Kraft und Stärke, sodass sie sich einen Zugang zum Himmel bahnen wollten, um die Götter anzugreifen. Da schnitt Zeus die Kugelmenschen entzwei.

Jacob machte eine Pause. Der Visitator saß mit gedankenverlorenem Blick da. Auf seinem faltigen Gesicht lag ein versonnenes Lächeln. Jacobs Herz machte einen Sprung. Gelang es ihm etwa, wie bei der Lesung im Refektorium, auch im Visitator glückliche Augenblicke wachzurufen, kraft der Worte einer alten Sprache? Es sah ganz danach aus! *Die Stunde hat noch nicht einmal richtig begonnen,* dachte Jacob, *und schon habe ich den Visitator auf meine Seite gezogen.* Der Rektor nickte ihm anerkennend zu. Der Konrektor schaute mit verschränkten Armen aus dem Fenster. Erleichtert fuhr Jacob fort:

Jeder von uns ist seither nur eine Halbmarke von einem Menschen, weil wir zerschnitten, wie die Schollen, zwei aus einem geworden sind. Daher sucht denn jeder beständig seine andere Hälfte.

Jacob diktierte noch etwas weiter und bat die Knaben, den ersten Satz aus dem Altgriechischen nun ins Lateinische zu übersetzen. Simon Thanners Hand schnellte in die Höhe. Der Webersohn übertrug den Satz mühelos in fehlerfreies, elegantes Latein, übersetzte noch einen Satz und noch einen und noch einen, setzte dabei kein einziges Mal ab, holte nicht Luft, bis der Visitator und der Rektor lachten. Der Konrektor verzog den Mund. Am Fenster in der vorletzten Reihe drehte Johannes von Saltza mit einem missmutigen Blick auf Simon den Federkiel zwischen seinen kräftigen Fingern.

Als Jacob dazu aufforderte, den nächsten Satz zu übertragen, rührte sich niemand. Simon reckte erneut den Arm empor. Jacob forderte einen Schüler in der hinteren Bank auf, doch der stierte nur achselzuckend auf seine Niederschrift. Da meldete sich Johannes von Saltza, erhob sich, eine Hand in der weiten Tasche seiner Pluderhose. Er beging zwei Konjugationsfehler. Jacob spürte einen ziehenden Schmerz im Backenzahn, hörte dissonante Fiedeltöne. Gelangweilt leierte der hochgewachsene Freiherrensohn den nächsten Halbsatz herunter, machte einen Deklinationsfehler und bildete ein Partizip falsch. Jacob zuckte zusammen, er tat, als müsste er husten. Der Visitator nahm ihn genau in den Blick, zückte die Feder, tauchte sie in das ins Pult eingelassene Tintenfass, schrieb etwas auf. Einige Knaben am Fenster stießen einander an.

Jacob wischte sich den Schweiß von der Stirn, diktierte weiter. Die Federn kratzten auf dem Papier. Ein reibendes, schabendes Geräusch: auffallend laut. Nein, schreckte Jacob auf, es durfte einfach nicht sein, dass sich gerade jetzt, bei der Visitation, sein Gehör schärfte – und das, obwohl er sich vorher Wachs in die Ohren gesteckt hatte. Er beschwor sich, ruhig zu atmen, sprach leise und langsam, doch die Worte schwollen in seinen Ohren an. Der Rektor blickte auf. Jacob hielt inne. Merkte man ihm etwas an?

Er bat um die Übersetzung des soeben Diktierten. Niemand zeigte auf, außer Simon. Jacob wartete. Caspar von Colwitz meldete sich. Er war ein guter Schüler. Jacob atmete auf. Der Grafensohn mit den dunklen Locken sprach fließend, doch dann benutzte er einen Dativ statt eines Akkusativs. Jacob hörte wieder dissonante Fiedeltöne, drückte, so unauffällig wie möglich, das Wachs tiefer in die Ohren. Caspar stockte, gebrauchte eine falsche Personalendung, brachte die Satzordnung durcheinander. Die Fehler dröhnten Jacob in den Ohren, er sah rotorangene Schlieren vor sich, die ihm die Sicht auf Caspar versperrten. Sonst unterliefen diesem aufgeweckten Schüler solche Schnitzer nie.

War er wegen des hohen Besuchs aufgeregt? Der Visitator nahm wieder die Feder zur Hand, schrieb schnell und mit kräftigen Strichen. Seine schwere silberne Amtskette funkelte in der Sonne. Vom hinteren Fenster her ertönte ein dumpfer Knall. Jacob war, als hätte ihn ein Fausthieb in die Magengrube getroffen, es durchfuhr seine Glieder, er hustete wieder. Mehrere Knaben kicherten. Der Knall war von da gekommen, wo Johannes von Saltza saß. War er mit dem Knie von unten gegen das Pult gestoßen?

Jacob sah aus dem Fenster in den Kreuzgang hinunter. Er musste sich fassen. Hellgrüne Frühlingsblätter schimmerten in der Krone der Eiche im Garten zwischen den Säulen. Das Wasser des Brunnens sprudelte im Morgenlicht. Ein Knecht lief über den Rasen, einen Eimer Flusskrebse aus der Saale in der Hand. Pforta war bis vor vierzig Jahren ein Zisterzienserkloster gewesen, und die Gärten von Kreuzgängen waren Abbilder des Garten Eden. Für ihn war Pforta lange ein Paradies gewesen. Jacob stützte die Hände am Katheder ab, atmete tief. Es war Zeit, zur Disputation überzugehen. »Was denkt ihr von diesem Mythos?« Seine Stimme schallte, obwohl er leise sprach. Simon reckte den Arm hoch. Jacob rief ihn auf.

»Vielleicht geht Platon hier von der perfekten Welt der Ideen aus«, der Junge sprach hastig, »aber nach dem Sündenfall gibt es wahrscheinlich gar keine perfekte andere Hälfte mehr, sondern mehrere unvollkommene.« Das Latein des Knaben floss sanft und klar, beruhigte Jacobs Herzschlag. Simon sah Jacob lange und eindringlich an. Jacob wich dem geraden Blick aus. Der Visitator und der Rektor nickten einander beeindruckt zu. Jacob ballte hinter dem Katheder die Hand zur Faust.

Hans stand auf. »Der Mythos ist heidnisch«, der Bäckersohn hob den Zeigefinger, »aber etwas Wahrheit steckt auch in heidnischen Texten.« Er sprach mit großen Gesten, blies die geröteten Wangen auf. »Der Mensch ist die Krone der Schöpfung«, er beging einen Deklinationsfehler, »doch er darf sich nicht Gott gleichstellen. Gott kann es nicht zulassen, dass Menschen mit vereinten Kräften den Himmel stürmen.« Der Infinitiv war falsch gebildet. Schmunzelnd lehnte der Konrektor sich zurück. Der Visitator blickte von Hans zu Johannes, zu Caspar, zu zwei feixenden Schülern in der hinteren Bank, schürzte die Lippen. Der Rektor schaute zum Fenster hinaus und wippte mit einem Fuß. An einem Nagel kauend, sah Simon den Bäckersohn finster an. Der Rektor wandte sich Jacob zu. In seinen Augen lag Mitleid.

Jacobs Herz setzte aus. Konnte das sein? Patzten die Schüler absichtlich? Bei Johannes, der sich im Lateinischen schwertat, war die Fehlersalve noch halbwegs glaubhaft gewesen, aber bei Caspar? Einem begabten, fleißigen Schüler? Nein, ausgeschlossen, er hatte zu viele Fehler begangen und zu schnell hintereinander. Auch der Knall war Absicht gewesen. So erklärte sich auch die Anspannung der Knaben zu Beginn der Stunde. Jacob kam es vor, als bewegten sich die Wände des Raumes aufeinander zu. Er bekam kaum noch Luft. Indes entfaltete Hans geradezu genüsslich ein beachtliches Schauspieltalent, sprach mit Inbrunst, als wollte er einen guten Eindruck machen. Die Fehler brachte er geschickter unter als Caspar und Johannes vor ihm: bei unregelmäßigen Verben und komplizierten Deklinationen. »Gott bestraft Hybris«, fuhr der Bäckersohn fort, betonte eine falsche Silbe, setzte sich und sah triumphierend zu Johannes von Saltza, der vor dem Körper anerkennend den Daumen hob, allerdings so, dass der Visitator es nicht sehen konnte.

»Würdet ihr denn sagen, dass es Kugelmenschen gibt?«, stammelte Jacob in einem so armseligen Latein, dass ihn der Schreck durchfuhr. »Also eine zweite Hälfte zu euch selbst?« Jede Silbe schlug ihm gegen die Schädeldecke, er sah eine blutrote Fläche vor seinen Augen.

Der Konrektor schüttelte den Kopf, der Visitator schrieb.

Da ging ein Splittern wie ein Geschosshagel durch Jacobs Körper. In der zweiten Reihe beugte sich ein hellblonder Pfarrerssohn hinunter, las die Scherben seines Tintenfasses mit bloßen Fingern auf. Eine Lache breitete sich auf dem Steinboden aus. Jacob wurde schwindelig, der Boden unter ihm schwankte, er fühlte einen scharfen Schmerz im Knie. Dann wurde es schwarz vor seinen Augen.

* * *

Süßlicher Geruch nach Kiefern, über ihm der Nachthimmel. Kalte Erde unter seinem Rücken, spitze Steine. Es hechelte überall, aus Dutzenden von Kehlen. Scharfe Krallen kratzten und scharrten auf der nackten Erde. Jacob lag auf dem Rücken, sie umkreisten ihn, der Ring wurde enger, ihr Hecheln lauter: Junge Wölfe tapsten lechzend und mit heraushängenden Zungen um ihn herum, ihre gelben Augen beobachteten ihn. Auf Jacobs Brust kniete ein alter Mann mit breitem Barett. Seine schwere Hand legte sich auf Jacobs Stirn, tätschelte ihn wie ein Kind, während die silberne Amtskette auf Jacobs Kehlkopf drückte. »Dieser Mensch ist schwer krank«, sagte der Alte zu den jungen Wölfen, »er kann vorerst nicht mehr unterrichten. Vielleicht kann er es nie mehr.«

»Was soll man tun«, zitterte zaghaft eine Stimme aus dem Nebel zwischen den Bäumen, »wenn man an eine Schule kommt, wo so ein Präzeptor ist, schon jahrelang?« Der Rektor erschien mit offener Halskrause und zerzausten Haaren. »Der aber ganz offensichtlich nicht hierhergehört?« Der Rektor kniete sich neben Jacob. »Dessen Latein sogar für die Universität zu gut ist und der in jeder freien Minute Sprachen lernt – alle möglichen Sprachen aus allen Ecken der bekannten Welt, wie um sich daran zu berauschen, der aber kaum mal ein Wort mit irgendjemandem wechselt, niemandem in die Augen schauen kann und nie mit ins Wirtshaus geht?« Die Stimme setzte aus, der Rektor schien nach Worten zu suchen. »Der Sprachen lernt, um stumm zu sein.«

Der alte Mann mit dem breiten Barett nahm Jacobs Handgelenk, prüfte den Puls. Dann weiteten sich seine Augen mehr und mehr, sein Mund blieb offen stehen. »Du meine Güte«, hauchte er, »Präzeptor Greve hat Wachs in den Ohren.«

»Ich hätte etwas für ihn tun müssen«, der Rektor strich Jacob über den Kopf, so sanft wie eine Mutter, Jacob wand sich, »ihn beurlauben, bis er sich erholt.«

»Ihr habt Euch keine Vorwürfe zu machen, Rektor.« Der Mann mit dem Barett ließ Jacobs Handgelenk los. Es fühlte sich an, als fiele es auf Eis.

Die jungen Wölfe knurrten, kamen näher, Jacob spürte Lefzen an seinem Hals, Zähne.

Ein Schrei. Jacob schreckte hoch, riss die Augen auf, spürte den Schrei noch in der Kehle. Sein Hemd war nass von Schweiß, die Stirn eiskalt. Er lag in seinem Bett, das Wams aufgeknöpft, die Schuhe ausgezogen. Sie mussten ihn hierher in seine Kammer getragen haben, während er bewusstlos gewesen war. Blut stieg Jacob in den Kopf. Er nahm das Wachs aus den Ohren, atmete tief. Der Vollmond stand niedrig am Himmel wie ein Ball, den man greifen konnte. Die Turmuhr schlug halb fünf. Eine halbe Stunde noch, bis alle geweckt würden. Die Sätze, überlegte Jacob, die der Rektor und der Visitator in seinem Traum gesagt hatten, musste er aufgeschnappt haben, als er zwischendurch kurz das Bewusstsein wiedererlangt hatte. Sie hatten das wirklich gesagt.

Jacobs Körper spannte sich. Er sprang auf, breitete ein Sacktuch auf dem Bett aus, kniete sich vor die Kleidertruhe, warf Hemden, Strümpfe, Wämser, Umhänge, Unterkleider, Gürtel, Halskrause, Kniehosen und Baretts auf das Tuch. Er musste gehen, bevor sie ihn dazu aufforderten. Er hatte hier nichts mehr zu verlieren, außer dem letzten Rest seiner Würde. Zuunterst in der Truhe lag seine alte Schreibfeder, die er als Schüler benutzt hatte. Die Spitze war schwarz bis zum Kiel. Er hatte sie immer zu tief ins Tintenfass getaucht. Vom Schreibtisch nahm Jacob Klappsonnenuhr, Tintenfass und Notizbuch. Unter der Matratze zog er die an einem Gürtel befestigte Geldkatze mit seinen Ersparnissen hervor: Dreißig Taler, die würden mehrere Wochen reichen. Er schnallte sich den Gürtel um, wickelte die Schreibfeder in ein Tuch, stapelte sein achtsprachiges Wörterbuch, die ungarischen Sagen, die persischen Gedichte und eine Sammlung polnischer Märchen übereinander. *Eine Arbeit, die der eigenen Natur nicht gemäß ist, hat keinen Wert,* fielen Jacob die Worte des römischen Philosophen Seneca ein. *Man muss mit Leib und Seele dabei sein.* Jacob legte Ovids *Metamorphosen* und die Sammlung griechischer und lateinischer Texte sowie sein Walisisch-Wörterbuch obenauf. War er je mit Leib und Seele Lehrer gewesen? War dies eine Arbeit, die seiner Natur gemäß war? Jacob zog ein Sackband um die Bücher. Offenbar hatte sich seine Natur gegen diese Arbeit aufgelehnt und seine Ohren mehr und mehr geschärft, bis ihm die Lehrertätigkeit unmöglich wurde. Er band die Bücher zusammen. Seine Hände arbeiteten flink, beobachtete Jacob, diese Hände, von denen sein Vater immer gesagt hatte, sie seien ungeschickt, zwei linke, zum Schustern ungeeignet, zum Geldverdienen ungeeignet, zum Leben ungeeignet. Nun, er hatte recht behalten.

Jacob zog Strümpfe unter dem Bett hervor, rollte sie zusammen. *Mit vierunddreißig Jahren, am Ende des fünften Jahrsiebts,* stellte er für sich fest, *stehe ich vor dem Nichts, einen Gürtel mit dreißig Talern um die Hüfte.* Seine zwei linken Hände stapelten die übrigen Bücher aufeinander, banden sie zusammen. Drei der Bände waren aus den Bibliotheken von Pforta und der Universität Leipzig geliehen. Gleichviel. Jacob verschnürte sie mit seinen eigenen: Jetzt war keine Zeit für Moral.

Jacob warf sich die Bündel über die Schulter. Sie waren leichter, als er erwartet hatte. Das Zimmer war leer. Es war schnell gegangen, über zwei Jahrzehnte zu verschnüren. Gescheiterte Jahre ließen sich schnell zusammenpacken und wogen nicht viel. Die Turmuhr schlug Viertel vor fünf. Seine Vokabelzettel hingen noch überall angeleimt im Zimmer herum: das walisische Wort für Truhe an der Truhe, das englische *ceiling* an der Decke, das ungarische Wort für Fenster am oberen Fensterrand. Niemand sonst an diesem Ort schrieb solche Zettel. Niemand hatte es je getan. Niemand würde es je tun. *Wenn es je Kugelmenschen gegeben hat und ich eine andere Hälfte habe,* dachte Jacob, *dann sicher nicht hier; vielleicht irgendwo unter den Menschenfressern in Amerika.* Auf dem Tisch am Bett lagen die Wachskugeln. Er ließ sie liegen. Sollten sie ruhig darüber spotten, ebenso wie über die Zettel.

Er lief aus dem Zimmer, ohne sich noch einmal umzudrehen, sprang die Treppe hinunter, spähte hinaus in den Kreuzgang. Der Morgen graute bereits. Zwischen Küche und Schlachthaus lief er zum Pferdestall, öffnete die Tür. Warmer Heugeruch kam ihm entgegen. Die Apfelschimmelstute Calluga wieherte: ein Leihpferd. Er war sie oft geritten, nach Naumburg und Leipzig, um auf den dortigen Messen und Märkten Händlern aus anderen Ländern zuzuhören und sich Italienisch, Polnisch, Englisch und andere Sprachen abzulauschen, sie sich gewissermaßen zusammenzustehlen. Nun, mit dem Stehlen würde er jetzt weitermachen. Jacob legte Calluga sanft den Sattel auf, streichelte ihre weiche Oberlippe, ließ sich von ihr warme Luft in die Handfläche blasen. Da raschelte es am Eingang, im Stroh. Schritte. Sie kamen auf ihn zu.

Jacobs Glieder gefroren. Er war gestellt: ein Dieb, ein Versager, ein Fliehender. Wer war es? Der Konrektor? Die ganze Schar der kleinen Wölfe? Der Kantor? Der Rektor? Die Schritte kamen näher, zaghaft. Jacob zitterten die Knie. Die Schritte hielten inne. Jacob wandte sich um. Vor ihm stand mit zerzausten Haaren, barfuß und im Hemd, ohne Gürtel und Wams, sein Schüler Simon Thanner.

»Ich hätte Euch warnen sollen!« Die Worte brachen aus dem Jungen heraus. Seine Finger nestelten an einem Zipfel seines Hemdes. »Es war ein abgekartetes Spiel! Sie wollten, dass Ihr aufhört. Sie wollten genau das!«

Der Junge blickte schwer atmend auf die Bücher, die Bündel, das gesattelte Pferd. Dass Calluga nicht ihm, Jacob, gehörte, dürfte dem Knaben in jedem Falle klar sein. Simons Zähne klapperten aufeinander.

»Geh wieder ins Bett, Simon, du wirst dich erkälten.« Jacob schnallte sein Bündel mit den Kleidungsstücken am Sattel fest.

»Die Fehler waren Absicht!« Simons Stimme bebte. »Das Tintenfass haben sie absichtlich runtergestoßen.«

Jacobs Glieder waren zum Bersten gespannt. Ihm blieb kaum noch Zeit. »Ich weiß.« Über die zerzausten Haare des Jungen hinweg sah er zur Kirchturmuhr: fünf Minuten vor fünf.

»Ich habe versucht, sie davon abzuhalten!«, rief Simon aus. »Aber ich hätte Euch warnen sollen. Dann wäre das alles nicht passiert!«

Deswegen war der Junge hier. Er hatte ein schlechtes Gewissen. Jacob zog den Sattelriemen an. »Ich bin ein schlechter Präzeptor. Deine Kameraden hatten recht.«

»Was?« Simon blickte ihn mit offenem Mund an.

Jacob legte Calluga Trense und Zügel um.

»Warum tut Ihr genau, was die wollen?« Simon sprang vor, packte Calluga am Zügel, straffte sich, seine Augen funkelten. »Warum denkt Ihr genau, was die wollen?«

Jacob fuhr sich mit der Hand durch die Haare, sah zur Kirchturmuhr.

Der Junge blickte ihm in die Augen. »Ihr seid der beste Präzeptor, den ich je hatte.« Jacob stockte der Atem. Ein Kloß bildete sich in seiner Kehle. Ruckartig nahm er die Bücherbündel vom Boden auf, befestigte sie am Sattel.

Simon rührte sich nicht. Die Schulglocke läutete fünf Mal. Jacob wurde heiß. Er musste jetzt fort, sonst war es zu spät. Er trat auf den Jungen zu, legte eine Hand auf den Zügel. »Simon, bitte.«

Der Junge senkte den Kopf, ließ die Zügel fallen. Jacob führte das Pferd hinaus, Simon folgte mit hängenden Schultern.

Jacob saß auf.

»Was wollt Ihr jetzt tun?« Der Junge drehte einen Strohhalm zwischen den Fingern.

»Ich weiß es nicht.«

»Warum bleibt Ihr nicht und beweist es ihnen?«

Jacob blickte zum Torbogen, hinter dem der Wald, die Saale und die Berge lagen. Die Morgenluft dehnte seine Brust. Ihm wurde plötzlich federleicht zumute. »Vielleicht reite ich nach Süden, bis zur ersten Sprache, die ich nicht kenne.«

Simon kreiste mit dem Fuß auf der Erde, sprach finster: »Nehmt Euch vor den Krokodilen in Afrika in Acht.«

»Das werde ich.« Jacob lachte. Auch der Junge musste wider Willen schmunzeln. Doch seine Züge verdüsterten sich rasch wieder.

Im Kreuzgang rasselte ein Schlüsselbund. Der Verwalter schloss, wie jeden Morgen, die Kirche für das Frühgebet auf. Die Tür der Kirche quietschte, lang und gedehnt wie eh und je. Jacob nahm die Zügel auf, stieß Calluga mit den Absätzen in die Flanken. Pfeilschnell schoss die Stute Richtung Mühlenteich. Schon galoppierte sie zwischen Mahl- und Papiermühle entlang. Jacob drehte sich um, sah Simon, wie er ihm barfuß auf dem Pfad nachlief. Mit den Händen bildete der Junge einen Trichter vor dem Mund. »Gratiam habeo!« – Danke!

»Libenter factus!«, rief Jacob – Gern geschehen! –, bevor er den Torbogen erreichte und hinaus in den Wald und den frischen Morgen galoppierte.

5: DER TRAUM VOM ÜBERSETZEN

Jacob ist in Erfurt eingetroffen. Er träumt davon, Wörtern Kleider überzuziehen, stiehlt auf dem Ägidienmarkt keinen Silberring und fürchtet einen Mann mit großem Barett.

Leichten Schrittes trat Jacob am nächsten Morgen aus dem Gasthof *Zum Regenbogen* auf die Straße. Die Sonne wärmte seine Wangen. Er blickte Richtung Gera-Fluss und Ägidienkirche im Südwesten: Dort lag in der Michaelisstraße das Haus *Zum Schwarzen Horn,* die Druckerei von Erfurt. In Jacobs Gliedern kribbelte es. Eine solche freudige Erregung hatte er schon lange nicht mehr gespürt. Wenn es ihm heute, an diesem Frühlingstag, gelänge, in der Druckerei als Übersetzer beschäftigt zu werden und fortan nichts anderes mehr zu tun, als Wörtern andere Kleider überzuziehen, würde sein Leben gut werden.

Er ging an der Augustinerkirche mit dem zierlichen, figurengeschmückten Glockentürmchen vorbei. Er war immer gern in Erfurt gewesen. Hier hatte er nie gelebt, nie gearbeitet und nie studiert. Hier war er immer nur auf Besuch gewesen, es war für ihn eine Stadt ohne Verpflichtungen und ohne Schwere. An seinem Gürtel baumelte die Gedichte-Sammlung des Persers Dschalāl ad-Dīn Muhammad ar-Rūmī, die er vor fünf Jahren auf der Messe in Leipzig für ein halbes Monatsgehalt erstanden hatte. Wenn es sich ergab, würde er die Sammlung dem Drucker zeigen und auf diese Weise, in aller Bescheidenheit, mit seinen Persischkenntnissen prahlen. An Übersetzern bestand großer Bedarf. »Es ist noch nie so viel übersetzt worden wie in unserer Zeit«, hörte Jacob wieder die nachdrückliche Stimme seines Lateinprofessors an der Universität Leipzig, »in der der Handel und die Wissenschaft florieren wie noch nie.« Federnden Schrittes eilte Jacob weiter. Er lebte genau zur richtigen Zeit, nur bisher am falschen Ort.

Vor dem Gasthaus *Zum Rebenstock,* wo viele reiche Kaufleute abstiegen, putzten einige Jungen den Passanten die Schuhe. Es war in der

Schusterwerkstatt seines Vaters gewesen, fiel Jacob ein, als er zum ersten Mal im Stillen ein Gespräch ins Lateinische übertragen hatte. Damals war er elf, hatte auf einem knarzenden Schemel gesessen und versucht, einen Schuh zu flicken. Doch er trug den Leim zu dick auf, verklebte sich damit die Finger. Sein Vater, seine Brüder und die Gesellen dagegen flickten im Nu einen Schuh nach dem anderen. »Gut, dass man Lateinbücher auch mit zwei linken Händen umblättern kann«, hatte sein Vater gespottet, während Jacob versuchte, sich den Leim von den Fingern zu rubbeln. »Du bist der Einzige im gesamten Familienstammbaum mit ungeschickten Händen«, prustete sein Vater, »du musst ein Kuckuckskind sein.« Seine Brüder und die Gesellen lachten gellend. Doch da schwirrten die Worte seines Vaters plötzlich auf Latein in Jacobs Kopf, ohne dass er sie bewusst übersetzt hatte. Sie waren einfach da, rauschten so schnell durch ihn hindurch, dass ihn schwindelte, als wäre er beschwipst. Jacob hatte lachen müssen und nicht aufhören können. Der Vater, seine Brüder und die Gesellen hatten verwirrte Blicke untereinander ausgetauscht, sich dann von ihm abgewandt und ihn in Ruhe gelassen.

Das Übersetzen hat mir schon immer Glück gebracht, dachte Jacob und bog in die Futterstraße ein, wo überall Pferde, Karren und Kutschen standen. Das Übersetzen war die Arbeit, die seiner Natur gemäß war, wurde ihm klar, während er unvermittelt zu summen begann. Sie würde er mit Leib und Seele tun, wie Seneca es gefordert hatte. Fuhrleute, Schmiede, Pferdeknechte und Wagenmacher eilten hin und her, um die Tiere zu versorgen und gebrochene Achsen oder Speichen zu reparieren. Im hellen Morgenlicht wirkten die Häuserfassaden wie neu, die Gesichter der Menschen schimmerten golden. Jacob fuhr mit dem Finger über das Holz eines Wagens, klopfte einem Rappen den Hals, sprang über Pferdeäpfel.

»Ich kann Euch größere Speichenräder einbauen, aber es dauert vier Tage«, hörte er einen Wagenmacher unweit einer Bierbrauerei rufen. Der Mann sprach ungeduldig, gestikulierte.

»Ich bezahle doch nicht vier Taler für eine Ersatzspeiche«, stöhnte sein Gegenüber, ein Kaufmann, auf Polnisch.

»Kann ich helfen?«, fragte Jacob auf Deutsch und Polnisch. Die beiden Männer schauten ihn an wie einen Heiligen, Jacob dolmetschte hin und her, sprang von Sprache zu Sprache, genoss das Schweben beim Wechsel, die staunenden Blicke, die Fragen nach seiner Herkunft, die Begeisterung darüber, wie fließend er sprach. Dabei brachte er durchaus einige Endungen durcheinander. An seinem Polnisch hatte er länger nicht gearbeitet, doch das machte nichts. Am Ende hatten die Männer ihr Geschäft abgewickelt, applaudierten ihm, gaben ihm ein Trinkgeld, er verriet ihnen nicht, woher er kam, fühlte sich wie jemand von irgendwo und nirgendwo, freier als ein Vogel, sprang davon. *Mein neues Leben lässt sich gut an,* fiel Jacob auf, *ich hätte Pforta längst verlassen sollen.*

Er ging an der Brauerei vorbei auf den Markt bei der Ägidienkirche. Hier drängten sich die Menschen dicht an dicht. Jacob hielt auf die Kirche zu, hinter der die Krämerbrücke lag. Die musste er überqueren, um die Druckerei in der Michaelisstraße zu erreichen. Ein Bäckerlehrling rammte ihm im Vorbeigehen versehentlich den Ellenbogen in die Rippen. Das Hinterrad eines Gerberkarrens quietschte. »Englisches Tuch für nur achtzehn Groschen die Elle!«, schrie ein alter Händler wenige Schritte von Jacob entfernt. »Der halbe Kübel Färberwaid nur einen halben Taler!«, brüllte eine Frau mit einer Warze auf der Stirn. Jacob hastete weiter. Ein Adliger mit Schwert am Gürtel trug zum Schutz seiner ledernen Schnabelschuhe vor dem schlammigen Unrat auf dem Boden schwere Holzpantinen, die auf dem Pflaster klapperten.

Am Stand eines Geflügelhändlers gackerten Hühner. Der Marktmeister rief der Frau mit der Warze zu: »Waidverkauf nur am Anger! Wie oft soll ich es dir noch sagen, Agnes?« Ein Wappenschneider feilte Metall, das Quietschen ging Jacob durch und durch.

»He, kannst du nicht aufpassen?« Jemand, den er angerempelt haben musste, schubste Jacob zur Seite. Er stieß mit dem Rücken gegen einen Warentisch voller Silbergeschirr, hielt sich an ihm fest, um nicht zu stürzen. Ein verzierter Becher klirrte über die gesamte Auslage. »Du Dummkopf!«, schrie der grauhaarige Silberschmied. Das Scheppern dröhnte Jacob in den Ohren, sein Kopf war kochend heiß. Er sah rote Linien, seine Knie gaben unter ihm nach, er schlug mit dem Ellenbogen auf dem Boden auf. Er rappelte sich hoch, bugsierte sich mit pochenden Schläfen durch die Menge. Er musste runter von diesem Platz, bekam keine Luft mehr.

»Haltet den Mann, er hat mir etwas gestohlen!«, ertönte es da hinter ihm. Der Silberschmied! Jacob durchfuhr ein Schreck, er drängte sich zwischen den Passanten hindurch, roch ihren Schweiß, spürte ihre spitzen Ellenbogen, rannte an blökenden Ziegen vorbei, den Blick auf den Kirchturm gerichtet. Der Silberschmied hielt ihn offenbar für einen Dieb, weil er überstürzt von seinem Stand verschwunden war.

»Haltet ihn fest!«, schallte die Stimme des Mannes, nur rund zwanzig Schritte hinter ihm.

Auf der Krämerbrücke war weniger Gedränge. Jacob begann zu laufen, hetzte an aus den Brückenhäusern herausgeklappten Warentischen mit Stoffen, Papier und Gewürzen vorbei. Ab der Hälfte der Brücke ging es bergab. Jacob lief schneller denn je, jauchzte auf.

»Der Mistkerl darf uns nicht entwischen!«

Jacob sah sich um: Der Silberschmied und drei weitere Männer rannten ihm mit zu Fäusten geballten Händen und weit vorgebeugtem Oberkörper nach. Unter dem Torbogen am Ende der Brücke bog Jacob in die Michaelisstraße. Rechts lag die Druckerei, er lief quer über die Straße in die enge Waagegasse, blickte über die Schulter zurück: Seine Verfolger hatten aufgeholt.

Jacobs Herz hämmerte, er rannte an der Synagoge und den Warenspeichern vorbei. »Schnappt ihn euch!« Die Stimmen waren nur noch etwa fünfzehn Schritte entfernt. In Jacobs Schädel dröhnte es, als schlüge darin eine Glocke. Er ballte die Hände zu Fäusten, holte weit mit den Armen aus. Vor ihm rumpelte ein Fuhrwerk um die Ecke, schabte mit der Radnabe an der Mauer eines Speichers entlang. Das Quietschen drang ihm in jede Faser seines Körpers. Er keuchte. »Haltet ihn auf, er ist ein Dieb!« In Hörweite ging vor einem Getreidespeicher ein kräftiger junger Mann in geflicktem Mantel und mit einem großen schwarzen Barett. Jacob erschrak. Was, wenn der Mann den Rufen der Verfolger nachkäme und ihn festhielte?

6: DIE SPRACHE DER ENGEL, MIT ENGLISCHEM AKZENT

Der Mann mit dem schwarzen Barett stellt sich vor.

Durch den Dienstbotenausgang hatte Edward Kelley das Haus eines reichen Waidhändlers am Fischmarkt verlassen, kurz den Sitz seines Baretts geprüft und das Leinensäckchen mit den zwei Talern an den Gürtel unter seinem Mantel gebunden. Pfeifend sprang er die Stufen hinunter. *Wäre es nur immer so leicht, Geld zu verdienen,* dachte er, *und dabei noch ein paar hübsche junge Frauen in Ohnmacht fallen zu lassen!* Zwei Taler in einer Stunde für eine einfache alchemistische Vorführung. Davon konnte er gut und gern drei Wochen leben. Obendrein schien die Sonne. Was wollte man mehr? Edward kam an den Ständen der Färber vorbei. *Arme Schweine, diese Färber,* dachte er, *verdienen mit ehrlicher Arbeit ihr klägliches Geld.*

Als er in die enge Waagegasse einbog, hörte er hinter sich lautes Geschrei. »Haltet ihn auf! Er ist ein Dieb!« Edward setzte das Herz aus. Waren das womöglich Häscher des Kurfürsten August von Sachsen? Seine Finger umschlossen den Diamanten, den er in einem kleinen Lederbeutel um den Hals trug. Vor einer Woche hatte er ihn der Gattin des Kurfürsten entwendet, als er im Alchemielabor des kurfürstlichen Goldhauses in Dresden arbeitete. Edward schnellte herum. Ein dürrer Mann in einem schwarzen Wams und ausgefranster Kleidung kam auf ihn zugelaufen, völlig außer Atem. Hinter ihm, in rund fünfzehn Schritten Entfernung, rannten vier Handwerker heran. Der dürre Mensch war also mit dem Dieb gemeint gewesen. Edward atmete auf.

»Packt ihn doch!«, riefen die herannahenden Verfolger Edward zu. Der schmunzelte. Da hätten sie keinen Falscheren fragen können. Die Leute stürmten an ihm vorbei und warfen ihm Flüche und Schimpfwörter an den Kopf, die seine Deutschkenntnisse überforderten. *Der Zusammenhalt unter Gaunern,* dachte Edward, *ist ein ungeschriebenes Gesetz, das wahrscheinlich mehr befolgt wird als alle niedergeschriebenen Gesetze der Welt zusammengenommen.* Schon hatten die Verfolger den Dieb eingeholt, schubsten und stießen ihn. »Gottloser Halunke!«, riefen sie. »Wo hast du es?«, und: »Gib es zurück!« Doch der Dieb blieb stumm. Seine Augen blickten ins Leere. Edward lehnte sich gegen die Mauer eines Getreidespeichers und spuckte auf das Kopfsteinpflaster. Seit wann hatte Stehlen etwas mit Gottlosigkeit zu tun? Gottlos war es höchstens, Steuern, Pacht und Frondienste einzutreiben und irgendwelchen armen Schluckern in die Ohren zu säuseln: »Du sollst nicht stehlen. Du sollst nicht begehren deines Nächsten Haus.« Ein kräftiger Grauhaariger in Handwerkerschürze hatte den Dieb am Kragen gepackt. »Gib es endlich heraus!« Er schlug dem Mann in die Magengrube, ein anderer spie ihn an. Das Gesicht des Diebes war nach wie vor fast regungslos. Als er sich aufrichtete, waren seine Augen auf einen Punkt weit in der Ferne gerichtet. Es wirkte, als würde er eindringlich an etwas ganz anderes denken.

Edward nahm eine Flasche aus der Manteltasche und trank. Das Bier war zu warm. Das deutsche Bier war heller und weniger bitter als das englische. Auf einmal hatte Edward wieder den Geruch der kleinen Brauerei seines Vaters in der Nase. Jeden Winkel des kargen schiefen Häuschens, in dem er aufgewachsen war, hatte Biergeruch erfüllt. Als Junge war er davon immer ein wenig beschwipst gewesen. Edward grinste. Wie hätte da auch etwas Anständiges aus ihm werden sollen? Jetzt schlug einer der Handwerker dem Dieb ins Gesicht. *Dummköpfe,* dachte Edward. *Habenichtse, die einen anderen Habenichts vermöbeln.* So war es den Reichen gerade recht. Einzugreifen hatte keinen Zweck. Die rechtschaffenen Christenmenschen waren zu viert. Da half selbst der Dolch nicht, den er gestern Abend an der betrunkenen Torwache vorbeigeschmuggelt hatte. Spuckgeräusche, Schreien und der dumpfe Klang von Schlägen: ähnliche Geräusche wie vor zwei Jahren, als sie ihn, Edward, in Lancaster an den Pranger gestellt und ihm das Ohr abgeschnitten hatten. *So gesehen,* ging es Edward durch den Kopf, *lohnt es sich kaum zu reisen.*

Er befühlte seine rechte Kopfseite, stellte erleichtert fest, dass das Barett und die Haare sein verstümmeltes Ohr verdeckten. »Wegen Falschmünzerei soll ihm das rechte Ohr abgeschnitten werden«, hörte Edward die gebieterische Stimme des Richters erneut sagen. Der hatte seit seiner

Kindheit nur aus goldenen Schüsseln gefressen und verdiente rund zweitausendfünfhundert Pfund im Jahr, ein Handwerker dagegen nur rund dreizehn Pfund. Edward nahm noch einen Schluck. Man musste die Seite wechseln: dorthin, wo auf großen Geldsäcken die großen Schurken saßen, die nie irgendjemand richtete. Dorthin, wo einem die Steuern und Zölle zuflossen, sich in Häuser und Reichtümer verwandelten, statt einem die Kehle zuzuschnüren, das letzte Hemd auszuziehen und die letzten Gerstengraupen vom Teller zu nehmen.

Zwei Fuhrleute schoben einen Wagen voller Waidsäcke in den Speicher zum Wiegen. Sie blickten nicht einmal zu den Prügelnden hinüber, wollten wohl in Ruhe ihr Geschäft abwickeln. Indes machten sich die braven Christenmenschen daran, den Dieb zu durchsuchen. Mittlerweile schien dieser mit seinem Blick und seinen Gedanken meilenweit weg zu sein. Was ging bloß in seinem Kopf vor? Die wackeren Handwerker fingerten in seinen Wamstaschen herum, fanden aber nichts. »Wahrscheinlich hat er etwas Kleines genommen«, schnaufte der Grauhaarige, »einen Ring vielleicht.« *Ist das ein Silberschmied,* fragte sich Edward, *und derjenige, der bestohlen wurde?* Ein stämmiger junger Bursche nahm sich gerade die Hosentaschen vor. Wieder nichts. »Wir finden es, du Schuft!«, brüllte ein Dickbäuchiger in grobem Leinenkittel. Beachtlich gut musste der Mann versteckt haben, was auch immer er hatte mitgehen lassen. In einer kleinen Innentasche oder in einem hohlen Knopf vielleicht, den man auf- und zuschieben konnte? So einen hatte Edward auch einmal gehabt, sehr nützlich. Leider hatte er ihn verloren. Edward kratzte sich an der Nase. Oder hatte der Mann das Diebesgut auf der Flucht in irgendeiner Ritze verschwinden lassen?

Edward sah zu, wie die Speicherknechte die Waidsäcke auf die Waage hievten. Plötzlich herrschte Stille. Edward hielt den Atem an. Hatten sie den Dieb etwa bewusstlos geschlagen? Die Handwerker, die eben noch so kräftig zugepackt und drauflosgeprügelt hatten, standen nun reglos und mit ratlosen Gesichtern um den schmächtigen Menschen herum, der mit blutender Nase und zerrissenem Hemd in ihrer Mitte stand.

Zögerlich fragte der Grauhaarige: »Warum bist du weggelaufen, wenn du nichts gestohlen hast?«

Der Mann atmete schwer: »Es war zu laut. Das Scheppern des Silberbechers drang mir in die Ohren … in alle Glieder … ich musste weg, schnell, ich …«

Die Handwerker sahen einander verdutzt an, ratlos nach Luft schnappend wie Fische, die man aufs Trockene geworfen hatte. Edward grinste. Der gute alte Narrentrick: die anderen glauben machen, man hätte eine Schraube locker. Der Grauhaarige holte eine Münze aus der Tasche seiner Schürze, gab sie dem Verprügelten und klopfte ihm, eine Entschuldigung murmelnd, auf die Schulter. *Diese Deutschen,* dachte Edward, *sind so unbedarft wie in London nur neugeborene Kinder.* Die Entschuldigung der guten Leute fiel natürlich beträchtlich kürzer aus als die vorangegangene, mit vollem Einsatz vollzogene Ahndung des Diebstahls. Schon trotteten sie mit gesenkten Köpfen davon.

Edward stieß sich von der Mauer ab. Es zog ihn zu dem Verprügelten hin. Weil er Mitleid mit ihm hatte? Oder weil er wissen wollte, welche Kraft hinter diesem in die Ferne gerichteten Blick stand, den der Mensch die ganze Zeit über durchgehalten hatte? Edward holte einen Lappen aus seinem Bündel und reichte ihn dem Mann, der sich an eine Speichermauer gelehnt hatte. »Hier, wisch dir die Nase ab.« Der Dieb sah ihn erstaunt an, lächelte, sehr dankbar, wischte sich das Blut aus dem Gesicht, ließ sich mit dem Rücken langsam an der Mauer hinabgleiten, streckte die Beine aus.

»Soll ich einen Wundarzt holen?« Edward ging neben dem Mann in die Hocke und gab ihm seine Trinkflasche.

»Thank you«, der andere nahm kleine Schlucke, »I'll be alright.«

Edward hielt inne. Der Mann hatte Englisch gesprochen, mit nur leichtem Akzent. Das kam auf dem Kontinent äußerst selten vor. Sobald man das Festland betrat, war Englisch in etwa so nützlich wie Chinesisch. Offenbar hatte der Mensch seinem Deutsch nicht nur angehört, wie schlecht es war, sondern auch, dass es englisch klang.

Edwards Blick fiel auf ein schmales, in Ziegenleder eingebundenes Buch auf dem Kopfsteinpflaster. Es musste dem Dieb beim Handgemenge entrissen worden sein. »Deins?«

Der Mann nickte. Edward hob behutsam das Buch auf. Mit dem Rücken zum Besitzer gewandt, öffnete er es. Linksbündige Schnörkel und Punkte: Arabisch, handgeschrieben. Dieses Buch war wertvoll. Edward blätterte weiter. Keine Illustrationen, aber trotzdem – eine Universität oder ein Buchhändler würde einen Haufen Taler dafür zahlen. Edwards Glieder spannten sich. Sollte er mit dem Buch davonrennen?

Edward fuhr mit dem Finger über die aufgeschlagene Seite. Vor zwei Jahren, nachdem der Henker ihm am Pranger das Ohr abgeschnitten hatte, war er mit blutendem Kopf durch Lancaster gelaufen. Niemand hatte ihm geholfen. Alle hatten nur geglotzt und waren ihrer Wege gegangen.

Er drehte sich um, übergab das Buch. »Ich wusste nicht, dass Diebe heutzutage schon Arabisch lesen können.«

»Danke.« Der andere nahm das Buch entgegen. »Das ist Persisch.«

»Ach so?«

»Eine sehr ähnliche Schrift, aber die Sprache ist ganz anders.«

Persisch, dachte Edward. *Das ist richtig selten. Das Buch ist demnach noch wertvoller, als ich dachte. Aber jetzt ist es ohnehin zu spät.*

Edward setzte sich neben den Mann an die Backsteinmauer. »Wo hast du das Ding überhaupt versteckt, das die Leute bei dir gesucht haben?«

»Ich habe nichts gestohlen.«

Edward ließ den Blick über die Wams- und Hosenknöpfe seines Gegenübers gleiten. Keiner davon sah klobig genug aus, um aufklappbar zu sein.

»Dem Silberschmied zumindest nicht«, hob der Mann wieder an, »aber heute Morgen habe ich ein Pferd gestohlen und drei Bücher.«

Edward gab ihm die Hand. »Ich bin Edward Talbot und übrigens kein Beichtvater.« Der falsche Familienname war ihm unversehens herausgerutscht: Gewohnheit.

»Jacob Greve«, stellte der andere sich vor. Edward schätzte, dass der Mann etwa fünf Jahre älter war als er selbst und ihm seinen richtigen Namen genannt hatte.

»Kannst du Persisch lesen?«

Jacob Greve schlug das Buch auf. Seine Augen glitten über die Schnörkel und Punkte, die in kurze Abschnitte eingeteilt waren, vielleicht in Strophen? Flink blätterte er mit zitternden blutbespritzten Fingern die Seiten um.

»Das sind die Gedichte eines Mannes namens Dschalāl ad-Dīn Muhammad Rūmī.« Er sprach den Namen mühelos aus.

Edward zeigte wahllos auf eine Zeile, die oberste von dreien. »Und was heißt das?«

»Der eine Trunkenbold umsorgt den andern. Dieses Reden ist wie das Prägen neuer Münzen.«

In ganz Europa, überlegte Edward, *dürfte es höchstens ein paar Dutzend Gelehrte geben, die Persisch lesen können: vor allem Orientalisten an Universitäten, aber dieser abgerissene Mensch hier?*

»Schöne Verse«, lachte Edward und musterte das Gesicht seines Gegenübers. Es war ziemlich rund, wodurch es jung wirkte, die grauen Augen des Mannes betrachteten die Zeichen so eindringlich, als säße er in einer Bibliothek.

»Das hier heißt Trunkenbold.« Jacob wies auf eine lange Reihe von Zeichen. »Die letzten beiden Buchstaben sehen ein bisschen aus wie ein Becher mit Henkel. Daran kann man es sich merken.«

»Wenn der Ruf aus dem fernen Persien ertönt«, Edward erhob sich und streckte Jacob die Hand entgegen, »soll man nicht widerstehen. Gehen wir einen trinken.«

Jacob schüttelte, plötzlich ganz ausgelassen lachend, den Kopf. »Mit Trunkenbold meint Rūmī jemanden, der trunken vom Gedanken an Gott ist.«

Edward zog den schmalen Menschen mühelos hoch. »Vom Gedanken an Gott? Jedem das Seine.« Er wies auf eine Taverne. »Dort hinten, ich lad dich ein.«

Jacob verharrte. »Ist es laut in der Taverne?«

»Laut?« Edward stutzte. »Glaube ich nicht. Es ist Vormittag. Da ist bestimmt nicht viel los.«

Im Gasthaus dämmerten einige Fuhrleute und Handwerker über ihrem Becher Bier und wechselten wenige gemurmelte Worte. Alle blickten sie herüber, als Edward und sein Begleiter sich an einen Tisch am Fenster nah der Tür setzten, musterten Jacobs zerrissenes, mit Blut bespritztes Hemd, wandten sich wieder ihren Bierkrügen zu. Edward stellte sein scheppperndes Bündel ab. Jacob legte das Buch auf den Tisch, sah es einen Moment gedankenverloren an.

»Damit kann man eine Menge Geld verdienen«, sagte Edward, »so mancher Adlige würde sicher einiges dafür zahlen, um es mitsamt deiner Übersetzung in seinem Kuriositätenkabinett auszustellen.«

»Ja?«

Edward musste grinsen. Es gab Menschen, die mit ein bisschen Talent und viel Gewitztheit ein gutes Auskommen hatten. Und es gab solche, die mit viel Talent und wenig Gewitztheit ständig kurz vor dem Verhungern waren.

»Ihr wünscht?« Der kräftig gebaute Wirt war an ihren Tisch getreten.

Edward bestellte Gerstensuppe und einen Krug Bier. »Wohnst du in Erfurt?«

Sein Gegenüber sackte in sich zusammen. »Nein, bis gestern war ich noch Präzeptor in Pforta bei Naumburg.«

»Präzeptor? Warum das denn?« Edward konnte sich kaum einen unangenehmeren Broterwerb denken. Die Holztische des düsteren Raums in der Lateinschule von Worcester tauchten vor ihm auf. Er hatte am Fenster gesessen und mehr den Vögeln zugehört als den Präzeptoren. Nirgends klang Vogelgezwitscher schöner als von einer Schulstube, einem Hörsaal oder einer Gefängniszelle aus.

Jacob blickte finster auf die Tischplatte. »Ich habe mein ganzes Leben an der Schule verbracht, war schon Schüler dort.«

Edward zog eine Pfeife aus der Manteltasche, zündete sie an, sog den Rauch ein.

»Immerhin hatte ich da ein Gehalt«, Jacob rieb die Finger aneinander, »das Essen war auch gut, meistens zumindest. Ich hatte ein Zimmer im dritten Stock. Von da aus konnte man den Kreuzgang sehen, und die alte Eiche.« Er seufzte, blickte auf Edwards Pfeife.

»In London sind Pfeifen groß in Mode«, sagte Edward in aufmunterndem Ton, »die Leute rauchen, wo sie gehen und stehen, sogar im Theater. Möchtest du mal ziehen?«

Jacob schüttelte den Kopf.

»Sehr vernünftig. Neulich haben sie einen aufgeschnitten, der ständig mit der Pfeife im Mund herumlief. Angeblich sollen all seine Innereien schwarz von Ruß gewesen sein. Ist aber vielleicht auch nur Propaganda von den Pfaffen, die ständig dagegen anpredigen, als gäbe es keine größeren Sünden.«

Der Wirt brachte den Bierkrug und einen Becher. Edward nahm einen tiefen Schluck. Jacob fuhr düster dreinblickend mit dem Fingernagel die Maserung des Tisches entlang.

Edward stützte die Ellenbogen auf den Tisch, schob den Becher zu Jacob hin. »Und was hast du jetzt vor?«

Jacob kniff die Lippen zusammen. »Ich reite in ein schweigendes Kloster und arbeite da im Gemüsegarten.«

Edward lachte auf. »Das klingt sehr verlockend. Reite gen Süden. Dann kannst du nach dem Unkrautjäten in der Sonne liegen, stundenlang, und dabei einen guten Wein trinken.«

Jacob drehte den Becher zwischen den Fingern. Edward spürte, dass der Moment gekommen war, an dem sich ihm dieser Mensch offenbaren, etwas Entscheidendes von sich preisgeben würde. *Schweig jetzt,* mahnte sich Edward. Vor sich sah er eine runde hölzerne Zielscheibe – wie er und seine Kameraden sie auf die Wiese vor Worcester gestellt hatten –, er fühlte seine Fingerkuppen an der Sehne des Bogens, spannte ihn, visierte den Mittelpunkt der Scheibe an, hörte das Rufen seiner Kameraden nicht mehr, alles war ruhig, die ganze Welt, nie ruhiger als kurz vor dem Schuss.

»Ich höre alles zu laut«, kam es da von dem anderen, »Geräusche und Wörter schwellen in mir an, ohne dass ich es will.«

Edward stutzte. »Du bist also tatsächlich wegen des scheppernden Klangs eines Bechers vom Stand des Silberschmieds weggelaufen?«

Sein Gegenüber nickte. »Ich kann nichts dagegen tun. Dieses laute Hören überfällt mich einfach. Ich weiß nicht mehr, wie ich mein Geld verdienen soll.« Es schlug elf. Bei den Glockenschlägen fuhr Jacob zusammen.

»Nimmst du irgendwas?«, fragte Edward. »Tollkraut? Alraune? Bilsenkraut? Mandragora? Stechapfel?«

Jacob hielt inne. »Es kommt nicht von irgendwelchen Mitteln«, antwortete er ungehalten, »es kommt aus heiterem Himmel, ob ich es will oder nicht.« Seine Pupillen waren nicht geweitet, bemerkte Edward. Wahrscheinlich nahm er wirklich keine Arzneien.

Die Gerstensuppe kam, sogar gut gesalzen. Die Deutschen waren oftmals so geizig mit dem Salz. Edward zog seinen Löffel aus dem Köcher, schob die Schüssel näher an Jacob heran, doch der brach nur ein Stück Brot ab und drückte es zwischen den Fingern zusammen.

»Ich kannte alles in Pforta«, Jacob sprach mehr zu sich selbst als an Edward gewandt, »der Tagesablauf ist mir in Fleisch und Blut übergegangen. Jetzt wäre gerade Bettenmachen und Zellenkehren.« Seine Augen irrten durch den Raum, als fühle er sich plötzlich völlig verloren. Sein Blick war auf einmal so voller Schmerz, dass Edward unwillkürlich das Messer des Henkers spürte, wie es ihm das Ohr abschnitt.

»Und warum bist du weg von da?«

»Ich war ein schlechter Präzeptor.« Jacob knetete das Stück Brot zu einer Kugel.

»Es gibt Schlimmeres«, Edward zwinkerte seinem Gegenüber zu, »ein schlechter Trinker zu sein zum Beispiel oder ein schlechter Spieler oder ein schlechter Liebhaber.« Er löffelte die Suppe, während Jacob ins Nichts starrte. »Du wirst etwas Neues finden mit deinen vielen Sprachen.«

Jacob schüttelte den Kopf.

»Du könntest nach England reisen, um festzustellen, dass die Leute da schlechter Englisch sprechen als du.«

Sein Gegenüber steckte die Brotkugel in den Mund. »Ich war noch nirgendwo. Außer Naumburg, Leipzig, Erfurt und Gotha kenne ich nichts.«

»Dann wird es Zeit. Wie gut ist dein Hebräisch?« Edwards Puls beschleunigte sich. Die Frage war ihm gekommen, ohne dass er lange darüber nachgedacht hatte. Doch nun befand er seinen Einfall für gut. Dieser Jacob hatte etwas an sich, das dazu reizte, ihm zu helfen.

Der hielt inne, Hoffnung flackerte in seinen Augen auf. »Leidlich.«

»So *leidlich* wie dein Englisch, nehme ich an?«

Jacob lächelte, senkte den Kopf, errötete. Lob schien dieser vielsprachige Mensch nicht gewohnt zu sein. Seltsam.

»Hör zu.« Edward senkte die Stimme, obwohl der Wirt und die Tavernengäste sicher ohnehin kein Englisch verstanden. »Es gibt eine Tätigkeit, die haargenau zu Menschen passt, die viele Sprachen beherrschen und von Klängen überwältigt werden.«

Jacob schaute ihn ungläubig an.

»Ich habe es selbst gemacht«, sagte Edward, »für fünf Pfund im Monat, dazu Unterkunft und Verpflegung.«

Der andere staunte. »Dafür, dass man nicht ganz richtig im Kopf ist?«

Edward grinste. »Oder dafür, dass man so tut, als wäre es so.«

»Natürlich«, Jacob hob die Hände, »entschuldige.«

Edward trank einen großen Schluck und noch einen, stellte seinen Becher ab, genoss die erwartungsvolle Spannung seines Gegenübers. »Ich war Engelsmedium bei John Dee.«

Jacob erstarrte, blickte ihn mit zehnmal so viel Respekt an wie vorher. »Beim Astronomen und Mathematiker der englischen Königin? Bei dem hast du gearbeitet?«

Edward verdrehte die Augen. »Auch der Astronom der Königin hat zum Draufsitzen nichts weiter als einen Arsch. Und sogar die Königin muss hin und wieder scheißen. Sogar öfter als wir, weil sie mehr zwischen die Kiemen kriegt.«

Jacob lachte, unvermittelt freimütig. »Und wieso bist du nicht mehr bei Dee?«

Edward zögerte. Er konnte kaum zugeben, dass Dee ihn entlassen hatte, weil er heimlich eines seiner Bücher kopiert hatte. »Ich habe versucht, ihm seine junge hübsche Frau auszuspannen.« Er grinste Jacob zu.

Der zog seinen Messinglöffel hervor und stippte ihn in die Gerstensuppe. »Und wo lebt John Dee? Mitten in London? Also mitten im Getümmel, wo Märkte sind, Wagen fahren …?«

»Nein, in Mortlake. Das liegt außerhalb von London. Da ist es ziemlich ruhig.«

»Und was tut ein Engelsmedium?«

Edward blickte um sich. »John Dee ist auf der Suche nach der Sprache der Schöpfung, mit der Gott die Welt erschuf. Und die einst Adam und Eva im Paradies benutzten.«

Jacobs Augen blitzten auf, er beugte sich vor. »Ich habe schon gehört, dass einige große Gelehrte diese Sprache suchen.«

»John Dee erhofft sich sehr viel davon«, fuhr Edward fort, während sein Gegenüber nickte und sich straffte, »er will mithilfe der Sprache Gottes die Schöpfung verstehen. Das, was er mit all seinen Quadranten, seiner Mathematik und seinen alchemistischen Versuchen nicht erfassen kann, möchte er durch die Sprache Gottes und der Engel begreifen. Er möchte eine Abkürzung auf dem Weg zur Erkenntnis finden, jetzt, wo er alt wird.« Edward blies Ringe in die Luft. »Obendrein will er die perfekte Sprache nicht nur hören und verstehen, sondern sie auch benutzen.«

Jacob fuhr erschrocken auf. »Benutzen?«

Edward blies noch ein paar Ringe. »Ja, um Frieden zu stiften. Die Sprache Gottes soll die Menschen einen.«

»Katholiken und Protestanten«, warf Jacob aufatmend ein.

»Alle«, Edward machte eine große Geste über den Tisch hinweg, »Christen, Muslime, Juden, Ketzer und Rechtgläubige, Engländer und Spanier, Europäer und Türken. John Dee neigt nicht gerade zu Kleinmut bei den Zielen, die er sich steckt.«

Sein Gegenüber nickte, seine Wangen hatten sich gerötet. »Mit einer Sprache die Menschen einen …« Er ließ den Satz offen ausschwingen.

Edward fuhr sich mit der Zunge über die Lippen. »John Dee möchte von seinem Engelsmedium vor allem eins: dass es ihm diese Sprache übermittelt.«

»Übermittelt?«

»Von den Engeln, die die himmlische Sprache kennen.«

»Und wie?« Jacobs Stimme klang fest, Neugier und Aufmerksamkeit lagen in seinen Zügen. *Mit den hohen Wangenknochen, der geraden Nase und seinen jetzt glänzenden grauen Augen,* dachte Edward, *dürfte er den Frauen durchaus gefallen, zumindest denen, die genauer hinsehen.*

Edward nahm den Bierkrug, der zwischen ihnen stand, stellte ihn vor sich hin. »Stell dir vor, dies ist eine Kristallkugel.« Jacob sah auf den Krug. »Und jetzt stell dir vor, ich falle auf die Knie und bete.«

Jacob nickte.

»Nach und nach trete ich in eine andere Sphäre beziehungsweise lasse es so aussehen. Dann nenne ich den Engel, der mir erscheint, zum Beispiel Uriel oder Michael.«

Jacob hörte genau zu.

»Dann bittet Dee den Engel, ihm einige Worte in der Sprache zu enthüllen, die er auch die himmlische Sprache, Adams Sprache, die Sprache der Vögel oder die Grüne Sprache nennt, weil die Farbe Grün mit dem unberührten Garten Eden in Verbindung steht.«

Edward richtete das Mundstück seiner Pfeife zum Fenster hinaus. »Oder auch die Sprache des Lichts, weil sie wirkt wie die Sonne, über deren sanfte Strahlen die Menschen den Willen Gottes empfangen, während die Engel Gott direkt anschauen und mit ihm sprechen können.« Edward machte eine wegwerfende Geste. »Aber das sind Dees Angelegenheiten und wenn jemand einen Kopf hat, der groß genug dafür ist, dann er. Für dich zählen fünf Pfund im Monat, ein bequemes Zimmer und gutes Essen.« Edward legte die Pfeife beiseite und sagte betont gelassen: »Diese Sprache musst du natürlich erfinden.«

»Was?« Jacobs Aufmerksamkeit brach, seine Gesichtzüge verloren ihre Schärfe.

Edward nahm einen Schluck Bier. »Ja, was denkst du denn? Dass die Engel sich mit einem sächsischen Herumtreiber unterhalten, der Bücher und Pferde stiehlt?«

Jacob lächelte. »Nein, das würden sie sicher nicht.«

»Jetzt kommt es natürlich darauf an«, erläuterte Edward weiter, »dass die Sprache möglichst so klingt, wie Gelehrte sich die Ursprache vorstellen. Also vor allem Hebräisch.«

»Und als Engelsmedium«, fragte Jacob, »hast du in eine Kristallkugel geschaut und eine erfundene Sprache gesprochen?«

»Ja«, Edward wandte sich wieder dem Krug zu, atmete tief, »ich zeige es dir.«

Edward schloss die Augen, versetzte sich zurück in die Stille des von Doppeltüren verschlossenen Arbeitszimmers John Dees. Auf dem an den Ecken mit Gold verzierten Tisch lag, auf purpurnem Samt, die Kristallkugel. Edward sah sie im Licht funkeln, bis er nur noch eine leuchtende, glitzernde Fläche wahrnahm. Ein Pfeil flog darauf zu, traf genau den Punkt, der am hellsten glänzte. Silben strömten durch Edwards Körper hindurch, bis sie sich zu Worten zusammenfügten. »Arney vah nol gadeth adney nath gemseh ah orza val gemáh …« Die Wörter kamen in Fluss, wurden kraftvoller, sprudelten immer schneller aus irgendeiner Quelle, die nur zum Teil in ihm selbst war. »Ampha nols admácha monsah sobha ath trian luiahe …«

Das funkelnde Licht erlosch, die glitzernde Fläche verschwand. Er blickte direkt in zwei große graue Augen. Edwards Herz pochte. *Dieser Sprachfluss, diese Leichtigkeit,* durchfuhr es Edward, *sind von meinem Gegenüber ausgegangen.* Der Mann musste ihn die ganze Zeit über mit hoher Aufmerksamkeit angesehen haben, genauso, wie er es immer noch tat.

»Hast du mich hypnotisiert?«, entfuhr es Edward.

»Nein.« Jacob stutzte. »Das war eine schöne Sprache, eine Mischung aus Hebräisch und etwas anderem, das ich nicht einordnen konnte.«

Edward bemerkte eine atemlose Stille im Raum. Er blickte um sich. Die Fuhrleute, die Handwerker und der Wirt starrten ihn entgeistert an. Edward wurde heiß. Er hatte zu laut gesprochen. Diese Leute mit ihren ungläubig aufgerissenen Augen hielten ihn für einen schwarzen Magier, der Zauberformeln benutzt hatte. Edward sprang auf, bezahlte die Zeche, indem er ein paar Münzen auf den Tisch legte, steckte seinen Löffel ein und raunte Jacob zu: »Raus hier!«

So gemessen er konnte, schritt er zur Tür. Jacob zog er mit sich. Die Leute stierten ihn an, doch regten sich nicht; jedenfalls noch nicht. Draußen blendete die Sonne. Sie eilten Richtung Krämerbrücke. Edward sah sich schnaufend um, während Tiegel und Phiolen in seinem Bündel schepperten und ihm gegen die Schulter schlugen. Wenn ihnen jemand folgen sollte, könnte das böse enden. Auf deutschem Gebiet verbrannte man weit mehr Hexen und Zauberer als in England. Sie bogen um eine Kurve in die Michaelisstraße, wo eine Stalltür offen stand. Sie schlüpften hinein. Im Halbdunkel roch es nach Heu und Stroh. Pferde standen an den Trögen. Schon kletterte Jacob eine Leiter hoch. Edward schlug die Tür zu, stieg ihm hinterher. Auf dem Dachboden warf er sich gegen einen Strohballen. Mit einer Hand prüfte er den Sitz seines Baretts und seiner Haare. Die Kopfbedeckung war nur leicht verrutscht. Jacob hatte sein verstümmeltes Ohr sicher nicht bemerkt. Schnelle Schritte hielten auf die Scheune zu. Edward erstarrte. Jetzt waren die Schritte vor der Tür zu hören, dann entlang der Scheune, entfernten sich wieder.

Edward verschnaufte, trank aus seiner Flasche und reichte sie Jacob. »Wenn ich wirklich ein schwarzer Magier wäre«, stieß Edward hervor, »würde ich mir einen in Pfeffer gebratenen Hirsch herbeizaubern und einen teuren Rotwein dazu.« Er blinzelte Jacob zu. »Am besten gleich einen ganzen Weinkeller, in einem großen Haus am Fluss, mit Erker. Ich liebe Erker. Man hat festen Boden unter den Füßen und schwebt trotzdem.« Jacob lachte und setzte die Trinkflasche an die Lippen. Edward betrachtete die schmalen, leicht zitternden Finger um die Flasche, den sich auf und ab bewegenden Kehlkopf und das verschwitzte Gesicht. *Wir könnten zusammen durch Europa reisen,* kam es Edward in den Sinn, *zwei Vagabunden, die eigentlich zu viel können, um Vagabunden zu sein.*

»Scht«, machte Jacob, duckte sich. Edward kauerte sich hinter dem Strohballen zusammen. Quietschend wurde die Scheunentür aufgezogen, Licht fiel herein. Schwere Schritte hielten auf die Mitte der Scheune zu. Edward hielt die Luft an, sein Herz klopfte schneller. Ein Schlürfen und Schlucken drang an sein Ohr. Ein Pferd, das trank. Jemand tränkte die Pferde.

»Sauf nicht so viel«, krächzte eine alte Männerstimme, »meine morschen Beine können nicht dauernd zum Brunnen laufen.« Ein sanft klatschendes Geräusch: Der Mann klopfte dem Pferd den Hals.

»Na«, krähte der Greis wieder, »und du kannst ruhig ein bisschen mehr trinken, sonst krieg ich für dich dürres Gestell beim Schlachter keinen Heller.«

Edward unterdrückte ein Lachen, Jacob prustete in sich hinein.

Endlich fiel die Tür knarzend ins Schloss.

»Lass uns gehen«, sagte Edward, rappelte sich hoch.

Edward stieg die Leiter hinunter. Gefolgt von Jacob ging er an der

Stallwand entlang zur Tür, öffnete sie vorsichtig, spähte hinaus. »Besser, wir trennen uns. Ich gehe zuerst, du in ein paar Minuten.« Jacob blickte ihn an wie ein Junge, der gut geträumt hatte und plötzlich geweckt worden war. *Warum,* überlegte Edward, *sollten wir nicht wirklich ein wenig zusammen reisen?*

»Wir können uns morgen gegen acht Uhr auf der Via Regia treffen«, sagte er leichthin, »am ersten Meilenstein Richtung Gotha.«

Jacob nickte sichtlich erleichtert. »Warum Richtung Gotha?«

»Weil du auf diesem Weg nach Antwerpen kommst und von dort viele Schiffe nach Dover segeln.«

Jacob zog sich einen Strohhalm aus dem Haar. »Wohin musst du überhaupt? Wir haben nur von mir gesprochen.«

»In deine Richtung. Westen. Dann weiter südlich. Würzburg.« *Herrgott,* ärgerte sich Edward, *was stottere ich nur so herum?* Eine so einfache Frage durfte ihn doch nicht derart in Verlegenheit bringen. »Warte«, sagte er, kramte in seinem Bündel, bis er zwischen einigen Tüchern das Fläschchen fand. »Hier, nimm.«

»Was ist das?« Jacob hielt das Gefäß mit der dunklen Flüssigkeit ins Licht, das zwischen groben Holzplanken hindurch in den Stall fiel.

»Mandragora, stark verdünnt.«

Jacobs Augen weiteten sich. »Das ist ziemlich teuer.«

»Ich hab es selbst gemischt.« Edward gab seiner Stimme einen beiläufigen Klang. »Nimm heute Abend zwei kleine Schlucke. Es wird dich gut schlafen lassen.«

Jacob nickte dankbar, öffnete das Fläschchen, roch daran.

»Aber kleine Schlucke!«, mahnte Edward. »Und nicht mehr als zwei! Sonst hörst du noch lautere Klänge, als du es ohnehin schon tust.«

»Das ist sehr freundlich von dir.« Jacob steckte das Fläschchen ein. »Bist du Apotheker?«

»Nein, abgebrochener Apotheker.« *Ebenso,* dachte Edward, *wie ich ein abgebrochener Schüler, ein abgebrochener Student, ein abgebrochener Alchemist und ein abgebrochener Bogenschütze bin.* Er warf sich sein Bündel über die Schulter und trat hinaus. »Bis morgen.«

* * *

Als Edward am Nachmittag lang ausgestreckt auf seinem Bett im Gasthaus *Zum Schwanring* nahe des Marktes am Anger lag, hörte er wieder einige der Wörter, die er am Vormittag in der Taverne erfunden hatte. *Ampha nols admácha monsah …* Es war ein unglaubliches Gefühl gewesen, wie die Wörter durch ihn hindurchgeschnellt waren, wie sie ihm ganz von selbst einfielen, immer mehr Kraft entfalteten. Auch wenn Jacobs Blick und gesammelte Aufmerksamkeit ihn beflügelt haben mochten, die Wörter waren aus ihm selbst gekommen, fast als hätten sie ihm wirklich die Engel eingegeben. Schade, dass dieser sprachbegabte Mann ihm nicht auch beigestanden hatte, als er versuchte, das Buch *Soyga* zu entschlüsseln.

Edwards Herzschlag setzte aus. Natürlich. Das war es. Sein Instinkt, sein guter Instinkt! Etwas war besonders gewesen an dieser Begegnung mit Jacob, und genau das war es. Ohne viel nachzudenken, hatte er diesem Menschen geholfen und ihm die Tätigkeit bei John Dee empfohlen. Wie ein Schlafwandler: trittsicher, aber ohne zu wissen, was er tat. Edward richtete sich im Bett auf. Doch jetzt war alles klar. Sein Instinkt hatte diesen Mann nicht zufällig ausgeguckt und mit John Dee in Verbindung gebracht. Wenn jemand das Buch *Soyga* entschlüsseln konnte, dann dieser Jacob mit seiner offenkundigen Sprachbegabung! Edward sprang auf, lief ans Fenster und blickte hinunter auf den Marktplatz mit der Kaufmannskirche. *Ich muss Jacob nur unauffällig auf die Fährte des Buches* Soyga *in Dees Bibliothek setzen,* sagte sich Edward mit bebenden Gliedern. Den Hinweis auf die Pfeifsprache der Hirten von Aas würde Jacob ohne Weiteres entschlüsseln. Die entsprechende Chiffre hatte sogar er, Edward, in einer knappen Stunde gelöst, heimlich, nachts in Dees Bibliothek. Für Jacob dürfte sie ein Kinderspiel sein. Edward jubilierte. Der Plan war perfekt. Sobald Jacob den Hinweis auf die pfeifenden Hirten entschlüsselt haben würde, waren seine nächsten Handlungen berechenbar. Seine Sprachbegeisterung würde ihm keine andere Wahl lassen. Wie seine Augen geglänzt hatten, als es um die Suche nach der Sprache der Schöpfung ging! Schon in einigen Wochen würde Jacob in die Pyrenäen reisen. Edward schnalzte mit der Zunge. Es würde genügen, ihn dort zu erwarten.

Edward zog den Lederbeutel, den er um den Hals trug, hervor, setzte sich wieder auf das Bett und drehte den grünen Diamanten zwischen den Fingern. Was für ein hübsches Steinchen. Die Häscher des Kurfürsten August von Sachsen dürften schon hartnäckig auf der Suche nach ihm sein. Zumal er im Dresdner Goldhaus mit seinem roten und weißen Pulver unter Dreingabe von Quecksilber und Aulium Solis, einer von ihm selbst hergestellten Mixtur aus Goldstaub und Mondviolensaft, recht ansehnliche Ergebnisse erzielt hatte. Er musste so schnell wie möglich fort aus dieser Gegend, weg aus deutschem Gebiet. Wenn der Kurfürst ihn zwischen die Finger bekam, würde er ihm die Wahl zwischen Galgen und Goldproduktion lassen. Und wenn seine Pülverchen dann doch nicht so gut waren, wie sie schienen, würde er baumeln. Warum also nicht gen Süden ziehen?

Die vielen glatt geschliffenen Flächen des Diamanten funkelten im Sonnenlicht. *Ich sollte ihn noch heute versetzen,* überlegte Edward, *bevor ich mich morgen auf und davon mache.* Hehler gab es in Erfurt genug. Sie würden ihn ordentlich herunterzuhandeln versuchen, doch wenn er sich nicht allzu ungeschickt anstellte, könnten hundertfünfzig Taler für ihn herausspringen. Dann könnte er sich hier gut ausstaffieren, ein kräftiges Pferd und Kleidung aus Samt und Seide kaufen. Bis Südfrankreich müsste er kein Geld verdienen. Edward pfiff durch die Zähne. Wenn er mithilfe dieses sprachvernarrten Sachsen doch noch zu dem Wort für »Gold« in der Ursprache kommen sollte, brauchte er sich bald nicht mehr die Hände mit Stehlen schmutzig zu machen.

7: EIN MÖGLICHST LANGES BEARNISCHES SCHÄFERLIED

Margarète begibt sich in die größte Festung der Calvinisten, betört einen Soldaten mit englischen Trinksprüchen, flüstert in eine Mauer und zieht in einem schwarzen Tunnel ihren Dolch.

Margarète schlängelte sich zwischen Korbhändlern durch das nach Süden ausgerichtete »Spanientor« in die Festung Navarrenx hinein. Die Wachen, die gerade Mühle spielten, schauten nur kurz auf, unterschätzten Frauen, wie die meisten Wachposten. Umso besser. Margarète trat in die Bastion. Ihr Puls beschleunigte sich. Sie befand sich in der Höhle des Löwen, in der wichtigsten Festung der Calvinisten. Die Mauern waren bestimmt an die fünfzehn Fuß dick. *Monatelang haben die Protestanten hier im Jahr 1569 einer katholischen Belagerung standgehalten,* ging es Margarète durch den Sinn. Dann war ein protestantisches Heer mit dreitausend Mann eingetroffen und hatte die Katholiken besiegt. Hinterher hatten die Ketzertruppen katholische Burgen, Dörfer und zweiundachtzig Kirchen geplündert und niedergebrannt, Hunderte Katholiken getötet. Seither war kein Versuch mehr unternommen worden, die von den Calvinisten errichtete Zitadelle zu stürmen. Es war an der Zeit für einen Rachefeldzug und wenn es ihr heute gelänge, genügend über diese Bastion herauszufinden, könnte sie ihn einleiten.

Ihr hellblaues Samtkleid anhebend, stieg Margarète eine Treppe zu einer Terrasse hinauf. Unter dem klaren Frühlingshimmel lag das Gave-Tal in hellgrünen Farben. Die Gave floss in weichen Wellen, als wäre ein flatterndes Seidentuch über dem Wasser ausgebreitet. Margarète stützte die Hände auf das Geländer. Heute würde es keine Dolchwürfe und keine Toten geben, heute machte sie die Regeln. Es würde auf Klugheit und Gewitztheit ankommen. Wenn sie in Navarrenx Erfolg hatte, wäre es endgültig vorbei mit den Vorbehalten der Ligisten ihr gegenüber. Die hatten sich wieder verstärkt, seitdem der

Mönch herumerzählte, wie kreidebleich sie beim Anblick des toten Pfarrers von Sallent de Gállego geworden war. In der Mitte der Terrasse stand ein Brunnen, an dem die Ketten der Zugbrücke endeten und sich die Winde befand. Nützlich zu wissen: Eingeschleuste Männer könnten hier für die Armeen der Ligisten die Zugbrücke herunterlassen. Margarète ging treppab in die Hauptstraße. Zu ihrer Linken erstreckte sich ein mit Säulen und Statuen geschmückter Palast – wahrscheinlich der des Usurpator-Königs Heinrich von Navarra und des Béarn. Am Ende der Straße lag ein Platz mit einer Kirche, unter deren Zwiebelturmdach sich ein Glockenturm befand. Niemand ging in sie hinein oder kam aus ihr heraus. Wie alle calvinistischen Kirchen war sie verschlossen, damit niemand im Stillen katholische Gebete darin aufsagen konnte. Wahrscheinlich handelte es sich um Saint-Germain, wo Johanna von Navarra, die Mutter des jetzigen Königs, im Jahr 1563 zu Ostern erstmals einen calvinistischen Gottesdienst hatte abhalten lassen und dabei das Abendmahl einnahm. Damit bekannte sie sich vor aller Augen zum Ketzerglauben. Sieben Jahre später hatte sie alle katholischen Gottesdienste im Béarn verboten.

In den überdachten Markthallen vor der Kirche boten Händler und Handwerker ihre Waren feil. Reiche Bürger in teuren Gewändern, behängt mit Gold- und Silberketten, Ringen, Perlen, Smaragden und Rubinen, spazierten zwischen den Auslagen. Calvinisten zeigten mit ihrem Reichtum, dass sie auserwählt waren. Was für Ketzer, den Reichtum heiligzusprechen! Margarète wandte sich von den Prahlern ab und den zahlreichen Soldaten zu, die mit schweren Stiefeln und Arkebusen oder Degen umhergingen. Einen davon musste sie sich angeln. Am westlichen Flügel der Markthallen befand sich ein Weinstand mit Tischen. Margarète setzte sich an den äußersten, richtete Haube und Haare, zog den Bericht eines italienischen Kaufmanns über eine Reise durch England heraus. In keinem Land hatte der Protestantismus derart weit um sich gegriffen wie in England. Folglich dürfte der Reisebericht ein guter Gesprächsanlass für calvinistische Soldaten sein. Margarète blätterte die Seiten um. Vor sechzehn Jahren hatte Élie Vinet ihr den Band in einer Londoner Buchhandlung geschenkt. Damals war sie gerade einmal achtzehn Jahre alt gewesen und begleitete Vinet einige Monate nach London und Oxford, wo er Gelehrte traf. Wie lange das her war. Ihr Dienstherr, der selbst keine Kinder hatte, gab sie als seine Großnichte aus, da sie sonst aus Schicklichkeitsgründen nicht zusammen hätten reisen können. »Junge Männer gehen auf Bildungsreise durch Europa, warum nicht auch du?«, hatte er gesagt. Damals sog sie das Englische genauso gierig in sich hinein, wie sie das Lateinische und Spanische gelernt hatte. Élie Vinet lobte sie in den höchsten Tönen, doch mit zweiundzwanzig Jahren heiratete sie dann den Tischler Hugo Labé, ein Haushalt war zu führen, Kinder blieben zwar aus, doch das Leben trieb sie in eine andere Richtung, weg vom Lernen. Was würde Élie Vinet wohl von ihr denken, jetzt? Sie hatte ihn lange nicht gesehen, ihn gemieden, unbewusst. Das Übersetzen war geblieben, doch es war öde, Satz für Satz zu übertragen, in ihrer düsteren Bleibe in Bordeaux. Margarète sah wieder vor sich, wie der Baron de Vaillac in ihre Stube getreten war, vor dreieinhalb Jahren, im Herbst 1578, mit gelbem Seidenwams, Federhut und blitzendem Degen an der Seite. Wie er ihr einen Brief auf Spanisch überreichte und sie bat, diesen zu übersetzen, wie seine Augen aufblitzten, als er sie ansah und noch einmal, als sie den Brief sofort aus dem Stegreif übertrug, ohne ein einziges Wort nachschlagen zu müssen. Danach hatte er sie zum Tanz auf sein Château eingeladen und ihr für die Übersetzung so viel bezahlt, dass sie sich zu diesem Anlass ein elegantes Kleid kaufen konnte.

Margarète blickte auf. Ein Mann in Lederschürze war an ihren Tisch getreten, lächelte sie an, fragte, ob er sich zu ihr setzen dürfe. Seine Kleidung war mit Tonflecken übersät, offenbar handelte es sich um einen Töpfer. Der wusste bestimmt nicht genug über militärische Anlagen. Margarète sagte, sie erwarte jemanden.

In schweren Soldatenstiefeln kam nach einer Weile ein schlanker Mann um die dreißig Jahre die Straße herunter, einen Degen am Gürtel, in Samt und Seide gekleidet, wahrscheinlich ein ranghoher Soldat. Der sah vielversprechend aus. Als er bis auf wenige Schritte an sie herangekommen war, ließ Margarète den Reisebericht wie versehentlich aus den Händen gleiten. Der Soldat bückte sich, hob das Buch auf, lächelte sie an. Er hatte volle Lippen und dunkelbraune, gewellte Haare, aber einen leichten Silberblick. Er schaute auf das Titelblatt und die Englandkarte auf der folgenden Seite. »Ihr plant eine Reise nach England?«

»Das größte protestantische Reich«, sagte Margarète in träumerischem Tonfall. *Dabei,* dachte sie insgeheim, *ist es mit der kleinen Insel am Rande Europas nicht weit her.* Königin Elisabeths Kassen waren leer und ihre einzige Geldquelle waren Überfälle auf spanische Goldschiffe, ausgeführt von Piraten wie Francis Drake und Walter Raleigh.

Der Mann nickte, reichte ihr das Buch. »Könnt Ihr Englisch?«

»Ein wenig.«

»Darf ich Euch ein Glas Wein ausgeben?« Der Soldat verneigte sich.

Der Fisch hing an der Angel. »Gern.«

Der Mann gab ihr einen Handkuss. »Leutnant Philippe Cazaux.«

Margarètes Herz machte einen Sprung. Er bekleidete einen hohen Rang: Dieser Mann kannte sich aus auf der Burg.

Der Soldat schenkte ein, scherzte über die Passanten, machte Margarète Komplimente zu ihrem Kleid und lachte schon nach einem Glas immer mehr, vertrug nicht viel. Gut. Margarète nippte nur am Wein.

»Navarrenx ist eine beeindruckende Festung«, wagte sie sich schließlich vor, »hier kann man sich sicher fühlen.«

»Oh, ja«, stimmte der Leutnant fröhlich zu, »und erst kürzlich ist ein neuer Pulverturm errichtet worden. Fünfundzwanzigtausend Tonnen Schwarzpulver können darin gelagert werden.«

Fünfundzwanzigtausend Tonnen! Margarète nickte beeindruckt. Es galt herauszufinden, wo der Turm sich befand. Dieser Mensch musste noch ein wenig mehr trinken. »Kennt Ihr englische Trinksprüche?«, fragte sie.

Der Leutnant schüttelte den Kopf, betrachtete ihre Hände. Margarète blätterte mit ihren zarten Fingern und langsamen grazilen Bewegungen im Reisebericht. »Hier stehen welche«, log sie, hob ihr Glas. »Cheerio!«

Der Mann schenkte sich nach, trank das dritte Glas. Margarète trank gleichfalls ein wenig. Der Wein war gut, wenn auch nicht so gut wie in Bordeaux.

»Oder hier: »Bottoms up!«

Der Soldat blickte fragend.

»Das heißt: *Die Hintern hoch!*«

Cazaux stand auf, hob das Glas. »Bottoms up!« Sie tat es ihm lachend nach, er trank, sie nippte.

»Im Turm gibt es eine Flüstergalerie«, raunte ihr der Soldat verschwörerisch zu. Er schien dies für eine Besonderheit zu halten, die Frauen gefallen könnte. Margarète setzte einen neugierigen Gesichtsausdruck auf. Der Soldat beugte sich vor. »Da kann man auf der einen Seite in die Wand flüstern und hört es auf der anderen.«

Das ist nichts Besonderes, dachte Margarète. So etwas gab es in vielen Kathedralen. Aber Calvinisten verstanden nichts von Kathedralen. Eine Flüstergalerie in einem Pulverturm allerdings klang ungewöhnlich und könnte bei einer Erstürmung nützlich sein. »Wirklich?«, fragte Margarète. »Kann man auch hineinsingen?«

Der Mann legte zwei Münzen auf den Tisch und stand auf. »Das habe ich noch nicht probiert. Wollen wir es versuchen?«

Margarète erhob sich, freimütig lachend. Der Mann nahm ihre Hand und sie liefen die Straße hinunter, am Palast des Königs Heinrich von Navarra und des Béarn vorbei. Margarète durchströmte ein Triumphgefühl: Es klappte wie am Schnürchen.

»Wusstet Ihr, dass König Heinrich in einem Flügel seines Palastes einige Untertanen wohnen lässt?«, schnaufte der Soldat. »Unten Adlige, im ersten Stock Bürger, im zweiten Handwerker und ganz oben Tagelöhner. So will er die verschiedenen Stände einander näherbringen.«

»Tatsächlich? Was für ein hübscher Einfall.« Margarète hatte schon gehört, dass der Ketzerkönig es verstand, das Volk für sich einzunehmen.

»Nicht wahr?«, rief der Soldat mit leuchtenden Augen aus. »Stellt Euch nur vor, wie wunderbar es wäre, wenn Heinrich einmal König von Frankreich würde! Immerhin steht er in der Thronfolge an vierter Stelle.«

Das möge Gott verhüten, dachte Margarète, während sie scheinbar begeistert angesichts der Vorstellung nickte, dass ein Ketzer den französischen Thron bestieg. Der Soldat zog sie weiter, an einem kleineren Palast entlang. »Das Haus des königlichen Generalleutnants, Baron de Saint-Geniès.«

EVJ. Maregarète spürte kalte Nachtluft, sah den Dolch in der Brust des Pfarrers, lief schneller.

»Der Pulverturm!« Der Leutnant wies auf einen niedrigen Turm an der Stadtmauer. *Mit Kanonenkugeln ist der sicher schwer zu treffen,* überlegte Margarète, *da man ihn von unten wahrscheinlich nicht sehen kann.* Aber wenn man die Position genau kannte, konnte es gelingen. Dann wäre es mit einem Knall aus mit Navarrenx. Dies war ein guter Tag.

Der junge Wachmann am Pulverturm trug einfache Kleidung, hatte dunkelblonde Haare und helle Augen. Er lächelte Margarète an.

»Gaff nicht so«, herrschte der Leutnant den Wachposten an, »halte dich an Wäscherinnen und andere Weiber deinesgleichen.« Margarète unterdrückte ein Schmunzeln. Der Leutnant sah zwar gut aus, aber nicht so gut wie der Wachposten. Außerdem war da der Silberblick. Während der Leutnant in den Turm vorausging, reckte der Wachmann im Rücken seines Vorgesetzten die zur Faust geballte Hand empor. Margarète grinste. Der Wachposten zwinkerte ihr zu. Ein langer, enger Bogengang mit kleinen Fensteröffnungen führte ins Innere des Turms. Margarète folgte dem Soldaten rund zwanzig Schritte hinein. An einem Mauervorsprung hielt Cazaux inne. »Bleibt hier, ich gehe auf die andere Seite und flüstere etwas.«

Er zwängte sich zwischen ihr und der Wand hindurch, sie spürte seinen Atem auf ihrem Gesicht. Er umfasste ihre Taille, drückte leicht zu, Margarète wurde heiß, sie lächelte. Der Mann streifte mit einer Hand ihre Brust. Margarètes Herz pochte. Endlich war er an ihr vorbei, begab sich um eine Ecke zum anderen Ende der Flüstergalerie. Margarète atmete auf, sah sich um. An den Wänden hingen Schwerter und Eisenkugeln mit scharfen Dornen an Schleuderketten.

»Singt mir doch mal ein kleines Lied.« Das Flüstern klang klar und deutlich aus den Steinen, selbst die Wollust schwang mit durch die Mauern. Dieser Mann würde sich nicht mehr lange im Zaum halten, und sie hatte von dieser Festung bereits das Entscheidende gesehen.

Margarète sang die erste Strophe von »Der Bär Dominique«, ein bearnisches Volkslied, das ihre Großmutter ihr beigebracht hatte.

»Wenn die Engel nur halb so gut singen wie Ihr, lohnt es sich, in den Himmel zu kommen«, hallte es aus der Wand.

Margarète lachte in den Mauervorsprung hinein. In ihrem Schädel hämmerte es. Sie musste den Leutnant irgendwie dazu bringen, auf der anderen Seite der Flüstergalerie zu bleiben.

»Männliche Engel singen aber noch besser«, sagte sie langsam und deutlich in die Mauer hinein, »kennt Ihr auch ein Lied?«

»Si counéchets ma beryère«, kam es aus der Wand: der Titel eines ziemlich sentimentalen bearnischen Liebesliedes, das die Schönheit einer Schäferin pries. Aber es war ein langes Lied.

»Oh, das liebe ich!«, rief Margarète aus. »Kennt Ihr alle Strophen?«

»Qu'ey bère coum lou lugraa, ouère, ouère, ouère« – Sie ist schön wie ein Stern, schau, schau, schau –, intonierte der Mann, legte sich ins Zeug, brachte viel Gefühl in die Stimme, aber sang ziemlich falsch.

»Wundervoll, singt weiter«, sagte Margarète in den Mauervorsprung – und lief zum Ausgang. Der junge Wachposten strahlte sie überrascht an, sie gab ihm eine Münze. »Der Leutnant ist zudringlich geworden. Wie komme ich so schnell wie möglich aus der Festung heraus?«

Der Wachposten zeigte die Stadtmauer entlang zu einem Bollwerk. Die Stimme des Leutnants schallte bis zu ihnen herüber: »Sie ist so weiß wie der Schnee von Hogara, schau, schau, schau.« Schon die vorletzte Strophe. Der Wachposten gluckste: »Dort die Treppe runter, ein Gang führt nach draußen!«

»Sagt ihm, ich bin in die Gegenrichtung davon!«, rief sie dem Posten im Laufen noch zu, der Mann nickte winkend.

Margarète rannte zwischen Handwerkern und Soldaten hindurch zum Bollwerk, erreichte eine Treppe, sprang hinunter, schöpfte Atem, erreichte einen engen, dunklen Gang, lief hinein. Hier war es stockfinster und kalt. Kein Lichtstrahl fiel hinein. Margarète eilte weiter ins Schwarze, knickte auf dem unebenen Kopfsteinpflaster um, bekam Gänsehaut. Hier könnte man jemanden umbringen. Oder vergewaltigen. Sie eilte weiter, eine Hand an der Mauer, die andere fest um ihren Dolch geklammert. Es kam ihr vor, als wäre sie erblindet, so pechschwarz war es hier drinnen. Dieser Tunnel war kein sehr guter Ratschlag des Wachpostens gewesen. Hinter sich hörte Margarète Schritte. Sie erstarrte: War das der Leutnant? Hatte der Posten sie in eine Falle geschickt und dem Leutnant den richtigen Weg gewiesen? Sie rannte vorwärts, eine Hand an den rauen Mauersteinen, die andere am Dolch. Es ging um eine Kurve. Margarète blickte über die Schulter, sah jedoch nur Schwarz, stolperte über einen Stein, der gegen die Mauer kollerte, ein Echo auslöste. Die Schritte hinter ihr hallten fest und regelmäßig. *Was,* beschlich der Gedanke Margarète, *wenn dieser Tunnel mein Grab wird?* Jeder Schritt der Person, die da kam, schallte ihr im Nacken, der Abstand zwischen ihnen verringerte sich. Margarète hastete weiter, so leise es ging, wagte kaum zu atmen. Am Ende des Ganges war etwas Licht, endlich, sie sprang eine Treppe hinauf. Die Schritte näherten sich, trafen mit der Regelmäßigkeit eines Pendels auf dem Steinboden auf. Eine Tür mit einem vergitterten kleinen Fenster kam in den Blick, Gottlob. Sie drückte dagegen. Die Tür war verschlossen. Die schweren Schritte mussten gleich an der Treppe angelangt sein. Margarète ruckelte an der Tür, ihr Herz jagte. Die Wände waren dick: Es nutzte nichts, um Hilfe zu rufen. Sie umfasste ihren Dolch mit beiden Händen und streckte ihn vor sich hin.

»Na, meine Kleine, das ist aber kein Zahnstocher, den Ihr da habt.« Eine Frauenstimme. Margarètes Glieder entspannten sich. Eine alte Wäscherin mit einem Korb unter dem Arm kam die Treppe herauf.

»Ich habe mich verlaufen.«

Die Wäscherin holte einen Schlüssel heraus. »Diese Abkürzung ist praktisch«, sie öffnete die Tür, »aber in letzter Zeit schließen die Wachen häufiger ab.« Sie traten ins Freie, befanden sich außerhalb der Festung, nahe dem Flussufer. Der Himmel erschien Margarète blauer denn je, das Gras grüner, der Fluss glitzernder.

»Danke!«, rief sie der Frau hinterher, die mit schwingenden Hüften zum Wasser ging.

Ein Geheimgang, der direkt in die Festung führte! Diese Information war weit mehr wert als das Lächeln und die Münze, die sie dem jungen Wachposten gegeben hatte. Mindestens ebenso viel wie ihre Erkundungen zum Pulverturm. Margarète prägte sich die Position der Ausfalltür genau ein: im Südosten, unterhalb des Bollwerks.

Zurück im Turmzimmer des Châteaus de Béost, zeichnete Margarète eine Karte von Navarrenx mit sämtlichen Einzelheiten, die sie gesehen hatte. Florimond de Vaillac, Martin d'Espalungue und der Marquis de Durfort standen vornübergebeugt und staunend um sie herum, verfolgten jede Linie, die sie mit der langen Gänsefeder auf dem Papierbogen zog. In groben Strichen skizzierte sie die Terrasse mit dem Brunnen und der Brückenwinde, die Hauptstraße, den Marktplatz mit der Kirche, den Palast und den Pulverturm. Die Männer sahen ihr wie gebannt zu, pfiffen durch die Zähne. Der Mönch lehnte missmutig schweigend an der Wand. Es stand außer Frage, dass er erwachsener wirkte als bei Margarètes erster Begegnung mit ihm. Seit dem Mord am Pfarrer war er auf gespenstisch sprunghafte Weise gereift. »Unglaublich«, frohlockten die übrigen Männer. »Und dazu noch solch eine geschickte Federführung!«, lobte d'Espalungue. Margarète zeichnete das Bollwerk, markierte den Ort der Ausfalltür zum Gave-Fluss. Schließlich pflanzte sie einen Fahnenmast auf den runden Festungsturm, malte ein Quadrat hinein, das in ein Oval mündete, und in die Mitte des Quadrats den gekreuzigten Christus.

»Die Standarte der Liga über Navarrenx!«, rief d'Espalungue und gab ihr einen Handkuss. Die Männer applaudierten, Begeisterung strahlte aus ihren Augen. In Margarète jubilierte es. Genau für solche Momente war sie bei der Liga. »Die Calvinisten werden in die Luft fliegen«, rief de Durfort aus, »bevor sie zur Hölle fahren!«

De Vaillac trat an Margarète heran, legte seine Lippen auf ihre, sie roch sein Moschusparfüm, küsste ihn. Ihr Herz raste. Dies war ihr bisher größter Erfolg für die Liga. Der Mönch blickte finster drein.

Eleganz und Leichtigkeit, mein kleiner Dolchwerfer, triumphierte Margarète im stummen Dialog mit ihm, *führen eben auch zum Ziel.*

8: SPRACHLICHER HÖHENFLUG MIT SORBISCHEM AUSKLANG

Auf der Via Regia zwischen Erfurt und Mechterstädt: Jacob lernt einige Vokabeln der Engelssprache, macht ein Wettreiten und blickt direkt in einen Arkebusenlauf.

Am Stadttor Richtung Westen reichte Jacob einem schläfrigen Wärter die Tormarke, eine eiserne Münze, die Erfurts Wappen zeigte – ein Rad mit sechs Speichen. Vor zwei Tagen, beim Eintritt in die Stadt, hatte er sie bekommen. Nun war Erfurt vorbei. Mortlake wartete. Sein Geld reichte gerade noch bis dorthin. Jacob ritt durch das Tor über den Wassergraben hinaus auf die Via Regia. Die Weite der Felder und Wiesen, die vor den Mauern noch im Morgennebel lagen, erstreckte sich vor ihm. Er sog die frische Luft ein, trieb Calluga an, genoss es, wie der Wind ihm bis auf die Haut drang. *Engelsmedium werden,* ging es ihm durch den Sinn, *dem Hofastronomen der englischen Königin bei der Suche nach der Sprache der Schöpfung helfen: die Sprache ergründen, deren Worte die Dinge im Kern erfassen und diese erst hervorbringen.* Das war nun sein Ziel.

Vier- und Fünfspänner mit Lammfellen, Stahl und Heringen beladen, kamen ihm entgegen, auch kleine Händler mit geschnitzten Löffeln und Schüsseln. *Vielleicht bin ich ja dazu auserwählt, die Ursprache zu finden.* Jacob durchfuhr ein Schreck bei diesem hochmütigen Gedanken. Aber wenn es tatsächlich so wäre? Vielleicht schärfte sich ja deshalb sein Gehör, vielleicht lernte er deshalb eine Sprache nach der anderen, vielleicht war er deshalb zu allem anderen ungeeignet: zum Unterrichten, zum Schustern, zum gewöhnlichen Leben. Weil er eine andere Aufgabe hatte? Jacob strich Calluga über die Mähne. Die Sprache der Schöpfung zu finden, würde bedeuten, die schönste aller Sprachen zu hören, sie auf der Zunge zu spüren, in jeder Körperfaser. Die Sonne brach durch die Wolken, hellte die Landschaft auf, hatte jetzt, Ende April, in den Morgenstunden schon viel Kraft. *Womöglich,* dachte Jacob, *werde ich mit dieser Sprache immer fliegen und nicht nur schweben, wie ich es tue, wenn ich von einer Sprache zur anderen wechsle.*

In fünfzig Schritt Entfernung stand der erste Meilenstein Richtung Gotha und an dessen Rückseite lehnte eine Gestalt mit großem Barett. Jacob ließ Calluga angaloppieren, stellte sich in die Steigbügel, winkte von Weitem.

»Alle Achtung«, rief Edward, als Jacob vor ihm hielt, »ich sehe, der Herr Schulmeister versteht etwas von Pferden! Da hast du ein Schönes mitgehen lassen.« Er klopfte Callugas Hals. »Gut geschlafen?«

»Ja, dank Mandragora.«

Edward trug ein seidenes blaues Wams, eine braune Samthose, makellose, spitz zulaufende Schuhe und bestickte Strümpfe. Er sah wie ein eleganter, erfolgreicher Kaufmann aus. Gestern hatte er noch wie ein Vagabund gewirkt in seinem geflickten Mantel. Edward griff in das auf sein fuchsfarbenes Pferd geschnallte Bündel. Große Güte, staunte Jacob, was für ein prachtvolles Pferd sein Gefährte da hatte: kräftig, muskulös und mit glänzendem Fell. So ein Tier war teuer. Jacob trank einen Schluck aus seiner Flasche. Er hatte Edward falsch eingeschätzt, ihn für einen armen fahrenden Apotheker gehalten. Oder hatte er gestern Abend beim Würfelspiel gewonnen? Edward holte ein Notizbuch hervor, reichte es Jacob. Dabei ging ein frischer Orangenduft von ihm aus. Orangenparfüm war auch sehr kostspielig.

»Was zu lesen für den Weg.« Edward zwinkerte Jacob zu. »Auf den ersten Seiten habe ich die Wörter der Engelssprache eingetragen, die ich John Dee übermittelt habe.«

Jacob betrachtete den zerschlissenen Leineneinband. Offenbar war das Büchlein häufig benutzt worden.

»Das verschafft dir ein paar Eindrücke für die Tätigkeit als Engelsmedium. Außerdem kann es nicht schaden, wenn John Dee ein paar Wörter bekannt vorkommen. Nicht dass es darauf ankäme«, Edward stellte den Fuß in den Steigbügel, »denn in Dees Vorstellung hat die Engelssprache unendlich viele Wörter.«

Als Jacob das Buch aufschlug, war ihm plötzlich, als stünde die Zeit still. Was tat er hier, am Straßenrand zwischen Erfurt und Frankfurt, ein Buch mit einer erfundenen Engelssprache in der Hand? Und mit dem Plan, einem der größten Gelehrten Europas eine erfundene Sprache unterzujubeln?

»Wir haben eine weite Strecke vor uns.« Edward saß auf, Calluga trottete hinter Edwards edlem Reittier die schnurgerade breite Straße entlang. Jacob ließ die Zügel los, blätterte im Buch. *Aber vielleicht muss ich die Sprache ja gar nicht vollständig erfinden,* ging es ihm durch den Kopf, *vielleicht ist sie zum Teil schon in mir.* Vielleicht waren die Momente, wenn er in eine Welt aus tosenden Klängen und schillernden Farben fiel, ja nichts anderes als Einblicke in jene Sphäre, in der die perfekte Sprache zu Hause war. Sein Herz klopfte schneller.

Er las die erste Seite des Notizbuchs, das eine Vokabelliste enthielt:

gigipah – Atem
salamánu – Haus
momar – Krone

Die Wörter hatten einen schönen Klang und muteten urtümlich und hebräisch an. Jacob blätterte weiter, überflog Seite um Seite, rund vierhundert Begriffe. Sie besaßen alle einen ähnlichen Rhythmus, einen bestimmten Grundton.

»Und?«, fragte Edward.

»Wirklich gut«, sagte Jacob und begann, die Wörter der ersten Seite zu lernen. Das Memorieren der Wörter einer neuen Sprache hob stets seine Stimmung, neue Buchstabenkombinationen im Mund zu haben, im Kopf, die Welt dadurch neu zu sehen, und immer ein bisschen besser, wie es ihm schien. Das war auch jetzt nicht anders, selbst wenn dies nur die Sprache eines einzelnen Mannes war. Jacob lernte weiter, während sie durch einen Wald ritten und an von Gras, Erde und Moos bedeckten Holzkohlenmeilern vorbeikamen. Auf ungefähr einem Viertel des Büchleins erblickte Jacob eine Zeichnung von einem Tiegel, in dem ein Klumpen lag. Darunter stand eine Auflistung: Zehn Gramm Kupfervitriol, fünfzehn Gramm Quecksilber, zweihundert Gramm Mondpflanzenpulver, fünfzehn Gramm Salpeter … Jacob blätterte schnell weiter. Diese Seite war offensichtlich nicht für fremde Augen bestimmt.

Er war auf etwas Intimes gestoßen, eine mögliche Antwort auf die Frage, der Edward gestern ausgewichen war: nach seiner beruflichen Tätigkeit. Offenbar braute er irgendetwas zusammen. Quecksilber war der Stoff der Alchemisten. Mit dessen Hilfe glaubten sie, Gold machen zu können. Jacob musterte seinen Gefährten von hinten: die gewellten braunen Haare, das nagelneue blaue Seidenwams, das große Barett. Sah so ein Alchemist aus? Immerhin hatte er in einer Apotheke gearbeitet und konnte Mandragora herstellen.

Jacob lernte Seite um Seite, ließ die Silben nachschwingen, betrachtete die leuchtenden Farben vor seinen Augen.

»He!« Edward ritt neben ihm. »Du hörst mich ja gar nicht! Derart in meine Engelssprache versunken? Wir sind schon kurz vor Gotha.«

Jacob blickte um sich. Die Sonne stand schon hoch am Himmel, rechts und links von ihm erstreckten sich saftig grüne Weizenfelder. In rund fünfzig Schritten Entfernung befand sich neben einer Backsteinkirche das Gasthaus *Zur Weißen Lilie*. Dort angekommen, übergaben sie die Pferde einem Knecht, betraten die geräumige Wirtsstube mit einem Kachelofen, in der drei Handwerker in von Sägespänen bedeckten Schürzen über einer Biersuppe saßen sowie zwei Edelleute mit Degen und samtenen Umhängen über einem Kapaun.

Der Wirt kam an ihren Tisch und bot ihnen Taubenkeulen mit Möhrenbrei an.

Edward nickte, sah zu Jacob. »Wenn du willst, frage ich dich ab.«

Jacob bekam Magengrummeln wie vor einer Prüfung. Er schob Edward das Buch hin.

Der andere zog sich sein Barett noch tiefer ins Gesicht, bis zu den buschigen Augenbrauen und den sehr hellen blauen Augen, die seinem Gesicht eine scheinbar dauerhafte Fröhlichkeit verliehen. Er blätterte eine der ersten Seiten auf. »Flügel.«

»Oh«, Jacob nahm einen langen Schluck aus dem Bierbecher, den der Wirt auf den Tisch gestellt hatte, »du fragst gleich vom Englischen in die Engelssprache. Andersherum wäre es einfacher.« Er übersetzte: »Upahi.«

Edward nickte, blätterte weiter. »Wind.«

»Zodonugonu.« Jacob grinste. »Wie bist du eigentlich auf dieses Wort gekommen? In fast allen Sprachen, die ich kenne, hat das Wort für *Wind* höchstens zwei Silben, meist nur eine. Wind ist schnell.«

Edward kniff die Augen zusammen. »Ich bin auch schnell und mein Name hat vier Silben.«

Jacob lachte. *Ich werde Edward vermissen,* ging es ihm durch den Kopf, *sobald sich unsere Wege trennen.*

»Ich wollte etwas Lautmalerisches«, erklärte Edward, »und wenn du dir vorstellst, wie der Wind pfeift … das geht dann auch so: o-u-o-u!«

Jacob nickte. Es musste sehr reizvoll sein, eine Sprache zu erfinden.

Edward schlug mehrere Seiten um. »Engel.«

»Acuca.« Das Wort las sich vorwärts genauso wie rückwärts: ein Palindrom. »Ist das Palindrom Absicht?«

»Palindrome können vom Teufel nicht aufgelöst werden«, Edward wischte sich Bierschaum von der Oberlippe, »weil sie sprachlich einen Ring bilden.«

»Hast du all diese Wörter in Trance gefunden?«

Edward verzog den Mund. »Ich bin niemand, der in Trance fällt, Jacob. Dazu müsste ich schon eine ganze Flasche Wein und vier Krüge unverdünntes Bier leeren, auf nüchternen Magen. Und selbst dann wäre es nicht sicher. Wachsen.«

»Coazior.« Edward blickte ihn mit zusammengekniffenen Augen fast misstrauisch an. »Wie kannst du dir so viele Wörter so schnell merken?«

In dem Moment stellte der Wirt eine flache Tonschale mit Taubenkeulen, Möhrenbrei und Brot auf den Tisch. Jacob hielt es für besser, die Frage im Geklapper untergehen zu lassen und seinem Begleiter nichts von den Farben und Formen zu erzählen, die er in Verbindung mit Wörtern sah und die ihm beim Erinnern halfen. Nur ein einziges Mal war es ihm herausgerutscht, als er acht Jahre alt war. Er war gerade dabei gewesen, die Werkstatt zu fegen, während sein Vater und seine Brüder die soeben hergestellten Schuhe auf Hochglanz polierten. Da drangen Fiedeltöne durch die Fenster zu ihnen herein. Jacob sah sie als Spiralen, die sich drehend von unten nach oben bewegten. Ihre Farbe wechselte, je nach Tonhöhe. Der Spielmann war nicht schlecht, aber sein Vater schloss die Fensterläden. »Was für ein Gequietsche.« Statt ihm beizupflichten, wie seine Brüder und die Gesellen, sagte Jacob: »Aber die bunten Spiralen sind schön. Am schönsten beim höchsten Ton. Da sind sie hellblau wie der Himmel.« Alle hatten ihn daraufhin angestarrt wie einen Narren und sich kopfschüttelnd wieder dem Polieren zugewandt. »Eine Strafe, dieser Bengel«, hatte sein Vater gemurmelt.

Eine Weile nagten Jacob und Edward still an ihren Taubenkeulen. Das Fleisch war zart, der Möhrenbrei mit der richtigen Prise Kümmel gewürzt. Edward putzte sich die Finger an einem Lappen ab, schlug eine Seite am Ende seines Büchleins auf und hielt sie Jacob hin. Hier standen ganze Absätze in seiner Engelssprache. »Engelsanrufungen«, erläuterte er.

Jacob blickte auf die Buchseite und murmelte leise die ersten Zeilen: »Sapah, zimi diu, od noas ta anis Adroch, dorphal coas.« Violette und grüne Ovale tanzten schimmernd um ihn herum. Er überflog die ganze Seite: Die Sätze ergossen sich in einer leichten, sanften Melodie. Einige Wortendungen wiederholten sich, aber ein Muster war nicht zu erkennen. »Hat deine Sprache eine Grammatik?«

Edward stöhnte auf. »Für kaum mehr als ein Pfund die Woche? Du bist wohl nicht ganz bei Trost. Für Konjugationen hätte Dee schon zwei Pfund drauflegen müssen und für Deklinationen das Dreifache.«

Vor Jacobs Augen zeichnete sich Edwards Englisch als blaue Vierecke ab, mit einem hellgrünen Stich an den Rändern.

»Aber hier sind doch einige Regelmäßigkeiten.« Jacob wies vorsichtig auf drei Wörter, um das Papier nicht mit seinem fettigen Finger zu berühren. »*Gohe, gohia, gohol* haben alle denselben Stamm.« Sein eigenes Englisch war blau und viereckig ohne jeden Grünstich. Außerdem wanderten violette Dreiecke darüber, wenn auch blass. Die gehörten eigentlich zum Deutschen und spiegelten seinen Akzent wider. Wie kam der Grünstich wohl zustande? Vielleicht indem Edward die Vokale dehnte und durch die Nase sprach?

»Verschiedene Formen von *sagen*«, erklärte Edward leichthin. »Hier und da habe ich ein paar Regelmäßigkeiten eingebaut, um Dees Verlangen nach mathematischer Logik zu befriedigen.«

Edwards Engelssprache, überlegte Jacob, *ähnelt also insgesamt dem*

Englischen, das auch nur wenig grammatische Endungen kennt. Jacob löffelte den Möhrenbrei, der ihm nun fader vorkam. »Aber Hebräisch hat eine komplexe Grammatik.«

Edward merkte auf, schüttelte den Kopf. »Hör zu«, er beugte sich vor, »John Dee ist ein hervorragender Mathematiker, vielleicht der Beste, den es derzeit unter Gottes Himmel oder über des Teufels Hölle gibt. Außerdem ist er ein ausgezeichneter Astronom und ein guter Mediziner, den die halbe Nachbarschaft zurate zieht. Aber im Hebräischen ist er nur mittelmäßig.« Der Grünstich von Edwards Worten wurde stärker, nun da er sehr nachdrücklich redete: »Für Dee ist meine Sprache vor allem unergründlich. Er sieht kein System darin. Er verzweifelt daran, aber das ist gut so. Denn genauso stellen die Gelehrten sich die Engelssprache vor: dass sie sich dem Verstand des Menschen entzieht. Dass er sie nur halb begreifen kann, so, wie er auch die Engel nur halb begreifen kann.« Edward neigte sich so weit zu Jacob hinüber, dass diesem sein nach Kümmel riechender Atem in die Nase stieg. »Bring bloß nicht zu viel System in die Sprache, Jacob. Dee erkennt das sofort, schneller als wir beide zusammen, und es wird ihm zu menschlich vorkommen.«

Jacob senkte den Kopf. Er war hochmütig gewesen. Superbia war die größte Todsünde. Er hatte es sich schon ganz einfach vorgestellt, hatte gedacht, Edward hätte seine Arbeit nicht ordentlich gemacht und es bedürfte nur ein paar überlegener Sprachkenntnisse, um ihn zu übertreffen. Er hatte überhaupt nicht verstanden, worum es hier ging. Edward hatte recht: Eine Sprache aus der himmlischen Sphäre musste vor allem anders sein als menschliche Sprachen – oder, wie Edward gesagt hatte – unergründlich. Auch hierfür hatte er den besseren Ausdruck gefunden.

Der Wirt legte ihnen Salbeiblätter zum Reinigen der Zähne hin. »Wenn es dir mal an Einfällen mangeln sollte«, sagte Edward, »in Dees Bibliothek gibt es Bücher in allen Sprachen, auch magische und kabbalistische. Kennst du dich mit der Kabbala aus?«

Jacob wickelte sich eines der Salbeiblätter um den Zeigefinger und rieb sich damit über die Zähne, zuckte mit den Achseln. »Als Student habe ich mich mal damit befasst.« Er bemühte sich, die Vokale länger und nasaler zu sprechen als bislang. »Bis ich vor lauter Zahlenwerten und Addieren und Dividieren fast den Verstand verlor. Wie viele Bücher hat John Dee?« Jacob hielt inne. Tatsächlich: Ein Grünstich zeichnete sich nun in seinem Englisch ab. Er war auf der richtigen Spur.

Edward lehnte sich zurück, kaute genüsslich den letzten Bissen Brot. »An die viertausend Bände, darunter tausend Manuskripte.«

Jacob stockte der Atem: Viertausend Bücher! An der Universität Leipzig gab es vielleicht gerade einmal knapp die Hälfte davon.

»Mehr als in irgendeiner Bibliothek, die ich je gesehen habe«, fügte Edward hinzu, »obwohl ich in Oxford studiert habe.«

»Du hast in Oxford studiert?« Auch das hätte er Edward nicht zugetraut, musste Jacob sich eingestehen. Warum unterschätzte er ständig diesen Menschen?

Edward schmunzelte. »Kein Grund, große Augen zu kriegen. Ich habe abgebrochen.«

Jacob nickte. Er selbst hatte vorgestern sein ganzes Leben abgebrochen. Edward fuhr sich nachlässig mit dem Salbeiblatt über die schon gelblichen Zähne. »Sogar eine öffentliche Bibliothek hat Dee eingerichtet, die *Externa Bibliotheca*. Gelehrte aus ganz Europa kommen dorthin. Nur in seine Privatbibliothek, die er *Interna Bibliotheca* nennt, lässt er fast niemanden hinein. Dort finden die Engelsgespräche statt. Und da sind auch die Werke, aus denen Dee sich die Buchstaben zusammensucht, mit denen er die Engelssprache notiert.«

Jacob horchte auf. »Er schreibt sie nieder?«

Edward legte das Salbeiblatt beiseite. »In einer Mischung aus hebräischen, griechischen und äthiopischen Buchstaben und den Engelssprachenalphabeten, die Agrippa und Johannes Trithemius entwickelt haben.«

Jacob blieb die Luft weg. »Äthiopisch?« Das war eine der ältesten Sprachen überhaupt. Äthiopisch-Bücher waren sehr kostbar und in den Bibliotheken meist nur Professoren zugänglich. Als Student in Leipzig hatte er niemals eines zwischen die Finger bekommen. Doch wenn es ihm gelang, bei John Dee angestellt zu werden, würde er in die Sphären höchster Gelehrsamkeit vordringen. In Jacobs Magen kribbelte es. Er würde an einen Ort kommen, wo er sich nicht zurückhalten musste und wo all sein Wissen gefordert war.

»Die Gelehrten, die die Engelssprache suchen, glauben, dass Äthiopisch dabei eine wichtige Rolle spielt«, sagte Edward. »Es soll sogar Übersetzungen des Buches *Enoch* auf Äthiopisch geben.«

Das Buch *Enoch?* Ein leiser Schauer erfasste Jacob. Bisher hatte er davon nur raunen gehört. Das Buch selbst war verloren, doch es sollte Abschriften geben, codierte Fassungen. Enoch war als einziger Mensch von Gott direkt in den Himmel entrückt worden, weil er die Sprache der Schöpfung, die Sprache des Lebens, beherrschte und folglich nicht sterben konnte. Die Sprache hatte er laut Überlieferung in einem Buch hinterlassen. Ein wertvolleres gab es nicht.

»John Dee«, Edward neigte sich vor, flüsterte, »besitzt auch ein solches Buch, das eine codierte Version des Buches *Enoch* sein könnte.«

Jacobs Herzschlag setzte aus. Der Hofastronom besaß ein solches Buch?

»Das Buch heißt *Soyga,* es hat Messingbeschläge an den Ecken.« Soyga, überlegte Jacob, *bedeutet im Griechischen, wenn man es rückwärts liest: agyos – heilig*. Edward sprach eindringlich, fast beschwörend: »Die vier Bünde auf dem Buchrücken sind von Blattgoldlinien geschmückt. In den Einband aus Kalbsleder sind fliegende Kraniche eingraviert.«

»Die Sprache der Vögel«, murmelte Jacob und wischte sich mit seinem Lappen über den Mund.

Edward musterte Jacob und stand leise nickend auf. »Komm, wir sollten es heute noch bis nach Mechterstädt schaffen.«

Ohne viel Aufhebens zahlte Edward für Jacob mit. Es schien, als mangele es ihm nicht an Geld. Sie traten vor das Wirtshaus.

»Hoffen wir, dass unsere Pferde nicht in eines der elenden Schlaglöcher stolpern und sich ein Bein brechen«, sagte Jacob, dehnte die Vokale noch mehr, sprach stärker durch die Nase. Die Ränder der blauen Vierecke schillerten nun fast schon so grün wie bei Edward. Obendrein waren die violetten Dreiecke beinahe verschwunden. Er hatte offensichtlich die Stelle gefunden, wo Edwards Englisch zu Hause war: Es lag, wie das Englische allgemein, tief im Hals, fühlte sich an wie ein Gähnen, vibrierte gleichzeitig aber auch hinter den Nasenflügeln. So musste Edward sich beim Sprechen fühlen. Jacobs Muskeln spannten sich, während sie zu dem Verschlag mit den Pferden gingen. Wenn er bei Dee wirklich die Gelegenheit bekommen sollte, sich an der Suche nach der Sprache der Schöpfung zu beteiligen, könnte er sie vielleicht ihrem maximalen Klang entgegenführen, ihrem größten Schillern.

Edward gab dem Pferdeknecht ein Trinkgeld. Sie saßen auf und ritten nebeneinander die Straße entlang an einem Getreidespeicher vorbei. Edward schlug das Notizbuch im hinteren Drittel auf und reichte es herüber. Jacob las die Engelsanrufungen, überließ sich ihrem Rhythmus, hörte ihre Melodie wie ein fernes Summen, das ihn nach und nach durchdrang und den bewaldeten, mindestens vierhundert Schritt hohen Krahnberg zu erfüllen schien, den sie entlangritten. Immer weiter bewegten sie sich durch das Tal, querten einige Brücken.

»Wir sind schon fast in Mechterstädt«, hörte Jacob irgendwann Edward sagen. An einem Brunnen stiegen sie ab, tränkten die Pferde, führten die Tiere auf eine Wiese, ließen sie weiden und setzten sich mitten in den weißen Blütenteppich eines Apfelbaums. Edward zog einen Zettel aus der Wamstasche und reichte ihn Jacob. »Die Adresse von Frederic Clerkson, er wird dich John Dee vorstellen, er hat mich damals auch vermittelt.«

»Wer ist er?« Jacob wendete den Zettel zwischen den Fingern.

»Ein reicher Kaufmann mit Beziehungen. Vermittelt unter anderem Medien an betuchte Leute.«

Jacob las laut die Adresse, betrachtete dabei das grüne Schillern seiner Worte: »Lower Bridge Street, *The Golden Wheel,* Canterbury.« Es war seltsam, dass eine solche Häufung fremder Silben sein Reiseziel sein sollte: seltsam und gleichzeitig verheißungsvoll, als fange sein Leben jetzt erst richtig an, als nehme es endlich Fahrt auf.

Edward stützte sich rücklings auf die Ellenbogen, streckte die Beine aus. Jacob setzte sich in den Schneidersitz, sah auf seine staubigen Schuhe. Selten war er länger als drei Tage auf Reisen gewesen. »Warum«, fragte Jacob, »wundert John Dee sich eigentlich nicht, dass die Dinge, die du in der angeblichen Engelssprache sagst, nicht erscheinen? Das müssten sie ja, wenn die Wörter erklingen, mit denen Gott die Welt erschuf.«

»Eigentlich schon«, Edward hielt inne, sah Jacob mit zusammengekniffenen Augen an, »sag mal, machst du das absichtlich?«

Jacob stutzte. »Was meinst du?«

»Was meinst du?«, äffte Edward ihn nach. »Na, dass du so sprichst wie ich, mit meinem West-Midlands-Akzent?«

Jacob blickte zu Boden, um seine Freude zu verbergen. »Wo liegen denn die West Midlands?«

Edward lachte auf. »Das passiert einem auch nur einmal im Leben, dass man in einwandfreiem West-Midlands-Dialekt gefragt wird, wo die West Midlands liegen. An der Grenze zu Wales.«

Edward zog einen Grashalm aus der Erde, saugte an der Wurzel. »Um auf deine Frage zurückzukommen: Ich bin für John Dee ein Medium. Seiner Meinung nach sprechen durch mich die Engel. Mein Wille ist ausgeschaltet, weil ich in Trance bin – oder es zumindest so aussieht, als wäre ich es. Und wo kein Wille ist, ist auch keine Macht und folglich erscheinen die Dinge, die ich ausspreche, auch nicht.«

Jacob gab Edward das Notizbuch zurück, während der einen Topf aus seinem Bündel holte. *Den vielen Utensilien nach zu urteilen, die er in seinem scheppernden Beutel hat,* überlegte Jacob, *könnte Edward wirklich ein Alchemist sein.* Mit der Unterseite nach oben stellte Edward das Gefäß ins Gras. »Du solltest es einmal üben.«

Jacob stutzte.

»Dies ist die Kristallkugel. Du bist in Dees Arbeitszimmer. Die Doppeltüren sind geschlossen. Es ist still.« Edward sprach langsam und eindringlich, als wolle er Jacob darauf einstimmen, in Trance zu fallen. »Die Kristallkugel liegt auf einem Tisch mit Samtkissen. John Dee betet in der angrenzenden Privatkapelle um Gottes Gunst. Lass ihm eine Viertelstunde – genug Zeit für dich, um dir die Worte der Engelsbotschaft zu überlegen.«

Jacobs Mund wurde trocken. Was, wenn er das nicht konnte? Was, wenn sich hier und jetzt herausstellte, dass er nicht in Trance gehen oder keine Sprache erfinden konnte?

»Du musst niederknien und scheinbar oder tatsächlich in Trance fallen.« Edward sah immer noch auf den Topf. »Schau auf die silberne Farbe, auf die Lichtreflexe und dann lass Wörter in deinem Kopf kreisen. Forme sie um, sodass sie hebräisch klingen, sprich, wenn sie stark sind.«

Jacob faltete die Hände, seine Finger zitterten, er fuhr sich mit der Zunge über die Lippen, betrachtete die zahllosen Ringe auf der Unterseite des Topfes, die von außen nach innen gesehen immer kleiner wurden, von innen nach außen immer größer, dann wieder kleiner nach innen und größer nach außen. Er atmete tief ein und aus, dachte die Worte, die er am Morgen gelernt hatte, suchte sich die schönsten heraus: die mit der größten Kraft, dem stärksten Rhythmus. *Napta ialpor brin efafe olani lusda sobol* ließ er in sich nachschwingen, sachte und langsam, stärkte die Vokale. »Nata al po birin efafe olan lussobol.« Die Wörter strömten aus ihm heraus, er ließ sie tiefer aus dem Hals kommen. »Goho piad zir comselh …« Er verlieh den Worten so viel Klarheit wie möglich, so viel Klang und Fülle, wie es nur ging, ließ sie atmen, als wären sie mitten in einer Bewegung, mitten in irgendeinem Leben, vollgesogen von einem Wunsch, der verzehrte und gleichzeitig guttat. »Hubar peoal soba comfa chista la viu …« Er überließ sich den Worten, gab ihnen nach, ließ sich von ihnen forttragen. Vor ihm erstreckte sich Weite, großzügig und hell. Seine Stimme malte in strahlenden Farben, zeichnete Muster, Windungen, Netze, wirbelnde Kreise, zog immer weiter fort, bis sie ihm nicht mehr gehörte, bis sie allein mit den Wörtern war, bis die Wörter sich sehr dicht anfühlten. Dann war die silberne Fläche wieder da, die Ringe, der Himmel, das Gras. Jacobs Körper bebte, er jauchzte auf.

Das Gesicht seines Gegenübers war starr. »Du meine Güte«, hauchte Edward, stand auf, »warum hast du mir nicht gesagt, dass meine Engelssprache nichts als Gestammel ist, nichts als ein Haufen verunglückter Töne?« Edwards Züge verhärteten sich, sein Blick glitt an Jacob hinab wie an einem Fremden.

Jacob stockte der Atem, ihm war kalt. Er zog sein Wams enger um sich. »Was?«

»Du hast meine Worte genommen«, sagte Edward mit einer Stimme, aus der alles Leben herausgewrungen zu sein schien, »und sie verzaubert. Am Ende waren sie wunderschön.«

»Nein«, Jacob schnappte nach Luft, »es waren deine Wörter, sonst nichts!«

Edward lachte hämisch, packte den Topf und warf ihn in sein Bündel. Jacob spürte Stiche in der Brust. Edward ging zu seinem Pferd, rammte dem Tier beim Aufsteigen die Stiefelspitze in die Flanke. Jacob rappelte sich hoch, bestieg Calluga, ritt Edward nach. Warum hatte er sich nicht im Zaum gehalten? Warum hatte er unbedingt glänzen müssen mit seiner Engelssprache?

Edward trieb sein Pferd an, drehte sich nicht um. Jacob ließ Calluga angaloppieren. Er hatte Edward eingeholt, als der von der Handelsstraße abbog. Sie preschten über einen breiten Sandweg. Endlich wandte Edward sich zu ihm um. Mit ausgestrecktem Arm deutete er den Verlauf des Weges an, der in einem großen Bogen um eine Schafweide führte. »Wer zuerst wieder auf der Handelsstraße ist.« Damit jagte er los wie der Teufel. Staub wirbelte hinter ihm empor, die Hufe seines kräftigen Pferdes donnerten über den festen Sand. Jacob bohrte seiner Stute die Absätze in die Rippen. Calluga schnellte los wie ein Pfeil von einem zu stark gespannten Bogen, lief durch die Staubwolke. Meine Güte, wie sie rennen konnte. Jacob spürte unter sich nichts als geballte Kraft und den Willen zu siegen, schon setzte Calluga mit weit vorgestrecktem Kopf zum Überholen an. Himmel, sie schaffte es wirklich, Edwards Edelpferd in Bedrängnis zu bringen. Jacob zog die Zügel an. Er durfte Edward nicht noch eine Niederlage zufügen. In Callugas seitwärts gerichtete Ohren raunte er »powolny«. In keiner Sprache gab es ein Wort, das *langsam* so gut ausdrückte wie das Polnische, das Ruhe in jeder Silbe hatte. »Powolny«, wiederholte er wie eine Litanei, »powolny.« Allmählich lief Calluga langsamer, ihre Bewegungen wurden gelassener. Gottlob, er hatte ein sprachbegabtes Pferd gestohlen.

Edward beugte sich weiter vor, gab seinem Reittier mehr Zügel, wandte sich um, lachte, schien wie im Rausch zu sein. Jacob lachte zurück. Doch plötzlich wich aller Jubel aus Edwards Gesicht, er riss die Augen auf, als sähe er hinter Jacob einen Geist, sackte in sich zusammen, wurde im Sattel von den Bewegungen des Pferdes gebeutelt, seine Gesichtszüge waren verzerrt wie im Schock. Schlagartig drehte er den Kopf nach vorn, stieß seinem Pferd mit aller Kraft die Absätze in die Rippen, zog einen Weidenstock aus der Satteltasche, holte damit aus. Ein Zischen fuhr durch die Luft, dann klatschte der Stock auf das Hinterteil des Pferdes. Das Tier schoss davon, raste so schnell wie Jacob noch nie ein Pferd hatte rennen sehen. Calluga preschte voran, die Ohren nach hinten gelegt. Was war nur in Edward gefahren? Was hatte er da eben gesehen? Oder wen? Jacob wandte den Kopf, kam aus dem Gleichgewicht, sah wieder nach vorn. Edward war schon rund vierzig Schritte vor ihm. Calluga mühte sich, hielt jedoch nicht mit. Wieder holte Edward mit dem Stock aus, ließ ihn auf das Hinterteil seines Pferdes sausen, das einen Riesensatz nach vorn tat und seine Geschwindigkeit nochmals steigerte. Jacob trieb Calluga mit den Schenkeln an. Hinter sich hörte er Huftritte, die rasch näher kamen. Edward war schon auf der Handelsstraße, verschwand hinter einer Kurve. Noch einmal war das Zischen des Stocks zu vernehmen, das Aufklatschen auf dem Pferdeleib und dahinpreschende Pferdehufe, die schneller waren als der Wind. Langsam verebbten sie.

Calluga schnaubte, fiel in Schritt. Jacob streichelte der Stute den nass geschwitzten Hals. Reiter galoppierten vorbei, parierten ihre Tiere und stellten sich quer vor Jacob auf den Pfad. Es waren zwei Soldaten in blauem Wams, schwarzen Stiefeln, weiten Heerpauken und breitkrempigen Hüten, wie sie häufig die Soldaten des Kurfürsten August von Sachsen trugen. Der ältere Soldat, ein schwarzhaariger mit angegrauten Schläfen, richtete eine Arkebuse auf Jacob. »Steig ab.«

Jacobs Herz pochte. Er sprang aus dem Sattel. Hart kamen seine Fußsohlen auf dem Boden auf.

»Die Hände hoch!«, bellte der Ältere. Der andere Soldat, ein junger mit dunkelblonden Haaren und Leberflecken im Gesicht, tastete Jacob ab, fasste ihm in die Taschen. »Keine Waffe.«

Jacob ließ die Arme sinken.

»Lass die Hände oben«, befahl der ältere Soldat von seinem Rappen herunter, wandte sich an seinen Kameraden. »Schau in den Reisebündeln am Sattel nach.« Jacob drehte sich um. Der junge Soldat zerrte seine Bündel zu Boden.

»Sieh dich nicht um!«, rief der Ältere. Jacob schaute in den Lauf der Arkebuse. Er hörte, wie schräg hinter ihm Stoffknoten gelöst wurden, Buchrücken aneinanderschabten, Bücher aufgeschlagen, Buchseiten umgeblättert wurden. Der junge Soldat trat an den Rappen heran und hielt seinem Vorgesetzten die in Ziegenleder eingebundenen persischen Gedichte von Dschalāl ad-Dīn Muhammad Rūmī hin.

Der Ältere nahm das Buch und blätterte darin herum, während der Jüngere wieder hinter Jacob trat und sich an seinem zweiten Bündel zu schaffen machte. Jacobs Herz hämmerte. Der ältere Soldat betrachtete eine Seite des Buches, erst von links nach rechts, dann kreuz und quer. Er konnte nichts damit anfangen. Doch nun zeichnete sich, unerklärlicherweise, ein Lächeln im Gesicht des Mannes ab. »Ein alchemistisches Buch, nicht wahr?«, fragte er triumphierend, richtete die Arkebuse auf Jacobs Stirn aus.

»Was?« Jacob sauste es in den Ohren.

»Woher kennst du Edward Kelley?«

»Edward Kelley?«

Der Soldat rollte mit den Augen. »Oder Edward Talbot oder wie auch immer er sich dir vorgestellt hat. Der Halunke kommt bei seinem Lebenswandel ja nicht mit nur einem Namen aus. Arbeitest du mit ihm zusammen?«

Jacob schwindelte es. »Ob ich mit ihm zusammenarbeite?«

»Zum Beispiel, um rotes und weißes Pulver herzustellen.« Die Stimme des Mannes klang immer gereizter.

»Rotes und weißes Pulver?«

»Hör zu, du Witzbold, wenn ich ein Echo brauche, gehe ich ins Gebirge.« Der junge Soldat in Jacobs Rücken gluckste. »Die Bücher«, hob der ältere Soldat wieder an, »wären Grund genug, dich mit zum Kurfürsten zu nehmen. Woher hast du sie?«

»Ich …« Jacobs Gedanken überschlugen sich. Und wenn er vorgäbe, ein Bücherbote zu sein? Boten trugen Bücher hin und her, wussten aber oft nicht viel über deren Inhalt. »… ich bin als Bote für den Landgrafen Wilhelm von Hessen-Kassel unterwegs. Ich sammle Bücher für ihn. Er begeistert sich dafür.«

Der Name des gelehrten Grafen sagte dem älteren Soldaten offenbar etwas. »Du kannst die Bücher nicht lesen?« Die Stimme des Mannes klang zum ersten Mal einen Deut milder.

»Nein.« Die Spannung in Jacobs Gliedern ließ ein wenig nach.

Der jüngere Soldat trat wieder in Jacobs Blickfeld. »Brónjow nimam, w žanym z wačokow. Dejmanty tež nic, drohotne su jenož knihi.« Das war Sorbisch, das hier und da noch in Leipzig zu hören war und das Jacob von seiner aus der Lausitz stammenden Tante gelernt hatte. Jacob übersetzte in Gedanken: *Keine Waffen, in keinem der Bündel. Auch kein Diamant, an Wertvollem gibt es nur Bücher.* Offenbar waren beide Männer Sorben und hatten sich angewöhnt, ihre Sprache als Geheimcode zu benutzen.

»Du kannst die Hände runternehmen«, sagte der ältere Soldat, »aber rühr dich nicht vom Fleck. Woher kennst du Edward Kelley oder Talbot oder unter welchem Namen auch immer sich der Mann mit dir bekannt gemacht hat, der eben vor uns davongeprescht ist, als wäre der Leibhaftige hinter ihm her?«

Jacob holte tief Luft. Er musste in seiner Rolle bleiben: einen einfachen Mann spielen, der so ähnlich lebte und dachte wie diese beiden Soldaten. Der seine Pflicht tat und ansonsten das Vergnügen suchte. »Aus der Wirtschaft an der Weggabelung vor Mechterstädt. Wir haben dort zusammen gegessen und getrunken. Er hat mich eingeladen.«

»Das kann ich mir vorstellen«, sagte der Ältere, »Geld hat er sicher genug. Warum bist du mit ihm geflohen, gerade eben?«

»Wir haben ein Wettreiten gemacht«, Jacob versuchte, seiner Stimme einen herben Klang zu geben, »wir wollten sehen, wer schneller wieder auf der Handelsstraße ist, einmal um die Weide herum.« Die Soldaten schauten ihn zunehmend freundlicher und unaufmerksamer an. Erleichtert fuhr Jacob fort: »Doch irgendwann hat er sich umgedreht und ist dann davongejagt.«

»In dem Moment hat er uns gesehen«, sagte der Jüngere.

»In Ordnung. Du kannst gehen.« Der Ältere wandte sein Pferd. *W Božim mjenje,* lag es Jacob schon auf der Zunge, doch im allerletzten Moment hielt er den sorbischen Abschiedsgruß zurück, lehnte sich gegen Callugas Schulter und schöpfte Atem.

* * *

An diesem Abend schrieb Jacob an einem Ecktisch im Gasthaus *Zur Tanne* in Mechterstädt beim Schein eines Talglichts Wörter und Buchstaben von Edwards Engelssprache auf, rief sich Seite um Seite in Erinnerung. Dessen Notizbuch würde er nun wohl nicht mehr zu Gesicht bekommen, und auch Edward nicht. Beim Schreiben sah Jacob wieder Edwards Gesicht und seine ausgestreckte Hand am Tag ihrer ersten Begegnung vor sich und hörte ihn sagen: *Ich bin Edward Talbot und übrigens kein Beichtvater.* Jacob tunkte die Feder ins Fass. Mehr würde ihm nicht bleiben von Edward Kelley oder Talbot, oder wie auch immer er hieß, als diese Buchstaben seiner erfundenen Engelssprache.

Und das Fläschchen Mandragora. Jacob nahm das Gefäß aus dem Bündel. Der junge Soldat hatte es nicht weiter beachtet. *Um rotes oder weißes Pulver herzustellen?* Was hatten die Soldaten damit gemeint? Irgendein alchemistisches Pulver? *Dejmanty nic* – kein Diamant. Hatte Edward im Herrschaftsgebiet des Kurfürsten von Sachsen etwa einen Diamanten gestohlen? Hatte er sich deshalb kostbare Kleidung und das schnellste Pferd der Welt kaufen können? Vor dem Fenster zogen ein paar johlende junge Männer mit Fackeln vorbei. *Es spielt keine Rolle, weshalb sie Edward verfolgen,* dachte Jacob. Sie hätten genauso gut ihn selbst verfolgen können. Schließlich war er ein Pferde- und Bücherdieb. Jacob zog den Zettel mit der Adresse Frederic Clerksons aus seiner Wamstasche und betrachtete Edwards große, nachlässige Schrift.

Jacob legte sich auf das Bett an der Wand, den Zettel in der Hand, und schaute auf die dunkle Straße, wo er keinen Menschen kannte. Er kannte nirgends irgendeinen Menschen. Pforta war Vergangenheit, Leipzig war schon lange Vergangenheit, die Brücken dorthin abgerissen. Auch Edward war Vergangenheit. Morgen würde es weiter nach Antwerpen gehen, wo er auch niemanden kannte. Vor der Abreise musste er noch Calluga verkaufen. Für den langen Ritt brauchte er ein frisches Pferd an jeder Poststation. Damit wäre dann das letzte Lebewesen, das ihn noch mit der Vergangenheit verband, verschwunden. Er atmete tief ein. Von Antwerpen dann weiter nach London: Dann würde ein Meer zwischen ihm und seiner Heimat liegen. Den Kopf im Nacken sah Jacob zur Decke und umschloss den Zettel fest mit den Fingern. Er hatte sich nie besser gefühlt als heute, in Trance, als die fremden und gleichzeitig seltsam vertrauten Wörter durch ihn hindurchströmten, sich immer mehr verdichteten, bis sie kurz davor gewesen waren, Gestalt anzunehmen. Jacob bekam Gänsehaut: Kurz davor, Gestalt anzunehmen – genau das war es! So wie die Worte Gestalt angenommen hatten, als Gott die Welt erschuf.

Jacob stockte der Atem: Superbia. Er musste achtgeben. Er sah zur Straße hinaus. Die Menschen hielten zielstrebig auf irgendwelche Häuser zu, wo ihre Familien auf sie warteten, oder Meister oder Gesinde oder Lehrlinge oder Kinder oder Freunde. Auf jeden Fall hatten sie Pläne und ein klares, vorhersehbares Leben. Jacob öffnete die Finger, las laut den Zettel mit der Adresse in Canterbury und betrachtete vor seinem inneren Auge an den Rändern der blauen Vierecke das schillernde Grün.

9: EIN UNLÖSBARER CODE

In Antwerpen löst Jacob in der besten Buchhandlung des Kontinents einen Streit aus, versucht sich an einer unmöglichen Aufgabe und macht zwei riskante Bekanntschaften.

Jacob summte, genoss es, wie leicht ihn seine Füße trugen, kaum das Kopfsteinpflaster des Marktplatzes zu berühren schienen. Der Himmel war wolkenlos und der schneeweiße Marmorturm der Liebfrauenkirche ragte hoch in ihn hinein. Während Jacob durch den Säulengang am Rathaus und über einen weiten Platz lief, auf dem Bäume und Ruhebänke standen, drehte er sich wieder und wieder um die eigene Achse: Was für eine herrliche Stadt, dieses Antwerpen! In helle Farben gekleidete Leute spielten Boule, auf hohen Stelzen spazierten Gaukler umher. Zwei Händler sprachen Spanisch, kraftvoll und melodiös, auch die gurrenden dänischen Silben einiger Matrosen drangen herüber. Vom rund einhundertzwanzig Schritte hohen Nordturm der Kirche schlug es neun Uhr. Noch nie hatte Jacob ein so prächtiges Geläut gehört. Es schien aus über zwei Dutzend Glocken zu bestehen und deckte mehr als drei Oktaven ab.

Fremde Städte von allen Enden
Ihre Missgunst auf mich wenden.

Die Verse des italienischen Dichters della Scala über Antwerpen fielen Jacob ein. Er lief an der Westfassade der Kirche entlang in die von Giebelhäusern gesäumte Kornmarktstraße. Gut, dass der Wind in diesen Tagen aus Nordwesten kam und keine Schiffe nach Dover ablegten. So blieb ihm gar nichts anderes übrig, als diese gesegnete Stadt zu erkunden.

Lyon ist reich, Paris die Welt,
Rom groß, Venedig hat viel Geld,
Toulouse ist stark an Gewerb und Stab
Jegliche eins, ich alle hab.

Im Rhythmus der jambischen Verse sprang Jacob die Straße hinunter und fragte einen Druckergehilfen mit einem Karren voller frischer Papierbögen nach der Kammerstraat. Allein schon der Name war verheißungsvoll. Denn dort befand sich die beste Buchhandlung und Druckerei des Kontinents: die von Christoffel Plantijn, dessen Emblem Jacob schon auf etlichen Buchtitelblättern gesehen hatte. Plantijn hatte die berühmte Bibel in den fünf alten Sprachen – Latein, Griechisch, Hebräisch, Altsyrisch und Chaldäisch – gedruckt; außerdem zahllose Meisterwerke herausragender Gelehrter.

Wie von dem Druckergehilfen angewiesen, hielt Jacob sich links und bog um eine Kurve. Straßenhändler verkauften Schreibfedern und Tinte, Gelehrte in schwarzen Roben und Kaufleute in farbenfroher Kleidung aus Samt und Seide standen plaudernd vor den Auslagen von Buchhandlungen und Druckereien, die sich hier geradezu aneinanderreihten. Dies musste die Kammerstraat sein. Zwei junge Männer in Mantel und Pluderhosen, der üblichen Tracht der Studenten, sprachen Latein, um sich miteinander zu verständigen, der eine mit niederländischem, der andere mit französischem Akzent. Es war sehr ruhig in dieser Straße, niemand schrie, niemand drängelte, fast alle, die hier verkehrten, konnten lesen, die meisten von ihnen Latein, viele sicher auch Griechisch. *Dies ist meine Straße,* kam es Jacob in den Sinn. Zwar lag sie über zwei Wochen Weges von seinem Geburtsort entfernt, aber es war dennoch seine. Er blickte die Wand eines Hauses empor und sah unterhalb des Giebeldaches einen Erker: Was für eine perfekte Wohnung! Er musste lachen und an Edward denken, der sich auch eine Wohnung mit Erker wünschte. Sachte strich Jacob über das Fläschchen Mandragora in seiner Wamstasche, das er stets bei sich trug wie einen Talisman.

Nach einigen Schritten langte er an einem mit Schnitzereien geschmückten Haus mit besonders großer Auslage an, las auf dem Schild über dem Eingang: *Buchhandlung und Druckerei – Christoffel Plantijn.* Jacob stand einen Moment starr, voller Ehrfurcht, bevor er gegen die Tür drückte. Drinnen war es noch stiller als auf der Straße. Die Kunden, meist Gelehrte sowie einige Kaufleute und ein Adliger mit einem

Schwert am Gürtel, blätterten vor den Regalen in Büchern, andere saßen flüsternd an kleinen Tischen. An der Wand hingen ein Katalog verbotener Bücher und eine vom Antwerpener Magistrat festgelegte Preisliste. Ein junger Buchhandlungsgehilfe mit besticktem Barett spannte ein Buch in eine Bücherpresse, drehte den Hebel fest zu. Er sah auf, musterte Jacob von Kopf bis Fuß, lächelte. »Damit sich die frisch gedruckten Seiten nicht rollen. Was kann ich für dich tun?«

»Ich …« *Warum hat mich der Gehilfe gerade geduzt,* fragte sich Jacob. Wahrscheinlich weil seine Kleidung zerfasert und schäbig war und er löchrige, staubige Schuhe trug. Obendrein roch er nach Fisch, wie er jetzt erst, im geschlossenen Raum, bemerkte. Das war der Geruch seiner Herberge im Hafenviertel, wo er kostengünstig abgestiegen war und wo kaum jemand lesen, geschweige denn Latein konnte. »Ich wollte mich nur ein wenig umschauen.« Jacob bemerkte, dass er vor dem Gehilfen fast strammstand, entspannte die Glieder.

Der Gehilfe horchte auf und grinste. »Natürlich, wenn du Fragen hast, zögere nicht.« Jacob nickte und trat vor ein Regal. Das Flämisch des Gehilfen hatte ganz anders geklungen als jenes, das er im Hafenviertel gehört und das er sich abgelauscht hatte. Vor seinem inneren Auge hatte er die grau-gelben Ovale des dortigen Flämisch gesehen und mit seiner Stimme nachzuzeichnen geübt. Wahrscheinlich hatte der junge Mann ihn deshalb auch geduzt: Er hielt ihn wohl für einen Bewohner des Hafenviertels, der sich in die Welt der Gelehrsamkeit verlaufen hatte. Jacob nahm ein Buch aus dem Regal, blätterte es auf: *Vom freien Willen* von Erasmus von Rotterdam. Der Gehilfe beobachtete ihn aus den Augenwinkeln. Befürchtete der Mann etwa, dass er das Buch unter seinen Wams verschwinden lassen könnte?

Ein junger Student in Pluderhose stöberte neben Jacob im Regal. Sein Blick fiel auf den Erasmus in Jacobs Händen. Der junge Mann stöhnte auf. »Dieses Buch müsste den Kunden eigentlich erspart bleiben! Aber das kann man wohl nicht erwarten in einer Buchhandlung, die einem Katholiken gehört.« Er sah herausfordernd um sich, schnüffelte kurz, musterte Jacobs abgerissene Kleidung, trat einen Schritt zur Seite. *Dieser elende Fischgeruch,* dachte Jacob, *klebt an mir wie Pech.*

Ein Kaufmann mit perlenverziertem Wams kam heran, schaute auf den Band in Jacobs Händen. »Um welches Buch geht es?«

»Um *Vom freien Willen.*« Der Student spie den Titel verächtlich aus.

Ein älterer Herr mit Professorenbarett horchte auf. »Also immerhin vom gelehrtesten Mann des Jahrhunderts.« Er musterte den Studenten. »Und was habt Ihr dagegen einzuwenden, dem Menschen ein wenig Verantwortung für sein Handeln einzuräumen?«

»Weil es notwendig und heilsam für den Christen ist, zu wissen, dass Gott alles mit unwandelbarem, ewigem und unfehlbarem Willen sowohl vorhersieht, sich vornimmt und ausführt«, entgegnete der Student.

Das war ein Zitat von Martin Luther, wusste Jacob, aus seiner Schrift *Vom geknechteten Willen,* die der Reformator im Jahr 1525 gegen Erasmus' Werk *Vom freien Willen* verfasst hatte.

Der Professor lachte auf und trat auf den Studenten zu. »Ihr seid ganz offensichtlich Protestant, sagt Luther auswendig her wie einen Knittelvers, statt selbst zu denken.«

Der Angesprochene grinste spöttisch. »Ihr Katholiken lasst das Volk doch nicht einmal die Bibel in seiner eigenen Sprache lesen, wollt Euer Gefolge so dumm wie möglich halten!« Der Student warf einen Blick auf Jacob, den er offenbar zum ungebildeten katholischen Gefolge zählte. Tatsächlich waren die meisten einfachen Antwerpener bei ihrem angestammten Glauben geblieben, so auch die Bewohner des Hafenviertels.

»Aber glücklicherweise«, sprang nun der Kaufmann im perlenverzierten Wams dem Studenten bei, »müssen wir uns in Antwerpen derzeit keine Zaubermessen anhören und auch keine Ablassbriefe kaufen, um nicht im Fegefeuer geröstet zu werden.«

Der Gehilfe an der Theke räusperte sich, doch niemand beachtete ihn.

Gewichtigen Schrittes trat der Adlige mit dem Degen am Gürtel an die Seite des katholischen Professors. »Ewig wird die kleine Protestantenrevolte in dieser Stadt aber nicht andauern. Schon bald wird Philipp II. von Spanien die Piratenschiffe von Wilhelm von Oranien in die Luft jagen und der Utrechter Union ein Ende bereiten.« Jacob stellte den Band des Erasmus ins Regal zurück. Die Utrechter Union war ein

Zusammenschluss der nördlichen niederländischen Provinzen, die unter spanischer Herrschaft standen und sich gegen diese richteten.

Der Student stöhnte auf. »Und ein Blutbad anrichten wie vor sechs Jahren, als spanische Truppen Antwerpen überfielen und ein Drittel der Stadt niederbrannten? Siebentausend Protestanten haben sie damals umgebracht!« Den letzten Satz hatte der Student herausgeschrien und sah den Adligen und den Professor mit rotem Kopf und vom Zorn verzerrten Gesichtszügen an. Der Gehilfe verschwand durch einen Gang in den hinteren Bereich des Gebäudes, wo sich vermutlich die Druckerei befand.

Der Kaufmann verschränkte die Arme und warf einen abschätzigen Blick auf den Degen des Adligen. »Ihr Katholiken verstoßt ohne viel Federlesens gegen das fünfte Gebot, nicht wahr? Tötet gern für den angeblich rechten Glauben?«

Die Hand des Adligen ging an den Griff seines Degens, Wut flammte in seinen Augen auf. »Und Ihr Protestanten etwa nicht? Wie viele Katholiken hat die Königin von England denn schon umgebracht?«

»Meine Herren!« Aus dem Gang hinter der Theke war in Begleitung des Gehilfen ein hochgewachsener Mann mit kurzen grauen Haaren, Vollbart und großer Halskrause herbeigeeilt und stand nun kerzengerade und gebieterisch vor den Streitenden. »Wir sind hier in einer Buchhandlung, nicht auf dem Marktplatz und schon gar nicht auf dem Schlachtfeld.«

Sofort verstummten die Männer, verneigten sich tief. *Das,* dachte Jacob mit klopfendem Herzen, *muss Christoffel Plantijn sein.*

»Ich empfehle die stille Lektüre oder das Lösen eines der zehn Bellaso-Rätsel, was bisher noch niemandem gelungen ist.« Der Buchhändler deutete auf einen Tisch am Südfenster, wo einige Männer in Gelehrtenroben um ein Buch herumsaßen und neugierig zu den Streitenden herübersahen. Bellaso … der Name kam Jacob bekannt vor. War das nicht ein italienischer Kryptologe?

Sich erneut verbeugend, traten die Männer an verschiedene Regale und Tische, während Plantijn seinem Gehilfen zunickte und wieder im Gang hinter der Theke verschwand. Jacob ging auf den Tisch am Südfenster zu, wo die Gelehrten sich erneut dem Buch mit dem Bellaso-Rätsel zuwandten.

»Die Herausforderung Nummer drei soll noch die einfachste sein«, sagte ein älterer Gelehrter.

Der protestantische Student war herangekommen und schüttelte den Kopf. »Ich probiere sie seit Tagen und kriege nichts und wieder nichts heraus.«

»Vielleicht sind es gar keine echten Herausforderungen«, warf der erste Gelehrte daraufhin ein, »sondern sinnlose Zusammenwürfelungen von Buchstaben.«

»Und Bellaso hat diese angeblichen Rätsel nur entworfen, um sich daran zu ergötzen, wie alle darüber verzweifeln«, lachte der Student.

»Dabei hätte ich die vierzig Gulden Belohnung gut gebrauchen können«, sagte ein Dritter.

Die Männer erhoben sich, ließen das Buch liegen, rückten einen gefalteten Pergamentbogen neben dem Band zurecht. *Vierzig Gulden Belohnung für jedes gelöste Bellaso-Rätsel* stand in gedruckten Lettern auf dem Pergament. Offenbar hatte Plantijn diese Summe ausgelobt. *Vierzig Gulden sind viel,* dachte Jacob. Davon konnte man drei Monate lang in guten Gasthäusern essen und wohnen. Jacob setzte sich an den Tisch und schlug das Buch auf: *Il vero modo di scrivere in cifra* lautete der Titel. Die wahre Art, in Geheimschrift zu schreiben. Es war 1564 erschienen. War also seit achtzehn Jahren niemand auf die Lösung gekommen? Der ältere Gelehrte drehte sich zu Jacob um, schaute zwischen ihm und dem Buch hin und her, schüttelte belustigt den Kopf. Der Gehilfe, der inzwischen einige Bücher neben der Presse gestapelt hatte, ließ Jacob nicht aus den Augen.

Jacob blätterte zur Einleitung. Bellaso erläuterte darin, dass seine Chiffre anhand eines Lösungsschlüssels von alphabetisch geordneten, aber gegeneinander verschobenen Buchstabenreihen und eines davon unabhängigen, zusätzlich zu ergründenden Schlüsselsatzes zu knacken war. Jacob betrachtete die dritte Herausforderung, die laut den Gelehrten als die möglicherweise einfachste galt. Tatsächlich ergab sie ein klareres Farbmuster als die anderen.

SYBOVEYLDANVOFSZLP IINCVPNSHMLRNXOIZN RD

lautete die erste Zeile. Die zwei *y* im ersten Wort schienen Jacob verräterisch. Wenn das erste Schlüsselwort bis mindestens zum zweiten *y* reichte, könnte das *y* einem *a*, *e* oder *i* entsprechen, den häufigsten Buchstaben im Lateinischen und auch im Italienischen. Jacob nahm die von Plantijn bereitgestellte Feder samt Tintenfass und Papierbögen, begann, herumzukritzeln, zu ordnen und zu schieben. Er ging unterschiedliche mögliche Schlüsselwörter durch, setzte entsprechende Alphabetabschnitte untereinander. Mit den Fingern knetete er seine Unterlippe wie so oft, wenn er an einer schwierigen Aufgabe saß. Sein Magen knurrte, doch er sah darüber hinweg, probierte weiter. Plötzlich passte etwas zusammen: *Virtuti* könnte der Anfang des Schlüssels sein! Jacobs Puls ging schneller, während er einen Lösungsschlüssel erstellte:

AB	a	b	c	d	e	f	g	h	i	l	m
	n	o	p	q	r	s	t	u	x	y	z
CD	a	b	c	d	e	f	g	h	i	l	m
	t	u	x	y	z	n	o	p	q	r	s
EF	a	b	c	d	e	f	g	h	i	l	m
	z	n	o	p	q	r	s	t	u	x	y
GH	a	b	c	d	e	f	g	h	i	l	m
	s	t	u	x	y	z	n	o	p	q	r
IL	a	b	c	d	e	f	g	h	i	l	m
	y	z	n	o	p	q	r	s	t	u	x
MN	a	b	c	d	e	f	g	h	i	l	m
	r	s	t	u	x	y	z	n	o	p	q
OP	a	b	c	d	e	f	g	h	i	l	m
	x	y	z	n	o	p	q	r	s	t	u

QR	a	b	c	d	e	f	g	h	i	l	m
	q	r	s	t	u	x	y	z	n	o	p
ST	a	b	c	d	e	f	g	h	i	l	m
	p	q	r	s	t	u	x	y	z	n	o
VX	a	b	c	d	e	f	g	h	i	l	m
	u	x	y	z	n	o	p	q	r	s	t
YZ	a	b	c	d	e	f	g	h	i	l	m
	o	p	q	r	s	t	u	x	y	z	n

Er markierte die V-Zeile: Dort wurde *s* im Code zu *l* im Klartext. Der zweite Buchstabe von *virtuti* war ein *i,* und in der I-Zeile wurde *y* zu *a,* in der R-Zeile *b* zu *r.* Jacob decodierte weiter und ballte die Hand zur Faust. *L'armata,* Italienisch für *Armee:* So begann der Klartext!

Jacobs Körper bebte. Lautete der Schlüssel vielleicht: *Virtuti omnia parent* – Alle Dinge gehorchen der Tugend? Das war ein bekannter Lehrsatz des römischen Geschichtsschreibers Sallust. Einen Versuch war es wert. Jacob las in der O-Zeile weiter, setzte das *l* mit einem *t* gleich, wandte sich der M-Zeile zu. In seinem Kopf rauschte es. Ja: Heraus kam *turchesca,* Italienisch für *türkisch.* Auch die folgenden Buchstaben gingen auf: *L'armata turchesca partirà al cinque di luglio,* lautete der erste Satz der Lösung – Die türkische Armee wird am 5. Juli aufbrechen. Summend wippte Jacob mit einem Bein, decodierte die nächsten Sätze. Alles passte.

Jacob setzte einen Punkt hinter das letzte Wort, stieß Luft aus, ließ sich gegen die Stuhllehne fallen, seine Glieder und Muskeln bebten. Er hatte eine Bellaso-Herausforderung gelöst! Als Erster, nach achtzehn Jahren! Er sah sich um. Draußen stand die Sonne schon über dem Zenit, die Häuser warfen lange Schatten. In der Buchhandlung liefen inzwischen viele Kunden umher, auch Frauen. Es musste mindestens drei Uhr sein. Jacobs Magen knurrte. Er hatte einen Bärenhunger. Seine Nackenmuskeln schmerzten, er wandte den Kopf nach rechts und links, streckte sich, seine Wirbelsäule knackte. Seine Unterlippe fühlte sich wund an. Er hatte sie beim Decodieren offenbar arg geschunden. Bestimmt fünf Stunden lang musste er gearbeitet haben, aber vorgekommen war es ihm wie höchstens anderthalb.

»Na, Ausdauer hast du jedenfalls.« Eine Hand legte sich auf seine Schulter. Der junge Buchhandelsgehilfe sah Jacob von oben herab an, ein gönnerhaftes Lächeln umspielte seine Lippen. »Und, schon rausbekommen?«

»Ja.«

Der Gehilfe lachte so laut auf, dass Jacob zusammenfuhr. »Humor hast du jedenfalls.« Der Bursche beugte sich über Jacobs Notizen, stutzte, blickte zwischen Klartext, Lösungsschlüssel, Schlüsselsatz und dem Bellaso-Rätsel hin und her, mit schnellen Augenbewegungen, sein Mund öffnete sich immer mehr, er stützte die Hände auf den Tisch, beugte sich noch tiefer über die drei von Jacob beschriebenen Papierbögen, murmelte die Lösungsworte, trat zurück, sah Jacob scharf an, als wolle er durch die irreführende äußere Körperhülle hindurchblicken. »Meine Güte, das sieht gut aus!« Mit einem Ruck eilte er zur Ladentheke, sah sich über die Schulter noch einmal nach ihm um. »Wartet da bitte!« Er verschwand in dem Gang hinter der Theke, seine Schritte verhallten.

Jacob fühlte sich benommen, sah auf den Lösungsschlüssel, den er gerade eben erstellt hatte und der ihm dennoch schon fremd vorkam, als habe er ihn mit dem tiefsten, verborgensten Teil seines Wesens hervorgebracht, der ihm inzwischen schon wieder halb entglitten war. Er roch an seiner Kleidung: Der Fischgeruch hatte sich etwas verflüchtigt.

Schwere Schritte drangen an sein Ohr. Christoffel Plantijn streckte ihm die Hand entgegen. »Ich höre, Ihr habt eine Bellaso-Herausforderung gelöst?«, rief der Mann mit tiefer, tragender Stimme auf Niederländisch in den Raum. Jacob sprang auf, gab dem Buchdrucker die Hand, verneigte sich tief. In der Buchhandlung war es still geworden. Die etwa zwanzig Kunden hatten Plantijns Ausruf gehört, wandten sich Jacob zu, raunten, kamen heran, scharten sich um den Tisch, musterten seine

Kleidung. Eine junge Frau mit hellblonden Locken flüsterte ihrer Begleiterin ins Ohr: »Bellaso-Herausforderungen lösen, aber kein Wams zuknöpfen können.« Jacob sah an der Knopfleiste seines Wamses hinab, bemerkte, dass ein Teil der Knopflöcher unten überstand. Er musste es am Morgen versetzt zugeknöpft haben.

»Demonstriert Ihr uns Eure Lösung?«, fragte Plantijn. Er sah Jacob lächelnd an.

Jacob setzte sich wieder an den Tisch, knöpfte sein Wams auf und von unten richtig wieder zu. Die beiden jungen Frauen stießen einander glucksend an. Der Gehilfe stellte einen Stuhl für Plantijn zurecht, der sich über Jacobs Lösungsschlüssel beugte. Alle Kunden starrten auf das Buchstabenrätsel und die Notizen. Jacobs Herz pochte. Er hatte noch nie so viel Aufmerksamkeit von so vielen Gelehrten bekommen. Genau genommen hatte er noch nie von irgendwem so viel Aufmerksamkeit bekommen. »Die Buchstaben des Schlüsselsatzes *Virtuti omnia parent* geben an, welche Buchstabenreihe jeweils zur Decodierung verwendet werden muss«, erklärte er.

Ein Mann in rotem Seidenwams und mit dunklem Schnauzbart, der Jacob direkt gegenüberstand, schaute mit funkelnden dunkelbraunen Augen zwischen dem Lösungsschlüssel und Jacob hin und her. Sein Blick war derart bohrend, dass Jacob heiß wurde. Er räusperte sich, erläuterte weiter. Seine Lösung war wasserdicht, es konnte nichts passieren. Die Frau mit den blonden Locken hatte die Lippen geöffnet, sah nur noch in sein Gesicht, nicht mehr auf die Papiere. Jacob verlor den Faden beim Erklären, fing sich und erläuterte in kleinen Schritten die Wörter der ersten Sätze des Klartextes. Hin und wieder raunte einer der Umstehenden ein »Oh«, ein »Sehr gut« oder ein »Das hätte ich nie herausbekommen«. Der Mann mit dem bohrenden Blick lauschte mit angehaltenem Atem. Da klatschten Plantijns große rechteckige Hände, die sich über die Jahre offenbar der Form der Bücher angepasst hatten, ineinander. »Danke, das genügt uns. Eine exzellente Decodierung!« Alle applaudierten, am lautesten der Mann mit dem bohrenden Blick. Die hellblonde Frau lachte Jacob zu, als hätte er einen Ringkampf oder ein Reitturnier gewonnen. Plantijn erhob sich feierlich. Jacob fuhr ein Schauer über den Rücken, während er seinerseits aufstand. Der Buchdrucker zwinkerte ihm zu, verschwörerisch wie ein Freund, jetzt erklangen Bravorufe, gleich zwei von dem Mann mit dem bohrenden Blick. Der Buchhandelsgehilfe reichte Plantijn ein prall gefülltes Samtsäckchen: die vierzig Gulden. Der Buchdrucker schüttelte Jacob die Hand und übergab ihm das Säckchen. Hell klirrten die schweren Münzen darin. »Herzlichen Glückwunsch!«, rief der Buchdrucker. »Eure Leistung ist eine Ehre für unsere Stadt!« Offensichtlich hatte der Hafenviertel-Akzent auch Plantijn irregeführt. Die Zuschauer klatschten noch lauter. Jacob verneigte sich. Er ließ den Beifall auf seinen Körper niederprasseln wie Sommerregen, den Blick auf seine löchrigen Schuhe und die Bodenplanken gerichtet. Dies war der beste Moment seines Lebens.

Jacob übergab die drei Papierbögen mit der Lösung dem Buchdrucker, der diese mit einer Verneigung entgegennahm. Dann ging er, von Plantijn begleitet, Richtung Ausgang.

Da stand der Mann mit dem roten Wams und dem bohrenden Blick zwischen Jacob und der Tür. »Auf ein Wort?« Der Mann verneigte sich vor Plantijn. »Ihr entschuldigt?«

Der Buchhändler hielt inne, sein Mund zuckte leicht, er trat zurück, verneigte sich seinerseits. »Selbstverständlich.«

Der Mann schüttelte Jacob die Hand. »Eine großartige Leistung, meine Ehrerbietung!«

Er nahm Jacob am Ellenbogen, führte ihn an einen kleinen Tisch hinter einem Bücherregal, drückte ihn sanft auf einen Stuhl, setzte sich neben ihn, sah sich um, dämpfte die Stimme: »Dürfte ich Euch fragen, was Ihr tut?«

»Was ich tue?«

Der andere lächelte.

Jacob zögerte. Was wollte dieser Mensch? »Ich bin auf der Durchreise.«

»Ah so?« Sein Gegenüber grinste, schien ihm nicht zu glauben, da wohl auch er ihn für einen einfachen Antwerpener hielt. »Und wohin?«

»Nach London«, sagte Jacob. Die Augen des anderen verfinsterten sich. »Keine besonders schöne Stadt. Viel Dreck, viele Diebe, viele Häretiker.«

Viele Häretiker? Was sollte das heißen?

Der Mann blickte erneut über die Schulter, beugte sich vor. »Mit deiner Begabung kannst du der katholischen Sache sehr helfen.«

Der katholischen Sache? Und warum hatte der Mensch ihn jetzt plötzlich geduzt?

Der Mann atmete tief durch. »Wir können hervorragende Kryptologen wie Euch sehr gut gebrauchen.«

Jacob presste die Handflächen aneinander. Jetzt ihrzte sein Gegenüber ihn wieder. Wen meinte der Mann außerdem mit »wir«?

Von der Theke schielten Plantijn und sein Gehilfe herüber. Offenbar misstrauten sie Jacobs Gesprächspartner.

»Euch wäre es doch sicher auch lieber, wenn Antwerpen wieder katholisch wäre.« Der Mensch sprach ungeduldig, als finde er ihn, Jacob, etwas begriffsstutzig.

Katholisch? Jacob kniff die Augen zusammen. Sein Gegenüber hielt ihn offenbar für einen Katholiken aus einfachen Verhältnissen und wollte, dass er für die katholische Seite arbeitete, Codes entschlüsselte. »Ich bin kein Katholik.«

Dem anderen stockte der Atem. »Kein Katholik?« Ruckartig schaute er sich um, von einer Art Panik ergriffen, als erwarte er, dass sich gleich jemand auf ihn stürzte. »Aber Ihr stammt doch aus Antwerpen«, raunte er, suchte nach passenden Worten, »seid alteingesessen, tut harte Arbeit.«

Das war eine euphemistische Beschreibung für Jacobs vermeintliche Herkunft aus dem Hafenviertel. »Ich bin erst seit ein paar Tagen hier«, antwortete Jacob, »ich stamme aus Leipzig.«

Misstrauisch zog der Mann die Brauen zusammen. »Und warum sprecht Ihr dann wie ein Antwerpener Fischer?«

»Ich bin in einer Herberge im Hafenviertel abgestiegen und habe den Einheimischen beim Sprechen zugehört.«

Die Tür öffnete sich. Herein kam ein kleiner, gedrungener Mann, der einen gelben Seidenmantel und viele silberne Ketten um den Hals trug. Jacobs Gegenüber fuhr zusammen und blickte feindselig. Der Eingetretene schaute mit seinen nah beieinanderstehenden Augen zu Jacobs Gesprächspartner, seine Lippen verzogen sich dabei zu einem Grinsen, er vollführte eine spöttische, zu tief geratene Verbeugung und musterte Jacob mit schnellem Blick. Die Hand von Jacobs Gegenüber ballte sich, während Plantijn eilig im Gang hinter der Ladentheke verschwand. Offenbar wollte der Buchdrucker ein Zusammentreffen mit dem gerade Eingetretenen noch mehr vermeiden als mit Jacobs Gesprächspartner. Der zog hastig ein Notizbuch aus der Tasche, riss das hinterste Blatt heraus, schrieb drei schnelle Zeilen und reichte Jacob den Zettel. Indes wurde der Neuankömmling von einem Kaufmann in ein Gespräch verwickelt. »Ich wohne in Rouen«, flüsterte Jacobs Gegenüber, »hier könnt Ihr mich finden, falls Ihr Euer Können zu Geld machen möchtet.«

Jacob las die Adresse einer Buchhandlung und den schwer zu entziffernden Namen *Richard Rowlands*. Das war ein englischer Name. Dabei hatte er einwandfrei Niederländisch gesprochen. War dieser Mensch ein katholischer Engländer? Jacob steckte den Zettel ein und erhob sich. Rowlands ging mit ihm hinaus. »Überlegt Euch, ob Ihr nicht lieber nach Rouen als nach London reisen wollt.« Da sprang die Tür auf und knallte Rowlands mit einer solchen Wucht gegen den Ellenbogen, dass er aufschrie.

»Oh, I'm very sorry indeed.« Der kettenbehängte Mann mit dem gelben Seidenmantel trat heraus.

»No harm done«, entgegnete Rowlands und rieb sich mit hasserfülltem Blick den Ellenbogen. Waren beide Männer Engländer?

»Schau dir in London die Bärenhetze an, die ist allemal ihr Geld wert«, sagte der Hinzugetretene zu Jacob und ging auf hohen Absätzen mit einem zufriedenen Lächeln davon. Rowlands blickte mit rot angelaufenem Kopf zwischen Jacob und dem Davongehenden hin und her.

»Was ist die Bärenhetze?«, fragte Jacob.

»Dabei werden Hunde auf Bären gehetzt. Es gibt eine eigens dafür gebaute Arena am Südufer der Themse. Ein widerliches Schauspiel«, gab Rowlands zurück, während er Jacob die Kammerstraat Richtung Liebfrauenkirche begleitete, wobei er sich stetig umsah, als wolle er sicherstellen, dass der Mann mit dem gelben Seidenmantel ihnen nicht folgte.

»Are you from England?«, fragte Jacob.

»Ja, aber meine Heimat ist es nicht«, antwortete Rowlands knapp auf

Flämisch. *Elisabeth I. hat viele Katholiken hinrichten lassen,* überlegte Jacob. Katholische Gottesdienste waren in England verboten, Priester wurden verfolgt. *Vielleicht ist dieser Mensch aus England geflohen?* Jacob betrachtete seinen Begleiter von der Seite: Er hatte ein edles Profil mit gerader griechischer Nase, sein dunkler Bart schillerte fast bläulich.

»Wir hatten den falschen Wind in den letzten Tagen, um nach England zu gelangen«, sagte Rowlands, wohl um von sich selbst abzulenken, während sie an einem Flachs- und Hanfladen vorbei zum Marktplatz gingen.

»Ich habe das Meer noch nie gesehen«, bemerkte Jacob.

»Der Ärmelkanal ist gefährlich«, der andere sprach eindringlich, seine Augen blitzten auf, »du solltest dir gut überlegen, ob du das Risiko eingehen willst.«

Jacob sah an der Liebfrauenkirche empor zum Glockenturm.

»Hör zu«, Rowlands griff Jacob am Ärmel, in seinen bohrenden Blick mischte sich Sorge, »der Mann gerade eben hat mitbekommen, dass du nach London fährst. Du musst auf der Hut sein.«

»Wieso denn?« Jacob trat zur Seite, sodass sein Ärmel dem Mann entglitt.

»Er gehört zum englischen Geheimdienst.«

Jacob stockte der Atem. »Und was hat das mit mir zu tun?«

Rowlands rollte mit den Augen. »Du bist einer der besten Kryptologen des Kontinents!«, rief er ungeduldig aus. »Michael Moody, so heißt der Mann, hat sicher nachgefragt, wer du bist, und erfahren, dass du eine Bellaso-Herausforderung gelöst hast. Und er hat dich mit mir gesehen. Sie könnten dich daher für einen Katholiken halten, für einen Spion der Gegenseite also.«

Jacob fuhr sich durch die Haare. »Ihr seid ein katholischer Spion, nicht wahr?«

Der andere straffte sich. »Ich habe gesehen, wie sie einen Glaubensbruder von mir, einen Priester namens Edmund Campion, am Galgen von Tyburn entmannt und ausgedärmt haben, bei lebendigem Leib. Dann haben sie unter seinen noch sehenden Augen seine Gedärme verbrannt und ihn erst dann geköpft und gevierteilt.« Er starrte mit geweiteten Augen ins Leere, als stiegen jene Bilder nach und nach wieder in ihm auf.

Jacob würgte es im Hals. »Aber die Katholiken tun ihrerseits nichts anderes mit den Protestanten.«

»Es sind düstere Zeiten«, Rowlands packte Jacobs Oberarm, »jemand mit deinen Fähigkeiten kann nicht durch unsere zerrissene Welt laufen, ohne früher oder später von der einen oder anderen Seite vereinnahmt zu werden. Entweder du gerätst zwischen die Fronten und wirst zermalmt oder du entscheidest dich für eine. In Rouen bist du sicherer als in England.«

Jacob fröstelte.

»Protestanten sind Häretiker, sie spalten unsere Welt«, Rowlands schüttelte Jacob an der Schulter, »noch vor fünfzig Jahren herrschte Ruhe in Europa. Sie haben alles zerstört! Sie säen Krieg und Tod!« Der Mann beugte sich vor, flüsterte: »Wechsle auf unsere Seite. Gott hat dich gesegnet. Du darfst nicht unter den Häretikern bleiben. Es wäre Verrat an der Gabe, die du von Gott bekommen hast!« Weiße Speichelblasen hatten sich in Rowlands' Mundwinkeln gesammelt. Jacob entwand sich dem Griff seines Gegenübers. Mit dem Ärmel wischte Rowlands sich über den Mund. »Wirst du über mein Angebot nachdenken?«

Jacob nickte. »Seid Ihr aus England geflohen?«

Rowlands blinzelte in die Sonne. »Ich habe eine Schrift über den Märtyrer Edmund Campion verfasst und drucken lassen. Wenn sie mich gefangen hätten, wären meine Extremitäten jetzt wahrscheinlich auch in alle Himmelsrichtungen verstreut.«

Jacob hielt inne. Er war noch niemandem begegnet, der wegen eines Buches in Lebensgefahr schwebte. Wortlos legte ihm sein Gegenüber eine Hand auf die Schulter, wandte sich um und eilte durch eine Seitengasse davon.

10: BRIEFTAUBENTAUSCH

Margarète trägt eine Taube in die Hauptstadt des Béarn, veranlasst zwei Enthauptungen und betreibt, mit größerer Wirkung als Jacob im Nordwesten Europas, Kryptologie.

Flatternd und gurrend schwirrten die Tauben in dem kleinen Verschlag des Turms des Châteaus de Béost um Margarète herum. Das Gefieder der Vögel glänzte in der warmen Mittagssonne, die durch vergitterte Fenster und das Ausflugloch hereinfiel. Margarète war noch nie in einem Taubenschlag gewesen. Nur Adlige durften Brieftauben halten.

»Das Entscheidende ist, dass Tauben immer zu ihrem Heimatschlag zurückkehren.« Der Burgherr Martin d'Espalungue warf Körner auf den Lehmboden und die kleinen hölzernen Tische, während ein junger schlaksiger Diener mit dunklen Locken die Wasserschalen säuberte, die überall verteilt waren. Sofort stürzten die Tiere sich auf das Futter. »Insbesondere die Männchen können es nicht erwarten, zu ihren Weibchen zurückzukehren«, d'Espalungue blinzelte Margarète zu.

»Und die Bänder?«, fragte Margarète. Fünf der rund zwanzig Tauben trugen ein farbiges Band am Bein: rot, grün oder braun. Im Gegensatz zu den anderen Vögeln saßen sie in einem vergitterten Verschlag.

Der Diener füllte Wasser aus einem Bottich in die Tonschalen. »Das«, d'Espalungue zwirbelte an seinem Schnurrbart, »sind Tauben von auswärts. Die mit dem roten Band zum Beispiel gehört dem Freiherrn de Rostignac, einem Ligisten in Bayonne.«

Margarète schnalzte mit der Zunge. »Verstehe, wenn Ihr seine Verstärkung braucht, schickt Ihr sein Täublein zurück nach Bayonne und spart Euch den Boten und das Risiko, dass die Nachricht von den Calvinisten abgefangen wird.«

De Vaillac, der ebenfalls mit in den Turm gekommen war, gab Margarète ein paar Körner auf die flache Hand.

Eine Taube flog auf ihren Arm und pickte sanft das Futter auf. Das

Tier war erstaunlich leicht. Sein Hals schillerte graublau und es hatte einen weißen Kreis um die rotbraunen Augen sowie einen weißen Streifen über dem Schnabel.

De Vaillac schürzte die Lippen. »Da hätten wir ja schon mal deinen Begleiter nach Pau.«

»Ins Kleine Genf?«, hakte Margarète nach. So nannten die Ligisten die Hauptstadt des calvinistischen Béarn.

D'Espalungue wischte sich den Schweiß von der Stirn. Schon jetzt, im Mai, heizte die Luft in diesem Turm sich stark auf. »Die Gärten des Schlosses von Pau sind wunderschön. Reisende kommen aus Bordeaux und Toulouse und sogar aus Paris, um sie sich anzuschauen.« Der Burgherr sah hinaus auf die Berge. »Und noch schöner ist der dortige Taubenturm. Dagegen ist dies hier ein armseliges Hüttchen.«

Margarète kraulte den Kopf der Taube. »Ihr sprecht in Rätseln.«

»Immer wieder gern«, de Vaillac zwinkerte ihr zu, »da wir wissen, wie sehr du Rätsel magst.«

»Der Gärtner von Pau, Pierre Chantelle, ist auch für die Brieftauben des Schlosses zuständig.« Mit beiden Händen nahm d'Espalungue die Taube von Margarètes Arm.

»Für die Brieftauben von Heinrich von Navarra und des Béarn?« Margarète sprach den Namen des Ketzerkönigs, des obersten Heerführers der französischen Protestanten und Erzfeinds der Liga, verächtlich aus. »Und dem soll ich die Taube unterschieben.« Margarète sah zum Diener hinüber, der die letzte Tonschale mit Wasser füllte. *Dies,* überlegte Margarète, *ist eine Aufgabe für den jungen Bediensteten, nicht für eine Ligistin, die kürzlich die größte Bastion der Calvinisten ausgekundschaftet hat, Pulverturm und Geheimgang inbegriffen.*

De Vaillac musterte Margarètes Gesichtszüge. »Brieftauben sind eine wichtige Waffe in unserem Kampf. Es gilt herauszufinden, welches Tier im Taubenturm von Pau das interessanteste Ziel hat …«

»… und sie gegen unsere auszutauschen, das Bändchen eingeschlossen«, ergänzte Margarète. »Dann können wir durch unsere Taube eine Botschaft empfangen, die eigentlich an die Calvinisten gerichtet ist, und die fremde Taube mit einer falschen Nachricht zu ihrem Schlag zurücksenden.«

D'Espalungue pfiff durch die Zähne, sah zum Baron hin. »Ich bewundere Euer Geschick bei der Auswahl von Spionen.«

Die letzten Worte des Freiherrn ließen vor Margarètes innerem Auge de Vaillacs Salon in Bordeaux aufflackern. Damals, an jenem 15. Mai 1579, hatten, nach mehreren Tänzen, alle Gäste ein kryptografisches Rätsel zum Lösen bekommen. Der Preis war der beste Wein im Keller des Châteaus Trompette gewesen. Als Hinweis wurde lediglich gegeben, dass es sich um eine fast dreihundert Jahre alte Chiffre des Kreuzritterordens der Templer handelte. Abgebildet waren Karos, Winkel, Punkte und Dreiecke, die Margarète noch gut in Erinnerung hatte:

Nach einigem Knobeln hatte sie begriffen, dass die Zeichen auf dem Tatzenkreuz der Templer beruhten:

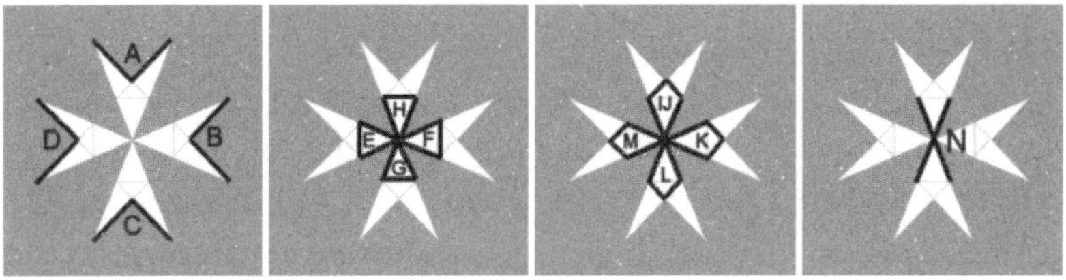

Die zweite Hälfte des Alphabets wurde nach demselben Muster, aber mit einem Punkt in den geometrischen Figuren codiert. So hatte Margarète die Chiffre recht schnell auflösen können: *Vinum tibi – Wein für dich.*

Alle hatten applaudiert, und de Vaillac hatte Margarète mit hinunter in den Weinkeller genommen. Als sie eines der dunklen Gewölbe des unterirdischen Labyrinths von Gängen unter dem Château Trompette durchquerten, waren zwei Männer mit Federn im Barett aus einem Seitengang hervorgesprungen und hatten ihre Degen gezogen. »Elender Verräter!«, riefen sie und stürzten sich auf de Vaillac, der ebenfalls den

Degen zog und, mit beiden gleichzeitig fechtend, zurückwich, bis er mit dem Rücken an der Mauer stand. »Sprich dein letztes Gebet!«, rief der größere der Angreifer, während de Vaillac die beiden mit schnellen Degenbewegungen aus dem Handgelenk in Schach zu halten versuchte. *Er kann mehr,* fiel Margarète auf, *er ficht eigentlich besser. Und die Männer hätten ihn längst töten können.* Sie lief vor, sprang zwischen den Baron und die Angreifer, die Degenspitzen hielten vor ihrer Brust inne, die beiden Männer standen starr, mit gespannten Gliedern, und tauschten einen verwirrten Blick aus. Margarète lachte. »Nun hört schon auf mit der Schauspielerei!«

Die Männer ließen die Degen sinken und grinsten. De Vaillac umarmte Margarète von hinten. »Meine Lebensretterin.«

»Eure Prüfung ist bestanden!«, rief einer der vermeintlichen Angreifer Margarète zu.

»Mit Bravour«, bestätigte der Baron.

Margarète nahm ihm den Degen aus der Hand und steckte ihn in den Schaft. Während sie gemeinsam mit den angeblichen Angreifern – zwei Freunde de Vaillacs aus Paris und ebenfalls Mitglieder der Liga – im Weinkeller den besten Tropfen aussuchten, hatte der Baron Margarète gefragt, ob sie für die Liga arbeiten wollte.

D'Espalungue setzte sich auf einen Schemel, legte die Taube rücklings zwischen die Knie, zog ein blaues Band aus seiner Wamstasche und knotete es um das Bein der Taube. »Sie ist eine meiner besten.« Er setzte die Taube wieder auf. »Sie ist schon aus La Rochelle zu mir zurückgekehrt.« Er rieb seine Nase am Schnabel der Taube, die laut gurrte.

»Aus La Rochelle?« Bis dorthin waren es rund zehn Tagesritte. Die Taube kam Margarète plötzlich größer vor und ihr Gefieder schien im Sonnenlicht wie Schiefer zu schillern. »Wie lange hat sie dafür gebraucht?«

»Rund acht Stunden.« D'Espalungue stand auf und hielt Margarète den Vogel hin. »Tauben fliegen ohne Pause direkt zum Schlag zurück.« Acht Stunden? Margarète blickte in die Augen der Taube. Was für Bilder hatten sie eingefangen auf der schnellen Reise? Es waren Bilder, wie sie ein Mensch nie zu Gesicht bekam.

»Nimm sie mit beiden Händen und halte dabei die Flügel am Körper der Taube«, wies d'Espalungue sie an. Margarète tat es. Die Flügel fühlten sich unerwartet hart und sperrig an.

»Jetzt den Daumen über die Flügelspitzen legen und den Zeigefinger unter den Schwanz.«

Die Taube saß fest in Margarètes Hand, schaute aber ungerührt um sich, so als hätte sie schon immer zu Margarète gehört. Der Burgherr pfiff durch seine sehr weißen Zähne. »Schon Aphrodite liebte die Tauben.«

De Vaillac trat vor. »Damit du eine Hand frei bekommst, klemme die Füße zwischen Mittel- und Ringfinger ein.« Er beugte sich vor, atmete Margarète in den Ausschnitt ihres Kleides, führte ihre Finger mit den seinen und legte sie um die Füße der Taube, wobei sein Arm Margarètes Brust streifte. Margarète drehte sich ein wenig zur Seite, sah d'Espalungue schmunzeln, nahm das Band vom Fuß der Taube und befestigte es wieder.

Der Baron hob den Daumen. »Du bist bereit für Pau.«

Margarète blickte zum Diener hin, der den Kot zusammenschaufelte, und entließ die Taube, die sofort zu ihrer Partnerin flog und sie schnäbelte. *So beeindruckend diese Langstreckenflieger auch sein mögen,* dachte Margarète, *so kann doch nichts darüber hinwegtäuschen, dass dies ein Auftrag ist, den man einem gestandenen männlichen Ligisten niemals geben würde.*

Einen Tag später hielt Margarète in Begleitung des jungen schlaksigen Dieners auf einen Seiteneingang des Schlossgartens von Pau unterhalb der Burgmauern zu. Die Taube im Korb, den der Diener über dem Arm trug, blieb sehr ruhig. Vor dem kleinen Wachhaus döste ein Posten in der Nachmittagssonne, blickte auf, musterte Margarètes mit Perlen und Rüschen besetztes Kleid sowie den Diener und winkte sie durch. Sie durchquerten einen Kräutergarten und einen Laubengang mit blumengeschmückten Pavillons, in denen sich hier und da Liebespaare küssten.

Am Ende eines von Ulmen gesäumten Weges erreichten sie eine Reihe hoher Hecken. Margarète blieb die Luft weg. In das Blätterwerk hineingeschnitten waren lauter Figuren: ein riesiges Schiff mit Segeln, Mastkorb und Anker, von dem zwei Matrosen einen Menschen herunterwarfen. »Das muss Jona sein!«, rief sie dem Diener zu, denn auf den Geworfenen wartete weiter unten bereits ein mehrere Schritte langer grüner Wal mit aufgerissenem Maul. Margarète bekam Gänsehaut und lief im Schatten hoher Zypressen an den aus den Hecken geschnittenen Kunstwerken entlang, entdeckte eine große Kutsche, gezogen von zwei Pferden, mit einem Kutscher, der sogar Zügel in der Hand hielt. »Vielleicht Helios, der den Sonnenwagen lenkt?«

Der Diener zuckte mit der Schulter. Er mochte um die zweiundzwanzig Jahre alt sein, und seine dunklen Augen schnellten von einer Figur zur anderen. *Er ist, wie ich geworden wäre,* wurde Margarète bewusst, *wenn Élie Vinet mich nicht unterwiesen hätte: neugierig, aber unwissend.* Sie lief weiter, jauchzte, sah Reiter mit Lanzen und einen grünen Elefanten. Pierre Chantelle war offenbar wirklich der begnadete Schlossgärtner, als den man ihn überall im Béarn pries. *Was muss das für ein herrliches Leben sein,* ging es Margarète durch den Sinn, *immer in diesem Garten herumzuspazieren, ihn zu erschaffen wie Gott den Garten Eden und Geschichten aus Blättern zu erzählen?*

Rechter Hand erblickte sie einen etwa zwanzig Schritte hohen Rundturm aus Lehmziegeln mit einem spitz zulaufenden Schieferdach.

»Das muss der königliche Taubenschlag sein!« Er enthielt einige vergitterte Fenster und auf halber Höhe Ausfluglöcher. Neben der schmalen hölzernen Eingangstür stand eine Kiste mit Gartenutensilien. Margarète spähte um sich und drückte die Türklinke hinunter. Der Turm war verschlossen.

Auf einer Anhöhe mit Stechpalmen und Nussbäumen sah sie rund fünfzig Schritte entfernt einen gedrungenen Mittvierziger in altmodischen weiten Heerpaukenhosen, Wams, rotem Umhang und blauem Barett, der einigen Gehilfen in Gartenschürzen Anweisungen gab. Das musste Pierre Chantelle sein. Er hatte ihnen den Rücken zugekehrt. Ohne ihn aus den Augen zu lassen, nahm Margarète eine große Gartenschere aus der Kiste neben der Tür und reichte sie dem Diener. »Wenn du mich gleich aus dem Taubenschlag heraus das Wort *Wetter* sagen hörst«, Margarète nahm dem Diener den Korb mit der Taube aus der Hand, »schneidest du dem Schiff den Mastkorb ab und dann den Anker. Der Gärtner wird dich daraufhin jagen, aber mit deinen langen Beinen dürftest du doppelt so schnell sein wie er.«

»Zehnmal so schnell«, gab der Diener in die Sonne blinzelnd zurück.

Margarète lachte. »Versteck dich auf der anderen Seite des Turms und lauf zu den Büschen, wenn ich mit dem Gärtner im Turm bin und du das Losungswort hörst!«

Margarète sah zur Anhöhe hinauf, wo der Gärtner sich gerade aufrichtete, und ruckelte aufwendig an der Tür zum Taubenschlag, ging vor dem Turm hin und her, stellte sich auf die Zehenspitzen, um durch ein Fenster ins Innere zu sehen, zog noch einmal an der Tür.

»Soll ich Euch den Taubenschlag zeigen?« Schnellen Schrittes kam der Gärtner in Begleitung zweier Gehilfen auf Margarète zugelaufen.

Trüge ich die Kleidung einer Tischlerin, dachte Margarète, *hätte er mich fortgejagt, doch einer Adligen muss der Gärtner des Königs wohl oder übel den Taubenschlag vorführen.*

»Pierre Chantelle, Schlossgärtner.« Er verbeugte sich und schaute nach rechts und links, als suche er nach ihrer Begleitung. Er hatte ein sehr glatt rasiertes, rundes Gesicht mit einem Doppelkinn. Sein Wams war mit Perlen verziert und sein Umhang aus glänzender Seide. Seine Schuhe hatten hohe Absätze und an den Fingern trug er goldene Ringe mit Edelsteinen. Offenbar legte er selten selbst Hand an, sondern ließ seine Gehilfen die Arbeit verrichten.

»Oh, das wäre wundervoll«, sagte Margarète in dem geschliffenen Französisch, das sie von Élie Vinet gelernt hatte. »Marquise Anne de Lestonnac aus Bordeaux.« Sie knickste. Die besagte Marquise war Protestantin und noch nie in Pau gewesen. »Meine Dienerin kommt gleich nach.« Margarète blickte an dem Turm empor. »Einen so großen Taubenschlag habe ich noch nie gesehen und Euer Garten ist auch ganz wundervoll«, sie wies auf die Büsche, »diese herrlichen Skulpturen mit all den vielen Einzelheiten. Wie macht Ihr das bloß?«

Der Mann lief rot an, straffte sich, atmete tief ein, als sauge er jede Silbe des Lobs einzeln in sich hinein, lächelte und schloss die Tür zum Taubenturm auf. *Schmeicheleien,* dachte Margarète, *öffnen so manche*

Tür. Der Schlossgärtner ließ sie mit einer Verbeugung eintreten. Dieser Mensch war eitel, überlegte Margarète, und das war eine Schwäche, die es zu nutzen galt, um die Geheimnisse dieses Taubenschlags zu lüften.

Sie traten in das Rund des Turms, das hell und großzügig wirkte. Hunderte rechteckige Nistlöcher reichten vom Boden bis zum Dachstuhl. Dazwischen flatterten zahllose Tauben. »Und mit diesem Wunderwerk«, Chantelle bewegte eine an einem Drehpfahl angebrachte Leiter in der Mitte des Turms im Kreis, »komme ich an alle fünfhundert Nistlöcher heran.«

»Fünfhundert?« Margarètes Erstaunen war nicht gespielt. Sie stellte ihren Korb hinter sich ab. Selbst wenn ihr Vogel sich darin regte, würde das bei dem Geflatter und Gurren, das in diesem Turm herrschte, niemand hören.

Der Gärtner stützte die kräftigen Hände in die Hüften. »Tauben setzen etwa alle halbe Stunde Kot ab. Das gibt eine Menge Dünger für die Felder. Obendrein bedeuten viele Tauben am Ende auch viele gute Omelettes und viele gute Taubengerichte für den Hofstaat.«

»Das kann ich mir vorstellen«, Margarète lächelte den Schlossgärtner bewundernd an, »und Ihr seid nicht nur der Herr über den Garten, sondern auch über all diese Tauben.«

Der Mann schmunzelte und rieb seinen goldenen Ohrring zwischen den Fingern. »Wenn man so will.« Die beiden Gehilfen machten sich daran, mit Bürsten die Nistlöcher zu säubern.

Im unteren Bereich des Turms befanden sich zwei große, abgesonderte Gitterverschläge. In einem, mit offenem Ausflugloch und nahe bei der Tür, gurrten und schnäbelten rund fünfzig Tauben, von denen viele violette Bänder trugen. Im anderen, dessen Ausflugloch verschlossen war, saßen etwa zwanzig Vögel mit verschiedenfarbigen Bändern. *Das,* überlegte Margarète, *müssen die auswärtigen Brieftauben sein und die mit den violetten Bändern die hiesigen.*

»Oh«, rief Margarète scheinbar überrascht aus, »manche tragen Bänder!«

»Das sind die Brieftauben.« Chantelle wies mit gestrecktem Arm auf die hiesigen Tiere.

»Nein, wirklich?« Margarète ließ ihre Stimme überschlagen.

Der Gärtner nickte zweimal. »Die mit den violetten Bändern sind unsere.«

Die Gehilfen streuten Schnupftabak in die Nester, wohl gegen Ungeziefer.

»Was für wundervolle Tiere«, sagte Margarète, »die immer wieder in ihr Nest zurückfinden.«

»Diese«, Chantelle nahm eine Taube mit violettem Band sehr sanft vom Boden des Verschlags hoch und stöhnte, als er sich wieder aufrichtete, »ist gerade aus Genf zurückgekommen und hat heute Morgen noch die Alpen gesehen.«

»Die Alpen!« Margarète überkam ein Schauer. Das Große Genf war bestimmt doppelt so weit wie La Rochelle. Die Ketzer schienen die besseren Tauben zu besitzen.

»Wie lange braucht sie denn bis hierher?«

»Etwa einen Tag. Der Täuberich will ja so schnell wie möglich zurück zu seinem Weibchen.« Chantelle lachte.

Nur einen Tag, um halb Europa zu durchqueren. »Da fragt man sich«, entfuhr es Margarète, »wer wirklich die Krone der Schöpfung ist.«

»Nicht wahr?« Der Gärtner lächelte und setzte die aus Genf zurückgekehrte Taube, erneut sehr vorsichtig, wieder in den Verschlag. *Dieser Mensch liebt seine Tauben,* dachte Margarète. Das war eine weitere Schwäche, die sie nutzen konnte. Es galt, ihn nun dazu zu bewegen, die Ziele der auswärtigen Tauben preiszugeben.

Margarète beugte sich zu dem eben zurückgesetzten Vogel hin, der sein Weibchen schnäbelte. »Wie zärtlich sie sind, fast wie Menschen.«

Der Schlossgärtner betrachtete das Taubenpaar mit versonnenem Lächeln.

Margarète sah zu dem Verschlag, in dem sich die auswärtigen Tauben befanden. »Die dort drinnen schnäbeln einander nicht.«

Pierre Chantelle blickte hinüber. »Die kommen ja auch von auswärts und entbehren gerade ihre Partnerin.«

»Von auswärts?« Margarète öffnete leicht den Mund und verlieh ihrem Gesicht einen mädchenhaften und wissbegierigen Ausdruck.

Plötzlich ging ein Ruck durch den Körper des Gärtners und er wandte sich abrupt von ihr ab und einem der Gehilfen zu. »Wie oft habe ich dir schon gesagt, dass du die Leiter beim Drehen leicht anheben sollst, anstatt sie über den Boden zu schleifen wie irgendeine Leiter in einer elenden Bauernkate?«

Der junge Mensch, mit Pickeln im Gesicht, schreckte zusammen, nickte, hob die Leiter an, drehte sie weiter, stellte sie vorsichtig ab und stieg ehrfurchtsvoll und sachte empor, als wären ihre Sprossen aus Marmor.

»Und du«, Chantelle kehrte sich dem anderen Gehilfen zu, der den Kopf zwischen die schmächtigen Schultern zog, »bürste das Nistloch ordentlich aus, bevor du den Schnupftabak hineinstreust!«

Der Gehilfe wischte den Tabak wieder aus dem Nistloch heraus in seine hohle Hand, tat ihn zurück in seine Schürzentasche, umfasste die Bürste fest mit seinen geröteten und von der Gartenarbeit zerkratzten Händen und schrubbte mit schnellen, kurzen Bewegungen über das Holz.

»Es muss eine schwierige Arbeit sein, diesen riesigen Taubenschlag ständig blitzblank zu halten«, Margarète drehte sich im Kreis, »und den Vögeln ein so wunderbares Zuhause zu bieten.« Sie schielte zu dem Verschlag mit den auswärtigen Tieren. »Wahrscheinlich wollen die Tauben von anderswo gar nicht mehr heim.«

Der Gärtner legte die Hände an den Aufschlag seines Wamses und ging auf den Verschlag der Tauben mit den verschiedenfarbigen Bändern zu, wobei seine hohen Absätze klackten. »Das mag schon sein.«

Margarète stellte sich an die Seite des Gärtners und beugte sich zu den Tauben hin. »Und dann die großen Strecken, die die Tiere zurücklegen müssen, durch Regen und Wind.« Margarète verlieh ihrer Stimme einen sorgenvollen Ton.

»Na ja«, der Gärtner zupfte an seinem Wamsärmel, »man versucht schon, die Tauben bei gutem Wetter und Rückenwind zu entlassen.«

»Rückenwind« war ein gutes Stichwort, um die Zielorte aus diesem Menschen herauszupressen. »Was man da alles berücksichtigen muss, unglaublich«, Margarète schüttelte mehrfach den Kopf, »ein Laie macht sich keinen Begriff davon.« Wieder schien der Schlossgärtner jedes ihrer Worte einzeln in sich aufzunehmen. Margarète sah zur Tür hinaus. »Hier kommt der Wind oft von Westen, nicht wahr?«

Chantelle wiegte den Kopf hin und her. »Er wechselt recht häufig und da muss man dann im besten Falle gleich die entsprechende Taube absenden.«

Margarète nickte und machte große Augen.

Chantelle wies auf eine Taube mit rotem Band. *Endlich,* dachte Margarète. »Um diese abzusenden, warte ich auf Südwestwind, denn sie kommt aus Genf. Sie kann also die Antwort auf die Nachricht unserer Taube überbringen.«

Margarète musterte den Vogel. Ihn im Château de Béost zu präsentieren, wäre ein besonderer Triumph. Allerdings war er deutlich heller als die von ihr mitgeführte Taube und Chantelle dürfte gerade das Gefieder dieses Tieres gut im Kopf haben.

»Die zwei mit den grünen Bändern kommen aus Orthez.«

»Die brauchen Südostwind«, warf Margarète ein, um den Eindruck zu erwecken, dass sie sich mehr für die Frage der Windrichtungen als für die Ziele der Tauben interessierte. Orthez allerdings war kein interessantes Ziel. Dort befand sich lediglich die calvinistische Akademie, an der die Ketzer ihre Prediger ausbildeten. Was sollte eine Taube aus der Gelehrtenstadt wohl an Nachrichten vermelden? Margarète unterdrückte ein Schmunzeln. Höchstens die Neuerscheinung eines hebräischen Wörterbuchs.

»Sicher ist es gar nicht so einfach, ein Band am Fuß der Tiere zu befestigen.«

Der Schlossgärtner rieb sich über den stattlichen Bauch. »Eine Sache der Übung.«

»Das gelbe Band dort sitzt ziemlich locker und die Enden stehen über.« Margarète zeigte auf die betreffende Taube.

Chantelle lachte. »Der Taubenwart der Festung von Navarrenx ist jung und unerfahren.«

Margarète ballte die Hand zur Faust. Die Festung von Navarrenx war ein hervorragendes Ziel.

»Immerhin keine so lange Strecke für die Tauben«, sagte Margarète.

Der Gärtner schnalzte mit der Zunge. »In einer Stunde sind sie da, oft sogar noch schneller.«

»Und wir brauchen einen ganzen Tag dorthin.« Jetzt fehlte nur noch das Ziel der Tauben mit den blauen Bändern.

»Wo willst du denn jetzt hin?« Der Gärtner wandte sich an den jüngeren Pickelgesichtigen, der gerade zur Tür hinausging.

»Ich wollte nur den anderen helfen, bei den Rosenbeeten.«

Chantelle schüttelte den Kopf. »Kehre erst einmal noch den Kot zusammen, aber nur dort hinten, sonst staubt es zu sehr.«

»Und die kräftigste Taube schafft es sicher besonders weit.« Margarète wies auf eine Taube mit blauem Band, die von allen die größte war.

Der Gärtner hob die Hand. »Nicht so weit wie die Taube aus Genf, nur bis Périgueux.«

Damit wäre das letzte Ziel der fremden Tauben auch heraus, frohlockte Margarète insgeheim. Sie nahm die Tauben mit den blauen Bändern in den Blick. Vor sieben Jahren hatten die Calvinisten die Stadt nordöstlich von Bordeaux erobert, geplündert und die Gebeine des heiligen Bischofs Fronto, der Périgueux im ersten Jahrhundert christianisiert hatte, in die Dordogne geworfen.

»Dabei sieht die Taube aus Genf schmächtiger aus«, bemerkte Margarète.

»Das ist wie beim Menschen«, Chantelle fuhr sich über das Doppelkinn und lächelte Margarète zu, »man sieht niemandem an, was in ihm steckt.«

Glücklicherweise, dachte Margarète und presste die Lippen zusammen, um nicht zu grinsen. Sie wippte mit einem Fuß. Sie musste sich entscheiden. Périgueux war vor einem Jahr durch eine katholische Armee befreit worden. Wahrscheinlich vermeldeten protestantische Tauben von dort nur Bitten um Unterstützung. Eine Taube aus dem nahen Navarrenx wäre zwar nichts Besonderes, aber dort wurden die militärischen Strategien ausgearbeitet, die das Béarn direkt betrafen. Außerdem dürfte ein Tausch kaum auffallen, da viele der Tauben aus Navarrenx der ihren ähnelten.

Margarète drehte sich zur Tür und tat ein paar Schritte zum Ausgang, wie um sich die Beine zu vertreten, blickte hinauf in den wolkenlosen

Himmel. »Jedenfalls kann man den Flugkünstlern immer so gutes Wetter wünschen wie heute!«

Sofort sprang der Diener zu den Hecken und machte sich mit der Schere am Mastkorb zu schaffen.

»Das stimmt«, Chantelle rückte eine Futterschale zurecht, »aber natürlich kann man nie wissen, wie das Wetter in Genf ist.«

Margarète beobachtete, wie der Diener sich daranmachte, Jona zu köpfen. »Entschuldigt«, wandte sie sich mit einem schüchternen Lächeln zum Gärtner, »aber habt Ihr angeordnet, dass der Junge dort Eure Skulpturen verändert?«

Der Gärtner lief zur Tür, erstarrte beim Anblick der Zerstörung seines Meisterwerks. »Um Himmels willen!« Mit schnellen Schritten eilte er hinaus zu den Büschen, wobei ihn die hohen Absätze behinderten. Die beiden Gehilfen stürmten mit hinaus.

Margarète lief zum Verschlag mit den auswärtigen Vögeln, öffnete das Gitter und packte eine Taube mit gelbem Band, die ihrer annähernd glich. Sie legte den Daumen über die Flügelspitzen und den Zeigefinger unter den Schwanz, löste das Band vom Fuß und trug die Taube zum Korb, doch als Margarète den Korb öffnete, entglitt das Tier ihrer Hand und flog hinaus ins Freie Richtung Navarrenx. Margarète wurde heiß, hinter ihrer Stirn pochte es, während sie ihre Taube aus dem Korb nahm.

»Wir kriegen dich!«, hörte sie Chantelle draußen rufen. Margarète knotete das gelbe Band am Fuß ihrer Taube fest und sah hinaus. Der Diener rannte auf eine Eiche zu, schwang sich einen Ast empor, kletterte darauf zur Mauer und sprang hinunter, hinaus aus dem Garten. Margarète lief zum Verschlag mit den fremden Vögeln zurück und setzte ihre Taube hinein. Schon näherte der Gärtner sich wieder dem Turm. *Mir bleibt nicht einmal mehr eine Minute,* schoss es Margarète durch den Sinn. Mit klopfendem Herzen blickte sie von einer Taube mit gelbem Band zur nächsten. Eine, in der hinteren Ecke, sah ihrer am ähnlichsten. Margarète streckte die Arme nach ihr aus, doch bekam sie nicht zu fassen. Der Gärtner war nur noch ein paar Schritte von der Tür entfernt. Schon waren sein Schnaufen und das Klacken seiner Absätze zu hören. Es blieb keine Zeit mehr, eine Taube herauszunehmen und in den Korb zu setzen. Margarète schloss das Gitter und stellte sich vor den Verschlag.

Der Gärtner kam herein, ließ sich nach Luft ringend auf einen Schemel fallen und legte die Hände vor das rot angelaufene Gesicht. Margarète sah hinaus. In den verschnittenen Hecken erblickte sie das Schiff ohne Mastkorb sowie Jona und den Kutscher ohne Kopf.

»Morgen kommen Schlossgärtner aus Paris«, stöhnte Chantelle, nahm das blaue Barett ab und fuhr sich mit der beringten Hand durch die schütteren graubraunen Haare, »sie werden mich auslachen.«

Als Margarète in der milden Abendsonne auf das Château de Béost zuritt, mit schweren Gliedern, den stummen Diener an ihrer Seite, auf dessen Maultier der leere Korb am Sattel befestigt war, dachte sie, dass die entwichene Navarrenxer Taube schon in ihren Verschlag mit Wasser und Futter zurückgekehrt und dort von seinem Weibchen empfangen worden sein dürfte. *Der Taube,* überlegte Margarète, *ist es egal, keine Botschaft am Fuß zu tragen. Alles, was für sie zählt, ist, nach Hause zu kommen.*

»Immerhin hast du ihnen unsere Taube untergejubelt«, sagte de Vaillac einige Minuten später am runden Tisch des Turmzimmers, das unmittelbar unter dem Taubenschlag lag. Das Gurren der Vögel drang von draußen herein.

De Durfort trank einen Schluck Wein und betrachtete den Korb auf dem Tisch. »Mit leerem Korb, mit leeren Händen.«

Der Dominikanermönch Jacques Clément lehnte mit der Kapuze über dem Kopf im Schatten an der Wand und grinste.

Margarète atmete tief. De Durfort und der Mönch genossen ihren Misserfolg. Für die beiden zählte er doppelt und ihre bisherigen Erfolge nur halb.

»Ihr hättet auch mich schicken können.« Der Mönch nahm die Kapuze ab und blickte de Vaillac mit erhobenem Kinn an.

Margarète schüttelte leise den Kopf. Diese Mission hätte Jacques Clément als unzumutbar zurückgewiesen, wenn man sie ihm angetragen hätte, auch wenn er fast noch ein Knabe war. Männer hatten ein untrügliches Gespür dafür, welche Aufgaben sie annehmen und welche sie ablehnen mussten.

De Vaillac verdrehte die Augen.

»Damit du allen Tauben den Hals umdrehst?«, fragte d'Espalungue.

»Besser, alle umzubringen«, der Mönch nahm die Kordel seiner Kutte in die Hand und drehte ihr Ende in der Luft im Kreis, »als keine hierherzubringen.«

»Es wäre schon schön gewesen«, d'Espalungue verschränkte die Hände im Nacken und blickte hinaus auf die Gipfel im Dämmerlicht, »den Strategen in Navarrenx ein paar Märchen auftischen zu können, um sie abzulenken.«

Der Marquis de Durfort beugte sich vor und sah auf die Karte. »Sehr schön sogar.« Er schmatzte mit den Lippen.

De Vaillac schlug mit der flachen Hand auf den Tisch. »Warten wir ab, was unsere Taube aus Pau zurückbringt.«

In den folgenden Tagen bekam Margarète keinen Auftrag mehr. Sie verbrachte die Zeit in ihrem Zimmer mit dem Himmelbett und dem weiten Blick über die Berge und übersetzte die Ritterromanze *Spiegel prinzlicher Taten und der Ritterlichkeit* von Diego Ortúñez de Calahorra aus dem Spanischen ins Französische, genauso wie zu Hause in ihrer Kammer in der Tischlergasse von Bordeaux. Die Taube kehrte nicht zurück: nicht am nächsten Tag, nicht am übernächsten, nicht in der Woche darauf. Hatte Chantelle sie vielleicht noch nicht losgeschickt? Immerhin hatte er ein Dutzend Tauben aus Navarrenx, auch wenn sie ihn um eine erleichtert hatte. Oder war sie längst unterwegs, aber hatte sich verflogen? Das kam immerhin des Öfteren vor, wie d'Espalungue ihr erläutert hatte. Oder war sie von einem Habicht oder einem Falken geschlagen worden? Oder in ein Unwetter geraten? Oder war diese Burg für die Taube kein Zuhause, in das sie zurückeilen wollte?

Am Ende der zweiten Woche klopfte es an Margarètes Tür. Vor ihr stand der schwarzgelockte Diener mit der Taube. Sie trug eine Hülse mit einer Nachricht am Bein. »Gerade eben eingeflogen!«, frohlockte er und eilte Margarète voraus die engen Steinstufen zum Turm hinauf ins Besprechungszimmer. Margarètes Herz hämmerte, als sie und der Diener den Raum betraten, wo die Ligisten allesamt über der Landkarte brüteten.

»Da ist ja meine Schöne!«, rief d'Espalungue aus und eilte herbei, strahlte die Taube an, dann Margarète. Sachte nahm er den Vogel in die Hand und lief zum Tisch. De Vaillac zwinkerte Margarète zu. De Durfort straffte sich und sah auf die Taube. Der Mönch verschränkte die Arme vor der Brust und scharrte mit einem Fuß über den Boden.

»Dann schauen wir doch mal, was die Calvinisten aus dem Schloss von Pau uns unbeabsichtigter Weise mitteilen.« D'Espalungue löste die Pergamenthülse vom Bein der Taube, übergab das Tier dem Diener, entrollte das Pergament und entfaltete das darin mehrfach geknickte hauchdünne Seidenpapier. Er richtete sich auf und ließ den Blick über die Zeilen gleiten. *Lass es eine wichtige Botschaft sein,* bat Margarète im Stillen. De Vaillac stellte sich neben d'Espalungue, beugte sich vor und entzifferte mit sich lautlos bewegenden Lippen die Nachricht. D'Espalungue ließ das Papier sinken, wurde blass. De Vaillac nahm dem Burgherrn die Botschaft aus den Fingern, las stumm die Nachricht zu Ende, setzte sich an den Tisch und stöhnte. »Verflucht!«

»Was ist denn los?« De Durfort trat an den Baron heran.

Der war ebenfalls bleich geworden und sah zu dem Marquis empor. »Die Calvinisten haben unseren Code geknackt.«

»Nein!« Die Lippen de Durforts zitterten.

De Vaillac überreichte ihm die Botschaft. »Offenbar haben sie die Nachricht nach Arzacq abgefangen, in der Ihr den Baron Savignac um das Anlegen von Vorräten gebeten habt.«

Der Marquis überflog die Nachricht. »Zum Glück habe ich nicht dazugeschrieben, dass die Vorräte für anrückende Truppen gedacht sind.« Er setzte sich und löste den Knopf seiner Halskrause.

»Wenn die Calvinisten so gewitzt waren, den Code zu knacken«, d'Espalungue rieb sich über das Kinn, »dürften sie sich auch denken können, dass man eine harmlose Bitte um das Anlegen von Vorräten nicht codieren würde.«

Margarète trat vor. »Den Code der Liga? Aber der ist unglaublich kompliziert!« Vor ihrem inneren Auge sah sie den mehrseitigen Schlüssel vor sich: Allein das *e* konnte auf viererlei Weise codiert werden, um die Häufigkeitsanalyse zu erschweren. Für das *a* gab es drei

Zeichen. Die Chiffre enthielt nicht nur lateinische Buchstaben, sondern auch Symbole. Anstelle von Leerzeichen wurden verschiedene Buchstaben und Symbole benutzt. Ferner gab es irreführende Zeichen, die gar keine Bedeutung hatten. Obendrein wurden besonders häufige Wörter durch Symbole oder Zahlen verschlüsselt. Margarète setzte sich an den Tisch.

De Durfort ballte die Hände zu Fäusten. »Das kann doch nicht wahr sein.«

»Immerhin haben wir es Margarète zu verdanken«, de Vaillac lächelte ihr zu, »dass wir wissen, dass die Zeit unseres Codes nun vorüber ist.«

D'Espalungue nickte. »Nicht auszudenken, was geschehen wäre, wenn wir unsere nächsten militärischen Schritte in einem Code geplant hätten, den der Gegner entschlüsseln kann.«

Margarète rückte näher an den Tisch. Ein Gefühl der Genugtuung durchströmte sie.

»In der Tat.« De Durfort rieb sich über die Nasenwurzel. »Dabei bleiben steganografische Codes oft unbemerkt.«

»Steganografische Codes?«, hakte Margarète nach.

Der Mönch verzog die Lippen und blickte düster vor sich hin, wahrscheinlich weil er den Begriff nicht verstand.

»Steganografische Botschaften«, warf d'Espalungue mit einem Blick auf den Dominikaner ein, »sind solche, bei denen ein Außenstehender gar nicht merkt, dass er einen Code vor sich hat, sondern denkt, es handele sich um einen Liebesbrief, ein Gebet, eine Einladung zur Jagd oder etwas Ähnliches.«

Der Mönch schnalzte mit der Zunge. »Verstehe.« Er nickte dem Marquis anerkennend zu.

»Ihr habt also gar nicht den Code der Liga verwendet?«, fuhr Margarète fort.

»Nein, wir haben hier im Béarn das Cardan-Gitter benutzt.« De Vaillac blickte erneut zu de Durfort und drehte an seiner Fingeruhr.

»Was für ein Gitter?«, fragte der Mönch hörbar gereizt.

»Eine Schablone mit mehreren ausgeschnittenen Stellen«, antwortete der Baron, »man legt sie auf ein leeres Blatt Papier und schreibt dort die Buchstaben, Silben oder Wortteile der geheimen Nachricht hinein.«

»Den Rest des Papiers, der von der Schablone verdeckt ist, füllt man danach mit einem harmlosen Text aus«, ergänzte Margarète und schüttelte leise den Kopf. Steganografische Botschaften waren riskant. Die dabei entstehenden Texte erregten häufig Argwohn, da sie wenig Sinn ergaben oder sehr holprig formuliert waren.

De Durfort malmte mit den Kiefern, stöhnte auf und sah Margarète an. »Ja, ich war es, der vorgeschlagen hat, das Gitter anstelle des Codes der Liga zu verwenden.« Er atmete tief. »Denn man munkelt, dass Heinrich von Navarra den Code der Liga dem Mathematiker François Viète zum Entschlüsseln gegeben hat.«

»Dann gnade uns Gott«, stieß Margarète hervor. François Viète war einer der besten Kryptologen Europas.

De Vaillac ballte die Hand zur Faust. »Viète ist noch einer von diesen moderaten Katholiken, die sich mehr vor uns fürchten als vor den Häretikern!«

»Wir brauchen einen neuen Code«, d'Espalungue biss sich in den Daumenknöchel, »und möglichst einen, den weder Viète noch irgendein anderer Ketzer oder Ketzerfreund knacken kann.«

Margarète legte die Ellenbogen auf den Tisch und faltete die Hände. »Wie wäre es mit einem Buch-Code?«

De Durfort zog die Brauen hoch. »Ein Buch-Code?«

De Vaillacs Augen blitzten auf.

»Man nimmt ein Buch«, erläuterte Margarète, »sucht das Wort oder den Buchstaben, den man verschlüsseln will, und schreibt die entsprechende Seitenzahl, Zeilenzahl und die Position innerhalb der betreffenden Zeile auf.«

»Wenn man also das Wort *Montag* verschlüsseln will …«, begann d'Espalungue.

»… und es in dem betreffenden Buch auf Seite 2 in der dritten Zeile an achter Position vorkommt«, fuhr Margarète fort, »würde der Code …«

D'Espalungue hob die Hand und führte den Satz zu Ende: »238 lauten.«

»Ziemlich umständlich«, der Mönch beugte sich vor, »wenn das Wort nicht im Buch vorkommt und man jeden Buchstaben einzeln verschlüsseln muss.« Er kratzte sich an der Nase. »Oder man ewig nach dem Wort suchen muss, das man verschlüsseln will.«

Das stimmt, gestand sich Margarète insgeheim ein. »Man kann auch Silben codieren«, fiel ihr ein.

»Es ist jetzt ja auch ganz einerlei, ob der Code ein wenig aufwendig ist.« Der Burgherr fuhr mit der flachen Hand durch die Luft. »Wir brauchen dringend eine neue Chiffre, die einfach zu benutzen und so gut wie unmöglich zu knacken ist.« D'Espalungue sprang erregt auf und lief vor dem Fenster hin und her, während Jacques Clément die Augen verdrehte.

»Außerdem«, sagte de Durfort zum Dominikaner, »sind militärische Geheimbotschaften keine Texte von epischer Länge.«

De Vaillac schmunzelte Margarète zu und blickte in die Runde. »Welches Buch sollen wir nehmen?«

»Den Katechismus vielleicht?« De Durfort schaute fragend von einem zum anderen. »Oder die Psalmen?«

»Das würde unser Vorhaben segnen«, sprach der Mönch mit weihevoller Stimme, wie sie eher von einem dreißig Jahre älteren Geistlichen zu erwarten gewesen wäre als von einem jugendlichen Dolchwerfer.

»Warum nicht gleich das *Ave Maria!*« D'Espalungue rang die Hände. »So ein Schlüssel ist genau das, was unsere Gegner von uns erwarten.«

Margarète lehnte sich zurück. »Wie wäre es mit den kirchlichen Verordnungen von Johanna von Navarra?«

Der Mönch erstarrte und bekreuzigte sich wortlos. D'Espalungue lachte hinter vorgehaltener Hand auf.

De Vaillac jauchzte. »Die Verordnungen der Begründerin des Calvinismus im Béarn?« Er schwang die Faust durch die Luft. »Die siebenundsiebzig Paragrafen gegen den Tanz, den Wein, das Spiel und alle anderen Vergnügungen des fröhlichen katholischen Lebens?« Er stand auf, nahm feierlich eine Flasche Wein und schenkte Margarète ein. »Die Rückeroberung des Béarn wird mithilfe deines Codes geschehen.«

De Durfort knöpfte seine Halskrause wieder zu und lachte lauthals. »Das Vergnügen, diese Gesetze als Code gegen ihre Urheber zu benutzen, dürfte größer sein als alle Zerstreuungen, die dieses ketzerische Gesetz verbietet.«

Margarète nippte am Wein, sofort schien sie zu schweben. Es war herrlich, hier zu sein, im Turm, hoch über der Welt, im Kreise von Männern, die mehr gefürchtet wurden als die Ketzer, und ihnen gerade einen neuen unlösbaren Geheimcode geliefert zu haben.

D'Espalungue eilte zur Tür und nahm dem Diener den Vogel ab. »Ich bringe diese verdiente Taube zurück in ihr Zuhause.« Er drehte sich nach Margarète um. »Begleitest du mich?«

Leichten Schrittes ging Margarète zum Ausgang. Das rote Auge der Taube blitzte im Sonnenlicht auf. *So klein und zart sie auch wirkt,* dachte Margarète, während sie zu dritt die Treppe hinaufstiegen, *hat sie doch mehr von einem Adler, als die Menschen ahnen.*

11: QUEEN'S ENGLISH

Ende Mai in Mortlake bei London: Jacob wird von dem Kaufmann Frederic Clerkson, einem Agenten für Engelsmedien, auf seine Tätigkeit beim Hofastronomen John Dee eingestimmt. Unverhofft hört er aus Dees Mund Prognosen, die eigentlich nur für die Ohren der Königin bestimmt sind.

Die Themse floss unter einem milchig weißen Himmel gen Osten, auf das rund acht Meilen entfernte London zu. Jacob ging, die Hände tief in den Hosentaschen vergraben, neben Frederic Clerkson am Ufer entlang. Im Schilf quakten Frösche, Vögel zilpten. Obwohl es bedeckt war, drang frühsommerliche Wärme durch die Wolken. Das Plätschern des Flusses zwischen den Ufersteinen klang etwas zu laut in Jacobs Ohren. Auch das Gespräch zweier Fischer über die niedrigen Preise für Barsche und Störe verstand er mühelos, obwohl die Männer rund zehn Schritte entfernt in ihrem Boot am Sandstrand Netze flickten. Jacob nickte leise: Er musste scharf hören, wenn er die Sprache der Schöpfung finden wollte. Und er hatte als bisher Einziger eine Bellaso-Herausforderung gelöst. Auf der Wiese vor Mechterstädt hatte er eine Sprache erfunden, die sich so stark verdichtet hatte, dass die Schöpfungskraft der Wörter zu erahnen war. Es schien, als wäre er gut gewappnet für die Aufgabe, die ihn bei John Dee erwartete. Heute noch würde er den hochgelehrten Mann kennenlernen, über die Schwelle seines Hauses treten.

»Wieso heißt der Ort eigentlich Mortlake?«, fragte Jacob aus Höflichkeit. Frederic Clerkson ging trotz seiner Leibesfülle beschwingten Schrittes neben Jacob her und musterte ihn mit funkelnden Augen unter rötlichen, teilweise bereits ergrauten Brauen. Der Wunsch des Kaufmannes nach einem Gespräch war förmlich spürbar. Erleichtert ging er jetzt auf Jacobs Frage ein. »Ja, das ist ein seltsamer Name, halb französisch, halb englisch.«

»Hat er etwas mit Toten in einem See zu tun?«

Der andere nickte. »Man erzählt sich, dass vor rund zweihundert Jahren zehn Tote in einem See nahe des Ortes gefunden wurden, ohne dass irgendjemand wusste, wer sie waren und warum sie starben. Was an der Geschichte wirklich dran ist, weiß keiner.« Clerksons Englisch ergab blaue Vierecke, ohne Edwards Grünstich.

Der Kaufmann hielt auf eine Schenke zu, deren Mauerwerk aus scheinbar wahllos zusammengetragenen Sandsteinen verschiedenster Größen bestand. Er öffnete die nur noch in der oberen Angel hängende quietschende Tür. Im dunklen Raum mit unverputzten Bruchsteinwänden roch es nach Bier, Tabak und Fisch. Licht fiel nur durch ein einziges kleines Fenster ein. Jacob folgte Clerkson Richtung Theke. Dort saßen Fischer in schweren Stiefeln, weiten Hemden und mit Schiebermützen dicht beieinander auf hohen Holzschemeln, am Kamin hockten Landarbeiter in geflickten Jacken und verfolgten jeden ihrer Schritte zur Theke.

»Wir hätten gern zwei Ale, und zwar von deinem besten«, sagte Clerkson zu einem vielleicht fünfzehnjährigen Jungen, der wohl seinen Vater vertrat, »unser deutscher Freund hier soll nicht sagen, dass wir Engländer kein Bier brauen können.«

»Und wenn jemand trinken kann, dann die Deutschen«, zischelte ein Fischer, dem die Schneidezähne fehlten.

Mit ernster Miene stellte der Junge zwei riesige Becher auf die Theke. Jacob spürte die erwartungsvollen Blicke der Anwesenden. Clerkson hatte seinen Becher schon angesetzt und trank und trank, Zug um Zug, den Kopf weit in den Nacken gelegt; sein großer Kehlkopf bewegte sich bei jedem Schluck auf und ab, während die Fischer atemlos zuschauten. Schließlich drehte der Kaufmann den Becher um, damit alle sehen konnten, dass er leer war. Er wischte sich den Schaum von den Lippen. »Hervorragend.«

Alle wandten sich nun Jacob zu. Er betrachtete den vollen Becher: Rund zwanzig Schlucke waren darin. Er roch an der dunklen Flüssigkeit. Sie war weit stärker als Dünnbier. In was für eine Lage hatte ihn sein Begleiter da nur gebracht? Er zuckte mit den Achseln. »In Wirklichkeit bin ich gar kein Deutscher. Der Storch hat mich zu meiner Geburt nur über die Grenze nach Sachsen getragen, weil überall in Polen die Wiegen belegt waren.«

Die Männer lachten. Immerhin hatte er den englischen Humor getroffen.

»Du sprichst wie einer aus den West Midlands«, meinte der Schneidezahnlose.

»Und was tut ein sächsischer Wassertrinker in unserem kleinen Fischerdorf?«, fragte ein Hochgewachsener mit muskulösen Armen.

»Kardinal Pole in der Mansion bei seinem Schriftverkehr helfen wahrscheinlich«, sagte der Schneidezahnlose.

»Eine Stufe höher.« Clerkson schien bei diesen Worten förmlich anzuschwellen. »Er tritt in die Dienste des königlichen Astronomen und Mathematikers John Dee.« Seine Hochachtung für den Gelehrten schwang in jeder Silbe mit.

Es wurde vollkommen still. Der ganze Raum schien sich zu verfinstern. Die Mienen der Fischer verhärteten sich. Die Landarbeiter am Kamin reckten die Hälse, um Jacob genauer in Augenschein zu nehmen.

»Und was tust du für John Dee?« Der Muskulöse gab den beiden letzten Silben einen tiefen, bedrohlichen Klang.

Jacob stutzte. »Ich ...«

Auf Clerksons Hals zeichneten sich rote Flecke ab. »Er wird in der Bibliothek arbeiten«, haspelte er, »Übersetzungen, Katalogisierungen und so weiter und so fort.«

Doch die Gesichter blieben angespannt. »Aber du weißt, was Doktor Dee für einer ist, oder?«, fragte, sich vorbeugend, der Schneidezahnlose, das Wort Doktor dabei spöttisch betonend.

Jacob nestelte an einem Wamsknopf. »Einer der größten Astronomen und Mathematiker überhaupt.«

Clerkson nickte mehrmals.

Hämisches Lachen erschütterte die Taverne.

»Du bist doch nicht etwa den langen Weg hierhergekommen«, raunte ein junger rothaariger Fischer mit aufgerissenen Augen, »ohne zu wissen, dass Dee ein Teufelsanrufer ist, der gefährlichste schwarze Magier des ganzen Königreichs?«

Jacob blickte zu seinem Begleiter hinüber, der abfällig den Kopf schüttelte.

»Der in seiner Bibliothek Zauberbücher hortet«, sagte der Muskulöse und trat auf Clerkson zu, den er um einen halben Kopf überragte, »und in seinem Laboratorium gefährliche Tränke braut, deren Rezepte nur er kennt?«

Clerkson wich zurück. »So ein Unsinn. Doktor Dee ist ein hochgelehrter Mann. Er hat anhand der Sternenkonstellationen den Krönungstermin unserer Königin festgelegt!« Er sprach schnell, gestikulierte mit beiden Händen. »Sie hat ihn beauftragt, den Julianischen Kalender zu reformieren!« Clerkson straffte die Schultern. »Er berät die königlichen Navigatoren bei ihren Entdeckungsreisen. Sieht das nach einem schwarzen Magier aus?«

»Und warum wurde er dann verhaftet, weil er Queen Mary verhext hat?«, grölte ein Landarbeiter vor dem Kamin.

Jacob sah wieder zu Clerkson. Der wich seinem Blick aus. War Dee wirklich als Hexer angeklagt worden?

»Und im Gefängnis des Bischofs Bonner eingesperrt?«, fiel der Rothaarige ein.

»Genau, im Kohlehaus von Bischof Bonner!«, rief der Muskulöse. Jacobs Kehle schnürte sich immer mehr zu.

»Das war vor fünfundzwanzig Jahren«, gab Clerkson zurück, »und er wurde freigesprochen und rehabilitiert.«

»Und was ist mit dem künstlichen Käfer?« Der Muskulöse beugte sich vor, Clerkson fuhr zusammen. »Den Dee an der Universität in Cambridge zehn Fuß über dem Boden hat fliegen lassen, quer durch den gesamten Saal, bei einer Theateraufführung, minutenlang!« Er ahmte mit gestrecktem Arm eine Flugbewegung nach, traf den Kaufmann an der Schulter. »Und da war kein Seil zu sehen. Nichts! Der riesige Käfer schwebte wie von selbst, guter Mann! Wie soll das zugegangen sein, wenn nicht mit schwarzem Zauber?«

»Genau!« Die Männer nickten.

»Technik, alles Technik!« Clerkson blies die Wangen auf. »John Dee ist ein hervorragender Mechanicus. Vielleicht der beste unserer Zeit! Da waren Flaschenzüge im Spiel, Federn, Spiegel, Pressluft. Das war

Mathematik und Mechanik, weiter nichts!« Er trat zurück, da der Muskulöse ihn immer mehr bedrängte. »Und das war vor dreißig Jahren, als Dee ein junger Student war!«

Der Muskulöse kniff die Augen zusammen und blickte auf Jacob wie ein Schütze, der sein Ziel anvisierte und zum tödlichen Treffer ansetzte. »Er spricht mit Dämonen. Er holt sich Leute ins Haus, die Dämonen in Kristallkugeln sehen. Er zieht die Mächte der Finsternis in die Welt.«

Jacob spürte, wie er rot wurde. Clerkson legte zwei Pennys auf die Theke. »Glaubt nicht alles, was man Euch erzählt.«

»Und warum wird der sächsische Wassertrinker dann puterrot?«, rief der Schneidezahnlose.

»Wie viele Dämonen hast du schon aus Kristallen herausgerufen?«, brüllte der junge Rothaarige Jacob an.

»Vertraut der Königin, die Dee vertraut!« Der Kaufmann eilte zur Tür, zog Jacob am Ärmel mit.

»Gott schütze unsere Königin«, rief der Schneidezahnlose, »aber sie ist eine Frau und Dee hat sie verhext!«

Der junge Rothaarige schrie: »Man müsste sein vermaledeites Laboratorium zerschlagen und seine Teufelsbibliothek anzünden!«

Clerkson öffnete die Tür, Jacob floh hinter ihm ins Freie, sein Puls raste. Die Tür fiel zu.

»Gott noch mal«, schnaufte Clerkson, löste seine Halskrause, »der elende Aberglaube wird diese Insel noch in den Abgrund stürzen.«

Jacob blickte die triste ungepflasterte Straße hinauf. Was, wenn an den Gerüchten etwas dran war? Was, wenn Dee nicht nur ein hochrangiger Gelehrter war, sondern eine finstere Seite hatte? Jacob kaute an seinem Daumennagel. Der Weg hierher war weit gewesen, seine Hoffnungen groß, vielleicht zu groß.

Clerkson lächelte väterlich. »Du glaubst doch nicht etwa, was diese ungehobelten Analphabeten gesagt haben?«

»Nein, nein.«

Sie kamen an einer Kirche mit viereckigem Turm vorbei. »Die Marienkirche«, Clerkson wies zum Themseufer, »siehst du das verschachtelte weiße Haus dort, mit den vielen Anbauten, direkt am Fluss? Das ist das

Anwesen von Doktor Dee.« Die Gebäudeteile wirkten wie zusammengewürfelt, die Dächer und Balkone windschief.

»Merkwürdig.« Der Kaufmann fasste Jacob am Unterarm. Die Gasse zwischen Kirche und Themse war wie leer gefegt. Einige Bogenschützen und Reiter mit Arkebusen waren zu sehen, die aufmerksam um sich spähten. »Etwas stimmt hier nicht.«

Sie gingen links in die Straße, die zur Themse führte, und hielten auf John Dees Haus zu. Plötzlich stand ein gepanzerter Reiter mit Hellebarde vor ihnen. »Auf die Knie vor Ihrer Majestät!«

Keuchend ging Clerkson in die Knie, zog sein Barett vom Kopf, Jacob tat es ihm nach, sah die Straße hinunter. Kam etwa wirklich die Königin hier entlang? Beidseits der Straße knieten immer mehr Menschen nieder und neigten die unbedeckten Köpfe: viele Fischer, aber auch einige Frauen, Geistliche und Kaufleute, insgesamt vielleicht zwei Dutzend. In Abständen von wenigen Schritten standen bewaffnete Reiter. Von rechts hörte Jacob Hufschläge. Uniformierte Soldaten kamen die Straße heruntergeritten. In ihrer Mitte näherte sich eine golden glitzernde Gestalt auf einem hellbraunen Pferd. Das musste sie sein: Königin Elisabeth. Jacob überlief ein Schauer. Auf den roten Locken trug sie eine goldene Krone; ihr Samtkleid war dunkelgelb und mit Goldfäden durchzogen. Um den Hals hatte sie eine weiße Kröse, die ihren Kopf so wirken ließ, als wäre er vom Körper abgetrennt.

Neben ihrem Pferd ging ein großer, schlanker Mann, barhäuptig, in Gelehrtenrobe und mit einem bis zur Brust reichenden, spitz zulaufenden schlohweißen Bart, leichten Schrittes.

»John Dee«, flüsterte Clerkson, »die Queen ist offenbar eigens hierhergekommen, ihn zu besuchen.« Jacob hielt den Atem an. Der Gelehrte bewegte sich ungezwungen, sprach wie selbstverständlich mit der Königin, als hätte er es schon tausend Mal getan.

»Das macht die Queen gern«, hauchte der Kaufmann, »dass sie den, dem sie eine Audienz gewährt, neben ihrem Pferd hergehen lässt.«

Dee und die Königin kamen näher. Sie waren nur noch etwa fünfzehn Schritte entfernt. Das Krachen der schwer beschlagenen Hufe des Pferdes der Königin und ihrer Eskorte auf den Steinen wurde stärker in Jacobs Ohren.

»Die Seeflotte, Euer Majestät, ist der Schlüssel zur militärischen Stärke Englands.« Dee sprach zur Königin gewandt, aber Jacob hörte die Worte recht deutlich.

»Sagen Euch das die Sterne, Doktor Dee?«, fragte die Königin mit heller Stimme. Ihr Umhang war mit einem weißen Hermelinfell gefüttert und mit Perlen und Edelsteinen besetzt.

»Ja, Euer Majestät. England wird Spaniens Vormacht infrage stellen. Ein großer Sieg zur See steht bevor.« Dee gestikulierte leicht mit seinen schlanken Händen.

»Wann?«, hakte Elisabeth nach.

»Spanien wird uns im Jahr 1588 angreifen, doch wir werden siegen, Euer Majestät.«

Dee und die Königin waren nun fast auf Jacobs Höhe. Die Queen hatte sehr helle Haut mit blauen Adern, eine gewölbte Nase und klare braune Augen.

»Wir werden Nordamerika erobern«, sagte Dee, »und es wird ein britisches Empire entstehen, Euer Majestät, das die Welt umspannt.« Mit jedem Schritt, den Dee sich näherte, kam er Jacob übermenschlicher und unerreichbarer vor.

»Ein *Empire?* Das Wort klingt gut, Doktor Dee. Eure Erfindung?«

Dee verbeugte sich, mühelos elegant wie ein junger Mann.

»England wird also die Nachfolge des römischen Imperiums antreten?« Die Königin lächelte Dee zu. »Ist es das, was Ihr sagt?«

»Jupiter und Saturn werden 1588 im feurigen Trigonus in einer Linie stehen«, antwortete Dee, »epochale Ereignisse fielen immer wieder mit dem Aufeinandertreffen dieser Planeten zusammen.« Jede Silbe hallte in Jacobs Schädel. »Ob es die Sintflut war, Moses' Blick auf das Gelobte Land, Christi Geburt oder der Beginn des Heiligen Römischen Reiches.« Genau vor Jacob hielt Dee inne. Seine Augen glänzten wie die eines Mannes, der noch nie in seinem Leben an sich gezweifelt hatte, weil es keinen Grund dazu gab. »Ein neues Weltreich wird entstehen, und es wird England sein.« Die blauen Vierecke, die Jacob bei Dees Worten vor sich sah, schillerten gleißend hell. Jacob wurde heiß.

»Ich nehme an, ich werde nicht viel davon sehen?«, fragte die Königin leichthin.

»Nichts ist schöner als die Morgendämmerung eines heißen Sommertages, Euer Majestät.« Dee lächelte freimütig. Seine Worte schwangen in Jacob nach, blendeten ihn jetzt geradezu.

»Ich sollte die Höhe Eurer Zuwendung um die eines Hofdichters aufstocken, Doktor.« Die Königin strich sich eine Locke aus der Stirn. »Immerhin wird das neue Empire einem von mir in Auftrag gegebenen Kalender gehorchen. Wie weit seid Ihr mit den Berechnungen?« Die Worte der Königin verschafften Jacob Erleichterung, kühlten wie Wasser.

Dee verbeugte sich, ging weiter, war an Jacob vorbei, der aufatmete. »Nur noch wenige Wochen, Euer Majestät«, sagte Dee, »es sieht so aus, als hätten die Astronomen, die im Auftrag des Papstes Gregor einen neuen Kalender aufgestellt haben, sich um einen Tag verrechnet.« Dees blaue Vierecke nahmen haarscharfe Konturen an. »Meines Erachtens müssten nicht nur zehn, sondern elf Tage übersprungen werden, um die in den vergangenen Jahrhunderten angesammelte Zeitverschiebung zu beheben.«

»Nach Eurer Reform wäre es Mittwoch in London und Dienstag in Rom, Doktor Dee«, die Königin lachte, «aber warum nicht? Ein Empire kann es sich leisten, nach seiner eigenen Zeit zu leben.«

Dee und die Königin entfernten sich.

»Was ist mit dir?« Clerkson rüttelte Jacob an der Schulter. »Du bist bleich wie ein Leichentuch.«

»Nicht so laut, bitte.«

»Aber du hast doch gar kein Bier getrunken.« Das Lachen seines Gegenübers dröhnte.

Der Kaufmann legte Jacob eine Hand auf die Stirn. »Meine Güte, du glühst ja. Kaum in England eingetroffen, hast du schon unsere Hingabe an die Königin übernommen, und jeder Neophyt übertreibt.« Mit geballter Kraft griff Clerkson Jacob unter die Achseln und zog ihn von den Knien wieder in den Stand. »Komm, wir stärken uns in dem großen Gasthaus dort. Dee wird vor heute Nachmittag ohnehin keine Zeit für uns haben.«

Jacob hatte weiche Knie. »England wird zum Empire aufsteigen«, sagte er auf dem Weg zum Gasthaus, »es wird die Welt umspannen wie einst das römische Imperium.«

»Was?« Der andere sah Jacob an wie einen, der im Wahn sprach. »Unsere kleine Insel?«

»Dee hat es ihr gesagt.«

»Wem?«

»Der Königin.«

»Aber«, Clerkson stutzte, »Dee war kaum zu verstehen. Er sprach leise und zur Königin gewandt.«

»Ich habe es gehört.«

Der Kaufmann hielt inne und strahlte. »Wenn einer ein Medium ist, dann du.«

Die Huftritte der Pferde der königlichen Garde schallten in Jacobs Hinterkopf. »Das wird nicht gehen.«

Sie hatten das Gasthaus fast erreicht. »Was meinst du?«, fragte Clerkson.

»Ich kann kein Medium bei John Dee werden.«

»Wir trinken erst mal einen.«

Der Kaufmann schob ihn zur Gasthaustür, doch Jacob stemmte sich gegen seinen Arm. »Ich meine es ernst. Ich schaffe das nicht. Dee ist zu stark für mich.« Jacob sah zu Dees Anwesen hinüber und spürte ein Würgen im Hals. »Ich kann da nicht durch die Tür gehen. Ich werde nichts sehen in seiner Kugel. Ich weiß nichts von Engeln.«

Plötzlich flog er durch die Luft. Dann spürte er eine Mauer im Rücken. Wie Zangen hielten Clerksons Fäuste ihn am Kragen fest und drückten ihn gegen die Wand.

»Jetzt hör mir mal zu«, sagte der Kaufmann mit tiefer Stimme, »Engelsmedien müssen nichts wissen, sie müssen nur durchlässig sein und wache, unvoreingenommene Sinne haben wie Kinder.«

Jacob versuchte, sich von der Mauer abzustoßen, doch der andere presste ihn noch fester dagegen.

»Du bist ein vorzügliches Medium. Das weiß ich«, fuhr Clerkson fort, »du saugst alles auf, alles um dich herum, wie ein Schwamm.« Sein Gesicht mit dem Doppelkinn war ganz nah. Jacob sah sogar seine Nasenhaare. »Deine gesteigerte Wahrnehmung macht dich zu einem Medium, wie es sich selbst ein John Dee nicht besser wünschen könnte.«

Ein spitzkantiger Stein bohrte sich in Jacobs Rücken. »Aber vielleicht bedeutet diese gesteigerte Wahrnehmung ja auch, dass ich verrückt bin!«, rief Jacob aus. In seinen Ohren piepte es. Vielleicht war es wirklich so. Vielleicht hatte er gar keine besonderen Fähigkeiten, sondern verlor einfach nur den Verstand.

Der andere schüttelte den Kopf, lächelte. »Ein bisschen verrückt müssen Medien sein.«

Jacob stemmte sich mit aller Kraft gegen Clerkson, doch der kam nicht einmal ins Wanken.

»Es gibt Leute, die mich als Kryptologen anstellen wollen!«, rief Jacob aus. »Es ist besser, ich fahre zurück auf den Kontinent.« Das letzte Wort klang sanft in ihm nach und er merkte erst jetzt, wie fremd und abgeschnitten er sich auf dieser Insel fühlte.

Sein Gegenüber stutzte. »War das ein Angebot von einem Geheimdienst? Willst du früh sterben?«

Jacobs Hände ballten sich zu Fäusten. »Bringe ich Euch eine gute Prämie ein? Wie viel wird John Dee Euch bezahlen, wenn Ihr mich vermittelt?«

Clerkson stöhnte auf, packte Jacob so fest am Kragen, dass der kaum noch Luft bekam. »Ich bin Kaufmann, handele vor allem mit Kümmel und Pfeffer und ich kann dir hier und heute versichern, dass ich es nicht nötig habe, auch nur ein einziges Medium zu vermitteln.«

Ein Junge in rotem Chorknabengewand lief kreischend vorbei, Richtung Kirche. Der hohe Ton bohrte sich in Jacobs Körper. Er schloss die Augen. Clerkson drehte sich nach dem Jungen um, wandte sich wieder Jacob zu und sagte sehr leise: »Ich suche gute Medien, Jacob, wirkliche gute Medien. Sie sind sehr selten und können viel bewirken. Das ist mein Beweggrund, nicht Geld.«

Jacob schwindelte. Sein eigenes Geld ging langsam zur Neige.

Der Kaufmann lockerte seinen Griff. »John Dee wird deine Wahrnehmungen nutzen können. Er und du, ihr könnt Großes erreichen. Ihr könnt mit Engeln Kontakt aufnehmen, um Gutes zu tun.«

Jacob nickte. Es war zu spät, umzukehren. Clerkson legte ihm eine Hand auf die Schulter und schob ihn zum Gasthaus.

* * *

Nach einer Mahlzeit, bei der Jacob kaum etwas anrührte, rückte der Augenblick der Begegnung mit dem Hofastronomen näher. Clerkson zwinkerte Jacob zu. »Wahrscheinlich wird Doktor Dee dich sofort testen.« Er sprach zuversichtlich wie ein Lehrer, der sich auf die Prüfung seines besten Schülers freute.

Jacobs Ohren hatten sich entschärft. In normalem Zustand würde er keine Minute vor John Dee bestehen, so viel stand fest. Sich wiederholende Geräusche wie die Huftritte des Pferdes der Königin, wie das Klappern des Essgeschirrs in Pforta: Sie waren sein Schlüssel zu den scharfen Klängen, die ihm vielleicht den Weg zur Ursprache ebneten. Jacob blickte seinem plaudernden Gegenüber unentwegt in die Augen, nickte, lächelte. Gleichzeitig führte er, so beiläufig wie möglich, eine Hand unter die Tischplatte. Mit dem Fingernagel fuhr er immer wieder über die Unterseite des Holzes, von rechts nach links, von links nach rechts, hörte auf das tiefe, schabende, auf- und abschwellende Geräusch. Ganz allmählich wurde Clerksons Stimme lauter und die blauen Vierecke begannen zu glitzern. Jacob nickte leise. Im Grunde war es verrückt, was er tat: Er beschwor selbst die Schärfung seines Gehörs herauf, obwohl dieser Zustand ihm nicht geheuer war.

Sie erhoben sich. Die Münzen, die der Kaufmann auf den Tisch legte, schepperten in Jacobs Ohren, als wären es Dutzende. In der Wamstasche fühlte Jacob das Fläschchen Mandragora. Clerkson ging schon zur Tür, drehte sich nicht um. Jacob zog das Fläschchen hervor. »Nicht mehr als zwei kleine Schlucke!«, hatte Edward ihm eingeschärft, »sonst hörst du noch lautere Klänge, als du es ohnehin schon tust.« Während sein Begleiter die Tür der Taverne öffnete, entkorkte Jacob das Fläschchen und schluckte fünfmal.

12: DIE SPRACHE DER ENGEL – FREI NACH EINEM SÄCHSISCHEN LATEINSCHULLEHRER

Im Haus von John Dee erblickt Jacob das Schwanenschwanzmeer, erfährt von einem himmlischen Schnellboten und stört sich nicht an einem verstaubten Gobelin.

Clerkson läutete die Glocke vor der Eichentür von John Dees Haus. Der Klang ging Jacob durch Mark und Bein. Sein Herz hämmerte. Die Sonne im inzwischen wolkenlosen Himmel blendete. Eine junge Frau mit gelockten Haaren öffnete lächelnd die Tür, erblickte Clerkson, musterte Jacob von Kopf bis Fuß, verzog die Lippen, lächelte wieder, gezwungen diesmal, und bat sie ins Haus. Die Eingangshalle hatte eine hohe Decke, in der Mitte stand ein runder Tisch mit breiten Stühlen, auf denen Kissen lagen. Die östliche Wand war holzvertäfelt. Daran hing eine riesige Weltkarte, größer, als Jacob je eine gesehen hatte. Daneben befand sich ein Waschbecken mit einem gemauerten Wasserspeicher und einem Hahn. Eine Treppe führte hinauf in den oberen Stock. Unter Jacobs Füßen knarzten die zum Teil losen Bodenplanken.

Er und Clerkson blieben neben dem Tisch stehen, während die Frau, ihren Rüschenrock anhebend, die Treppe hinaufeilte und in einem Zimmer im oberen Stockwerk verschwand.

»Hübsch, nicht wahr?« Clerkson ging zum Waschbecken, drehte den Hahn auf, wusch sich Hände und Gesicht.

Jacob betrachtete den Wasserspeicher. »Ja, ich habe so was bisher auch nur einmal gesehen.«

Clerkson prustete ins Waschbecken. »Ich meinte John Dees Frau, Jane.«

»Ach so.« Jacob nickte. Er schätzte sie auf höchstens achtundzwanzig. Das war also die Frau, die Edward dem Gelehrten hatte ausspannen wollen.

»… ich sie fortschicken?« Aus dem Zimmer von oben klang die Stimme Jane Dees.

Jacob blickte alarmiert zu Clerkson, der sich das Gesicht abgetrocknet hatte und die Weltkarte betrachtete. Offenbar hatte er nichts oder nur unverständliches Gemurmel vernommen.

»Frederic Clerkson ist da«, erhob sich wieder die Stimme Jane Dees, eindringlicher diesmal, als hätte ihr Gesprächspartner sie beim ersten Mal nicht beachtet, »mit so einem dürren, heruntergekommenen Burschen, der niemandem in die Augen schauen kann. Soll ich die beiden wegschicken?«

Jacob biss sich auf die Unterlippe. Es war ihm schon immer schwergefallen, anderen in die Augen zu sehen. Es strengte ihn an. An der Universität Leipzig hatte ein Professor von einem Volk im Indischen Ozean erzählt, dessen Angehörige den direkten Blick in die Augen eines anderen als Angriff auffassten und deshalb unterließen. Es gab also durchaus Menschen, die so empfanden wie er, wenn auch am anderen Ende der Welt.

»Nein, ich bin hier fertig. Ich komme gleich runter.« Das war Dees Stimme. Sie klang noch heller und jünger, jetzt, wo man sie nur hörte und ihren Besitzer mit dem weißen Bart nicht sah. Jacob legte den Kopf in den Nacken, wobei ihn schwindelte, tat, als würde er die Decke betrachten, näherte sich scheinbar absichtslos der Treppe und damit dem Raum, aus dem die Stimmen kamen.

»… werde den Diener anweisen, die Bücher anzuketten und das Silbergeschirr einzuschließen«, hörte er wieder Jane Dee. Ihre nächsten Worte waren zu leise, um sie zu erhaschen. *Wieso,* fragte sich Jacob, *glaubt Jane Dee, dass ich Bücher oder ihr Tafelsilber stehlen würde?*

»Auf dieser Weltkarte sind schon ganz viele Berge und Landschaften eingezeichnet, die in Amerika entdeckt wurden«, Clerksons Augen leuchteten, »und sehr genau die Breitengrade und sogar ganz kleine Inselchen. Schon beeindruckend, wie schnell die neuen Entdeckungen auf den Karten erscheinen.«

»Und vergiss nicht, dass Francis Walsingham seine Augen überall hat«, war Jane Dee zu vernehmen.

»Sicher nicht«, kam es von ihrem Mann.

»Und was für poetische Namen sie sich ausdenken«, Clerkson deutete auf die Nordostküste Amerikas. »Dieses Meer nennen sie zum Beispiel *Mare Cauda Cygni* – Schwanenschwanzmeer. Das klingt schön, nicht wahr? Ob es dort drüben auch Schwäne gibt?«

»Wahrscheinlich gibt es sie überall.« Jacob zuckte mit den Achseln. »Wer ist eigentlich Francis Walsingham?«

Clerkson fuhr herum, blickte Jacob mit vor Schreck weit aufgerissenen Augen an. »Wie kommst du denn jetzt darauf?«

Jacob wandte sich der Weltkarte zu, während Clerkson ihn weiter anstarrte.

»Ich habe den Namen öfter gehört, seit ich hier angekommen bin.«

Clerkson zog die Brauen zusammen. »Ja? Normalerweise ist das kein Name, der laut hinausposaunt wird.« Der Kaufmann räusperte sich, raunte: »Das ist der Chef des englischen Geheimdienstes, des größten Geheimdienstes der Welt.« Er sah zur Treppe hin, flüsterte weiter: »Er hat Dutzende Gegner der Königin Elisabeth hinter Gitter oder aufs Schafott gebracht und beschäftigt Spione in ganz Europa und sogar in der Türkei.«

»Frederic Clerkson, ich freue mich, Euch zu sehen!« John Dees Stimme hallte durch den Saal. Jacob fuhr zusammen. Der Hofastronom kam in wallendem Umhang die Treppe hinunter, umarmte Clerkson. »Wie war Konstantinopel?«

»Wundervoll«, gab Clerkson zurück, drückte Dees Hände mit strahlenden Augen. Jacob merkte auf. Der Kaufmann war also sogar in Konstantinopel gewesen.

»Und die Geschäfte laufen gut?«, fragte Dee, der nun eine schwarze Gelehrtenkappe trug. *Da steht dieser hochverdiente Mann nur zwei Schritte von mir entfernt,* dachte Jacob. Sein Puls raste.

»Pfeffer und Kümmel laufen immer«, lachte Clerkson, »die Menschen müssen ihr Leben würzen, damit es schmackhafter wird.« Er streckte den Arm aus. »Das ist Jacob Greve, ein Deutscher, erst seit wenigen Tagen in England.«

Jacob verneigte sich tief. Dees dunkle braune Augen blickten ihn so direkt und so begierig an, als wollten sie nur eins: wissen, wissen, wissen.

Dee lud Jacob und Clerkson ein, auf den Stühlen am runden Tisch Platz zu nehmen. Jacob kam es vor, als würde er darin versinken, so weich war das Kissen, auf das er sich setzte.

»Was bist du von Beruf?«, fragte Dee in freundlichem Ton, weit nach vorn gebeugt, mit den Unterarmen auf den Knien, während ein rund vierzigjähriger Diener in weitem Hemd und nur halb zugeknöpftem Wams Gläser und Rotwein brachte.

»Präzeptor, Doktor.« Jacob bemerkte, dass er mit einem Fuß wippte, hörte damit auf.

Der Diener füllte die Gläser.

»Danke, George«, sagte Dee, »und warum hast du den Posten aufgegeben?«

»Ich wollte einmal etwas anderes ausprobieren«, haspelte Jacob, »seither habe ich gedolmetscht und eine Bellaso-Herausforderung gelöst.«

Clerkson räusperte sich. »Euer Wein ist ganz hervorragend, Doktor Dee.«

Jacob sah zu Boden. Er hätte nicht prahlen sollen. Dee und Clerkson tranken.

»Aus Bordeaux«, sagte Dee und musterte Jacob. In seinen Blick hatte sich Skepsis gemischt. *Vielleicht fragt er sich ja gerade, ob ich einer der Spione Walsinghams bin, von denen seine Frau gesprochen hat,* dachte Jacob. Schließlich gehörte es zur Aufgabe von Agenten, Codes zu knacken.

»Was ist dein Vater?«

»Schustermeister, Doktor.«

Diese Antwort schien dem Gelehrten mehr zu behagen als die Tatsache, dass er eine Bellaso-Herausforderung gelöst hatte. *Engelsmedien müssen nichts wissen,* fielen Jacob die Worte Clerksons ein, *sie müssen nur unvoreingenommene Sinne haben wie Kinder.*

»Woher genau kommst du?«

»Ich bin in Leipzig geboren, aber die Schule, an der ich unterrichtet habe, lag in der Nähe von Naumburg, Doktor.«

Dee kniff die Augen zusammen. »Du hast keinen deutschen Akzent, sondern klingst wie jemand aus den West Midlands.«

Jacob nippte an seinem Glas. Er klang wie Edward Kelley und Dee kannte Edward, hatte ihn hinausgeworfen. Obendrein dürfte akzentfreies Sprechen ein weiteres Merkmal von Spionen sein.

»Er nimmt Akzente an wie andere Leute sich Kleider überstreifen«, platzte Clerkson heraus, »übermorgen wird er sprechen wie Ihr, Doktor Dee, oder schon morgen beim Frühstück.«

Dee fuhr sich mit den schmalen Fingern durch den langen Bart, der in so weichen Wellen auf die Brust herabfiel, dass Jacob sich fragte, ob der Hofastronom ihn gekämmt hatte. »Du bist Lutheraner, nehme ich an?«

»Ja, Doktor.«

Der Gelehrte rückte seine langen Rüschenärmel zurecht. »Ich nehme an, dir ist klar, dass ich nicht mit Engeln kommunizieren will, um Zauberkunststückchen zu treiben. Vielmehr geht es mir darum, die Sprache Gottes zu verstehen und Erkenntnisse zu gewinnen.«

»Das ist ihm klar«, warf Clerkson ein. Dee sah durch das Fenster auf die Themse, wo Flößer Hunderte Baumstämme den Fluss hinunterruderten.

»Als würde eine ganze Insel stromabwärts treiben«, meinte Clerkson.

»Ein gefährliches Gewerbe«, entgegnete Dee, »etliche sterben dabei.« Er wandte sich wieder Jacob zu, sah ihm auf die Hände, die leicht zitterten. Jacob faltete sie.

»Leider«, Dee schlug die Beine übereinander, »ist den Menschen die Fähigkeit abhandengekommen, Gott zu verstehen. Überall sehen wir Zeichen für Gottesferne: Schlachten, Massaker, Dürren, Hungersnöte, Armut, eine gespaltene Kirche, einen gespaltenen Kontinent, Verfolgungen und Folter.«

Clerkson trank sein Glas leer. »Für den Handel sind die Religionsstreitereien ein Elend. Es ist doch viel eleganter, mit den Katholiken Geschäfte zu machen, statt sie zu bekriegen.«

Jacob dachte an Gedärme, die unter den sehenden Augen ihres noch lebenden Besitzers verbrannt wurden. Der Richtplatz von Tyborn lag nicht weit von hier.

»Und wir beobachten Zeichen von Chaos am Himmel«, Dee schenkte Clerkson Wein nach, sprach jetzt in milderem Ton, »das Auftauchen des neuen Sterns in der Kassiopeia-Konstellation im Jahr 1572, der Komet von 1577. Auch gibt es immer mehr Erdbeben, vor zwei Jahren sogar eines mitten in London, obendrein zu Ostern, dem größten Fest der Christenheit.«

»Als die Erde bebte«, Clerksons Augen weiteten sich, »haben wegen der Erschütterungen überall im Land die Glocken geläutet. Das war gespenstisch.«

»Es ist offensichtlich«, fuhr Dee fort, »dass der Kosmos seine Harmonie verliert. Doch die Welt ist durch Worte geschaffen worden. Sie kann auch durch Worte wieder ins Gleichgewicht gebracht werden.« Er erhob sich und nickte Jacob zu. »Lass uns einen kleinen Rundgang machen.« Er verneigte sich vor Clerkson. »Ihr entschuldigt uns kurz?«

Der Kaufmann schmunzelte. »Sicher.« Offenbar hielt er es für ein gutes Zeichen, dass Dee ihm, Jacob, das Haus unter vier Augen zeigen wollte.

Jacob folgte dem Gelehrten einen schmalen, fensterlosen Korridor entlang. Ihre Schritte hallten im Halbdunkel. Am Ende des Ganges hielt Dee inne, öffnete eine große Flügeltür. Jacob blieb die Luft weg: Hinter der Schwelle tat sich eine helle, mindestens dreißig Schritt lange Bibliothek auf. An allen Wänden standen Regale mit Büchern bis zur Decke hinauf. Das war also die Bibliothek, von der Edward berichtet hatte. Hier lagerten gut und gern viertausend Bände. In der Mitte des Raumes standen Arbeitstische, an denen rund ein Dutzend Gelehrte saßen, lasen und schrieben. *Sicher sind bekannte Männer unter ihnen, vielleicht sogar welche,* dachte Jacob, *deren Bücher ich studiert habe.*

»Meine *Externa Bibliotheca*«, sagte Dee und trat hinein.

Jacob überquerte die Schwelle, auf seiner Kopfhaut kribbelte es. Der Raum war vom Licht der Maisonne durchflutet, das von der Themse und von der Landseite durch die großen Fenster fiel. Es roch nach Papier, Pergament, Leder und Holz, so stark, wie er es noch nie irgendwo erlebt hatte. Jacob sog den Geruch tief ein. Zwischen den Tischen befanden sich zwei Globen, ein Erdglobus und ein Himmelsglobus, bis ins feinste Detail ausgestaltet. Nahe einem Fenster stand ein rund zwei Schritte breiter und ebenso hoher astronomischer Quadrant aus Holz, auf dessen Viertelkreis Gradzahlen eingetragen waren. Daneben zeigte eine Standuhr sogar die Sekunden an. Das hatte Jacob noch nie gesehen, starrte auf den Sekundenzeiger. Wie schnell er lief. So hastig verstrich also die Zeit. Jacob blickte über die Bücher. Sie erinnerten ihn plötzlich an das Meer, das er auf dem Weg nach England zum ersten Mal gesehen hatte: Sie schienen zu rauschen und zu beben, überzuschäumen, einen eigenen Rhythmus zu haben, einen Atem, vom Anfang der Welt zu wissen und ihr Ende zu ahnen.

Dies ist der Ort, nach dem ich mich gesehnt habe, wurde Jacob in diesem Moment bewusst, *der Ort, den ich hinter den vergleichsweise kümmerlichen Bibliotheken in Pforta und an der Universität Leipzig immer habe aufflimmern sehen.* Rasch blickte Jacob sich nach Dee um, der ihn versonnen lächelnd beobachtete.

»Als ich ein wenig jünger war als du«, sagte der Gelehrte nun in einem ganz anderen, vertrauensvollen Ton und lehnte sich rücklings an einen Arbeitstisch, »habe ich ein Gesuch an Queen Mary geschrieben, die damals regierte. Ich bat sie, mir zu ermöglichen, eine große Bibliothek einzurichten, in der jedes im Königreich veröffentlichte Buch stehen sollte und in der die Bücher, die durch die Religionskriege aus katholischen Klöstern und protestantischen Bibliotheken gerissen und in alle Winde verstreut worden waren, wieder zusammengeführt werden würden. Aber Queen Mary reizte das nicht.« Dees Frau Jane trat in den Saal und staubte einen Lesetisch nahe eines landseitigen Fensters ab, warf verstohlene Seitenblicke auf ihren Mann und Jacob.

Doktor Dee wies über die Regale. »Also habe ich hier meine Idee selbst verwirklicht, so gut es geht.« Einige Bibliotheksbesucher hatten von ihren Tischen aufgeblickt und Dee zugehört.

Jacob folgte dem Hofastronomen zu einem Seitenausgang, wo Jane Dee ihren Mann abpasste und in eine Fensternische winkte. Jacob blieb zehn Schritte entfernt am Regal nahe der Seitentür stehen. Jane Dee sah mit zusammengezogenen Brauen zu ihm hinüber, er kehrte ihr den Rücken zu, nahm wahllos ein Buch aus dem Regal und blätterte darin. Es war die Einweisung in die Geometrie von Wolfgang Schmid aus dem Jahr 1539. Die hatte er als Schüler im Mathematikunterricht in Pforta durchgenommen.

»Sag mal«, zischelte Jane, »willst du uns in Teufels Küche bringen?«

Jacob hielt inne.

»Du weißt nicht mal, wer dieser Mensch ist, und führst ihn hier herum, erzählst alles Mögliche.«

»Er ist kein Spion«, Dee klang belustigt, »seine Hände zittern, er hat Schweißperlen auf der Stirn, geweitete Pupillen, ist blass. Walsingham beschäftigt keine kränkelnden Menschen und auch keine, die Pillen schlucken müssen, bevor sie einem Hofastronomen gegenübertreten.«

Jacob stockte der Atem.

»Außerdem vertraut ihm Clerkson, dem ich wiederum vertraue.«

Jane Dee lachte auf, raunte: »Hast du vergessen, dass das letzte Engelsmedium, das Clerkson uns ins Haus geschleppt hat, vier Silberteller hat mitgehen lassen, bevor es getürmt ist?«

Jacob blickte auf das Geometriebuch, in dem ein Zirkelkreis mit einer in der Mitte hindurchgezogenen Gerade abgebildet war. Das letzte Medium: War das etwa Edward gewesen? Hatte er Dee bestohlen und gar nicht mit Jane Dee angebändelt? Diese Frau wirkte nicht, als ließe sie sich leicht betören. War Edward also gar nicht wegen eines Techtelmechtels, sondern wegen Diebstahls des Hauses verwiesen worden?

»Ich werde ihm schon nicht die katholischen Streitschriften und die Abhandlungen verurteilter Ketzer zeigen«, flüsterte Dee kichernd. Seine Frau stöhnte ungehalten auf. »Und auch nicht«, fuhr der Gelehrte leise fort, »die Berechnungen zum Gregorianischen Kalender oder zu den Navigationsrouten der englischen Flotte.« Seine Stimme nahm einen turtelnden Ton an. »Die würde dieser Mensch aber ohnehin nicht verstehen. Er ist ein kleiner Lehrer aus dem sächsischen Hinterland.« Ein leises Schmatzen war zu hören. Dee hatte Jane geküsst. »Es steht dir, wenn du wütend bist«, gurrte der Hofastronom.

»Und dir würde es stehen, nicht jedem zu trauen«, versetzte Jane kühl. Jacob starrte auf eine Abhandlung zu der Frage, wie eine zirkelrunde Linie in eine scheitrechte Linie verwandelt werden konnte, während Dee mit weiten Schritten auf ihn zuhielt.

Jacob stellte das Buch zurück, folgte dem Hofastronomen einen kargen, düsteren Korridor hinunter, in dem es stetig wärmer wurde und immer stärker nach Moder, Metall und brennender Holzkohle roch. *Ein kleiner Lehrer aus dem sächsischen Hinterland,* ging es ihm durch den Kopf. Dee hatte recht. Mehr war er nicht. Er hatte sein Leben vertan an einer Schule am Rande der gelehrten Welt, wo er höchstens geduldet und am Ende verachtet worden war. Sie stiegen einige Stufen hinunter, erreichten ein rundes Gewölbe. Licht fiel nur durch ein kleines in Blei gefasstes Fenster hinein. Es war heiß und schummrig. Von oben her mündete der Schornstein in eine breite Nische. In einem runden turmförmigen Backsteinofen loderte Holzkohle. Grünliche und rötliche Flüssigkeiten brodelten in mit Rohren verbundenen gläsernen Kolben. Dies war ein alchemistisches Laboratorium. Es war das erste Mal, dass Jacob eines betrat.

»Die Alchemie und die Suche nach der Sprache der Schöpfung sind verwandt«, sagte Dee, schippte Holzkohle in den Ofen. »Sie sind verschiedene Wege zum großen Ziel der Einheit des Menschen mit Gott.« Dee schloss die Klappe des Ofens. »Diesen Ofen nennt man Athanor.« Er eilte zu einem Tontiegel, bewegte einen Stellschieber nach unten, wodurch der Tiegel tiefer über dem Athanor zu hängen kam. »Hier drin köchelt Quecksilber. Es ist das Metall des Planeten Merkur, der geistige Beweglichkeit, Gelehrsamkeit und Streitschlichtung fördert.« Jacob nickte, während sich bitterer Speichel in seinem Mund sammelte.

»Entsprechend kann dieses Metall die Verwandlung unedler Metalle in edle vorantreiben.« Der Gelehrte wies in einen weiteren Tiegel. »Das ist Blei, ein unedles, unreifes Metall, vergleichbar mit einem Menschen, der aus seinem unreifen Zustand, der Jagd nach vergänglichen Gütern, erlöst werden muss, um sich dem Ewigen und Unvergänglichen zuzuwenden.« Der Boden schwankte unter Jacobs Füßen. Dee knotete ächzend einen Stofflappen an einer Verbindungsstelle zwischen zwei schmalen Rohren fester, wobei sein Gesicht rot anlief. »Quecksilber ist also mit Christus vergleichbar, der sich geopfert hat, damit der Mensch erlöst und mit Gott vereint wird.«

Der Hofastronom entkorkte eine Glasphiole, in der eine grün-schleimig aufgeschwemmte Masse lagerte. Sofort entströmte ihr ein bestialischer Geruch nach Verwesung und Exkrementen. Jacob würgte es im Hals, er hustete. »Entschuldigung«, Dee schloss die Phiole rasch wieder, »aus diesem Zitterlingspilz, auf Lateinisch *tremella nestoc* genannt, stelle ich eine Substanz her, die zum Schwarzen Werk zählt, bei dem alles, was mit Tod und Verwesung zu tun hat, eine Rolle spielt.«

Jacob stützte sich am Arbeitstisch ab.

»Diese Substanz gebe ich als Erstes dem Stück Blei bei. Vom Schwarzen Werk geht es weiter zum Roten.« Er wies auf eine Flasche mit einer roten Flüssigkeit. »Ein Gemisch aus Rosenöl, Kieferntерpentin und Blut«, er zeigte auf einen Schnitt in der Kuppe seines Mittelfingers, was wohl hieß, dass er sein eigenes Blut verwendet hatte, »und von da geht es dann mithilfe des Quecksilbers zum Goldenen Werk weiter: vom Tod über das Leben zur Ewigkeit; von der Vergänglichkeit über die Erlösung zur Vollendung.«

»Die Sprache der Engel wäre dann wie Quecksilber, nicht wahr?«, überlegte Jacob halblaut, »weil sie den Menschen mit dem Himmlischen vereint und ihm einen Moment der Erlösung verschafft, während er noch lebt.«

John Dee zog die Brauen hoch, schnalzte mit der Zunge. »Sehr gut.«

Jacob atmete tief ein. »Und die normalen menschlichen Sprachen entsprechen dem Roten Werk, weil sie dem Diesseits verhaftet sind, aber auch Gedanken an die Ewigkeit und an Gott ausdrücken können.«

Dee nickte. »Einerseits benennen sie vor allem Materielles und Vergängliches und sie können sterben, was schon mit vielen Sprachen geschehen ist. Andererseits sind sie keine Materie und führen den Menschen weiter als irgendetwas anderes, was er hervorbringt – wenn man einmal von der Mathematik absieht –, in die Sphäre des Jenseitigen, rein Geistigen.« *Genau in jene Sphäre,* dachte Jacob, während ihn ein Kälteschauer überzog, *zu der ich vielleicht auf der Wiese vor Mechterstädt einen Spalt geöffnet habe, als sich meine Stimme von mir gelöst hat und ganz allein mit den Wörtern war.*

Alles drehte sich. Der Geruch im Raum verstärkte sich jetzt dermaßen, dass Jacob ihn hören konnte: einen stetig anschwellenden Fagottton, ein hohes As, einen Viertelton zu tief. Jacob wurde heiß.

»Himmel«, Dee hatte einen Blick auf Jacob geworfen und schreckte auf, »wenn man die Dämpfe, insbesondere des Schwarzen Werkes, nicht gewohnt ist, wird einem leicht übel.«

Dee nahm Jacob an der Schulter, führte ihn die Stufen hoch. Jacob atmete auf. Der Hofastronom eilte schon wieder Richtung Bibliothek. Am südlichen Fenster stieg der Gelehrte auf einen Holzschemel und zog ein schweres, in Schweinsleder eingebundenes Buch aus dem Regal. »Kennst du den Engel Padiel?«

»Nein.« Jacob setzte sich auf einen Stuhl, der Schwindel ließ nach. Er schaute auf das Buch, auf den Quadranten, die Globen, die Regale. Er verstand hier gar nichts: Geografie nicht, Astronomie nicht, Kartografie nicht, Alchemie nicht, Geometrie kaum, wusste auch nichts von Planetenkonstellationen, nichts von Engeln und wahrscheinlich auch nichts von dem, was in dem Buch stand, das Dee ihm gerade hinhielt. Jacob seufzte. Er war an diesem Ort wahrlich nichts anderes als ein Niemand, den der Seewind und die Selbstüberschätzung hereingeweht hatten.

Dee löste die Haken des Einbands. »Johannes Trithemius, der Abt in Würzburg war … aber du wirst ihn kennen, er war ja ein Landsmann von dir … berichtet hier in seiner *Steganographia* von Padiel.« Der Gelehrte schlug das Buch auf. Jacob durchfuhr ein Schreck. Die *Steganographia* war ein verbotenes Buch, weil es angeblich zu Dämonenanrufungen anleitete. Dee blätterte hin und her, legte einen Finger zwischen die Seiten. »Hier ist die Stelle: Wer die Worte kennt, um Padiel herbeizurufen, kann ihm eine Botschaft anvertrauen, die dann ein anderer Mensch, irgendwo auf der Erde, empfängt, wenn er den Engel ebenfalls herbeiruft.« *Padiel ist ein Engel, kein Dämon,* sagte sich Jacob. Dee klappte das Buch zu, sah Jacob mit strahlenden Augen an. »Stell dir vor, was das bedeutet: Die Wörter kreisen um die Welt, in wenigen Minuten!«

Er sprang vom Schemel. »Menschen, die das Ende der Kriege wollen, das Ende der Spaltungen, können einander Botschaften senden, können stark werden, die Welt von Krieg und Zerstörung, von ihrer Schwarzen Phase, erlösen und Frieden und damit Leben, also die Rote Phase, nähren und die Goldene Phase, die paradiesische Harmonie, vorbereiten.« Er stellte das Buch zurück. »Und das ist nur eines von vielen Beispielen, wie Engel uns helfen können, wenn wir ihre Sprache beherrschen.«

Das sind hochfliegende Pläne, überlegte Jacob, *aber keine dämonischen. Dee will Frieden, nicht Zwietracht, säen.*

»Wenn wir die Sprache der Engel verstehen, können wir weiter kommen als mit alldem hier.« Dee machte eine wegwerfende Geste über die Regale, Bücher, Globen und den Quadranten hinweg. »Ich kenne das alles auswendig!« Der Gelehrte stöhnte in einem plötzlichen Anflug von Überdruss auf. »Seit Jahrzehnten betreibe ich Mathematik, Astronomie, Kartografie, Theologie und Philosophie, aber nichts und niemand hat mich wirklich weitergebracht! Nichts und niemand hat mich die Wahrheiten gelehrt, nach denen ich mich sehne, und ich lebe schließlich nicht ewig!« In Dees Augen trat ein fiebriger Glanz. »Wenn ich die Engel, die Geschöpfe Gottes, verstehe, kann ich Gottes Willen auf Erden tun, die Engel in seinem Sinne benutzen!« Jacob überlief eine Gänsehaut angesichts der Maßlosigkeit seines Gegenübers. Die Bibliotheksbesucher hatten allesamt das Arbeiten eingestellt, verfolgten atemlos und argwöhnisch Dees Worte. Der Gelehrte schreckte auf, als käme er aus weiter Ferne wieder zu sich, sah sich um, lächelte verlegen, klatschte in die Hände. »Himmel, wir haben Frederic Clerkson schon viel zu lange warten lassen. Wahrscheinlich hat er schon aus Verzweiflung meinen gesamten Wein getrunken.« Die Köpfe neigten sich wieder über die Bücher.

Während Jacob dem Hofastronomen den Korridor hinunterfolgte, überlegte er, dass große, mutige Menschen mit Visionen immer Argwohn erregten. Das war bei Luther auch so gewesen. Zurück im Empfangszimmer, nippte Jacob an seinem Glas, während Clerkson über Konstantinopel berichtete, von den Bädern und den prächtigen Bauten am Ufer des Bosporus. Schließlich erhob sich der Kaufmann. »Jacob Greve wird Euch nicht enttäuschen, Doktor.« Dee geleitete Frederic Clerkson zum Ausgang. Jacob fühlte plötzlich eine heiße Welle in sich aufsteigen. Durch die offene Tür fiel helles Licht, die Themse schillerte. Die Welt da draußen schien ihm einfach zu sein, nicht so überladen und hitzig wie die Welt John Dees, in die er nun eintauchen sollte. Was, wenn sie ihn überforderte, ihn um den Verstand brachte? Oder er sich nicht bewährte? Jacobs Muskeln spannten sich, er spürte das Verlangen, mit Clerkson hinauszugehen. Er könnte nach Dover reiten, dort ein Schiff nehmen, vielleicht in Antwerpen Plantijn fragen, ob er ihm eine Arbeit geben könnte. Der Hauserker über der Kammerstraat tauchte vor Jacobs innerem Auge auf.

Clerkson war schon draußen, winkte zum Abschied. Dann schloss sich die Tür. Jacob durchzog das Knarren von Kopf bis Fuß. Da war schon wieder ein Mensch fort und eine Tür zu. Dee nahm Jacob in den Blick, legte ihm eine Hand auf die Schulter. »Ich werde beten und wenn du nichts im Kristall siehst, liegt es an der Schwäche meiner Worte und meines Glaubens.« Jacob hatte einen so schweren Kloß im Hals, dass er kaum noch Luft bekam.

Über den düsteren Korridor passierten sie die *Externa Bibliotheca,* wo Jane Dee gerade mit einigen Gelehrten scherzte und Jacob missmutig ansah, und liefen auf eine Tür am Ende des langen Ganges zu. »Meine *Interna Bibliotheca.*« Jacobs Knie begannen zu zittern. Hinter jener Tür würde er einen Weg zu gehen beginnen, der ihn entweder in die Erkenntnis oder in die Dunkelheit führen konnte. Dee zog einen Schlüssel aus dem Umhang, öffnete die äußere Tür, dann die innere. Der Raum war etwa zehn Schritte lang, enthielt einen Arbeitstisch, einen Spiegel aus dunklem Glas, einen mit einem Schloss gesicherten Schrank, eine Truhe, Bücherregale und einen erhöhten Tisch mit goldverzierten Ecken und einem Wachssiegel. Unmittelbar ihnen gegenüber, auf dem Arbeitstisch, lag ein großes Buch mit einem fremden Alphabet. John Dee schloss die Doppeltüren. Jacob beugte sich vor. Die Buchstaben erinnerten an das Altgriechische und Hebräische. Das war das sogenannte himmlische Alphabet von Cornelius Agrippa. Bei dem Buch musste es sich um dessen *De Occulta Philosophia: Liber de Caeremoniis Magicis* handeln, das wohltätige und nützliche sogenannte weiße Magie enthielt, keine schwarze. Daneben lagen beschriebene Papierbögen mit Berechnungen und Gradzahlen, die Dee rasch zusammenraffte und in eine Schublade legte. Waren das die Navigationspläne für die britische Seeflotte? Dee schloss die Schublade ab und steckte den Schlüssel ein.

Jacob folgte dem Gelehrten an den hohen Tisch mit dem Wachssiegel in Form eines Pentagramms. In der Mitte war ein grüner Stein eingelassen. »Malachit«, sagte Dee und fuhr mit dem Finger über die glatte Oberfläche, »in der Farbe des Paradieses. Auf der Rückseite des Siegels sind die hebräischen Buchstaben für AGLA eingraviert, ein Gottesname.« Dee öffnete eine Truhe, zog ein mit silbernen Pentagrammen besticktes Seidentuch heraus und bedeckte damit den Tisch. Das Tuch reichte bis zum Boden. Der Gelehrte legte ein rotes Samtkissen darauf und hob eine in allen Farben funkelnde Kristallkugel aus der Truhe. Jacobs Magen zog sich zusammen.

»Das Kristall bricht das Licht, in dem sich Gottes Willen ausdrückt«, erläuterte der Hofastronom und legte die Kugel vorsichtig auf das Samtkissen, »sodass wir Menschen diese Strahlen ertragen und Gottes Weisungen im Ansatz erfassen können.« Dee rückte eine Sitzmatte vor dem Tisch zurecht. »Hier kannst du niederknien, schau auf die Kugel.« Jacob zog die Schuhe aus, kniete sich mit hämmerndem Herzen auf die Matte, während Dee eine Tür in der östlichen Seitenwand aufschloss. Dahinter befand sich eine Privatkapelle mit einem einfachen Holzkreuz über einem Altar.

Der Gelehrte kniete vor dem Altar nieder. »Allmächtiger, ewiger, wahrer und lebender Gott«, betete er, »König des Ruhms, Schöpfer des Himmels und der Erde und aller sichtbaren und unsichtbaren Dinge, nun bitte ich, Euer einfacher Diener John Dee, Euch demütig, bezüglich dieser meiner gegenwärtigen Bitte gnädig zu sein, Mitleid mit mir zu haben, Mitgefühl mit mir zu haben.« *Wie inständig Dee betet,* fiel Jacob auf. Er schaute auf die Kristallkugel, auf ihr Lichterspiel. Seine Zunge wurde schwer wie Blei. Auf der Wiese vor Mechterstädt war es ihm gelungen, eine Sprache zu erfinden, die auf dem Weg gewesen war, die Dichte von Materie anzunehmen. Er musste die Aufregung überwinden. Er sah, wie Dee sich nach Süden wandte. »Ich bitte Euch, mir das Verständnis Eurer Gesetze und Befehle zu schenken, wie sie in der Natur und den Eigenschaften Eurer Geschöpfe zum Ausdruck kommen; kraft dieses Wissens, Eurer göttlichen Weisheit, Macht und Güte möge ich angeleitet, ausgerüstet und angeregt werden, Euch stets zu lobpreisen, Euch vom Grunde meines Herzens zu danken, Eure Ehre und Euren Ruhm zu mehren, bei allen Völkern und für alle Zeit.« Jacob rutschte auf den Knien hin und her. Doch würde das, was er in Mechterstädt hervorgebracht hatte, reichen? Würde es für den Astronomen der Königin reichen?

Er fixierte die Mitte der Kugel, sah von einem Lichtfunken zum anderen. Das Wort *Güte* setzte sich in seinem Kopf fest. Sollte er damit anfangen? Er übersetzte *Güte* ins Hebräische, sprach es mehrmals, es sah grün-blau aus, rauschte Jacob durch die Glieder, ging im Funkeln der Kugel auf. Jacob fand ähnliche Silben, die trugen, das Funkeln verstärkten; Jacobs Brust dehnte sich, neue Wörter kamen. »Casama abram ta talho paracleda.« Jacob spürte, wie die Worte ihn mitzogen, folgte ihnen, fühlte Zuversicht, Weite, sah spritzende Gischt in taufrischem Licht, »piamol od voan cicle odo hoath«, flitzende Fische in glasklarem Wasser, rennende Pferde im Wind, »oboleh taba iadnah«, Stare in einem riesigen Schwarm, der sich verdichtete, auseinanderzog, sich wieder verdichtete und erneut auseinanderzog, »umadea bigliad«, zu einem langen Band wurde, das schillerte, die Wörter schnellten darauf entlang, bis sie reine Geschwindigkeit waren, nichts anderes mehr, sie überholten die Zeit, »ascha nis iad anamad«.

Ein Kratzen auf Papier, ein Husten, das Klappern des Fensters. Jacob sah die Kugel, das Samttuch, legte die Hand auf die Sitzmatte, fühlte den weichen Stoff, setzte sich in den Schneidersitz.

Dee saß am Arbeitstisch und schrieb in ein Buch aus Pergamentseiten. Jacob hatte nicht bemerkt, dass er aus der Kapelle dorthin zurückgegangen war. Wie lange hatte er gesprochen? Wie lange war er in Trance gewesen? Er war noch nie so weit weg gewesen, noch nie so leicht. Dee schrieb sehr schnell, die Feder schien ihm vorauszueilen, als wüsste sie mehr als er. Jacob stand auf, ohne sich mit den Händen abzustützen, trat leise neben Dee, blickte die Zeilen entlang, von rechts nach links, sie waren schön, die meisten Buchstaben stammten aus Agrippas himmlischem Alphabet, waren jedoch geschwungener und harmonischer. Dee schloss das Tintenfass, sah auf. Er hatte rote Wangen, blickte Jacob mit geöffneten Lippen und glänzenden Augen an.

Jacob wies auf das Papier. »Könnt Ihr es vorlesen?« Er hielt den Atem an. Seine Stimme klang so klar wie noch nie.

Dee fuhr zusammen, als erwache er aus einem Schlummer, schüttelte den Kopf. »Die Wörter sind zu stark. Es könnte etwas entstehen.«

Jacob saugte Dees Antwort in sich auf. Er hatte es geschafft. Er hatte den Astronomen der Königin überzeugt.

Der Gelehrte erhob sich. »Ich zeige dir dein Zimmer.«

Jacob ging neben Dee den Korridor hinunter; es war wunderbar zu gehen, es reichte zu gehen. Warum war er je unglücklich gewesen? Über unebene Stufen stiegen sie eine Wendeltreppe zwischen *Interna* und *Externa Bibliotheca* hinauf.

»Vor dem nächsten Engelsgespräch müssen wir ein paar Tage warten, uns ausruhen, fasten und beten«, sagte Dee, »in der Zwischenzeit könntest du mir beim Katalogisieren der Bücher helfen, wenn das in Ordnung ist?«

Wenn das in Ordnung ist? Jacob konnte es nicht fassen. Der Hofastronom der englischen Königin befahl ihm nicht, sondern fragte freundlich an.

»Selbstverständlich, Doktor, gern.«

Im ersten Stock öffnete Dee die Tür eines knapp sechs Schritte langen Zimmers mit einem Bett, einer Truhe und einem verstaubten Gobelin an der nackten Steinwand. Dee wies zum nach Osten ausgerichteten Fenster. »Morgen früh fällt die Sonne herein, dann wirkt es freundlicher und etwas größer. Der Diener wird den Gobelin abklopfen. Ein besseres Zimmer habe ich leider derzeit nicht.«

»Es gefällt mir sehr gut«, sagte Jacob.

Dee verließ mit einer Verneigung den Raum.

13: STRENG VERTRAULICHES PROTESTANTISCHES ENGLISCH

Zwei Männer spielen Schach auf der Themse und sorgen sich um die Zukunft Englands.

Thomas Phelippes, ein Agent und Kryptologe des englischen Geheimdienstes, eilte mit den Händen in den Hosentaschen die enge Castle Alley unweit der St Paul's Cathedral hinunter Richtung Themse. Lastenträger, Bettler, Treidler und Matrosen kamen ihm entgegen. *Niemandem in die Augen schauen,* mahnte er sich. Diese Regel galt in London nirgendwo mehr als hier, in der Gegend der Trig Stairs, wo überall Männer umherlungerten, die keiner geregelten Arbeit nachgingen. Die rechte Hand am Griff seines Dolches gab Thomas ein gutes Gefühl. Er erreichte das Themseufer, bog nach rechts in Richtung der Paul's-Anlegestelle ab.

»Hey, Darling, möchtest du nicht ein bisschen mit mir kommen?«

Thomas ging an der Hure vorbei, deren leichtes Kleid Unterschenkel und Schultern sehen ließ, ohne aufzumerken.

»Dich pockennarbigen Hänfling nimmt doch freiwillig keine!«, schrie ihm die Hure nach.

»Guck dir die orangenen Haare an!«, höhnte eine andere.

Thomas ging nicht schneller, seine Glieder spannten sich nicht einmal. Hänseleien, die auf sein Äußeres abzielten, störten ihn nicht mehr. Dafür hatte er es zu weit gebracht. Es gab inzwischen sogar Frauen, die sich an ihn heranmachten, weil sie spürten, dass er eine große Zukunft hatte.

An der Paul's-Anlegestelle setzte Thomas sich auf eine Treppe, schaute auf das im Sonnenlicht glitzernde, spiegelglatte Flusswasser. *Jeder Tag,* dachte er, *bedeutet einen Schritt weiter, einen Schritt nach oben.* Bisher hatte er keine schlechte Laufbahn vorzuweisen, wahrlich nicht. Obwohl er nur der Sohn eines kleinen Zollbeamten war, hatte er in Cambridge studiert, mit *magna cum laude* abgeschlossen, war Assistent des Botschafters in Paris geworden und jetzt, mit nur sechsundzwanzig Jahren, hatte er es bereits zu einem führenden Decodierer und Spion in den Diensten Francis Walsinghams gebracht. Und dieser Aufstieg würde weitergehen, noch viel weiter.

Es wehte kaum ein Windhauch an diesem Junimorgen, bemerkte Thomas. Auf der Themse fuhren lauter kleine Boote umher, voller Männer, die irgendwie zu überleben versuchten: Fischer, Fährleute, Warenkahnlenker. Wegen der Flaute mussten alle ohne Segel auskommen. Von den runden, offenen Bären- und Stierhatzarenen am gegenüberliegenden Südufer waren Jubel und Rufe zu hören. Wie immer, wenn er für sich sein, sich verbergen oder beides wollte, zog sich Thomas die Kapuze seines Umhangs über den Kopf. Auf einer Warenkiste in zehn Schritten Entfernung sah er einen Maikäfer krabbeln. Mit einer schnellen Drehung des Handgelenks zog Thomas seinen Dolch, visierte zwischen zwei Passanten hindurch den Käfer an, berechnete dessen nächste Schritte voraus, warf und traf.

»Gehen wir, Thomas, das Boot ist gerade eingelaufen.« Das war die Stimme Francis Walsinghams. Thomas sprang auf. Sein Vorgesetzter hatte ihn, die Treppe herunterkommend, von hinten angesprochen. Jetzt ging ihm der schlanke Mann im schwarzen Seidenmantel voraus, zog Thomas' Waffe samt dem Käfer aus der Kiste, reichte sie ihm wortlos und hielt auf eine kleine Fähre zu, die zwei Bänke, einen Tisch und einen Windschutz aufwies. Mit der überall abblätternden Farbe und ihren angefaulten Holzplanken sah sie deutlich schäbiger aus als die übrigen Boote, die darauf warteten, Passagiere ans Südufer überzusetzen.

»Hierher, Sir, mein Boot ist das größte und ich habe Wein, fast umsonst!«, rief ein junger Fährmann von einem tatsächlich stattlichen Kahn aus.

»Der Ruderer der verfaulten Nussschale, auf die Ihr zugeht, ist taub wie ein Wurm!«, rief ein anderer, dessen Boot Bänke mit bestickten Kissen aufzubieten hatte.

»Eben drum«, murmelte Walsingham. Thomas grinste. Die Fährleute blickten neugierig und argwöhnisch auf Walsingham, der ihnen mit seiner recht dunklen Haut, den dunklen Haaren, schwarzer Kappe und dem im Wind flatternden ebenfalls schwarzen Mantel wahrscheinlich bedeutsam und geheimnisvoll zugleich erschien. Nun schielten die Männer auch auf ihn, Thomas. In ihren weit geöffneten Augen ließen sich ihre Fragen förmlich ablesen: Was tat dieser hochgestellte Mann hier in dieser Gegend und warum wählte er die schäbigste Fähre? Und wer war sein hässlicher junger Begleiter?

Walsingham nickte dem beleibten Fährmann mit den grauen Locken zu. Der verbeugte sich und setzte sich sofort an die Ruder. Offenbar kannten er und Walsingham sich von früheren Überfahrten. Die gebräunten Hände und Arme des Fährmannes gingen so schnell ans Werk, dass Thomas sich blitzschnell auf eine der Holzbänke setzte, um das kleine Gefährt nicht zum Kentern zu bringen. So stumm und taub dieser Bootsmann auch sein mochte, ruderte er doch derart geschickt, dass es sich anfühlte, als schwebten sie über das Wasser.

Walsingham hatte sich bereits die Holzbank Thomas gegenüber zu eigen gemacht: Mit aufrechtem Oberkörper thronte er darauf, als gäbe es keinen bequemeren und standesgemäßeren Platz in ganz London. Seine blaugrauen Augen blickten auf Thomas mit einer Ruhe und Geradlinigkeit, die zugleich Respekt und Unsicherheit einflößte.

»Es gibt nichts Schöneres als eine kleine Ausfahrt auf der Themse an einem warmen Frühsommernachmittag.« Walsingham sprach gelassen, im Bewusstsein, stets recht zu haben oder jedenfalls recht zu bekommen, selbst wenn er es nicht hatte. »Außerdem wunderbar dafür geeignet, ganz einfache Pläne zu schmieden, die immer die besten sind, besonders, wenn man von seinen Gegnern chronisch überschätzt wird.«

Thomas schmunzelte. Francis Walsingham hatte etliche Widersacher der Königin Elisabeth einkerkern oder hinrichten lassen. Man konnte ihn gar nicht genug überschätzen. Auf den wackeligen Tisch zwischen ihren Bänken stellte Walsingham einen flachen, rechteckigen Holzkasten. Thomas seufzte. Warum musste Walsingham sogar auf der Themse seiner Leidenschaft nachgehen? Die dunklen Hände klappten den Kasten auseinander und verteilten Bauern, Läufer und Türme auf die quadratischen Felder. Walsingham spielte mit Vorliebe Schach mit seinen Spionen. Er gewann gegen alle, mühelos. Thomas schaute einer Möwe dabei zu, wie sie sich senkrecht ins Wasser stürzte, wohl auf einen unvorsichtig nah an der Oberfläche schwimmenden Fisch. Nur er, Thomas, musste sich anstrengen, um gegen Walsingham zu verlieren. Das Schachspielen fiel ihm aus irgendwelchen Gründen leichter als alles andere. Schon als Kind hatte er seine Gegner mit wenigen Zügen mattgesetzt. Bisher hatte es mit dem Verlieren gegen Walsingham noch immer geklappt, doch es war ermüdend. Es erforderte mehr Geschick, den anderen unauffällig siegen zu lassen, als gegen ihn zu gewinnen. Thomas wandte sich dem Brett zu, ebenso sein Gegenüber.

»Wie weit bist du?« Walsingham überließ Thomas, wie jedem seiner Gegner, die weißen Figuren.

»Ein paar Katholiken gehen bei Dee ein und aus«, antwortete Thomas, eröffnete das Spiel, »aber meist nur arme Teufel, die den Höfling um Hilfe bitten, um Protektion.«

Walsingham nickte und tat seinen ersten Zug.

»Und was ist mit einem etwaigen codierten Buch *Enoch?*«

»Die meisten Bücher, die Dee ständig liest, habe ich durch, Sir. Davon ist nur ein halbes Dutzend codiert und mühelos zu knacken.«

Walsingham bewegte seinen Springer. »Und die übrigen Bücher?«

»Er hat an die viertausend, Sir.«

Sie spielten eine Weile schweigend weiter und Thomas geriet reibungslos ins Hintertreffen.

»Es ist ein Elend«, sagte Walsingham, »dass John Dee sich in den Kopf gesetzt hat, mit Engeln zu kommunizieren. Menschen sollten mit solchen Mächten nicht spielen. Sie sind solch einem Spiel nicht gewachsen.«

Thomas brachte seinen Springer in eine verwundbare Position und pflichtete seinem Vorgesetzten bei. Aber im Grunde stimmte er in diesem Punkt nicht mit Walsingham überein. Was war dagegen einzuwenden, die Sprache der Schöpfung und die Macht der Engel für England zu nutzen, wenn dies möglich war?

»Jedenfalls sollten wir das Buch finden, bevor es andere in die Finger bekommen«, ergänzte Walsingham und machte einen geschickten Zug mit seinem Läufer.

Thomas schob seinen Turm vorwärts.

Walsinghams helle Augen im dunklen Gesicht schauten prüfend über das Brett. Königin Elisabeth nannte ihren Geheimdienstchef *meinen Mohr*. Es war ein Spitzname, den Walsingham hasste, wie er überhaupt mit dem Humor der Königin – und, soweit Thomas das beurteilen konnte, mit Humor im Allgemeinen – wenig anzufangen wusste, von sarkastischen Witzen gegen Katholiken einmal abgesehen. Thomas opferte einen Bauern für einen wenig Erfolg versprechenden Angriff auf den Königsflügel seines Gegners.

»Dass sich einer der klügsten Köpfe Englands mit Engeln befasst«, Walsingham schlug den Bauern, »statt sich auf seine astronomischen und navigatorischen Kenntnisse zu beschränken, um Englands Entdeckungsreisen und Interessen voranzutreiben, ist bedauerlich. Dass er sich damit in Gefahr begibt und unberechenbar wird, offen für unwillkommene Einflüsse, ist besorgniserregend.«

Thomas nickte, übersprang sinnloserweise einen Läufer. »Es dürften noch einige interessante Bücher in seiner *Interna Bibliotheca* sein, aber die ist fast immer verschlossen.«

»Und wozu«, entgegnete Walsingham, »schicke ich dann einen meiner zu den größten Hoffnungen Anlass gebenden jungen Mitarbeiter eine Woche lang in die Bibliothek John Dees?« Walsinghams Stimme klang ruhig, doch er stellte seinen Turm auffallend fest ab. »Damit er vor einer verschlossenen Bibliothekstür flennt?«

Hitze stieg Thomas in den Kopf, er schob seine Dame drei Felder diagonal vorwärts.

»Soll ich dir in einem der Häuser da drüben zeigen, wie man eine verschlossene Tür aufmacht?« Mit einer Kopfbewegung deutete Walsingham auf einige Bauten am Südufer, das sie fast erreicht hatten.

»Ich gehe demnächst hinein in die *Interna Bibliotheca*«, versicherte

Thomas, »sobald sich die Gelegenheit bietet.« Er starrte auf das Brett und erschrak. Oh, Gott. Sein Zug eben, mit der Dame, war zu gut gewesen, viel zu gut. Er hatte ihn getätigt, ohne lange zu überlegen, im Schreck über den Tadel seines Vorgesetzten.

Von der Bärenkampfarena war das Kläffen der Doggen zu hören, die auf die Bären gehetzt wurden, zudem das Johlen und Klatschen Hunderter Zuschauer. Der Fährmann schickte sich an, am Ufer unweit eines Fischteichs festzumachen, doch Walsingham bedeutete ihm mit wenigen Gesten, wieder Richtung Nordufer zu rudern, und machte mit seinem König einen ziemlich unvorsichtigen Zug, der seine Lage nicht besserte. Thomas wischte sich den Schweiß von der Oberlippe. Es würde schwierig werden mit dem Verlieren. Er müsste mehrere fast schon schafdumme Züge aneinanderreihen, um es doch noch zu schaffen. Er versuchte es mit einem.

Walsingham stutzte, spähte über das Brett. »Gibt es irgendwelche Hinweise, dass sonst noch jemand das codierte Buch *Enoch* sucht?«

»Keine.« Immerhin monierte Walsingham den schlechten Zug nicht, sondern griff mit seinem Turm einen Läufer an.

»Gibt es niemanden«, hakte Walsingham nach, »der erst kürzlich Dees Vertrauen gewonnen hat und viel mit seinen Büchern hantiert?«

»Da ist nur jemand, der ihm hin und wieder beim Katalogisieren seiner Bücher hilft.«

Walsingham blickte ruckartig auf wie ein Jäger, der das Knistern eines Zweiges vernommen hatte. Thomas erstarrte.

»Wer ist er?«

»Ich weiß es nicht. Ein Deutscher. Dee nennt ihn Jacob.«

»Und was zeichnet diesen Menschen aus?«, fragte Walsingham gereizt und offenbar verstimmt darüber, ihm, Thomas, weitere Einzelheiten aus der Nase ziehen zu müssen.

»Er ahmt sehr gut Akzente nach, wenn er mit den Nutzern der Bibliothek, die von überallher kommen, spricht. Aber er tut nichts weiter«, fügte Thomas hastig hinzu, »er katalogisiert nur die Bücher, sonst nichts.«

Walsingham machte einen passablen Zug mit seinem König. »Und ist er öfter in der *Interna Bibliotheca?*« Der Geheimdienstchef war wie auf der Pirsch und in dieser Verfassung konnte er aus der Ferne Fährten lesen, die seine Spione vor Ort nicht einmal ahnten. *Jetzt nur nicht aus der Ruhe bringen lassen,* mahnte sich Thomas, *unbedingt einen schwachen Zug tun.* Wenigstens ein Remis musste noch zu bewerkstelligen sein.

»Er ist gelegentlich mit Dee allein dort.« Thomas pochte das Blut in den Schläfen.

»Um was zu tun?« Walsinghams Stimme bebte. Offenbar bemühte er sich, seinen Missmut zu unterdrücken.

»Es ist unklar«, stammelte Thomas, »ungesehen kommt man schwer an das Fenster und John Dees Frau späht ständig misstrauisch überall umher.«

»Und eine herumspähende Frau ist natürlich ein unüberwindliches Hindernis für einen ausgebildeten Geheimagenten.«

Thomas ließ einen Springer ungedeckt, Walsingham kassierte ihn mit einer betont nachlässigen Bewegung ein.

»Wie viele Sprachen beherrscht dieser Jacob?«

Thomas' Mund wurde trocken. Er schob seinen Läufer zwei Felder weiter. Warum nur hatte er diesen Deutschen nicht ernster genommen? »Er scheint sehr viele zu beherrschen.«

»Wie viele?«

»Über ein Dutzend.«

Walsingham sog Luft zwischen den Zähnen hindurch. »Liest er kryptologische Bücher?« Zum ersten Mal während der gesamten Unterredung blickte der Geheimdienstchef vom Brett auf, Thomas in die Augen.

»Hin und wieder.« Thomas fühlte, dass er errötete. »Aber nicht öfter als viele neugierige Menschen, Sir. Codes sind derzeit eine Art Zeitvertreib für viele geworden, eine Mode.« Sein letzter, erneut zu schneller Zug mit dem Läufer konnte Walsingham arg in Bedrängnis bringen. Warum hatte er nicht aufgepasst? Und warum, zum Teufel, hatte er diesen Jacob nicht als ernste Gefahr erkannt?

Walsingham hielt mitten in der Bewegung zu seinem König inne. »Wie sieht er aus?«

»Schwarze Haare, dünn, blass, zerschlissene Kleidung nach spanischer Art, graue Augen.«

»Verdammt.« Walsingham ballte die Hand vor dem Mund zur Faust, biss in die Haut über dem Knöchel seines Mittelfingers. »Michael Moody hat ihn in Antwerpen mit Richard Rowlands gesehen.«

»Mit dem Spion des spanischen Geheimdienstes?«

Walsingham nickte. »Der auch Kontakte zur französischen Liga unterhält, diesen papistischen, mordlustigen Irren.« Walsingham blickte finster drein, bewegte den König ein Feld zurück. »Im Übrigen hat der dürre Mensch bei Christoffel Plantijn eine der zehn Bellaso-Herausforderungen gelöst.«

»Nein!«, entfuhr es Thomas, er schob seinen König vor. *Eine Bellaso-Herausforderung gelöst? Dieser unbedarft wirkende Bursche?* »Welche?«, fragte er.

»Die Nummer drei.«

Thomas seufzte. Genau die Drei hatte er selbst auch probiert, und zwar mehrere Tage lang. Sie galt als die einfachste, wenn man bei Bellaso-Rätseln überhaupt von einfach reden konnte. Thomas blickte auf das Brett. Himmel, nein, sein Springer stand viel zu gut. Er bedrohte Walsinghams Dame.

»Wenn ich recht unterrichtet bin«, Walsingham sprach leise zum Brett gewandt, doch setzte jede Silbe wie punktgenaue Degenhiebe, »hast du noch keine der zehn Herausforderungen Bellasos decodiert?«

»Nein, Sir.« Thomas sah über das Spielfeld. Walsingham würde unterliegen, unabhängig davon, was er noch tat.

»Jedenfalls hat dieser Jacob oder wie immer er heißt«, Walsingham faltete die Hände, drückte die Finger aneinander, »offenbar Dees Vertrauen gewonnen, das ja leider sehr leicht zu gewinnen ist. Entsprechend dürfte er so manches herausfinden, was Rowlands und Spanien nützlich sein könnte.« Walsinghams Stimme bebte. »Zum Beispiel über die Routen englischer Navigatoren, die Dee ausgearbeitet hat.« Thomas würgte es im Hals. Indes schaute Walsingham auf das Brett, seine Gesichtszüge entglitten ihm, der Mund stand ihm offen. Er hatte seine Niederlage erfasst und würde sie so schnell nicht verzeihen. Thomas' Magen zog sich zusammen. Walsingham richtete sich auf, seine Gesichtszüge wurden wieder unverbindlich und undurchdringlich wie immer. Er legte den schwarzen König horizontal auf das Brett. Die Figur ruckelte im Rhythmus der Ruderzüge hin und her.

»Vermutlich ist dieser Sachse noch gefährlicher als du, aber du arbeitest ja glücklicherweise für mich.« Nicht ein Hauch von Freundlichkeit schwang in Walsinghams Stimme.

»Dieser Jacob wirkt sehr arglos«, stotterte Thomas, »irgendwie dahergelaufen, unerfahren, ärmlich, kränkelnd und …«, er suchte nach einem passenden Ausdruck, »schwach.«

Walsingham räumte die Schachfiguren ab und klappte das Brett zusammen. »Und du *wirkst*«, er betonte das letzte Wort, »wie der beste Decodierer ganz Englands?« Nach einer Pause setzte der Geheimdienstchef mit einem maliziösen Schmunzeln hinzu: »Oder zumindest der zweitbeste?«

Thomas schaute auf das Nordufer, das sie fast wieder erreicht hatten. Dort gingen Tausende Menschen einem gewöhnlichen Leben nach. Wie es wohl wäre, einer von ihnen zu sein? Thomas schüttelte leise den Kopf. Es wäre unerträglich.

»Beobachte diesen Jacob«, sagte Walsingham, das Schachspiel in seine Manteltasche steckend, »Tag und Nacht.«

Thomas nickte. »Das werde ich, Sir, ganz sicher.«

14: MIT BÄUERLICHEM DIALEKT

Im Schloss von Pau, der Hauptstadt des Béarn, tanzt Margarète eine Volta mit dem König, durchkreuzt die Reiseplanungen eines steinreichen Mannes und stachelt zu einem Raubzug an.

Das perlenbesetzte blaue Seidenkleid mit den langen Rüschenärmeln, das ihr der Baron Florimond de Vaillac am Vorabend für diese Mission geschenkt hatte, fühlte sich weich und leicht an, während Margarète den Mühlenkanal überquerte und auf das Schloss von Pau zuhielt. Allein dafür, den herrlichen Stoff auf der Haut zu spüren und an diesem sonnigen Juniabend auf einem Hofball zu tanzen, lohnte es sich, für die Liga zu kämpfen. Vom Fuße der Anhöhe, auf der das Schloss lag, betrachtete Margarète die schieferbedeckten hellen Türme, die Dutzende Fenster aufwiesen. *Die Adligen,* dachte Margarète, *baden ständig im Licht, ob auf dem Schloss von Pau oder im Château de Béost.* Margarète stieg stetig bergan, an einer Getreidemühle und einer von Säulen getragenen Halle für das Jeu-de-Paume-Spiel vorbei. Jenseits davon erblickte sie den Taubenturm und die Hecken. Ihre Brieftaubenmission lag sechs Wochen zurück. Ob die Büsche wohl inzwischen nachgewachsen waren und Pierre Chantelle sie mit neuen Skulpturen verziert hatte? Auf halbem Weg zum Wachhaus am Eingangstor und außer Sichtweite der Wachposten zog Margarète ihre seidene Maske hervor. Sie war mit Perlen und Stickereien verziert und verdeckte das gesamte Gesicht. Die Schlitze für Augen und Mund waren groß genug zum Sehen und Atmen, aber zu schmal, als dass man von außen die Gesichtsform hätte erkennen können. Die Öffnung unter der Nase war gerade einmal so groß, dass sie beim Tanzen nicht außer Atem geraten würde. Margarète setzte die Maske auf, streifte sich Seidenhandschuhe über die sommersprossigen Hände und ging weiter. Sie sah das Schloss, das Wachhaus und andere zum Maskenball hinaufschlendernde Kostümierte wie durch das Visier eines Soldatenhelmes. Dank dieser Verkleidung würde sie deutlich tiefer in das Schloss des ketzerischen

Königs Heinrich von Navarra und des Béarn vordringen als damals mit ihrem Taubenkorb. So würde sie reichlich Gelegenheit haben, sich in der Residenz des obersten Heerführers der französischen Protestanten umzuschauen.

Vor dem Wachhaus hatte sich bereits eine Schlange von maskierten Adligen in Samt- und Seidenkleidern gebildet. *Gut so,* dachte Margarète, *je mehr sich beim Kostümfest einfinden, zu dem Catherine de Bourbon geladen hat, desto besser.* Die dreiundzwanzigjährige Schwester des Königs regierte das Béarn immer dann, wenn Heinrich damit beschäftigt war, gegen Katholiken zu Felde zu ziehen. Margarète reichte der Wache am Schlosstor die Einladungskarte, die der Freiherr Martin d'Espalungue ihr besorgt hatte: von einer Gräfin, die zwar zur calvinistischen Messe ging, aber heimlich die Liga unterstützte und eine ähnliche Statur und Haarfarbe hatte wie Margarète. Der dickbäuchige Wachposten las die Karte und beäugte Margarètes Kleid sowie die Silberkette mit dem Smaragdanhänger. Margarète neigte sittsam den Kopf und zupfte die mit Silberspangen hochgesteckten geflochtenen Haare zurecht. Der Wachposten ließ sie passieren. Die erste Hürde war genommen. Beschwingten Schrittes folgte Margarète den anderen, munter plaudernden Gästen, die nun durch das Eingangsportal schritten. Da war sie also: im Schloss der Calvinisten. Es war das erste Mal überhaupt, dass sie ein königliches Schloss betrat. Hoffentlich würde sie hier einen mindestens ebenso großen Sieg erringen wie in der Festung von Navarrenx.

Vorbei an einer Kapelle und einem hohen viereckigen Wehrturm aus hellrotem Backstein, der bekanntermaßen auch als Gefängnis diente, ging es unter einem Rundbogen hindurch in den Innenhof. Helle Sandsteinfassaden mit spitz zulaufenden Schieferdächern, in die Dachgauben eingelassen waren, sowie zu den Gemächern hinaufführende Ehrentreppen säumten den weiten Platz. Von der Kapelle her schlug es sechs Uhr. Margarète mischte sich unter die anderen Kostümierten und trat in einen von sechs hohen Rundbogenfenstern erhellten Saal. Der Raum maß gut und gern sechzig Schritte. Einen größeren hatte Margarète noch nie betreten. Die Mauern waren mit Gobelins geschmückt, die Jagdszenen zeigten. Die Holzbalkendecke zierten Malereien in grellen Farben: Blumenornamente, biblische Geschichten, Pferde, Adler, das blau-rote Wappen der Bourbonen mit den goldenen Löwen und Lilien sowie an zahlreichen Stellen die Initialen *H* und *M*, die wohl Henri d'Albret und Marguerite d'Angoulême, die Großeltern von Heinrich und Catherine, hatten anbringen lassen. Margarète ging zu einer langen Tafel, wo die Gäste sich bereits an zurechtgeschnittenen Leckerbissen bedienten: Hirsch-, Reh- und Wildschweinfleisch, Artischocken, Pfirsiche, Pflaumen und Birnen, helles Weizenbrot, Sirup, Marmeladen, Kandiszucker und Marzipan. Eine kichernde, sehr zierliche kleine Frau in einem mit Gold- und Silberfäden durchwobenen Kleid trug eine schwarze Maske mit langem Schnabel und wirkte wie ein flatterndes Vögelchen. Mit blassen zarten Fingern steckte sie sich mehrere Marzipanbällchen in den Mund. Einige Damen, die um sie herum kicherten, taten es ihr nach. »Ach je«, lachte das Vögelchen, »wenn ich nicht diese Maske mit dem langen Schnabel aufhätte, die das Essen so beschwerlich macht, würde ich fünfzig dieser Kügelchen essen.«

Nun bestrich das Vögelchen eine Marzipankugel mit Erdbeermarmelade und Butter, nahm sie in den Mund, schloss die Augen, schluckte und stöhnte wohlig auf. »Jetzt weiß ich, wie es im Himmel sein wird.«

»Das ist Catherine de Bourbon«, flüsterte es hinter Margarète, »sie liebt Süßes.«

Margarète hielt den Atem an. Das Vögelchen war also die Regentin des Béarn? Unglaublich, in welche Körper sich die Macht verirrte. Margarète nahm sich eine der bereitgelegten Gabeln. Diese albernen silbernen Spieße, die an Mistgabeln erinnerten, waren wirklich nur etwas für verzärtelte Adlige. Sie aß ein Stück Hirschfleisch. Saftigeres Fleisch hatte sie nie gekostet. Catherine de Bourbon entfernte sich mit ihrem gackernden Gefolge von der Tafel. Andererseits, überlegte Margarète, galt die Regentin als geschickte Diplomatin, die es verstand, sich die Abgeordneten der bearnischen Provinzen gewogen zu machen und sie immer wieder für hohe Militärausgaben zu gewinnen. Margarète nahm eine Marzipankugel und roch daran. Sie hatte schon lange kein Marzipan mehr gegessen. Sie bestrich die Kugel mit Butter und Marmelade und ließ sie auf der Zunge zergehen. Es war, als würde ihr gesamter Körper getröstet, ein für allemal. *Wahrscheinlich,* dachte Margarète, *ist es einfach, diplomatisch zu sein, wenn man täglich Süßes isst.*

Von der Ecke am Fenster klang Musik durch den Saal, sehr sauber und klar. Margarète liefen Schauer über Arme und Beine. An königlichen Höfen wurden offenbar alle Sinne verwöhnt: Augen, Gaumen und Ohren. Ohne die Liga hätte sie diese perfekte Musik niemals gehört. Margarète trat einige Schritte auf die Musiker zu. Drei Männer spielten Violine, eine Frau Cembalo, eine weitere Flöte und an der Laute saß – Margarète hielt den Atem an – Catherine de Bourbon. Ihre zarten Finger huschten blitzschnell über die Saiten und Bünde. In leichten Kreisbewegungen bewegte die Regentin den schmalen Oberkörper beim Spielen, war offenbar eins mit der Musik hinter ihrer Vogelmaske, selbstvergessen. *Diese Frau,* dachte Margarète, *ist im Glück. Das ist nicht schwierig, wenn man ein Leben lang tun darf, was einem gefällt.* Margarète hörte Hammerschläge, grob und knallend, roch die Sägespäne in der Zimmermannswerkstatt ihres Vaters, sah ein wackeliges Tablett, spürte es in ihren zu schwachen Händen. Sie hatte darauf Élie Vinet das Essen serviert, an ihrem ersten Tag als Hausmädchen. Sie hatte viele Dinge getan, die sie nicht wollte, und viel Zeit damit verloren.

Immer mehr Besucher bildeten einen Halbkreis um die Musizierenden. *Was,* fragte sich Margarète, während sie die flinken Finger der Regentin beobachtete, *wäre die Sache, bei der ich mich selbst vergessen würde?*

»Hast du schon gehört?«, vernahm Margarète eine halblaute junge Männerstimme hinter sich. »Lazarus reist übermorgen nach Navarrenx.«

»Schon übermorgen?«, hakte ein anderer mit älterer Stimme nach.

Lazarus, dachte Margarète, *ein seltsamer Name.*

In virtuosem Tempo stimmten die Musiker eine Gaillarde an. Margarète trat zurück und hielt den Atem an, um das Gespräch der beiden Männer weiter zu belauschen.

»Vollbehängt und steinreich«, gab der erste lachend zurück.

»Unter Bewachung, nehme ich an?«, hörte Margarète den Älteren fragen.

»Reichlich.«

Überall formierten sich Tanzpaare. Margarète kribbelte es in den Beinen. Sie liebte es, Gaillarden zu tanzen. Ein Mann mit einer Feder an einer blauen Maske reichte ihr die Hand. Während sie nebeneinander die ersten vier Sprünge abwechselnd auf dem rechten und linken Fuß taten, fragte sich Margarète, ob das Gespräch gerade eben, über Lazarus, für die Liga interessant sein könnte. Fast hatte es so gewirkt, als hätten die Männer in einer Art Code gesprochen. Ihr Partner sprang nun hoch in die Luft, wobei er im Schweben sehr schnell und locker in den Knöcheln die Füße vor- und zurückbewegte. Margarète tat es ihm lachend nach. Hinter der Maske blitzten die Augen des Mannes auf. *Es ist schon erstaunlich,* dachte Margarète, während sie sich im Saal umschaute, *wie gut und gern die Calvinisten tanzen.* Schließlich hatte Johanna von Navarra, die Mutter von Catherine und Heinrich, vor elf Jahren in ihren Verordnungen, die nun als Code-Buch den Ligisten im Béarn dienten, das Tanzen untersagt – ebenso wie das Glücksspiel, das Würfelspiel, die Trunkenheit und das Kartenspiel. Aber hier am Hof tanzte man gekonnt Gaillarden. Margarète drehte sich zeitgleich mit ihrem Partner, beide erhoben sie eine Hand, klatschten die Handflächen gegeneinander. *Die Calvinisten machen ihre strengen Regeln nur für das Volk,* überlegte Margarète, *das vor allem eines tun soll: arbeiten, arbeiten, arbeiten.* Margarète und ihr Partner wirbelten umeinander herum, während einige Paare innehielten und ihnen zusahen. Margarète machte sich einen Spaß daraus, die schwierigen Sprünge, die eigentlich nur der Mann zu vollführen hatte, mitzutanzen. Die Umstehenden jauchzten und applaudierten. Wenn die wüssten, dass sie einer Zimmermannstochter und Ligistin zujubelten, frohlockte Margarète und ließ sich von einem anderen, hochgewachseneren Mann bei der Hand nehmen, dem der erste, sich tief verneigend, Platz machte.

Ihr neuer Tanzpartner trug ein schwarzes Seidenwams und lange Strümpfe, die muskulöse Beine sehen ließen. Seine gelbe Maske schmückten so viele Federn, dass sein gesamtes Gesicht verdeckt war. Die Haare waren unter einem weiten Barett verborgen.

»Das ist Heinrich«, raunte es im Kreis der Umstehenden, deren Masken allesamt auf Margarètes Tanzpartner ausgerichtet waren. Die Botschaft breitete sich zischelnd bis in den letzten Winkel des Saals aus. Margarètes Herzschlag setzte aus: Sie tanzte mit König Heinrich! Dem obersten Heerführer aller Protestanten Frankreichs, an dessen Händen das Blut Tausender Katholiken klebte! Alle Paare hörten zu tanzen auf und scharten sich um Margarète und ihren Partner. Unverwandt und reglos stierten die Masken: grelle Masken, Federmasken, mit Perlen und Edelsteinen besetzte Masken, Vogelmasken, Harlekinsmasken, Fratzenmasken. Margarète war, als umringe sie ein Heer von Verschanzten. Die Musiker spielten nun zu einer schnellen Volta im Dreivierteltakt auf. *Gott im Himmel,* dachte Margarète, *das ist ein schwieriger und ziemlich zügelloser Tanz.* Im Kreis der Verschanzten raunte es. Margarète verneigte sich gegenüber Heinrich und eröffnete den Tanz mit den ersten, auf der Stelle zu vollziehenden Schritten. Ihr Gegenüber verneigte sich ebenfalls. Margarète wurde heiß. Sie setzte ihre Schrittfolge fort, während der König einstimmte. Er tanzte kerzengerade und mit fließenden, perfekten Bewegungen. Nun folgten die großen Schreitschritte, die sie mehrmals aneinander vorbei vollführten, wobei ein stetiger Blickkontakt vorgeschrieben war. Margarète sah blaue Augen hinter der gelben Maske. Ihr kam es so vor, als umschlichen sie und der König einander wie lauernde Raubkatzen.

»Ich erkenne Euch«, lachte es plötzlich hinter der federnen Maske hervor.

Margarète stockte der Atem, sie schritt weiter vor dem protestantischen Heerführer hin und her.

»Zwar habe ich Euch ein paar Jahre nicht gesehen«, hob die helle Stimme unbeschwert wieder an, »aber so tanzen kann nur eine.«

Ein Raunen ging durch den Saal. Zum Glück war nun eine Drehung in entgegengesetzte Richtungen auszuführen. Der König, folgerte Margarète, hielt sie offenbar für eine bestimmte Dame. *Es gilt, unbedingt in dieser mir zugewiesenen Rolle zu bleiben,* beschwor sie sich, *denn sonst könnte meine Tarnung insgesamt auffliegen.* Die Anspannung straffte Margarètes Leib und schärfte ihre Bewegungen.

»Wir haben Euch immer *die Friedenstaube* genannt.« Der König sprach so laut, dass die Umstehenden ihn hören konnten. Er nahm Margarètes Hand, sie sprangen haargenau im selben Takt auf einem Fuß hoch und kamen mit beiden Beinen gemeinsam wieder auf. »Weil Ihr keine Kriege mochtet.« Heinrich verströmte den Duft von Benzoeharzparfüm. Das war sehr teuer. Margarète hatte es nur einmal bei einem Parfümhändler gerochen.

»Ich nehme an«, hob Heinrich wieder an, »dies ist nach wie vor der Fall?« Die Hand auf die Hüfte gestützt, vollführte Heinrich die hohen Männersprünge mit Leichtigkeit.

Margarète nickte. Nur nicht sprechen, mahnte sie sich, denn es war unwahrscheinlich, dass sie den Stimmklang und den Akzent richtig traf. Heinrich nahm wieder ihre Hand und umfasste ihre Taille. Gemeinsam drehten sie sich im Dreierrhythmus. Der König führte sehr gekonnt. Er galt als Verführer von adligen Damen und Schäferinnen gleichermaßen.

»Dann wird es Euch freuen zu hören«, der König hob sie in die Luft, die Umstehenden kicherten, wahrscheinlich weil man im Schwung ihren Unterrock sah wie immer bei Voltas, »was ich gleich verkünden werde.«

Gut, dachte Margarète, *er wird etwas verkünden. Hoffentlich etwas, für das es sich lohnt, mit dem Ketzerkönig eine anzügliche Volta zu tanzen.*

Margarète vollzog die Damensprünge und wunderte sich selbst, wie sicher sie sich bewegte. Heinrich sah ihr mit schräg gelegtem Kopf zu. Seine gelb gefiederte Maske wirkte wie eine ovale, schiefe Sonne.

»Vor vier Tagen«, sagte der König feierlich zu Margarète und zum Publikum gleichermaßen, reichte ihr die Hand zu den weiten Schreitschritten, »habe ich in der Burg von Fleix im Périgord gemeinsam mit dem katholischen Heerführer, dem Herzog von Alençon, einen Friedensvertrag geschlossen.« Er holte tief Luft und rief in den Saal: »Der Krieg ist zu Ende!«

Margarète kam aus dem Takt, Heinrich lachte: »Das habt Ihr nicht erwartet«, flüsterte er ihr zu. Sein Atem roch nach Kirschsirup. Margarète nickte gefällig. Die Umstehenden klatschten tosenden Beifall, allein ihre Masken blieben unbewegt. *Das ist in der Tat eine Überraschung und eine Nachricht von großer Bedeutung,* dachte Margarète. Während sie die Schrittrichtung wechselten, gab sie sich alle Mühe, ihre Bewegungen leicht und unbeschwert auszuführen. Aber eine gute Nachricht war es nicht: Wenn die Protestanten mit den gemäßigten Katholiken Frieden schlossen, bedeutete das eine Entmachtung von Heinrich von Guise, dem Anführer der Liga, der damit außen vor gelassen wurde und innerhalb des katholischen Lagers isoliert war.

Der König schritt mit ihr im Kreis. Dass sie nichts sagte, schien ihn nicht zu kümmern, so wie es Männer generell nicht störte, wenn Frauen sich auf das Zuhören beschränkten. Sie sprangen einige Schritte vorwärts, der König umfasste mit nur einer Hand ihre Hüfte, hob sie an und drehte sich selbst dabei, wodurch Margarète regelrecht durch die Luft flog. Offenbar war der Protestantenführer so beglückt von seinem Friedensschluss, dass er sich mit schwungvollen Bewegungen Luft machen musste. Margarète war genötigt, den Schwung durch eine Drehung um die eigene Achse aufzufangen. Die Zuschauer jauchzten, der König ebenfalls, die Musik wurde schneller. Heinrich legte die Hände auf ihre Hüften, hob sie hoch und drehte und drehte sich, während sie die Arme ausbreitete.

»Die Friedenstaube fliegt!«, rief es begeistert aus dem Publikum. Eine Ligistin wurde als Friedenstaube gefeiert. *Wenn das kein Triumph der Verstellung ist,* jubelte Margarète innerlich. Die Masken sahen zu ihr hoch und wirkten wie emporgereckte Schilde. Der Saal schwirrte um Margarète herum und wurde zu einem Meer aus Glitzer und Farben, es roch nach Harz und Sirup, die schnellen Klänge trugen ihren Körper. Plötzlich flog sie durch die Luft, der König musste sie zu schwungvoll von sich geschleudert haben, Schreie waren zu hören, ihr rechter Fuß berührte den Boden, doch schon sah sie die Decke, spürte Schmerzen im Ellenbogen. Die Deckenbalken waren sehr hell, alles war viel heller: die Masken, die Kleider, der Himmel. Margarètes Herz setzte aus, während es im Kreis der Umstehenden raunte und murmelte. Sie betastete ihr Gesicht, ihre Maske war heruntergerutscht, hing am Band um ihren Hals. Der König stand reglos, leicht nach vorn gebeugt. Seine Augen hinter der gelb gefederten Maske starrten sie an.

»Wer ist sie?«, hörte Margarète es im Kreis tuscheln.

»Ich habe sie noch nie gesehen«, zischelte es hinter den Masken.

Und noch einmal und laut brausend: »Wer ist sie?«

Alle Masken waren auf Margarète gerichtet, undurchdringlich und unbeweglich. Dahinter brodelte es.

Margarètes Puls raste. Ihr wurde kochend heiß. Sie stützte sich mit den Händen ab und erhob sich. Alle wichen zurück. *Was,* schoss es Margarète durch den Kopf, *soll ich tun?* Der Kreis der Maskierten war geschlossen. Einen Fluchtweg gab es nicht.

»Warum ist sie hier?«, raunte es von hinten.

Der König wandte sich zur Seite in Richtung der Flügeltüren. Atemlos blickten alle in die gleiche Richtung. Beidseits der Türen standen je zwei bewaffnete und gepanzerte Soldaten.

Margarète erstarrte. Was, wenn Heinrich den Befehl gab, sie zu verhaften?

»Entschuldigt.« Margarète hörte ihre Stimme durch den Saal hallen, in einem sehr breiten Bearnesisch, wie es nur Bauern und Hirten sprachen. Das war ein Ausweg, vielleicht der einzige, den es gab. Sie sah in den Kreis, in die bewegungslosen Masken, sah ganz hinten das Vögelchen mit dem schwarzen Schnabel, das Laute spielen konnte. »Ich wollte mal sehen, ob die Leute am Hof wirklich so gut tanzen«, sie dehnte die Silben und ließ ihre Stimme leicht herb und vulgär klingen, »wie der Tanzlehrer behauptet hat, der mir die Schritte beigebracht hat!«

Es flüsterte. Vereinzelt kicherte es. Der König schwieg noch, aber sah Margarète an, nicht mehr die Soldaten.

»Und für welchen Lohn hat er sie dir beigebracht?«, rief es aus einer roten Fratzenmaske.

Margarète blickte verschämt zu Boden, damit die Leute dachten, es wäre gegen Liebesdienste geschehen – die einzige Bezahlung, die sich ein Bauernmädchen leisten konnte.

Heinrich trat einen Schritt auf sie zu. Alle hielten den Atem an. Niemand rührte sich. Margarètes Herz hämmerte so schnell wie noch nie in ihrem Leben.

»Entschuldige du auch!«, rief es plötzlich aus der gelben Maske heraus. »Ich tanze schlechter als ein Bauernmädchen«, gluckste er auf Bearnesisch, »ich habe dich viel zu plötzlich fortgeschleudert.«

Sofort lachten alle Masken, laut hallte es durch den Saal.

»Hast du«, fragte der König, diesmal auf Französisch, »überhaupt verstanden, was ich vorhin verkündet habe?«

Margarète öffnete den Mund, blickte verständnislos und zuckte mit den Schultern, während sie ein Triumphgefühl durchströmte: Sie hatte gewonnen und die erlauchte Gesellschaft hinters Licht geführt. Auf Bearnesisch stammelte sie: »Ich kann kein Französisch.«

Nun gab es kein Halten mehr: Die Masken auf den sich in alle Richtungen biegenden Körpern wandten sich hin und her und auf und ab.

»Hat sie sich hier reingeschummelt!«, rief es.

»Ein Bauernmädchen, das kein Wort Französisch versteht!«

»Und tanzt hier mitten unter uns!«, quietschte es aus einer rosa Maske mit Federhut.

»Und mit dem König!«

»Was für ein dreistes Flittchen«, hauchte es unweit von Margarète. Es war der Mann mit der blauen Maske, ihr erster Tanzpartner.

Margarète spürte Zorn in sich aufsteigen. Dieser Sieg hatte einen hohen Preis.

Heinrich von Navarra verneigte sich vor ihr, clownesk, seine Fingerspitzen berührten den Boden. Die Umstehenden jauchzten und johlten wie Bauern und öffneten Margarète eine Gasse, die zu einem runden Torbogen und nach draußen führte. Margarète nahm sie, bemüht, den Saal gemessenen Schrittes zu verlassen. Rechts und links verbeugten sich alle so tief vor ihr, wie sie nur konnten. Die Übrigen grölten vor Vergnügen. Ein älterer Besucher mit faltigem Hals und faltigen Händen holte aus und klatschte Margarète mit weit ausholender Bewegung laut auf den Hintern. Es brüllte hinter Margarète so schamlos, wie sie es unter einfachen Leuten noch nie gehört hatte. Ihr war danach zu morden, doch sie ging langsam vorwärts. Da packte sie jemand am Handgelenk. Es war der Mann mit der blauen Maske. »Nicht so eilig!«, rief er aus. »Woher hast du das Kleid und die Kette mit dem Smaragdanhänger?« Margarète atmete flach, während der Mensch mit der roten Fratzenmaske ihr den Weg versperrte und einer mit dunkler Harlekinsmaske hinter sie trat.

»Sie ist eine Diebin!«, brüllte es aus der roten Fratzenmaske.

Der Blaumaskierte umfasste Margarètes Handgelenk so fest, dass es sich wie ein Eisen anfühlte.

»Dafür muss sie büßen!«, schallte es von hinten. »Man muss sie einsperren!«

Von den Flügeltüren her hielten die Soldaten auf Margarète zu. Ihr sank der Mut. In ihren Schläfen pulsierte es.

Da hob der König die Hand. Die Soldaten blieben auf halbem Weg stehen.

»Wer so gut tanzt«, ließ der König sich lachend vernehmen, »hat ein schönes Kleid verdient!«

Gelächter ertönte, hier und da erklangen Beifall und Jubelrufe. Ausgelassenheit und sanftmütige Heiterkeit machten sich breit. Margarète atmete auf.

»Wo Heinrich recht hat, hat er recht«, biederte der Ältere, der Margarète auf den Hintern geschlagen hatte, sich dem König an.

Der Blaumaskierte ließ Margarète los und raunte: »Da hast du noch einmal verdammt viel Glück gehabt.«

Die rote Fratze vor ihr wich zur Seite. Mit bebenden Gliedern ging Margarète gemessenen Schrittes und erhobenen Hauptes ins Freie. *Wie knapp das war, unsagbar knapp,* ging es Margarète durch den Kopf, während sie den Innenhof überquerte und sich das schmerzende, gerötete Handgelenk rieb. Außer Sichtweite gab sie ihrem Drang nach, zu rennen, und lief an der Mühle vorbei zum Wachtor und über die Brücke, ohne innezuhalten. Dies war kein Sieg, nagte es in ihr. Dies war ein glückliches Entkommen, mehr nicht. Nur dem König, dem Erzfeind der Liga, hatte sie ihre Freiheit zu verdanken. Sie lief noch schneller. Nie, wurde ihr schmerzlich klar, war sie mehr gedemütigt worden als dort oben, im Saal des Schlosses. An einer Tränke hinter der Brücke nahm sie von einem Knecht ihr Pferd entgegen und gab ihm fünfzehn Vaquetas Trinkgeld. Davon konnte er eine Woche leben. Die gleiche Summe verschwendeten die Adligen dort oben auf dem Schloss in wenigen Minuten. Der Knecht wollte das Geld nicht annehmen, doch Margarète galoppierte in Richtung des Châteaus de Béost davon.

Im Turmzimmer der Burg scharten die Ligisten sich am runden Tisch, auf dem die Karte des Béarn lag, um Margarète. Sie berichtete, dass ein Friedensvertrag geschlossen worden war.

»Diese verfluchten Bourbonen!«, stieß de Durfort hervor. »Gegen das Haus der Guise ist ihnen jedes Mittel recht!«

»Wenn zwei Teufel Frieden schließen, wird der Krieg zum Gebot«, stieß der junge Mönch mit zur Faust geballter Hand hervor.

Margarète tat es gut, den Hass in den Gesichtern der Ligisten zu sehen. Nur die Liga öffnete ihre Burgen, Schlösser und Gemächer und auch ihre Geldbeutel für eine Handwerkertochter.

»Wann und wo wurde der Vertrag geschlossen?«, fragte d'Espalungue.

»Vor vier Tagen in der Burg von Fleix.«

De Vaillac pfiff durch die Zähne. »Das nenne ich schnelles Kundschaften. Wie hast du das herausbekommen?«

Margarète lehnte sich zurück und verschränkte die Arme vor der Brust, während die Männer sie neugierig ansahen.

»Ich habe mit dem König getanzt.«

»Nein!«, rief d'Espalungue aus. »Mit Heinrich von Navarra?«

»Höchstpersönlich.«

Florimond de Vaillac lachte auf. »Ich kenne keine Frau, die so viel Schneid hat.«

De Durfort nickte. »Und ich kenne kaum einen Mann, der mehr hat.«

Margarète lief ein Schauer den Rücken hinunter: Ein solches Lob von einem so verschlossenen Mann wie dem Marquis de Durfort zu bekommen, war wie ein Ritterschlag.

Die Männer setzten sich an den Tisch. Der Burgherr schenkte Wein ein.

»Zum Feiern ist die Nachricht nicht«, sagte d'Espalungue, »gibt es vielleicht noch Weiteres zu berichten?«

Margarète fielen die beiden Männer wieder ein, die hinter ihr das seltsame halblaute Gespräch geführt hatten, als die Musiker zu spielen begannen. Sie legte die Unterarme auf die Tischplatte und rieb die Finger aneinander. »Ich habe gehört, wie zwei Männer darüber sprachen, dass ein Lazarus übermorgen nach Navarrenx reisen wird.«

»Lazarus wurde von unserem Heiland von den Toten auferweckt«, warf der Mönch ein.

Florimond de Vaillac runzelte die Stirn. »Das klingt wie ein Codename. Haben sie noch etwas gesagt?«

»Dass er vollbehängt und steinreich reisen wird und unter schwerer Bewachung.«

De Vaillac und de Durfort sahen einander ratlos an. D'Espalungue setzte sich ebenfalls an den Tisch, zog die Brauen zusammen und bewegte beim Nachdenken leicht die Lippen. »Ich glaube, ich weiß, was das bedeutet.« Seine Züge hellten sich auf. »Das ist eine große Sache, eine richtig große Sache!« Er strahlte Margarète mit geröteten Wangen an. Dann zwirbelte er nachdenklich die Spitzen seines Schnurrbarts. »Vollbehängt und steinreich, das muss es sein. Steinreich ist wahrscheinlich ein Wortspiel«, murmelte er halblaut, »dazu unter Bewachung. Natürlich, das passt auch.«

De Durfort verdrehte die Augen. »Spuckt es schon aus, d'Espalungue.«

»Verzeiht.« Der Burgherr holte Luft und hielt inne. »Es ist nur ein Gerücht, also nicht sicher.«

Die Männer stöhnten auf, Margarète lachte.

D'Espalungue hob die Hände. »Lazarus könnte eine Schatztruhe sein.«

»Eine Schatztruhe?« De Durfort und der Mönch hatten gleichzeitig gesprochen. Margarète bekam eine Gänsehaut.

Mit sachlicher Stimme führte d'Espalungue aus: »Das Schloss von Pau dient seit siebzig Jahren dem König von Navarra und des Béarn als Residenz. Entsprechend befindet sich dort der Familienschatz. Man munkelt von zehn Truhen voller Schmuck, Edelsteine, Kristalle, Statuen, Vasen, Silber und Gold. Die Calvinisten sollen ihnen biblische Namen gegeben haben.«

»Es ist leichter, dass ein Kamel durchs Nadelöhr geht, als dass ein Reicher ins Reich Gottes kommt«, zitierte der Mönch einen Ausspruch Christi.

Margarète lächelte ihn an, zum ersten Mal.

De Vaillac rieb sich die Hände. »Wenn das kein Geschenk zur rechten Zeit ist! Für die Rückeroberung des Béarn können wir Geld für mehr Männer und Waffen gut gebrauchen!«

In Margarètes Körper summte es: Ihre Niederlage verwandelte sich in ihren größten Sieg!

»Wir lassen die Calvinisten ihren eigenen Untergang finanzieren«, frohlockte d'Espalungue, »das nenne ich elegante Kriegsführung!«

De Vaillac rückte die Karte auf dem Tisch zurecht. »Wenn sie wirklich eine Truhe von Pau in ihre Festung von Navarrenx transportieren …«

»Bedeutet das auf jeden Fall», fiel d'Espalungue ihm ins Wort, »dass sie einen Angriff von spanischen Truppen oder auch von Truppen der Liga auf ihr Schloss fürchten.«

»Und ein furchtsamer Gegner ist ein schwacher Gegner«, ergänzte de Vaillac und griff den Faden wieder auf. »Wahrscheinlich nehmen sie diesen Weg hier nach Westen und überqueren an dieser Brücke den Baïse-Fluss.« Er wandte sich an den Burgherrn. »Mit unter zweihundert Mann sollten wir nicht angreifen, da nicht sicher ist, was die Calvinisten unter schwerer Bewachung verstehen. Bekommt Ihr bis übermorgen zweihundert Mann zusammen?«

»Das müsste zu schaffen sein.«

Margarète ballte die Hand zur Faust und unterdrückte ein Jauchzen.

Einzig de Durfort, der erfahrenste Feldherr unter den Männern, stimmte nicht in die allgemeine Begeisterung ein. Nachdenklich rieb er sich über das Kinn und sah in die Runde. »Zweihundert Mann zu mobilisieren, ist kostspielig. Und wenn sich herausstellt, dass Lazarus doch keine Schatztruhe ist, oder wenn der Tross eine unvorhergesehene Route nimmt …«

»Das Risiko ist es hundertmal wert«, konterte Margarète.

De Durfort sah sie eindringlich ein, dann lächelte er. »Die Griechen hatten recht, sich vor den kriegerischen Amazonen zu fürchten.«

* * *

Zwei Tage später klopfte es am späten Nachmittag an die Tür von Margarètes Gemach. Florimond de Vaillac trat ein und hielt ihr eine goldene, mit Rubinen besetzte Spange hin, die gut und gern sechshundert Vaquetas wert war.

»Ein Geschenk für die beste Spionin der Welt«, der Baron trat hinter sie und steckte ihr die Spange ins Haar, »von Lazarus.«

15: LATEIN BIS IN DIE EWIGKEIT

Über eine Woche nach seiner Ankunft in Mortlake hilft Jacob beim Katalogisieren der Bücher in John Dees Bibliothek, bestreitet einen Gedächtniswettbewerb und tanzt – wenn auch nicht so versiert wie Margarète – seinerseits eine Gaillarde. Außerdem erregt ein übergangenes Buch seine Aufmerksamkeit.

Die Morgensonne schien hell auf die Seite des Buchkatalogs. Jacob tauchte die Feder ins Tintenfass. John Dee nahm ein schweres Buch mit abgegriffenen Pergamentseiten aus dem Regal, schlug das Titelblatt auf, diktierte: »Jordani Nemorarii, Arithmetica cum Commento. Pergament, Oktav-Format, Manuskript.« Jacob schrieb. Die schwarzen Buchstaben glänzten im Licht.

Als Nächstes schlug Dee das Titelblatt eines Bandes mit Ziegenledereinband auf. »Wieder eins in arabischer Schrift, das ich nicht zuordnen kann. Schaust du mal hinein?« Jacobs Herz schlug schneller. Er las die Zeichen und sah aus den Augenwinkeln, wie Dee sich auf einen Tisch setzte, die Beine übereinanderschlug und ihm leise lächelnd zusah.

»Ein persisches Buch über Medizin, Doktor, hauptsächlich heilende Tränke, erschienen 1554 in Isfahan.«

Dee schaute auf die Standuhr an der westlichen Wand. »Fünfundvierzig Sekunden, ein neuer Rekord.«

Jacob errötete. »Ich kann das Buch nur lesen. Ihr könnt es verstehen, Doktor.«

Dee legte ihm eine Hand auf die Schulter und holte das nächste Buch aus dem Regal. »Monas Hieroglyphica, Großquart, Antwerpen, 1564.« Dee hielt das dicke Buch mit vergoldeten Bünden im Arm, nannte die bibliografischen Angaben, ohne das Buch aufzuschlagen.

»Welcher Autor, bitte?« Jacob sah auf. Die Themse glänzte in samtigem Blau. Jedes Mal, wenn er hinschaute, wirkte der Fluss etwas anders. Es wäre herrlich, ewig hierzubleiben, in diesem Haus, in dieser Bibliothek, die Themse im Winter zu sehen.

»Ioannis Dee.« Der Gelehrte zwinkerte Jacob zu.

Über zwanzig Schriften von Dee hatte Jacob schon im Katalog festgehalten. Wahrscheinlich gab es in der Bibliothek noch mehr. Sie würden Dee unsterblich machen. Jacob spitzte die Feder mit einem Messer. *Was wird von mir selbst bleiben?*, durchfuhr es ihn. Er war vierunddreißig Jahre alt. Viel Überdauerndes hatte er noch nicht zuwege gebracht, vielleicht die Lösung zur Bellaso-Herausforderung Nummer drei und die Wörter der Engelsgespräche, die Dee notierte und denen er zutraute, dass sie einen Engel herbeirufen oder etwas entstehen lassen könnten. Jacob presste die Lippen zusammen. Doch diese Kraft hatten seine Wörter nicht. Wenn er in Trance war, nahmen die Silben ihn auf eine Reise, er war weit weg, er flog, die Wörter wurden stark und dicht. Doch mehr geschah nicht. Ein Engel erschien ihm nie, obwohl er gegenüber Dee das Gegenteil behauptete und ihm die angeblichen Gottesboten beschrieben hatte. Im Grunde, wurde Jacob bewusst, war er in diesem Haus nichts anderes als ein Betrüger, genauso wie Edward einer gewesen war. Jacob notierte den Titel von Dees Buch etwas größer als die übrigen. Der Hofastronom grinste. *Besser wäre es,* dachte Jacob, *einfach nur Dees Schreiber, Übersetzer und Dolmetscher zu sein. Dann könnte ich lange hierbleiben. Engelsmedium zu sein, ist keine Tätigkeit, die währen wird.*

Als Nächstes stand im Regal ein großes, in mittelbraunes Kalbsleder eingebundenes Buch, Großquart, rund hundertfünfzig Seiten, mit Messingbeschlägen an den Ecken, vier von Blattgoldlinien geschmückte Bünde auf dem Rücken. Jacobs Herzschlag setzte aus. War das etwa das Buch *Soyga,* das Edward beschrieben hatte? Wenn Dee es herausnahm, würde sich zeigen, ob fliegende Kraniche in den Einband graviert waren. Die Hand des Hofastronomen bewegte sich auf den Band zu, zögerte, glitt weiter zum nächsten Buch, nahm es. Verlangsamt lief das Bild noch einmal vor Jacobs Augen ab: Dees Hand auf dem Buchrücken und wie sie abglitt, den danebenstehenden Band ergriff. Jacobs Mund wurde trocken. Wollte Dee ihm das Buch nicht zeigen?

»Sei mir gegrüßt, erlauchter Hofastronom!«, tönte da eine helle Stimme auf Latein durch den Raum. Jacob blickte über die Schulter: Ein schlanker, recht kleiner Mann mit hellbraunen, gewellten Haaren und

Schnauzbart, etwa in Jacobs Alter, ging mit ausgebreiteten Armen auf Dee zu. Er trug ein weites helles Hemd, schwarze Kniehosen und einen blauen Seidenumhang.

»Giordano!«, rief Dee aus.

Jacob hielt den Atem an. War das etwa Giordano Bruno? Dee hatte vor einigen Tagen erzählt, dass er den italienischen Gelehrten erwartete. Bruno besaß vielleicht das beste Gedächtnis in der gesamten gelehrten Welt. Er hatte Schriften zur Schulung des Erinnerungsvermögens veröffentlicht und konnte zweistündige Vorlesungen voller Zahlen und Zitate ohne Skript halten. Erst kürzlich hatte er den französischen König Heinrich III. derart mit seinem Gedächtnis beeindruckt, dass er eine Professur am Collège de Cambrai bekommen hatte. Und jetzt spazierte dieser begnadete Mensch einfach so hier herein. Sämtliche Bibliotheksbesucher schauten von ihren Büchern auf und bestaunten den berühmten Gelehrten.

»Wie war die Überfahrt?«, fragte Dee, umarmte den Italiener, drückte ihn fest an sich. »Ich hoffe, nicht zu stürmisch?« Dee sprach Latein mit dem typischen Singsang der Engländer.

»Ich bin auf einem französischen Schiff voller Ritzen gefahren. Wasser strömte ständig in seinen Bauch und musste ausgepumpt werden.« Brunos Latein klang elegant und geschmeidig, er untermalte es mit großen Gesten. »Erst wollten die Matrosen uns weismachen, die Flüssigkeit käme aus Bierfässern, die umgefallen und ausgelaufen wären. Wir sind mehrere Stunden später als vorgesehen in Dover angekommen.« Seine Worte glitzerten in tiefem Weinrot. Jacob lief ein Schauer den Rücken hinunter: Nie hatte er ein schöneres Latein gehört oder gesehen.

Bruno wandte sich dem Erdglobus zu, der unweit des Tisches stand, an dem Jacob saß. Der Italiener drehte die Weltkugel, Dee verfolgte die Bewegungen seiner Hände.

»Wunderschön«, sagte Bruno, »ein sehr detaillierter Globus. Von Gerhard Mercator, nicht wahr?« Jacob ließ die lateinischen Silben durch sich hindurchströmen, sein ganzer Körper hungerte nach ihnen, wollte mehr.

Dee nickte. »Einer meiner besten Lehrmeister.«

Bruno drehte den Globus schneller, sodass er quietschte. »Die Sphärenmusik ist etwas verstimmt.«

Mehrere Bibliotheksbesucher lächelten.

Der Italiener beugte sich mit seiner langen schmalen Nase über den Globus. »Unglaublich, dass Menschen das heute können, ich meine damit, die ganze Welt auf einen kleinen Globus zu bannen. Hier, die Terra Australis ganz im Süden. Wie es da wohl aussieht?« Jacob schwindelte, er spürte, wie die Worte tief in ihn eindrangen. Unvermittelt tauchten Bilder vor seinen Augen auf. Er sah einen Kaufmann in einem roten Seidenmantel in die Schusterwerkstatt in Leipzig kommen, hörte den Mann mit schwedischem Akzent Latein sprechen, sah die verlegenen Gesichter seines Vaters, seiner Brüder, der Gesellen, hörte sein eigenes helles Latein, er war noch ein Knirps, zwölf Jahre alt, schaute zu dem Kaufmann auf, der sein Latein lobte, einen bestickten Lederstiefel hervorholte und Jacob erklärte, was er wollte. Jacob übersetzte, sein Vater hörte ihm zu, seine Brüder hörten ihm zu, die Gesellen hörten ihm zu, der Kaufmann zahlte den überhöhten Preis, den Jacob auf Latein verlangte, lachte dabei. Der Vater, die Brüder und die Lehrlinge schauten Jacob an, als sähen sie ihn zum ersten Mal, als begriffen sie, was in ihm steckte. In Jacobs Körper summte es, während die Bilder sich auflösten.

Der Italiener betrachtete das Indische Meer. »Hier, eine Insel mit Anthropophagi, Menschenfressern. Da wüsste ich ein paar Leute, die ich dort gern hinschicken würde. Im Grunde keine schlechte Sitte.« *Brunos Latein ist besser als mein eigenes,* dachte Jacob. *Oder reiche ich vielleicht ganz knapp heran?*

»Menschen aufzufressen ist jedenfalls barmherziger, als sie zu foltern«, warf Dee ein, »oder sie bei lebendigem Leib zu vierteilen oder auf dem Scheiterhaufen zu verbrennen.«

Bruno trat zurück, besah den Globus von Weitem. »Und Mercator glaubt wirklich, dass das die einzige Welt ist?« Er schüttelte den Kopf. »Dass Gott in all seiner Macht nur dieses eine Kügelchen geschaffen hat?«

Dee blickte zu den Bibliotheksbesuchern, die den Italiener halb staunend, halb misstrauisch beäugten, und bedeutete Bruno mit beiden Händen, leiser zu sprechen.

»Er hat mehr geschaffen, unendlich viele Welten.« Der Italiener dämpfte seine Stimme nicht um ein Jota. »In einem unendlich großen Raum, der immer da war und immer da sein wird.«

Jacob blieb die Luft weg. Das war das Ketzerischste, was er je gehört hatte. Ein unendliches, materielles Universum ließ keinen Raum für das Jenseits, für die Schöpfung, für das Jüngste Gericht. Ein Oxfordstudent mit dunklem Lockenkopf, der an einem Tisch am Westfenster saß, stieß seinen beleibten Kommilitonen an. Ein Mathematikprofessor von der Pariser Sorbonne betrachtete Bruno finster. Mit bebenden Lippen im von Falten und Runzeln zerfurchten Gesicht fixierte ein greiser Geografiedozent aus der flämischen Stadt Löwen den Italiener. Dee spähte von einem Leser zum nächsten, die Blicke aller Bibliotheksbesucher senkten sich daraufhin auf die Bücher.

Bruno trat einige Schritte auf Jacob zu und schaute ihn angriffslustig an.

»Dein Schreiber ist ganz bleich vor Schreck«, spottete er, »wahrscheinlich ist ihm schon diese eine Welt zu viel.«

»Das ist Jacob Greve und er ist nicht mein Schreiber«, warf Dee ein und schmunzelte. »Wenn du willst, wetteifere mit ihm, wer das bessere Gedächtnis hat.« Flüsternd fuhr er fort: »Er könnte sich unendlich viele Wörter unendlich vieler Sprachen auf deinen unendlich vielen Planeten merken.«

Jacob konnte es nicht fassen: Dee hatte ihn gerade gegen einen großen Gelehrten in Schutz genommen.

Bruno legte den Kopf schräg. »Ah ja?« Seine Augen blitzten auf. »Warum nicht? Es ist nicht schwierig, unbesiegbar zu sein, wenn man sich nie auf einen Wettstreit einlässt.« Das war ein Zitat von Epiktet, wusste Jacob.

Dee klatschte in die Hände, rief in den Saal: »Dann lasst uns den Wettstreit hören!« Die anderen Bibliotheksbesucher horchten auf. Jacob umklammerte die Schreibfeder.

»Welches System benutzt Ihr?«, fragte Bruno in sachlichem Ton, schob das spitze Kinn vor.

»System?« Jacob wurde heiß.

Die mandelförmigen Augen des Italieners schienen jeden Zoll von Jacobs Körper zu mustern. »Ich benutze eine Kombination aus mythologischen Figuren und Buchstaben«, erläuterte Bruno, »außerdem konzentrische Kreise und Symbole, sodass ich die einzelnen Elemente gegeneinander verschieben und immer neu miteinander kombinieren kann.«

Jacob begriff nicht. Er kannte nur die Loci-Methode, die schon die Römer verwendet hatten: Dabei wurden einzelne Sätze oder Sinnabschnitte bestimmten Orten zugewiesen, die man im Geiste wieder abging, um sich besser an die jeweiligen Textpassagen erinnern zu können. Aber selbst diese Methode hatte er nie benutzt, um sich Wörter oder Texte einzuprägen.

Mit wallender Robe ging Dee unter den aufmerksamen Blicken der Leser quer durch den Saal geradewegs auf ein Regal am Ostfenster zu, zog ohne Zögern einen schmalen Band vom zweitobersten Brett. »Plinius' *Dankrede auf Kaiser Traian!*«, rief er aus und kam zurück.

»Wie du hier die Bücher findest, John, wird mir für immer ein Rätsel bleiben«, lachte Bruno.

»Danke«, Dees Wangen röteten sich, »aber dafür braucht man nur einen Bruchteil deines Gedächtnisses.« Er schlug das Buch auf. »Ich nehme an, den Plinius lernt man nicht nur an Englands Schulen, sondern auch in Italien und Sachsen auswendig?«

Bruno zuckte mit den Achseln, nickte. Dee sah Jacob fragend an.

»Ja, aber …«

»Gut.« Dee legte das Buch neben Jacob auf den Tisch, rückte einen Stuhl für Bruno zurecht. »Zehn Minuten zum Erinnern und Einlesen?«

Bruno saß schon mit seinen schmalen Gliedern neben Jacob, überflog die erste Seite. Jacob schlug das Herz im Hals, während er den Anfang von Plinius' Rede las. Wollte Dee ihn testen? Würde er ihm das Buch *Soyga* zeigen, wenn er gegen Bruno bestand? Aber er hatte keine Chance gegen den Italiener. Der blätterte schon um. Jacob straffte sich. Er musste sich konzentrieren.

Non enim occulta potestate fatorum, las Jacob auf der zweiten Seite, er erinnerte sich an das Farbmuster des Textes, das neben dem weinroten

Grundton viel Blau und Violett enthielt. In der Ausgabe von Pforta, mit den vergilbten Außenkanten, war im Wort *fatorum* ein Wurmstich gewesen ... *Equidem non consuli modo, sed omnibus civibus enitendum* ... Er hörte die Worte genauso heiser, wie er sie damals als Fünfzehnjähriger im Stimmbruch gesprochen hatte, als er die Rede am Mühlenteich von Pforta auswendig gelernt hatte. Bruno blätterte schon wieder um. Immer war er schneller als Jacob am Ende einer Seite. Die letzten Zeilen konnte Jacob jedes Mal nur gerade noch so erhaschen.

»Zehn Minuten sind um.« Dee nahm den Plinius vom Tisch. Jacobs Puls flatterte.

Die Bibliotheksbesucher – die zwei Oxfordstudenten, der Mathematikprofessor aus Paris sowie der gebrechliche Geografiedozent aus Löwen, in dessen zerfurchtem Gesicht hellblaue Augen strahlten – hatten sich Stühle herangerückt, blickten so erwartungsvoll wie Zuschauer vor einem Ritterspiel.

»Immer abwechselnd jeder einen Vers?«, fragte Dee, das aufgeschlagene Buch in der Hand. »Wer fängt an?«

»Bene ac sapienter, patres conscripti, maiores«, rezitierte Bruno die erste Zeile, etwas gelangweilt, die Beine übereinandergeschlagen, die Arme im Nacken verschränkt – ein versierter Könner, der gegen einen Anfänger antrat. Dee las mit, nickte.

»Instituerunt, ut rerum agendarum, ita dicendi initium«, sagte Jacob. Die Wörter raspelten aus seiner trockenen Kehle, sein Latein sah im Vergleich zu dem Brunos matt aus.

Schon sprach der Italiener den nächsten Vers, ohne das geringste Zögern, den Blick zur Holzdecke gewandt. Wahrscheinlich sah er auf den Balken dort oben seine mythologischen Figuren und Symbole kreisen, mittels derer er sich erinnerte. Jacob setzte wieder ein, seine Stimme wurde etwas fester. Bruno kam wieder an die Reihe, er war sicher wie ein Fels, niemals würde er ins Wanken geraten, so viel war klar. Die Wörter kamen von Bruno zu Jacob, gingen zurück, hin und her, wie Wellen. Bruno war unglaublich schnell, zog Jacob mit, es war wie ein Sog. Sie fanden einen gemeinsamen Rhythmus, behielten ihn bei, Jacob klopfte ihn mit dem Fuß, was ihm half; ihre Silben verschmolzen, weinrot glitzernd, tanzten auf der Themse draußen, blitzten auf, sangen auf dem Wasser, schlugen Räder zusammen, stürmten gen Himmel, Lachen war zu hören, lauter, noch lauter, die Augen der Zuhörer glänzten, Beifall ertönte, Bruno stand auf, verneigte sich. Die Silben über der Themse verblassten, verschwanden. Hatte der Italiener gewonnen? Jacobs Glieder erschlafften. John Dee, die Oxfordstudenten, der Mathematikprofessor und der alte Geografiedozent jubelten Bruno zu. Dee gratulierte dem Italiener, umarmte ihn. Jacob sah auf die Spitzen seiner Schuhe. Hatte er einen Satz ausgelassen? Oder ein Wort?

»Danke«, rief Dee, applaudierte wieder mit den anderen, schaute zu Jacob hinüber, »wir wollen heute noch abendessen!« Die Zuhörer strahlten jetzt auch Jacob an.

»Und ich«, krächzte der Löwener Greis, »will in Ruhe sterben, ohne Plinius im Ohr.«

Dee beugte sich zu Jacob hinunter, flüsterte: »Ich wusste, dass du ihm ebenbürtig bist.« Dee zog ihn hoch, Jacob verbeugte sich in den Jubel hinein. *Möge Gott die Zeit anhalten, jetzt,* ging es ihm durch den Sinn, als er sich ein zweites Mal in den Beifall verbeugte, *mein Leben kann nicht mehr besser werden.*

Bruno gratulierte ihm mit feuchter Hand und gesenktem Blick.

»Gehen wir ein wenig an der Themse spazieren?«, wandte Dee sich an den Italiener, legte den Plinius auf den Tisch zurück. »Der Fluss ist das Beste, was diese Gegend zu bieten hat.«

Die beiden Männer gingen zur Tür. »Ich weiß nicht, ob du diesem Deutschen trauen kannst, John«, raunte Bruno, »ein solches Gedächtnis lässt sich kaum ohne ein ausgefeiltes System erreichen. Er könnte schwarze Magie benutzen oder seine wahre Identität verheimlichen.«

Jacob erstarrte, wandte sich dann ruckartig dem Plinius zu, öffnete das Buch, als würde er darin lesen, beobachtete jedoch die beiden Gelehrten aus den Augenwinkeln.

»Ach, Giordano«, erwiderte Dee belustigt und tadelnd zugleich, die Hand an der Tür, »wir wissen beide nur zu gut, wie leicht man für einen Erzzauberer gehalten wird.« Er stieß Bruno freundschaftlich an. »Es war wunderbar, euch zuzuhören. So was erlebt man nur einmal.«

Jacobs Herz machte einen Sprung. Dee hatte ihm einen Freundschaftsdienst erwiesen. Zum zweiten Mal.

»Aber wer ist er denn?«, hakte Bruno nach, während Dee ihm die Tür aufhielt. »Wie kommt es, dass ihn keiner kennt?«

»Er hat jahrelang an einer Schule irgendwo in der sächsischen Provinz unterrichtet.«

Bruno merkte auf, hielt auf dem Weg ins Freie inne. »Ein falscher Ort und falsche Menschen: Darüber kann ein Leben unerfüllt dahingehen, keine Frage.« Hinter ihm fiel die Tür ins Schloss.

Jacob atmete mehrmals tief ein und aus, blätterte zur ersten Seite der Plinius-Rede. Während des Wettstreits mit dem Italiener war er in eine Art Trance gefallen. Noch nie war er mit einem anderen Menschen so im Einklang gewesen wie eben mit Bruno. Jacobs Glieder waren immer noch zum Bersten gespannt. Er musste sich die Beine vertreten. Jacob erhob sich, ging ziellos umher. Sein Blick fiel auf das Buch mit den Messingbeschlägen, er hielt darauf zu. Sein Herz schlug schneller. Er brauchte nur die Hand danach auszustrecken. Jacob blickte sich um. Der Mathematikprofessor von der Sorbonne beobachtete ihn neugierig. Jacob entfernte sich von dem Buch und begab sich in einen kleinen Lesesaal am Ende der *Externa Bibliotheca*, lief dort zu einem Regal, merkte auf. Am einzigen Tisch des kleinen Raumes saß ein junger Mann mit Kapuzenumhang. Der pockennarbige Mensch brütete über einem Kryptologiebuch mit langen Reihen zusammengewürfelter Buchstaben, hatte drei Zettel neben sich liegen, blickte zwischen dem Buch, einem Lösungsschlüssel, einem Schlüsselsatz und einem Klartext von bisher einer halben Seite hin und her und bemerkte Jacob nicht, so sehr war er in seine Arbeit vertieft. Er hatte eigentlich ein sehr ebenmäßiges Gesicht, sähe gut aus, wenn die Pockennarben nicht wären. Während Jacob zu einem Regal schräg hinter dem Mann ging, wo ein in helles Ziegenleder eingebundenes Äthiopisch-Wörterbuch stand, blickte er dem Menschen über die Schulter. *Herausforderung Nummer sechs* stand auf Italienisch oben auf der Buchseite. Jacobs Puls beschleunigte sich: Der Mann arbeitete über *Il vero modo di scrivere in cifra* von Bellaso. Und es sah ganz so aus, als würde er die Herausforderung Nummer sechs knacken! Danach würde er, Jacob, nicht mehr der Einzige sein, der eine Bellaso-Herausforderung gelöst hatte. Und dieser Mann war mindestens ein Jahrsiebt jünger als er selbst. *Ob er von der Beloh-*

nung bei Plantijn weiß, fragte sich Jacob. Aber wahrscheinlich gab es in London auch irgendwo ein Preisgeld. Jacob nahm das Äthiopisch-Wörterbuch heraus, schlug es auf, tat, als würde er darin lesen. Der Mann bemerkte ihn noch immer nicht, schrieb und schrieb in gestochener Schrift. Sein Blick wanderte in regelmäßigem Rhythmus vom Buch zum Schlüsselsatz, zum Lösungsschlüssel, zum Klartext. *Die Bibliothek um ihn herum könnte einstürzen,* dachte Jacob, *ohne dass es ihm auffallen würde.* Genauso musste er, Jacob, auf den Gehilfen in Plantijns Buchhandlung gewirkt haben, während er am Rätsel gearbeitet hatte.

Jacob riss sich von dem Anblick los, verließ den Raum. Zurück an seinem Platz im Bibliothekssaal, studierte Jacob das äthiopische Alphabet auf den ersten Seiten des Wörterbuchs, das jetzt sehr nützlich werden könnte, da es möglicherweise im Buch *Soyga* vorkam. Nun, da er gegen Bruno bestanden hatte, musste Dee ihm das Buch zeigen. Jacob versuchte, sich die Buchstaben einzuprägen, die nur sehr entfernt an das Hebräische erinnerten, las erste Wörter. Äthiopisch schien eine schöne, harmonische Sprache zu sein.

Als Dee und Bruno zurückkamen, ging der Italiener an Jacob vorbei, ohne ihn anzuschauen, setzte sich in die hintere Ecke der Bibliothek, schrieb in ein Notizbuch. Das Unentschieden gegen einen kleinen sächsischen Provinzlehrer konnte der Gedächtniskünstler offenbar nur schwer verdauen. Jacob seufzte. Brunos und seine Worte hatten zusammen über der glitzernden Themse Räder geschlagen. Er und der Italiener könnten einen Kugelmenschen bilden, ganz im Sinne Platons, aber Bruno sah das offenbar anders.

»Machen wir weiter, Jacob?« Dee kam auf ihn zu. Jacob legte hastig das Äthiopisch-Wörterbuch zur Seite, ergriff die Feder. Der Hofastronom ging an das Regal, wo das Buch mit den Messingbeschlägen und den vergoldeten Bünden stand. Jacob fixierte das Buch, seine Glieder spannten sich. Nein, Dee griff erneut nach dem Band daneben. Jacob senkte den Kopf. Seine Kiefer malmten aufeinander. Eine tiefe Enttäuschung breitete sich in ihm aus.

»Thoinot Arbeau, Orchésographie, Langres, 1581«, diktierte Dee,

»ein wunderbares Tanzbuch.« Jacob seufzte, setzte die Feder an. *Der Wettstreit gegen Bruno ist keine Prüfung gewesen,* durchfuhr ihn die Erkenntnis. *Dee hat mich nur vorgeführt wie einen Zirkusaffen.*

»Hier ist eine Gaillarde und noch eine sehr heitere dazu.« Der Gelehrte blickte strahlend auf eine Seite, begann, die Noten zu summen. »Die Noten sind vertikal gesetzt und die Tanzschritte stehen direkt daneben, sehr praktisch.« Jacobs Körper versteifte sich, er schrieb den Titel in den Katalog, buchstabierte das Wort *Orchésographie* ohne das erste *h* und mit *f* statt mit *ph,* notierte ein falsches Jahr.

»Schließlich ist Frühsommer und zum Frühsommer passt eine Gaillarde«, frohlockte Dee. Er vollführte die Tanzschritte unweit des Quadranten, das aufgeschlagene Buch in der Hand, immerzu die vorgegebene Melodie summend. Die Bibliotheksgäste schauten auf und lächelten. Die zwei Studenten aus Oxford kamen heran, leise und respektvoll, der Lockenkopf fing an, die Melodie zu singen. Sein Kommilitone improvisierte eine zweite Stimme dazu. Der greise flämische Geograf schlug mit einer Hand den Takt auf der Tischplatte. Der Hofastronom legte seine Robe ab. Darunter trug er Hemd, Wams und Kniehosen. Er war sehr schlank. Dee übergab den Sängern das Buch, hob die Arme, hielt den Oberkörper kerzengerade, bewegte Beine und Füße locker und geschmeidig genau im Takt des Gesangs. *Er ist ein Höfling,* dachte Jacob mürrisch, *und bei Hofe muss man tanzen können.* Genau im Rhythmus der Melodie kreuzte Dee die Füße, schritt vor und zurück, drehte sich, vermied geschickt Bücherregale und Tische, begann erneut.

Jacob fixierte das Buch: westliche Wand, links vom zweiten Fenster, drittes Brett von oben. Der Professor aus Paris erhob sich, schaute auf die spitz zulaufenden Schuhe Dees, ahmte in seiner Robe dann kichernd mit konzentrierter Miene die Tanzschritte nach und klatschte mit seiner Handfläche gegen die von Dee.

»Jacob, tanz mit!«, rief Dee und lachte ihn mit geröteten Wangen an. Jacob schüttelte den Kopf, lächelte entschuldigend, zog die Füße unter den Stuhl. Dee wollte, dass er tanzte, aber nicht, dass er das Buch *Soyga* las. Nichts konnte er schlechter als tanzen und nichts besser als lesen und decodieren. Wenn er tanzte, fühlte er sich verkehrter als bei irgendeiner anderen Tätigkeit: Als wäre das Tanzen genau das Gegenteil von dem, was er auf dieser Welt tun sollte. Warum gab Dee ihm nicht die Möglichkeit, zu tun, wozu er befähigt war, sondern forderte ihn auf, zu tun, was er niemals können würde? Bitterkeit erfasste Jacob. *Da hätte ich auch genauso gut in Pforta bleiben können.*

»Du weißt, was Augustinus gesagt hat?«, rief Dee während einer Drehung aus.

»Oh, Mensch, lerne tanzen«, rief Bruno, sprang auf, »sonst wissen die Engel im Himmel nichts mit dir anzufangen!« Er schleuderte seinen blauen Seidenumhang fort, stellte sich neben Dee und vollführte die Schritte mühelos, als hätte er sein Leben lang nichts anderes getan. Dee winkte Jacob mit aufforderndem Kopfnicken heran. Jacob ergriff die Feder, schaute auf den Katalog. In Pforta hatten sie höchstens mal einen *Branle* getanzt oder eine Pavane, aber immer schlecht, von Gaillarden ganz zu schweigen.

Im Vorbeischwingen packte der französische Mathematikprofessor Jacob am Handgelenk. Der Griff war zu fest, Jacob kam auf die Füße, stolperte umher, erwartete höhnisches Gelächter, doch hörte nur Gesang, Rhythmus und die Absätze auf den Holzplanken. Der Professor ließ ihn los, Jacobs Füße machten weiter. Die Singstimmen der beiden Studenten wurden lauter, drangen in Jacobs Muskeln und Sehnen. Er ahmte nach, so gut es ging. Bruno lächelte ihm zu, musste ihm das Unentschieden zwischen zwei Sprüngen verziehen haben, wohl, weil er dem Italiener im Tanzen meilenweit unterlegen war. Jacob geriet aus dem Takt, fing sich, die Bücher kreisten um ihn herum, schienen all ihre Buchstaben aus den Seiten in den Gesang und den Tanz hineinzuschütten. Jacobs Füße sprangen, kreuzten sich, und nach einer Drehung fand er sich direkt vor braunen strahlenden Augen wieder, John Dees Augen.

Die Sänger stimmten ein schnelles Lied im Dreivierteltakt an, offenbar ein englisches Volkslied, es war hell und fröhlich, passte zu diesem Junitag. Jacob spürte seine Füße nicht mehr, hörte nur noch die Stimmen in seinem Kopf, seine Hände waren in Dees, er drehte sich mit ihm, immer wieder, die Bücher lösten sich im Sonnenlicht auf, vor ihm kreiste Dees Gesicht, schneller und schneller, das Lachen, das Jacob hörte, kam aus seinem eigenen Mund, oder kam es von Dee?

Das Lied war zu Ende. »Mit dir kann man fliegen.« Dee strich ihm sanft über die Wange, drückte ihn fest an sich. Jacob kribbelte es im Nacken.

Alle klatschten, nach Luft japsend, den Sängern zu. Taumelnd ging Jacob an den Tisch, rückte den Katalog zurecht. Dee führte Bruno heran.

»Fast tausend Bücher sind schon katalogisiert«, sagte Dee, kaum außer Atem.

Giordano beugte sich über den Katalog. »Oh, du hast gleich zwei Agrippas. Ich habe den guten Freund schon eine Weile nicht mehr konsultiert; die elende Reiserei.«

Dee eilte zu einem Regal am Südfenster, nahm die *Occulta Philosophia* heraus, deren zweites Exemplar in der *Interna Bibliotheca* stand. Bruno öffnete das Buch, versank eine Weile darin, blätterte vor, schnalzte mit der Zunge, las eine Passage und schüttelte den Kopf. »Agrippa hat nicht zu Ende gedacht«, sagte der Italiener, »er hat verstanden, dass alles im Universum eine Inkarnation, eine Fleischwerdung Gottes ist, aber nicht, dass das bedeutet, dass es zwangsläufig, weil Gott unendlich ist, auch unendlich viele …«

Die Bibliotheksbesucher horchten auf, der Mathematikprofessor mit starrem Oberkörper. Dee fasste den Italiener am Ärmel, zischte: »Bitte sei vorsichtig, Giordano, auch auf dieser Insel und auch unter Elisabeth werden Menschen, die allzu laut in eine unliebsame Richtung denken, verhaftet und verbrannt.«

»Wirklich?« Bruno legte erstaunt die Hand vor den Mund. »Und das bei eurem Dauerregen?«

Dee lachte auf.

»Viele Menschen sind zu beschränkt, um die Unendlichkeit zu denken«, sagte der Italiener, blickte unverhohlen auf die Bibliotheksbesucher, »aber wenn man die Vorstellung ernst nimmt, gibt es irgendwo im Weltall zwei Menschen, die genauso aussehen wie du und ich und die das gleiche Gespräch in der gleichen Umgebung führen und wo der, der mir ähnelt, gerade ziemlich dumm angeglotzt wird.«

Die Gelehrten wandten sich abrupt ab.

»Giordano, bitte!« Dee sah den Italiener beschwörend an.

Indes gab Jacob seinem Drang nach und schaute zu dem übersprungenen Buch mit den Messingbeschlägen und den vergoldeten Bünden. Dee folgte seinem Blick, ging zum Regal, nahm den Band heraus. In den Deckel waren fliegende Kraniche eingraviert: Es war wirklich das Buch *Soyga!* Jacob hielt den Atem an. Dee musste ihm jetzt das Buch zeigen, nach dem gemeinsamen Tanz, bei dem sie zusammen geflogen waren wie die Kraniche auf dem Buchdeckel.

Der Gelehrte drehte ihm den Rücken zu, schlug den Band auf und winkte Bruno heran.

»Das Buch *Soyga*«, hauchte der Italiener, »das besitzt du? Meine Güte.«

Dee legte den Finger auf die Lippen. »Mein Diener muss vergessen haben, es in die *Interna Bibliotheca* zurückzubringen, nachdem ich es hier einem Schweizer Kryptologen zum Lesen gegeben hatte.« Dicht nebeneinander gingen der Hofastronom und sein hoher Gast, über das Buch gebeugt, hinaus in den Gang, der zur *Interna Bibliotheca* führte. Ihre Schritte verhallten.

16: LINGUA AVIUM

Jacob stört das Nachtleben der Bücher, sucht Zuflucht unter einem Tisch und gerät in zu engen Körperkontakt mit einer unerwarteten Person.

Ein Talglicht in der Hand, schlich Jacob die dunkle Wendeltreppe hinunter. Obwohl er nur Strümpfe trug, knarzten die Stufen. Von der Marienkirche im Süden schlug es zwei Uhr. Er sah über seine Schulter zurück. Es bestand immer die Möglichkeit, dass einer der Gelehrten von auswärts, die bei Dee übernachteten, nicht schlafen konnte und im Haus oder in der Bibliothek umherging. Gleiches galt zudem besonders für Jane Dee, die einen leichten Schlaf hatte und gern überall nach dem Rechten sah. John Dee hingegen schlief wie ein Uhrwerk jede Nacht von halb zwölf bis halb sieben.

Jacob schlich ins Empfangszimmer, wo fahles Mondlicht den runden Tisch, die Stühle und die Landkarte erhellte. Am Fuß der Treppe zum Schlafzimmer der Dees befand sich der Kleiderständer. Der Umhang des Hofastronomen hing noch genauso da wie am Abend. Jacob blickte um sich, griff mit zitternden Knien in dessen rechte Tasche. Ja, da war der Schlüsselbund. Jacob nahm ihn, lief in die *Externa Bibliotheca,* um von dort in die *Interna Bibliotheca* zu gelangen. In der Stille und Dunkelheit wirkten die Bücher, als wollten sie ihre Geheimnisse niemals preisgeben, als führten sie nachts ein eigenes Leben, das die Menschen nichts anging. Jacob erreichte den Quadranten. Hier hatten sie getanzt. Wirbelnde Arme und Beine in hellem Licht flackerten vor seinem inneren Auge auf, er hörte den Gesang der Studenten, das Klacken von Absätzen auf den Holzplanken, spürte den Schwindel und Dees Hände, die ihn im Kreis drehten.

An der Standuhr vorbei eilte Jacob in den schmalen Korridor, der zur *Interna Bibliotheca* führte. Auf Zehenspitzen näherte er sich mit angehaltenem Atem der Tür. Die elenden Bodenplanken knarrten. Mit klopfendem Herzen probierte er die Schlüssel durch. Endlich öffnete sich die äußere Tür, dann die innere. Das Talglicht in Jacobs Hand zitterte. Er schloss die Doppeltüren, ging an den Bücherregalen entlang. In einem stand ein Buch mit silbernen Messingbeschlägen, doch es war kleiner als das Buch *Soyga*. Jacob öffnete das Vorhängeschloss am Eichenschrank. Ihm blieb die Luft weg: Hier lagerten uralte Pergamenthandschriften, mit Perlen und Edelsteinen verzierte Einbände, die glitzerten wie unentdeckte Schätze. Hier musste das Buch sein. Er spähte ins oberste Schrankregal: Dort standen vor allem kleine dicke Bücher, dicht an dicht. Im zweitoberen Regal lagen große Folianten, wahrscheinlich Landkarten. Im dritten befanden sich teure Bände, mit Edelsteinen besetzte Bibeln, zahlreiche uneingebundene Werke: vielleicht die katholischen Streitschriften oder die Abhandlungen von Ketzern, über die John Dee mit seiner Frau gesprochen hatte? Im vierten Regal stand ein breiter Band mit abgewetztem Einband leicht vor. Jacob rückte ihn zur Seite. Dahinter lehnte ein Buch in hellbraunem Kalbsleder mit Messingbeschlägen und vergoldeten Bünden, auf dem Einband Kraniche. Ein Ruck ging durch Jacobs Körper. Er hatte es! Mit zitternden Händen ergriff er das Buch. Das Leder war weich, die Papierseiten waren etwas dicker als gewöhnlich. Das Buch entließ Luft und gab ein wenig nach, als Jacob es an sich drückte.

Er hielt inne, lauschte auf den Flur hinaus, legte das Buch behutsam auf John Dees Arbeitstisch, setzte sich auf den Stuhl, atmete tief, schlug auf den Rand des schweren Einbands. Die Haken lösten sich aus den Ösen, das Buch sprang auf. *Aldaraia sive Soyga vocor* stand auf dem Titelblatt – *Aldaraia* oder *Soyga* genannt, übersetzte Jacob, murmelte die Worte. Sie flossen ihm durch den Körper wie ein Lockruf. Ein Autorenname fand sich nicht, auch kein Erscheinungsdatum oder Erscheinungsort. Er blätterte um. Das Buch war handgeschrieben. Auf den ersten Seiten gab es viele astrologische Zeichnungen, manche prachtvoll, in glitzernden roten, grünen und blauen Farben. Dann folgten Beschwörungsformeln und Listen von Engeln, Luft-, Erd-, Feuer- und Wassergeistern. Über, neben oder unter den Formeln und Listen standen zahlreiche Wörter, die, wie in vielen magischen Büchern, rückwärts zu lesen waren: *Supal* stand für *Lapus*, der Stein; *Retap retson* für *Pater noster*.

Jacob blätterte zum hinteren Teil. Hier fanden sich Quadrate mit Buchstaben in verschiedensten Schriften, darunter Hebräisch, Koptisch und Äthiopisch. An den breiten Rändern standen überall Notizen von Dee, in seiner schönen, italischen Schrift. Auch Berechnungen hatte der Hofastronom angestellt: offenbar alles Versuche, die Quadrate über das kabbalistische Gematrie-Verfahren zu entschlüsseln, bei dem Buchstaben verschiedene Zahlenwerte zugeordnet wurden. Allem Anschein nach waren sie fruchtlos geblieben. So gut wie alle Buchstabenquadrate hatte Dee mit Randnotizen versehen. Er musste viele Wochen über diesen Rätseln zugebracht haben, ohne zu einem Ergebnis gekommen zu sein. Auch Bruno dürfte ihn gestern nicht weitergebracht haben. Der hatte zwar ein grandioses Gedächtnis, ein herausragendes Latein und verquere Ideen, aber eine Bellaso-Herausforderung hatte er nicht gelöst. Warum nur wollte Dee nicht auf seine, Jacobs, Fähigkeiten setzen? Jacob seufzte. Stattdessen hatte er mit ihm tanzen wollen, sich mit ihm gedreht, ihn umarmt und ihm geradezu zärtlich über die Wange gestrichen. Zuvor hatte der Hofastronom ihn des Öfteren mit einem versonnenen Lächeln betrachtet. *Wer oder was,* ging es Jacob durch den Sinn, *bin ich für John Dee?*

Jacob spürte, wie ihm Schweiß die Rippen hinablief. Die Quadrate fingen genau auf der Seite hundert an. Jedes Quadrat nahm eine Doppelseite ein. Jacob hielt beim Quadrat auf den Seiten hundertzehn und hundertelf inne, das ein vergleichsweise klares Farbmuster ergab. Es wies äthiopische, griechische und hebräische Buchstaben auf. Er holte sein Notizbuch hervor, nahm Dees Feder, tunkte sie ins Fass. Es war jene Feder, mit der Dee die Engelsgespräche notierte und die ihm immer einen Schritt vorauszueilen schien. Jacob spürte das seltsame Bedürfnis, sich die fremde Feder gewogen zu machen, strich über den Kiel und überflog die Buchstaben. Keiner kam auffallend häufig vor, oft wiederholte sich allerdings einer mehrmals in einer Reihe. Jacob beugte sich tiefer über die Seite, tauschte nach dem kabbalistischen Temura-Verfahren ein *y* durch ein *b* aus, ein *x* durch ein *c*, las diagonal und rückwärts, übersprang jeden zweiten und jeden dritten Buchstaben, las nur die äthiopischen Zeichen, gab ihnen Zahlenwerte nach dem Gematrie-Verfahren, doch es kam nichts dabei heraus. Jacob fuhr zusammen, es raschelte von der Tür her. Er erstarrte, sah eine Maus unter dem Fenster entlanglaufen. Himmel noch mal.

Jacob ließ den Blick erneut über die Felder des zehnten Quadrates schweifen, schüttelte den Kopf. Dies war schwierig, schwieriger als das Bellaso-Rätsel. Mit dem Finger fuhr er an den dicken schwarzen Tintenstrichen entlang, die das Buchstabengitter bildeten: sechsunddreißig Felder waagerecht, sechsunddreißig senkrecht. Er blätterte vor: insgesamt sechsunddreißig Quadrate. Sechsunddreißig Quadrate mit sechsunddreißig mal sechsunddreißig Feldern waren es insgesamt. Sechs mal sechs, überlegte Jacob. In seinen Schläfen pochte es. Die Sechs war eine magische Zahl. *Die magische Zahl schlechthin,* hatte sein Hebräisch-Professor an der Universität Leipzig immer betont. Es war die Zahl der Schöpfungstage. Die Sechs barg in sich das Geheimnis und den Schlüssel zum Prinzip des Entstehens. Gleichzeitig wurde sie in der Offenbarung mit dem *wilden Tier* – dem Antichristen, der die ganze Welt unterwirft – in Verbindung gebracht. *Wer Verstand hat,* hieß es dort, *der überlege die Zahl des Tieres; denn es ist eines Menschen Zahl, und seine Zahl ist sechshundert und sechsundsechzig.*

Jacob schlug die allerletzte Seite auf: Sie war leer, enthielt keinerlei Hinweis oder Notiz. Er blätterte wieder zurück, fühlte die Fasern und Verdickungen im grobkörnigen Papier. Jacob kam es vor, als pulsiere direkt unter seinen Fingerkuppen das Geheimnis dieser Seiten. Er blätterte noch weiter zum Anfang zurück. Die astrologischen Zeichnungen waren mit teuren Farben sorgfältig ausgeführt. Wer immer dieses Buch gefertigt hatte, hatte sich viel Mühe damit gemacht und die hohen Kosten für die Farben nicht gescheut. Beim Umblättern raschelten die Seiten im dunklen Raum, schienen ihm, Jacob, zuzuraunen. Er hatte das seltsame Gefühl, dass das Buch auf seiner Seite stand. Dass er es hatte finden sollen, dass er deshalb überhaupt hier in Mortlake war. Auf der Seite neunundneunzig, direkt vor den Quadraten fand sich ein kurzer codierter Text. Er enthielt regelmäßige Buchstabenwiederholungen, das mussten Selbstlaute sein. Zwischen die lateinischen Buchstaben waren ein paar Symbole gestreut. Wieder fanden sich fruchtlose Randnotizen von Dee, allerdings nur wenige. Offenbar hatte der Gelehrte dieser Chiffre wenig Bedeutung beigemessen.

Jacob horchte auf den Flur hinaus, beugte sich über die Seite. Welches war der meistbenutzte Buchstabe? Das *i*. Das legte eine Caesar-Verschiebung um vier Stellen nach hinten nah, da in vielen Sprachen das *e* am öftesten vorkam. Jacob setzte die am häufigsten verwendeten Buchstaben der Chiffre mit den häufigsten Lettern des Lateinischen, des Griechischen und des Hebräischen gleich, dann des Englischen. Es schien sich um einen Mischtext aus verschiedenen Sprachen zu handeln. Auf zu oft vorkommende *z* und *q* wandte er das Temura-Verfahren an, erhielt somit *a* und *e*, las nur die ersten Buchstaben der Wörter, nur die letzten, kritzelte, murmelte, ordnete. Und da war das erste Wort: *pastorum* – der Hirten. Jacob ballte die Hand zur Faust. Und da das zweite: *sifflés,* Französisch für gepfiffen. Der Code gab nach. Jacobs Brust weitete sich, das Buch schien ihn anzufeuern und jetzt, wo er auf der Zielgeraden war, ihm sogar zuzujubeln. *Schlüssel* war ein weiteres Wort des Klartextes, nach dem Temura-Verfahren codiert und auf Hebräisch. Jetzt ging alles auf: *Die gepfiffenen Worte der Hirten von Aas sind ein Schlüssel zur Sprache Enochs,* schrieb Jacob auf den Notizzettel, starrte darauf.

Das ergab nicht viel Sinn. Mit dem Hemdsärmel wischte er sich den Schweiß von der Stirn. Gepfiffene Worte: Wo war denn da der Bezug zur Sprache Gottes? Adam hatte im Paradies mit den Tieren sprechen können, mit den Vögeln, überlegte Jacob. Und Salomon sollte seine Weisheit dadurch bekommen haben, dass Gott ihm die Fähigkeit verlieh, die Sprache der Vögel zu verstehen. Jacob besah erneut den Ledereinband des Buches, die fliegenden Kraniche. Edward hatte gesagt, dass John Dee die Sprache der Schöpfung auch die Sprache der Vögel nannte. *Lingua avium,* schrieb Jacob auf den Zettel, unterstrich die Worte zweimal. Gepfiffene Worte könnten tatsächlich eine Brücke zur himmlischen Sprache des Paradieses sein. Doch wie sollte das gehen? Worte pfeifen? Und wo lag Aas?

Schritte. Jacob erstarrte. Sie kamen vom Flur, strebten der *Interna Bibliotheca* zu. Jacob sprang auf, blies das Talglicht aus, drückte das Buch *Soyga* an sich, hastete über einen Bücherstapel, blickte hin und her, mit rasendem Herzschlag, hetzte zur Kapellentür, zog daran: Sie war verriegelt. Die Schritte hielten vor der Schwelle der Doppeltüren inne. Es war zu spät, um den richtigen Schlüssel zur Kapelle zu suchen oder das Fenster zu öffnen. Verflucht. Mit zitternden Gliedern sprang Jacob unter den Tisch mit dem Samttuch, das bis zum Boden reichte, kauerte sich zusammen, roch den Qualm des gelöschten Talglichts. Oh, Gott im Himmel, wer immer da kam, würde es auch riechen.

Quietschend wurde die äußere Tür geöffnet, dann die innere. Jacob hielt den Atem an. Die Schritte kamen herein, verhalten und leise. Den Raum erhellte ein Licht, das der Hereingekommene offenbar mitgebracht hatte. Was, wenn es Dee war? Was, wenn er ihn, Jacob, jetzt ertappte, unter dem Tisch, das Buch *Soyga* unter dem Arm? In Jacob zog sich alles zusammen. Er könnte sagen, dass er nicht hatte widerstehen können, dass er es lesen musste, dass er nicht begriff, wieso er nicht eingeweiht worden war, dass er nicht anders konnte. Der Hereingekommene schnüffelte, roch jetzt zweifellos den Qualm des Talglichts. Wahrscheinlich sah er es genau jetzt. Im ganzen Raum gab es nur dieses eine Versteck unter dem Tisch. Jacob presste das Buch an die Brust wie einen Schutzschild. Er saß in der Falle. Schritte bewegten sich zum geöffneten Bücherschrank. Jacob atmete lautlos ein, sehr langsam und unhörbar aus. Die Schritte kamen zurück zum Tisch, verharrten dort. Das Samttuch bewegte sich, drückte sich an einer Stelle nach innen. Griff eine Hand hinein? Jacob versteinerte, schloss die Augen.

Da hallten Schritte direkt vor dem Fenster, ein kurzer Schrei kam von draußen, von einem Mann ausgestoßen. Ein zweiter schriller Aufschrei ertönte, von einer Frau, die Person im Raum war also eine Frau. Jacob hörte, wie ihr Körper auf dem Boden auftraf, ein Arm fiel, das Seidentuch einbuchtend, auf Jacobs Knie, schwer und schlaff: ein Frauenarm mit Silberarmband und Rüschenärmel. Jacob kroch unter dem Tisch hervor. Auf dem Boden lag Jane Dee, ohnmächtig. Jacob sah zum Fenster hinaus. Wer war dort draußen gewesen? Und hatte den ersten Schrei ausgestoßen? Wie um ihm, Jacob, zu helfen?

Das Buch *Soyga* fest an sich gepresst, lief Jacob zur Tür, lugte auf den Korridor, eilte Richtung Wendeltreppe. Die Schreie des Mannes und von Jane Dee waren laut gewesen, bald würde es hier von alarmierten Menschen nur so wimmeln. Schon waren Schritte vom Empfangssaal zu hören. Jacob rannte die Treppe hinauf, stürzte in sein Zimmer, schloss die Tür, lehnte sich dagegen, atmete durch. Sollte er sich ins Bett legen, sich schlafend stellen, das Buch verstecken? Sein Herz raste, seine Gedanken überschlugen sich. Niemand konnte beweisen, dass er in der *Interna Bibliotheca* gewesen war, außer man fände das Buch bei ihm. Er schaute auf das Buch in seinen Händen, strich über die Kranichflügel. Auf dem Bett breitete er sein Leinentuch aus. Er wollte nicht gehen, aber er musste, dieses Buch war seine Aufgabe, er hatte keine andere, er musste sie erfüllen. So schnell er konnte, und weich in den Knien, warf Jacob seine Hemden, Wämser und Bücher auf das Tuch, ebenso das Buch *Soyga*. Dee hatte ihn nicht ins Vertrauen gezogen, würde es niemals tun. Jacob packte sein zweites Bündel, verknotete die Enden, warf sich die Bündel über die Schulter, hielt inne. Sein Puls raste. Sollte er nicht doch bleiben? Es war ihm nirgendwo besser ergangen als an diesem Ort. Er könnte das Buch *Soyga* in die *Externa Bibliotheca* zurückschmuggeln. Doch dann würde er es danach nie wieder zu Gesicht bekommen. Jacob öffnete die Tür, blickte zurück ins Zimmer, dann entschied sein Körper, lief hinaus. Jacob hastete die Wendeltreppe hinunter in die *Externa Bibliotheca*, eilte von Fenster zu Fenster, doch alle waren mit Läden verschlossen. Von der *Interna Bibliotheca* hörte er aufgeregte Stimmen.

»Beruhige dich!«, war John Dee in beschwörendem Tonfall zu vernehmen.

»Das war dein sauberes Engelsmedium!«, rief Jane Dee aus. »Wer wohl sonst? Dein letztes Medium hat dir Silberteller gestohlen, dieses dein Buch!«

Jacob pochte es in den Ohren. Dee hatte den Diebstahl des Buches *Soyga* offensichtlich schon bemerkt, der Schrank hatte sperrangelweit offen gestanden. Jacob rannte aus der *Externa Bibliotheca* hinaus, den schmalen Gang zum Alchemielaboratorium hinunter, lief die Stufen hinab, wobei ihm seine Bündel gegen den Rücken schlugen. Im runden Kellergewölbe war es finster. Es roch nach Pferdeäpfeln und Eierschalen. Unter dem kleinen Fenster war kein Tisch, keine Truhe, nichts. Jacob wurde brütend heiß. Sicher suchten sie schon nach ihm. Er riss den Schemel unter dem Gefäß, das mittels eines Rohres mit einem anderen Destillierkolben verbunden war, weg, worauf es klirrend zu Boden ging. Ein metallener Gestank erfüllte das gesamte Gewölbe. Aus den Rohren sickerte eine grünliche Flüssigkeit. Jacob sprang auf den Schemel, stieß das kleine Fenster auf, zwängte sich hindurch, schürfte sich am Bleirahmen die Haut des Oberams auf. Er stützte die Hände ins Gras, rappelte sich hoch. Die Nachtluft war mild. Zwischen düsteren Bäumen rannte er über knackende Zweige zur Straße und an der Marienkirche vorbei, bog nach links, lief weiter um eine Häuserecke. Irgendwo hier draußen musste auch der Mann sein, der ihm geholfen hatte, ob bewusst oder unbewusst. Jacob erreichte die Straße, die die Königin entlanggeritten war, hetzte am Gasthaus vorbei, wo er absichtlich sein Gehör geschärft hatte, rannte in eine kleine Gasse und in noch eine, immer weiter weg von der Themse und von Dees Haus, wo er glücklich gewesen war.

17: VON BLAUEN UND BRAUNEN NAMEN

Mitte Juli in Pau, der Hauptstadt des Béarn, einen Tagesritt von Aas entfernt: Edward Kelley betreibt auf dem Markt Handel nach dem Drei-Phasen-Modell, erfährt, dass sein Name blau schillert, und verrät sich in einem Moment verletzten Stolzes.

Edward Kelley stand auf dem Marktplatz von Pau unweit der Sankt-Martins-Kirche hinter seinem Verkaufstisch mit Arzneien und Tinkturen. Um ihn herum befanden sich zahlreiche andere Stände, an denen Wolle, Holzwaren, Schafe, Ziegen, Hühner, Fleisch, Käse, Obst und Gemüse feilgeboten wurden. Edward hielt ein Glasgefäß mit Danziger Goldwasser in die Höhe und lächelte den Vorübergehenden zu. »Danziger Goldwasser, hergestellt aus zwanzig Wurzeln und Kräutern«, rief er, »zum Beispiel Wacholder, Thymian, Zimt, Kardamom und Koriander!« Das Sonnenlicht ließ die Goldflocken in der durchsichtigen Tinktur aufblitzen. Von der Kirche her schlug es vier. Edward stützte sich auf seinem hölzernen Verkaufstisch ab. Das Hemd klebte ihm am Rücken. Diese Julihitze in den Pyrenäen war unerträglich. Noch nie hatte er so viel geschwitzt wie in den zwei Wochen seit seiner Ankunft. Obendrein staute sich die Luft auf diesem Platz zwischen der Martinskirche, dem Justizpalast mit massivem Rundturm, der Stadtmauer und dem Schlosshügel. »Dazu feinste Goldblättchen«, hob Edward wieder an, »eine Vorstufe zum Aurum potabile, zum Trinkgold, das alle Krankheiten heilt.« Sein schlechtes Französisch verstanden die Béarner immerhin hinreichend, um Geschäfte zu machen. Die Blicke einiger Marktbesucher blieben an den glitzernden Goldblättchen im Gefäß hängen.

Allmählich bildete sich vor Edwards kleinem Stand ein Halbkreis, hauptsächlich aus Leuten, die ihre teure Kleidung und ihren Schmuck spazieren führten. Fette Börsen. Edward dämpfte seine Stimme und Gesten: Er musste ehrbar wirken. Bloß nicht an einen Marktschreier erinnern, bei dem nur arme Teufel kauften. Das war das Wichtigste, um wohlhabenden Leuten das Geld aus der Tasche zu ziehen. Er musste heute dringend noch mehr verdienen. Bisher hatte er nur sechs Vaqueta-Münzen eingenommen und davon konnte er nur zwei Tage leben. Insgesamt reichte sein Geld höchstens noch für zwei Wochen. Es wurde eng. Und Jacob war immer noch nicht aufgetaucht.

»Als König Sigismund II. nach seiner Krönung im Jahr 1549 Danzig besuchte, erhielt er zur Ehrerbietung eine Flasche Goldwasser als Geschenk.« Einige Vorübergehende merkten auf, kamen näher. Edward nickte leise. Eine Anekdote für Betuchte, das wirkte oft. »Es hilft gegen Rheuma. Außerdem macht es den Körper widerstandsfähiger.« Inzwischen hatten fast zwei Dutzend Seiden- und Uhrenträger eine Traube vor seinem Stand gebildet. Der Verkaufsschritt Nummer eins – Anlocken durch Glitzer und Anekdoten – war beendet.

Nun kam Schritt Nummer zwei: das Demonstrieren von Fachwissen. Edward nahm ein kleines versiegeltes Fläschchen, das mit Pastillen gefüllt war, die aussahen wie zusammengedrückter Dreck. Er hielt den Behälter nicht zu hoch, sodass sich die Kunden in der zweiten und dritten Reihe die Hälse verrenken mussten, was erfahrungsgemäß ihre Begierde auf die Ware steigerte. »Venezianischer Theriak aus Vipernfleisch, dem insgesamt dreihundertachtundachtzig Zutaten beigegeben wurden, zum Beispiel Gummiarabikum aus dem Saft senegalesischer Akazien.« Im Publikum wurde tief Luft geholt, Glieder strafften sich, wie immer, wenn man reichen Leuten etwas Teures anbot, von dem sie wussten, dass sie es sich leisten konnten. »Die Vipern wurden in Ägypten gefangen.«

»Oho!«, rief ein Kaufmann mit besticktem Seidenwams beeindruckt aus. Edward unterdrückte ein Schmunzeln. Es tat gut, den zu stark parfümierten Adligen, Richtern, Anwälten und Kaufleuten mitten in die erlauchte Duftwolke zu lügen. Sie würden kaum wissen, dass es in Venedig längst gewitzte Händler gab, die nichts anderes taten, als Vipern für Theriak-Arzneien zu züchten und ansonsten von dem Erlös den lieben langen Tag Gondel zu fahren. Die also in etwa so sorglos lebten wie die Leute vor ihm, die, statt sich abzurackern, auf die vornehme Art stahlen – über Steuern, Grundbesitz, Zinsen, Frondienst und Leibeigenschaft.

Edward wischte sich den Schweiß von der Stirn. Da musste man irgendwie hinkommen: auf die vornehme Art zu stehlen. Dagegen war es eine arge Plackerei gewesen, all diese Arzneien, Tinkturen und Pulver, die nun fein säuberlich auf seinem Verkaufstisch aufgereiht waren, aus einem Lagerhaus in Toulouse zu entwenden. Mit Herzklopfen hatte er dem Wärter eins übergebraten und die schweren Säcke, alle auf einmal, um nicht mehrmals gehen zu müssen, fortgeschleppt. Auf einfache, direkte Art zu stehlen, war anstrengend. Jacobs Gesicht erschien vor Edwards innerem Auge, blass und mit blutender Nase. *Ich habe nichts gestohlen, dem Silberschmied zumindest nicht, aber heute Morgen ein Pferd und fünf Bücher.* Edward musste lächeln: noch so ein Dieb der unvornehmen Art. *Und wenn nun Jacob das Buch* Soyga *gar nicht zu Gesicht bekommen hat?*, ging es Edward durch den Sinn. Weil John Dee sich nicht mehr damit befasste oder es verkauft hatte? Doch das war unwahrscheinlich. Dee hatte kaum ein anderes Buch so sehr umgetrieben wie das Buch *Soyga*. Oder war Jacob auf der Reise von Räubern erschlagen worden? »Das Vipernfleisch«, fuhr Edward fort, »wurde außerdem durch Wurzelextrakt des kriechenden Fingerkrauts, Opium aus den Kapseln des Schlafmohns sowie Tonheilerde aus Armenien verfeinert.«

Die Männer im Publikum zogen die Brauen hoch, die Frauen lächelten ihn an. Wahrscheinlich entdeckten die ersten Zuhörerinnen gerade, was für strahlende hellblaue Augen er hatte.

»Und weil man dem Endprodukt nicht ansieht, was es enthält, wurden alle Gefäße, die hier stehen, unter den wachsamen Augen von venezianischen Stadträten und Ärzten öffentlich hergestellt und hinterher versiegelt.«

Viele Männer nickten, die Frauen lächelten ihn noch mehr an. Mit Alchemie und Arzneikunde konnte man Frauen fast so gut betören wie mit Lautenspiel oder Fechten. *Erstaunlich,* dachte Edward, *aber wahr.*

»Wie viel kostet ein Gefäß?«, fragte ein beleibter Mann in knielanger Samtrobe und mit einer silbernen Amtskette um den Hals, wie sie die hohen Richter der Synode von Pau trugen.

»Einhundertzwanzig Vaquetas«, antwortete Edward. Das war ein Wucherpreis, eigens für Richter. Der Mann rieb sich das Doppelkinn, winkte ab, blieb aber stehen. »Theriak«, führte Edward aus, »bringt die Körpersäfte ins Gleichgewicht und hilft gegen Gicht, Übelkeit, Entzündungen, Ausschlag oder Vergiftungen.«

Scheinbar wie nebenbei rückte er ein paar kleine Fläschchen mit Löffelkrautextrakt zurecht. Es galt, Schritt Nummer drei einzuläuten: das Abkassieren. Und was, nagte es in Edward, wenn Jacob das Buch *Soyga* nicht reizte? Nein, das war nahezu ausgeschlossen. Das wäre geradezu so, als würde ein Trinker den besten Wein der Welt nicht anrühren. Oder wenn er Pau umging? Doch jeder, der nach Aas wollte, musste hier durch, es sei denn, er schlug sich durch unwegsames Gelände hindurch. Auch war Pau die letzte gute Gelegenheit, um Proviant zu kaufen. Dass Jacob durch Pau käme, ohne dass er, Edward, etwas davon mitbekam, war ebenfalls unwahrscheinlich: Er hatte den Torwachen einen schönen Obolus in Aussicht gestellt, wenn sie ihm Jacobs Ankunft meldeten.

»Und was ist das?« Eine samtbehandschuhte Dame wies auf die kleinen Löffelkraut-Fläschchen und lächelte.

»Oh, das«, Edward tat überrumpelt, »ist Löffelkrautextrakt, ein recht brauchbares Aphrodisiakum.« Er machte eine wegwischende Geste, sprach leise. Die Wirkung war weit größer, als wenn er die Ware minutenlang angepriesen hätte. Die Kunden horchten auf, meinten, auf den geheimen Schatz des Verkäufers gestoßen zu sein, den er ihnen aus irgendwelchen Gründen vorenthalten wollte.

»Davon hätte ich gern ein Fläschchen«, sagte die seidenbehandschuhte Dame. Der Ansturm folgte ohne Verzögerung: Männer, Frauen, jung, alt, hässlich, schön, erwarben ein Fläschchen Löffelkrautextrakt nach dem anderen, ausgelassen, als sei der Kauf eine Art nachmittäglicher Zeitvertreib, nicht weiter ernst gemeint. Nun, da die Kauflust um sich griff und Edward mit dem Geldwechseln kaum nachkam, fasste der Richter tief in die Börse und kaufte Theriak. Na also. In Edward jubilierte es: Nun konnte er sechs Wochen sorgenfrei leben. Das elende Herumstehen auf diesem heißen, staubigen Markt hatte endlich ein Ende. Zwei Goldwasserflaschen gingen auch noch weg. Wunderbar. Ein älterer Mann in grünem Seidenmantel schaute unentschlossen auf die Theriak-Gefäße. *Wenn der sich jetzt auch noch durchringt,* frohlockte Edward, *tut sich ein Spalt zum Schlaraffenland auf.* Er überlegte, mit dem Preis auf das übliche Maß herunterzugehen, denn der Richter war schon außer Hörweite, und fragte: »Neunzig Vaquetas?«, als es plötzlich nach Schweiß roch, nur schwach überdeckt von billigem Rosmarinparfüm.

Der Ärmel eines zerschlissenen, dreckigen Leinenhemdes streckte sich Edward entgegen. »Hättet Ihr auch Mandragora, aber nicht zu stark dosiert, zum Schlafen?« Der Zauber war gebrochen, der Kaufrausch verflog, die Samtbekleideten rümpften die Nase und zogen sich, samt dem zweiten Theriak-Anwärter, zurück.

Der dreckige Ärmel hatte makelloses Englisch gesprochen. Edward blickte auf, mitten in graue Augen und ein blasses, unrasiertes Gesicht.

»Jacob!« Edward sprang auf ihn zu, riss fast den Verkaufstisch um. Während er den schmalen, leichten Körper an sich drückte, kam es ihm vor, als würde ihm etwas zurückgegeben, was ihm schon immer gehört hatte. *Abstand, in Gottes Namen,* beschwor sich Edward, *halte Abstand.* Er fasste Jacob an den Schultern und trat zurück. Er wollte doch nur, dass dieser sprachbegabte Sachse für ihn eine Aufgabe erledigte, mehr nicht.

Sein Gegenüber war noch blasser als vor zwei Monaten, magerer, hatte glasige Augen, ein noch zerfransteres Wams, mehr Löcher in den Strümpfen, zerzaustere Haare.

»Du auf einem Markt? Ist dir das nicht zu laut?«, fragte Edward.

Jacob lächelte und zuckte mit der Schulter. »Mandragora kaufen.«

Edward drückte ihm ein Fläschchen in die Hand. »Geht auf mich. Ich habe gerade ein gutes Geschäft gemacht.«

»Hundertzwanzig Vaquetas für Theriak.«

Jacob musste ihn also schon eine Weile beobachtet haben, schlussfolgerte Edward, bevor er an seinen Stand getreten war. Jacob nahm zwei Schlucke Mandragora. Mitten am Tag: Er war abhängig davon. Seine schmalen Finger, unter deren Nägeln sich der Dreck vieler Reisewochen angesammelt hatte, zitterten.

Edward packte seine Waren zusammen, steckte die Tinkturen in einen Sack.

»Was tust du in Pau?«, fragte er beiläufig. Die Frage kam viel zu spät, schalt Edward sich, verdammt! Er hätte sie gleich als Erstes stellen müssen. »Das ist aber auch ein verrückter Zufall, dass wir uns hier treffen!«, fügte er eilig hinzu. »Wie war es bei John Dee? Warum bist du nicht mehr dort?«

Jacob schloss die Augen, während das Mandragora ihm die Kehle hinunterrann. »Du klingst hellgrün.«

»Was?« Edward wickelte die Fläschchen in Leinentücher.

»Dein Midlands-Akzent. Er klingt hellgrün an den Rändern. Viel weniger blau als der Londoner Akzent. Aber viereckig sind beide.«

Edward lud seine Warensäcke auf einen Handkarren. »Du nimmst zu viel Mandragora, Jacob.«

»Nein, ich habe schon immer Klänge gesehen, nur nicht so scharf.«

»Lass uns etwas trinken gehen.« Edward klappte seinen Verkaufstisch zusammen.

Jacob nickte. Edward zog den Karren mit den Waren und dem Klapptisch über das Kopfsteinpflaster. Jacob zuckte bei dem Geschepper zusammen.

Einige Hennen liefen mit vorgestreckten Hälsen an ihnen vorbei. Edward machte an einem Getränkestand hinter dem Justizpalast halt und ließ Jacob einen Krug Cidre bestellen, was der auf Bearnesisch, dem Dialekt der Gegend, tat, woraufhin er das Getränk prompt um ein Drittel billiger bekam als Edward die etlichen Male seit seiner Ankunft.

»Welche Farbe hat denn Bearnesisch?«, fragte Edward.

Jacob strahlte wie ein Junge, der ewig am Spielfeldrand gestanden und dem endlich jemand einen Ball zugeworfen hatte. »Kleine filzige violette Ovale, die sich schnell von rechts nach links bewegen, umkreist von roten und gelben Punkten.«

Das sind seltsam genaue Visionen, überlegte Edward. *Er muss viel zu viel Mandragora nehmen.*

Jacob trank genüsslich einen tiefen Schluck Cidre, schien auch mehr Alkohol gewohnt zu sein als vor drei Monaten. Jetzt lehnte er sich gegen die Mauer, stellte den linken Fuß auf einen Eckstein. »Und dein Name ist blau, weil das *E* blau ist, ein schillerndes See-Blau.«

»Immerhin kein Hühnerscheiße-Grau oder so was«, Edward zwinkerte Jacob zu, »bei meinem Glück hätte ich mir das vorstellen können.«

Jacob grinste.

»Und ›*Jacob*‹? Welche Farbe hat das?«

»Braun – Hundescheiße-Braun.« Jacobs schmaler Leib wurde von einem Lachen geschüttelt.

»Zusammen mit schillerndem See-Blau kann trotzdem noch was aus dir werden«, sagte Edward, »wir sollten also in Verbindung bleiben.«

Jacob wischte mit den Fingern den Staub von seinem linken Schuh.

»Und du?«, fragte Jacob. »Was machst du hier?«

»Ich verkaufe Arzneien. Zum Beispiel Mandragora an umherwandernde Sachsen.«

Jacob drehte den Becher zwischen den Fingern und sah Edward schräg von unten an.

»Ich musste schnell raus aus deutschem Gebiet«, sagte Edward, »wie du ja mitbekommen hast. Ich habe einem Fürsten einen Diamanten gestohlen.«

Wie Edward kalkuliert hatte, freute sich Jacob darüber, von ihm ins Vertrauen gezogen zu werden. Seine Augen blitzten auf.

»Hier im Süden bin ich sicher. Wie war es bei Dee?«

»Gut.« Jacob legte sein Bündel auf den Tisch und zog ein Buch heraus. In den Ledereinband waren Kraniche eingraviert, an den Ecken befanden sich Messingbeschläge: das Buch *Soyga!* Edward blieb die Luft weg. Er starrte auf den Band, dessen Wert kaum zu ermessen war. Teufel noch mal. Jacob musste es Dee gestohlen haben. Selbst er, Edward, hatte das Buch nicht zu entwenden gewagt, sondern es in mehreren Nachtschichten zu kopieren begonnen.

»Du hast es gestohlen?«, stammelte Edward.

»Dee wollte mir das Buch nicht zeigen«, Jacob zuckte mit den Achseln, »für ihn war ich nur ein kleiner Lehrer aus dem sächsischen Hinterland, wie er sich ausdrückte.«

Edward musterte Jacob von Kopf bis Fuß: Mandragora, Alkohol, Stoppelbart, ein aberwitziger Diebstahl. Er wirkte weit weniger harmlos als vor drei Monaten.

»Einfaches Abschreiben hätte es nicht getan?«, hakte Edward, immer noch fassungslos, nach.

»Mein Vergehen scheint mir weniger schwerwiegend zu sein, als einen Fürsten um einen Diamanten zu erleichtern«, schmunzelte Jacob.

»Na ja«, Edward stützte sich auf die Unterarme und sah zu, wie Jacob auf den Einband schlug und die Haken sich aus den Ösen lösten, »für Dee ist das Buch mehr wert als tausend Diamanten. Er könnte hinter dir her sein.«

Jacob stockte. »Wenn es so ist, habe ich ihn seit England offenbar abgehängt.«

Edward zog Luft durch die Zähne. »Da wäre ich mir an deiner Stelle nicht so sicher, er könnte Leute nach dir befragen: Torwachen, Gasthaus- und Tavernenbesitzer, Fährleute …«

Jacob schreckte zusammen, dann blätterte er im Buch, schlug die Edward wohlbekannte Chiffre auf der Seite neunundneunzig, direkt vor den Buchstabenquadraten, auf. »Die Hirten in den Bergen einen Tagesritt von hier sollen eine gepfiffene Sprache benutzen, die Reste der Sprache Gottes in sich birgt.« Jacob wies mit dem Finger auf die den Klartext ergebenden Buchstaben. »Hier steht es.«

Edward beugte sich über den Code, tat beeindruckt, ballte die Hand unter dem Tisch zur Faust. Jacob war dabei, ihn einzuweihen. Jetzt übersetzte er den Hinweis auf die Hirten von Aas.

»Schwierige Chiffre«, log Edward, »und da willst du hin? In dieses Aas?«

»Ja, morgen.« Jacobs Haarspitzen waren feucht vom Schweiß. Wahrscheinlich war er gerade angekommen und hatte einen schweren Ritt durch die Hitze hinter sich.

Edward wies auf einen engen Pfad zwischen hohen Häusermauern. »Komm, lass uns die schmale Gasse da runtergehen. Sie führt zu einem Brunnen in einem Gemüsegarten. Da können wir uns kaltes Wasser überschütten.«

Als sie in die Gasse traten, klatschten ihnen faule Äpfel, abgenagte Hühnerknochen, schimmeliges Brot und Kerzenwachsstummel vor die Füße. Edward sprang gegen die linke, Jacob gegen die rechte Häuserwand.

»Verflucht noch mal«, entfuhr es Edward. Im Dachgeschoss schloss jemand rasch ein Fenster. Der Abfall wurde in der Mitte der Gasse von einem vertieften Rinnsal dreckigen Wassers erfasst und auf sie zugespült. Zwei Bürger in Samtgewändern kamen ihnen entgegen. Einer von ihnen war der Richter, der Edward sechs arbeitsfreie Wochen beschert hatte. Die beiden hochgestellten Männer nahmen ganz selbstverständlich und ohne Gruß den Weg an den Häusermauern entlang, während Edward und Jacob mitten ins dreckig schlammige Nass ausweichen mussten.

Die Brühe durchdrang augenblicklich Edwards Strümpfe, quatschte in seinen Schuhen und zwischen den Zehen. »Elende Hölle. Wenn wir erst die Sprache der Schöpfung kennen, benutzen wir als Erstes das Wort für Gold und ziehen uns so an, dass wir selbst den Bürgermeister und den König in die Mitte der Gasse drängen können, vorzugsweise dann, wenn gerade tote Ratten vorbeischwimmen.« Edward trat an die Häuserwand und zog sich die Schuhe aus, schüttete die stinkende Brühe auf das Kopfsteinpflaster.

Verflucht … Blut stieg ihm in den Kopf. Er hatte in seinem Ärger gerade die Einladung, mit nach Aas zu kommen, vorweggenommen, bevor Jacob sie ausgesprochen hatte. Und er hatte obendrein sein Interesse an der Sprache der Schöpfung offenbart, das ein rein pekuniäres war. Sein elender Stolz. Edward sah zu Boden, wagte nicht, Jacob anzuschauen. Sein Gefährte würde jetzt begreifen, dass er nur Teil eines Kalküls gewesen war und dass er, Edward, ihm hier in Pau aufgelauert hatte. In Edwards Hinterkopf pochte es. Gleich würde Jacob ihn beschimpfen, den Pfad zwischen den Gemüsegärten nehmen und aus seinem Leben verschwinden, für immer.

Doch Jacob reagierte nicht, ging einfach nur weiter die Gasse hinunter. War er so benebelt oder so sehr auf sein Ziel ausgerichtet, dass er den verbalen Ausrutscher überhört hatte?

Am Brunnen tranken sie, schütteten sich Wasser ins Gesicht, benetzten ihre Arme, wuschen sich Strümpfe und Füße.

»Du hast ziemlich schmale Füße«, sagte Edward zu Jacob.

Der andere musterte ihn von der Seite. »Mhm«, meinte er trocken. Es war ziemlich klar, dass er sehr wohl begriffen hatte. Verdammt.

Jacob sah stumm auf das aus dem Hahn fließende Wasser, dachte offenbar darüber nach, was er tun sollte. Plötzlich huschte ein Schmunzeln über seine Lippen. Dann hielt er den Finger unter den Hahn, sodass der Strahl auf Edwards Hemd spritzte.

»He!« Edward duckte sich, hielt seinerseits den Finger unter den Hahn, durchnässte Jacobs Hosen.

Jacob wrang sein Hosenbein aus. »Wir sollten morgen früh aufbrechen nach Aas.«

Edward richtete sich auf, lachte. Hatte Jacob sich vielleicht gesagt, dass er, Edward, ihm in den Bergen nützlich sein könnte und es besser war, in dem unbekannten Gebirgsdorf nicht allein zu sein?

»Lass uns in die Rue du Castetmenou gehen«, schlug Edward vor, »da gibt es eine Apotheke. Wir können dich als Apothekergehilfen ausstaffieren. Dann fallen wir in dem kleinen Nest in den Bergen nicht so auf.«

Jacob ließ sich ins Gras fallen. »Ich sehe, du hast an alles gedacht.«

Edward legte sich neben ihn, spürte die Sonnenstrahlen auf seiner durchnässten Kleidung. »Das ist das Schöne im Süden«, er räkelte sich, »hier kann man sich einfach hinlegen und sich trocknen lassen.«

18: EIN KATHOLISCH CODIERTER BRIEF

Einige Tage später im Château de Béost: Margarète übersetzt eine Ritterromanze, riecht zu starkes Moschusparfüm und stellt sich Jacob ohne Kopf vor.

Margarète rückte Diego Ortúñez de Calahorras Ritterromanze zurecht, trank einen Schluck Wein, wie sie es gern beim Übersetzen tat. Wenn der Alkohol durch ihren Körper rann, kamen auch die Wörter besser in Fluss. Sie sah auf ihr Notizbuch und den Halbsatz, den sie zuletzt übersetzt hatte, murmelte ihn vor sich hin: »… dass wenn das Schicksal zu jeder Zeit unsicher und variabel ist, ohne Unterschied, für alle Menschen …« Das hakte. Margarète massierte sich den Nacken. In den letzten Wochen hatte sie mehr Zeit mit Diego Ortúñez de Calahorra und seinem *Spiegel prinzlicher Taten und der Ritterlichkeit* verbracht als mit irgendeinem Menschen. Die Ritter aus Papier mussten ihr die Zeit vertreiben, wenn die aus Fleisch und Blut mal wieder unter sich sein wollten. Élie Vinets Lächeln tauchte über den Buchstaben auf, er senkte dabei leicht die Lider wie immer, wenn er zufrieden mit ihr war. Margarète schürzte die Lippen. Ja, es würde ihm gefallen, sie jetzt zu sehen, brav über ein Buch gebeugt, statt für die Liga zu kämpfen. *Wer mit dem Schwert für seinen Glauben streitet, dem geht es nicht um Gott,* hatte er ihr einmal eingeschärft, *sondern um Macht und Besitz.* Am Collège de Guyenne hatte er Michel de Montaigne unterrichtet, der nun von der Liga wegen seiner Milde gegenüber Protestanten gehasst wurde. Margarète seufzte. *Vinet mag ja recht haben.* Sie biss sich auf die Lippe, während der letzte Blick des sterbenden Pfarrers von Sallent de Gállego vor ihr aufflackerte. Aber Vinet hatte gut reden. Als Mann konnte er alles tun: Konnte Abhandlungen über römische Ruinen in Bordeaux schreiben, über alte Abteien und Altäre, Schulbücher über Mathematik, er hatte studieren dürfen an der Universität von Poitiers und das Collège de Guyenne in Bordeaux geleitet. Sie hätte dort nicht einmal lernen, geschweige denn die Schule leiten dürfen. Margarète blickte aus dem Fenster zu den bläulich schillernden Bergen am Horizont. Als Frau durfte sie eigentlich nur übersetzen, das war alles. Und eigentlich auch nur religiöse Texte. Dass sie eine Ritterromanze übersetzte, war schon etwas Besonderes und Kühnes, und sie würde sich im Vorwort aufwendig dafür entschuldigen müssen. Auch würde sie ihre Übersetzung Élie Vinet widmen, um sich hinter ihm zu verstecken. Margarète nahm einen tiefen Schluck Wein. Nur die Liga gab ihr interessante Aufträge, guten Wein und teure Kleider, ließ sie in einem Schloss wohnen, in einem Himmelbett schlafen, mit Adligen essen, Codes knacken und mit dem König von Navarra tanzen. Élie Vinet schüttelte über sie den Kopf, aber lächelte immer noch. Margarète beugte sich wieder über das Buch. *Wenn das Schicksal für alle Menschen stets unsicher und wechselhaft ist,* schrieb sie. Schon besser, aber jetzt kam es zu glatt, passte nicht zum Sinn der Worte. Margarète legte die Feder beiseite. Es war den Männern gerade recht, wenn Frauen sich in solchen Spitzfindigkeiten verloren, statt etwas zu erleben.

Durch das Fenster drangen Stimmen und Geschirrgeklapper aus dem Burghof zu ihr hinauf. Die einfachen Gäste des Châteaus de Béost aßen gerade zu Mittag, wie immer erst nach den wohlhabenderen Besuchern und den Ligisten, auch nach ihr. Viele der Reste-Esser waren Pilger auf dem Weg nach Santiago de Compostela. Für Pilger war es nicht einfach, im calvinistischen Béarn eine Herberge zu finden.

Es klopfte an der Tür. Florimond de Vaillac trat ein und verneigte sich. Margarète erhob sich. Der Baron hatte einen zusammengerollten Brief in der Hand. »Entschuldige, wenn ich dich bei deiner Arbeit störe.« Seine braunen Augen studierten ihr Kleid. »Sehr elegant!« Er trat auf sie zu, mit schnellen Schritten, seine Augen funkelten. Margarète beugte sich über ihr Notizbuch, griff zur Feder, tat, als würde sie noch schnell eine Änderung in ihrer Übersetzung vornehmen.

De Vaillac blieb mit enttäuschter Miene am anderen Ende des Tisches stehen. Margarète atmete auf, während der Baron den aufgeschlagenen Calahorra betrachtete. »Du bist ja schon um einiges weitergekommen, bestimmt fünfzig Seiten.« Er lächelte. »Übersetzen ist ein wenig wie Zauberei. Die Worte verändern ihre Gestalt und erobern neue Räume, die sie vorher nicht zu erreichen vermochten.« Die poetischen Worte klangen ungewohnt aus dem Mund des Barons.

Margarète goss ihm Wein ein. »Mein Zauberstab hat derzeit in etwa die Wirkung eines Tischbeins.«

De Vaillac legte die Pergamentrolle auf den Tisch. »Bei deinen Geistesgaben kann ich mir das nicht vorstellen.« Er nahm ein paar Schlucke, betrachtete Margarète ernst, fast besorgt. Sie fühlte sich unbehaglich unter diesem Blick, den sie von de Vaillac nicht kannte.

Mit einem Kopfnicken wies sie auf den zusammengerollten Brief. »Euer Anliegen muss wichtig sein, dass Ihr mir so schmeichelt.«

Der Baron trat ans Fenster und zeigte mit dem Finger, an dem er seine Uhr trug, hinunter in den Hof. Margarète kam heran.

»Siehst du die beiden Männer in Apothekerkluft am Ende des langen Tisches«, fragte der Baron, »nahe dem Springbrunnen?«

Margarète stellte sich im Schatten des Fensterrahmens auf die Zehenspitzen.

»Den Schwarzhaarigen«, sagte de Vaillac, »der dem anderen mit dem großen Barett zuhört?«

»Der dürr ist wie ein Skelett und so blass wie ein Laken?«

De Vaillac grinste. »Genau der. Er ist gefährlich.«

Margarète lachte auf.

»Ich weiß, dass er nicht so aussieht.« De Vaillac entrollte den Pergamentbogen und hielt ihn mit beiden Händen flach auf dem Tisch. »Richard Rowlands, ein englischer Katholik, der aus London fliehen musste und sich derzeit in Antwerpen aufhält, hat an d'Espalungue geschrieben.« Der Brief enthielt eine Passage im Code der Liga, die de Vaillac anhand des Dechiffrierschlüssels aufgelöst hatte. Margarète las:

Ein begabter Polyglotter reist nach Aas. Er nennt sich Jacob. Er gibt an, ein protestantischer Sachse zu sein, hat schwarze Haare und graue Augen, ist blass und dünn, trägt schäbige Kleidung nach spanischer Mode. Er hat eine Bellaso-Herausforderung entschlüsselt.

Margarète stockte. »Bellaso-Herausforderungen sollen unlösbar sein!« Sie spähte hinunter. Der schmächtige Mensch sah aus wie ein Junge mit seinen dichten schwarzen Haaren, dem recht runden, glatten Gesicht, auf dem der Stoppelbart wie ein Versehen wirkte. Die Hände waren schmal, ebenso die Schultern.

Sie las weiter:

Er könnte seit Kurzem für den englischen Geheimdienst arbeiten, da ein Agent Walsinghams diesen eventuell auf den Kryptologen aufmerksam gemacht hat. Wir sollten ihn beobachten und eventuell umdrehen. Ich habe ihn bei Plantijn in Antwerpen zum ersten Mal gesehen, als er auf dem Weg nach London war. Zuletzt habe ich ihn erneut bei Plantijn beobachtet, als er den Buchhändler nach dem schnellsten Weg nach Aas fragte.

»Er ist also gar kein Apotheker?«, fragte Margarète.

»Mitnichten.« De Vaillac rollte den Brief zusammen.

»Was mag er hier wollen?«

»Schwer zu sagen.«

»Wenn er so ein begabter Polyglotter ist«, überlegte Margarète, »will er vielleicht die Pfeifsprache der Hirten entschlüsseln, um die Sprache der Schöpfung zu finden.«

De Vaillac stützte sich mit einer Faust auf den Fensterrahmen und beobachtete den Schwarzhaarigen mit düsterer Miene. »Die Häretiker dürfen diese Sprache und ihre Macht nicht an sich reißen. Die Sprache der Schöpfung wäre sonst im Besitz des Teufels. Sie würde sich gegen sich selbst wenden und den Tod bringen.«

Margarète überlief ein kalter Schauer.

»Möglicherweise«, hob der Baron wieder an, »hat Francis Walsingham aber auch Wind von unseren Rückeroberungsplänen bekommen und schickt diesen Mann und seinen Begleiter, um uns auszuspionieren.«

»Die richtige Herberge hat dieser Sachse sich jedenfalls ausgesucht«, sagte Margarète, »direkt im Schatten des Turms, wo die Invasion des Béarn geplant wird.«

»Das dürfte keine Absicht sein. Es gibt in der Gegend kaum Herbergen und schon gar keine so gute und günstige wie diese. Katholische Gastfreundschaft stirbt aus im Béarn.«

»Wie der Frohsinn.« Margarète blickte erneut auf den Schwarzhaarigen, der die Mandelsulz mit pürierter Hühnerbrust und Reismehl so gierig in sich hineinlöffelte, als habe er seit einer Ewigkeit nichts Gutes gegessen.

»Immerhin«, fügte de Vaillac hinzu, »hast du ihn hier gewissermaßen direkt auf dem Tablett.«

»Ich?«

De Vaillac nickte. »Ihr habt die Sprachbegabung gemeinsam, wenn auch sonst nichts.«

Margarète lehnte sich an den Schrank, um Gelassenheit vorzutäuschen, doch ihr Herz pochte schneller. Dies war ein guter Auftrag, eine Herausforderung: Dieser Sachse war ein schwieriger Gegner. Er hatte eine Bellaso-Herausforderung gelöst, suchte eventuell die Sprache der Schöpfung und spionierte möglicherweise für die größte Ketzernation der Welt. Dies war ihre bisher heikelste Mission, die Belohnung für ihre Erfolge in Pau und Navarrenx. »Ihr hättet ihn ein bisschen besser würzen können«, scherzte sie.

»Das nächste Mal führe ich dir einen gut aussehenden Protestanten zu, versprochen. Wobei es davon nicht allzu viele gibt.« Er zwinkerte ihr mit einem herausfordernden Blick zu, der wohl auf seine eigenen männlichen Reize hinweisen sollte. »Immerhin wirst du wohl nur wenig Mühe mit ihm haben. Das blasse Skelett dürfte jeder Frau in die Arme sinken, die ihn länger als eine halbe Sekunde ansieht.«

Margarète stieß sich vom Schrank ab. »Umdrehen oder ans Messer liefern, nehme ich an?«

Der Baron trat an sie heran, legte die Arme um ihre Taille, rieb seine Nase an der ihren. »Verdreh ihm den Kopf.«

Margarète löste sich aus seinen Armen, ging ans Fenster und betrachtete den Sachsen. »Er wird seinen Kopf schon verlieren», sie grinste de Vaillac zu, »in welchem Sinne des Wortes auch immer.«

19: DIE STÄNDIG SCHWEBENDE SPRACHE

Wenig später auf einer Schafweide unweit des Pic de Ger über dem Tal von Ossau: Jacob und Edward wandern über den Wolken, kommen den pfeifenden Hirten näher, als ihnen lieb ist, und erhalten unerwartete Unterstützung.

Die Sonne strahlte am Himmel, während unten im Tal rosa schimmernde Wolken über dem Château de Béost, dem benachbarten Ort Laruns und dem höher gelegenen Hirtendorf Aas hingen. Jacob bahnte sich einen Weg zwischen großen Steinen und Wacholdersträuchern bergauf. Er wunderte sich selbst, dass er kaum außer Atem geriet und wenig schwitzte. Noch nie im Leben war er so weit oben gewesen, dass die Wolken zu seinen Füßen lagen.

»Warum nur können diese elenden Hirten nicht woanders pfeifen«, schnaufte Edward hinter ihm, »am Meer oder so?«

Jacob schaute zum höchstgelegenen Gipfel empor, den die Einheimischen *Pic de Ger* nannten und an dessen westlichem Hang eine große Schafherde weidete. Mit jedem Schritt kam er höher, als er es je gewesen war. Er wies auf eine Felsenmulde nahe des Gipfels, rund sechshundert Schritte über ihnen. »Schnee! Unglaublich, Schnee im Juli! Was denkst du, wie hoch wir sind?«

»Zweitausend Schritte, vielleicht mehr.« Edward sah ins Tal. »Über zweitausend Schritte hoch in einem entlegenen Gebirge am Rande Europas, um pfeifende Hirten zu hören.« Er schüttelte den Kopf und wischte sich den Schweiß von der Stirn. »Ich weiß nicht, ob ich jemals in meinem Leben etwas Verrückteres getan habe, und ich habe schon viel Verrücktes getan.«

Jacob kletterte über wackelnde Felsbrocken. Talwärts, am Rand des Kiefernwaldes im Südosten, rund zweihundert Schritte entfernt, grasten weitere Schafe. In braunen Umhängen wanderten zwei Hirten zwischen ihnen hin und her. Die beiden Schafhüter waren so nah beieinander, dass sie wohl kaum pfeifen würden. »Zweitausend Schritte«, stellte Jacob fest, »das ist mehr als dreizehnmal so hoch wie das höchste Bauwerk der Welt.«

»Und das wäre?« Schwer atmend hielt Edward an einem Felsen inne, an dessen Fuß Pflanzen mit weißen Blüten wuchsen, roch daran.

»Die Marienkirche in Stralsund.«

In zwanzig Schritten Entfernung stellte sich ein Murmeltier auf die Hinterbeine, stieß einen hohen Laut aus und verschwand blitzschnell in einem Erdloch.

»Wenigstens einer, der hier pfeift.« Edward riss die weißen Blüten mitsamt den Wurzeln aus dem kalkigen Schutt heraus. »Hier wachsen lauter Pflanzen, die ich nicht kenne.« Er saugte vorsichtig an einer Wurzel, spie aus, steckte seine Ausbeute in einen Sack.

Jacob legte den Kopf in den Nacken, erspähte einen Geier mit mindestens zweieinhalb Schritt Spannweite. »So einen großen Vogel habe ich noch nie gesehen.«

»Vielleicht leben solche Riesengeier nur hier, weil es alle paar Tage einen Pfeifsprachensucher zu fressen gibt.« Edward war ein paar Schritte weitergegangen und hatte sich mit einer Sichel über ein kniehohes Gewächs mit violetten Blüten gebeugt, schnalzte zufrieden mit der Zunge. »Ruprechtskraut«, er schnitt einen ganzen Haufen ab, »das verkaufe ich dem Apotheker unten in Laruns, ist gut gegen Zahnschmerzen und Fieber.« Er richtete sich auf. »Dann zahlt sich die Kraxelei hier wenigstens aus.«

Jacob ging in die Hocke und schnürte die Schuhe fester, als plötzlich ein Ruck durch seinen Leib ging. Pfiffe schallten über die Berge, hell und scharf. Er schnellte hoch und spähte um sich, während die Klänge ihm einen Schauer nach dem andern über den Rücken jagten.

»Dort!« Edward wies auf einen der Hirten, der weiter unten in der Herde am Rand des Kiefernwaldes stand. Der Schafhüter hielt sich kerzengerade, mit auf Brusthöhe angewinkelten Ellenbogen. Jacobs Brust weitete sich so sehr wie nie: Er hatte sie gefunden, die Pfeifsprache der Hirten von Aas!

Jetzt kamen Pfiffe von oben, vom Westhang des Pic de Ger.

»Es klingt wie Vogelgesang.« Edward beschirmte die Augen mit der

Hand, um besser gegen das Sonnenlicht den Hang hinaufblinzeln zu können.

»Die Sprache der Vögel.« Jacob konnte es nicht fassen. Es gab wirklich Menschen, die trillerten wie Vögel.

Mit in den Nacken gelegtem Kopf suchte Edward den Westhang ab. »Den zweiten Hirten sehe ich nicht. Er steht wohl zu weit weg.«

Talwärts erschallte vom Kiefernwaldrand ein langer Pfiff, dann ein Schlenker nach unten, ein Triller in der Mittellage, sehr lang und zirpend. Wie Pfeile schossen die Klänge über die Wiesen. Vor seinen Augen sah Jacob Lichtstrahlen: blaue, rote und vor allem grüne, so glitzernd, wie er Klänge noch nie gesehen hatte. Jetzt schwang ein tiefer Ton über den Bergen, wurde leiser, verebbte.

Jacob atmete in die Stille, Gewissheit erfüllte ihn. Dies war sie, die Brücke zur Grünen Sprache, zur Sprache des Lichts.

Schon pfiff es erneut vom Waldrand her.

»Die Felswände verstärken das Echo«, meinte Edward, »die Pfiffe tragen bestimmt sechs Meilen weit, vielleicht sogar mehr.« Er hockte sich auf einen Felsvorsprung. »Schade, dass wir von hier nicht sehen können, welche Technik sie zum Pfeifen benutzen.«

Jacob setzte sich ins warme trockene Gras und sog den würzigen Geruch ein.

»Ein Traum, oder?« Edwards Blick verlor sich in der Ferne, wo die Pfiffe widerhallten. »Für Gefangene, für heimlich Liebende, für Diebe …«

Jacob schlang die Arme um die Knie. Ein Traum war es wirklich. Hier hatte eine menschliche Sprache Flügel: erfüllte eine ganze Landschaft, wie es Worte niemals könnten. Diese Sprache war kraftvoller, klarer und einzigartiger als alle anderen. Die Sprache Gottes schien dahinter aufzuschimmern, als wäre sie ganz nah, fast greifbar.

»Der Unsichtbare nahe des Pic de Ger pfeift besser«, sagte Edward, »schärfer.«

Jacob zog sein Notizbuch und einen mit einem Faden umwickelten Grafitstift hervor, den er in England gekauft hatte, zeichnete fünf Linien auf das Papier. »Wenn ich von einer Sprache zur anderen wechsle, spüre ich ein leichtes Schweben, aber diese Sprache schwebt ständig.«

Edward blickte ihm über die Schulter. »Willst du die Pfiffe als Noten aufschreiben?«

»Ich wüsste nicht, wie sonst. So kann ich Tonhöhe und -länge am besten festhalten.«

Wieder ertönten die kristallklaren Pfiffe vom Gipfel. Jacob hörte einen langen Ton, schrieb ein hohes F, dem er den Wert einer ganzen Note gab.

»Und du hörst, welche Note das ist?« Edward lehnte sich vor.

Jacob nickte. »F ist ein blauer Ton.«

Edward verfolgte Jacobs Notizen und grinste. »Ich habe selten einen Menschen mit so vielen Talenten und so vielen Löchern in den Schuhen gesehen.«

Jacob zeichnete eine Achtel G, eine Achtel C, ein Glissando aufwärts, eine halbe Note E, einen Triller auf dem hohen F, ein Glissando abwärts. Die Lichtstrahlen glitzerten um ihn herum. In seinem Innern breitete sich eine tiefe Ruhe aus, wie er sie noch nie gespürt hatte.

»Ob das der melodische Verlauf der Sätze ist, die sie pfeifen?«, fragte Edward.

»Das wäre zu einfach«, Jacob schrieb eine halbe Note Es, »und auch zu mehrdeutig.« Er wünschte, sein Gefährte würde zu reden aufhören.

»Ziemlich große Sprünge zwischen den Tönen«, bemerkte Edward, »und sehr unterschiedliche Tonlängen.«

Jacob blätterte um, schrieb weiter. Es fiel ihm unglaublich leicht, obwohl die Hirten sehr schnell pfiffen. *Auch John Dee,* kam es Jacob in den Sinn, *ist die Feder vorausgeeilt.*

»Worüber die sich wohl so ausgiebig unterhalten?«, fragte Edward nun. »Vielleicht haben sie Liebeskummer.«

Jetzt ertönten die Pfiffe wieder vom Waldrand.

»F und D kommen ziemlich oft vor«, Edward zeigte auf einige Noten, »ob sie für bestimmte Worte stehen? Für besonders häufige?«

»Es könnten auch Vokale sein«, erwiderte Jacob, während er die Töne in sich aufsog.

»Und die Glissandi wären dann Konsonanten?«

»Möglich.« Jacob nickte, füllte schon die vierte Seite mit Noten. Ihm kam es vor, als würde alles überschäumen: die Klänge, die Noten, die Farben um ihn herum.

Plötzlich prallte ein schwerer Stein neben Jacobs Schreibhand auf. Ein weiterer traf ihn am Rücken, dass ihm die Luft wegblieb. Er sprang auf: Von einem fünfzig Schritte bergan gelegenen Holzverschlag kamen vier Hirten in Kapuzenumhängen auf sie zugelaufen.

»Ach du Schande!«, rief Edward, rappelte sich hoch, während ein Stein eine Handbreit neben seinem Kopf vorbeiflog.

Jacob steckte seine Utensilien ein, lief hinter Edward bergab, stolperte über Felsbrocken, in seinem Kopf pochte es schmerzhaft, als wäre er aus einem Traum gerissen worden.

»Was habt ihr hier zu suchen?«, rief einer der Hirten mit rauer Stimme. Jacob sah die filzigen violetten Ovale und die darum kreisenden roten und gelben Punkte des Bearnesischen. Er lief weiter, die lange Apothekerkluft behinderte ihn, er sah sich um. Die Verfolger liefen, wie nur Bergbewohner über dieses unebene Gelände rennen konnten, schnell und gelenkig wie Gämsen. Sie waren schon auf zehn Schritte herangekommen. »Wir sammeln nur Heilpflanzen«, rief Jacob über die Schulter auf Bearnesisch, »das ist alles!«

Ruckartig blieben alle vier Verfolger stehen, die Münder weit offen, und tauschten verwirrte Blicke aus.

Edward zog Jacob am Ärmel. »Renn, verflucht, oder meinst du, dein großartiges Bearnesisch bannt sie ewig?« Jacob lief Edward nach, auf den Kiefernwald zu.

Ein dumpfer Aufprall ertönte hinter ihnen, etwa da, wo sich die Verfolger befinden mussten. Es klang, als wäre ein Stein auf die Hirten geworfen worden. »Was wollt ihr dreckigen Hirten?«, klang es aus dem Schatten des Waldes. Die Beschimpfung hinterließ violette Ovale, überzogen von einem blauen Schleier: Bearnesisch mit einem südenglischen Akzent. Wer hatte da gerufen? Jacob erreichte den Wald, sprang Edward über Baumwurzeln und Steine nach, verfing sich, riss sein Gewand von einem dornigen Zweig, setzte über einen kleinen Bach, bekam nasse Füße, strauchelte ans Ufer, hielt inne. Die Verfolger waren nicht mehr zu hören und nicht mehr zu sehen. Wahrscheinlich hetzten sie denjenigen nach, der sie angegriffen und beleidigt hatte.

Hechelnd stützte Edward sich an einem Baumstamm ab. »Ich habe mir die südliche Gastfreundschaft irgendwie anders vorgestellt.«

Jacob lehnte sich neben ihn an den Stamm. »Wer war das, der die Hirten abgelenkt hat?«, schnaufte er. »Jemand, der Bearnesisch mit englischem Akzent spricht …«

»Mit englischem Akzent?«

Zwischen Bäumen und kniehohen Farnen liefen sie weiter bergab. In der Ferne ertönten verärgerte Ausrufe:

»Weg!«

»Wie vom Erdboden verschluckt!«

»Jedenfalls haben sie ihn nicht erwischt, wer auch immer es war.« Jacob kletterte den felsigen Pfad talwärts, weit nach vorn gebeugt, um nicht auszurutschen.

»Umso besser«, meinte Edward.

»Warum hat er uns geholfen?« Jacob blickte durch das Gewirr aus Ästen und Zweigen empor. Der Pic de Ger war nicht mehr zu sehen.

»Das ist wirklich seltsam«, stimmte Edward zu.

Jacob wandte sich wieder talwärts. Behände bahnte Edward ihm einen Weg durch dorniges Gestrüpp. »Lass uns einen trinken gehen«, sagte er munter, »und in Ruhe deine kleine Bergmusik studieren.«

20: ZU PFIFFIGE PFIFFE

Einige Tage später suchen Jacob und Edward in der Taverne von Laruns noch immer nach Motiven in der Kleinen Bergmusik.

Edward saß an einem Fenstertisch der kleinen Taverne am Marktplatz von Laruns, trank einen tiefen Schluck Cidre und lehnte sich zurück. Vor ihm lagen etliche Papierbögen mit langen Listen: Links waren Noten, rechts davon Buchstaben geschrieben. Er schaute auf die Aufstellung, die er zuletzt vorgenommen hatte:

halbe Note D = i
Viertelnote F = e
ganze Note G = o
ein Glissando zwischen tiefem E und tiefem F = r
ein Glissando von H zum hohen D = l
ein Triller auf dem F = b

Doch nichts. Ein paar Noten ließen sich übersetzen – dann ging es nicht mehr auf. Edward rieb sich die Augen. Ihm gegenüber, den Kopf in eine Hand gestützt, arbeitete Jacob nach seiner eigenen Methode: eine undurchschaubare Mischung aus Häufigkeitsanalyse, Silbenhypothese, Zahlenwerten der Kabbala und Herleitungen aus dem Hebräischen. In den letzten vier Tagen hatte er kaum gegessen, zu viel getrunken, fast gar nicht geschlafen. Seine grauen Augen hatten einen fiebrigen Glanz, unter ihnen lagen dunkle Schatten. Seine Haare standen nach allen Seiten ab, weil er ständig die Finger darin verkrallte. *Es sieht nicht so aus,* grübelte Edward insgeheim, *als würde er es schaffen.* Jeder erdenkliche Code von Menschenhand hätte Jacobs Können längst nachgegeben. Edward blickte hinaus auf den staubigen Dorfplatz mit dem Brunnen und der Kirche. Diese Pfiffe hatten buchstäblich etwas Überirdisches. Vielleicht ließen sie sich ja auch nicht ergründen und die Sprache Gottes schon gar nicht. Vielleicht war es schlicht unmöglich, vielleicht waren sie den weiten Weg hierher umsonst gegangen und in eine Sackgasse geraten. Edward seufzte. Wussten möglicherweise nicht einmal die Hirten, was sie da taten, und gaben die Pfiffe nur weiter, von einer Generation zur nächsten, ohne das ihnen zugrunde liegende Prinzip zu begreifen?

»Ich dachte«, sagte Jacob und sah durch Edward hindurch, »die 26 könnte sich irgendwo verbergen, der Zahlenwert für Jahve. 5 + 6 + 5 + 10 … der hebräische Buchstabe Jot könnte das hohe C sein, He ein tiefes G, Waw ein A, und die Glissandi dazwischen könnten Quersummen sein, die untereinander addiert wiederum in die Komponenten 5, 6 und 10 aufteilbar sind. Und damit würde sich ein Kreisprinzip ergeben, das immer wiederkehrt: das Prinzip der sich ständig erneuernden Schöpfung.« Seine Stimme schwang ins Leere aus.

Edward zerknüllte seine letzte Aufstellung. Jacob delirierte, und er, Edward, hatte ihn in diese Lage gebracht. Es würde nicht mehr lange dauern, und sein Gefährte würde über dieser Suche den Verstand verlieren.

»Komm, lass uns eine Pause machen.« Edward erhob sich mit einem Ruck. »Ein bisschen in den Quellen von Eaux-Bonnes baden. Sie werden zwar nicht halb so gesund sein, wie die Leute sagen, die den Eintritt dafür nehmen, aber der Weg dorthin wird uns auf jeden Fall guttun. Frische Luft.«

»Geh nur«, murmelte Jacob, der schon wieder mit zitternden Fingern Notizen in sein Buch kritzelte, »ich mache noch ein bisschen weiter.«

Himmel noch mal, dachte Edward und ging zur Tür. Jacob sah nicht einmal auf. An der Kirche vorbei begab sich Edward zum Brunnen. Es war schon sieben Uhr und die Luft längst nicht mehr so heiß wie am Mittag. Am Brunnenseil zog er einen Bottich voll Wasser herauf, füllte seine Trinkflasche, schleppte den Bottich in die Taverne, stellte sich schräg vor Jacob und schüttete ihm das eiskalte Wasser über den Kopf, ohne ein einziges Wort zu sagen.

Alle Tavernenbesucher – Hirten, Händler, Holzfäller, Maultiertreiber und Wollspinnerinnen – johlten und grinsten einander zu. Dann verstummten sie und starrten Jacob an. Der legte die Feder aus der Hand, fuhr sich mit den Händen über das nasse Gesicht, versuchte, es mit seinem triefenden Hemdsärmel trocken zu wischen. Die anderen Gäste jauchzten und klopften sich auf die Schenkel.

Jacob sah auf seine vom Wasser durchweichten Notizen. »Ich versuche es noch mal ganz anders, ganz einfach. Die Noten sind Vokale, die Glissandi und Triller Konsonanten.«

Edward packte ihn am Kragen, zog ihn hoch und gab ihm eine schallende Ohrfeige. Alle Tavernenbesucher hielten den Atem an. Abrupt wurde es still im Raum. Jacobs Augen flackerten auf, als gewahrte er zum ersten Mal die Welt jenseits der Papierbögen. »Ist es weit bis zu den Quellen?«, fragte er hin und her taumelnd.

»Nein, nicht weit«, sagte Edward, legte die Zeche auf die Theke und schob Jacob nach draußen.

Sie stiegen den steilen, staubigen Pfad zu den Quellen bergan. Die Sonne stand rot über den Baumwipfeln. Rechts des Weges tat sich der Blick über ein bewaldetes Tal auf, links erhoben sich schroffe Felsen. Jacob stolperte. »Was, wenn ich es nicht schaffe?«, fragte er mit gesenktem Blick. »Was, wenn ich halb Europa durchquert habe und es nicht schaffe?«

Edward legte ihm eine Hand auf die Schulter. »Bisher hast du nur den Papieransatz verfolgt.« Das stimmte tatsächlich, fiel Edward auf. Vielleicht gab es doch noch Wege, das Geheimnis der Pfiffe zu lüften.

»Hm?«, machte Jacob, schnaufte beim Gehen. Sein Gesicht war von der Anstrengung rot angelaufen.

»Es gibt noch den Münzenansatz oder den …«

»Den Münzenansatz?« Jacob hielt inne, blinzelte in die Sonne und stöhnte auf. »Mir ist so schwindelig.«

»Das geht vorüber.« Edward reichte ihm seine Trinkflasche mit dem frischen, kühlen Brunnenwasser. »Wir könnten einen Außenseiter unter den Hirten suchen, ihn gut bezahlen, damit er redet.«

Mit geschlossenen Augen trank Jacob in großen Zügen, atmete tief durch. »Außenseiter gibt es immer.«

»Und dann wäre da noch der Frauenansatz«, fügte Edward grinsend hinzu, drückte den Korken in die Flasche.

Jacob stutzte.

»Unter den Pfeifenden sind auch Hirtinnen, falls dir das schon aufgefallen sein sollte?« Er zwinkerte Jacob zu. »Die muss man ein wenig einwickeln, mit ihnen tanzen, trinken oder schlafen, bis sie das Geheimnis ausplaudern.«

Jacob wischte sich den Schweiß von der Stirn, sah einer Eidechse nach, die über den Pfad huschte und in einer Felsspalte verschwand. »Ich fürchte, mir liegt nur der Papieransatz.«

Edward lachte auf. »Ich bin ja auch noch da.«

21: VOUS PARLEZ DEUTSCH, TOO?

Eine halbe Stunde später in den heißen Quellen von Eaux-Bonnes in der Nähe von Aas: Margarète nimmt ein Bad und betört den Falschen.

Margarète räkelte sich in dem großen Steinbecken, sog den Schwefelgeruch ein, der ihr wie eine Kraft aus den Tiefen der Berge – eine Quelle des Lebens – vorkam, und schaute über die Täler und Gipfel im blauroten Abendlicht. Ihr Körper fühlte sich so leicht an, als hätte sie keine Knochen. Was gab es Schöneres, als im Wasser zu liegen und über der Welt zu schweben?

»God almighty, this is hot.« Englische Wörter klangen vom gegenüberliegenden Beckenrand herüber. Margarètes Herz schlug schneller. Waren sie das etwa? Doch, ja, leibhaftig und unbekleidet: der deutsche Decodierer und sein englischer Begleiter, der den Fuß ins Becken getaucht hatte, während der Sachse skeptisch auf das dampfende Wasser schaute. Margarète unterdrückte ein Schmunzeln. Wenn das keine agentische Meisterleistung war: die zu Beobachtenden nicht zu verfolgen, sondern sie am rechten Ort zur rechten Zeit zu erwarten und sie obendrein nackt und somit ohne Zweifel waffenlos anzutreffen. Der Engländer hatte einen athletischen Körper mit festen, hervortretenden Muskeln. Der Sachse dagegen war weiß, abgesehen von Unterarmen, Hals und Kopf, die von der Sonne eine rötlich braune Farbe bekommen hatten. Man konnte seine Rippen zählen. Außerdem hatte er zerzauste Haare. Unter der Buche, am anderen Ende des Beckens, lagen die schwarzen Apothekergewänder wie übergroße, vom Himmel gefallene Fledermäuse.

»Dies ist möglicherweise ein Ort, wo Fremde geröstet werden, um zum Abendessen von den einheimischen Wilden verspeist zu werden«, sagte der Engländer. Er war schwer zu verstehen, sprach ganz anders als die Leute in London und Oxford, die Margarète vor Jahren auf ihrer Reise mit ihrem Dienstherrn und Mentor Élie Vinet gehört hatte. Damals hatte sie nicht ahnen können, dass ihr diese Kenntnisse einmal in einem Bad auf einem Berggipfel des Béarn zur Spionage dienen würden. Damals hatte sie über ihre Zukunft nicht nachgedacht, sondern immer nur gelernt und gelernt. Auch Élie Vinet hatte über ihre Zukunft nicht nachgedacht und sich stets nur darüber gefreut, wie sie an Bildung gewann. *Frauen mit achtzehn Jahren,* überlegte Margarète, *haben etwas Endgültiges, sie scheinen stark und unveränderlich wie Statuen. Für sie zählt in ihren eigenen Augen und in denen der anderen nur die Gegenwart, sonst nichts.* Die Männer stiegen ins Becken: der Engländer zuerst, mit einer Hockwende, der Sachse setzte sich auf den Beckenrand, stützte sich mit beiden Händen ab und ließ sich ins Wasser plumpsen.

Der Engländer schielte zu ihr herüber. Margarètes Puls beschleunigte sich: Es ging los. Sie blickte mit verträumtem Gesichtsausdruck zur Seite, beobachtete das rotblaue Farbenspiel am Abendhimmel. Ihre Locken waren zu einem Kranz geflochten, wodurch ihr schlanker Hals zur Geltung kam. Die beiden Männer würden sie wahrscheinlich für eine der Begüterten halten, die durch die Pyrenäen reisten, um in den Bädern zu kuren. Der Engländer musterte sie schamlos, ließ den Blick über ihre Haare gleiten, über ihr Gesicht, ihre Schultern und, wie es schien, über jede einzelne Sommersprosse. Er stieß seinen Kumpan an. »Meine Güte, was für eine Nixe.« Er dämpfte die Stimme nicht im Geringsten, ging offenbar wie selbstverständlich davon aus, dass sie kein Wort verstand. Margarète hob einen Arm aus dem Wasser, legte ihn in den Nacken. Die blauen Augen des Engländers blitzten auf. Sie waren sehr hell. Der Sachse, der tiefe Ringe unter den Augen hatte und elend und übernächtigt aussah, wandte den Blick von ihr ab, schaute in die Ferne, in die Richtung des Pic de Ger.

Margarète seufzte leise. Der Deutsche sah nicht nur schlechter aus als sein Begleiter, sondern war auch noch schwieriger zu betören. Hoffte er, vom Pic de Ger her Pfiffe zu hören, die Pfiffe der Hirten? Margarète steckte zwei Finger in den Mund und pfiff, wie sie es am Tag ihrer Ankunft im Turmzimmer des Châteaus de Béost getan hatte. Es hatte dort geklappt, warum nicht auch hier? Sie sandte einen langen und hohen Ton, dann einen kurzen tiefen, zuletzt einen Triller. Schrill zogen ihre Signale über die Berge, hallten nach.

Augenblicklich spannte sich der Körper des Sachsen wie ein Bogen, sein Blick schoss zu ihr herüber. »Kennt Ihr die Pfeifsprache der Hirten?«, fragte er ohne Umschweife in einem für einen Fremden beachtlich guten Bearnesisch. Margarète unterdrückte ein Schmunzeln. Das war ein schneller Erfolg. Außerdem zeigte seine Reaktion ziemlich unzweifelhaft, dass er sich für die Pfiffe der Hirten und damit wahrscheinlich auch für die Sprache der Schöpfung interessierte.

»Nein, ich kann nur ein bisschen pfeifen«, gab sie beiläufig auf Bearnesisch zurück. Der Sachse sackte in sich zusammen. Sollte sie das Gespräch auf Latein fortsetzen, um die Aufmerksamkeit dieses Polyglotten zu halten?, fragte sich Margarète. Sie könnte sich erkundigen, woher er kam. »Unde venitisne?«

»Ex Germania venio, ex Saxonia.« Die lateinischen Worte strömten unwillkürlich aus dem dürren Körper heraus, als könnte er nichts dagegen tun. Nur angeschaut hatte er sie nicht, sondern auf die Berge geblickt.

Ihre Strategie schien richtig. Margarètes Muskeln strafften sich. Mit einem polyglotten Gespräch könnte sie diesen Menschen vielleicht einwickeln. »Vous venez …«, sagte sie, entschied sich, einen ihrer Brocken Englisch zur Geltung zu bringen, »really from so far away?«

Der Sachse lächelte. Der Engländer, der dem Gespräch mit offenem Mund beigewohnt hatte, klinkte sich ein: »How come you speak English so well?«

Sie musste ihn ausbooten. Spanisch war ihre beste Fremdsprache. Da hielt der Engländer sicher nicht mit. »Tendría que hablarlo mejor«, erwiderte sie – Ich sollte es besser sprechen. *Wechsle wieder die Sprache,* spornte Margarète sich an. »… Mais je …«, *und noch mal:* »spreche es gern.«

Der Sachse merkte auf. »Vous parlez Deutsch, too?« Knapp an ihr vorbeischauend, lachte er über seinen eigenen Wortsalat. Na also, Margarète ballte unter der Wasseroberfläche die Hand, es klappte.

»Ein bisschen«, sagte sie, schüchtern lächelnd. Jetzt könnte sie ins Italienische wechseln, eine verspielte Sprache. Am besten auch etwas Verspieltes sagen, ihn fragen, ob er den weiten Weg gekommen war, um ein Bad zu nehmen. »E avete fatto tutta questa strada dalla Sassonia solo per fare un bagno?«

»Sono venuto qui, weil je suis un imbécile.« Er hatte Italienisch, Deutsch und Französisch gemischt. Wunderbar, wie er auf den polyglotten Köder ansprang. Ich bin hierhergekommen, weil ich ein Dummkopf bin, hatte er gesagt.

Sein Gefährte fuhr zusammen, als erschrecke ihn diese Antwort.

»¿Porque usted es un idiota?«, hakte Margarète auf Spanisch nach.

»Questo è quello savoir moi-même«, gab der Mann in einer Mischung aus Italienisch und Französisch zurück – Das würde er selbst gerne wissen. Margarète lachte, er sprach weiter, den Blick auf das dampfende Wasser gerichtet: »Ich hatte un bon travail en casa del hombre màs simpático del mundo.« Deutsch, Französisch, Spanisch: Er hatte eine Arbeit im Haus des freundlichsten Menschen der Welt gehabt. Offenbar bedauerte er, von dort, wo immer das war, weggegangen zu sein.

Margarète konnte es kaum fassen. Sie warf ihm ein paar fremdsprachige Brocken hin und schon schüttete er ihr sein Herz aus. Sie sollte ihn fragen, warum er fortgegangen war, vielleicht wieder einmal auf Latein. »Cur discessistis?«

»To hear some bergers siffler.« Margarète stockte der Atem. Er hatte gerade einfach so herausgesagt, dass er gekommen war, um die Hirten pfeifen zu hören. Meine Güte. Bei diesem Menschen wirkten ein paar Sprachfetzen besser als geschickt geflochtene Haare oder schöne Brüste.

Der Sachse lächelte. »Si cela n'est pas stupide, mutluts tis diuq oicsen.«

Wenn das nicht töricht ist … aber was hat er danach gesagt, überlegte Margarète. War das Lateinisch rückwärts gewesen? Leise murmelte sie die letzten Silben: mutluts tis diuq oicsen. Als Mädchen hatte sie sich manchmal einen Spaß daraus gemacht, rückwärts zu sprechen. Ja, tatsächlich, es war Lateinisch rückwärts: nescio, quid sit stultum. *Dann weiß ich nicht, was töricht ist,* hieß das. In Margarètes Nacken prickelte es. So zahlten sich die scheinbar sinnlosen Spielereien der Kindheit doch noch aus, wie immer im Leben. Obendrein begann der Sachse anzugeben, frohlockte Margarète. So wie andere Männer beim Schwertkampf angaben oder beim Reiten oder mit einem teuren Hut, so gab dieser Mensch mit Lateinisch rückwärts an. Der Fisch zappelte am Haken.

»Lateinisch rückwärts zu sprechen zum Beispiel?«, sagte sie auf Französisch.

Der Sachse zog die Brauen hoch, offenbar überrascht und beeindruckt, dass sie sein verdrehtes Latein so schnell herausbekommen hatte. Dann lachte er, wobei er ihr mit plötzlicher Ausgelassenheit mitten ins Gesicht sah. Seine Augen, die grau waren, schimmerten dunkelblau im Abendlicht.

Margarète brach der Schweiß aus. Sie hatte schon ewig im warmen Wasser gelegen. Sie stieg aus dem Becken, die Abendluft fühlte sich kühl an, ein angenehmer Schwindel erfasste sie. Indes vermaß der Engländer ihren Körper Daumenbreite um Daumenbreite. Der Sachse schaute nur kurz auf, dann über die Bäume zum Berggipfel. Die Spielerei im Wasser war vorbei, der polyglotte Faden gerissen und nicht mehr fortzuspinnen. Margarète schüttete sich einen Kübel kaltes Wasser über. Sie musste sich etwas Neues einfallen lassen, um diesen Menschen an sich zu binden. Die Männer verließen das Becken, jagten einander mit den Wasserkübeln, spritzten einander nass, johlten. Wie Spione benahmen die beiden sich gerade nicht, eher wie wider Willen groß gewordene Jungen – mithin wie fast alle nicht allzu interessanten Männer.

Margarète trocknete sich ab und streifte ihre Kleidung über. Als sie ihre Reithosen anzog, gaffte der Engländer sie mit zusammengezogenen Augenbrauen an. Der Sachse knöpfte gleichmütig sein Wams zu.

Margarète band ihre Haube um, hielt einen Becher unter den Hahn eines Steinbeckens, trank das Quellwasser. Es war warm und geruchlos, etwas salzig, mit scharfem Nachgeschmack.

»Salpeterhaltig, schmeckt es Euch?« Der Engländer sprach gebrochenes Französisch, hatte ebenfalls einen Becher in der Hand und zwinkerte ihr zu. Offenbar war er es gewohnt, mit seinen hellblauen Augen bei Frauen leichtes Spiel zu haben. Der Sachse nippte an seinem Becher, schaute in die untergehende Sonne.

»Ich bin Edward Talbot.« Der Engländer küsste ihr die Hand, verweilte zu lange mit seinen feuchten Lippen auf ihrem Handrücken.

»Margarète Tillet.« Den falschen Namen hatte sie so oft benutzt, dass er ihr schon fast wie ihr richtiger vorkam.

»Jacob Greve.« Der Sachse verneigte sich, gab ihr einen Handkuss, ohne mit dem Mund ihre Haut zu berühren. Beide Männer warfen sich ihre Umhänge über. Da fuhr der Sachse herum, erstarrte, schaute unweit einer Kastanie ins Gebüsch.

»Was ist?« Talbot wandte sich in die gleiche Richtung wie sein Gefährte.

»Mir war, als hätte ich Schritte gehört, hinter den Büschen da«, flüsterte der Sachse mit geducktem Oberkörper, zeigte ins Dickicht hinter der Kastanie.

Margarète lauschte, der Engländer schaute zu ihr hin. »Vielleicht jemand, der gern schönen Frauen beim Baden zusieht.«

Margarète lächelte Talbot zu, während sie zum Tor gingen und der Sachse sich ständig zum Gebüsch umdrehte. Sie nahmen den Pfad ins Tal. Jacob Greve gab keinen Ton von sich und ging mit gesenktem Blick. Margarète ließ sich von dem Engländer in ein mäßig interessantes Gespräch verwickeln und mit den Augen verschlingen. *Der Weg über den besten Freund,* sagte sie sich, während die Berge violett im letzten Sonnenlicht schimmerten, *ist immer noch besser als keiner.*

22: ACHTSPRACHIG ZUM TANZ

Am folgenden Nachmittag inspiziert Margarète eine große Truhe, brilliert im Hochsprung und erhält eine Einladung zu einem Pfeifkonzert.

Margarète folgte Martin d'Espalungue in den großen einfachen Schlafsaal im ersten Stock des Châteaus de Béost, wo auch Jacob Greve und sein Begleiter abgestiegen waren. Dicht hinter ihr ging der junge Mönch.

»Sie sind vor einer Stunde weggegangen«, sagte d'Espalungue und trat in den Schlafsaal. »Behältst du den Burgeingang im Auge?«, wies er den Mönch an. Der nickte und lehnte sich mit verschränkten Armen an den Fensterrahmen. Im Raum, den nackte Mauern umfassten, standen zehn einfache Kiefernholzbetten mit Strohsäcken, außerdem vier schwere Truhen mit Eisenschlössern. Auf die karge Einrichtung fiel durch das Westfenster das warme Licht der Nachmittagssonne.

»Es sieht ganz so aus«, stellte Margarète fest, »als könnte sich dieser Polyglotte, der eine Bellaso-Herausforderung gelöst hat, keine kostspielige Unterkunft leisten.«

D'Espalungue beugte sich über eine Truhe am Südfenster, die er wohl dem Sachsen und seinem Begleiter zugewiesen hatte. »Die Protestanten gründen überall Schulen und bringen irgendwelchen Handwerkerjungen Latein, Griechisch und Hebräisch bei, um sie dann in der Luft hängen zu lassen. Wahrscheinlich ist dieser Jacob einer von ihnen.«

Margarète schürzte die Lippen. »Und ein Katholik hat irgendeiner Tischlertochter Latein und Italienisch beigebracht.«

Lachend schloss der Burgherr die Truhe auf. »Das war ja auch ein ganz besonderes Mädchen, dem ich auch beigebracht hätte, was mir irgend eingefallen wäre.«

Margarète grinste. Charme versprühen konnte dieser Mann mit den Bernsteinaugen. Sie genoss, dass sie das völlig kaltließ. D'Espalungue hob den schweren Deckel der Truhe, holte einen Haufen Kleidungsstücke und ein ganzes Bündel mit Töpfen, Phiolen und Pflanzen heraus. »Das dürfte seinem Begleiter gehören, der vielleicht wirklich Apotheker ist.« Weiter unten lag ein knappes Dutzend Bücher. Der Burgherr pfiff durch die Zähne. »Er scheint all sein Geld für Bücher auszugeben.«

Margarète trat heran, nahm ein mittelgroßes Buch heraus, besah das Titelblatt. »Ovids *Metamorphosen.*«

»Nützlich für einen Spion«, witzelte d'Espalungue. Der Mönch grinste.

»Dies sieht am kostbarsten aus.« Margarète griff nach einem großen Band mit Messingbeschlägen an den Ecken, in dessen Kalbslederdeckel fliegende Kraniche eingraviert waren. Sie setzte sich auf ein Bett, legte das schwere Buch auf die Knie, schlug auf den Deckel. Die Haken lösten sich aus den Ösen. *Aldaraia sive Soyga vocor* stand auf der Titelseite.

»*Soyga*«, sagte Margarète, »ist Griechisch rückwärts und bedeutet *heilig.*«

»Es geht doch nichts über gebildete Spioninnen.« Der Freiherr setzte sich neben sie, roch nach frischem Lavendelparfüm.

Vorsichtig blätterte Margarète die Seiten um, auf denen sich astrologische Zeichnungen in schillernden, kostbaren Farben sowie Beschwörungsformeln fanden; viele Wörter waren rückwärts geschrieben. »Typisch für kabbalistische Texte«, sagte sie, »oder für eine vom Teufel auf den Kopf gestellte Welt. Es könnte auch schwarze Magie sein.«

Der Mönch bekreuzigte sich.

»Um so besser«, grinste d'Espalungue, »falls dieser Sachse uns zu viele Schwierigkeiten macht, verraten wir ihn an die Häretiker, die verbrennen einen Teufelsanbeter nach dem anderen.«

»Wirklich?« Der Mönch blickte ungläubig.

»Oh, ja, was das angeht, sind sie gründlicher als wir Katholiken.«

Im hinteren Teil des Bandes befanden sich Buchstabenquadrate: ein Wirrwarr aus verschiedenen Schriften mit zahlreichen Notizen am Rand. Margarète sah sich das sechste Quadrat genauer an. Es bestand aus lateinischen und griechischen Buchstaben, auch aus hebräischen und solchen, die sie keiner Sprache zuordnen konnte. D'Espalungue hielt ihr ein Buch mit fremden Zeichen hin, die in kurze Abschnitte aufgeteilt waren. »Was mag das sein?«

Margarète blickte auf die Schnörkel und Punkte, zuckte mit den Achseln. »Arabisch oder Persisch vielleicht? Möglicherweise Gedichte, weil die Abschnitte so kurz sind.«

Sie wandte sich wieder dem Buch auf ihren Knien zu und las das sechste Buchstabenquadrat diagonal, senkrecht und waagerecht, vorwärts und rückwärts. Manche Buchstaben wiederholten sich viermal direkt hintereinander in einer Reihe. Auch die Randnotizen lieferten keine Hinweise.

»Ob die Randnotizen von dem Sachsen stammen?«, fragte d'Espalungue.

Margarète zuckte erneut mit der Schulter und blätterte zurück. Zwischen den zwei Seiten vor den Buchstabenquadraten steckte ein Zettel, offenbar aus einem Notizbuch herausgerissen. Sie entfaltete ihn, d'Espalungue beugte sich so weit über den Zettel, dass ihre Wangen einander berührten. Margarète rückte ein wenig zur Seite. Die Schrift war kleiner und gestochener als die der Randbemerkungen.

»Oder dies ist die Schrift des Sachsen und die Anmerkungen stammen von jemand anders«, überlegte Margarète.

Auf dem Zettel stand etwas auf Deutsch. Auf ihrer Reise nach England hatte sie ein paar Brocken davon aufgeschnappt. »*Gepfiffen* und *Schlüssel:* Diese Vokabeln kenne ich nicht.« D'Espalungue, der in einem dicken Buch geblättert hatte, reichte es ihr schmunzelnd. Sie las das Titelblatt: *Das achtsprachige Wörterbuch von François Garon,* 1546 erschienen. Deutsch war eine der darin berücksichtigten Sprachen. Margarète lachte auf. »Sehr zuvorkommend von dem Sachsen, das erforderliche Wörterbuch zur Verfügung zu stellen.« Sie schlug die Vokabeln nach und übersetzte: »Die gepfiffenen Worte der Hirten von Aas sind ein Schlüssel zur Sprache Enochs.« Darunter stand, zweimal unterstrichen, *Lingua avium.* »Die Sprache der Vögel«, übersetzte sie.

D'Espalungue strahlte sie an. »Wie haben wir nur so lange ohne dich leben können?«

Margarète faltete den Zettel wieder zusammen und steckte ihn zurück ins Buch. »Das bestätigt, was der Deutsche mir selbst gesagt hat: dass er gekommen ist, um die Pfiffe der Hirten zu hören.«

»Er sucht also nach der Sprache Adams«, sagte d'Espalungue finster.

»Er wird stattdessen die der Schlange finden.« Der Mönch kaute an einem Fingernagel.

»Du musst ihm nahekommen, Margarète«, d'Espalungue sah sie eindringlich an, »wenn er die Sprache findet, muss sie der Liga gehören.« Er nahm die restlichen Bücher aus der Truhe. »Vielleicht finden sich in ihnen Hinweise auf eine Spionagetätigkeit.«

Sie blätterten die Bücher eines nach dem anderen durch, fanden aber keine Notizen, keine Codierungs-Schablonen oder Code-Schlüssel.

»Ich habe ihn öfter in ein Notizbuch schreiben sehen, vielleicht bringt das uns weiter«, sagte d'Espalungue, kramte in der Truhe, schüttelte den Kopf. »Er muss es bei sich haben.«

Er schlug ein in grobporiges Schweinsleder gebundenes Buch auf. Margarète beugte sich über die Seite, sah eine lateinische Schrift, doch die Wörter hatten keine romanischen oder germanischen Wurzeln. »Vielleicht etwas Osteuropäisches?«, mutmaßte Margarète.

D'Espalungue blies die Wangen auf. »Meine Güte, wenn der Sachse all diese Sprachen beherrscht, muss er wirklich begnadet sein.«

»Gott segnet keine Protestanten«, warf der Mönch ein. Seine Stimme klang belehrend. Seit er den Pfarrer getötet hatte, sprach er mit gestandenen Ligisten wie mit Kleinmütigen.

D'Espalungue überhörte den Einwurf. »Ob er alle benutzt, um Codes zu erstellen?«

»Dann«, überlegte Margarète, »müsste auch der Empfänger mit all diesen Sprachen etwas anfangen können.«

»Und so gut ist nicht einmal Thomas Phelippes, dieser elende Hurensohn.« D'Espalungue verstaute die Bücher sorgsam in der Truhe, genauso, wie sie vorher gelegen hatten, ebenso das Bündel mit den Apothekerutensilien und die Kleidungsstücke.

»Wer ist Thomas Phelippes?«, hakte der Mönch nach.

»Der beste Kryptologe Walsinghams«, sagte d'Espalungue, »er soll mehrere Sprachen so fließend sprechen, dass man ihn für einen Muttersprachler hält, unter anderem Französisch, weil er Assistent des englischen Botschafters in Paris war.«

Der Mönch spuckte aus dem Fenster. »Vielsprachigkeit ist eine Strafe

Gottes für den Hochmut. Die Geschichte vom Turmbau zu Babel lehrt das.«

Auch Margarète ignorierte den Dominikaner. »Dann würde er sich gut mit dem Sachsen verstehen«, sie hielt inne, »wenn dieser Jacob für Walsingham spioniert, kennen sie sich vielleicht, arbeiten zusammen.«

»Gott bewahre.« D'Espalungue senkte den schweren Truhendeckel und sah aus dem Fenster. »Heute gibt es auf dem Marktplatz von Laruns ein Fest mit Wein und Tanz. Vielleicht sind der Sachse und sein Begleiter dort«, er sah Margarète aufmunternd an, »eine gute Gelegenheit, dem Mann ein wenig näherzukommen – jedenfalls solange die Calvinisten das Fest dulden.«

Margarète erhob sich. »Ich mache mich auf den Weg.«

»Braucht Ihr mich?« Der junge Mönch trat auf sie zu.

Margarète betrachtete den entschlossen dreinblickenden Menschen, der inzwischen fast erwachsen schien und der unter seinem weißen Habit einen Dolch verbarg.

D'Espalungue legte dem Dominikaner eine Hand auf die Schulter. »Vorerst kassieren wir von unseren häretischen Herbergsgästen nur die Kosten für Verpflegung und Übernachtung, nicht das Leben.«

Der Mönch grinste, als hätte der Burgherr ihm ein Kompliment gemacht, sah d'Espalungue und Margarète herausfordernd an. »Habt Ihr eigentlich schon bemerkt, dass mein Name *Frère Jacques Clément* ein Anagramm ist?«

Ein Anagramm? Margarète löste sie mit Vorliebe. Im Geist ordnete sie die Buchstaben von »Frère Jacques Clément« in neue Folgen. »*Créer* steckt in dem Namen«, murmelte sie halblaut, »ebenso *fer, farce, c'est, lamenter.*« Auch d'Espalungue überlegte. »*Casque, claquer, manquer, masquer, rue …*«

Der junge Mönch schüttelte schmunzelnd den Kopf.

D'Espalungue zuckte mit den Achseln. »Erleuchte uns.«

Der Mönch sah erst Margarète, dann dem Burgherrn in die Augen und sagte langsam, jede Silbe auskostend: »C'est l'enfer, qui m'a créé.« Margarète erstarrte. *Es ist die Hölle, die mich erschaffen hat,* lautete also das Anagramm, auf das dieser Mensch so stolz war. Auch d'Espalungue hielt erschrocken den Atem an. Der Mönch lachte hell: das gleiche Lachen wie nach dem Mord.

»Das werden die Häretiker einst von mir sagen.« Der Dominikaner grinste. »Doch für meine Glaubensbrüder bin ich Frère Jacques Clément, der sanftmütige Bruder Jacques.« Sich tief verneigend, ging er in den Korridor und die Wendeltreppe hinauf.

»Ein wenig gespenstisch, dieser junge Mann.« Margarète stieg neben d'Espalungue die Stufen hinunter.

»Schon«, entgegnete der Freiherr, »aber unsere Zeit erfordert genau solche jungen Menschen.«

Vielleicht stimmt das, dachte Margarète, während sie d'Espalungue winkte und an den Beeten und dem Springbrunnen mit dem steinernen Delfin vorbeiging. *Dieser junge Mönch wird ein kurzes Leben haben.* Der Gedanke kam ihr ganz plötzlich und mit der Klarheit einer Eingebung. *Ein Leben scharf und gnadenlos, voller Hass und Mord, bis es ebenso beendet wird.* Er konnte nicht mehr zurück, es war schon zu spät. Margarète ging über die Holzbrücke, die den Gave-Fluss querte. Dabei war Jacques Clément noch vor Kurzem ein Kind gewesen, das irgendwo im Norden mit seinen Kameraden spielte. *Dies sind keine guten Zeiten,* ging es ihr durch den Sinn, *in der junge Menschen so wild entschlossen in die Finsternis rennen.* Margarète wandte sich talwärts nach Süden Richtung Laruns, wo die Kirchenglocke sechs Uhr läutete. Schnelle Flöten- und Trommeltöne klangen die staubige Straße herauf.

Margarète beschleunigte ihren Schritt, fühlte sich auf einmal frei an diesem lauen Julinachmittag, rannte fast im Schatten der Kastanien, dem Johlen und der Musik entgegen. Sie trug ein einfaches dunkelgrünes Kleid, das genau richtig war. Denn heute musste sie nicht auf einem steifen Hofball glänzen, heute durfte sie auf einem Dorffest ausgelassen sein. Sie erreichte den Marktplatz vor der Kirche und musste lachen: Die hiesigen Volkstänze waren ebenso unelegant wie lebensfroh. In einem Halbkreis hüpften zwei Dutzend Tanzende zur Musik, sprangen, ohne irgendwelche Schrittfolgen zu beachten, hoch in die Luft. Das Orchester bestand, wie meist in dieser Gegend, nur aus einem Mann. Auch wenn Margarète solche Musikanten schon des Öfteren gesehen hatte, versetzte sie die Darbietung auch heute wieder in Erstaunen. Auf einem kippeligen Stuhl vor dem Kirchentor saß ein rund Vierzigjähriger in blauem Wollhemd und braunen Leinenkniehosen, der eine Flöte mit nur drei Löchern im Mund und eine Saitentrommel im Arm hielt. Mit einem Klangholz bearbeitete er die acht Saiten, die über die rechteckige Holztrommel gespannt waren. Gleichzeitig huschten Daumen, Zeige- und Mittelfinger seiner linken Hand über die Flöte und entlockten ihr eine erstaunliche Bandbreite von Tönen, wobei durch Überblasen die höheren Klänge entstanden.

Margarète suchte den Halbkreis der Tanzenden ab. Da, tatsächlich, außen rechts hüpfte der Engländer, der bei jedem dritten Sprung sein großes Barett festhielt. Dann musste auch der Sachse hier irgendwo sein. Unter die Tanzenden hatte er sich nicht eingereiht. An der Kirchenmauer lehnten ein paar Männer mit Trinkbechern. Auch unter ihnen war er nicht. Margarète drehte sich um, spähte über den Platz. Dort, am Brunnen, stand er, schmal, den Blick auf die Berge gerichtet. Er schien auf etwas zu horchen; auf die Pfiffe der Hirten? Margarète trat auf den Brunnen zu, lauschte auf Geräusche, die von den Hängen kamen. Sehr leise war das Zirpen eines Seidenschwanzes zu vernehmen. Es klang ein wenig wie die Signale der Hirten. Margarète bekam Gänsehaut. Wie die Pfiffe schien dieser Vogelgesang einem bestimmten Muster zu folgen, einem tief hineingewobenen Plan. *Die Sprache der Vögel,* kam es ihr. *Dieser Jacob sucht sie, überall, wie besessen.*

Nun wechselte der Spielmann Flöten und Singen ab. Wie die meisten Männer dieser Gegend sang er mit voller hoher Stimme. Die Tanzenden taten schnellere Schritte, drehten sich schwungvoller, sprangen höher. Plötzlich schwoll der Flötenton an, klang wie Feengesang, unwirklich schön: Der Mann flötete und sang gleichzeitig. Unglaublich. Der Sachse wandte abrupt den Kopf und starrte auf den Spielmann, hielt auf ihn zu, angezogen von der Magie der Töne. Auch die Tanzenden gerieten außer sich, schrien, johlten, klatschten in die Hände. Margarète trat dem Sachsen in den Weg. Beim Tanzen, spornte Margarète sich an, würde sie ihn kriegen.

Jacob Greve verbeugte sich höflich.

»Beachtlich, der Spielmann, nicht wahr?« Margarète drehte, scheinbar schüchtern, das Band ihrer Haube zwischen den Fingern.

Ihr Gegenüber nickte, als jemand Margarète von hinten am Ärmel zupfte.

»Kommt! Dieser Abend ist zum Glücklichsein da!« Es war Edward Talbot. Am Unterarm zog er sie mit sich zu den Tanzenden. Margarète sah sich um. Jacob Greve starrte auf den Flötenspieler.

Die Töne drangen Margarète in die Muskeln, der Engländer fasste sie bei der Hand und er tanzte gut. Margarète sprang höher und höher, ließ sich von Talbot an den Hüften packen und emporheben; er tat das mit geballter Kraft und deutlich achtsamer als Heinrich von Navarra. Sie jauchzte, die blauen Augen des Engländers strahlten, er setzte sie wieder ab und wirbelte sie am ausgestreckten Arm herum. Sie atmete ihm ins Gesicht, ließ sich am Ende des Tanzes von ihm umarmen.

Plötzlich zerriss ein Knall die Luft. Margarète schrie auf und presste sich an Talbot. Er rührte sich nicht. Alle Tanzenden waren erstarrt, die Musik verstummt. In der Richtung, aus der der Knall gekommen war, standen zwei Soldaten mit Brustpanzer und Helm. Margarète spürte, wie Talbots Brust sich beim Atmen auf und ab bewegte. Der eine Soldat, ein kleiner Stämmiger, hielt eine qualmende Arkebuse in der Hand. Margarètes Herz setzte aus, ihr Blick suchte Jacob Greve. Er stand immer noch da, unweit des Spielmanns. Niemand lag auf der Erde, niemand schrie. Der Soldat hatte in die Luft geschossen.

»Artikel 74 der Verordnungen der hochverehrten, einstigen und gottseligen Königin Johanna von Navarra und Vicomtesse des Béarn«, rief der zweite Soldat, ein beleibter Mann mit platter Nase, »verbietet jegliche Art von Tanz!«

»Wer hat dem denn den Schwanz abgeschnitten?«, flüsterte Talbot. Margarète lachte laut heraus.

Die Blicke beider Soldaten schossen zu ihr herüber. Sie hielt ihnen stand.

Der Plattnasige räusperte sich. »Räumt sofort den Marktplatz. Sonst erfolgen Festnahmen.«

Der stämmige Soldat trat neben den Spielmann, packte ihn am Arm.

»Der will doch nicht etwa den Spielmann mitnehmen?« Margarète machte einen Schritt auf den Soldaten zu.

Talbot hielt sie am Handgelenk zurück. »Lasst es gut sein. Mit Bewaffneten verhandelt man nicht.«

Die Menschen kuschten vor den Arkebusieren, trollten sich.

»Ich lobe den Tanz, denn er befreit den Menschen von der Schwere der Dinge«, flüsterte Margarète, den Blick auf den Soldaten gerichtet, der den Musiker abführte.

»Wer hat das gesagt?«, fragte Talbot.

»Augustinus.« Die Antwort war von Jacob Greve gekommen, der lautlos zu ihnen trat. Zwischen Kastanien gingen sie Richtung Nordosten, wo das Château de Béost lag.

»Was ist hier im Béarn außer Arbeiten und Schlafen eigentlich erlaubt?« Edward ging federnden Schrittes, offenbar noch beschwingt vom Tanz.

»Arbeiten und Schlafen«, antwortete Margarète.

Vor ihnen bemerkte Margarète einen Franziskanermönch in brauner Kutte. Es erforderte Mut, sich auf den Straßen des calvinistischen Béarn im Mönchsgewand zu zeigen. Begleitet wurde er von einem in edle Stoffe gekleideten Mann, wahrscheinlich ein wohlhabender Kaufmann. Der Franziskaner gestikulierte erregt mit den Händen. Margarète spitzte die Ohren.

»Es war schier unglaublich!«, rief der Mönch aus. Er sprach Französisch.

»Und es waren junge Hirten hier aus der Gegend, die gepfiffen haben?«, fragte der Kaufmann in belustigtem Ton.

»Mitten im Sonntagsgottesdienst!« Die Stimme des Franziskaners überschlug sich. »Das *Pater noster* nicht zu sprechen, sondern zu pfeifen, ist eine Verhöhnung der Heiligkeit der Messe.«

Von wem redet er, fragte sich Margarète. *Pfeifende Hirten aus der Gegend? Das müssen welche aus Aas sein. Und sie haben im Gottesdienst gepfiffen? Das* Pater noster *nicht gesprochen, sondern gepfiffen?*

Jacob Greve hatte sich vorgebeugt, ging dicht hinter dem Franziskaner und dem Kaufmann her, wie um keine Silbe von deren Gespräch zu verpassen.

Der Kaufmann lachte. »Nur weil Ihr im Béarn seid, werdet Ihr sauertöpfisch wie die Calvinisten. Immerhin ist es doch sehr beachtlich, das *Pater noster* pfeifen zu können. Wo war das denn?«

Der Franziskaner stöhnte missbilligend auf. »In Sallent de Gállego jenseits der Grenze, in Aragonien.«

Die Hirten hatten also eine katholische Messe jenseits der Grenze besucht, schlussfolgerte Margarète. Das taten viele Bearnesen, auch wenn das eigentlich nicht erlaubt war und von den Calvinisten oft mit Bußgeldern geahndet wurde.

Jacob Greve hatte so dicht zu den Vorausgehenden aufgeschlossen, dass er dem Ordensmann in die Hacken trat.

»Herrgott, kannst du nicht Abstand halten?« Der Kaufmann fuhr herum, wogegen der Mönch mit gesenktem Kopf weiterging.

»Entschuldigung«, Jacob Greve hob die Hand, sprach Bearnesisch, wollte wohl vor den beiden Männern verheimlichen, dass er ihr Französisch verstand, »ich habe eben beim Fest zu viel getrunken.« *Der gleiche Trick,* dachte Margarète, *den auch ich beim Maskenball auf dem Schloss von Pau angewendet habe.*

Der Franziskaner schritt weit aus. »Es klappt ja wunderbar mit der Enthaltsamkeit im calvinistischen Béarn. Hier sind die Leute schon lange vor Sonnenuntergang betrunken.« Sein Französisch klang geschliffen, als käme er aus der Gegend von Paris.

Die beiden Männer bogen in eine kleine Gasse ab.

»Wenn das stimmt, dann …« Talbot blieb stehen, sah Jacob Greve an.

»Dann liefern die Hirten den Schlüssel!« Jacob Greves Augen strahlten, seine Glieder strafften sich, er schien plötzlich nicht mehr halb abwesend zu sein, sondern ganz im Hier und Jetzt.

»Das gepfiffene Vaterunser sollten wir uns unbedingt anhören«, sagte Talbot, »morgen ist Sonntag.« Sie gingen schneller im Schatten der Kastanien.

»Möchtet Ihr mitkommen zum Pfeifkonzert?« Talbot lächelte Margarète an.

»Ein Cembalo-Konzert wäre mir lieber, aber warum nicht?« Sie unterdrückte ihr Triumphgefühl. Die Taktik, auf den besten Freund zu setzen, war aufgegangen. »Und es macht Euch nichts aus, in einen katholischen Gottesdienst zu gehen?«

»Da ist die Predigt kürzer.« Talbot grinste.

»Und ich dachte, den Protestanten ginge es nur um das Wort?« Margarète hob ihren Rock an, als sie auf die Brücke zur Burg traten. Die Messe, fiel ihr ein, würde genau in jener Kirche stattfinden, deren Pfarrer Jacques Clément vor drei Monaten erdolcht hatte.

Sie passierten den Springbrunnen mit dem steinernen Delfin und hielten auf das Château de Béost zu. *Die Ligisten werden Augen machen,* dachte Margarète, *wenn sie von dem gepfiffenen* Pater noster *erfahren und dass ich schon morgen mit dem Sachsen nach Sallent de Gállego reiten werde.* Mit leichten Gliedern trat Margarète durch das Burgtor. *D'Espalungue hatte recht,* sinnierte sie: *Wie sind die Ligisten im Béarn bisher bloß ohne mich ausgekommen?*

23: DAS *PATER NOSTER* IN NICHT AUTORISIERTER FASSUNG

Am nächsten Morgen in Sallent de Gállego, Aragonien: Jacob wohnt einem katholischen Gottesdienst bei.

An niedrigen Hütten und Steinhäusern vorbei, ritt Jacob neben Edward und Madame Tillet eine kurvige enge Gasse den Hang hinauf. Die Kirche lag hinter einer langen Sandsteinmauer im Schatten eines bewaldeten Hügels und eines hoch aufragenden Felsens. Sie bestand aus hellen, vermörtelten Bruchsteinen. Im quadratischen Turm hingen, von außen sichtbar, zwei große Glocken.

An einer Tränke unterhalb der Kirchenterrasse banden sie die Maultiere an. Jacob taumelte leicht nach dem langen Ritt. *Hoffentlich,* dachte er, *werde ich trotz der Erschöpfung das gepfiffene Vaterunser genau notieren können.*

Sie stiegen die Stufen hinauf.

»Ich weiß überhaupt nicht, wie ich mich in einer katholischen Kirche verhalten soll«, sagte Edward, »Ihr müsst mir helfen, Madame Tillet.« Jacob verdrehte die Augen. Edward tändelte schon seit Stunden mit der Französin herum.

Mit gespannten Gliedern ging Jacob unter einem steinernen Torbogen auf das offene Kirchenportal zu. Dies war seine letzte Chance. Mit seinen Notizen aus den Bergen würde er es niemals schaffen.

»Ein gepfiffenes *Pater noster*«, Edward rieb sich die Hände, »das wird der erste Gottesdienst, in dem ich nicht einschlafe.«

Madame Tillet lachte, wahrscheinlich aus Höflichkeit.

Sie betraten das Kirchenschiff. *Wie klein und düster es ist,* durchfuhr es Jacob. Nur durch die Rundbogenfenster der hohen Kuppel fiel Sonnenlicht. Der Altar war mit einem zerfaserten, fleckigen Tuch bedeckt. Darauf standen vier Kerzen schief in angelaufenen Messinghaltern. Die

Rückwand des Altars bildeten Holzschautafeln, deren Farbe abblätterte. Zu beiden Seiten des Mittelgangs reihten sich je ein Dutzend einfache Holzbänke hintereinander. Dies war nicht gerade ein prächtiger Rahmen für die Enthüllung der Pfeifsprache, der Brücke zur Sprache der Schöpfung. Seufzend nahm Jacob auf halber Höhe rechts bei den Männern Platz. Vielleicht hatte er sich zu viel von dieser Reise nach Aragonien versprochen.

Jacob schaute sich um, sah keine Hirten aus Aas. Edward setzte sich neben ihn, Madame Tillet genau in die gleiche Reihe auf der linken Seite des Ganges zu den Frauen.

»Hübsch, die Schautafelbilder, nicht wahr?«, sagte Edward über den Gang hinweg.

Jacob schüttelte den Kopf. Edward gluckste.

Die Glocke schlug Viertel vor zehn. Vorne nahmen Adlige mit Schwertern und Federhüten Platz, hinten einfache Leute in Kniehosen und Leinenkleidern. Jacobs Puls ging schneller: Wo blieben bloß die Hirten? Er tippte Edward, der Madame Tillet beim Hin- und Herbewegen ihres Fächers zusah, auf die Schulter. »Siehst du hier irgendwo schon Hirten aus Aas?«

»Hm?« Edward drehte sich zu ihm um. »Die kommen bestimmt gleich, ist ja ein weiter Ritt.«

Jacob zog sein Notizbuch und den mit einem Faden umwickelten Grafitstift hervor, zeichnete Notenlinien auf das Papier. Seine Hand zitterte leicht. Vom Eingang her ertönten Gelächter und laute Stimmen: Bearnesisch. Erleichterung erfasste Jacob. Endlich waren sie da. Er blickte über die Schulter. Ausschließlich junge Hirten und Hirtinnen zwischen siebzehn und fünfundzwanzig Jahren kamen den Mittelgang herunter. Mit ihren sehnigen Körpern und ihren von der Höhensonne braun gebrannten Gesichtern schienen sie das Licht der Hochweiden mit in das finstere Kirchenschifflein zu bringen. Die männlichen Hirten setzten sich zwei Reihen hinter Jacob.

Ein blasser Pfarrer, ein junger Lektor mit spärlichem roten Kinn- und Backenbart sowie fünf ältere Männer, die wohl die Schola bildeten, stiegen die drei Stufen in den Altarraum hinauf. Der Pfarrer öffnete die Bibel auf dem Lesepult neben dem Altar, goss Wein in einen Kelch, legte das Brot bereit. In ihren dunklen Talaren wirkten die Männer im düsteren Altarraum unter dem nur durch die Kuppelfenster einströmenden Licht wie umherhuschende Schatten. Immer wieder warfen sie argwöhnische Blicke auf die jungen Hirten.

Es schlug zehn. Die Schola begann, heiser tremolierend zu singen. Der Pfarrer trat vor den Altar und begrüßte die Gemeinde. Die Hirten dämpften kaum die Stimmen, ließen sich bei ihrer angeregten Unterhaltung nicht stören. Nun las der Lektor am Pult in stockendem Latein aus dem Buch der Könige: »Und sie nahmen den Farren, den man ihnen gab, und riefen an den Namen Baals vom Morgen bis an den Mittag und sprachen: ›Baal, erhöre uns!‹ Aber es war da keine Stimme noch Antwort.« Diese Bibelstelle richtete sich gegen den Aberglauben, der unter Hirten weitverbreitet war. Die verstanden aber kein Latein und fühlten sich nicht angesprochen.

»Eigentlich nicht übel«, Edward lehnte sich zu der Französin hinüber, »eine Standpauke in einer unverständlichen Sprache.« Madame Tillet grinste in ihren Fächer.

Jacob zeichnete weitere Notenlinien auf das Papier, damit ihm nicht mitten im *Pater noster* die Linien ausgingen. »Und ich will übrig lassen siebentausend in Israel«, las der Lektor langsam und jedes Wort betonend weiter. »Alle Knie, die sich nicht gebeugt haben vor Baal, und allen Mund, der ihn nicht geküsst hat.« Die Hirten zwinkerten den Schäferinnen auf der anderen Seite des Mittelgangs zu. Der Pfarrer zog die Augenbrauen zusammen und strich sich mit Daumen und Zeigefinger über das spitze Kinn.

Am Ende der Lesung trat er energischen Schrittes ans Pult, seine Absätze hallten im Kirchenschiff wider wie ein ganzer Trupp herannahender Fußsoldaten.

»In Israel war es Baal, der die Menschen in Versuchung führte«, begann der Priester seine Auslegung, sprach jetzt Aragonesisch, das dem Bearnesischen ähnelte. »Hierzulande opfern Schwache im Glauben den Waldfeen, damit sie gutes Wetter bescheren, oder bitten die Eichengöttin Escout um Reichtum. Frauen legen Blumen an großen Felsen nieder, damit sie fruchtbar werden und Kinder gebären.« Jacob stützte die

Ellenbogen auf die Knie, senkte den Blick auf die Steinplatten und drehte den Grafitstift zwischen den Fingern.

»Aberglaube ist nichts Ungewöhnliches in entlegenen Regionen«, flüsterte Edward über den Mittelgang, »im walisischen und schottischen Hochland ist es auch so.«

Der Pfarrer beugte sich weit über das Pult, stand wohl auf den Zehenspitzen. »Familienväter halten Eidechsen und Grillen in ihren Hütten, weil sie angeblich Glück bringen. Heiler, Zauberer und Hexen sollen vor Krankheit bewahren.« Der Mann machte eine Pause, sah finster über die Reihen, rief laut aus: »Alles Aberglaube!«

Der Altarraum verdunkelte sich, eine Wolke musste sich vor die Sonne geschoben haben. Der Pfarrer wütete im Halbdunkel weiter gegen den Aberglauben – eine schemenhafte Gestalt, die die Fäuste nach oben und zur Seite reckte. Ein gut aussehender junger Hirte zeigte den Schäferinnen prustend sein Medaillon aus Echsenhaut, um sich hinterher aufwendig zu bekreuzigen. Während der folgenden Gesänge und des Hochgebets ließen die Scholasänger die Hirten nicht aus den Augen. Pfarrer und Lektor flüsterten bei jeder Gelegenheit, die ihnen die liturgischen Gänge durch den Altarraum boten, miteinander.

Da strahlte die Sonne mit voller Kraft durch die Fenster, der Raum hellte sich auf, während die Schola das *Sanctus* intonierte. Jacobs Glieder bebten. Gleich würde das Vaterunser kommen! Der Pfarrer und der Lektor blinzelten verschreckt in die Helligkeit wie Maulwürfe, tauschten rasche Blicke aus, schielten zu den Hirten. Der Pfarrer stimmte das *Te igitur* an, halb sprechend, halb singend. Jacob umklammerte seinen Grafitstift so fest, dass ein Stück abbrach. Der Pfarrer trat an den Altar. Die Hirten nickten und stießen einander an. Jacobs Herz klopfte im Hals. Alle Messebesucher erhoben sich. Jacob stellte sich genau hinter den großen Mann vor ihm, drückte sich das Notizbuch gegen den Bauch, setzte den Grafitstift an. Der Priester atmete tief. »Lasset uns beten.« Er betonte das Wort *beten*. »Durch Heil bringende Anordnung gemahnt und durch göttliche Belehrung angeleitet, wagen wir zu sprechen.« Beim Wort *sprechen* wand er sich in seinem schwarzen Talar wie ein Aal, woraufhin einige Hirten und Hirtinnen leise kicherten.

»Pater noster, qui es in caelis«, begann der Pfarrer laut und jede Silbe skandierend, »sanctificetur nomen tuum.« Der Lektor, die Schola und die Gemeinde fielen ins Gebet ein, aber nicht die Hirten. »Adveniat regnum tuum«, kam es vom Pfarrer, jetzt ruhiger und selbstbewusster. Die Hirten standen nur stumm und gerade da, taten nichts.

»Kommt schon«, flüsterte Edward.

»Fiat voluntas tua«, fuhr der Pfarrer fort, »sicut in caelo, et in terra.« Da ging ein Ruck durch die Hirten. Fast gleichzeitig hoben sie ihre Arme an, legten die Finger zwischen die Lippen – und pfiffen. Die Klänge schallten so kristallklar durch das Kirchenschiff wie Pfeile über eine weite Landschaft, jagten einen Schauer nach dem anderen über Jacobs Rücken und Arme, hallten von den nackten Kirchenmauern wider, schillerten in allen Farben. Die Hirten klangen wie ein einstimmiger Chor von Vögeln, alle pfiffen haargenau dieselbe Tonfolge, im selben Rhythmus, als dirigiere sie eine höhere Macht.

Es rüttelte an Jacobs Schulter. »Schreib, Himmel noch mal!«, fauchte Edward. Jacob schreckte auf, notierte eine Achtel auf dem hohen A, ein Glissando nach unten, eine halbe Note E, eine Achtelpause, einen Triller auf dem Fis. Seine Ohren waren glühend heiß. Er schrieb so schnell wie noch nie in seinem Leben. Die Pfiffe übertönten die Wörter. Die Hirten atmeten tief ein, brachten eine ganze Reihe rasend schneller Töne hervor, Jacob kam nicht mit, in seinem Hinterkopf hämmerte es, der Schlüssel funktionierte nur, wenn er alles mitbekam, und er hatte schon die Anfangsnoten verpasst. Panik stieg in ihm hoch, er schloss die Augen, jetzt hatte er den Faden wiedergefunden, schrieb eine Viertelnote auf dem tiefen E, ein Glissando aufwärts, eine punktierte Viertel A, eine Achtel Fis, er war jetzt eins mit den Pfiffen, als könnte er mit den Klängen um den Erdball gehen, würde sie nie verlieren. Stille. Die Töne verklangen, das gepfiffene *Pater noster* war zu Ende, die Welt leer.

24: PFIFFE IM TRIO SOWIE EIN SOLO AD LIBITUM

Ende Juli: Margarète entdeckt ein neues Talent, die enorme Röte von Mauerläuferflügeln und dass Augen schiefergrau sein können.

Die Pfiffe hallten zwischen den Mauern, viel zu kraftvoll und zu groß für die kleine Kirche. Margarète blickte auf die Hirten und Hirtinnen, auf die Finger in den Mündern, die gespannten Lippen, die strahlenden Augen. Der Pfarrer und die Schola sprachen weiter den Text des *Pater noster,* obwohl sie kaum noch zu verstehen waren. Margarète fühlte sich hin- und hergerissen zwischen Lachen und Staunen. Die Pfiffe wirkten nicht unverschämt, schon gar nicht häretisch, sondern wie eine heitere Form der Frömmigkeit: ein Beweis dafür, dass sie eine Brücke zur Sprache der Schöpfung waren.

Auf der anderen Seite des Mittelgangs notierte Jacob Greve atemlos Achtel, Halbe, Viertel und Sechzehntel, Pausen, Triller und Glissandi auf selbst gezogenen Notenlinien, ohne innezuhalten. Margarète betrachtete die schreibende Hand. Sie war so unglaublich schnell, dass sie eigenständig wirkte, wie ein Wesen, das vom Körper unabhängig war.

Die letzten Pfiffe verhallten. Am Altar wurde die Kommunion vorbereitet und das Brot gebrochen. Jacob Greve schaute auf die Noten, suchte offenbar nach Mustern. Die Gemeinde und die Schola stimmten das *Agnus Dei* an. Der Pfarrer betete das *Pax Domini.* Der Sachse war gedanklich weit weg. Margarète spürte förmlich seinen Willen, das Prinzip hinter den Noten zu erfassen. Die Schola intonierte einen Wechselgesang. Auf seiner Unterlippe kauend, brütete der Sachse weiter über den Noten. Der Pfarrer nahm, stellvertretend für alle Anwesenden, das Abendmahl ein. Das Antifon verklang. Plötzlich spannte sich Jacob Greves Körper, seine Augen leuchteten auf. Margarète hielt den Atem an: Hatte er etwa schon herausgefunden, wie die Wörter gepfiffen wurden?

Er klappte das Notizbuch zu, steckte es samt Stift in seine Wamstasche, schloss die Augen, legte den Kopf in den Nacken, ließ die Arme hängen, streckte die Beine aus. Er wirkte tatsächlich so, als hätte er das Rätsel gelöst. *Wenn das wahr ist,* jubelte Margarète innerlich, *wird die Liga schon heute Abend erfahren, wie die Pfeifsprache funktioniert!* Nun murmelten die Menschen ihre Gebete. »Großer, barmherziger Gott«, betete Margarète, »schenke uns, der Liga, deine Sprache, vertraue sie uns an, erachte uns ihrer für würdig.« Jacob Greve spitzte die Lippen und erzeugte für sich, ganz leise, Pfeiflaute. Margarète erstarrte. War er etwa schon so weit, selbst die Pfeifsprache zu benutzen?

Der Pfarrer küsste den Altar, die Messe war zu Ende. Margarète stand auf. Edward Talbot winkte ihr, der Sachse ging schon zum Ausgang. Sie eilte hinterher, auf die Terrasse vor der Kirche. Die Luft war warm, es würde ein heißer Tag werden. Unter ihnen lagen die Stadt und das Tal, rechts und links hohe bewaldete Hügel, im Süden glitzerte ein großer See. Jacob setzte sich auf die Mauer der Terrasse, vergrub das Gesicht in den Händen. Margarète stockte. Hatte er die Pfiffe doch nicht entschlüsselt?

Talbot fasste seinen Freund an der Schulter. »Was ist los?«

Der Engländer zog das Notizbuch und den Grafitstift aus der Wamstasche seines Gefährten, schwang sich neben ihn auf die Mauer und legte das aufgeschlagene Buch auf die Knie. »Also, wollen wir mal sehen.«

Margarète schaute auf die Noten: sehr sprunghafte Intervalle und viele ungleiche Notenwerte, die direkt aufeinanderfolgten.

»Am besten, wir schreiben erst mal die Silben des *Pater noster* unter die Noten«, sagte Talbot, »dann wird es ganz leicht. Dann wissen wir ganz genau, welche Silbe welcher Note entspricht, und finden das System dahinter.«

Jacob Greve schüttelte den Kopf. »Das ist überflüssig.«

Talbot blickte verwirrt auf.

Jacob nahm die Hände vom Gesicht.

Sein Gefährte fing an, die Silben des *Pater noster* unter die Noten zu schreiben. Da begann Jacob Greve zu pfeifen, ohne auf das Blatt zu schauen. Es klang leise und verhaucht, ansonsten aber ziemlich genau wie das Pfeifen der Hirten.

»Hast du …«, Talbot erstarrte, »dir das so schnell gemerkt?«
Jacob Greve schüttelte den Kopf. »Das würde ich nie schaffen.«
»Soll das heißen, du hast das System verstanden? Du hast die Pfiffe entschlüsselt?«
Jacob Greve nickte. Margarètes Puls raste.
Talbot schnappte nach Luft. »Gütiger Gott.«

Aus der Kirche strömten die jungen Hirten, schlenderten pfeifend an ihnen vorbei.
»Was sagen sie?«, fragte Talbot.
»Dass die Predigt zu lang war.« Jacob Greve seufzte. »Fast zwei Wochen, acht bis zehn Stunden am Tag, mit und ohne Cidre, und ich habe es nicht gesehen.« Er schlug sich mit der flachen Hand gegen die Stirn. »Und dabei ist es so einfach.«
Sein Freund stieß ihn in die Seite. »Die einfachsten Dinge sind oft am schwersten zu durchschauen.«
Jacob Greve verdrehte die Augen. »Und ich habe kabbalistische Prinzipien in den Pfiffen gesucht. Was war nur los mit mir?«
Talbot packte ihn am Genick. »Wenn du uns noch länger auf die Folter spannst, drehe ich dir den Hals um!«
»Die Pfiffe ahmen die Bewegungen der Zunge nach«, ächzte Jacob.
Talbot ließ ihn los. »Die Bewegungen der Zunge?«
»Sag *i* und dann *a*. Was passiert dabei?«
Margarète sprach lautlos die Vokale, achtete auf die Position ihrer Zunge in der Mundhöhle.
»Beim *i* ist die Zunge ganz hoch«, antwortete Talbot, »beim *a* ganz tief.«
Jacob Greve nickte. »Das *i* sind die höchsten Pfiffe, das *a* die tiefsten. *U*, *e* und *o* liegen dazwischen, genau in dieser Reihenfolge.«
Margarète sprach die Selbstlaute langsam und deutlich: *i, u, e, o, a*. Tatsächlich öffnete ihr Mund sich mit jedem Laut etwas weiter.

Jacob Greve fuhr sich durch die Haare, wandte sich an Talbot. »Erinnerst du dich an unseren ersten Tag auf den Weiden? Was wir gleich als Erstes gesagt haben? Dass die langen Töne Vokale sein könnten und die Glissandi und Triller Konsonanten.« Er stöhnte auf. »Der Fehler war nur, zu meinen, dass die absolute Tonhöhe eine Rolle spielt. Dabei ist die relative Höhe entscheidend.«

Talbot grinste. »Du solltest dich als Sphinx bewerben: Dann hättest du jeden Tag Sonnenschein in Theben und könntest noch dazu stündlich an die zwei Dutzend Reisende verspeisen, weil sie deine Rätsel nicht lösen können.«

Jacob Greve steckte sein Notizbuch ein. »Das *i* muss einfach nur höher sein als das *e*, aber es muss keine bestimmte Note sein.«

»Und wie werden die Konsonanten gepfiffen?«, fragte Talbot. »Sind das die Glissandi oder die Triller?«

»Je nachdem, was die Zunge tut«, Jacob Greve klang ungeduldig, »nimm das Wort *noster*. Das *n* wird recht hoch gepfiffen, weil die Zunge hinter den oberen Schneidezähnen liegt.« Margarète hörte mit angehaltenem Atem zu. Es war wichtig, genau zu begreifen, was er sagte, damit sie es an die Liga weitergeben konnte. »Das *o* muss etwas tiefer gepfiffen werden, weil die Zunge tiefer im Mund liegt als beim *n;* zum *s* gleitet der Pfiff wieder nach oben, weil das *s* nahe der oberen Zahnreihe erzeugt wird. Außerdem wird es getrillert, weil die Luft beim Sprechen von *s* zwischen Zunge, Zähnen und Zahnfleisch hindurchgedrückt wird, also einen Widerstand überwinden muss. Das *t* wird nicht gepfiffen, erscheint also als Pause.«

»Warum?«, hakte Talbot nach.

»Weil die Zunge dabei hinter den Zähnen anstößt und den Luftstrom unterbricht.«

Margarète murmelte die ersten Silben des *Pater noster,* verfolgte die Bewegungen der Zunge, wann sie hoch in der Mundhöhle lag, wann tief, wann sie gegen die Zähne stieß. Sie steckte Daumen und Zeigefinger in den Mund und pfiff. Dabei dachte sie die Worte des *Pater noster,* formte die Pfiffe entsprechend dem Auf und Ab der Zunge, zog die Töne hoch und tief. Es fühlte sich an wie auf halbem Wege zum Singen.

»He, ein Naturtalent!« Talbot schaute so verblüfft, dass Margarète lachen musste.

Ihr Lachen verebbte. Einen Moment schien alles schief. In ihrem Mund war ein bitterer Geschmack. Diese Pfiffe waren zu einfach, viel zu einfach für die Sprache Gottes, selbst für einen Überrest davon. Das konnte sie nicht sein, die geheimnisvolle Brücke zur Sprache der Vögel. Das war ein Code, rein menschlich, simpel, nichts. Ob der Sachse das gleichfalls spürte? War er deshalb nach dem Lösen der Pfiffe zwar erleichtert, aber nicht euphorisch gewesen? Nun horchte Jacob Greve ihren Pfiffen nach, mit leicht vorgebeugtem Oberkörper.

Talbot sah sie mit zusammengezogenen Augenbrauen an. Er musste ihr die Ernüchterung angesehen haben. Margarètes Herz klopfte. *Schlüpf zurück in deine Rolle,* mahnte sie sich. Es galt, diesen Sachsen für die Liga zu gewinnen. Er beherrschte Sprachen, Kryptologie, beides hervorragend. Und er hatte das System hinter den Pfiffen erkannt, das zwar einfach, aber keineswegs leicht zu entdecken war. Margarète strich sich eine Locke aus dem Gesicht, lächelte. Die Pfiffe könnten der Liga als Geheimcode dienen, vom Béarn bis nach Spanien, gerade weil sie so einfach waren.

Margarète befeuchtete ihre Lippen, pfiff erneut den Anfang des *Pater noster*. Die Töne drangen durch sie hindurch, sie wandte den Blick pfeifend über die Häuser hinweg auf die Wiesen der Hügel. Sie waren von Enzian, Hahnenfuß und Zahnlilien übersät. Ihre Pfiffe gingen darin auf, in den Farben der Blüten, im hellen Grün des Grases, verschmolzen mit der Landschaft, wie Worte es nie könnten. Da war doch etwas in diesen Pfiffen: ein Mysterium, eine eigentümliche Ursprünglichkeit. Als Margarète zu pfeifen aufhörte und sich umdrehte, guckte Jacob Greve sie lächelnd an. Gut, sagte sie sich, mit den Pfiffen würde sie ihn genauso für sich einnehmen wie zuvor mit den polyglotten Sätzen.

Ein greller Pfiff schallte durch die Luft. Talbot hatte beide Zeigefinger in den Mund gelegt. Sein Ton hallte schärfer und klarer, als Margarète es vermochte. Doch als er ihn zu modellieren versuchte, kam nur noch heiße Luft. Margarète atmete auf.

»Das ist jetzt wirklich der Gipfel.« Talbot lachte. »Jacob«, er stieß seinen Gefährten an, »rette die männliche Ehre.«

Der andere hob die Hände in die Höhe. »Als meine Kameraden das Pfeifen mit zwei Fingern geübt haben, habe ich Lateinvokabeln gepaukt. Nichts zu machen.«

Talbot sah zur Kirchturmuhr. »Viertel vor elf. Es wird ein heißer Tag. Wir sollten los.«

Jacob Greve sprang von der Mauer, in hohem Bogen, das Kreuz durchgedrückt. Sie gingen die Stufen hinab zur Tränke, wo sie am Morgen ihre Maultiere abgestellt hatten.

Als sie den allmählich ansteigenden Pfad am Río Aguas Limpias Richtung Norden hinaufritten, fröstelte es Margarète. Hier war sie vor drei Monaten, nach dem Mord am Pfarrer, mit dem Mönch entlanggaloppiert. Schnell pfiff sie weiter, wiederholte immer wieder die ersten drei Verse des *Pater noster*.

»Das *o* von *noster* etwas höher«, sagte Jacob Greve, der neben ihr herritt.

»Noch höher?«, fragte Margarète. »Aber dann habe ich keinen Raum mehr nach oben für das *e, u* und *i*.«

»Dann müsst Ihr insgesamt tiefer anfangen.«

Margarète lachte, probierte es erneut, die Zügel ihres Maultiers mit der linken Hand haltend. Ihre Pfiffe glitten geschmeidiger auf und ab, wurden klarer und schärfer.

Je näher sie der Grenze zum Béarn kamen, desto mehr Soldaten begegneten sie. Margarètes Herz schlug schneller. Die Spanier verstärkten die Grenzgarnisonen. Die Vorbereitung für die Invasion des Béarn von Süden her war in vollem Gange, nicht zuletzt dank ihrer Entschlüsselung des Briefes des Generalleutnants de Saint-Geniès und ihrer Erkundungen in Navarrenx. Möglicherweise trug auch Lazarus einiges zur Finanzierung des Aufmarsches bei.

Während sie zwischen steilen Berghängen in das grüne Tal des Gave-Flusses vordrangen und ihnen der harzige Geruch von Pinien entgegenströmte, übte Margarète wieder und wieder die Verse des *Pater noster*.

»Ich erkenne immer«, sagte Talbot, »wenn Ihr beim *sicut et nos dimittimus debitoribus nostris* seid. Lauter Pausen wegen der vielen *t*.«

Hinter einer Wegbiegung tat sich ein tiefer Bergsee auf. Das spiegelglatte Wasser sah aus wie gerade frisch von Gott geschaffen, dunkel und eisig. Beeindruckt pfiff Edward durch die Zähne, drehte sich abrupt zu Jacob um. »Hieß das jetzt gerade irgendwas? Nicht dass ich hier unwissentlich in Gegenwart einer Dame unflätige Dinge von mir gebe.«

Jacob Greve und Margarète lachten. Am Seeufer tranken sie in großen Zügen, füllten ihre Flaschen. Das eiskalte Wasser rann Margarète wohltuend die Kehle hinunter. Das Gesicht des Sachsen war rot von der Hitze.

Sie ritten weiter an der Gave entlang nach Nordwesten, wo Eichen und Kastanien Schatten spendeten und die Felswände höher und höher gen Himmel ragten.

Margarètes Pfiffe prallten daran ab, schallten meilenweit.

»Meine Güte«, sagte Talbot, »Eure Pfiffe sind hier in ihrer natürlichen Umgebung.«

»Allerdings.« Jacob Greve lauschte den Tönen nach, schaute ungläubig auf Margarète. »Wir nähern uns Aas und dem Pic de Ger.«

»Es klingt fast wie bei den Hirten«, bemerkte Talbot.

»Und sieht auch fast so aus«, sagte Jacob Greve.

»Sieht fast so aus?«, fragte Margarète.

»Die Pfiffe der Hirten sehen aus wie Lichtstrahlen«, der Sachse blickte die Felswände hinauf, »Eure Pfiffe wie schimmernder Samt.«

Margarète stutzte. »Ihr seht das vor Euch?«

Ihr Gegenüber nickte.

Margarète begriff nicht. »Ihr seht Klänge?«

»Farben und Muster und auch die Beschaffenheit; manchmal sieht es wässrig aus oder samtig oder glitzernd.«

»Seht Ihr das oder stellt Ihr es Euch vor?«, hakte Margarète nach. Die Sache kam ihr seltsam vor, doch der Sachse wirkte nicht, als würde er schauspielern oder aufschneiden.

Jacob Greve zuckte mit den Achseln. »Ich sehe es. Zu einem bestimmten Laut gehört immer das gleiche Bild, seit ich denken kann. Das entsprechende Bild taucht auf, sobald der Laut erklingt, ich tue nichts dazu.«

Margarète stellte sich vor, wie es war, wenn man Klänge sah: Glocken, Gesang, Stimmen. »Und das Rauschen der Gave?« Der Fluss plätscherte zu ihrer Linken über Steine hinweg ins Tal. »Wie sieht das aus?«

Der Sachse horchte, schien ins Leere zu blicken und dennoch etwas zu sehen, was er mit schnellen Augenbewegungen verfolgte. »Gelbe Kreise, rau, die sich von rechts nach links drehen.«

»Und wenn ich in die Hände klatsche?« Sie tat es.

»Violette Querbalken, schräg übereinander, mit hellen scharfen Rändern.«

»Und das?«

Margarète atmete tief ein und sang die erste Strophe des *Alta Trinita Beata,* eines ihrer liebsten geistlichen Lieder, wie sie es oft tat, wenn sie sich an Orten mit starkem Widerhall befand. Die Töne schwollen an, strömten in sie zurück, ihr Atem ging wie von selbst, ihre Stimme flog, glasklar.

Jacob Greve schaute sie mit offenem Mund an.

Margarète lächelte. »Wie sah es aus?«

»Völlig unbeeindruckend im Vergleich zu dem, wie es klang.«

Seine grauen Augen erinnerten Margarète an Schiefer, an in der Sonne glänzenden Schiefer. Sie spürte, wie sie errötete, blies sich Luft gegen die Stirn, als wäre ihr heiß.

»Noch einmal die letzten Verse des *Pater noster?*«, fragte Margarète, ihr Maultier vorantreibend.

Talbot schüttelte den Kopf. »Pfeift doch mal etwas Weltliches.«

»Ein guter Einfall«, sagte Margarète. »Was?«

»Ich habe Durst!«, schlug Talbot vor.

Margarète sagte den Satz mehrmals vor sich hin, achtete dabei genau auf die Zungenbewegungen. Sie atmete tief ein, presste die Luft möglichst nah an Daumen und Zeigefinger entlang, dort, wo die Finger einander berührten. Die Schwingungen der Pfiffe drangen durch ihren Körper. Die Klänge hallten zwischen den Felswänden weit durch die Schlucht.

Dem Echo nachlauschend, hauchte Talbot: »Eigentlich erstaunlich, dass kein Berggeist kommt und Euch Wein bringt.«

Margarète lachte. »Und jetzt pfeife ich etwas, und Ihr müsst es übersetzen.«

Mehrmals, stumm die Lippen bewegend, sagte Margarète den Satz *Wein ist besser als Wasser* vor sich hin, pfiff.

Jacob Greve hörte genau zu. »Noch mal, bitte.«

Sie pfiff erneut, präziser.

»Wein ist besser als Essig?«

Sie schüttelte den Kopf. »Das letzte Wort stimmt nicht.« Sie pfiff noch mal.

Der Sachse sah sie mit geballter Aufmerksamkeit an. »Besser als Wasser?«

Sie genoss seinen fragenden Blick. »Genau! Und jetzt umgekehrt!«

Sie überquerten die Gave auf einer wackeligen Holzbrücke. Jacob Greve hauchte mehr, als dass er pfiff, nur mit den Lippen, aber setzte die Töne sehr genau.

»Das klingt schwindsüchtig«, spottete Talbot.

»Meine Güte, das ist schwierig«, sagte Margarète, »das kann alles heißen.« Da war es wieder, das Geheimnis der Pfiffe: Obwohl sie sie erzeugen konnte, konnte sie sie nicht verstehen.

Talbot lachte. »Zusammen seid ihr der perfekte Pfeifer: Einer pfeift, der andere versteht.«

Auf einem steilen Pfad durchquerten sie einen dichten Wald und erreichten Aas. Die Kirchturmuhr schlug vier Uhr.

»Lasst uns irgendwo einkehren«, schnaufte Talbot, »mir knurrt der Magen.« Sie stiegen ab, streckten die Glieder, übergaben ihre Maultiere einem Knecht am Marktplatz. Da kamen Pfiffe vom nahen, unbewaldeten Hügel im Osten. Sie hielten inne. Talbot suchte den Hügel ab, deutete auf einen Hirten mit blauem Umhang unterhalb des Gipfels. »Da steht er.«

Talwärts erblickten sie einen zweiten bei einer großen Herde tiefer am Hang.

Jacob Greve horchte, schloss die Augen, murmelte Silben. »Im Westen, an den zwei Felsen, wachsen giftige Pflanzen.«

Talbot zog die Brauen hoch. »Diese Botschaft ist auf jeden Fall schon mal nützlicher als das *Pater noster*.« Er ergriff Margarètes Handgelenk, seine hellblauen Augen funkelten. »Lasst uns den Hirten etwas vorpfeifen, ein bisschen mit ihnen plaudern!«

»Bist du noch ganz bei Trost?«, warf Jacob Greve ein. »Hast du schon vergessen, dass sie uns fast gesteinigt hätten?« Doch seine Glieder spannten sich.

Sie rannten los, einen schmalen, staubigen Pfad entlang. Margarète überholte die Männer, sprang über Steine, lief weiter, bergauf, war immer noch schneller als die Männer, stürmte durch das hohe Gras einer Wiese, sog den Duft der Blüten ein. *Der Sommer,* schoss es ihr durch den Kopf, *so muss er sein.*

»Meine Güte«, hörte sie Talbot hinter sich schnaufen, »hat Euch der Wind geboren?«

»Nein«, Margarète lief noch schneller, »der Sturm!« *Etwas Verrücktes tun,* ging es ihr durch den Sinn, *endlich mal wieder.* Mit anderen über eine Wiese rennen, wie lange war das schon her? Die Blüten der Blumen und die Blätter der Bäume schienen von innen zu leuchten, die Vogelstimmen mitten in ihrem Kopf zu singen. Am Valentin-Fluss angekommen, tauchte sie die Unterarme ins glitzernde Wasser, es war eiskalt. Sie benetzte sich das Gesicht, ihre Haut prickelte, während sie die Haube zurechtrückte. Jacob und Edward warfen sich keuchend ins Gras. Margarète spritzte sie nass, sie schrien auf, rollten sich auf dem Boden, um, so gut es ging, ihren Attacken auszuweichen. Margarète schüttete Jacob eine große Handvoll Wasser mitten ins Gesicht. Seine Haare waren klatschnass, klebten ihm pechschwarz am Kopf, trieften, er lachte auf, seine Augen glänzten und plötzlich lag Leben für zwei darin. *Er ist ein gesegneter Mensch,* kam es Margarète, ganz plötzlich und wie ein verbotener Gedanke. Doch es stimmte. Gott hatte ihn reich beschenkt. Er rappelte sich hoch, lief zu einem Felsvorsprung.

Oben an der Felswand flatterte ein Mauerläufer mit leuchtend roten Flügeln vor einer tiefen Spalte. Wahrscheinlich lag dort sein Nest. »Herrlich, dieses Rot, nicht wahr?«, sagte Margarète, stellte sich neben Jacob.

Der schaute hinauf, außer Atem, Wasser tropfte ihm aus den Haaren auf das zerschlissene weiße Hemd, sein Arm streifte Margarètes.

Pfiffe durchschnitten die Luft. In zweihundert Schritt Entfernung, nahe dem Felsengipfel im Nordwesten, stand der Hirte in blauem Kapuzenumhang, den sie bereits vom Ort aus gesehen hatten.

Edward duckte sich unter den Felsen, zog Margarète und Jacob mit sich. »Was sagt er?«

Jacob horchte mit vorgebeugtem Oberkörper, die schmalen Hände auf den Knien. Margarète stellte sich vor, wie er die Signale in seinem Kopf aufreihte, wie er Hypothesen aufstellte, verwarf, neue aufstellte, in blitzartigem Tempo. Das war unglaublich schwierig.

»Er fragt jemanden, ob er heute Abend zur Feier eines Mannes namens Roberto kommt.« Unfassbar, staunte Margarète, wie er das konnte.

Nun kamen Pfiffe vom tiefer gelegenen Hang. Margarète reckte den Hals, entdeckte den zweiten Hirten rund dreihundert Schritte entfernt.

Die Augen in die Richtung des zweiten Schäfers gerichtet, übersetzte Jacob: »Ja, aber erst gegen neun.« Sein schmaler Körper war angespannt wie der eines Jeu-de-Paume-Spielers, der den Schlag seines Gegners abwehrte.

Der zweite Hirte pfiff erneut. »Kommst du?«, übersetzte Jacob.

»Es gibt dort guten Wein, schnell«, Edward stieß Margarète an, »pfeift das!«

Margarètes Herz schlug schneller, sie schloss die Augen, ging die Bewegungen der Zunge durch, legte die Finger zwischen die Lippen, pfiff. Es trug meilenweit.

»Das war perfekt!« Jacob sah den Pfiffen nach wie einem gelungenen Aufschlag.

Beide Hirten drehten sich abrupt zum Felsvorsprung hin. »Die können uns von ihrem Standort aus nicht sehen«, flüsterte Edward.

Der Pfeifer vom Gipfel ließ als Erster etwas hören. »Ho! Juan?«, übersetzte Jacob.

»Gratulation!« Edward zwinkerte Margarète zu. »Ihr werdet schon für einen Hirten gehalten!«

»Vielleicht ist Juan ein Junge, der gerade erst pfeifen lernt«, witzelte Margarète, »oder ein zahnloser Greis, der nicht mehr pfeifen kann.«

»Kommen auch schöne Frauen heute Abend?« Die von Jacob übersetzten Signale kamen wieder vom Hirten am Gipfel.

Margarète pfiff zurück, ehe sie es sich versah. Nachdem ihre Antwort verklungen war, prustete Jacob in ihr eigenes Lachen hinein.

Edward guckte fragend zwischen ihnen hin und her. »Was hat sie gepfiffen?«

»Ja, aber du bist zu hässlich für die schönen Frauen«, übersetzte Jacob, wartete auf die Antwort des Hirten vom Gipfel. »Wollen wir einen Ringkampf machen?«

Margarète führte die Finger zum Mund, doch da ertönten in ihrem Rücken Pfiffe.

»Der dritte Pfeifer scheint im Wald zu stehen«, murmelte Edward.

Jacob horchte. »Du könntest nicht einmal gegen eine Frau gewinnen.« Er runzelte die Stirn. »Seltsam, die Pfiffe klingen anders, ungeübt. Sie sehen auch nicht aus wie Lichtstrahlen, sondern wie …« Er schaute Margarète an. »Wie Samt.«

»Wie meine?« Margarète lief ein Schauer über den Rücken.

»Es scheint so«, Jacob senkte die Stimme, »als habe auch noch jemand anders die Pfiffe entschlüsselt.«

»Was?« Margarète und Edward sprachen gleichzeitig.

»Das ist unmöglich«, flüsterte Edward, »kann es nicht ein schlechter Pfeifer sein?«

Jacob schüttelte den Kopf. »Die Hirten pfeifen alle besser, klarer und genauer, grenzen die Töne besser voneinander ab und ihre Pfiffe sehen immer aus wie Lichtstrahlen, nie wie Samt.«

»Außerdem«, raunte Edward, »pfeifen die Hirten nie im Dickicht eines Waldes, sondern immer auf offener Fläche.«

Die beiden Schäfer wandten sich zum Wald, zum Felsvorsprung, pfiffen nicht mehr.

»Ihnen scheint es auch nicht geheuer zu sein«, meinte Edward.

»Aber wer soll denn sonst noch die Pfiffe entschlüsselt und eingeübt haben?«, hauchte Margarète. »Und genau zum gleichen Zeitpunkt wie wir?«

Edward drehte sich blitzartig um, als erwarte er, dass der unbekannte Pfeifer sich jeden Moment auf sie stürzte. »Besser, wir verziehen uns.«

Margarète atmete flach, als sie den Männern den Pfad mit schnellen leisen Schritten zurück und bergab Richtung Aas folgte.

»Warum wusste der dritte Pfeifer, dass eine Frau mit den Hirten gepfiffen hat?« Jacob stolperte über eine Baumwurzel.

»Du meinst«, flüsterte Edward, »weil er dem Hirten am Gipfel zugepfiffen hat, dass sogar eine Frau gegen ihn gewinnen könnte?«

Jacob hielt für Margarète einen Zweig beiseite. »Ja, und zwar genau nachdem Madame Tillet gepfiffen hat.«

Margarète wurde heiß. Was, wenn sie tatsächlich jemand verfolgte? Auf Schritt und Tritt? Ein Calvinist oder ein gegnerischer Spion?

»Das kann Zufall gewesen sein«, sagte Edward.

Zurück am Dorfplatz von Aas, setzten sie sich auf den Brunnen.

»Jedenfalls«, sagte Jacob, in die Abendsonne blinzelnd, »bin ich nicht der Einzige, der die Sprache Gottes sucht.«

Er hatte es gesagt: dass er die Sprache Gottes suchte. Einfach so. Margarète betrachtete ihn von der Seite – die schmalen Arme, die feinen, auf die Brunneneinfassung gestützten Hände, die in der Sonne glänzenden Haare und die grauen Augen, die immer noch wie Schiefer schillerten und sich irgendwohin zu sehnen schienen, ohne zu wissen, wohin. Er kam ihr plötzlich sehr vertraut vor.

»Und dieser Mensch«, Jacob sprach mehr zu sich selbst, »kann beides, pfeifen und die Pfiffe verstehen.«

Sie spitzte die Lippen, Jacob sah ihr auf den Mund. »Du wirst die Sprache Gottes finden«, pfiff sie leise, »kein anderer.«

* * *

Während Edward und Jacob noch in die Taverne von Laruns gingen, trat Margarète unter dem Torbogen ins Château de Béost. Zwei Schwertträger, die sie noch nicht kannte, verbeugten sich vor ihr. Täglich kamen mehr Ligisten in der Burg an. Sie trafen stets nachts und einzeln ein, damit niemand den Aufbau einer Truppe im Château bemerkte. Oben an den Schießscharten waren schon Kanonen in Stellung gebracht worden. Neue, glitzernde Arkebusen, Musketen, Speere, Schwerter und Armbrüste standen überall umher. *Sicher von Lazarus spendiert,* dachte Margarète. Durch das Tor ging sie die Wendeltreppe hinauf.

»Wie war es in Aragonien?« Der Baron Florimond de Vaillac kam ihr von oben lächelnd entgegen. »Hat der Blässling die Pfiffe entschlüsselt?«

Margarète schüttelte einen kleinen Stein aus dem Schuh. Ihr wurde heiß. Was sollte sie sagen? »Nein«, hörte sie sich antworten, »die Pfiffe sind wohl zu schwierig für sein kleines Ketzergehirn.« Margarète richtete sich auf, atmete ruhiger.

»Umso besser«, sagte der Baron, sah jedoch enttäuscht aus. Er zwirbelte an seinem Schnurrbart. »Und bist du ihm ein bisschen nähergekommen?«

Margarète richtete ihre Haube zurecht. »Ein wenig, aber nicht zu nah, wegen seiner spitzen Knochen.«

De Vaillac lachte auf und nickte einem Bogenschützen zu, der die Treppe hinuntereilte. »Es werden hier bald die Schwerter klirren und Kugeln und Pfeile fliegen, auch dank deines ergiebigen Kundschaftens. Allmählich geht die Zeit der Spione zu Ende und die der Soldaten bricht an. Du solltest demnächst abreisen, Margarète.«

»Natürlich«, sagte sie, »ich vermisse die Seeluft genauso wie Ihr.«

Der Baron schaute sie lächelnd an und drehte an seiner Fingeruhr. Ob er ihr irgendetwas angemerkt hatte? Margarète wurde bei diesem Gedanken erneut heiß. Sie fächelte sich Luft zu. Dass sie von der Liga abgerückt war? Dass sie sich in Jacob verliebt hatte? Sie stockte. Der Gedanke traf sie wie ein Blitzschlag. Hatte sie das tatsächlich? Sich in Jacob verliebt?

De Vaillac räusperte sich. »Wir können darauf hoffen, dass der schmächtige Sachse bei den Feuergefechten zwischen die Fronten gerät. Wir könnten auch versehentlich in seine Richtung zielen.«

Margarètes Herz sprang gegen die Rippen. De Vaillacs stechende Blicke studierten ihr Gesicht. Aber vielleicht bildete sie sich das auch nur ein. Margarète stieg die Stufen hinauf, ließ sich im Vorbeigehen vom Baron auf die Wange küssen und sprach so gelassen wie möglich: »Etwas uneleganter als meine Art zu arbeiten, aber ohne Frage wirkungsvoll.«

25: TEUFLISCH RÜCKWÄRTS

Château de Béost, Ende Juli: Jacob entschlüsselt das Buch Soyga und wendet seine neuen Sprachkenntnisse nachts auf einem Berggipfel an.

Jacob saß am Tisch vor dem geöffneten Fenster des großen Schlafsaals im Château de Béost. Lauer Wind drang herein, voll von Blütengeruch. Jacob sog ihn tief ein. Der Sommer kam von Gott, das Wachsen, das Werden, das Blühen, das Überschäumen. *Gott,* dachte Jacob, *segnet mich und die Aufgabe, die vor mir liegt.* Die Morgensonne fiel hell und wie ein Versprechen auf die Seiten des Buches *Soyga,* so wie auf die Wiesen, die Bäche, von hier vielleicht bis Leipzig und Pforta, wahrscheinlich sogar bis Mortlake. Alles schien sich zusammenzufügen im warmen Licht. Es würde gelingen, heute. Jacob nahm einen Grafitstift, streckte die Glieder: Heute würde sich endlich sein Leben erfüllen.

Würziger Pfeifenqualm kam vom Bett schräg hinter ihm, auf dem Edward lag. Sie waren allein im Zimmer, die anderen Gäste bereits weitergezogen. Edward stand ihm bei. Vorher hatte ihm noch nie jemand beigestanden. Alles stimmte. Jacob überblätterte die Seiten mit den astrologischen Zeichnungen und den magischen Zauberformeln, schlug das erste Buchstabenquadrat auf. In der Mitte des Quadrats stand ein Waw: der sechste Buchstabe des hebräischen Alphabets. Er symbolisierte die Wahrheit. Sechsunddreißig mal sechsunddreißig Felder in sechsunddreißig Quadraten. Das Waw musste ein Schlüssel sein.

Jacob ließ den Blick über die lateinischen, äthiopischen, griechischen, arabischen und hebräischen Buchstaben gleiten, flüsterte sie vor sich hin. Wie sollte er die Pfeifsprache auf diese Quadrate anwenden? Die Buchstaben sprechen und genau auf die Bewegungen seiner Zunge achten und den Blick in entsprechendem Maße auf oder ab gleiten lassen? Das könnte die richtige Vorgehensweise sein! Ein Kribbeln durchfuhr Jacobs Körper. Er sprach die Buchstaben in der Mittelreihe des

Quadrats, mit dem Waw, bewegte die Augen in gleichem Maße auf und ab wie seine Zunge. Die Laute fügten sich zu Silben zusammen, und doch besaßen sie keine Kraft. Wie würde er ein Wort der Gottessprache erkennen? Er würde es sehen. Es würde schönere Bilder hervorrufen als jedes menschliche Wort. Und sicher würde er es auch hören: Ein Wort der Gottessprache würde klingen wie Musik, eine Musik jenseits menschlichen Könnens, die perfekte Musik der Sphären. Möglicherweise würde etwas entstehen, wenn er ein Wort in der Sprache der Schöpfung sagte; so würde er die Bedeutung des Wortes wissen.

Die Buchstaben schienen hervorzutreten, ihm entgegenzurufen. Wahrscheinlich würde er in dem Moment, wenn er das erste Wort der Gottessprache fand, ganz mit dem Wort verschmelzen. Es würde keinen Unterschied mehr geben zwischen dem Wort und ihm, sie würden zusammen fliegen, schneller und weiter als der Wind, und die Zeit würde aufgehoben sein. Jacob trank ein paar Schlucke Wein. Vielleicht würde er beim Sprechen des Wortes in die Ewigkeit entrückt werden, so wie Enoch einfach ins Jenseits verschwand, als er Gottes Sprache benutzte. Jacob wurde heiß. War er bereit zu gehen?

Er atmete tief. Es würde nichts gegen seinen Willen geschehen. Die Sprache Gottes war die Sprache des Lebens, nicht des Todes. Wenn sie ihn entführte, diese Sprache, dann in ein besseres Leben, in eine Form des Seins, nach der er sich sehnte. Jacob gab den Buchstaben Zahlenwerte nach der Kabbala, schrieb sie an den Rand des Quadrats, suchte Muster entsprechend dem Auf und Ab der Pfiffe, sprach Silben laut, betrachtete die Bilder, las rückwärts, diagonal. Er fand einige Silbenfolgen, die vorwärts und rückwärts gelesen ein und dasselbe Wort ergaben: »afefa«, »masieisam«, »solalos«. Palindrome könnten eine entscheidende Rolle spielen, weil sie den Teufel aussperrten. »Sol« zielte vielleicht auf die Sonne ab, über deren Strahlen Gott den Menschen seinen Willen eingab. Jacob aß das Forellenfleisch und die Bärentrauben, die Edward ihm hingestellt hatte, draußen war es sehr hell, Mittag, plötzlich sah er *brassicam leechol,* rückwärts mit sechsfacher Caesar-Verschiebung in lateinischen, hebräischen und äthiopischen Buchstaben geschrieben. *Kohl essen* hieß das, das erste Wort war Latein, das zweite Hebräisch. Jacob umkreiste die Wörter. Entdeckte, senkrecht von unten nach oben, unter Auslassung aller lateinischen Buchstaben, πρῳ σε δέκα: Griechisch für *morgens um zehn*. Jacob kaute Brot, fand in einer Diagonale viele *v* und *r*, das sah nach dem Temura-Tauschverfahren aus, wo das *v* für ein *e* stand, das *r* für ein *i*. Ja, die Buchstaben in der Mitte ergaben *tendréis que – Ihr sollt* auf Spanisch. *Morgens um zehn Uhr sollt Ihr Kohl essen*. Jacob legte das Brot beiseite, die Sonne war schon bis zu den Baumwipfeln gesunken. Er goss sich Wasser ein.

Er schlug das zweite Quadrat auf. *Cabbage* – Englisch für *Kohl*, stand rückwärts in arabischen, griechischen und hebräischen Buchstaben geschrieben. Senkrecht, mit einer Caesar-Verschiebung um vier Stellen, ergab sich daraus das bretonische *debriñ* für *essen*. Rückwärts und unter Auslassen aller Nasale erschloss sich בוקר: *bokär*, Hebräisch für *Morgen*. Jacob schrieb das Wort an den Rand. *Sollt Ihr* stand auf Griechisch, waagerecht übereinander, wenn man jeden vierten Buchstaben ausließ. *Um zehn* fand sich auf Ungarisch in hebräischen und persischen Buchstaben, rückwärts diagonal. Jacob umkreiste die Buchstaben. *Morgens um zehn Uhr sollt Ihr Kohl essen*. Er blätterte die Seite um. Der Himmel schillerte blutrot, Vögel sangen laut, als ginge es um ihr Leben.

Das sechste Quadrat aufschlagen. Das sechste war das wichtigste, vielleicht das einzige. Jacob drehte den Kopf nach links und nach rechts, sein Nacken schmerzte. Besonders viele verschiedene Schriften waren in diesem Buchstabengitter enthalten: Äthiopisch, Russisch, Chaldäisch, Koptisch, Griechisch, Hebräisch, Arabisch, Syrisch. Jacobs Fingerkuppen klebten am Papier. Die Buchstaben am äußeren Rand des Quadrats ergaben nichts, aber in der Mitte, war das ein Bellaso-Quadrat? Jacob atmete tief durch, probierte herum. Mit dem Schlüsselwort *qarmbo – Kohl* auf Chaldäisch – ging es auf. Ein *z* ergab in der Q-Zeile ein *b*. Das äthiopisch geschriebene *b* wurde in der A-Zeile zu *o*, das chaldäische *m* in der R-Zeile zu *r*. *Boreol* notierte Jacob am Rand des Quadrats: *morgens* auf Walisisch. Er zog eine Linie um das Bellaso-Quadrat, kniff die Augen zusammen, um die matten Buchstaben im schwachen Licht der Dämmerung besser zu sehen. *Um zehn* war auf Polnisch, *sollt Ihr* auf Arabisch verschlüsselt. Danach ging es nicht mehr auf. Aber in der unteren Reihe fand sich eine auffallende Anhäufung hebräischer Buchstaben. Ihr Zahlenwert entsprach fünfhundertzwei. Das Gematrie-Verfahren? Wenn *Kohl essen* mit diesem Zahlenwert verschlüsselt sein sollte, mussten viele Buchstaben mit niedrigem Wert enthalten sein: *a* bestimmt, das dem Wert eins entsprach; die Buchstaben *b* bis *e,* die alle einen niedrigen Wert hatten; vielleicht noch *r* oder *s,* die hundert und zweihundert entsprachen; sicher kein langes *o* mit dem Wert achthundert und wohl auch kein *t,* das auf einen Schlag dreihundert von fünfhundertzwei wegnehmen würde. Jacob rechnete, probierte. *Brassicam edere – Kohl essen* auf Latein ergab zwei für *b,* hundert für *r,* eins für *a,* zweihundert für *s.* Er schrieb die Zahlen über die Buchstaben. Insgesamt kam der Wert fünfhundertzwei heraus. Jacobs Oberkörper wippte vor und zurück, die Buchstaben vor seinen Augen tanzten.

Jacob roch das Pech einer Fackel. Edward steckte sie in die Halterung an der Wand. Auch stellte er ein Talglicht neben das Buch *Soyga.* Der Schein flackerte auf dem sechsten Quadrat. Die Sonne verschwand hinter den Bergen, der Abendchor der Vögel verstummte. Jacob schlug das letzte Quadrat auf: die Nummer sechsunddreißig. Sechs mal sechs. In seinem Kopf schallte es, rote Dreiecke wirbelten vor ihm, ungeordnet, chaotisch glühend. Jacob öffnete die oberen Knöpfe seines Hemdes, atmete Tabakgeruch, ihn schwindelte. *Morgens um zehn sollt Ihr Kohl essen.* Da stand es – diagonal von unten nach oben, über das Temura-Verfahren verschlüsselt in einer Mischung aus Hebräisch, Arabisch, Chaldäisch, Schwedisch, Lateinisch und Walisisch. Der Satz klang ihm in den Ohren, laut, auf Deutsch, spöttisch und voller Hohn, er hörte seine eigene Stimme, musste ihn laut gerufen haben. Draußen war es Nacht. Stockfinster. Am Ende des Quadrats stand in äthiopischen und hebräischen Buchstaben: *Hahahaha, hehehehe, hihihihi.* Offenbar das Lachen, das ihm der Schreiber dieser Buchstabenquadrate entgegenschleuderte. In Jacobs Ohren knallte es, ihm war schwarz vor Augen, dann war alles laut, so laut wie noch nie. Das Rauschen des Windes brauste wie ein Orkan. Sein Lachen klang wie heulende Sirenen, in seinem Bauch schmerzte es, das letzte Buchstabenquadrat schwankte auf und ab wie ein in Seenot geratenes Schiff.

Plötzlich fiel er nach hinten, schwebte, jemand fing ihn auf, unter den Achseln spürte er den Druck von kräftigen Händen, das Lachen schüttelte seinen Körper. Edwards Arme zogen ihn vom Stuhl, Jacobs Füße schleiften über den Boden, die Matratze unter seinem Rücken war weich, über ihm verschwamm Edwards Gesicht, nahm wieder Konturen an. Jacob spürte ein Brennen auf der linken Wange, wie Nadelstiche.

»Jacob, hör auf damit!« Edwards Stimme war so laut, als riefe er in die größte Kathedrale der Welt hinein, seine Augen waren weit geöffnet und sorgenvoll. *Irgendwie lustig,* dachte Jacob, *ein sorgenvoller Diamantendieb: Worum sollte so einer sich sorgen?* Jacobs Glieder zuckten in einem Lachanfall. Die Welt war voller Diamanten. Es gab sie überall. Wieder schwarz. Ein Knall wie ein berstender Ast, ein Brennen auf Jacobs rechter Wange. Edward hatte ihm eine Ohrfeige gegeben. Die zweite. Diamanten gab es überall, die Sprache Gottes nirgends. Jedenfalls nicht für ihn, einen sächsischen Sprachenstammler. Sein Lachen klang laut und gackernd, er krümmte sich. Für ihn gab es die Sprache des Paradieses nicht, würde sie niemals geben. Jacob spürte ein schweres Gewicht auf der Brust, Edwards Knie, zwischen Jacobs Rippen zog es, er konnte nicht mehr atmen.

»Jacob, jetzt hör auf, bitte«, brüllte Edward, »hör auf zu lachen! Es bringt dich um. Du kriegst kaum noch Luft!« Edwards Midlands-Akzent klang so hellgrün, dass Jacob davon geblendet wurde.

»Hör auf, mich zu blenden.«

Edward starrte, Jacob lachte. Tränen liefen ihm die Wangen hinunter. Keine Luft gelangte in die Lungen, sosehr er auch danach schnappte. Edward hielt ihm Mund und Nase zu, Jacobs Arme und Beine schnellten in die Höhe. Das Lachen hörte auf. Luft strömte in seinen Körper. Stille. Wie gut. Edward atmete zu laut, zog ihm die Schuhe aus. *Wieso habe ich nur so schmale Füße?*, fragte sich Jacob. *Wieso bin ich überhaupt so elend dürr? Wieso genieße ich die Welt nicht? Fresse nicht?*

Edwards Hand tätschelte seine Schulter, er flüsterte: »Es tut mir leid, Jacob. Aber immerhin hast du es geschafft, das Buch zu entschlüsseln. Das ist doch was.«

Was für ein idiotischer Satz: *Es tut mir leid.* Warum sollte es Edward leidtun? Was scherte es ihn, dass die Sprache Gottes ein Geheimnis blieb? Dass er, Jacob, sie nie erlangen würde, sie nie auf der Zunge spüren, nie hören würde, nie sehen? Nie mit ihr fliegen? *Das ist doch was.* Was war doch was? Nichts war. Er würde nie erleben, wie aus Wörtern Dinge wurden, wie Wörter all ihre Kraft entfalteten. Nie.

»Die Pfiffe der Hirten sind nicht mehr als Luft«, Jacob lachte wieder, »ich hätte die Quadrate ganz und gar ohne sie knacken können, gemütlich in John Dees Bibliothek.« Das Lachen schüttelte ihn wieder.

Edward setzte sich erneut auf seine Brust, bis es verebbte. *Edward hat mich immer wegen der Sprachen gemocht,* dachte Jacob, *weil ich sie kann. Morgen wird er mich verlassen, mich fliehen, wie man Verrückte flieht.* Jacob schien es, als würde sein Körper ein wenig in die Luft gehoben, und danach schlug eine Welle über ihm zusammen, dunkel und kalt. Er fiel, tief, alle Glieder schlaff, mitten ins Zentrum des schwarzen Universums, wo nichts war, gar nichts, nicht einmal Luft, nur das Nichts, groß und sinnlos. Warum hatte er John Dee verlassen? Warum hatte er Pforta verlassen?

Jetzt waren alle Türen zu: die Türen von Pforta, die von John Dees Haus in Mortlake. Er hatte alle zugeknallt. Die Zeit war nicht mehr zurückzuholen. Nichts war mehr gutzumachen.

»Ich bin am Ende des fünften Jahrsiebts«, hörte Jacob sich sagen, »und ein Nichts. Ich habe nichts erreicht. Gar nichts. Nirgends.«

Edward sah ihn mitleidig an. Er bekam das nicht allzu gut hin: Seine fröhlich glänzenden hellblauen Augen kamen ihm dazwischen, ebenso seine spöttisch geschwungene Oberlippe. Das Lachen kam wieder, rüttelte Jacob durch. Dann spannten sich seine Glieder. Edward presste ihn auf die Matratze, hielt seine Arme fest. Jacob stemmte sich mit den Füßen hoch, drückte das Kreuz durch, Edward purzelte seitwärts. Jacob sprang vom Bett, lief zur Tür. Ihn schwindelte.

»Wo willst du hin?« Edwards Stimme dröhnte im Nichts.

»Raus!«

»Du bist zu schwach!«, rief Edward.

»Ich bin für alles zu schwach!« Jacob taumelte auf den dunklen Gang. »Für das ganze Leben!« Er rannte zur Wendeltreppe, spürte das Holz der Stufen, einen Splitter in seinen nackten Füßen. Egal. Er war ein *va-nu-pieds:* ein Barfußgeher, ein Habenichts. Was für ein trefflich passendes französisches Wort! Wozu brauchte es die Sprache Gottes, wenn die irdischen Sprachen so treffsicher waren? Seine ganze Existenz mit drei Wörtern und zwei Bindestrichen zusammenfassten? Vollständig. Nichts hinzuzufügen. Er nahm zwei Stufen auf einmal.

Ein Schustersohn ohne Schuhe, das war er; ein Lehrer ohne Schüler; ein Gottessprachensucher ohne Gottessprache. Jacob lief zum Ausgang, hinaus in die Dunkelheit des Burghofes, die herrlich war, noch warm. Er lief am Springbrunnen vorbei unter dem Torbogen hindurch und an einem halb verfallenen Haus entlang. Was war er nur für ein Narr gewesen! Ein Mann, der durch ganz Europa gewandert war, um Hirten pfeifen zu hören. Einer, der die ewige Sprache gesucht hatte und nicht einmal auf dieser Erde, dieser Kugel aus Staub, Schlamm und warmem Wind, eine Zukunft hatte. Er querte die Brücke über die Gave. Der Fluss rauschte über die Steine, in einem Rhythmus, der an einen Branle erinnerte. Jacob lief nach Süden die Straße hinunter auf den Kirchplatz von Laruns zu. Edward rannte neben ihm her. »Lass uns was trinken, Jacob, und dann ins Bett gehen. Das Tageslicht ist besser als die Nacht, wenn es einem nicht gut geht.«

»Was weißt du denn?« Jacob musterte Edward von oben bis unten. »Dir geht es doch immer gut. Du stiehlst dir dein Glück zusammen, wie es dir gefällt!«

Sie hatten den Brunnen vor der Kirche erreicht, hinter der sich schwarz ein steiler Berg in den Nachthimmel erhob.

»Meinetwegen sieh es so.« Edward fasste ihn an der Schulter. »Da hinten sind Leute! Die sehen nicht vertrauenswürdig aus.«

Eine Horde von Menschen in dunklen Gewändern, johlend, mit Fackeln und Flaschen in den Händen, viele mit Messer oder Dolch am Gürtel, kam auf sie zu.

»Schon mal überlegt, wie wir für die aussehen?« Jacob duckte sich, entwand sich Edwards Händen, stieß mit dem Ellenbogen gegen den Brunnen, schrie auf. »Dein Barett sitzt schief, man sieht dein halbes Ohr. Die andere Hälfte am Pranger verloren?«

Edward stutzte, schüttelte den Kopf. »Jacob, nun komm weg von hier!«

»Das Wort für *Gold* in der Ursprache«, stieß Jacob hervor, »mehr hat dich nie interessiert! Mehr wolltest du nie von mir!«

Edward umfasste Jacobs Handgelenk. »Komm jetzt!«

Jacob versuchte, sich loszumachen. »Was willst du denn noch? Ich kann nichts, was du gebrauchen kannst, nichts, was sich in Gold verwandelt.«

»Jetzt hör doch auf!« Edward packte fester zu. »Bei dir muss immer alles perfekt sein, sonst verzweifelst du, oder? Die perfekte Sprache, der perfekte Freund, die perfekte Welt, die perfekte Arbeit! Aber du musst die Welt nehmen, wie sie ist!«

Jacob lachte auf, stemmte sich mit dem Fuß gegen den Brunnen, um sich von Edward loszureißen. »Dann fang du doch damit an, nimm mich, wie ich bin, und lass mich barfuß durch die Nacht laufen, so lange, wie ich Lust habe!« Er stieß Edward zurück, der taumelte und auf das Kopfsteinpflaster vor dem Brunnen fiel. Er lag auf dem Rücken wie ein Käfer. Sein Bauch quoll über der Hose hervor, seine Beine waren zu kurz, er hatte buschige Augenbrauen. Er sah eigentlich überhaupt nicht gut aus.

Da grölte es überall, die Leute in den schwarzen Gewändern waren herangekommen. Ihr Atem roch nach Alkohol, viele trugen zerfaserte Kleidung mit groben Flicken. Die Klingen ihrer Waffen blitzten im Licht ihrer Fackeln. Sie bildeten einen Halbkreis um Jacob und Edward.

»Was prügelt ihr euch denn?«, stieß ein stämmiger Mann hervor.

»Spielschulden?«, fragte ein Stoppelbärtiger mit einem Säbel am Gürtel.

»Bestimmt eine Frau«, rief ein lockenköpfiges Mädchen, »wenn Männer sich prügeln, geht es meistens um eine Frau!«

Die Leute blickten sich um, dann musterten sie Edward, der sich hochgerappelt hatte und dessen halbes Ohr immer noch unter dem Barett hervorlugte, schauten auf Jacobs nackte Füße.

»Nein, es ging um Kohl«, entgegnete Jacob, während Edward sein Barett über das verstümmelte Ohr schob, »ich habe ihn heute Morgen um elf gegessen statt um zehn.«

Die Leute lachten. Der Säbelträger ergriff Jacobs Ärmel. »Kommt mit uns, wir machen ein schönes Fest oben auf dem Berg.« Er zog Jacob mit, an der Kirche vorbei auf den hohen schwarzen Berg zu. Eine Frau mit einem dunkelbraunen Pferdeschwanz, der ihr bis zur Taille hinabreichte, gab Jacob Wein. Er brannte wie Feuer. Herrlich. Feuer war gut jetzt. Ebenso wie die Waffen an den Gürteln dieser Leute gut waren, ebenso wie die Wut gut war, die in all diesen Menschen loderte. *Meine Leute,* dachte Jacob, *immerhin habe ich sie gefunden: zwar nicht die Ursprache, aber meine Leute.*

Neben dem Säbelträger ging Jacob einen schmalen, steilen Pfad den Berg hinter der Kirche hinauf. Unter den Fußsohlen spürte er festgetretene Erde, Steine, Baumwurzeln und Zweige. Links und rechts des Pfades erhoben sich Kastanien, die ihre düsteren Arme in alle Richtungen reckten, als wollten sie jeden fangen, der sich in ihre Nähe wagte. Viele von Jacobs neuen Gefährten liefen barfuß. Va-nu-pieds wie er selbst. Neben ihm ging Edward, stumm, in Ochsenmaulschuhen, die Hände in den Taschen, den Blick zu Boden gerichtet. Was wollte er? Er gehörte nicht dazu. Sie kletterten höher und höher, Jacob schnaufte, drehte sich um: Im fahlen Mondschein lagen die Dächer und Türme von Laruns, im Nordosten ragte das Château de Béost empor. Es ging weiter bergan, ein älterer Mann gab Jacob einen Stab. Bei jedem zweiten Schritt stützte er sich darauf. Hinter einer Biegung leuchteten Hunderte Fackeln auf einer Lichtung. Überall standen Menschen in dunklen Gewändern, mit Echsen- oder Schlangenhautmedaillons um die Hälse und Flaschen in den Händen. Jacob streckte die Hand nach einer Flasche aus, bekam sie, trank. Jeder Schluck drang in seine Glieder, brannte ihm die dummen Ideen aus dem Kopf, alles wurde klar, glasklar, so wie die schwarze Dunkelheit im Grunde viel klarer war als der helle Tag. Es gab nichts, auch keine Bestimmung. Die Bestimmung, die Sprache Gottes zu finden … Was hatte er sich bloß eingebildet? Jacob spülte nach. Ein paar Jungen hatten zu laute Geräusche gemacht, er war geflohen von da, wo er zu fressen gehabt hatte, war gegen den Tisch eines Silberschmieds gestoßen, hatte Edward kennengelernt, der ihn auf eine falsche Fährte gesetzt hatte: eine Aneinanderreihung von Zufällen, weiter nichts. Jacob betrachtete Edward, der sich mit zusammengekniffenen Lippen auf der Lichtung umsah, sein zu großes Barett, seine wirren Haare. Der Zufall hatte sie zusammengeführt. Der Zufall besorgte alles. Das Zusammentreffen von Atomen: Nur das gab es. Genau wie Epikur es gesagt hatte. Jacob nahm einen Schluck, spuckte hoch in die Luft.

Die Frau mit dem endlos langen Pferdeschwanz schob Jacob am Rand der Menge vorbei, bis ganz nach vorn. Dort stand ein thronartiger Stuhl mit Armlehnen und rotem Samtkissen. Darauf lag ein zierlicher brauner Ziegenbock, an die Lehne gebunden. Zwischen seinen Hörnern hing ein Eisengestell mit einer Fackel, die aussah, als würde sie direkt aus der Stirn des Tiers herauswachsen. Auf einem Stuhl links neben dem Thron saß eine beleibte ältere Frau in gelbem Gewand, die laut und ausgiebig lachte, schwer und tief, als kämen die Klänge aus den Wurzeln der Buchen und Tannen, die die Lichtung säumten. Auf dem Stuhl rechts vom Thron saß kerzengerade ein junges Mädchen mit offenen seidigen Haaren, das stumm und verträumt ins Nichts schaute. *Stumm ist gut,* dachte Jacob, *stumm ist das Beste. Über diese Welt gibt es nichts zu sagen. Was der Mann, der das Buch* Soyga *geschrieben hat, wohl für einen Heidenspaß dabei gehabt hat?* Jacob fühlte wieder die Leere, fühlte sich trudeln, fallen. Was für ein leichtgläubiger Tor er gewesen war. *Hahahaha, hehehehe, hihihihi:* der eiskalte Hohn im letzten Quadrat, eiskalt, kälter als das Nichts im Zentrum der Erde. Die Buchstaben wirbelten vor Jacobs Augen, tanzten in der Dunkelheit, er trank, bis sie sich auflösten.

In einer langen Reihe schritten Frauen ohne Hauben, mit wehenden Haaren, hinter dem Ziegenbock vorbei und warfen seinem Hinterteil unter dem Johlen der Menge Handküsse zu. Danach traten sie vor die beleibte Frau auf dem Stuhl wie vor einen Priester, stellten sich nebeneinander, mit dem Rücken zur Menge. Eine in Männerhosen brüllte: »Ich habe meinen Mann verhext, er geht nun nicht mehr zur Messe und sagt das Tischgebet rückwärts auf!«

Jemand zog mehrmals kräftig an Jacobs Ärmel. Da war Edwards Stimme. »Jacob, das ist ein Hexensabbat. Wir müssen hier weg!«

»Ein Hexensabbat?« Jacob schüttelte den Kopf. »Das ist nur ein Fest für Leute wie mich!«

»Gut gemacht!«, brüllte die dicke Priesterin der Frau in Männerhosen zu, die Menge jubelte.

»Jacob, bitte.« Edward flehte.

Die Luft war kühler hier oben, der Mann mit Stoppelbart und blitzendem Säbel legte Jacob einen Mantel um die Schultern; Wärme strömte in seinen Körper, er spülte Wein hinterher. »Ich bin zu betrunken, um irgendwohin zu gehen. Und ob ich hier bin oder woanders, wo mir niemand einen Mantel um die Schultern legt, spielt ohnehin keine Rolle.«

»Ich bin aus Neufundland auf meinem Besen hierhergeritten«, rief eine zweite Frau, sehr jung, mit so dünnen Haaren, dass die gräulich weiße Kopfhaut zu sehen war, »und habe drei Stürme entfesselt und sechs Schiffe versenkt!« Sie kniete vor der Priesterin nieder, einen Besen in der Hand.

Jacob hörte sein eigenes Lachen, es schüttelte seinen Körper. Edward querte die Lichtung und verschwand zwischen den Bäumen.

»Was? Nur sechs? Dabei sind eindeutig zu wenig Christen verreckt!« Die Stimme der Priesterin, deren graue Haare auf die Schultern fielen, klang so rau, als mahle sie Sandkörner. »Dafür verdienst du eine Strafe!« Die Sturmentfesslerin wurde von zwei Männern gepackt, bäuchlings über einen Baumstamm gelegt und mit ihrem eigenen Besen vermöbelt. Die Menge zählte die Schläge: sechs. Aus Jacob lachte es so laut heraus, wie er sich noch nie hatte lachen hören. Sechs: Wie sehr er an diese Zahl geglaubt hatte. Sechsunddreißig mal sechsunddreißig Buchstabenfelder, sechsunddreißig Quadrate. Alles Luft, alles nichts, alles Atome.

»Ich habe aus Kinderfett, Krötenschleim, Bohnen und Alraunen das Blut Jesu Christi hergestellt!«, rief indes eine dritte Frau in rotem Leinenumhang, einen großen Blechbottich mit langen Fingern in den Nachthimmel haltend. Das Licht der Fackeln ließ das Blech glitzern wie Gold. Alle applaudierten, es toste in Jacobs Gliedern.

»Einen herzlichen Dank an unsere Schwester«, rief die beleibte Priesterin, »das Blut wird unserem Abendmahl dienen!«

Jacob trank Wein, die Haare der Priesterin glänzten silbern in der Dunkelheit, ihr Lachen beschleunigte seinen Puls.

Sie stieg auf ihren Stuhl: so schwungvoll, dass er kippte. Drei Männer sprangen vor, fingen den Stuhl ab. »Wir wollen die Messe beginnen!«, rief die Priesterin. Alles jubelte.

Sie streckte den linken Arm vor und machte das Kreuzzeichen – von unten nach oben und von rechts nach links. Ihre Arme waren bläulich bleich im Mondschein. Die seitenverkehrte Geste war wunderbar, genau richtig. Jacob jauchzte auf: verkehrt herum, wie die ganze Welt. Warum hatte er geglaubt, die Welt wäre geordnet?

Ein Chor von einem Dutzend Frauen trat vor und sang den lateinischen Introitusgesang, doch statt »Sei gegrüßt, heilige Mutter« intonierten sie »Seid gegrüßt, heiliger Ziegenbock …«. Sie sangen vierstimmig, völlig rein, ungeheuer schön, tausendmal besser als Knaben.

Der Säbelträger reichte Jacob frischen Wein, guten Wein: der beste, den er je getrunken hatte. Er schoss schneller und feuriger durch seinen Körper als irgendeine Flüssigkeit zuvor.

»Woher habt ihr den?«, fragte Jacob und merkte, dass er lallte.

»Frag nicht, trink«, grinste der Mann.

»Hört nun die Predigt unserer Priesterin!«, schrie plötzlich das junge, seidenhaarige Mädchen auf dem Stuhl rechts neben dem Thron mit einer Stimme, die so unerwartet herb und männlich klang, dass Jacob mit allen anderen johlte. Der Boden wankte unter seinen Füßen, der Säbelträger fing ihn auf.

Die Priesterin breitete die Arme aus. Über ihr hing der Vollmond wie ein zu hoch geratenes Kirchenfenster. Ihr gelbes Gewand flatterte im Wind, das Kreuz um ihren Hals hing mit der kurzen Seite nach unten.

»Meine liebe Gemeinde!«, rief sie und es wurde ganz still. Jacob atmete durch, an die Schulter des Säbelträgers gelehnt. Kalter Schweiß stand ihm auf der Stirn. Der Himmel über der Priesterin wirkte wie eine riesige düstere Kuppel, über der sich eine noch schwärzere Unendlichkeit auftat.

»Es steht geschrieben, dass Jesus mit den Zöllnern aß! Das wollen wir auch! Guten Appetit! Die Predigt ist zu Ende! Amen!«

»Amen!«, riefen alle, klatschten. »Endlich mal eine kurze Predigt!«, tönte es aus der Menge. Ein zierlicher Mann mit Halbglatze und geröteten Wangen kam in Zöllneruniform heran, während die Priesterin eine schwarze Rübe, an der noch Erde hing, in den Nachthimmel hielt und im Licht der Fackeln eine Scheibe nach der anderen abschnitt. Die junge Seidenhaarige mit der Männerstimme fing die runden Scheiben mit ihrem Rock auf. Währenddessen sang der Chor sechsstimmig, ließ jeden Muskel in Jacobs Körper erbeben. Der Säbelträger zwinkerte ihm zu.

Der Halbglatzige in Zöllneruniform stellte sich vor den Stuhl, auf dem die Priesterin stand. »Die Uniform ist frisch gestohlen«, sagte er salutierend und machte einen Handstand. Die Priesterin ergriff seine Beine, als wären es Streichhölzer, und zog den Menschen so weit in die Höhe, dass er kopfüber, mit baumelnden Armen, in der Luft hing. Das seidenhaarige Mädchen stellte sich seitlich von ihm, sodass er ihr in den Rock greifen und die schwarzen Rübenscheiben herausnehmen konnte. Schwarze Hostien. Das war ein Oxymoron wie *schwarze Sonne* oder *weiße Nacht*. Jacob schüttelte den Kopf. Da fiel ihm jetzt, auf einem Berg in den Pyrenäen, unter lauter Va-nu-pieds, auf einer verdrehten Messe, den Kopf voller Wein, eine rhetorische Figur ein. Unfassbar: elende Bildung.

In einer langen Reihe gingen Dutzende an dem kopfüber baumelnden Abendmahlsausteiler vorbei, wobei sie ihm den Rücken zukehrten und die Hostie mit nach hinten ausgestreckter Hand empfingen. Mit dem Gesicht zur Gemeinde steckten sie sich grinsend die schwarzen Rübenscheiben in den Mund. Jacobs Herz pochte. Er stellte sich in die Reihe der Kommunionsempfänger, torkelte, verlor das Gleichgewicht, doch der Säbelträger stützte ihn. Die Rübenscheibe schmeckte passabel, auch wenn ein wenig Sand zwischen seinen Zähnen knirschte. Jacob schluckte die schwarze Hostie herunter, das Oxymoron mitsamt dem Sand, spülte mit Wein nach.

»Das Blut des Erlösers, Crista, das Blut des Erlösers!«, rief die Priesterin, wieder auf ihrem Stuhl stehend. Die Seidenhaarige schüttete den Inhalt des Blechbottichs über die Menge.

»Recht so«, schrie die Priesterin, »nur nicht zu geizig mit dem Blut des Erlösers sein! Wir sind hier schließlich nicht in der Kirche, wo nur der Pfaffe etwas zu saufen kriegt!« Wie die anderen legte Jacob den Kopf in den Nacken, öffnete den Mund, so weit er konnte, schloss die Augen. Er bekam eine gute Ladung Flüssigkeit ab, sie schmeckte sogar, die Seidenhaarige lächelte ihm zu.

»Heute sind viele Novizen hier, wie ich sehe«, rief die Priesterin mit einem Seitenblick auf Jacob, »möchte jemand von euch seinen Glauben bekennen?«

Jemand hob Jacob von hinten auf die Schultern des Säbelträgers, der sich neben Crista stellte; ihre schwarzen Seidenhaare wehten Jacob ins Gesicht. Es war still geworden. Hunderte Menschen blickten ihn reglos an. Aus dem Wald drang der Ruf eines Uhus. Auf Hebräisch rückwärts schrie Jacob in den Nachthimmel: »Morgens um zehn sollt Ihr Kohl essen!« Die Worte hallten unter der dunklen Himmelskuppel. Die Menge johlte, feuerte ihn an. Er wiederholte den Satz auf Lateinisch und Altgriechisch rückwärts. Die Menschen reckten die Fäuste in die Höhe, als hätte er Parolen skandiert. Jacob rief die Worte auf Walisisch rückwärts, auf Ungarisch vorwärts, auf Italienisch rückwärts, auf Bearnesisch vorwärts. Die Menge lachte, freudvoll wie Kinder. Dann mischte Jacob alle Silben zusammen, fand einen Rhythmus, der stark war, ihm in die Glieder ging wie Trommelschläge. Leichte und schwere Silben, kurze und lange, hohe und tiefe wechselte er ab, sie wurden immer schneller, zogen. Die Leute klatschten mit, stampften mit, die schwarze Lichtung toste. Jacobs Puls jagte. *Nur auf den Rhythmus kommt es an,* dachte Jacob, *nicht auf die Melodie, auf den Rhythmus, nicht auf die Wörter, auf den Rhythmus, nicht auf den Sinn.* Der Ziegenbock, der die ganze Zeit über ruhig dagelegen hatte, stellte sich auf seine dürren Beine, trippelte, vom Strick gehalten, auf seinem Thron hin und her, blökte. Die Menge jubelte. »Deine Worte sind dem Bock gefällig!«, schrie die Priesterin. »Noch mal«, brüllten die Versammelten, »noch mal!« Das seidenhaarige Mädchen wandte sich Jacob zu und flüsterte: »Deine Sprache ist die schönste, die ich je gehört habe.«

Jacob wiederholte seine Sätze, ihren trommelnden Takt, die Menschen begannen zu tanzen, zu springen, seine Worte zu rufen, zu johlen. Jacob schickte seine Worte in ihre Beine, ihre Muskeln, bis alle Menschen auf der Lichtung, ohne Ausnahme, von ihnen ergriffen waren. Kehlig und rau riefen Hunderte Stimmen seine Wörter. Nun begannen die Menschen, seine Wörter zu singen. Jacob hielt den Atem an: Es klang unerwartet schön – ein riesiger Chor, vereint in seinen Worten. Woher hatten sie die Melodie? Jacobs Körper bebte. Noch nie hatte er Menschen so begeistert, so für sich eingenommen. Die Arme gen Himmel gestreckt, schleuderte er die Sätze wieder und wieder in die springende, zuckende Menge, in die sich biegenden Wirbelsäulen, in die offenen Münder, in die schwitzenden Gesichter, in den Gesang, während das seidenhaarige Mädchen seinen Hals umschlang und sein Ohrläppchen küsste.

26: TEUFLISCH RÜCKWÄRTS, VON EINEM LOGENPLATZ AUS

Thomas Phelippes lauscht Jacobs rhythmischem Sprachkonzert, klettert in eine Baumkrone und plant einen Gang nach Navarrenx.

Thomas Phelippes kniete im Schatten eines Gebüschs und schaute auf die von Fackeln erleuchtete Lichtung. Außerhalb des Fackelkreises verschluckten die Bäume das Mondlicht wie gierige Handlanger der Nacht. Keiner der rund dreihundert Menschen auf der Lichtung konnte ihn sehen.

In knapp vierzig Schritten Entfernung schrie Jacob, auf den Schultern eines Mannes sitzend, Wörter zu den Sternen, die die Menschen johlen und tanzen ließen. Thomas' Fuß wippte im Takt von Jacobs Worten. Das Mädchen auf dem Stuhl neben Jacob küsste ihn wie einen Geliebten. *Was für eine seltsam mitreißende Sprache Jacob da hervorbringt,* ging es Thomas durch den Sinn. Er hatte sie aus dem Satz *Morgens um zehn sollt Ihr Kohl essen* erzeugt, den er zuvor in verschiedenen Sprachen vorwärts und rückwärts gerufen hatte und den er schon vor anderthalb Stunden, im Zimmer des Châteaus de Béost, aus dem Fenster herausgeschrien hatte wie ein verwundetes Tier. Er hatte so laut gebrüllt, dass es bis zu Thomas' Beobachtungsposten auf dem Dachboden eines halb verfallenen Hauses unweit des Châteaus de Béost gedrungen war. Den ganzen Tag hatte Jacob über einem großen Buch gebrütet, sicher über dem, das er John Dee aus der *Interna Bibliotheca* gestohlen hatte. Wahrscheinlich war dieser Satz, *Morgens um zehn sollt Ihr Kohl essen,* darin codiert. *Womöglich,* dachte Thomas, während die Menschen auf der Lichtung Jacobs Rhythmus wie in Trance folgten, *handelt es sich um eines von jenen Büchern, die es in letzter Zeit immer häufiger gibt: die magisch aussehen, aber nur dazu dienen, die Leser zu blenden und einen hohen Preis zu erzielen.* Häufig waren sie sehr gut gemacht. Dieses musste sogar hervorragend gemacht sein, wenn ein Könner wie Jacob sich so lange daran die Zähne ausgebissen hatte.

Jetzt sangen die Menschen Jacobs Wörter. Thomas lief ein Schauer den Rücken hinunter. Der Gesang klang betörend, nicht so ungehobelt, wie die Leute dort aussahen, sondern wie die zarte Essenz ihrer Seele. Jacobs Worte rührten an das Innerste dieser Menschen. Thomas zerrieb einen trockenen Zweig zwischen den Fingern. Der Holzgeruch stieg ihm in die Nase. *Es ist etwas Unheimliches an Jacobs Begabung,* dachte Thomas, *etwas Übermenschlich-Düsteres: Was für eine Macht er selbst noch auf dem Gipfel der Verzweiflung über die Menschen ausübt; wie wohlklingend seine Worte sind; was für einen betörenden Gesang sie auslösen. Woher nimmt er diese Kraft?*

Jacob breitete die Arme noch weiter aus: wie Christus – ein sächsischer Christus, der über das Kohlessen um zehn predigte. Der Rauch einer der in den Boden gerammten Fackeln wehte von der Lichtung zu Thomas herüber. *Jacobs Evangelium,* dachte Thomas, *ist die Vielsprachigkeit, die Sprachverwirrung nach Babel, das polyglotte Paradies. Was wird Jacob nun tun?* Thomas' Kopf bewegte sich im Rhythmus von Jacobs Worten auf und ab. Er zerbrach den Zweig in seinen Fingern, um den Bann zu brechen. Würde Jacob den Weg nach Norden antreten? Doch wohin? Nach Mortlake konnte er nicht mehr zurück. Er hatte mit hohem Einsatz gespielt und hoch verloren.

Ein Waldkauz flog mit lautlosen Schwingen über Thomas hinweg. Für Jacob war die Reise in die Pyrenäen gescheitert, doch in seinem Windschatten hatte er ihn, Thomas, zum Erfolg geführt – und wusste nicht einmal davon. Jacob hatte ihm das Geheimnis der Pfeifsprache enthüllt. Thomas erinnerte sich, wie Jacob auf der Mauer der Kirchenterrasse das Prinzip erklärt hatte. So einfach – und doch so schwierig herauszufinden. Was für eine diebische Freude es bereitet hatte, sich in ihr kleines Pfeifduett mit den Hirten einzumischen.

Thomas verlagerte sein Gewicht. Und dann hatte er auf Jacobs Spuren im Château de Béost sogar ein ganzes Ligistennest aufgestöbert. Das Mädchen auf dem Stuhl umschlang Jacobs Brust. Thomas grinste. Morgen schon würde er nach Navarrenx reiten, um dem General de Saint-Geniès über die Rückeroberungspläne zu berichten, die die Ligisten im Turm des Châteaus de Béost ausheckten. Was für Stümper die Verschwörer doch waren! Hatten die Burg nachts so schlecht bewacht, dass er, Thomas, am Posten vorbei ins Turmzimmer vordringen konnte und dort Informationen in Hülle und Fülle vorfand: eine Karte mit Invasionsrouten, den schlecht codierten Brief eines spanischen Generals, der den Ligisten zu Hilfe kommen wollte, und eine Zeichnung der Burg von Navarrenx mit sämtlichen strategischen Einzelheiten, Pulverturm und Geheimgang inbegriffen. Inzwischen wurde eine ständig wachsende Armee im Château de Béost zusammengezogen, Waffen wurden dorthin geliefert und Kanonen in alle Richtungen aufgestellt. An der aragonischen Grenze zum Béarn wimmelte es von spanischen Soldaten. Nun, Thomas schmunzelte, er, ein sechsundzwanzigjähriger Spion aus London, würde ihnen die Suppe gehörig versalzen.

Auf der Lichtung wirbelte die Priesterin vor allen anderen im Kreis herum wie ein Derwisch, legte den Kopf in den Nacken, sang in höchsten Tönen Jacobs Worte, die Menge johlte und klatschte. Die Beschriftung der Zeichnung der Festung von Navarrenx, überlegte Thomas, sowie die Zeichnung selbst stammten offenbar von der Hand einer Frau: Die rotbraun gelockte Schöne, gestand Thomas ein, hatte ganze Arbeit geleistet, sich vermutlich in Navarrenx eingeschleust. Eine beachtliche Agentin, die sich an den Quellen von Eaux-Bonnes sehr geschickt an Jacob herangemacht hatte, indem sie seine Sprachverliebtheit ausnutzte. *Doch so beachtlich sie auch sein mag,* dachte Thomas, *wenn die calvinistische Armee zuschlägt, wird es ihr ergehen wie all den anderen: Sie wird beim Angriff auf das Château de Béost getötet werden oder als Verschwörerin hängen.*

In den nächsten Tagen würde der General Saint-Geniès das Château de Béost angreifen. Jacobs Rhythmus pulsierte in Thomas' Muskeln, steigerte sein Triumphgefühl. Er würde die Rückeroberung einer ganzen Provinz vereiteln, die südlichste Bastion des Protestantismus retten, direkt an der Grenze zu Spanien, der größten katholischen Macht des Kontinents. Walsingham würde sehr zufrieden mit ihm sein und sicher der Königin berichten. Zum ersten Mal würde die Queen seinen Namen hören. *Jacob,* dachte Thomas, *hat mir Glück gebracht.*

Hinter sich hörte er trockene Zweige knacken. Schritte kamen näher, Brust- und Kniepanzer schepperten, Männer flüsterten. Thomas duckte sich in den Schatten des Gebüschs. Das mussten Soldaten sein.

»Wunderbar«, raunte eine tiefe Stimme, »da haben wir ja eine ganze Schar.«

»Die Oberhexe, den falschen Zöllner und den Satansprediger sollten wir auf jeden Fall kriegen«, antwortete eine jüngere Stimme. Die Schritte wurden lauter. Thomas legte sich reglos auf die Erde, atmete flach.

Ein Dutzend Männer in Brustpanzern gingen dicht an ihm vorüber, mit Arkebusen bewaffnet: calvinistische Soldaten.

»Gleich ziehen sie sich aus und jeder wird mit jedem schlafen«, sagte ein älterer Soldat.

»Na, herrlich, viele junge Frauen hier«, frohlockte ein Heiserer.

Die Soldaten verschwanden aus Thomas' Blickfeld. Er atmete auf, spähte am Rande der Lichtung entlang. Überall bewegten sich Äste und Zweige, aus ihrem Schatten ragten Soldatenstiefel, gepanzerte Arme und Beine sowie Arkebusen heraus. Rund achtzig Soldaten umzingelten die von Jacob entfesselte, ahnungslose Gesellschaft. Der sah wie ein Hauptschuldiger aus, wie ein *Satansprediger*, genau wie die Soldaten es gesagt hatten. Das konnte böse für ihn enden. Thomas' Herz pochte schneller.

Hinter den drei Stühlen pirschte sich ein Dutzend Soldaten langsam aus dem Gebüsch an die Menge heran. Die Menschen tanzten und sangen nichtsahnend weiter, die Teufelspriesterin saß auf ihrem Stuhl und lachte, der Mann in Zöllneruniform lag halb auf ihrem Schoß. Die junge Gehilfin fuhr mit den Händen durch Jacobs Haare. Jetzt liefen die Soldaten aus der Deckung. Sie stürzten sich auf die Priesterin, den Abendmahlsausteiler und auf Jacob. Die Gehilfin ließen sie in den Wald flüchten: das Vorrecht junger, schöner Frauen, verschont zu werden. Jetzt stürmten die Soldaten von überall aus dem Unterholz heraus, feuerten Schüsse in die Luft. Die Menschen schrien, rannten durcheinander, viele entkamen, andere wurden von den Soldaten festgehalten, Messer- und Dolchträger mit vorgehaltener Arkebuse entwaffnet.

Ein Dutzend Fliehende kamen in Panik auf Thomas zugerannt. Er schwang sich am Ast einer Buche empor, umklammerte den nächsthöheren Ast, erklomm den darüber. Im dichten Blätterdach angekommen, hielt Thomas sich am Stamm fest. Ein halbes Dutzend Bewaffnete führten die Priesterin, den Mann in Zöllneruniform, Jacob und ein paar weitere, mit einem Seil aneinandergebunden, auf den Waldpfad Richtung Laruns: eine stille Prozession in einer langen Reihe. Jacob ging zwischen den anderen Gefangenen, barfuß und mit starr nach vorn gerichtetem Blick. Thomas holte tief Luft. Ewig war er diesem Menschen gefolgt, so lange wie niemandem vorher. Er kannte niemanden besser, all seine Eigenarten. Thomas lächelte: Wie Jacob beim Lesen und Decodieren die Unterlippe zwischen Daumen und Zeigefinger knetete. Wie er sich gern von seinem Reittier Luft in die offene Hand blasen ließ. Wie er mit seinem schmalen Körper, die Hände in den Taschen und den Blick gesenkt, über die Bergpfade lief. Wie schnell er rennen konnte, wenn er musste. Doch das nützte ihm nun nichts mehr. Der Tross war an der Buche vorbei. Thomas sah Jacob schon nur noch von hinten. Jacob hatte keine Ahnung, dass es ihn gab. Thomas' Glieder bebten, er steckte den Zeigefinger in den Mund und pfiff »Auf Wiedersehen, Jacob«. Es klang scharf und klar. Jacob schoss sofort herum, schaute direkt in den Baumwipfel. Thomas setzte nach: »Ich bin Thomas«.

Ein Soldat folgte Jacobs Blick ins Blätterdach. »Wir haben jetzt keine Zeit für Vogelgezwitscher«, herrschte er Jacob an, stieß ihn vorwärts. Dann verschwanden die Gefangenen und ihre Bewacher um eine Wegbiegung.

Und wenn sie Jacob auf den Scheiterhaufen brachten? Thomas lehnte den Kopf gegen den Baumstamm. Es war schnell gegangen. Eben noch war Jacob lediglich ein Versager gewesen, einer der talentiertesten Versager, die es gab. Doch sein Leben wäre irgendwie weitergegangen. Er hätte weiterhin erstaunliche Dinge getan, ohne vorwärtszukommen. Und jetzt würde er vielleicht verbrannt werden.

Die Lichtung war menschenleer, nur noch vom Mond und wenigen Fackeln erhellt. Es war still. Auf dem Stuhl trippelte der angebundene

Ziegenbock hin und her. Thomas schwang sich die Äste hinunter, sprang auf den Boden, kam weich und federnd auf, genoss es, frei zu sein, übrig zu sein. Er ging auf den Stuhl mit dem Ziegenbock zu, nahm ihm das Gestell mit der brennenden Fackel ab und band ihn los. Das Tier sprang vom Stuhl und lief laut blökend in den Wald.

27: BEREDTE SEITEN

Château de Béost, in derselben Nacht: Ein Buch bringt drei Menschen zusammen und lässt sie einen gemeinsamen Entschluss fassen.

Die Nachtluft tat gut, die Stille auch. Margarète saß, ohne Mantel, auf den Stufen zum Eingang des Châteaus de Béost und schaute über die Bergkämme. Dies war ihre letzte Nacht hier. Morgen früh würde sie abreisen, in fünf Tagen würde sie zurück in Bordeaux sein und in ihrer kleinen Kammer ein Rendezvous nach dem anderen mit ihren papiernen Rittern haben. Sie würde das Meer wiedersehen, ihren Vater, der, von Rückenschmerzen geplagt, immer noch zimmerte und sich ständig Sorgen machte, seit sie der Liga beigetreten war. »Wenn du Zerstreuung suchst, zeichne oder singe oder tanze doch mehr oder fechte von mir aus!« Margarète hörte erneut das helle Lachen ihrer Mutter, die auch in der Werkstatt mitgearbeitet hatte, bis sie vor fünf Jahren an Milzbrand gestorben war. Sie hatte schneller Bretter zusammennageln können als der Vater. Sie hatte sich das Lesen und Schreiben selbst beigebracht und später Margarète. Sie hätte verstanden, dass ihre Tochter mehr wollte, als in einem versteckten Hinterhof ein bisschen fechten zu üben. Margarète sog die laue Bergluft ein. Bald würden hier die Kugeln fliegen und eine davon möglicherweise Jacob treffen. Vor ihrem inneren Auge sah sie wieder, wie er auflachte, plötzlich voller Lebensfreude, als sie ihn mit Wasser nass gespritzt hatte, am Valentin-Fluss bei Aas. Margarète umschloss die Knie mit den Händen, spürte die laue Bergluft auf ihrer Haut. Ein Kribbeln erfasste ihren Leib: Jacob. Es war wohl etwas dran an dem Gedanken, der sie rücklings überfallen hatte, als der Baron de Vaillac sie zum Ritt nach Sallent de Gállego befragt hatte: dass sie Jacob liebte.

Margarète zog die Schuhe aus, spürte die warmen Pflastersteine unter den Fußsohlen. Natürlich liebte sie seine Begabung, so wie sie die Begabung und das Können von Männern seit jeher liebte. Aber da war noch mehr: seine Art, nur halb in der Welt zu sein, sich immer um etwas anderes zu scheren als um das, was gerade sichtbar und greifbar war. Margarète legte den Kopf in den Nacken, sah ein Meer von Sternen. Und wie, unvermittelt und ungedeckt, das pure Leben aus ihm herausbrach, aus diesem schmächtigen Menschen. Wie am Fluss oder als er sie singen und pfeifen gehört hatte. Ob er sie liebte? Der Vollmond schimmerte silbern im schwarzen Himmel, der sich, je länger man hinaufschaute, immer höher und höher zu wölben schien, immer mehr Schichten mit immer mehr Sternen freigab. Margarète ließ den Blick auf die Berge sinken, steckte zwei Finger in den Mund und pfiff »Was für eine schöne Nacht!«. Ihre Pfiffe übertönten das Zirpen der Grillen, schienen in den Sternen aufzugehen. Zusammen waren sie und Jacob der perfekte Pfeifer, wie Edward gesagt hatte. Sie waren zwei Hälften, die zusammengehörten.

Margarète stützte die Hände auf die Steine und lehnte sich zurück. Was sollte sie jetzt tun? Einfach abreisen? Wieder in ihr altes Leben zurückkehren? Jacob hierlassen, ihn vielleicht sterben lassen, ihn auf jeden Fall nie mehr sehen, ihn vergessen wie eine Episode? Margarète stöhnte auf. Er war keine Episode. Er war der Mensch, der zu ihr passte. Mit wem sonst konnte sie polyglott scherzen? Mit wem sonst pfeifen? Mit wem sonst sie selbst sein? Margarète nestelte an den Rüschen ihres Ärmels. Sollte sie ihm eine Nachricht schreiben, um ihn zu warnen? Sich mit ihm irgendwo auf dem Weg nach Bordeaux verabreden? Schließlich hatte er die Pfiffe entschlüsselt und hier nichts mehr zu tun. Eine freudige Erregung ergriff Margarète. Aber wie sollte es dann weitergehen? In Bordeaux stand sie unter der Beobachtung der Liga, auch der Baron de Vaillac würde bald wieder dorthin zurückkehren. Was hatte Jacob jetzt vor? Hatte er überhaupt Pläne? Wie würde seine Suche nach der Ursprache weitergehen?

Schnelle Schritte näherten sich von der Straße her. Ein Mann in schwarzem Umhang, mit großem Barett, lief die Mauer entlang, kam auf sie zu: Edward Talbot. Was tat er so spät allein draußen, mitten in der Nacht und ohne Fackel? Er rang nach Luft, stand vornübergebeugt, die Hände auf die Knie gestützt. »Sie haben Jacob verhaftet!«

Margarète stockte der Atem.

»Ich habe es eben gesehen«, Edward starrte sie hilflos an, »ein ganzer Trupp Soldaten, die ihn mit anderen Gefangenen durch Laruns führten.«

»Soldaten?«

»Wir waren auf einem Fest auf dem Berg hinter der Kirche.« Edward deutete auf die Bergkette im Südwesten. »Es war ein Fest und gleichzeitig ein Hexensabbat«, stammelte er, »aber nicht wirklich ernst gemeint, mehr eine Art Karneval.«

Margarète stutzte. »Ein Hexensabbat?«

»Wir sind da versehentlich reingeraten. Alle waren betrunken, Jacob auch.« Edward trat von einem Fuß auf den anderen, rang die Hände. »Ich wollte ihn wegziehen, aber er ist geblieben!«

»Aber was wollte Jacob dort?«

Edward sprang an ihr vorbei, rannte die Stufen hoch, Margarète streifte sich die Schuhe über, folgte ihm, holte ihn an der Tür zum Schlafsaal ein.

»Wir müssen das Buch *Soyga* verstecken«, schnaufte Edward, im ersten Stock angekommen, »es ist ein magisches Buch. Wenn die Soldaten es finden, ist er geliefert.« Das große schwere Buch mit den Messingbeschlägen und den fliegenden Kranichen auf dem Kalbsledereinband fiel Margarète ein, das sie mit d'Espalungue durchgeblättert hatte.

Edward eilte in den Schlafsaal, Margarète riss eine Fackel aus einer Halterung neben der Tür und folgte ihm. Die meisten Bettdecken lagen gefaltet an den Fußenden. Alle außer Jacob und Edward mussten abgereist sein. Ihre Hand bebte, während sie auf die Truhe mit dem Buch leuchtete. Plötzlich erstarrte Edward. Margarète folgte seinem entgeisterten Blick, hielt die Fackel in die gleiche Richtung. Nur einige Schritte entfernt, am östlichen Fenster, stand aufrecht und reglos eine Gestalt: ein schlanker Mann in schwarzem Seidengewand, mit einer Gelehrtenkappe auf dem Kopf und mit einem bis auf die Brust reichenden schlohweißen Bart. Margarète sprang das Herz gegen die Rippen. Edward rührte sich nicht, der Mann auch nicht.

»Edward«, sagte der Fremde schließlich mit einer hellen Stimme und sehr ruhig, »ich muss gestehen, dass ich nicht erwartet habe, dich hier zu treffen.« Der Mann sprach Englisch.

Margarète schaute zu Edward, der sich verneigte. »Die Überraschung ist ganz meinerseits, Doktor.«

Der Fremde hielt ein großes Buch in der Hand, eines mit Messingbeschlägen an den Ecken: das Buch *Soyga*. Was wollte er damit?

»Warum stehlt Ihr dieses Buch?«, fragte Margarète auf Englisch.

Der Unbekannte verneigte sich mit der Eleganz eines Höflings. »Weil es mir gehört, Madame.« Die Antwort kam in recht gutem Französisch.

Schritte dröhnten die Treppe herauf sowie das Scheppern von Panzern.

»Schnell, raus hier, das sind Soldaten!« Edward rannte zur Tür, Margarète lief hinterher, der Fremde folgte ihnen die Treppen hinauf, erstaunlich behände für sein Alter. Margarète überholte Edward im oberen Flur, öffnete die Tür zu ihrem Zimmer, ließ die Männer herein, schloss hinter sich ab, hörte, wie der Schlafsaal im ersten Stock gestürmt wurde.

»Gott im Himmel, das war knapp«, ächzte Edward.

Margarète steckte die brennende Fackel in die Halterung an der Wand und zündete einige Talglichter an. Was, wenn de Vaillac jetzt an die Tür klopfte? Der Fremde verfolgte ihre Bewegungen, kerzengerade an der Tür stehend. Margarète sah ihm in die dunklen Augen, sie wirkten erstaunlich jung. Erneut verbeugte er sich. »John Dee aus Mortlake bei London, Madame.«

Margarète blieb die Luft weg. »Der Hofastronom von Queen Elisabeth?«

Der Mann lächelte. Seine große in die lange Gelehrtenrobe gehüllte schlanke Gestalt schien sich abzuheben von diesem Zimmer, von der Berglandschaft, von dieser Nacht, von allem.

»Margarète Tillet, Doktor.« Sie knickste. Was tat ein englischer Höfling, ein berühmter Astronom und Mathematiker in den Pyrenäen? Sie bot ihm am runden Tisch einen Stuhl an. »Ich vermute, Ihr habt die weite Reise wegen des Buches gemacht?«

»Ja«, John Dee setzte sich und legte den Band auf den Tisch, »Ihr kennt es?«

Margarète hob leicht die Schultern und schwieg.

Durch einen sanften Schlag auf den Buchdeckel löste Dee die Haken aus den Ösen und blätterte mit schlanken Händen die Seiten um. Er versank sofort in dem Buch, offensichtlich beglückt, wieder damit vereint zu sein. Er betrachtete den hinteren Teil mit den Buchstabenquadraten, ließ den Blick darübergleiten wie jemand, der schon etliche Male über diesen Rätseln gesessen hatte.

Margarète trat einen Schritt näher an den Gelehrten heran, musterte das aufgeschlagene Buchstabenquadrat. Dieser Hofastronom, das Buch, Jacob und Edward mussten irgendwie zusammenhängen. Um einige Buchstabenkombinationen waren Kreise gezogen, mit Grafit. Sie waren noch nicht da gewesen, als sie das Buch mit d'Espalungue aus der Truhe geholt und untersucht hatte. Neben den Randnotizen in italischer Schrift fanden sich weitere, neue: kleine gestochene Buchstaben, ebenfalls mit Grafit geschrieben. Das musste Jacobs Schrift sein. Die Noten, die er in der Kirche von Sallent de Gállego zu Papier gebracht hatte, hatten ähnlich akkurat ausgesehen und außerdem benutzte er Grafit.

»Morgens um zehn sollt Ihr Kohl essen«, sagte Edward, der noch nahe der Tür stand.

»Wie bitte?« Dee schaute nicht auf, schlug ein paar Seiten um, verlor sich in einem weiteren Gitter von Buchstaben und murmelte ein paar Silbenfolgen vor sich hin, die keinen Sinn ergaben.

»Darf ich es Euch demonstrieren?« Edward sprach ehrerbietig, fast unterwürfig, wie Margarète ihn nicht kannte. Langsam, mit auf dem Rücken verschränkten Händen, trat er an Dee heran. In welcher Beziehung stand Edward zu dem Höfling?

»Du darfst mir zunächst einmal erläutern, wo du mein Silbergeschirr verscherbelt hast, das du beim Verlassen meines Hauses hast mitgehen lassen.«

Margarète musterte Edwards Gesicht, es blieb gleichmütig. Hatte Edward für Dee gearbeitet und ihn bestohlen?

»Vor einem halben Jahr«, sagte Dee zu Margarète gewandt, »musste ich ihn entlassen, weil er ebendieses Buch heimlich abschrieb, nachts in meiner *Interna Bibliotheca*.«

Edward räusperte sich verlegen, stellte sich neben Dee, nach wie vor die Hände auf dem Rücken, und schaute ins Buch. »Seht Ihr die Grafitkreise um die Buchstaben? Jacob hat sie gezogen. Die eingekreisten Buchstabengruppen ergeben diesen Satz.«

»Welchen Satz?« Dee studierte die Grafitkreise.

»Morgens um zehn sollt Ihr Kohl essen.«

Dee beugte sich tiefer über die aufgeschlagene Seite, murmelte, fuhr mit dem Finger vorwärts, rückwärts und diagonal über die Buchstaben, die Jacob eingekreist hatte, betrachtete die Randnotizen, strich sich über den Bart. »Mein Gott.« Er blätterte vor, studierte die nächsten eingekreisten Buchstabengruppen, murmelte Silben, schüttelte den Kopf. »Nicht zu fassen. Wie kann ein einzelner Mensch nur so gut decodieren?« Dann entglitten ihm seine Gesichtszüge, wirkten einen Moment alt und mutlos. *Er muss sich viel von diesem Buch versprochen haben, für das er den ganzen Kontinent durchquert hat,* dachte Margarète. Offenbar zerschellten gerade seine großen Hoffnungen. Auch Jacob hatte sich wahrscheinlich viel von diesem Buch erwartet. Hatte er es Dee gestohlen? Nachdem Edward es zuvor bereits heimlich abzuschreiben versucht hatte?

»Morgens um zehn sollt Ihr Kohl essen«, sagte Edward grimmig, »deswegen ist Jacob auf die Straße gelaufen, und dann waren da diese Leute, und Jacob hat zu viel getrunken und ist beim Hexensabbat geblieben!«

Dee schlug das sechste Buchstabenquadrat auf, das Margarète ebenfalls angeschaut hatte, ließ den Blick zu Jacobs Randnotizen schweifen, die bei diesem Quadrat besonders umfangreich waren, studierte die eingekreisten Buchstaben und Randnotizen. »Meine Güte, das Gematrie-Verfahren und ein Bellaso-Quadrat. Wie hat er das nur herausbekommen?« Der Hofastronom starrte auf die Doppelseite. »*Morgens* steht auf Walisisch da: *boreol.*« Er seufzte, sah Margarète an. »Meine Familie väterlicherseits stammt aus Wales.« Er sprach in unverbindlichem höflichem Ton, als besinne er sich gerade der Regeln der guten Gesellschaft. *Sicher hält er mich für eine Dame aus höheren Kreisen,* überlegte Margarète, da sie in diesem Zimmer wohnte und teure Stoffe trug.

Schwer stampften Schritte vom ersten Stock die Stufen hinunter, Panzer schepperten: Die Soldaten stiegen zum Ausgang hinab.

»Wenigstens haben sie das Buch nicht.« Edward trat vorsichtig ans Fenster und wischte sich den Schweiß von der Stirn.

»Monatelang habe ich an diesen Quadraten gearbeitet«, Dee sprach ins Buch hinein, »und nicht eines davon entziffert, nicht einmal ein einziges Wort.«

»Sie werden ihn verbrennen, Doktor Dee«, Edward sah seinen Landsmann an, als wäre er sein letzter Halt, seine letzte Hoffnung, »sie verbrennen mit Vorliebe begabte Menschen.«

Margarète würgte es im Hals. John Dee schaute zu Edward auf und hob die Augenbrauen. Margarète stellte sich auf die Zehenspitzen und sah aus dem Fenster: Drei gepanzerte Soldaten mit Helmen und Arkebusen verschwanden mit Büchern und Bündeln bepackt – wohl Jacobs Sachen aus der Truhe – durch den Torbogen des Châteaus zur Straße hin. Leere breitete sich in Margarète aus: eine schwere, unendliche Leere, wie sie sie ewig nicht gefühlt hatte; zuletzt als kleines Mädchen, als sie vor der Zimmermannswerkstatt ihres Vaters saß, den Rücken gegen die von der Sonne gewärmte Mauer gelehnt, das öde, immergleiche Gurren der Tauben und die regelmäßigen Hammerschläge aus der Werkstatt im Ohr, ohne das Geringste zu tun, ohne zu wissen, was sie tun sollte, an diesem Tag nicht, am nächsten nicht und auch am übernächsten nicht.

Dee blätterte weiter durch das Buch, stieß auf den Zettel mit Jacobs Übersetzung der Chiffre, die den Hinweis auf die Pfeifsprache und die Hirten von Aas enthielt, sowie das zweifach unterstrichene *Lingua avium*.

»Himmel«, Dee starrte auf Jacobs gestochene Schrift, »deswegen ist er hier.«

Margarète sah, wie Edward errötete.

Missmutig betrachtete Dee die Chiffre. »Sie kam mir gleich seltsam vor, zu einfach. Deshalb habe ich sie nicht zu lösen versucht.« Er blickte auf, musterte Edward mit gerunzelter Stirn. »Ich nehme an, es ist kein Zufall, dass du da bist, wo Jacob ist?«

Edward zog mit gesenktem Kopf an einem losen Faden seines Wamses.

Dee schob den Zettel zurück zwischen die Seiten, klappte das Buch zu und steckte die Haken in die Ösen. »Hast du die Chiffre in Mortlake entschlüsselt, bevor ich dich ertappt habe?«

Edward errötete mehr und mehr, trat von einem Fuß auf den anderen. *Offenbar liegt Dee richtig,* dachte Margarète.

»Du hast Jacob regelrecht auf das Buch angesetzt, nicht wahr? Schon bevor er überhaupt zu mir kam?« Dee tastete sich beim Sprechen immer weiter vor, rekonstruierte offenbar den Hergang. »Und du hast gehofft, dass er die Chiffre entziffern und hierherkommen würde? Hast ihm aufgelauert?«

Edward zog weiter am Faden.

»Du hast Jacob geführt wie eine Marionette«, schloss Dee tonlos.

Margarète erschrak. Eine solche Berechnung hatte sie Edward nicht zugetraut.

Auf einmal straffte sich der Beschuldigte. »Warum habt Ihr Jacob das Buch *Soyga* nicht gezeigt? Er hätte es in Mortlake lösen können.«

Dee umfasste das Buch mit beiden Händen, kniff die Lippen zusammen.

»Ihr habt ihn behandelt wie einen drittklassigen Bediensteten«, Edwards Stimme wurde mit jedem Wort selbstsicherer und zorniger. »Er war für Euch nur ein kleiner Lehrer aus dem sächsischen Hinterland.«

Dee zuckte bei diesen Worten zusammen, wurde blass.

Edward reckte das Kinn empor. »So wie ich für Euch nur ein krimineller Vagabund war und bin.«

Dee schwieg, fuhr mit dem Daumen über die Kraniche des Bucheinbands.

»Ihr seid so sehr mit den Sternen und den Engeln und Eurem hohen Rang beschäftigt«, Edward redete sich mehr und mehr in Rage, »dass Ihr nicht merkt, dass um Euch herum auch ein paar Menschen atmen, die mehr verdienen, als von Euch wie Staub behandelt zu werden!«

Der Hofastronom sprang auf, Edward schreckte zurück.

»Was denkst du wohl, warum ich hier bin?«, rief Dee aus.

»Wegen des Buches?« Edward zeigte auf den Band in Dees Händen. »Ihr habt Euch die ganze Zeit mehr dafür interessiert als für Jacob, obwohl der gerade eben von Soldaten abgeführt wurde und in ein paar Tagen brennen wird!«

Dee warf das Buch auf den Tisch, barg das Gesicht in seinen Händen, ohne etwas zu sagen. Margarète wagte kaum zu atmen. Es war seltsam, diesen großen Gelehrten dermaßen in Bedrängnis zu sehen. Abrupt hob Dee den Kopf. »Wenn es mir nur darum gegangen wäre, hätte ich ihn nicht suchen müssen, sondern hätte ihn anzeigen können.«

»Ich bin gerührt«, antwortete Edward kühl.

»Und worum ging es dir denn?«, begehrte der Hofastronom auf. »Dir, der du dich bemüßigt fühlst, den edlen Ritter der Entrechteten zu geben?« Dee nahm Edward scharf in den Blick. »Was hast du dir von dem Buch *Soyga* versprochen? Geld? Reichtum?«

Edward stöhnte auf. »Und wenn? Ist es ein Verbrechen, etwas zu wollen, womit Ihr schon geboren worden seid? Etwas zu fressen haben, in einem guten Bett schlafen zu wollen?«

Dee setzte sich wieder, fasste sich. »Ich kämpfe seit Jahren ums Überleben, wenn dich das beruhigt. Die Queen protegiert mich, aber sie zahlt mir nichts.«

Edward blickte entnervt zur Decke. »Eure kleine Hütte an der Themse mit der winzigen Bücherkammer zeugt eindeutig von einem Überlebenskampf.« Er verschränkte die Arme vor der Brust. »So oder so war es besser, Jacob auf das Buch anzusetzen, als es ihm zu entziehen. Hättet Ihr es ihn lesen lassen, wäre Jacob nicht hier.«

Dee blickte auf das Buch, fuhr mit dem Finger über die fliegenden Kraniche. *Man könnte es auch andersherum sehen,* dachte Margarète. *Wenn Edwards Gier nicht gewesen wäre, wäre Jacob nie nach Aas gekommen. Dann würde er nicht in Todesgefahr schweben. Und ich hätte ihn nie kennengelernt,* spann sie den Gedanken weiter. Beide Männer sahen finster zu Boden, jeder von seinem schlechten Gewissen geplagt.

»Ganz unschuldig ist Jacob auch nicht«, sagte Margarète nun und goss den Männern Wein ein. »Können wir denn nicht irgendetwas tun?«

Beide sahen überrascht zu ihr auf. Margarète spürte, wie ihr das Blut in den Kopf schoss, trat aus dem Schein der Talglichter ins Halbdunkel. »Die Calvinisten kennen keine Gnade«, sagte sie, »nur Gesetze.«

»Ich weiß nicht, ob die Calvinisten etwas auf mein Wort geben würden«, Dee klang niedergeschlagen und erschöpft, »mein Ruf als schwarzer Magier könnte weiter reichen als mein Ruf als Astronom oder Mechanicus.«

Edward rührte sich. John Dee sah zu ihm hin. Es schien, als hätten sie in diesem Moment einen gemeinsamen Gedanken, irgendeinen Ansatzpunkt. Dees Augen blitzten auf. »Wo werden sie ihn hinrichten, wenn sie ihn verurteilen?«

»Wahrscheinlich in Pau«, antwortete Margarète, während sie den Männern die Weingläser reichte, »der Hauptstadt des Béarn.«

John Dee schaute sie durchdringend an, dann lächelte er. Margarète kribbelte die Kopfhaut. Er ahnte es. Er ahnte, dass sie Jacob liebte, und vielleicht sogar, dass sie eigentlich genau das nicht durfte.

»An der Stadt bin ich vorbeigekommen«, sagte der Gelehrte in weichem Ton.

Margarète nickte. »Es ist auch der Sitz der Synode und der Gerichtsbarkeit.«

Der Gelehrte lächelte höflich, während es gleichzeitig in seinem Kopf blitzschnell zu arbeiten schien. »Gibt es dort einen Platz, wo Hinrichtungen stattfinden?«

»Vor dem Justizpalast«, antwortete Margarète.

»Da sind zwei Türme, soweit ich mich richtig erinnere?«

Margarète begriff nicht, antwortete aber: »Der der Kirche Sankt Martin und der des Justizpalastes.«

Dee sann einen Augenblick nach, ein Lächeln huschte über sein Gesicht. »Sie stehen recht nah beieinander, nicht wahr?«

Nah beieinander? Margarète stutzte. Es schien irgendein konkreter Plan hinter dieser Frage zu stehen. Hoffnung keimte in Margarète auf. Doch was für ein Plan konnte das sein, der zwei Türme beinhaltete? Edward stand mit zusammengekniffenen Augen an der Wand, versuchte offenbar ebenfalls, hinter Dees Vorhaben zu kommen.

»Vielleicht dreißig Schritte«, schätzte Margarète.

Dee stellte das Glas ab. »Einfach wird es nicht, und es ist alles andere als sicher, dass es klappt.«

»Was meint Ihr?« Margarètes Puls beschleunigte sich.

»Vielleicht gibt es noch eine Möglichkeit, unseren törichten Polyglotten zu retten.«

Margarète hielt inne. Die Art, wie der Mann *unseren törichten Polyglotten* gesagt hatte, ließ nur einen Schluss zu: dass sie nicht die Einzige war, die Jacob liebte.

28: SATANISCHE VIELZÜNGIGKEIT

Anfang August im Folterkeller der Burg von Pau: Jacob wird einer peinlichen Befragung dritten Grades unterzogen.

Der Wächter stieß Jacob die Treppe des Burgturms von Pau hinunter. Er prallte gegen die raue Sandsteinmauer, schürfte sich die Hand auf.

»Ein bisschen schneller!« Der Wächter packte Jacob am Kragen, bugsierte ihn die nächsten Stufen hinunter. Die Schritte hallten in Jacobs Kopf. Sicher würden sie ihn verhören, in einem Kellerraum der Burg. In Jacobs Schläfen pochte es, während der Wächter ihn einen langen Gang hinunterführte.

Es konnte nicht sein, dass sie ihn tatsächlich für einen Satansprediger hielten und als Hexer anklagten. Jacob leckte das Blut an seiner aufgeschürften Hand. In den Hexenprozessen in Sachsen wurde ein Drittel der Angeklagten verbrannt. Jacobs Körper versteifte sich, während er die feuchtwarme Luft des düsteren Ganges einatmete. Immerhin bedeutete das, dass er eine Zweidrittelchance hatte, zu überleben. Die Verurteilten waren oft ungebildete Frauen, die vielleicht wirklich von einem Dämon besessen waren. Viele von ihnen waren aber auch nur Außenseiterinnen oder alte Jungfrauen, die Kräuter zusammenbrauten. Männer, die lesen und schreiben konnten, wurden viel seltener angeklagt oder gar verurteilt. Jacob atmete ruhiger. Der Richter, der ihn befragen würde, war sicher ein gelehrter Mensch, der Latein und Griechisch konnte. Er musste ihm nur die Wahrheit sagen, sachlich und klar, dann würde er, in ein paar Stunden schon, wieder ein freier Mann sein, durch die Straßen spazieren, die Sonne sehen, Marktstände und Menschen, vielleicht sogar Edward, wenn der noch etwas von ihm wissen wollte. Wo er jetzt wohl war? *So oder so,* dachte Jacob, *werde ich, wieder in Freiheit, einen Cidre trinken und dann irgendetwas aus meinem verpfuschten Leben zu machen versuchen. Vielleicht werde ich mich wirklich nach Antwerpen durchschlagen, Plantijn nach einem Übersetzerposten fragen und in die Kammerstraat in eine Wohnung mit Erker ziehen.*

Sie hatten eine schwere eisenverschlagene Tür erreicht. Der Wachmann öffnete sie, stieß Jacob in einen halbdunklen Kellerraum. An einem großen Tisch in der Mitte des Verlieses, in das nur durch ein hohes, vergittertes Fenster Licht fiel und das ansonsten von Fackeln erleuchtet wurde, schreckte ein kleiner rundlicher Mann in Richterrobe auf, blickte Jacob mit geweiteten Augen an. Dann entspannten sich seine Züge, er lehnte sich in seinem Stuhl zurück, lächelte sogar. Offenbar hatte er sich einen Satansprediger anders vorgestellt. Der Richter wies Jacob an, sich auf einen runden Holzschemel vor dem Tisch zu setzen, blätterte in einigen Papieren, die auf seinem Schreibtisch lagen, wohl die Anklageschrift. Er trug eine silberne Amtskette. Jacob setzte sich auf den wackeligen Schemel, hielt inne. Kannte er diesen Menschen nicht? Doch, es war jener beleibte Mann mit Amtskette und hervorstehenden Augen, der an Edwards Stand für zu viel Geld Theriak gekauft und sie dann in der engen Gasse zum Brunnen in das dreckige Rinnsal abgedrängt hatte.

Der Richter merkte auf. Erinnerte er sich etwa auch an dieses Zusammentreffen? Ein erneutes Lächeln hellte das Gesicht des Mannes auf. »Ich hoffe, Eure Schuhe sind damals in der Gasse zum Gemüsegarten nicht zu feucht geworden«, er nahm die Anklageschrift in die kurzfingrigen Hände, legte sie beiseite wie lästigen Ballast, »das Abwassersystem in unserem kleinen Ort hier ist lausig.«

Jacobs Glieder entspannten sich. Alles würde gut werden.

»Wie ich der Schrift da entnehme«, der Richter wedelte nachlässig mit der Hand in Richtung der Anklageschrift, »kommt Ihr aus Sachsen. Da ist es sicher besser.«

Jacob schüttelte den Kopf. »Die Straßen sind in Leipzig vielleicht etwas breiter, aber solche Rinnsale gibt es auch.«

Der Richter nickte. »Leipzig ist Eure Heimatstadt?«

»Ja, mein Vater hat dort eine Schusterwerkstatt.«

»Wirklich?« Der Mann beugte sich vor. »Ich bewundere gute Handwerker.«

Jacobs Blick fiel auf die groben Mauersteine und die Streckbank in der dunkelsten Ecke des Verlieses. So weit würde es nicht kommen, sagte er sich, nicht wenn ein so umgänglicher Mann ihn verhörte.

»Ich auch«, entgegnete Jacob, »aber leider hatte mein Vater wenig Freude an mir, ich habe keinerlei Begabung für das Handwerkliche.«

»Ihr habt studiert, nehme ich an?«

Jacob nickte. »Ich war Präzeptor bei Naumburg, einer kleinen Stadt an der Saale südöstlich von Leipzig.«

»Die Heranbildung junger Christenmenschen ist eine würdevolle Aufgabe«, der Richter legte die Arme auf die Lehnen seines Stuhls, drehte mit einer Hand seine Amtskette zwischen den Fingern, »und hier wart Ihr als Apotheker unterwegs?« Er war vom Bearnesischen ins Lateinische gewechselt, wahrscheinlich weil er erfahren hatte, dass er es mit einem Gelehrten zu tun hatte.

Jacob setzte sich auf dem Schemel zurecht. »Nur als Gehilfe. Ich kann kaum Basilikum von Salbei unterscheiden.«

Sein Gegenüber lachte. »Und was ist Euer Ziel? Ich meine, man kann ja nicht sein Leben lang in einem fremden Land die falschen Pflanzen zusammensammeln.«

Ein leichter Anflug von Argwohn lag in dieser Frage, die in hölzernem Latein erfolgt war. Die Tür hinter Jacob öffnete sich. Herein kam ein höchstens neunzehn Jahre alter Bursche in schlichter Robe, setzte sich an einen kleinen Tisch unter dem vergitterten Fenster, rückte Feder, Tintenfass und Papier zurecht: offenbar der Protokollant.

Jacob stützte die Hände auf die Knie. »Ich bin auf der Durchreise nach Barcelona. Dort will ich einem alten Studienfreund beim Schriftverkehr helfen. Die Gehilfentätigkeit dient mir nur zum Broterwerb bis dorthin.« Diese Lüge hatte Jacob sich vorher zurechtgelegt, und sie schien anzuschlagen, denn die Züge seines Gegenübers verrieten keinerlei Misstrauen.

Der Richter blickte ihm auf die Lippen. »Ihr sprecht ein wunderbares Latein und Euer Bearnesisch klingt fast wie das eines Einheimischen, obwohl Ihr doch erst seit ein paar Wochen hier seid, nicht wahr?«

»Danke, Herr Richter.« Jacob senkte den Kopf, um Bescheidenheit auszustrahlen.

Der Richter nahm die Anklageschrift in die Hände, legte sie vor sich hin, überflog einige Zeilen, blickte auf. Seine Miene war plötzlich düster. Jacob überkam ein flaues Gefühl.

»Vielsprachigkeit ist eine Gabe des Teufels«, sagte der Richter langsam, »der Teufel fühlt sich wohl im Sprachgewirr nach Babel.«

Jacob stockte der Atem. Es war, als hätte sein Gegenüber eine Maske fallen gelassen.

»Je weiter eine Welt von Gott entfernt ist«, der Mann betonte jede Silbe, »je mehr Hybris in ihr wohnt, desto mehr Sprachen erklingen in ihr.«

Der Mann hatte einen Genitiv falsch gebildet. Jacob unterdrückte ein Zusammenfahren seiner Glieder.

»Aber beim Pfingstwunder«, stammelte Jacob, dessen Mund trocken geworden war, »erfüllte der Heilige Geist die Apostel mit der Fähigkeit, alle Sprachen zu sprechen, und so konnten sie allen Menschen verschiedenster Muttersprache predigen.«

Der Richter zischte durch die Zähne. Seine Falten um Mund und Augen vertieften sich, er blickte Jacob reglos an.

Zwei kräftige Männer in weiten Hemden und Kniehosen kamen herein, nickten dem Richter zu, gingen an die Streckbank in der dunkelsten Ecke des Verlieses, hinter dem Tisch des Richters und neben dem des Schreibers. Sie prüften die Festigkeit der Riemen für Hand- und Fußgelenke. Der jüngere, stämmige Folterknecht trug Silberringe an den Händen. Jacobs Herz raste.

»Als Adam die verbotene Frucht vom Baum der Erkenntnis aß«, der Richter pochte mit dem Finger auf die Anklageschrift, »verlor er die Fähigkeit, die erste und ursprüngliche Sprache zu sprechen. Der Verlust der Einheit mit Gott bedeutete den Verlust der Einheit der Sprache.«

»Aber das Christentum kann nur wachsen, wenn wir andere Sprachen sprechen«, entgegnete Jacob. Seine Stimme zitterte.

»Wenn wir die christliche Botschaft verkünden wollen, ja«, der Richter bedeutete dem jungen Protokollanten mitzuschreiben, »aber nur dann. Ansonsten ist die Vielsprachigkeit ein Zeichen von Überheblichkeit und Selbstüberschätzung. Nicht umsonst hat Gott die menschliche Hybris des Turmbaus zu Babel mit der Verwirrung der Sprachen bestraft.«

Die Feder des Schreibers kratzte auf dem Papier. »Das Neue Testament ist auf Griechisch«, widersprach Jacob, wusste, dass es klüger wäre, zu schweigen, fuhr aber dennoch fort, »das Alte Testament auf Hebräisch. Luther hat die Bibel ins Deutsche übersetzt, damit alle sie verstehen. Das Christentum braucht Sprachkundige.«

Der Richter schüttelte den Kopf, sah Jacob an wie einen unverständigen Knaben, der Zurechtweisung nötig hatte. »Wenn diese christliche Absichten haben, wie gesagt, doch wer die Sprachen um ihrer selbst willen pflegt«, er hatte das Prädikat falsch gebildet, Jacob hörte den Fehler als einen schiefen Fiedelton, ein zu hohes As, »wer die Sprachen um ihrer selbst willen liebt, stellt sich bewusst in die Zeit nach Babel, bewusst in die Zeit nach dem Sündenfall.«

Die Augen des Mannes funkelten triumphierend. Jacob nickte, sah zu Boden. Dieser Mensch hatte sein Leben in der Hand.

»Auf dem Hexensabbat bei Laruns«, der Richter nahm einen sachlichen Tonfall an und blätterte zur zweiten Seite der Anklageschrift, »hast du eine Sprache benutzt, die Dutzende zu wildem Tanz veranlasst hat.« Jacob schreckte auf. Der Richter hatte ihn geduzt. Dieser fuhr fort: »Es war eine Sprache der Unvernunft, mit der du den armen Seelen dort den göttlichen Funken genommen und sie zu Tieren gemacht hast, die sich hilflos ihren niedersten Instinkten hingaben.« Er schoss die Worte regelrecht auf Jacob ab, hatte statt des Partizips Perfekt einen Infinitiv benutzt. Jacob zuckte zusammen, richtete sich rasch wieder auf. Der Richter runzelte die Stirn und sah ihn eindringlich an. Hatte er die von seinem Sprachschnitzer verursachte Regung mitbekommen?

»Es war nicht die Sprache des Teufels«, Jacob räusperte sich, sein Gaumen war so trocken wie Schmirgelpapier, »und die anderen haben getanzt, weil sie betrunken waren, genauso wie ich auch.« Er spürte, wie ihm das Blut in Hals und Kopf stieg.

Ein hohes Quietschen drang von der Folterbank herüber. Der jüngere Folterknecht prüfte mit seinen beringten Händen den Mechanismus des Hebelrades. Jacob stöhnte auf, hustete.

Der Richter hielt inne, blickte zwischen dem quietschenden Rad und Jacob hin und her, schürzte die Lippen. »Der Teufel wohnt im Wein. So dringt er in Seelen ein, die für ihn bereit sind oder sich schon seit Längerem für ihn geöffnet haben.«

»Meine Seele war nicht bereit für den Teufel«, Jacob bemühte sich, dem Mann in die Augen zu sehen, doch der blickte an ihm vorbei, »und hatte sich auch nicht seit Längerem für ihn geöffnet.« Jacobs Hals und Wangen glühten, während ihm das Quietschen des Hebelrades durch Mark und Bein ging, »ich habe nur Wein getrunken, weil ich verzagt war, weil …«

Der Richter wandte sich zur Folterbank um, betrachtete das Hebelrad, das der Knecht endlich losgelassen hatte.

»Weil deine Seele spürte, dass der Sog der Sprache des Teufels größer war als deine Hingabe an Gott?«, vervollständigte der Richter, sich wieder umdrehend, Jacobs Satz.

Die Silben hämmerten Jacob durch den Schädel. »Nein, ich hatte etwas nicht geschafft, was ich gern schaffen wollte, und war deshalb verzweifelt.« Vom Buch *Soyga* konnte er nicht erzählen. Es war ein magisches Buch.

Die Feder des Schreibers kratzte. Der Richter folgte Jacobs Blick auf die Feder.

»Gott segnet nicht alle Unternehmungen«, entgegnete der Mann, sprach lauter: »Was hast du nicht geschafft?«

Jacob unterdrückte das Zusammenfahren seiner Glieder.

»Was hast du nicht geschafft?«, rief der Richter.

Die Wörter dröhnten in Jacobs Schädel. Der Richter faltete die Hände vor dem Kinn, nickte leise, schmunzelte. Hatte er begriffen, dass seine, Jacobs körperliche Reaktionen, vom Quietschen des Hebelrades, vom Kratzen der Feder, von lauten oder fehlerhaften Worten herrührten? Jacobs Finger krallten sich in den Stoff seiner Hose. »Ich wollte etwas übersetzen und habe es nicht geschafft.«

Der Richter lachte auf. »Und da warst du so verzweifelt, dass du nachts einen vierhundert Schritte hohen Berg bestiegen und auf einem Hexensabbat eine führende Rolle übernommen hast.«

Jacob schwieg.

Der Richter schaute über die Schulter, nickte den Folterknechten zu. Jacob setzte das Herz aus. Die Knechte traten auf ihn zu, doch der Richter machte eine abwehrende Geste, wies auf das Hebelrad und drehte die Hand in der Luft. Der jüngere Knecht schaute verwirrt, der Ältere ergriff das Rad und kurbelte. Das Quietschen drang Jacob in jede Faser seines Körpers, er bekam keine Luft mehr, presste die Hände auf die Ohren. Ganz offensichtlich hatte der Richter die Überempfindlichkeit seines Gehörs erfasst und nutzte sie nun aus, um ihn zu foltern. Jacobs Finger begannen zu zittern.

Der Richter hob die Hand, der Folterknecht stellte das Kurbeln ein. Jacob atmete auf, doch das Quietschen hallte in seinem Schädel nach. »Die Ohren«, sagte der Richter an den Schreiber und die Folterknechte gewandt, »sind die Sinnesorgane der Nacht und der Dunkelheit. Sie sind die Sinnesorgane des Teufels. Sie schärfen sich, je mehr man unter seinem Einfluss steht.«

Die drei Männer nickten, schauten den Richter bewundernd an und blickten dann voller Abscheu auf Jacob.

Der Richter lächelte, erhob sich langsam, ließ Jacob nicht aus den Augen, kam auf den Schemel zu, holte Luft, beugte sich zu Jacob hinunter, brüllte ihm in die Ohrmuschel: »Welchen Schwur musstest du dem Teufel leisten? Welche Finger musstest du beim Schwur heben?« Er hatte einen falschen Dativ geschrien. Gellend tönte Jacob der schiefe Fiedelton im Ohr. »Keine«, stöhnte er auf.

Der Richter vollführte wieder eine Kurbelbewegung in der Luft, der junge Folterknecht ergriff das Hebelrad. Das Quietschen bohrte sich tief in Jacobs Schädel, setzte sich fest, schrie. Er kauerte sich zusammen, verkrampfte die Finger ineinander.

»Was soll das heißen? Keine?« Der Richter schlug mit der Faust auf den Tisch, der Knall toste durch Jacobs Körper wie ein Peitschenhieb. Sein Leib fuhr in die Höhe, sackte zurück auf den Schemel, der ins Wanken geriet.

»Du hast den Schwur also ohne das Heben der Finger geleistet?«

»Nein!«

Es wurde still. Jacob sog so viel Luft ein, wie er konnte. Der Richter setzte sich. Jacob richtete sich auf. Der dunkle Raum, die Folterbank, der Protokolliertisch drehten sich. Sein ganzer Leib zitterte, es würgte ihn im Hals. Schweiß lief ihm die Rippen hinunter. Der Richter sah zum kleinen Fenster hinaus. Dann legte er eine Hand auf die Tischplatte und begann, mit den Fingern darauf zu trommeln. Er hatte lange Fingernägel, die ein starkes Klacken auf dem Holz erzeugten. Jacob starrte mit angehaltenem Atem auf die Stelle, wo die Nägel auf die Platte trafen.

»Seit wann bist du ein Hexenmeister?«, fragte der Richter leise.

»Ich bin kein Hexenmeister«, ächzte Jacob.

Der Richter holte Luft, riss den Mund auf. Jacobs Herz raste. »Seit wann bist du ein Hexenmeister?«, rief der Richter.

Der junge Folterknecht betätigte wieder das Hebelrad, der ältere nahm einen Hammer und schlug damit gegen die Gitter des kleinen Fensters. Die Wände und der Boden bebten, die Hammerschläge schrillten in Jacobs Kopf wie Furien. Er krümmte sich zusammen, drückte die Hände so fest gegen die Ohren, dass ihm der Kopf wie von einem Schraubstock zusammengepresst wurde. Grelle Farben wirbelten vor seinen Augen, blendeten ihn, sein Leib war so heiß, als fräße ihn eine Flamme von innen auf, Tränen rannen ihm die Wangen herunter, liefen salzig in seinen Mund, das Blut pulsierte in seinem Kopf wie Meereswogen, gleich würde es ihm aus den Ohren schießen. Sein Leib zuckte unter den Hieben des Hammers, Jacob verlor das Gleichgewicht, fiel zu Boden.

»Seit wann bist du ein Hexenmeister?«, schallte es wie Glockengetöse dicht über ihm. Er sah die Schuhe und die bestickten Strümpfe des Richters. Das Schreien des Hebelrades und das Dröhnen des Hammers bohrten sich durch seinen Körper, schlugen und schlugen gegen seine Schädeldecke.

»Seit meiner Ankunft im Béarn.« Die Worte kreisten im Raum. Es wurde vollkommen still. Jacob durchfuhr ein Schreck. Er keuchte, während das Hämmern in seinem Schädel nachließ. Der Boden war eiskalt, sein Leib heiß. Der Protokollant und die Folterknechte bekreuzigten sich. Der Richter nickte, lächelte Jacob von oben herab mitleidig an. Der jüngere Folterknecht schritt mit schweren Stiefeln auf Jacob zu, der Boden bebte, der Mann packte ihn am Kragen, zog ihn hoch auf den Schemel und ging zum Hebelrad zurück.

»Wie hast du das Vieh der Hirten verdorben?« Der Richter setzte sich und stützte die Unterarme auf die Anklageschrift. »Das Vieh der Hirten von Aas?«

Jacob begriff nicht. In seinem Kopf toste ein Orkan.

»Zwei Schafe«, sagte der Richter mit sanfter Stimme, »sind krank geworden und gestorben, nachdem ihr, du und dein Gefährte, über die Weiden gegangen seid.«

Jacob fühlte seine feuchten Haarspitzen im Nacken. Das falsch gebildete Perfekt des Richters piepte hellorange. »Ich habe mit einer Nadel in Zweige gestochen, die auf der Weide lagen. Die Schafe, die darüber gehen, werden krank.«

Die Feder des Schreibers kratzte über das Papier, schien ihm die Haut aufzuritzen.

»Hat der Teufel dir geholfen, den Hirten zu entkommen? Hat er aus dem Dickicht gerufen und einen Stein geworfen, unweit des Pic de Ger?«

Jede Silbe schabte in Jacobs Ohren. »Ja.«

»Hat der Teufel mit dir geschlafen?«

»Ja.«

»Wie sah er aus?«

Jacob stöhnte. In seinem ganzen Leib dröhnte es.

»Wie sah er aus?« Der Richter sprach lauter.

»Sein Gewand war grün.« Jacob spürte seine Stimme nicht, sie gehörte ihm nicht mehr, irrte im Raum umher.

Der Richter wandte sich zum Schreiber um. »Grün ist die trügerischste Farbe, die es gibt. Sie liegt irgendwo zwischen Gelb und Blau, ist schwer zu fassen, unbeständig, wandlungsfähig, flüchtig. Wenn der Teufel eine Farbe liebt, dann diese.«

Der Schreiber nickte mehrmals. Jacob schöpfte Atem.

Der Richter sprach geradezu väterlich: »Hat er dich geschlagen, während du mit ihm schliefst?«

Der Folterknecht legte eine Hand ans Hebelrad.

»Ja.«

»Mit einer Peitsche?«

»Ja.«

Der Schreiber und die Folterknechte bekreuzigten sich erneut, dann kratzte wieder die Feder.

»Wo hast du das Teufelsmal?« Der Richter steigerte mit jeder Silbe die Lautstärke.

Dies ist die Todesfrage, schoss es Jacob durch den Sinn. Wer vom Teufel gezeichnet war, war ihm unwiederbringlich verfallen, diente dem Satan als willenloses Werkzeug und musste durch das Feuer vertilgt werden. Jacob vergrub das Gesicht in den Händen.

»Wo hast du es?«, rief der Richter.

Der ältere Folterknecht begann erneut gegen die Gitterstäbe zu hämmern. Jacobs Arme und Beine zitterten, der Schmerz zuckte von Ohr zu Ohr.

Jacob schrie auf: »Im Hals!«

29: DIE SPRACHE DER VÖGEL, GENERALPROBE

Drei Tage später in Pau: Margarète läuft über sich zu schnell verwischende Spuren, begutachtet die Innereien eines flüggen Vogels und schlägt in Windeseile einen Nagel ein.

Margarète schaute aus dem Turmfenster der Sankt-Martins-Kirche über die Stadt Pau, fächelte sich Luft zu. Selbst hier oben im Turm war die Hitze Anfang August erdrückend. Sie blickte auf das neue Rathaus aus hellem Sandstein, das Hospital und die Felder im Norden sowie auf die Bürgerhäuser mit den hohen Giebeln, die Fleischereien und das Schlachthaus im Osten. Direkt vor der Martinskirche herrschte an Dutzenden Marktständen der übliche Trubel. Der Himmel wölbte sich wolkenlos und mit erhabener Gleichgültigkeit über allem, auch über dem Schloss auf der Anhöhe im Westen, in dem sie gerade einmal vor zwei Monaten mit dem König von Navarra getanzt hatte und in dessen viereckigem Wehrturm Jacob nun irgendwo saß – hinter welchem der Fenster wohl? Wenn seine Zelle überhaupt ein Fenster hatte. Margarète sah an dem Turm aus hellrotem Backstein hinab.

Unter der Erde lagen die Folterkeller. Dort hatten sie Jacob das Geständnis abgepresst, ein Hexer zu sein. Das große Pergament mit der Bekanntmachung des Todesurteils an der Mauer des Justizpalastes direkt gegenüber der Kirche war sogar von hier oben zu sehen. Margarète würgte es im Hals. Hatten sie ihm auf der Streckbank die Glieder ausgerenkt, gebrochen? Durch den Eingang des Justizpalastes mit seiner Statue der Justitia über dem runden Torbogen gingen Richter in ihren schwarzen Roben ein und aus. Von hier oben wirkten sie belanglos, winzig wie Ameisen: so, wie es ihnen zukam. Denn wer waren sie schon? Aufgeblasene calvinistische Ketzer, die einen unbedarften begabten Polyglotten als Teufelsbündler verbrennen wollten. Margarètes Hände ballten sich zu Fäusten. Außer Jacob würden übermorgen zwei weitere Menschen auf den Scheiterhaufen geführt werden. Margarète wandte den Blick vom Justizpalast zum Horizont, wo sich die Pyrenäen erhoben. Wenn der Plan, den sie hier gerade anzettelten, aufging, würde niemand brennen.

Margarète holte tief Luft. Bisher war sie auf Türmen oft frei gewesen von Gedanken an das Leben unten, an die Menschen unten, an die Sorgen unten. Sie sah wieder, wie Jacob mit seinen schiefergrauen Augen auf die Flügel des Mauerläufers geblickt hatte, irgendwo dort am Horizont, mitten in den Bergen. *Was,* ging es Margarète durch den Sinn, *wenn die Ameisen Erfolg haben und Jacob übermorgen von den Flammen verschlungen wird?*

»Es fragt sich jetzt nur noch, wie wir in den Turm des Justizpalastes kommen«, sagte Edward, der im Schneidersitz auf dem Bett des Türmerzimmers saß und Tabak in seine Pfeife füllte, »dort lebt kein Türmer, den man für ein paar Tage ablösen kann.« Margarète schmunzelte. Mit einigen Münzen hatte Edward den Türmer überredet, ihm für kurze Zeit seinen Posten abzutreten.

Dee stand mit von der Hitze gerötetem Gesicht an dem Holzgestell, das er und Edward zusammengezimmert hatten: eine Art dreibeiniger Tisch ohne Platte. Oben an den aufragenden, runden Beinen waren waagrecht drehbare Holzscheiben gelagert, in deren länglicher Einkerbung ein Seil laufen konnte. Dee betätigte eine Kurbel, die auf der hinteren Scheibe angebracht war. Durch einen Riemen war diese Scheibe mit den beiden vorderen verbunden. Alle Scheiben drehten sich fast geräuschlos. Dee wischte sich den Schweiß von der Stirn. Er nahm den Riemen ab, wies auf eine Spule, die von einem vielfach verzwirnten Seil aus weißer Seide umwickelt war, und wandte sich an Margarète: »Ich habe versucht, es gleichzeitig so dünn und elastisch wie nur möglich zu machen.«

Margarète nahm das Ende des Seils zwischen Daumen und Zeigefinger. »Meine Güte, das ist Euch gelungen. Das Seil sieht niemand von unten.« Sie rieb sich die Finger an einem Lappen ab. »Die Seide klebt ein wenig.«

Dee nickte. »Sie ist durch stark verdünnten Honig gezogen worden. Dadurch haftet sie hinreichend, um die Mechanismen im Inneren des Vogels in Gang zu setzen.« Margarète trat zu dem großen Vogel hin, der mit ausgebreiteten Flügeln auf den Bodenplanken lag. Er war so schön wie ein Adler, mit schwarzen, in der Nachmittagssonne glänzenden echten Federn. An den Flügeln hatte Dee ein paar braune und weiße Federn daruntergemischt. »Ihr seid ein Künstler, Doktor.«

Dee winkte ab. Die langen, mit Rüschen besetzten Ärmel seiner Seidenrobe sahen tatsächlich aus wie jene, die Musiker und Maler oft trugen. »Lobt mich nicht zu früh«, sagte der Hofastronom, »erst muss meine kleine Vorstellung gelingen und Jacob lebend entkommen. Dann nehme ich Euren Beifall gerne entgegen.« Er streckte sich, stöhnte auf. Der Ritt zu einem Ingenieur ins fünfundzwanzig Meilen entfernte Aire-sur-l'Adour, wo er den Vogel und seinen inneren Mechanismus konstruiert hatte, war nicht spurlos an ihm vorübergegangen. Dee ging an seine Grenzen, um Jacob zu retten. *Welcher Art ist seine Liebe für Jacob,* fragte sich Margarète. *Haben sie vielleicht sogar miteinander geschlafen?* Margarète holte tief Luft. Viele Höflinge und Adlige und nicht zuletzt der König von Frankreich, Heinrich III. selbst, hielten sich männliche Geliebte. Margarète presste die Lippen zusammen. Scherte Jacob sich vielleicht gar nicht um sie und andere Frauen, weil er nur Augen für Männer hatte? Ihr Blick schoss zu Edward, der das, Pfeife rauchend, sofort merkte und ihr zublinzelte. *Edward,* dachte Margarète, *ist ein Schürzenjäger und mit Sicherheit nicht Jacobs Liebhaber.* Sie lachte auf. Dee und Edward blickten sie verwirrt an.

Margarète strich über die Federn des Vogels. Vielleicht, überlegte sie weiter, war die Liebe des Hofastronomen zu Jacob rein platonischer Natur, aber sehr tief, auf der Grenze zwischen Philia, wie die alten Griechen eine enge Freundschaft nannten, und Agape, eine starke geistige, selbstlose Zuneigung. Margarète betrachtete den Kopf des Vogels mit den großen gelben Augen. Es schien, als bebte der Vogel innerlich, als wäre er ganz nah an der Schwelle zum Leben.

»Die Augen sind aus venezianischem Glas«, erläuterte Dee. Aus venezianischem Glas – dabei sahen sie so echt aus, als könnten sie von hier direkt in Jacobs Zelle spähen.

»Wollen wir heute Nacht reingehen in den Justizpalast?«, fragte Edward. »Die Türen kriege ich schon auf.«

Dee schüttelte den Kopf. »Ich denke, das geht auch anders.«

Edward sah ihn fragend an.

»Ich werde einfach den Präsidenten der Synode fragen, ob ich den Turm für astronomische Beobachtungen nutzen darf.«

Edward schnalzte mit der Zunge. »Das wäre eine sehr elegante Lösung.«

Dee warf sich einen schwarzen Seidenumhang über. »Ich gehe gleich rüber. Vielleicht ist Horace de Lancre noch da.«

Margarète verzog das Gesicht. »Das ist der Mann, der Jacob verhört und verurteilt hat.«

Mit einem Lappen säuberte Dee seine Schuhe von Staub und Sägespänen, legte eine Halskrause an. »Umso mehr Freude wird es bereiten, ihn hinters Licht zu führen.«

»De Lancre verbrennt monatlich eine Hexe oder einen Magier, ungefähr«, sagte Edward, »vor einem Monat hat er siebentausend Fische aus der Gave unter dem Galgen vor dem Stadttor verbrennen lassen, weil sie angeblich verhext waren, die entsprechende Hexe freilich als Dreingabe dazu.«

Dee rückte sein Wams zurecht.

»Kann ich Euch begleiten?« Margarète trat auf Dee zu.

Er nickte. »Schönen Frauen schlagen sogar strenge Calvinisten so leicht nichts ab.«

Mit einer Verbeugung ließ der Hofastronom sie die Wendeltreppe vorausgehen. Sie kamen an Dees Diener George vorbei, der mit hochgekrempelten Hemdsärmeln auf halber Höhe der Treppe auf einer Stufe saß und Wache schob. Während sie über den Platz zum Justizpalast gingen, plauderte der Gelehrte vom wolkenlosen Augusthimmel und davon, dass die Wetterlage sich tatsächlich gut für astronomische Beobachtungen eignen würde. »Das erhöht die Glaubwürdigkeit meiner Anfrage.« Er blinzelte ihr zu. Auf dem staubigen Platz stand die Hitze wie eine Mauer.

Sie stiegen die Stufen zum Eingang des Justizpalastes hinauf und betraten die von Marmorsäulen getragene Halle. Hier wimmelte es von hochrangigen Calvinisten: Richter und Synodenmitglieder mit dunklen Baretts und langen, bestickten Seidenstrümpfen. Margarète straffte sich. Sie war mittendrin, im Zentrum des calvinistischen Béarn. Hier schlug wirklich das Herz des kalten Ketzerreiches, viel mehr als auf dem Schloss von Pau, wo die Regentin Laute spielte und der König ungeschickt tanzte und mit einem abgeschlossenen Friedensvertrag prahlte. In diesen Mauern herrschten der Hass und die Engstirnigkeit, mit der Jacob zum Tode verurteilt worden war. Ein Mann mit silbern durchwirkter Robe sah Margarète prüfend an, murmelte einen Gruß, blickte sich noch einmal nach ihr um. Und wenn sie sie erkannten? Margarète stockte der Atem. Was war mit dem dritten Pfeifer? Der wusste, wie sie aussah. Sie hingegen kannte sein Gesicht nicht. Ihr Herz raste. Wie hatte sie nur so töricht sein können, hierher mitzukommen? Zwei Soldaten mit Hellebarden marschierten in ihre Richtung. Margarète erstarrte. Hatte der Leutnant aus Navarrenx etwas von ihren Absichten geahnt und sie beschrieben? Wurde sie gesucht? Margarète ging schräg hinter Dee, spürte die Blicke der Soldaten auf sich. Die Bewaffneten liefen vorbei, der eine stieß den anderen an. »Hübsch ist die, nicht?« Margarète atmete auf.

Kaum hatte Dee der Wache vor dem Empfangszimmer des Obersten Richters seinen Namen gesagt, wurden er und Margarète auch schon eingelassen. Vor ihnen tat sich ein großer Saal mit Marmortafeln und Holzschnitzereien an den Wänden auf. Hinter dem Eichentisch hing ein schlichtes Holzkreuz. Der gedrungene kleine Mann, der am Tisch saß, hatte Lachfalten, ein Doppelkinn und hervorquellende Augen. *Dieser Mensch,* schoss es Margarète in den Sinn, *der Jacob gequält und zum Tode verurteilt hat, sieht aus wie ein harmloser Schankwirt.* Sie schritt zögernd vorwärts, zwang sich zu lächeln. Die Augen des Richters leuchteten auf, er kam hinter dem Tisch hervor, lief auf Dee zu, breitete die kurzen Arme aus, die in zu langen Robenärmeln steckten. »Was für eine Ehre, einen so großen Wissenschaftler in unserem bescheidenen Ort willkommen heißen zu dürfen!«, rief de Lancre auf Latein, ergriff Dees Hand. Der Hofastronom verneigte sich. »Ich danke Euch, Herr Präsident, dass Ihr mich so schnell empfangt, obwohl Ihr sicher viele wichtige Dinge zu tun habt.« Margarète unterdrückte ein

Schmunzeln über die Ironie in Dees Worten, die der Richter nicht erahnen konnte.

Der Richter wandte den Blick zu Margarète. Eiskalt lief es ihr den Rücken hinunter, sie hielt ihm die Hand zum Kuss hin, er nahm sie mit seinen kurzen Fingern, lächelte, Margarète spürte seine feuchten Lippen auf ihrem Handrücken, erschauderte. »Es ist ein hübscher Ort und ein beeindruckender Palast«, heuchelte sie.

De Lancre zog die Brauen hoch, offenbar verblüfft, fließendes Latein von einer Frau zu hören. »Was kann ich für Euch tun?«, fragte er, senkte nach wie vor die Stimme nicht. Es schien, als genieße er es, in lautestem Tonfall Latein zu sprechen, obwohl seine Aussprache holprig und seine Sätze einfach und unelegant waren. *Dieser Mensch verströmt abgrundtiefe Mittelmäßigkeit,* dachte Margarète. Entsprechend wollte er Jacob zur Strecke bringen, konnte einen wie ihn nicht ertragen. In sehr viel eleganterem Latein legte Dee dar, dass er gern im Turm des Justizpalastes astronomische Beobachtungen durchführen würde.

»So fachmännisch ist der Himmel über Pau noch nie beobachtet worden!«, rief de Lancre aus, hatte nun auch noch das Passiv falsch konstruiert. *Je dümmer ein Richter ist,* überlegte Margarète, *desto gefährlicher ist er auch.* Buckelnd reichte der Mann dem Hofastronomen die Schlüssel zum Justizpalast und zum Turm. »Es wird mir ein Vergnügen sein, Euch das Turmzimmer herrichten zu lassen.«

Dee bedankte und verneigte sich. Margarète betrachtete die Holzschnitzereien an den Wänden, damit der Richter ihr die Genugtuung nicht ansah.

Wieder in der Halle, flüsterte Dee: »Nun, das verlief reibungslos.« Er ging derart beschwingt zwischen den Marmorsäulen entlang, dass Margarète Mühe hatte, mit ihm Schritt zu halten. Sie eilten die Außentreppe des Justizpalastes hinunter. Über den großen Platz führten gepanzerte, mit Lanzen und Arkebusen bewaffnete Soldaten über fünfzig Gefangene Richtung Burg. Margarètes Glieder gefroren: In den vorderen Reihen der Gefangenen gingen D'Espalungue, de Durfort und der junge Mönch. Hinter ihnen folgten etliche weitere Ligisten, die Margarète aus dem Château de Béost kannte. Das konnte nicht sein, das durfte nicht sein! Und gleich so viele! Die Calvinisten mussten das Château de Béost angegriffen haben. Doch aus welchem Grund und weshalb zu diesem Zeitpunkt? Jemand musste die Rückeroberungspläne verraten haben. Im Château waren mehr als fünfzig Soldaten gewesen. Waren die übrigen beim Angriff gefallen? Oder geflohen? Und wo war Florimond de Vaillac? Margarètes Kehle schnürte sich zu. War er tot? Mit seinen Jungenaugen sah der Mönch Margarète an. Ganz plötzlich hatte er sich in ihre Richtung gewandt. Im Nu schnellte sein Blick zur Tür des Justizpalastes, dessen Stufen sie gerade heruntergekommen war. Sofort lag in seinen Augen Hass. Er glaubte, sie hätte die Verschwörer verraten. Margarète verharrte auf der Stelle, gebannt von den Augen des Jungen. »Hure!«, schrie er, wandte sich zu den Ligisten um und zeigte auf sie. »Verräterin!«

D'Espalungue und de Durfort blickten in ihre Richtung. Sie lief hinter eine Säule, raffte ihren Rock heran. Ihr Puls raste. Sollte sie rufen, dass sie es nicht war, dass sie niemanden verraten hatte? In ihrer Kehle ballten sich die Worte. Doch sie kamen ihr nicht über die Lippen. Was sie auch tat oder sagte, es würde falsch sein.

»Vorwärts!«, brüllten die Soldaten, stießen d'Espalungue und de Durfort weiter. Margarète zitterte am ganzen Leib.

John Dee, der vor dem Tross der Gefangenen stehen geblieben war, schaute zu ihr herüber, zu den Ligisten und wieder zu ihr. Er nickte leise, als würde er begreifen. Die Ligisten wurden von den Soldaten die Anhöhe hinauf zum Gefangenenturm des Schlosses geführt, wo auch Jacob einsaß. Das Bild des langen, bewachten Zuges von Ligisten wirkte unwirklich. Margarètes Glieder fühlten sich taub an. Diese Männer würden sterben, begriff sie. Margarète legte die Hände vor das Gesicht. Von jetzt an bis zum Augenblick ihres Todes würden d'Espalungue, de Durfort und die anderen Ligisten denken, dass sie, Margarète, den Verrat begangen hatte. Sie schluchzte auf. Um sich herum spürte sie Wärme und Kraft: John Dee trat hinter sie, sprach kein Wort, hielt sie nur.

Neben ihm ging Margarète zur Martinskirche und sah die Gefangenen hinter dem Schlosstor verschwinden. Sie folgte Dee die Wendeltreppe hinauf. Ihre Beine drohten nachzugeben. *Meine zeitige Abreise muss mich vor der Verhaftung bewahrt haben,* überlegte sie. *In dem Moment, als ich mich für Jacob entschied,* spann der Gedanke sich unnachgiebig weiter, *habe ich die Liga tatsächlich verraten.* An dem Abend vor über einer Woche, als sie dem Baron de Vaillac vorgelogen hatte, dass Jacob die Pfeifsprache nicht gelöst hatte, war sie zur Verräterin geworden. Der Boden schwankte unter Margarètes Füßen. Sie blieb stehen und setzte sich auf eine Stufe. Dee sah sich nach ihr um, ging weiter nach oben, bedrängte sie nicht. Seine Schritte verebbten. Margarète atmete in die Stille und blickte die Stufen hinunter. Ein Gefühl der Verlorenheit ergriff sie. Was sollte sie jetzt tun? Ihre Glieder bebten. Und was war mit de Vaillac? Falls er noch lebte, war er vielleicht wieder in sein Château Trompette am Hafen von Bordeaux zurückgekehrt. Sollte sie ihn dort aufsuchen? Ihm sagen, dass sie niemanden verraten hatte? Margarète seufzte auf. Es würde nichts helfen. Ihr Oberkörper wiegte hin und her. Sie unterdrückte einen Schrei. Tränen flossen ihr die Wange hinunter. Hätte sie doch wenigstens den Kopf geschüttelt, als der junge Mönch sie angesehen hatte. Aber er hatte sie mit seinem Blick gebannt wie ein Raubtier seine Beute. Wäre sie nur nicht hinter die Säule gelaufen, was wie ein Schuldgeständnis gewirkt haben musste. Hätte sie doch d'Espalungues Blick erwidert und ihm bedeutet, dass sie es nicht gewesen war. Margarète richtete sich auf und wischte die Tränen ab. Die Ligisten mussten zumindest in Erwägung ziehen, dass sie sich nur hinter dem Pfeiler verborgen hatte, damit die Soldaten nicht hellhörig wurden und auch sie noch verhafteten.

Mit schweren Beinen stieg Margarète die Stufen hoch, passierte George und nickte ihm zu. Im Glockenstuhl wirbelte Staub in der trockenen Luft. Margarète stützte die Ellenbogen auf einen Querbalken und betrachtete die Glocken unter sich. Die Ligisten würden hängen. Hängen war die Strafe für Verschwörer, auch für Adlige. Sie würden hängen wie Diebe. Margarète schlug mit den Fäusten auf den Balken, fixierte die größte Glocke, ihren schweren Klöppel. Und wenn es Jacob war, der die Ligisten verraten hatte? Ein Schreck fuhr Margarète durch alle Glieder.

Jacob hatte durchaus Gelegenheit gehabt, die Besprechungen im Turm des Châteaus de Béost zu belauschen. War Jacob doch ein Spion Walsinghams? Würde sie, wenn sie ihn vor dem Tod auf dem Scheiterhaufen bewahrte, gleichzeitig auch den Verräter retten? Sie presste die Hände aneinander. Sie musste jetzt ruhig und klar denken. Jacob war es immer nur um die Pfiffe der Hirten gegangen und um die Sprache der Schöpfung. Die Calvinisten hätten ihn wohl kaum eingekerkert und zum Tode verurteilt, wenn er gerade den Untergang ihres Reiches vereitelt hätte. Ein Spion ging auch nicht zu einem Hexensabbat, aus Verzweiflung darüber, dass ein magisches Buch sich als Scherz herausgestellt hatte. Nie hatte sie Jacob auch nur in der Nähe des Turmzimmers des Châteaus gesehen. Beim Durchsuchen von Jacobs Gepäck hatten sie und d'Espalungue keine Hinweise auf eine Spionagetätigkeit gefunden. D'Espalungue: Sie sah sein Lächeln, hörte seine helle Stimme: *Wie haben wir nur so lange ohne dich leben können?* Der Freiherr hatte noch zwei Tage, keine achtundvierzig Stunden mehr. Sie selbst durfte leben. Die Ligisten hatten dafür gesorgt, indem sie sie rechtzeitig fortschickten.

Sonnenlicht fiel auf das stumpfe Kupfermetall der Glocken. Der dritte Pfeifer! Margarète überlief ein Schauer. Natürlich. Er musste die Verschwörer verraten haben. Er hatte sie in Aas verfolgt. Vielleicht hatte er Jacob und sie bereits tagelang beobachtet. Margarète entfuhr ein Schreckenslaut. Vielleicht schon damals im Bad von Eaux-Bonnes, als Jacob jemanden im Gebüsch zu hören meinte. Sicher war der Mensch im Château herumgeschlichen, hatte die Rückeroberungspläne und das Eintreffen von Soldaten mitbekommen und die Informationen an die calvinistische Armee weitergegeben. Margarète fuhr herum und blickte durch ein kleines Fenster hinunter. Wo war dieser Verräter jetzt? Wie sah er aus? Es musste ein sehr geschickter Spion sein, der sich unbemerkt die Pfeifsprache abgelauscht und sich dann in ihr gepfiffenes Gespräch mit den Hirten eingemischt hatte. Das war eine geisterhafte Art zu spionieren. Dieser Mensch war ein weit besserer Agent als sie selbst. Angst erfasste sie. Was würde dieser Mann als Nächstes tun? Würde er sie weiterhin verfolgen? Beobachtete er jetzt auch ihre Rettungsbemühungen? Würde er sie, Dee und Edward verraten, so, wie er die Ligisten verraten hatte?

Margarète erreichte die Türmerwohnung. Sie hielt inne, betrachtete die schiefen, an den Seiten verwitterten Türbalken. *Wenn der Agent tatsächlich in der Burg umhergeschlichen ist,* kam es ihr in den Sinn, *bevor er seinen Verrat beging, war das zu einem Zeitpunkt, als ich bereits nur noch Augen und Ohren für Jacob hatte. Dabei hätte ich den Spion bemerken müssen, ihn entlarven.* Sie senkte den Kopf, betete zu Gott, er möge die Verschwörer begreifen lassen, dass sie keine Verräterin war. Das Beten tat wohl. Sie legte die Hand an die Tür, seufzte. Sie hatte damit angefangen, Jacob zu retten. Dieser Plan, dieses Türmerzimmer, John Dee und Edward waren der einzige Halt, den sie noch hatte. Ihr blieb nur, diesen Plan weiterzuverfolgen. Mehr konnte sie nicht entscheiden, nicht jetzt. Hinterher würde sie zurück nach Bordeaux gehen und de Vaillac aufsuchen.

Margarète drückte gegen die Tür, betrat das Turmzimmer, wo ihr sofort Tabakgeruch in die Nase stieg. Die Pfeife im Mund, hockte Edward am vorderen Ende des Holzgestells und hämmerte den Querbalken, der dort beide Beine des Gestells miteinander verband, mit langen Eisennägeln in die Bodenplanken. Dee kniete vor dem hinteren Bein des Gestells, ebenfalls einen Hammer in der Hand, sah zu ihr auf und lächelte erleichtert.

Edward grinste spitzbübisch. »Da haben wir also die offizielle calvinistische Erlaubnis, die Sterne anzusehen.« Dee hatte ihm offenbar nichts von dem eben Vorgefallenen erzählt.

Margarète setzte sich auf einen Stuhl am Fenster. »Die Sterne ansehen, ja.« Ihre Stimme klang bitter.

Edward merkte auf, sah sie an, plötzlich ernst. Seine Gesichtszüge wirkten schärfer und tiefgründiger, nicht mehr schelmenhaft. Es schien, als begreife er etwas von dem, was in ihr vorging: nicht bewusst, nur instinktiv. Margarète fühlte sich diesem Menschen plötzlich nah. Das schlechte Gewissen und das Verstricktsein: Sie teilten es. Edward hatte Jacob ins Verderben gerissen. Wahrscheinlich hatte auch für ihn alles angefangen wie ein Spiel, so, wie ihre Arbeit für die Liga lange Zeit vor allem ein Spiel gewesen war. *Es ist mehr als ein Spiel,* hatte Florimond de Vaillac ihr am Tag ihrer Ankunft im Château de Béost eingeschärft.

Doch sie hatte sich zu sehr für das Himmelbett, den Schrank und den Paravent ihres neuen Gemachs interessiert, um seine Warnung ernst zu nehmen. Und jetzt war Jacob zum Tode verurteilt worden, und d'Espalungue, de Durfort und etliche Ligisten würden sterben. Edward wandte das Gesicht ab, wohl verunsichert von ihrem forschenden Blick. *So gelassen dieser Mann meist wirkt mit seiner Pfeife und seinen Witzen,* dachte Margarète, *bleibt ihm jetzt nur, um Jacobs Leben zu kämpfen wie um sein eigenes.*

»Damit das Gestell dem Zug des Seils standhält«, erklärte Dee zu Margarète gewandt, während er einen weiteren Nagel in den Balken schlug.

»Und jetzt?«, fragte Edward.

»Auf die Dunkelheit warten.« Der Hofastronom setzte sich ächzend auf das wackelnde Bett, lehnte sich mit dem Rücken gegen einen schweren Stützbalken aus Eichenholz und streckte die Beine aus.

Margarète nahm ihren Fächer, wedelte sich Luft zu. Ihr Körper fühlte sich so seltsam an, wie sie es noch nie erlebt hatte: Ihre Haut, ihre äußere Hülle, war heiß, während ihr Inneres hohl schien.

»Bestimmt noch zwei Stunden, bis es dunkel ist.« Edward kramte in seinem Bündel und holte ein Kartenspiel heraus. »Wie wär's mit einer Partie L'Hombre?«

Spielen, dachte Margarète, *das habe ich schon genug getan.* »Kartenspielen ist im Béarn verboten«, sagte sie.

Dee zog die langen Beine in den Schneidersitz und rückte zur Seite. »Warum nicht?«

Edward setzte sich ebenfalls auf das Bett, das unter dem zusätzlichen Gewicht knarzte. Margarète holte ihren Stuhl heran, Edward hielt ihr die Karten hin. Sie zog einen Trumpf, die beiden Männer pfiffen durch die Zähne, während sie austeilte und die übrigen Karten in die Mitte legte. Margarète überbot die Männer, begann, gegen beide zu spielen, gewann drei Stiche.

»Meine Güte«, sagte Edward, »sie spielt mit Gott.«

»Gott spielt nicht«, entgegnete Margarète und sammelte einen Stich nach dem anderen ein.

Nach mehreren Partien, von denen sie so viele gewann, dass sie die beiden Männer im Verdacht hatte, zu ihren Gunsten zu schummeln, nahmen die schwarzen und roten Farben der Karten im Licht der hereinbrechenden Nacht eine Grautönung an.

Dee sah aus dem Turmfenster. »Ich sehe keine Fackeln. Offenbar geht Pau früh schlafen.«

»Was soll man hier auch sonst tun, wo so gut wie alles verboten ist?«, bemerkte Edward.

Dees Diener George kam zur Tür herein und nickte ihnen mit einer Verbeugung zu.

Der Gelehrte rieb die Handflächen aneinander und schaute auf die sorgsam präparierten Balken und Holzscheiben in der Ecke des Turmzimmers. »Dann los.« Edward schulterte den Bogen, den er am Vortag bei einem Händler erstanden hatte, und griff sich ein paar Balken. Margarète nahm die Spule, die sehr leicht war, sowie einen weiteren Balken. Dee und sein Diener luden sich den Rest auf. Die zwei Fackeln im Türmerzimmer der Martinskirche ließen sie brennen.

Schnaufend gingen sie die Stufen hinunter, stießen mit den Balken gegen die Mauern. Fahles Mondlicht fiel durch einige Luken und Fenster auf die Treppe. Sie gingen tastend die Stufen hinunter. Endlich erreichten sie den Ausgang. George spähte hinaus, bedeutete ihnen mit den Händen, einige Passanten abzuwarten, die wenig später mit Fackeln vorbeigingen. Schließlich konnten sie den Platz überqueren, auf dem noch immer die Hitze des vergangenen Tages spürbar war, und blickten sich um. *Ob womöglich der dritte Pfeifer hinter irgendeiner Ecke lungert,* fragte sich Margarète insgeheim. Ihr Weg kreuzte den der Gefangenen vom Nachmittag und deren längst verwischte Spuren. *Die Spuren von Menschen verlieren sich schnell,* dachte sie, *so schnell.* Dee steckte den Schlüssel in das schwere Vorhängeschloss am eisenbeschlagenen Tor des Justizpalastes, es sprang auf. In der Stille der großen Halle mit den hohen Marmorsäulen hallten ihre Schritte wider.

Das Echo dröhnte unter der hohen Decke, ein Fenster klapperte, die weißen Marmorstufen schimmerten im Mondlicht. Margarète schlich geduckt vorwärts. Ihr war, als würde ihre Seele sich verdunkeln, als würde sie ein Tier auf der Pirsch in der Nacht, ein Wolf, als jage sie. Am

Ende des Ganges im ersten Stock befanden sich hohe Flügeltüren, wahrscheinlich die zum Gerichtssaal. Dort hatte man das Todesurteil gegen Jacob verkündet, dort würden die Calvinisten die Verschwörer aburteilen. Die Calvinisten waren schuld, durchfuhr es Margarète, während sie eine niedrige Stiege emporkletterten, nur sie: nicht Edward, nicht Dee, nicht sie selbst, nicht ihre verrückte Liebe zu einem noch verrückteren Protestanten, nur die Calvinisten. Die ruinierten ihr Leben. Doch sie waren zu dumm, ihren Justizpalast, das Zentrum ihrer Macht, vor einer Ligistin, einem Dieb und einem exzellenten Mechanicus zu schützen. Sie hatten nicht im Ansatz die Fantasie, sich den Plan vorzustellen, der Jacob retten sollte. Margarète musste sich tief ducken, stöhnte unter ihrer Last. Dieser Plan musste gelingen. Die Calvinisten mussten unterliegen und Jacob leben. Endlich erreichten sie das Ende der Treppe und das Turmzimmer. Diesen Sieg schuldete sie den Ligisten, die dem Tod geweiht waren.

Dee nahm eine Fackel von der Wand, zündete sie mit einem Schwefelholz an. Vor ihnen lag ein weiter Raum mit hohen, stuckverzierten Decken und einem großen Arbeitstisch. »Nicht übel!«, rief Edward aus, legte aufatmend die Balken ab, rieb sich frohlockend die Hände, spielte wieder den Unbeschwerten. Er schien viel Übung darin zu haben.

»Reichlich Staub auf den Bodenplanken«, stellte Dee fest, »hier kommt offenbar nur selten jemand hoch. Umso besser.« Er leuchtete auf einen riesigen, an der Wand festgenagelten Quadranten von eineinhalb Schritten Durchmesser, schaute durch dessen Visier. »Das nenne ich Gastfreundschaft. Damit kann man sehr genaue Berechnungen anstellen.« George ging hinunter auf den Platz, um die Eingänge des Justizpalastes und der Martinskirche im Auge zu behalten. Margarète sah dem stämmigen Mittvierziger in den grünen Kniehosen nach. Hoffentlich war er ein guter Wächter, hoffentlich würde er sich nicht mit dem Spion, dem dritten Pfeifer, messen müssen. Aber wenn sie Glück hatten, überlegte Margarète, scherte der Agent sich nicht um sie und ihre Rettungsbemühungen. Ihn hatten die Rückeroberung des Béarn und die über hundert Ligisten interessiert, mehrere von Adel. Dass Jacob hingegen nicht gefährlich war, dürfte er längst begriffen haben.

Nach Dees Anweisungen zimmerten sie zu dritt die Balken zusammen, um ein Gestell wie jenes zu fertigen, das bereits drüben im Turm der Martinskirche stand. Margarète schlug fest auf die Nägel, hämmerte sich die Scham aus dem Körper, die Scham vor den Ligisten, vor Dee, der alles durchschaute, vor dem fremden Agenten, der ihr haushoch überlegen war.

»Das sieht nach Übung aus.« Edward blickte anerkennend auf ihre Hände.

Margarète versenkte einen weiteren Nagel mit nur zwei Schlägen. »Mein Vater ist Zimmermannsmeister. Ich habe bereits Bretter zusammengenagelt, bevor ich lesen konnte.«

»Wirklich?« Dee schaute sie mit einer Mischung aus Überraschung und Enttäuschung an. Natürlich, fiel Margarète ein, er hatte sie für eine Dame aus begüterter Familie gehalten. Sie hatte vergessen, dass noch etwas von ihrer Tarnung übrig war, weil sie sich so hilflos und so entblößt gefühlt hatte.

Sie steckte eine Achse mitsamt Umlaufrad in das Gestell. »Lange Achsen, Doktor Dee.«

Das seidene Seil um die Scheiben legend, sah Edward den Hofastronomen, der Margarète immer noch verwirrt musterte, herausfordernd an. »Eine Madame, die keinen Staub atmen und keinen Hammer halten kann, könnten wir hier gerade gar nicht gebrauchen, nicht wahr, Doktor?«

Dee befestigte das Gestell auf dem Boden, lächelte Margarète zu. »Es ist ja auch ein großer Vogel.«

»Jetzt bin ich gespannt.« Dee wickelte ein Stück Seil von der Spule, knüpfte einen Knoten ins Seilende, reichte es Edward.

»Ich hoffe, ich kann es noch.« Edward nahm Pfeil und Bogen, stellte sich an eine Fensteröffnung, die gegenüber dem Turm der Martinskirche lag, band das Ende an den Pfeil, sah auf das von Fackellicht erleuchtete Fenster gegenüber, rund dreißig Schritte entfernt.

»Worauf wirst du zielen?«, fragte Dee.

»Auf den Stützbalken hinter dem Bett«, antwortete Edward.

Margarète lachte. Edward war ein Aufschneider, der seinesgleichen suchte: Auf diese Entfernung von rund dreißig Schritten war es schon schwierig genug, durch das schwach erhellte Kirchturmfenster gegenüber zu schießen, geschweige denn eine bestimmte Stelle im Turminneren zu treffen. Edward streckte den linken Arm, seine Finger legten sich um den Bogen. Er spannte die Sehne mit dem Pfeil, fixierte die Fensteröffnung im Turm der Martinskirche. Das Schelmische verschwand aus seinem Gesicht, Konzentration straffte seine Züge. Die Muskeln seines linken Unterarms traten hervor, sein Blick, sein ganzer Körper richtete sich auf einen Punkt. Plötzlich sah er so ernst aus, so hart und so jung, dass Margarète erschrak: Vor ihr stand ein Fremder, nicht der Schelm, für den er sich ausgab, sondern ein Mann, der zu allem fähig war. Margarète wagte nicht zu atmen. Ein Zischen: Der Pfeil schnellte durch die Luft, zog den Seidenfaden mit – und flog schnurgerade mitten durch das Fenster des Turms der Martinskirche. Margarète kniff die Augen zusammen, sah genau hin: Der Pfeil steckte im Stützbalken hinter dem Bett. Sie bekam Gänsehaut. Edwards Körper entspannte sich, das Schelmische um seine Lippen kehrte sofort zurück.

Dee stand reglos. »Wo hast du so zu schießen gelernt?«

Edward zuckte mit der Schulter. »In einem meiner vielen schiefgegangenen Leben.«

»Meine Güte«, hauchte Dee, »das war ein unglaublicher Schuss.« Es war das erste Mal, dass der Hofastronom Edward Anerkennung zollte.

Sie stiegen die Marmortreppen wieder hinunter und traten auf den Platz, wo George auf den Stufen vor dem Justizpalast saß. Margarète spähte in die Finsternis, war erleichtert, als sie in die Kirche trat, eilte den anderen zum Türmerzimmer voraus. Das Seil hing quer im Raum, schillerte silbern im Mondschein wie ein Spinnenfaden. Edward zog den Pfeil mit einer schnellen Drehung des Handgelenks aus dem Holz. Dee ging zum Vogel, der auf den Bodenplanken lag. Vorsichtig hob der Gelehrte ihn auf, wie einen heiligen Gegenstand, setzte ihn auf den Kiefernholztisch am Fenster, legte die Daumen auf einen Punkt zwischen den Flügeln und drückte fest zu. Der Vogel klappte auseinander. Erschrocken stieß Margarète einen Schrei aus: Der Vogel hatte so lebendig ausgesehen. Und jetzt lag er da, in zwei Hälften, von Drähten durchzogen, entzaubert.

»Wenn man uns in zwei Hälften spaltet, sehen wir auch nicht besser aus«, meinte Edward, »ein Wirrwarr aus Blut, stinkenden Gedärmen, prall gefüllter Blase und …«

Dee blickte ihn zurechtweisend an.

Edward räusperte sich. »Natürlich gilt das nur für Männer. Damen sehen selbstverständlich auch innen blendend aus.«

Margarète lachte, Dee noch lauter, Edward stimmte ein. Margarète kam es vor, als würde die Zeit innehalten. Sie fühlte sich diesen beiden Menschen, die sie kaum kannte, plötzlich sehr nah. Mit niemandem zuvor hatte sie etwas Besseres und gleichzeitig Aberwitzigeres getan. Ein Leben retten: Etwas Größeres gab es nicht. Im weiten Nachthimmel tönte das tiefe Lachen der Männer und ihr eigenes, helles, zwischen den Sternen. Ein Schauer erfasste Margarète. Einen Moment schien sie überall zu sein, spürte einen großen Atem, einen Trost.

Dee wickelte das dünne Seidenseil um die kleinen hölzernen Scheiben und Rollen im Inneren des Vogels, prüfte den Sitz der feinen Drähte, arbeitete schweigend und präzise. Sein Gesicht, fiel Margarète auf, hatte einen ähnlichen Ausdruck wie das von Edward vorhin beim Abschuss des Pfeils, wie das von Jacob, als dieser das gepfiffene *Pater noster* der Hirten notiert hatte. Sie hatte drei sehr besondere Menschen gefunden. *Es wäre gut,* dachte Margarète, *zu ihnen aufzuschließen, etwas zu tun, bei dem auch ich zu meiner vollen Kraft und Stärke finde.* Bisher war sie nur im Spionieren sehr gut gewesen, und das Spionieren brachte den Tod. Sie war ins falsche Fahrwasser geraten.

»Das Seil unterstützt den Schlag der Flügel und stabilisiert den Vogel im Flug«, erläuterte Dee. »Außerdem hebt dieser Mechanismus«, er wies auf einige Rollen, Drähte und Zahnräder, »den Vogel beim Wenden innerhalb der Türme so über die Umlaufräder, dass er unmittelbar den Rückflug antreten kann.«

Edward schnalzte mit der Zunge.

Rasch demontierte der Hofastronom den rechten Flügel, zog die kleinen Schrauben zwischen den Eisenverbindungen nach und setzte die beiden Hälften des Vogels wieder zusammen. Dann hielt er ihn am ausgestreckten Arm über dem Kopf wie ein Falkner. Sanft stieß er den linken Flügel an. Sofort setzten die Schwingen sich in Bewegung, schlugen auf und ab, auf und ab, ohne dass Dee sie noch einmal berühren musste. Margarète hielt den Atem an: ein Wesen, dieser Vogel, ein Haufen Drähte und Federn, und doch war da mehr, irgendeine Art von Seele, ein Hauch, der aus der Unendlichkeit des Sternenhimmels kam.

»Er will fliegen«, flüsterte Edward, »sehr dringend fliegen.«

Dee befestigte den Vogel am Seil, hielt ihn sanft an Brust und Füßen, nickte Edward zu. Der nahm das Ende des Seils, befestigte es wieder am Pfeil, straffte den Bogen, blickte zum immer noch von Fackeln erhellten Fenster des Turms des Justizpalastes hinüber.

»Was ist diesmal das Ziel?«, fragte Dee.

»Der Quadrant.« Edwards Stimme klang bereits anders, scharf und klar.

Margarète hielt den Atem an, wartete darauf, dass Edward sich verwandelte. Er spannte den Bogen, stand starr, fixierte den Quadranten, war geballte Kraft und Aufmerksamkeit. Schon schnellte der Pfeil von der Sehne.

»Kurz unter dem Visier!«, jubelte Dee. Margarète und der Hofastronom applaudierten. Edward verneigte sich mehrmals tief und mit einem schalkhaften Lächeln, den Bogen über der Schulter. »Gehen wir?«, fragte er Margarète. »Ich brauche Eure Hammerkünste.«

Margarète ging neben Edward zur Tür.

»Schlag zweimal mit dem Seil, wenn du beide Enden in der Hand hast«, sagte Dee zu Edward, »danach schlage ich zweimal, wenn ich hier das Seil um die Scheiben gelegt habe. Dann spannen.«

Edward nickte. Hinter ihm stieg Margarète die Stufen hinunter.

»Woran denkst du beim Bogenschießen?«, fragte sie.

Edward sprang treppab. »An nichts.«

»Und das geht?«

Er hielt inne, drehte sich zu ihr um. »Ja, aber nur mit einem Bogen in der Hand.«

Was, fragte sich Margarète, *muss ich in der Hand halten, um mich selbst zu vergessen und gleichzeitig ganz bei mir zu sein?*

Draußen auf dem Platz war es inzwischen so still und dunkel, als gäbe es um sie herum keine Stadt.

»Wo hast du das Bogenschießen gelernt?«, fragte Margarète und nickte George auf den Stufen zum Justizpalast zu. Edward schloss das schwere Tor des Justizpalastes erneut auf. »Als Junge bin ich oft mit den anderen raus aus der Stadt auf die Wiesen gegangen und habe mit Pfeil und Bogen auf Zielscheiben geschossen. So vertreiben sich viele Engländer die Zeit.«

»Das Land der Bogenschützen«, lachte Margarète.

Edward stieß sie an. »Seit wir euch mit siebentausend Bogenschützen gegen fünfundzwanzigtausend Mann besiegt haben, bei Agincourt.«

»Das«, versetzte Margarète, »ist mehr als hundertfünfzig Jahre her.« Sie klommen die Marmortreppen und die niedrige Stiege hinauf in den Turmsaal. Edward zog den Pfeil aus dem Quadranten und löste das Seil vom Pfeil. Margarète sah ihm zu. »Und den Zeitvertreib nennst du eines deiner schiefgegangenen Leben?«

Edward grinste, nahm beide Seilenden und legte sie um die Umlaufräder. Offenbar schmeichelte ihm ihre Neugierde. »Ich war eine Zeit lang bei den Yeomen of Her Guard, der Leibwache der Königin Elisabeth. Das sind alles Bogenschützen.«

»Wirklich? Und das ist schiefgegangen?« Margarète schlug zweimal das Seil. Kurz darauf kamen zwei Wellen zurück: wie eine hauchdünne Schlange, die sich auf sie zubewegte. Dee hatte also drüben seinerseits das Seil um die Umlaufrollen gelegt. Margarète rückte ihre Haube zurecht. »Hast du aus Versehen Ihre Majestät angeschossen?« Es tat gut zu hören, dass auch ein anderes Leben schiefgegangen war, nicht nur ihr eigenes.

Edward verknotete die Enden des Seils. »Zu viel Bier und zu viel Kartenspiel auf meiner Seite und zu viele Regeln auf der anderen. War nicht mein Ort.«

Er deutete auf einen Balken. »Ich ziehe jetzt dieses Gestell so weit nach hinten, wie es geht«, erklärte er. »Und wenn ich *jetzt* sage, nagelt Ihr den Balken genau vor den beiden Vorderbeinen fest.«

Margarète nahm Balken, Hammer und Nagel, machte sich bereit. Edward atmete tief ein und zog das Gestell um fast zwei Schritte nach hinten. Sein Gesicht lief rot an, die Adern an seinen Schläfen traten hervor. Er lehnte sich mit seinem ganzen Körpergewicht zurück. Das

Gestell rutschte noch einen weiteren halben Schritt zurück. »Jetzt!«, ächzte er.

Margarète legte den Balken vor die Vorderbeine des Gestells und hämmerte: zwei Schläge. Der Nagel saß tief und fest.

»Du meine Güte«, schnaufte Edward, sich mit beiden Händen am Gestell abstützend, »da kann unser Heiland von Glück sagen, dass nicht Ihr es wart, die ihn ans Kreuz genagelt hat.«

Margarète lachte, schlug zwei weitere Nägel ein.

Zusammen gingen sie ans Fenster und sahen zum vom Fackellicht erleuchteten Turm der Martinskirche hinüber.

»Den richtigen Ort finden«, murmelte Margarète, halb zu sich selbst, »darauf kommt es an.«

Gegenüber schob Dee den Vogel ins Freie.

Edward spuckte zum Fenster hinaus. »Als hätte man eine Wahl. Man wird am falschen Ort geboren und bleibt da, egal, wie gut man irgendetwas kann. Dafür sorgen die, die am richtigen Ort geboren sind.«

Margarète musterte sein Gesicht: Es sah wieder aus wie beim Bogenschießen, maskenlos.

Dee trat an die Kurbel und drehte. Margarète ergriff Edwards Hand. Das Seil bewegte sich, lief rundum, versetzte die Umlaufräder hinter ihnen und den Vogel im Turm gegenüber in Bewegung. »Es funktioniert!«, rief Margarète, in die Hände klatschend. Drüben war der Vogel aus dem Schein der Fackel verschwunden. Lauschend fixierten sie das Seil: Flügelschläge, langsam, so leise wie ein Windhauch, drangen zu ihnen durch die Dunkelheit. Margarète hielt den Atem an. Edward drückte Margarètes Hand fester. Da: den Kopf vorgestreckt, voller Kraft, als käme er von weit her, vollgesogen von der Freiheit und Grenzenlosigkeit des Himmels, schwebte der Vogel im Schein des Mondes, dann im Licht der Fackel auf sie zu. Seine Flügel hatten eine Spannweite von fast zwei Schritten. Er flog majestätischer und wahrer, als jeder echte Vogel es je könnte. Jetzt rauschte der Vogel an Margarète und den Umlaufrädern vorbei, segelte im Nu wieder hinaus. Edward jauchzte auf. Margarète sah dem Vogel mit offenem Mund nach: Alles war möglich. Sie würden Jacob retten. Margarète ballte die Hände zu Fäusten, stimmte leise in das Jubeln von Edward ein. Sie legte ihm einen Finger auf die Lippen und flüsterte: »Die Calvinisten sollen weiterschlafen.« Er umarmte sie. Dann liefen sie umher, breiteten die Arme aus, immer weiter, segelten stumm durch den Raum, die Köpfe im Nacken. Drüben, im Schein der Fackel, tat Dee das Gleiche. Alle drei bewegten sie die Arme auf und ab, im gleichen Rhythmus, sprangen im Kreis, gingen in die Knie, hüpften umher, während der Vogel reglos in der lauen Luft hing.

30: AUF BEARNESISCH JAGEN

Einen Tag vor seiner Hinrichtung bekommt Jacob in der Zelle des Gefängnisturms Besuch und wird zum sprechenden Spiegel.

Jacob streckte sich, die Kette um sein Fußgelenk rasselte. Er aß einen Brocken trockenes Brot, schluckte das abgestandene Wasser aus dem an vielen Stellen gesprungenen Becher. Ihm war heiß, gleichzeitig schüttelte ihn ein Kälteschauer. Die Sprünge im Becher erinnerten ihn an den langen Riss in der Essschüssel von Pforta. Ob es die noch gab? Er würde es nie erfahren. Zwar war er in Pforta im Grunde schon lange tot: Es gab dort keine Spur mehr von ihm, wenn man von den Flecken gesottener Kirschen auf dem Einband des *Kleinen Donat* in der Bibliothek absah. Aber wenn sie ihn morgen nicht verbrennen würden, hätte er irgendwann noch einmal im Refektorium von Pforta vorbeischauen und herausfinden können, ob die Schüssel mit dem Riss noch da war.

In der Ecke unter dem Zellenfenster betrachtete ein Bettler in zerschlissenem Kittel seine rechte Hand. Die würden sie ihm in zwei Tagen wegen Diebstahls abhacken.

»Nimm es nicht so schwer«, sagte Jacob, »von dir wird immerhin noch alles außer der rechten Hand übrig sein. Ich bin ab morgen nur noch Wind, Asche im Wind.«

Der Bettler lachte auf. »Und ein Poet, schreib schnell noch ein Gedicht, dann währst du ewig.«

»Ich habe kein Papier.«

»Frage danach. Todgeweihten geben sie alles. Sie haben Respekt vor Todgeweihten.«

Knarzend und scheppernd öffnete sich die eisenbeschlagene Tür. Ein Pfarrer in schwarzer Soutane trat ein. Jacobs Magen zog sich zusammen. Das Erscheinen des Pfarrers war der nächste Schritt in Richtung Tod. Der Mann hatte ein rundes Gesicht und breite Hände, in denen er eine Bibel hielt. Er mochte um die sechzig Jahre alt sein.

»Möchtest du beichten?«, fragte der Mann, setzte sich zu Jacob ins Stroh, lächelte. Es war das müde Lächeln eines Mannes, der alles kannte: alle Sünden, alle Leiden, das Leben, den Tod. Wahrscheinlich begleitete er alle paar Wochen einen Verurteilten zur Todesschwelle. Der Tod der anderen war Routine für ihn, sein eigener Tod war weit weg und würde ein natürlicher sein. Jacob spürte Unwillen gegen das Lächeln des Mannes, das Lächeln dessen, der immer überlebte, der immer übrig blieb, der meinte, alles zu kennen, und doch im Grunde gar nichts kannte.

Jacob nickte, beichtete Hochmut, Trunkenheit und Torheit. All das stimmte. Mehr beichtete er nicht. Der Pfarrer legte die Bibel beiseite, schlang die Arme um die Knie. »Kann ich sonst noch etwas für dich tun?« Er sprach sehr seltsam: Bearnesisch mit einem starken nordischen Akzent.

»Der Mann braucht Papier!«, rief der Bettler. »Er muss sich noch dichterisch verewigen. Er ist sehr begabt mit Worten.«

»Das habe ich gehört.« Der Pfarrer lehnte sich ächzend gegen die Mauer.

»Egal, was Ihr gehört habt«, Jacob richtete sich auf, »es war nur Rückwärtssprechen, weiter nichts. Wenn Ihr jetzt gleich da draußen auf die Straße geht«, Jacob wies auf das kleine hohe Fenster, »und dort rückwärtsgeht, brennt Ihr ganz sicher nicht morgen früh. Warum darf man mit Worten nicht, was man mit den Füßen darf?«

Der Pfarrer lächelte wieder sein weises Lächeln. »Ich lasse dir Papier bringen. Kann ich sonst noch etwas tun?«

»Ihr könntet die Zeit zurückdrehen«, sagte Jacob, »ich habe Kairos nie am Schopf gepackt, dabei flog er oftmals sehr langsam direkt vor mir. Ich hätte nur zugreifen müssen, aber ich war zu dumm.«

»Wer ist Kairos?«, fragte der Bettler.

»Den heidnischen Griechen zufolge ist Kairos der Gott des rechten Augenblicks«, erklärte der Pfarrer im geduldigen Tonfall eines Dorflehrers, »er hat einen dicken Haarschopf über der Stirn, aber einen kahlen Hinterkopf und Flügel an den Füßen. Man muss ihn packen, wenn er vorbeifliegt. Verpasst man den Moment, rauscht er davon und am kahlen Hinterkopf erwischt man ihn nicht mehr.« Der Akzent des Mannes war deutsch-schweizerisch, wurde Jacob klar, und mutete auffallend krude, fast komisch an. Sein Singsang und seine gutturalen Laute liefen dem Bearnesischen genau entgegen, als spreche er gegen den Takt. Es klang, als würde ein Fagottanfänger ein Flötenstück spielen. Nicht filzige violette Ovale bewegten sich vor Jacobs Augen schnell von rechts nach links, sondern schillernde orange Karos. Offenbar gehörte der Pfarrer zu jenen Geistlichen, die aus der Heimat Calvins ins Béarn gekommen waren, um die Reformation zu unterstützen.

Der Bettler nickte. »Den kahlen Hinterkopf kenne ich auch auswendig.«

Jacob sah vor seinem inneren Auge Edward in schwarzem Apothekerumhang, aber mit kahlem Hinterkopf. Edward hatte ihn vom Hexensabbat wegziehen wollen.

»Das haben wir alle schon einmal erlebt, dass wir den rechten Augenblick verpassen«, sagte der Pfarrer sanft, »es ist nichts, was du dir vorwerfen musst.«

»Ach nein?« Jacob rang die Hände. »Nur haben manche um die sechzig Jahre Zeit gehabt, nach Kairos zu fassen, und manche nur vierunddreißig Jahre. Manche können hier rausgehen und ihn packen und manche nicht!« Heiße Wellen jagten durch seinen Körper. »Ich hätte gut leben können, wisst Ihr?«

Der Pfarrer nickte.

»Warum nickt Ihr?«, rief Jacob aus. »Ihr versteht mich doch gar nicht! Wieso konnten die Leute mich nicht in Ruhe lassen, wieso mussten sie mich immer an die Wand drücken, bis hin zu dieser Kerkerwand?« Er schlug gegen die Mauer, ein dumpfer Schmerz fuhr ihm bis in die Handknochen. »Aber jetzt sind sie zufrieden, alle! In Pforta haben sie mich gehasst, weil mein Latein besser war, als mein Platz in der Hierarchie es erlaubte; John Dee hat mir das Buch *Soyga* nicht gezeigt, weil ich ein Schusterbengel bin; und Plantijn hat mir keine Übersetzerstelle angeboten, weil es ihm nicht einfiel!« Jacob spürte den Zorn wie ein dunkles Tier, das sich in ihm aufbäumte. »Wieso haben sie mich an die Wand gedrückt, überall, statt mir ein Amt zu geben? An der Universität, am Hof? Können die Universitätsprofessoren besser Latein als ich? Besser Griechisch? Besser Hebräisch? Besser Italienisch oder Spanisch?« Sein Herz schlug ihm heftig gegen die Rippen. »Sie radebrechen vor sich hin, räumen mich beiseite, weil sie in Ruhe tafeln und in Himmelbetten schlafen wollen!«

Der Pfarrer lachte.

Jacobs Hand fuhr zum Pfarrer hin, er wollte ihn schlagen, würgen, der Mann schreckte zurück. »Das ist lustig, nicht wahr?«, rief Jacob aus. »Es ist lustig, einen Menschen, der viel kann und nichts geworden ist und nichts mehr werden kann, toben zu sehen, nicht wahr?« Er warf sich gegen die Mauer.

Der Pfarrer legte ihm eine Hand auf die Schulter. »Gott nimmt die Menschen, wie sie sind. Sie sind alle seine Geschöpfe.«

Jacob schoss das Blut in Hals und Wangen. »Wieso sprecht Ihr eigentlich so jämmerlich Bearnesisch?« Diese Worte hatte er nicht gedacht, sie waren den Tiefen seines Inneren entströmt. Sie klangen fremd und gleichzeitig stark, glänzten wie Perlen. Jacob fasste den Pfarrer in den Blick. »Wie lange seid Ihr hier?«

»Zwanzig Jahre«, entgegnete der Pfarrer, ohne irgendeine Regung, ungetroffen, »aber ich bin nicht hier, um so gut Bearnesisch zu sprechen wie du, ich bin hier, um die Menschen mit Gott zu vereinen.«

Jacob legte die Arme auf die Knie. »Verstehe«, er nahm die Sprechweise des Pfarrers an, »wer das hehre Ziel verfolgt, die Menschen mit Gott zu vereinen«, er dehnte die Selbstlaute wie der Pfarrer, zog die Satzmelodie hoch und runter, sah die orangen Karos, schwerfällig und überlang, sprach kehlig, röchelte jedes *r*, »kann die menschlichen Sprachen zugrunde richten, wie es ihm beliebt.« Es tat gut, sich dem Zorn hinzugeben.

Entsetzt starrte der Pfarrer mit angehaltenem Atem auf Jacobs Lippen. Da war nichts mehr von dem abgeklärten Lächeln, da waren Verwundbarkeit und Ohnmacht. Jacobs Herz pochte, Speichel sammelte sich in seinem Mund.

»Du hast die Redeweise des Pfarrers voll getroffen!« Die Art, wie der Bettler sich vor Lachen krümmte, erinnerte Jacob an Edward, der keine Pfaffen mochte und der zu gut war, um ein wandernder Apotheker zu sein. Wie bekam die Welt das nur hin, immer die Besten zu Vagabunden zu machen?

»Das ist nicht schwierig«, sagte Jacob weiter im Akzent des Pfarrers, »man muss nur die Hälfte seines Gehirns ungenutzt lassen.«

Mit starren Gliedern hörte der Pfarrer die Worte, war blass geworden, seine Lippen zitterten. Jacobs Glieder bebten. Es tat gut, zu jagen. Es war besser zu jagen, als gejagt zu werden.

Der Bettler schlug sich mit der Hand auf die Schenkel. »Das ist richtig gut, damit könntest du auftreten!«

»Auftreten werde ich nicht mehr können«, sagte Jacob, trieb die Aussprache auf die Spitze, sodass die orangen Karos zu blitzen begannen, »auftreten kann nur noch der Pfarrer. Wahrscheinlich hört die Gemeinde ihm nur zu, um sich an seinem missratenen Bearnesisch zu ergötzen.«

Der Pfarrer kniff die Lippen zusammen, wurde noch bleicher.

»Sich selbst zu hören, scheint ihm an die Nieren zu gehen«, höhnte der Bettler, »das ist so, wie wenn ein hässlicher Mensch sich zum ersten Mal im Spiegel sieht.« Der Bettler lachte mit einer Häme, wie es nur Menschen von der Straße vermochten, denen man vor einer Ewigkeit ihre Würde genommen hatte.

Jacob jauchzte in dieses Lachen hinein, fixierte den Pfarrer, behielt seine Sprechweise bei. »Vielleicht sollte ich morden, ich muss mir den Tod noch verdienen! Sonst komme ich am Ende noch in den Himmel, wo es nur radebrechende Pfarrer gibt. Dort wird es sicher schön, nicht wahr? Nur Mittelmäßigkeit.«

Der Pfarrer erhob sich mit einem Ruck, eilte zur Tür.

»Was ist mit den Pflichten Eures Amtes?«, rief Jacob, zog die Vokale noch länger, ließ die Töne in höchste Höhen steigen und dann in die Tiefe fallen. »Ihr müsst mir noch den Segen erteilen.«

Der Geistliche zog an der Tür, drückte dagegen, rüttelte am Türknauf.

»Ihr haltet es keine fünf Minuten in dieser Zelle aus und wollt mir Trost spenden«, gurgelte Jacob tief in der Kehle, stellte sich vor, wie sich gleich die Tür öffnen würde, sah Margarète und Edward vor sich herrennen, über eine Wiese voller Blumen, spürte das eisige Flusswasser im Gesicht, hörte sich lachen und Margarète singen: *Alta Trinita Beata.*

»Aber erteilt mir den Segen in Eurer Muttersprache, habt Erbarmen mit meinen Ohren!« Jacob schoss die Worte in die Schläfe des Pfarrers. »Sonst sterbe ich noch an Eurem schiefen Bearnesisch und verderbe den Schaulustigen den morgigen Tag.«

Der Pfarrer hämmerte schnell, geradezu von Panik ergriffen, gegen die Tür. Jacob durchströmte eine Welle der Genugtuung. Warum hatte er so etwas nicht öfter getan? Menschen zur Strecke gebracht? Die Tür öffnete sich, der Pfarrer eilte hinaus. Die Tür fiel ins Schloss. Es war still. Jacob schluchzte auf, weinte wie ein Kind.

31: DIE SPRACHE DER VÖGEL, PREMIERE

Am folgenden Morgen: Vom Turm der Sankt-Martins-Kirche geht John Dees Vogel auf eine Reise, die von Gebeten und Schüssen begleitet wird.

Den Kopf im Nacken, blickte Margarète zwischen dem Turm der Sankt-Martins-Kirche und dem des Justizpalastes hin und her. Das Seidenseil war nicht zu sehen, nicht einmal ein Hauch davon. Wenn der Vogel gleich flog, würde er aussehen wie ein echter. Hinter Margarète raunte, lachte und rumorte es. Ein Handwerker rempelte sie an. Überall um sie herum versammelten sich Menschen vor dem Scheiterhaufen: viele einfache Leute, Hirten und Bauern, aber auch Kaufleute, Gelehrte und Synodenmitglieder. Ein dickleibiger Metzger pflanzte sich vor Margarète hin, sie stellte sich mit verschränkten Armen wiederum schräg vor ihn. Im Gedränge würde es nicht einfach werden, einen Platz vor den Pfählen zu behaupten. Damit ihr Plan aufgehen konnte, musste sie Blickkontakt zu Jacob haben, und er musste sie hören können. Die drei noch leeren Pfähle auf dem Scheiterhaufen ragten hoch in den bewölkten Himmel, so als wiesen sie ins Jenseits. In einer Reihe standen ein Dutzend Soldaten mit Arkebusen davor, ebenso der Henker in rot-schwarzem Gewand, seine Gehilfen und der Richter Horace de Lancre. In seiner schwarzen Robe blickte er sichtlich beseelt von seiner Machtfülle mit hochgerecktem Kinn über den Platz.

Die Menschenmenge wogte hin und her wie ein leicht aufgewühltes Meer. Über fünfhundert Schaulustige, schätzte Margarète, mussten gekommen sein, der gesamte Platz war voller Leute, die Soldaten konnten nur mit Mühe eine schmale Gasse frei halten: die Gasse, durch die Jacob gleich geführt werden würde. »Mal sehen, vielleicht zaubert er sich ja vom Scheiterhaufen herunter!«, rief ein Mann in weißer Kluft, wie sie viele Maurer trugen. »Im Feuer sind alle gleich«, frohlockte ein zerlumpter Mann mit breitkrempigem Hut, wohl ein Tagelöhner, »sie werden zum Braten, zum Satansbraten.« Margarète atmete tief. Diese

Leute waren alle zum Vergnügen hier. *Wenn du irgendwann, mein Kind, die Lust verspürst, zu einer Hinrichtung zu gehen, dann weißt du, dass dein Leben schiefgelaufen ist,* hörte Margarète die Stimme ihres Ziehvaters Élie Vinet. Er war jetzt dreiundsiebzig Jahre alt. Sie verdankte ihm alles. Ohne ihn könnte sie nicht übersetzen, nicht Latein, nicht Spanisch, nicht tanzen, nicht singen, nicht zeichnen, nicht denken. Sie würde sich bei Vinet bedanken, wenn dies hier vorbei war: förmlich und ausführlich, bevor es zu spät war. »Auf die Oberhexe bin ich auch gespannt«, ein Schneidergeselle rieb sich neben Margarète die Hände, »der haben sie sicher die Haare geschoren.« Margarète straffte sich. Die Menge würde ihr Spektakel bekommen, aber ein anderes, als sie sich vorstellte.

Aus der Richtung der Burg erklangen Trommelschläge. Margarètes Herz setzte aus. Ein Raunen ging durch die Menge, alle Köpfe wandten sich zur Burg. Es ging los. Margarètes Glieder versteiften sich. Die Trommelklänge wurden lauter, die Versammelten lachten und schnatterten wie aufgebrachte Gänse, erfasst von einer inneren Spannung, wohl weil sie im Begriff waren, drei Menschen sterben zu sehen, und selbst am Leben bleiben durften. Margarète fixierte den mittleren Pfahl. Schräg dahinter, auf der anderen Seite des Scheiterhaufens, nahe der brennenden Fackel, stand ein Mann in Kaufmannskleidung, mit einem grünen Barett, der sich, als Einziger außer ihr, auch nicht begierig zum Tross der Gefangenen umdrehte. Düster und mit gespannten Gesichtsmuskeln blickte er auf die Scheite. Er hatte eigentlich kein hässliches Gesicht, doch war es von Pockennarben entstellt. Ihre Blicke trafen sich, der Mann wandte sich sofort ab.

Margarète sah zu den Türmen der Sankt-Martins-Kirche und des Justizpalastes empor. Würde es reichen, ging es ihr immer wieder durch den Sinn: das feine Seil aus Seide dort oben, ein Vogel, der nichts war als ein Haufen Drähte und Federn? All das wog nur ein paar Gramm. Würde das reichen gegen Hunderte von Menschen, gegen ein Dutzend bewaffnete Soldaten, gegen den Henker und seine Gehilfen, gegen massive Holzpfähle, gegen die Stricke, das Feuer? Margarète faltete die Hände und bewegte lautlos die Lippen. *Bitte, Gott, segne unser Vorhaben. Du hast Jacob so viele Gaben geschenkt. Hilf uns, ihn zu retten.* Soldaten führten einen kleinen Menschen mit Halbglatze an den ersten Pfahl. Der Pfarrer stellte sich betend neben ihn.

Und da war Jacob. Margarète's Kehle schnürte sich zu. Zwei Soldaten schubsten ihn an den mittleren Pfahl, banden ihn fest. Er war bleich, dürr, hohlwangig, unter seinen glasigen grauen Augen hatten sich dunkle Ringe gebildet. Margarète sah zur Seite, wagte nicht, ihm in die Augen zu blicken, ihr sank der Mut. Würde er es derart geschwächt überhaupt schaffen? Würde er überhaupt verstehen, was er tun sollte? Würde er stark genug sein, es zu tun? Eine beleibte Frau mit kahl geschorenem Kopf wurde an den letzten Pfahl gefesselt. Der Gefangene mit der Halbglatze wimmerte zum Pfarrer, dass er immer ein frommes Leben geführt habe. Der Pfarrer hörte kaum hin, blickte mit halb geöffneten Lippen zu Jacob, mit einer Mischung aus Bewunderung und Hass. Margarète kniff die Augen zusammen. Wieso hegte dieser Geistliche derart starke Gefühle für Jacob? Die Frau mit dem geschorenen Kopf weinte. Jacob starrte ins Nichts, nahm Margarète nicht wahr, obwohl sie in nur zehn Schritten Entfernung schräg vor ihm stand. Margarète blickte auf ihre Ochsenmaulschuhe auf dem staubigen Boden des Marktplatzes, atmete tief durch. Die Luft war schwerer und schwül geworden. Kaum ein Hauch wehte zwischen den hohen Mauern der Kirche, des Justizpalastes, dem Schloss und der Stadtmauer. Im Westen zogen dunkle Wolken auf.

De Lancre stieg auf ein Holzpodest vor dem Scheiterhaufen und hob die Hand. Sofort schwieg die Menge, andächtig, wie in einer Kirche. Der Mann verlas das Urteil gegen den Halbglatzigen: Teilnahme am Hexensabbat, Verführung der Seelen, Verhöhnung Gottes. Der Richter räusperte sich, sah verächtlich auf den mittleren Pfahl. »Der sächsische Lateinschullehrer Jacob Greve hat, ohne Anwendung von Folter, seine Missetaten und Verbrechen bekannt!«, rief er. Margarète sah an Jacob herab. Es waren keine sichtbaren Zeichen von Folter an ihm zu sehen, keine Schlagspuren, keine verrenkten Glieder, auch hatte er auf dem Weg zum Pfahl nicht gehinkt. »Er hat mit dem bösen Geist einen Bund geschlossen«, sprach der Richter weiter, während die Menge sich bekreuzigte, »seine Sprache benutzt, sich von ihm zeichnen lassen, im Dienst des bösen Geistes Zauberei getrieben, im Dienst des bösen Geistes das Vieh verdorben, andere Seelen verwirrt und verführt, sein Leben verwirkt und seinen Tod selbst verschuldet.« Der Pfarrer nickte bei jedem aufgezählten angeblichen Vergehen.

Margarète schüttelte leise den Kopf. Wieso sollte Jacob so etwas bekennen? Zauberei getrieben und das Vieh verdorben zu haben? Sie mussten ihn gefoltert haben. Der Richter holte Luft, sah auf die kahlköpfige Frau, verlas das Urteil mit starker, fester Stimme, die mühelos über den Marktplatz schallte. Wie gebieterisch dieser Mann jetzt schien, auf dem Podest, das Leben dreier Menschen in der Hand. Dabei hatte er vor Dee gebuckelt, hatte ein klägliches Latein gesprochen, hatte ihnen nichtsahnend und arglos den Schlüssel zu jenem Turm überlassen, wo Edward genau jetzt letzte Vorbereitungen traf, vielleicht gerade zu Dee in der Martinskirche hinüberschaute, der möglicherweise in ebendiesem Moment den Vogel ans Seil hängte. Margarète musste schmunzeln. Wer war schon dieser Provinzrichter mit den hervorstehenden Froschaugen, der sich vor einer analphabetischen, abergläubischen Menge auf diesem staubigen Platz am Rande Europas, am Rande der zivilisierten Welt, aufblies? Er hatte zu Recht vor Dee gebuckelt. Er konnte gegen den Hofastronomen nicht gewinnen. Gewissheit durchströmte Margarète. Sie würden es schaffen, diese armselige Versammlung hier hinters Licht zu führen. Die Soldaten vor dem Scheiterhaufen bohrten in der Nase, bissen an den Fingernägeln. Die Wahrscheinlichkeit, dass sie sich mit ihren Waffen in ihren eigenen Wachsschädel schossen, stand sicher nicht einmal schlecht. Margarète hielt sich die Hand vor den Mund, lachte. Da schaute Jacob sie an. Seine Augen flackerten auf. Margarète ballte die Hand, nickte Jacob zu, spitzte die Lippen, als würde sie pfeifen, wies auf ihren Mund, dann auf seine Ohren. Jacob verfolgte ihre Gesten, kniff die Augen zusammen, nickte. Er begriff! Der Pfarrer verfolgte ihr stummes Gespräch mit angehaltenem Atem und misstrauischem Blick.

Über dem Scheiterhaufen verdichteten sich die Wolken. Der Henker und seine Gehilfen schütteten Wasser über die Stricke der Verurteilten.

Der Richter verstummte, ging die Stufen des Holzpodests herunter, die Menge raunte. Margarètes Herz schlug ihr bis zum Hals. Ihr Körper spannte sich wie ein Pfeil. Sie steckte die Finger zwischen die Lippen, fixierte Jacob und pfiff die Botschaft, die sie mit Dee und Edward verabredet hatte: »Sprich die Sprache der Engel!« Ihre Pfiffe klangen glasklar wie noch nie, in ihren Gliedern kribbelte es. Jacob zuckte unter den Pfiffen zusammen, seine Lippen bewegten sich, während er die Pfiffe entschlüsselte. Margarète pfiff noch einmal. Da schallten um sie herum lauter Pfiffe, unmelodiös, hässlich, ohne Sinn, voller Spott. Sie verhöhnten Jacob mit ihren Pfiffen, dachten, sie hätte das auch getan, äfften das nach. Margarète wurde heiß: Das hatten sie nicht vorhergesehen. Jacobs Leib wand sich unter dem Getöse. Der Pfarrer grinste, drückte fest die Bibel in seiner Hand. Was ritt diesen Menschen? Margarète lächelte Jacob aufmunternd zu. Hoffentlich hatte er die Pfiffe schnell genug entschlüsselt.

Der Henker begab sich langsam zur brennenden Fackel am Rand des Scheiterhaufens. *Jacob, bitte, sprich.* Margarète sah Jacob beschwörend an, doch der keuchte und wand sich unter den gellenden Pfiffen. *Himmel, bitte.* In der Ferne grollte von Südwesten ein Donner. Der Henker hatte fast die Fackel erreicht. Margarètes Knie zitterten. Da drangen Worte an ihr Ohr. Jacob hatte zu sprechen angefangen. Margarète hielt den Atem an. Aus dem schmalen Körper drangen Silben, leise noch. Der Schneidergeselle neben ihr gluckste, hämisches Gelächter schwappte durch die Menge. Der Pfarrer starrte wie gebannt auf Jacobs Lippen. »Obacht«, raunte er, »Obacht.« De Lancre sah kopfschüttelnd und verächtlich auf Jacob wie auf einen armseligen Wurm. Der Henker stand im Qualm der Fackel. Griff er schon nach ihr? Margarète sah Jacob an, beschwor ihn stumm: *lauter, Jacob, lauter, stärker.* Die Worte klangen jetzt ein wenig hebräisch, fanden zu einem eigenen Rhythmus. Ja, Jacobs Worte verschmolzen zu einer Melodie, sie war sehr harmonisch, tat weh. Das Lachen verebbte, die Menge lauschte, auch der Henker und seine Gehilfen. Die Wörter strömten kräftiger und klarer aus Jacob heraus, sein Körper hatte sich gespannt, seine Augen strahlten.

Margarète spürte, wie Jacobs Worte in sie eindrangen, sie in Schwingung versetzten, sie sah einen Fluss in hellem Licht, gesäumt von Wiesen und Bäumen, spürte das Wasser, kühl, ihren Körper, der hindurchschnellte, schwerelos wie ein Delfin, und eins wurde mit dem Wasser, eine Welle. Margarète schaute um sich. Die Menschen wiegten sich im Rhythmus von Jacobs Worten, mit verklärten, nach innen gerichteten Blicken. All diese Menschen erlebten wahrscheinlich gerade, ebenso wie sie, etwas, wonach sie sich immer schon gesehnt hatten. Der Henker an der Fackel war ebenso versunken wie alle anderen, rührte sich nicht. In Margarète jubilierte es. Genauso hatten sie es geplant. John Dee und Edward hatten von der magischen Kraft berichtet, die Jacob entfalten konnte, wenn er sich der Sprache der Engel annäherte.

»Vorsicht«, brüllte es über den Platz in einem seltsamen Bearnesisch, das klang wie von einem der Schweizer, die in der Provinz predigten, »er tut das Gleiche wie auf dem Hexensabbat!« Der Pfarrer war auf das Podest gestiegen, schrie beschwörend auf die verzückte Menge ein. Margarète kaute an einem Fingernagel. Das Geschrei des Geistlichen könnte Jacob aus seiner Trance reißen und den Bann zwischen ihm und der Menge brechen.

Aber Jacobs Worte hielten stand, ließen nicht nach, waren nun an der Schwelle zum Gesang, doch betörender, klangen sehr fremd und gleichzeitig vertraut, wie die ersten Wörter und die letzten, wie die einzigen, die es eigentlich gab, wie die einzigen, die es wert waren, gehört zu werden.

»Hört nicht hin! Haltet euch die Ohren zu! Durch ihn spricht der Teufel!«, rief der Pfarrer.

Jacobs Worte wurden stärker und stärker, seine Wangen glühten. Er sprach um sein Leben.

In der Menge waren viele noch ihren inneren Bildern hingegeben, die Jacobs Worte auslösten, andere rührten sich. Der Kaufmann mit dem grünen Barett und den Pockennarben fixierte Jacob mit zu Fäusten geballten Händen, schien ihn anzufeuern. Wer war er? Warum stand er auf Jacobs Seite?

Margarète blickte hinauf. Da war der Vogel. Majestätischer als ein Adler flog er mit weiten Schwingen über den Platz. Margarète wies zu ihm hinauf, bedeutete Jacob mit Gesten, den Vogel zu beschwören. Jacob folgte ihrer Geste, ohne dabei zu sprechen aufzuhören, blickte auf den Vogel, verfolgte die Bewegungen seiner Schwingen, rief die Worte zu ihm empor, genau im Rhythmus der Flügelbewegungen. Ja! Die Blicke der Umstehenden richteten sich zum Himmel. Die Köpfe im Nacken, beobachtete die Menge den Flug des Vogels, hörte die Worte, die haargenau dazu passten. Ein Murmeln erhob sich, kam aus allen Richtungen, wurde lauter, brandete nach vorn. »Er spricht die Sprache der Vögel!«

»Er ist gesegnet!«

»Er darf nicht brennen!«

Margarète war, als schwirrten tausend Bienen in ihren Sehnen. Genauso hatten sie es sich ausgemalt.

Der Pfarrer reckte dem Vogel die Faust entgegen. »Das ist kein normaler Adler! Er ist ganz schwarz, er ist des Teufels!«

Ein Donner krachte, Jacobs Worte blieben glasklar. Er fixierte weiterhin den Vogel. Zwischen seinen Worten und dem Vogel spann sich ein immer festeres Band.

Ein Blitz zuckte aus der Höhe herab, gleißend hell.

»Er macht das Wetter!«, brüllte es aus der Menge. »Er schickt Blitze, Gott hilf uns!«

Der Kaufmann mit dem grünen Barett grinste. Als Margarète ihn ansah, blickte er erneut ruckartig in eine andere Richtung. Der Henker, der unweit des Kaufmanns bei der Fackel stand, sah mit ehrfürchtigem Blick in den Himmel, dann auf Jacob. Dessen Worte verfinsterten sich, als schwele in ihnen ein göttlicher Zorn. Sie verbanden sich nicht nur mit dem Vogel, sondern mit der Schwüle und dem Donner. Es schien, als gäbe es eine Verbindung zwischen den Worten und den Himmelsgewalten. Margarètes Glieder bebten. Er tat das Richtige! Das Gewitter hatten sie nicht erahnen können, doch Jacob tat das Richtige.

Ein weiterer Donner ließ den Boden erbeben, die Mauern, die ganze Stadt. Der Pfarrer starrte zum Himmel empor, lauschte dem Groll in Jacobs Worten, wurde leichenblass, eilte vom Podest herunter und lief

Richtung Sankt-Martins-Kirche und in eine nach Norden führende Gasse davon. Die Menschen schrien: »Es ist der Zorn Gottes, der aus ihm spricht!«

»Der Zorn gegen das Urteil!«

»Der Herr erbarme sich unser!«, schrie eine Frau wenige Schritte von Margarète entfernt, rannte vor der Kirche entlang und verschwand in einer Gasse des Handwerkerviertels.

Überall rief es nun »Gott, erbarme dich!«, »Gott, hab Mitleid!«, während ein weiterer Blitz ein gleißendes Licht über den gesamten Marktplatz warf. Jacobs Worte schallten wie eine Urgewalt im Rhythmus der auf und ab schwingenden Flügel des Vogels. Margarète blickte auf Jacobs Leib, der trotz seiner Fesseln unbesiegbar und unerreichbar schien. *Es ist unfassbar, diesen Menschen zu kennen,* ging es ihr durch den Kopf. Die Soldaten an den Scheiten feuerten in die Luft. Die Menschen schrien auf. Margarètes Herzschlag setzte aus.

»Dieser Mann ist nichts als ein gewöhnlicher Mensch!« Horace de Lancre war auf das Podest gestiegen und breitete die Arme aus. »Lasst euch nicht vom Teufel verführen!« Er wandte sich zum Henker, deutete auf die Fackel. »Zünde die Scheite an!«

Margarète blieb das Herz stehen. Der Henker stand unschlüssig, rührte sich nicht. Da rief der pockennarbige Kaufmann mit dem grünen Barett dem Henker zu: »Versündige dich nicht, aus diesem Mann spricht Gott!« Der Henker fuhr erschrocken zurück. Der Richter wandte sich an die Henkersgehilfen. »Dann tut ihr es, jetzt!« Die Gehilfen schüttelten die Köpfe. Der Richter stöhnte zornig auf, rief den Soldaten zu: »Schießt auf den Vogel, schießt!«

Margarète erstarrte. Die Soldaten unweit der Pfähle legten die Arkebusen an, fixierten den Vogel, der im Rhythmus von Jacobs Worten über den Platz schwebte. Margarète schlug die Hände vor das Gesicht. Wenn sie trafen, war es aus. Dann würde Jacob sterben. Eine Salve von Schüssen krachte, Margarètes Leib zuckte zusammen. Rauchwolken stiegen aus den Gewehrläufen auf. Margarète hielt den Atem an. Stille. Alle starrten in die dunklen Wolken, der Henker und seine Gehilfen, die Soldaten, der Richter, die Menge. Jacob sprach weiter, Worte von der Kraft des Meeres, unwirklich in der absoluten Stille. Der Vogel war nicht mehr zu sehen. Margarètes Herz hämmerte. Er musste im Turm der Martinskirche bei John Dee verschwunden sein. Jacobs Worte ließen keinen Zweifel, waren stärker denn je. Margarète war es kochend heiß. »Bitte, lieber Gott, bitte«, flüsterte sie vor sich hin. Der Vogel musste wieder aus dem Turm herauskommen. Er musste. Und wenn er zerfetzt war? Was, wenn er zerschossen am Seil hing und Dee verzweifelt davorstand? *Komm, bitte, komm …* Da! Margarète schossen Tränen in die Augen. Der Vogel kam herausgeflogen, mit weiten Schwingen. Wie groß er war, wie schön, wie unglaublich schön. »Lasst ihn frei! Lasst ihn frei!«, riefen einige Männer nahe der Scheite, am lautesten der junge Kaufmann mit den Pockennarben. Margarète bekam Gänsehaut.

Jacobs Worte rauschten über den Platz wie ein Sturm. Donner krachten, Blitze zuckten rechts und links des Vogels, doch er flog und flog, unverwundbar, unsterblich, so wie die Worte aus Jacobs Mund. »Gnade uns Gott, gnade uns Gott!«, rief es aus der Menge.

»Er ist unsterblich wie der Vogel!«

Die Menschen schrien, rannten in alle Richtungen davon, stolperten ineinander mit von Panik verzerrten Gesichtern, manche gingen zu Boden, andere sprangen und trampelten über sie hinweg, Mützen fielen von Köpfen, Schuhe von Füßen. Ein Mann in Gerberschürze mit angstvoll aufgerissenen Augen riss Margarète im Fortlaufen fast um, sie eilte zu einer steinernen Reiterstatue nahe des Justizpalastes, hielt im letzten Moment ihre hellblaue Haube fest, deren Bänder sich gelöst hatten, und klammerte sich an der Statue fest, während etliche Menschen an ihr vorbeihasteten. Die Soldaten an den Scheiten feuerten Warnschüsse in die Luft. Die meisten Menschen flohen zwischen Kirche und Justizpalast Richtung Norden, rissen einander mit, strömten fort wie ein über die Ufer tretender Fluss.

»Schießt! Schießt auf den Vogel!«, rief wieder de Lancre, doch die Soldaten hatten ihre Arkebusen fortgeschleudert und ließen sich von der Menge mitreißen, während die Männer schräg hinter dem Scheiterhaufen immerfort »Lasst ihn frei! Lasst ihn frei!« skandierten. Der Kaufmann mit den Pockennarben ergriff die Fackel und trat sie mit einigen anderen Männern am Boden aus. Margarète stieß einen Jubelschrei aus. Der Henker und seine Gehilfen liefen vom Scheiterhaufen fort und verschwanden in der Menge. Jetzt eilte auch de Lancre vom Podest herab und trieb mit in der Luft rudernden Armen inmitten des Menschenmeers davon. Die Männer, die die Fackel ausgetreten hatten, liefen ihm johlend und mit erhobenen Fäusten nach.

Dann war der Platz leer. Überall lagen Sandalen, Umhänge, Hauben und Baretts unter einem fast schwarzen Himmel auf dem Boden. Es war gespenstisch still wie nach dem Ende der Welt. Jacob stand stumm und reglos am Pfahl. Der Vogel war nicht mehr zu sehen, musste in einem der Türme sein. Ein Donner krachte. Jetzt kam der Regen, in riesigen Tropfen, prasselnd, wie aus dem Ozean geschüttet. Margarète war binnen Sekunden nass bis auf die Haut. Die Leiber an den Pfählen rührten sich. Margarète lief zu den Scheiterhaufen, löste der beleibten Frau die Fesseln, sah John Dee von der Martinskirche in seiner langen schwarzen Robe im strömenden Regen auf den mittleren Pfahl zugehen. Mit großen Schritten kam er näher, Ehrfurcht gebietend, sagte kein Wort, der Regen prasselte ihm ins Gesicht, auf Kappe und Robe. Margarète wagte nicht, zwischen den Hofastronomen und Jacob zu treten. Mit ihrem Dolch schnitt sie Jacobs Stricke durch. Er fiel John Dee in die Arme, ein schmächtiger, erschöpfter Leib, ein Rest Leben. Margarète hatte vergessen, dass Jacob auch das war: ein Mensch, der schwach war nach den Tagen der Gefangenschaft, nach Verhören, nach dem Todesurteil, nach dem Kampf ums Überleben. »Es tut mir leid«, sagte Jacob zu Dee, die Stimme noch stark. Sanft strich Dee ihm durch die nassen Haare. »Die Schuld liegt bei mir, nur bei mir.«

Edward, der voll des Triumphs strahlte, befreite den Halbglatzigen. Der Mann küsste ihn auf die Wange, ohne etwas zu sagen. Die Frau starrte Margarète, Edward und Dee an, ihre Lippen bewegten sich, doch was sie von sich gab, war im prasselnden Regen nicht zu verstehen. Schnell ergriff sie die Hand des Halbglatzigen und lief mit ihm durch das jetzt unbewachte Stadttor über den Mühlenkanal hinweg, hinaus aufs offene Feld. Dees Diener George kam, vier gesattelte Packpferde am Zügel führend, den Vogel unter dem Arm, über den Platz. Edward blickte gen Norden. »Sie werden bald zurückkommen. Der Regen lässt schon nach.« Margarète saß auf, aus dem Sattel quatschte das Wasser, das Kleid klebte ihr am Leib.

»Das war unglaublich, Doktor Dee«, sie lachte den Gelehrten an, »Euer Vogel war unglaublich!«

Jacob stieg in den Sattel und sah Margarète in die Augen. Margarète kribbelte es im Nacken, in ihr sang es. *Mit diesem Menschen werde ich den Rest meines Lebens verbringen.* Der Gedanke kam ihr ohne den geringsten Zweifel, während ein Donner in der Ferne grollte.

Dee blickte zwischen Margarète und Jacob hin und her, nickte leise, senkte den Kopf. *Dieser Mann liebt Jacob auch,* dachte Margarète, *und er hat ihn mir gerettet.*

»Das Gewitter«, sagte Dee mit matter Stimme, löste die Flügel vom Leib des Vogels, steckte die drei Teile in einen Sack, »es war vor allem das Gewitter.«

32: FÜNFSTIMMIG BIS ANS ENDE DER WELT

Am Abend desselben Tages, auf einer Wiese zwischen Pau und Toulouse, genießt Jacob eine Bärentraube, sammelt Feuerholz und hört es im Gras rascheln.

Violett schimmernd erstreckte sich die Wiese trockener Gräser und Blüten unter der Abendsonne bis zum Horizont. Jacob sog die Spätsommerluft ein. In seinem Körper summten noch immer einige der Worte, die er am Morgen auf dem Scheiterhaufen gesprochen hatte. Woher waren sie gekommen? Hatte Gott sie ihm eingegeben? Er hatte nicht nachdenken müssen, nicht eine Sekunde, die Worte waren herangerauscht wie ein Heer von Freunden, entschlossen, ihn am Leben zu erhalten. Noch nie hatte er sich so stark und gleichzeitig so leicht gefühlt. In seinem Körper war ein ständiges Ziehen gewesen, er war geflogen, trotz seiner Fesseln. Aus der Weite der Wiese ertönte das Zirpen von Tausenden Zikaden. Zwischen den Halmen schien der Atem Gottes fast spürbar. *Es ist ein Wunder,* dachte Jacob, *dass ich hier bin, dass ich sehen und atmen kann.* In der Mitte seiner vier Gefährten lenkte er sein Pferd um eine Biegung am Waldrand, sah auf seine Hände. Auch die hatte er noch, während der Bettler, sein Zellengenosse, den er ums Weiterleben beneidet hatte, morgen nur noch eine Hand haben würde.

»Zur Not können wir uns immer noch in die Büsche schlagen«, sagte George, zum Wald weisend.

»Die Welt ist weit«, sagte Dee, schräg hinter Jacob, »mit jedem Schritt, den wir uns von Pau entfernen, sinkt die Wahrscheinlichkeit, dass sie uns finden. Es ist schon Abend. Sie haben uns verloren.« Seine Stimme klang klar und sicher. *Es ist eine Stimme,* dachte Jacob, *der man bis ans Ende der Welt folgen kann.* Im Vorbeireiten pflückte Jacob eine Bärentraube. Sie war scharlachrot. Er steckte sie in den Mund. Sie schmeckte nicht fade und mehlig wie vor seiner Rettung vom Scheiterhaufen, sondern wie süßes Brot. Das ganze Leben schmeckte ihm jetzt.

Nur das Leben zählte, alles andere war zweitrangig, drittrangig, hundertrangig. Es reichte zu leben. Das Leben, wurde Jacob klar, überwältigte ihn so sehr, schien dermaßen auf seiner Seite, dass ihm die Gefahr einer erneuten Gefangennahme und des Todes unwirklich erschien. Er blickte zum Horizont. Diesen einen Tag wenigstens wollte er sorglos verbringen.

»Ich glaube, die verfolgen uns gar nicht«, meinte Edward, »sie haben Angst, dass Jacob sie in Vogelscheuchen verwandelt.«

Margarète lachte. »Meinst du, dass es in der Ursprache ein Wort für *Vogelscheuche* gibt?«

Jacob musste daran denken, wie er zwischen Erfurt und Gotha die Wörter aus Edwards Vokabelliste gelernt hatte, als wäre die Ursprache, wie Italienisch oder Chinesisch, eine rein menschliche. Aber eine rein menschliche Sprache hätte ihn heute nicht gerettet. Wahrscheinlich reichte ein Hauch der Ursprache, ein Bruchteil von einem Prozent von ihr, ein kurzer Moment der Gnade, um die Menschenwelt aus den Angeln zu heben.

»Der Mensch ist nur zum Bauern geworden, weil er aus dem Paradies herausgeflogen ist«, meinte Edward, »im Land, wo Milch und Honig fließen, bräuchte es keine Vogelscheuchen.«

Margarète ritt neben Jacob, lächelte. Er dachte daran, wie sie ihm zugepfiffen hatte, am Morgen – mit dieser enormen Kraft. Ihre Pfiffe waren in jede Faser seines Körpers gedrungen, hatten die Worte in Gang gesetzt, sie erst in ihm aufsteigen lassen. Jacob sog den würzigen Wiesenduft ein, blickte von Margarète zu Edward, zu Dee. Diese Menschen, kam es ihm, waren ein noch größeres Wunder als diese endlose Wiese, als der weite Himmel, als das Abendlicht. Sie hatten ihm das Leben gerettet, sie waren jetzt an seiner Seite. Sie waren alle nur seinetwegen hier.

»Also, ich weiß nicht, wie es euch geht«, sagte Edward, »ich fand die Sache heute morgen ziemlich anstrengend und habe einen Bärenhunger.«

»Was hast du denn so anzubieten?«, fragte Dee. »Wildschwein, Huhn, Fisch?«

Die anderen lachten.

»Dort hinter den Eschen können wir ein kleines Feuer machen«, schlug der Hofastronom vor.

Sie trabten hinter die Bäume, stiegen aus dem Sattel, ließen die Pferde weiden. Zusammen mit den anderen suchte Jacob am Waldrand trockene Halme, Wurzeln und Zweige zusammen. Er bewegte sich leise und ehrfurchtsvoll, so als wäre diese weite Ebene eine Kathedrale, genoss es, das leichte Holz und die trockene Erde in seinen Händen zu spüren.

Die Zikaden zirpten lauter, ein Abendchor aus Rhythmus, in dem die eine Hälfte der Insekten halbe Noten, die andere Achtel zu singen schien. Wie Edward und Margarète legte er Holz und Halme in die Mitte des Steinkreises, den Dee und sein Diener aufgeschichtet hatten. Jacob rieb sich die Hände an der Hose ab, roch an seinen Fingern, sog den Holzgeruch tief ein. Dee hielt eine Lupe über den Zunder, wendete sie im warmen Licht der Abendsonne hin und her, eine Flamme entzündete sich, das Feuer knisterte leise in den Zikadengesang hinein. Sie setzten sich um das Feuer. Aus ihren Bündeln zogen die anderen hervor, was sie an Essbarem bei sich hatten: Brotstücke, Speck, einen Apfel, zwei Birnen, Himbeeren, Nüsse, Flusskrebse. Jacob sah seinen Gefährten zu. Er hatte keine Bündel mehr und keine Sachen. Es war seltsam ohne Gepäck, ohne irgendeinen Gegenstand, der ihn mit der Vergangenheit verband. Er war jetzt ein Nomade, wie die Kraniche, die gerade trompetend über sie hinwegflogen. Er hatte nur noch sein Leben, ihm gehörte nur die Gegenwart.

»Darf ich?«, fragte er und deutete auf den kleinsten Flusskrebs. Edward reichte ihm den größten. »Wir werden dich jetzt nicht verhungern lassen, nachdem wir dich aus dem Feuer geholt haben.«

Jacob zerbrach die Kruste, zog das weiße Fleisch heraus. Noch nie hatte ihm etwas so gut geschmeckt. Es war, als äße er zum ersten Mal. Margarète nahm sämtliche Flusskrebse und Brotstücke und legte alles in seinen Schoß, wobei ihre Hand über seinen Oberschenkel strich. Jacob zerbrach die Kruste eines weiteren Krebses, kaute langsam.

Der Diener legte noch etwas Speck hin, ein paar Oliven, eine gebratene Hühnerkeule, noch eine gebratene Hühnerkeule und noch eine und noch eine. »Oh!«, riefen alle, pfiffen durch die Zähne, rieben sich die Hände. Mit gleichmütigem Gesichtsausdruck holte George noch Sardinen hervor, Forellen und stellte schließlich eine Flasche Rotwein hin.

»Du bist der beste Diener der Welt«, lachte Dee.

»Ist mir bekannt«, sagte George, ohne den Mund zu verziehen.

»Wo hast du das alles her?«, fragte Edward.

Der Diener zuckte mit den Schultern. »Auf dem Markt gekauft, gestern Nachmittag.«

»Du hast also nie am Erfolg unserer Mission gezweifelt«, stellte Dee fest.

»Warum auch?«, entgegnete George.

Alle lachten, ihre Zähne schimmerten in der Abendsonne.

Sie spießten die Keulen auf, hielten sie über das Feuer. Jacob aß eine Olive, das Öl rann ihm die Kehle hinunter.

»Hühnerkeule?«, fragte Edward und hielt ihm eine vor die Nase.

Jacob schüttelte den Kopf. Er war satt, mehr ging nicht. Sein Magen musste im Kerker auf die Größe einer Nuss geschrumpft sein.

»Wein?« Edward hob die Flasche. Jacob hielt inne.

»Was ist?«, fragte Dee.

»Ich habe etwas gehört, ein Rascheln, dort hinten im hohen Gras.« Er wies vom Waldrand weg in die Weite der Wiese.

Die anderen hielten den Atem an, sahen sich um, schüttelten die Köpfe. »Wahrscheinlich eine Maus oder ein Hase«, meinte Edward, »unser lieber Satansprediger hört das Gras wachsen.« Er schmatzte, seine Finger trieften vom Fett der Keule. Er zwinkerte Jacob zu. »Vielleicht hast du einen Indianer in Amerika husten gehört.«

»Oder einen Japaner, der Seide faltet.« Dee trank genüsslich mit halb geschlossenen Augen vom Wein.

»Ihr müsstet einen Vogel konstruieren, Doktor Dee«, sagte Margarète, während sie eine Sardine über dem Feuer drehte, »der bis nach Japan fliegt.«

»Und dann weiter nach Amerika«, ergänzte George.

»Oder in die Tropen, um dort Goldkörner aufzusammeln und zurückzubringen«, Edward legte den Kopf in den Nacken, warf sich eine Handvoll Himbeeren in den Mund, »am besten direkt an meine Adresse.«

»Wenn du eine hättest«, bemerkte George.

Edward deutete mit dem Zeigefinger auf den Diener. »Guter Punkt.« Er blickte über die Wiesen. »994 583ster Löwenzahn nordöstlich von Pau … dürfte ankommen.«

»Nur kurz ein Vogel sein«, Dee blickte zum Horizont, »und über diese Wiese fliegen. Nur ein einziges Mal, nur eine Minute. Dann wäre man glücklicher, als ein Mensch es in seinem ganzen Leben sein kann.«

Jacob blickte über Halme in den inzwischen tiefroten Himmel. Es genügte ein Abend wie dieser. Der war so gut wie Fliegen.

33: ENGLISCH, UNTER DEM TROMMELN DER ZIKADEN

Thomas Phelippes nutzt die Zeit der Dämmerung für vier Missionen – eine davon ungeplant.

Thomas tränkte sein Pferd an einem Bach am Waldrand unweit der endlosen Wiese. Der Geruch von Feuer stieg ihm in die Nase. Zu Fuß führte er sein Pferd weiter, die Halme wickelten sich um seine Knöchel, lösten sich nur widerwillig. Mücken tanzten in der Luft. In etwa hundert Schritten Entfernung stieg Qualm empor. Jacob und seine Begleiter machten offenbar eine Rast: endlich. Sogar ein Feuer zündeten sie an, waren sich wohl sicher, jedwede Verfolger abgeschüttelt zu haben. Die hohe Stimme der Ligistin war zu hören, dann auch John Dees helle und selbstsichere, die immer etwas spöttische des zwielichtigen Apothekers, den Jacob immer mit *Edward* ansprach, sowie die leise, ergebene des Dieners. Thomas band sein Pferd an einen Baumstamm und schlich ein paar Schritte in den Wald, näherte sich im Schatten der Bäume den Stimmen und dem Feuer.

Sein Herz klopfte schneller. Dabei stand für ihn im Grunde nichts auf dem Spiel. Seinen Auftrag hatte er übererfüllt. Morgen würde ein Dutzend Ligisten, die die Rückeroberung des Béarn geplant hatten, hängen. Die gefangenen Soldaten würden gegen festgesetzte Protestanten ausgetauscht werden. Die Anführer hatten den Richterspruch, den Horace de Lancre vor zwei Tagen im Justizpalast von Pau verkündete, ohne die geringste Regung hingenommen. Der Dominikanermönch war aufgrund seiner Jugend nur verbannt worden. *Die anderen Männer,* überlegte Thomas, *werden sterben, ohne jemals zu erfahren, wer sie an den Galgen gebracht hat.*

Von der kleinen Gruppe in dieser weiten Ebene hatte er wirklich nichts zu befürchten. Er hatte nichts zu verlieren. Thomas nahm den letzten Schluck aus seiner Trinkflasche, schlich gebückt weiter. Außer vielleicht sein Leben: zum Beispiel, wenn der Apotheker einen Pfeil auf ihn abschoss oder der Diener sich auf ihn stürzte, sobald sie ihn nur kommen sahen. Oder sein Gesicht, falls die fünf ihn nicht ernst nahmen und zum Teufel schickten.

Thomas duckte sich hinter einer von Büschen umgebenen Pinie. Da waren sie. In rund fünfzehn Schritten Entfernung saßen sie im Kreis um ein kleines Lagerfeuer. Thomas legte sich auf den Bauch. Eine Weile nur daliegen und zuhören, noch nichts tun. Er musste den besten Moment abpassen. Die fünf aßen Brot und Hühnerkeulen, tranken Wein. Jacob lehnte schlaff, mit ausgestreckten Beinen an einem Buchenstamm. In seinem Gesicht lag ein neuer, ungewohnter Ausdruck: pure Seligkeit. *Kein Wunder,* dachte Thomas. Jacob hatte an diesem Morgen eine Sprache hervorgebracht, wie sie niemals schöner auf diesem Planeten erklingen würde. Außerdem hatten vier Menschen sich die Mühe gemacht, ihm den Hals zu retten. Wer durfte das schon erleben? Thomas zog einen Grashalm aus der Erde, sog an seinem süßlichen unteren Ende. Diese fünf Menschen dort, am Rand dieser riesigen wilden Wiese, waren glücklich, auch wenn Jacobs Überleben nicht sicher war, auch wenn die Ligistin ihre Kampfgenossen verloren hatte, auch wenn Dee nicht ewig über Wiesen reiten konnte. So war das Glück. Es kam und ging, wie es wollte.

»Oder Ihr könntet Euren Vogel noch größer konstruieren«, hörte Thomas die Ligistin sagen, die mit ihren schlanken Händen einen Riesenvogel andeutete, »damit Jacob darauf in die neue Welt fliegen und sich auch noch die Sprachen der Indianer einverleiben kann.«

Sie lächelte Jacob an. Doch der war ganz damit beschäftigt, sich den Wein auf der Zunge zergehen zu lassen. Thomas schüttelte den Kopf. Diese hübsche Nixe liebte Jacob, und der dürre Blässling scherte sich nicht um sie. Unglaublich. Was musste sie noch für ihn tun? Ihm das Leben zu retten, hatte offenbar nicht gereicht.

»An dem Trick arbeite ich noch«, erwiderte Dee lächelnd, »es kann sich ein paar Tage hinziehen.«

Thomas' Muskeln strafften sich. Diese Leute würden nicht mit dem Reden aufhören, konnten nicht genug davon kriegen, miteinander erleichtert und froh zu sein. Es war an der Zeit, das traute Beisammensein ein wenig zu stören. Thomas nahm jeden Einzelnen genau in den Blick. Keiner trug eine sichtbare Waffe. Pfeil und Bogen des Apothekers steckten in der Satteltasche von dessen Pferd. Thomas sah wieder vor sich, wie der Apotheker vor zwei Nächten mit Dee, der Ligistin und dem Diener im Dunkeln einen Teil der Vogelapparatur von der Martinskirche zum Justizpalast getragen hatte, den Bogen über der Schulter. Später war dann ein Pfeil mit dem Seil zielgenau durch die Nacht in den schwach erleuchteten Turm der Martinskirche geflogen und ein zweites Mal wieder zurück in den Palast. Thomas zerbröselte den Grashalm zwischen den Fingern. Selbst wenn der Apotheker, der Diener oder die Spionin einen Dolch oder ein Messer am Körper trugen, würde niemand von ihnen ordentlich damit umgehen können. Er hatte keinen von ihnen je mit einer solchen Waffe üben sehen. Der Apotheker stieß Jacob freundschaftlich in die Seite. Thomas schürzte die Lippen. Jacob und dieser Mann hatten sich in Pau wie Freunde umarmt. Wie mochten zwei so ungleiche Menschen – ein lebensuntüchtiger Polyglotter und ein verschlagener Apotheker – sich kennengelernt und angefreundet haben?

»Ich habe selten so gut gegessen«, sagte der Apotheker und lächelte die Ligistin an, doch die hatte nur Augen für Jacob. Dabei sah der Apotheker weit besser aus. *So sind starke Frauen,* dachte Thomas, *finden Gefallen an erfolglosen Sonderlingen.*

»Das Essen schmeckt nirgends so gut wie unter freiem Himmel«, meinte Dee, »die Menschen hätten Nomaden bleiben sollen.«

Das Trommeln der Zikaden wurde lauter. Die Sonne tauchte alles in ein rotblaues Licht, die Schatten verlängerten sich. *Ich muss mich so nähern,* überlegte Thomas, *dass Dee mich möglichst als Erster sieht und ich gleichzeitig dem Apotheker den Weg zur Satteltasche mit dem Bogen versperre.* Der Hofastronom war der Einzige, der ihn kannte. Thomas erhob sich geräuschlos, sah etwas durch die Wiese schleichen, dreißig Schritte hinter den fünfen, ging wieder in Deckung. War das ein Tier? Thomas kniff die Augen zusammen. Nein, da kroch ein Mensch auf allen vieren durch das hohe Gras. Er trug ein helles Gewand und einen schwarzen Mantel. Ein brauner Lockenkranz war zwischen den Gräsern zu sehen, eine weiße Kapuze: Der da heranschlich, war der junge Mönch, den sie verbannt hatten! Thomas verfolgte jede seiner Bewegungen.

»Ja, das wäre gut gewesen«, warf der Apotheker ein, »dann gäbe es jetzt keine Burgen, keine Zölle, keine Adligen und keine Steuereintreiber.«

Der Mönch näherte sich in weitem Bogen mehr und mehr der Gruppe. Was mochte er wollen? Thomas' Hand ging zum Dolch.

»Und öfter Wein für die Diener«, grinste George und hob, entschuldigend zu Dee blickend, die Hand.

Der Astronom lachte.

Der Mönch hielt, geschickt und lautlos, auf die Ligistin zu. Thomas' Glieder spannten sich. Der Mönch war nun hinter der Ligistin, in etwa fünfzehn Schritten Entfernung zu ihr. In Pau hatte er sie vor dem Justizpalast als Verräterin beschimpft, der ahnungslose Bursche. Thomas musste grinsen, während er beobachtete, dass der Mönch verharrte und in die Hocke ging. Wollte der Knabe Rache nehmen?

»Es stimmt«, sagte die Ligistin in heiterem Tonfall, »wir sind hier auf dieser Wiese sehr nah am Paradies.«

Hinter ihr schnellte der Mönch empor, einen Dolch in der Hand, Thomas fixierte seine linke Brust, drehte das Handgelenk, streckte den Arm, warf. »Verräterin!«, schrie der Mönch, die letzte Silbe röchelte er nur noch, Thomas' Dolch steckte in seinem Herzen, er ging zu Boden. Die Ligistin schrie auf, die Männer fuhren hoch. Thomas trat aus dem Dickicht, ging zu dem toten Mönch, drehte ihn auf den Rücken. Neben der rechten Hand des Toten lag der Dolch, mit dem er die Ligistin zu töten versucht hatte. Auf der weißen Kutte breitete sich um Thomas' Dolch herum Blut aus. *Ein sauberer Treffer*, stellte Thomas fest. Dem Mönch dürfte der Übergang vom Leben zum Tod nicht zu Bewusstsein gekommen sein. Thomas zog seinen Dolch aus dem toten Körper, wischte ihn im Gras ab, sah in die weit aufgerissenen Jungenaugen des Leichnams, steckte dessen Dolch ein und behielt seinen eigenen in der Hand. Erst jetzt klopfte sein Herz schneller.

Alle hatten einen Kreis um den Toten gebildet, starrten schweigend auf ihn hinab, die Ligistin schluchzte. Dann schauten alle zu Thomas.

Er verneigte sich vor Dee. »Doktor.«

Dee blickte fassungslos. Die Ligistin lehnte den Kopf an die Schulter des Apothekers, er umarmte sie.

»Ein Ligist.« Thomas wies auf den Leichnam und sah zum Hofastronomen. »Einer der Verschwörer, den die Calvinisten im Château de Béost festgenommen haben. Die anderen wurden gehängt, er verbannt.«

Die Ligistin stöhnte auf. Die Männer schauten sie verständnislos an.

»Wie lange verfolgst du uns schon?« Dee blickte Thomas ruhig in die Augen.

Der Apotheker strich der Ligistin sanft über die Schulter.

»Ihn seit England.« Thomas nickte zu Jacob hin. Schreckenslaute entfuhren den Umstehenden. Sie sahen ihn mit offenen Mündern an wie einen Geist.

Die Zikaden zirpten schneller. Jacob starrte. »Thomas.«

Alle Blicke schnellten zu Jacob. Thomas lächelte. Jacob hatte seinen gepfiffenen Abschiedsgruß auf der Lichtung also entschlüsselt.

»Ihr habt die Pfiffe auch entziffert.« Jacob sprach langsam, tastend, schien zu begreifen, während er redete. »Ihr habt mir zugepfiffen, am Tag meiner Verhaftung, von einem Baum aus.«

Thomas schüttelte den Kopf. »Ich habe die Pfiffe nicht entschlüsselt, sondern deinen Erläuterungen zugehört, auf der Kirchenterrasse in Sallent de Gállego.«

»Er hat den Henker davon abgehalten, die Fackel zu ergreifen, und sie ausgetreten, am Scheiterhaufen«, raunte Margarète.

Jacob kniff die Augen zusammen. Die anderen starrten zwischen Jacob und Thomas hin und her.

»Ihr konntet pfeifen und die Pfiffe verstehen. Beides.« Anerkennung schwang in Jacobs Stimme. »Ihr wart es auch, der einen Stein auf die Hirten geworfen hat, nicht wahr?« Sein Blick weitete sich. »Und Ihr wart der Franziskanermönch, der nach dem Tanzfest von den Hirten erzählte, die das Vaterunser in der Kirche von Sallent de Gállego pfeifen. Ich erkenne Eure Stimme wieder. Ihr habt Französisch ohne Akzent gesprochen.«

Thomas spürte, wie er errötete.

»Warum helft Ihr mir die ganze Zeit?« Jacob sah ihn an wie einen Schutzengel, der plötzlich menschliche Gestalt angenommen hatte.

Thomas errötete noch mehr, schüttelte den Kopf. Jacobs argloses Vertrauen versetzte ihm einen Stich in die Brust.

»Der Mann vor dem Fenster in Mortlake wart Ihr auch, nicht wahr?« Jacob sprach mit warmer Stimme, seine Augen strahlten. »Aber warum?«

Thomas blickte in die Ferne.

Jacob trat näher. »Wer seid Ihr?«

John Dee wies mit einer Hand auf Thomas, als sei es seine Aufgabe, ihn förmlich vorzustellen. »Thomas Phelippes, einer der besten Kryptologen Francis Walsinghams, des Chefs des englischen Geheimdienstes.«

Jacob blickte fragend, die Ligistin schreckte beim Namen des englischen Geheimdienstchefs zusammen.

»Der dritte Pfeifer«, flüsterte der Apotheker.

»Der Verräter!«, rief die Ligistin aus.

Jacob fuhr zurück.

»Ihr hättet nichts anderes mit Jacob getan«, sagte Thomas mit einer höflichen Verbeugung, »wenn Ihr den Befehlen der Liga gehorcht hättet statt Euren Gefühlen, Madame.«

Edward rückte von der Ligistin ab, seine Miene verfinsterte sich, ebenso die des Dieners.

»Ihr könntet ein wenig höflicher sein«, fügte Thomas zur Ligistin gewandt hinzu, »ich habe Euch gerade das Leben gerettet.«

»Das wäre nicht nötig gewesen«, gab die Ligistin mit gestrafftem Oberkörper zurück, »wenn Ihr niemanden verraten hättet, so wie ich niemanden verraten habe.« *Es ist beachtlich,* dachte Thomas, *wie schnell diese Frau sich wieder fasst.*

»Ein Mangel an Loyalität ist auch ein Verrat«, erwiderte er.

Die Ligistin öffnete den Mund, sagte jedoch nichts.

Der Diener und der Apotheker musterten die Frau zusehends misstrauischer.

Dee atmete tief. »Wir wissen, dass Margarète Spionin der Liga war.«

Thomas stutzte. Woher wussten sie das? Jacob und den anderen blieb bei diesen Worten jedenfalls der Mund offen stehen. Offenbar wussten sie gar nichts.

Dee ging zum Feuer zurück und setzte sich. Die anderen folgten, zögerlich und benommen, sahen sich nach dem toten Mönch um, warfen prüfende Seitenblicke auf die Ligistin und setzten sich ebenfalls. Thomas blieb neben den Funken sprühenden Flammen stehen.

»Die Religionskriege werfen uns hin und her wie Spielbälle, Thomas«, sagte Dee, nahm einen trockenen Ast, stocherte im Feuer. »Als ich geboren wurde, war noch ganz England katholisch, dann wurde es unter Edward VI. protestantisch, unter Mary katholisch, unter Elisabeth wieder protestantisch. Du bist jung, Thomas. Du kennst nur die letzte Phase.«

»Und damit die beste.« Worauf, fragte sich Thomas, wollte der Hofastronom hinaus?

»Sicher«, sagte Dee, »unter Queen Mary, vor fünfundzwanzig Jahren, bin ich im Gefängnis des Bischofs Bonner zum Katholik geworden.« Er sah Thomas direkt an. »Ich habe mich sogar zum Priester weihen lassen, damit sie mich nicht verbrennen.«

Thomas wusste von der Geschichte. Walsingham hatte ihm vor einigen Monaten erzählt, wie Dee sich eilfertig ordinieren ließ, um seine Haut zu retten: wahrhaftig keine Ruhmestat.

Die Ligistin schaute Dee dankbar an. Thomas begriff: Das war der Grund für Dees Enthüllung gewesen. Er wollte, dass die anderen der katholischen Verräterin verziehen. Tatsächlich entspannten sich die Gesichter. Jacob lächelte der Ligistin zu.

Ein Schwarm Gänse zog über sie hinweg.

»Der Junge hätte leben können, wenn die Menschen nicht so töricht wären.« Dee schaute zum toten Mönch, dessen weißes Gewand im düsteren Dämmerlicht bläulich schimmerte.

»Wenn er nicht so töricht gewesen wäre«, warf der Apotheker ein, betonte dabei das *er*.

»Wenn auf Torheit der Tod stünde, Edward«, erwiderte der Hofastronom, »wärst du schon lange nicht mehr unter uns.«

Der Apotheker stutzte, dann schmunzelte er.

Thomas räusperte sich, wandte sich an Dee. »Ich nehme an, Doktor, Euch ist bekannt, dass Papst Sixtus der Fünfte Euch verhaften und in Rom verhören lassen will.«

Erschrocken merkte Dee auf. »Nein.«

Thomas steckte seinen Dolch unter den Gürtel. »Er hat gehört, dass Ihr auf katholischem Gebiet unterwegs seid und hält Euer Interesse an der Engelssprache und Eure Kenntnisse bezüglich der Magie für gefährlich.«

Dee verzog das Gesicht, war etwas blass geworden. »Ich nehme an, er sieht in mir einen teuflischen Erzzauberer.«

Thomas zuckte mit den Achseln. »So ungefähr. Er hat Häscher ausgesandt, Euch zu suchen. Ich werde Euch zurück nach England geleiten. Die Queen braucht ihren besten Navigator lebend in England, nicht brennend in Rom.«

Dee lachte auf. »Mir ist es so herum auch lieber.«

Thomas durchströmte ein Gefühl des Triumphs. Der Hofastronom der englischen Königin beugte sich seinen Anweisungen.

»Walsingham«, ergänzte Thomas, weiterhin zu Dee gewandt, »benötigt außerdem einen guten Polyglotten in Prag.«

Dee schüttelte den Kopf.

Thomas straffte sich. »Unter Rudolf II. wird Prag zu einem führenden geistigen Zentrum Europas«, fuhr er fort. »Schon jetzt ist es voller Religionsflüchtlinge, voller Schurken und vorzüglicher Köpfe aus aller Herren Länder. Und es ist katholisch. Es ist von größter Bedeutung, dass Elisabeth weiß, was sich in Prag abspielt. Und es spielt sich dort in vielen Sprachen ab. Und in vielen Codes.«

»Jacob taugt nicht zum Spion.« Mit seinem Ast stocherte Dee missmutig in den Flammen.

Jacob blickte auf, hatte offenbar gar nicht erfasst, dass es um ihn ging.

»Er wird es lernen, wir geben ihm Zeit«, erwiderte Thomas.

»Er kann es nicht lernen«, wandte Dee ein.

Beachtlich, wie der Hofastronom für Jacob in die Bresche springt, dachte Thomas. »Jeder kann es lernen.«

Mit seinen schmalen Fingern drehte Jacob einen Knopf seines ausgefransten Hemdes hin und her. »Ich bin kein Engländer.«

Thomas stöhnte auf. »Dankbarkeit ist deine Sache nicht, wie ich sehe!« Jacob sah erschrocken auf.

Thomas fuhr fort: »Ich wüsste nicht, welchem Land du mehr schuldest als England. Ohne John Dee würdest du jetzt in der Hölle braten oder von mir aus auch im Himmel Harfe spielen. Und die Dienste, die diese beiden Engländer dir erwiesen haben«, er wies auf den Diener und den Apotheker, »dürften auch über das gewöhnliche Maß hinausreichen.«

Jacob senkte den Kopf und schaute ins Feuer. Die Sonne stand rot glimmend am Horizont.

»Ein Wort von mir zu den Calvinisten«, Thomas sprach ruhig, »und du stehst wieder genau da, von wo Doktor Dees Vogel und Erfindungsreichtum dich vor einigen Stunden gerettet haben.«

Jacob zuckte zusammen, als hätte er von seinem vermeintlichen Schutzengel einen Faustschlag mitten ins Gesicht bekommen.

Aus den Augenwinkeln sah Thomas, wie der Apotheker ihn anvisierte, mit der rechten Hand unter sein Apothekergewand griff und ein Messer herauszog. Thomas zog seinen Dolch, die Ligistin schrie auf, hoch und spitz, doch schon steckte der Dolch im weiten Ärmel des Apothekers und bohrte sich in die Erde, ohne den Arm des Mannes gestreift zu haben.

Alle starrten auf den Dolch, der den Ärmel des Apothekers mitsamt der Hand und dem Messer am Boden festnagelte. Dann blickten sie ihn, Thomas, zugleich entsetzt und bewundernd an. Wenn sie bisher nicht erkannt hatten, dass es sich nicht empfahl, sich den Befehlen des englischen Geheimdienstes zu widersetzen, wussten sie es spätestens jetzt. Er nahm dem Apotheker die Waffe ab, zog den Dolch aus der Erde. Der Mann rieb sich das Handgelenk und sah ihn grollend an.

Aus der Innentasche seines Wamses nahm Thomas einen versiegelten Pergamentumschlag. »Falsche Papiere und ein Empfehlungsschreiben für Lord Willoughby, den englischen Botschafter in Prag.« Er legte den Umschlag neben Jacob auf die Erde. »Als Mitglied des englischen Geheimdienstes bist du sicherer, als wenn du auf eigene Faust irgendwo untertauchst. Sie werden dich suchen.«

Jacob sah unsicher zu Dee hinüber.

Thomas fügte eine lederne Geldkatze hinzu. »Vierzig Pfund sollten bis Prag reichen.«

Dee nickte.

Die Geste des Hofastronomen genügte. Jacob würde seinem Lebensretter Folge leisten. Zufrieden steckte Thomas Dolch und Messer ein und setzte sich neben den Hofastronomen. »Dürften wir das Buch *Soyga* haben, Doktor?«

»Es ist wertlos«, sagte Dee und holte das schwere Buch aus seinem Bündel. »Darin steht in verschiedenen Sprachen, diagonal, vorwärts und rückwärts nur der Satz …«

»… *Morgens um zehn Uhr sollt Ihr Kohl essen*«, ergänzte Thomas. Alle hielten den Atem an. Die Augen der Ligistin weiteten sich. Ihr schien zu dämmern, dass das, was sie für die Liga getrieben hatte, kaum mehr als Kindereien waren.

»Was willst du mit einer zweifelhaften Speisevorschrift in einem Dutzend Sprachen anfangen?«, fragte Dee.

Thomas unterdrückte ein Grinsen. Die Ungerührtheit und der Witz des Hofastronomen waren unter den gegebenen Umständen bemerkenswert. »Verkaufen«, gab Thomas zur Antwort, »die englische Spionagekasse aufbessern. Derzeit bezahlt Walsingham fast alles aus eigener Tasche.«

Dee übergab ihm das Buch. »Ich nehme an, du wirst die Botschaft des Buches für dich behalten?«

»Selbstredend.« Thomas' Finger umschlossen das Leder des Buches. Er erhob sich. »Wir treffen uns übermorgen im *Goldenen Eichhorn* in Mirande, Doktor, wenn Ihr Euch von Euren mordlustigen Gefährten getrennt habt.« Er warf einen Seitenblick auf den Apotheker.

Inzwischen war der Mond aufgegangen. Silbern wiegten sich die Gräser der Ebene im lauen Wind. Die Zikaden waren verstummt. »Eure Verfolger haben Euch an einer Weggabelung acht Meilen hinter Pau verloren«, bemerkte er, »in den nächsten Tagen seid Ihr noch sicher. Danach könnten Steckbriefe von Jacob aushängen.«

Thomas wandte sich in die Richtung, wo er sein Pferd zurückgelassen hatte. »Ich würde empfehlen«, sagte er, einer plötzlichen Eingebung folgend, »dass Jacob eine Weile nicht spricht. Er kann sich als taub und stumm ausgeben. Das ist die beste Tarnung für ihn.«

Dees Augen blitzten auf. Thomas verneigte sich vor dem Hofastronomen, nickte Jacob zu, der seinen Abschiedsgruß mit einem Blick erwiderte, in dem sich Anziehung und Abneigung stritten. Thomas stockte, merkte, wie Jacobs Hin- und Hergerissenheit ihn bannte, gab sich einen Ruck und ging auf den Waldrand zu.

»Habt Ihr die Bellaso-Herausforderung Nummer sechs eigentlich gelöst?« Das war Jacobs Stimme.

Thomas wandte sich um. »Woher weißt du, dass ich daran gearbeitet habe?«

Jacob zuckte mit den Achseln und schmunzelte.

Thomas lachte. »Ja«, gab er zurück, »und sie war noch ein bisschen schwieriger als die Nummer drei.«

Jacob blickte verdutzt drein. Er konnte nicht wissen, dass Thomas von seiner Decodierung des dritten Bellaso-Rätsels erfahren hatte.

Thomas ging in den Schatten der Bäume, doch es kam ihm vor, als träte er ins Licht. Große Erfolge lagen hinter ihm. Und er war erst sechsundzwanzig Jahre alt. Bis er doppelt so alt sein würde – so alt wie Walsingham jetzt –, würde er berühmter, gefürchteter und wahrscheinlich sogar besser sein als der Chef des englischen Geheimdienstes.

34: OHNE WORTE

Valence an der Rhône, Mitte August: Jacob ist bekannter als gehofft und besteigt sprachlos ein Schiff Richtung Norden. Auf dem Wasser entdeckt er die Beredtheit von Händen und die Schönheit ihrer Besitzerin.

Am Hafen schoben sich Menschen mit Pferden, Maultieren und Karren die enge Uferstraße zwischen der Stadtmauer und den Anlegestellen der Rhône entlang. Zahlreiche Händler boten auf Verkaufstischen vor allem Salz an. Die Mittagssonne brannte auf die staubige Straße. Jacob schaute zu Boden, auf Margarètes Ochsenmaulschuhe, folgte ihr, so gut es ging. Überall um ihn herum grölten und brüllten hohe Stimmen, tiefe, alte und junge, sprachen meist Französisch oder Provenzalisch. Wagenräder quietschten. Jacob sah das schrille Geräusch als rote Balken vor sich. Wenn er tief ein- und ausatmete, wurde das Rot etwas schwächer. Doch dafür sog er dann den Salzgeruch ein, der überall in der Luft hing, so scharf und beißend, dass er ihn hörte: dissonante Gambentöne, Fis und G.

»Valence ist ein Zentrum des Salzhandels«, sagte Margarète, als hätte sie Jacobs Gedanken gelesen, rückte die hellblaue Haube zurecht, die sie auch vor dem Scheiterhaufen getragen hatte.

Edward bugsierte sich mit einem Maulesel, der ihr Gepäck trug, durch die Menge. Er wies auf die Anhöhe jenseits der Stadtmauer. »Die Kirche mit dem runden Turm ist voller Brandspuren und Einschüsse.«

Margarète nickte. »Valence wurde vor zwanzig Jahren von protestantischen Truppen eingenommen und alle Kirchen zerstört.« Jacob hörte genau auf ihren Tonfall. Seit er erfahren hatte, dass sie eine Spionin der Liga gewesen war, fürchtete er, dass sie fanatisch katholisch sein könnte. Doch bisher hatte sich das nicht bestätigt.

»Ich kann es nicht erwarten, nach Prag zu kommen«, sagte Edward, »da gibt es keine Religionskriege«, er stibitzte einen Apfel vom Karren eines Obsthändlers, der ihnen den Rücken zugekehrt hatte, zwinkerte Jacob zu, »und da werde ich Gold machen.«

Edward hatte beschlossen, nach Prag mitzukommen, da es dort, unter Rudolf II., das größte Alchemistenlaboratorium des Kontinents gab, und Edward hoffte, dort arbeiten zu können. *Immerhin,* dachte Jacob, während sie an einer großen Holzbrücke, die die Rhône querte, vorbeigingen, *ist Prag die freieste Stadt Europas.* Kaiser Rudolf förderte die Wissenschaften, nahm jeden auf, egal welchen Glaubens. Folglich gab es in Prag mindestens so viele Sprachen wie in Antwerpen. »Und ich«, sagte Jacob, »werde den englischen Botschafter überreden, mich statt als Spion als Dolmetscher zu beschäftigen.« Der Gedanke hatte ihn schon eine Weile umgetrieben, doch bisher hatte er ihn nicht ausgesprochen.

»Ein guter Einfall«, Edward biss in den Apfel, reichte ihn Jacob, »wenn dieser Lord Willoughby nur einen Funken Verstand hat, wird er begreifen, dass seinem Königreich besser mit einem guten Dolmetscher gedient ist als mit einem schlechten Spion.«

»Noch dazu mit einem Dolmetscher, der alle Sprachen abdeckt«, ergänzte Margarète lächelnd.

Jacob ließ sich den Apfel auf der Zunge zergehen, der Saft rann wohltuend seine von der Hitze ausgetrocknete Kehle hinunter. Er blickte auf die im Sonnenlicht glitzernde Rhône. »Merci, Madame, aber vous me faites too much Ehre.«

Margarète lachte hell auf. *Nur noch wenige Tage,* dachte Jacob, *wird sie bei uns sein.* Sie wollte zu einer Tante nach Dijon, um dort deren Tochter im Lesen, Schreiben und Lateinischen zu unterweisen, wie sie sagte. Jacob hielt ihr den Apfel hin. Sie nahm einen großen Bissen. *Margarète,* überlegte Jacob, *redet wenig über ihre Vergangenheit in Bordeaux oder ihre Zukunft in Dijon, und es scheint, als würde sie die Zeit zwischen den Pyrenäen und dem Burgund als eine Art angenehmen Schwebezustand auskosten.*

»Da hinten, die Männer mit den Seilen, Ochsen und Pferden müssen Treidler sein«, rief Edward, »sie bereiten die Schiffe für eine Fahrt die Rhône aufwärts vor. Da sollten wir mit!« Rasch hielt er auf eine Anlegestelle zu, wo kräftige Männer vier Schiffe miteinander vertäuten: große und kleine Handelsschiffe mit Ladeflächen, auf denen sich auch Passagiere einfanden.

»Das Schiff mit den Salzsäcken dort sieht gut aus, oder?«, fragte Edward, drehte sich zu ihnen um, wies auf einen zwanzig Schritte langen, flachen Kahn.

»Ja, darauf gibt es bequeme Bänke zum Sitzen«, stimmte Margarète zu.

Jacob schüttelte den Kopf. »Ich höre den scharfen Salzgeruch: Fis und G. Die Dissonanz halte ich nicht lange aus.«

Edward grinste. »Ich weiß nicht, wie ich darauf komme, aber ich finde, dass du bisweilen kein einfacher Reisegefährte bist.«

»Geht doch mal da weg!« Ein Mann in Seidenhemd und mit rotem Barett zog einen Karren hinter sich her. Auch er transportierte Salz. Mit einer kräftigen Armbewegung schubste er Jacob beiseite, sodass dieser in Edward hineinstolperte.

»Sag mal«, rief Edward dem Salzhändler zu, »hältst du dich für den König von Frankreich oder was?«

Der Mann reagierte nicht, wogegen ein jüngerer, der den Karren von hinten anschob, entschuldigend die Hand hob.

»Und er soll wirklich die Sprache Gottes beherrschen?«, fragte der Drängler mit dem roten Barett, wandte sich zum Jüngeren um.

»So hat er sich vom Scheiterhaufen in Pau gerettet«, antwortete der Jüngere, »tausend Écus d'or haben die Calvinisten für seine Ergreifung ausgesetzt.«

Jacob erstarrte, Margarète sah ihn entgeistert an. Wie er denn aussehe, fragte der Drängler. »In dem Steckbrief hieß es, er sei dünn und blass, habe schwarze Haare und graue Augen. Außerdem soll er sehr scharfe Ohren haben«, der Jüngere lachte auf, »extrem überempfindlich auf Lärm und sprachliche Fehler reagieren.«

»Umso besser«, rief der Drängler, »wenn ich ihn sehe, schreie ich einmal: *Ich sehen eine hässlich Mann* – dann bricht der Kerl zusammen und ich habe tausend Écus!« Feixend verschwanden die Männer mit ihrem Karren in der Menge.

»Verflucht«, Edward wischte sich den Schweiß von der Stirn, »wir sind dreihundertfünfzig Meilen von Pau entfernt, und trotzdem ist deine Geschichte anscheinend schon hier angekommen.«

Jacob zitterte am ganzen Leib. Tausend Écus d'or: Das entsprach einem großen Bürgerhaus in der Stadt oder einer kleinen Burg auf einem Hang.

Edward zeigte auf einen schäbigen Kahn, den die Treidler gerade mit den anderen größeren Schiffen vertäuten. »Der ist ungemütlich, da sind kaum Passagiere drauf. Den nehmen wir.«

Er und Margarète hielten auf den Kahn zu. Jacob blieb stehen. Seine Begleiter hielten inne, schauten ihn ungeduldig an. *Umdrehen jetzt,* ging es Jacob durch den Kopf, *in die Berge, es allein durchstehen, weg von den Menschen.* Edward trat auf ihn zu, blickte ihn fragend an.

»Ihr solltet mich nicht mehr begleiten«, flüsterte Jacob, »es ist zu gefährlich.«

»Was soll das denn jetzt?« Edward packte ihn an der Schulter und schob ihn vorwärts. Jacob versuchte, sich loszumachen. »Ihr habt euer eigenes Leben. Ich bringe euch in Gefahr.«

Zwei Frauen mit einem Karren voller Kleider, wohl Näherinnen, gingen vorbei und drehten sich zu ihnen um. Jacob blieb das Herz stehen.

»Kein Wort mehr«, raunte Edward Jacob ins Ohr, packte fester zu, zog ihn den Kai entlang, »das ist wirklich die beste Tarnung für dich.«

Das ist der Rat von Thomas Phelippes gewesen, dachte Jacob, fühlte, wie ihm die Kraft schwand, ließ sich zum Kahn führen, während Margarète das Maultier an einem Verschlag für Lasttiere abgab. Ein Knecht half ihr, das Gepäck zum Kahn zu tragen. Ein Schiffer in roten Strümpfen und nach Landsknechtsmanier geschlitzter Hose verbeugte sich höflich, nahm ihnen ein zu hohes Fahrgeld ab und wies auf einige mit Leder gefüllte Säcke am Heck. Jacob setzte sich auf einen davon, vergrub das Gesicht in den Händen. Edward setzte sich neben ihn. *Will er mir beistehen,* fragte sich Jacob, *oder mich bewachen?*

Seufzend sah Jacob auf, betrachtete einen Kran, dessen Arm hin und her schwenkte und Ledersäcke und Weinfässer, die von Lastenträgern am Ende des Kran-Arms befestigt wurden, auf das Schiff lud. Es sah aus, als würde ein Riesenvogel seine Beute vom Ufer aufpicken und auf das Schiff werfen.

»Beeindruckend, nicht wahr?«, sagte der Schiffer zu Jacob, während er die Ware mit seinem Gehilfen sowie einigen Lederhändlern und Winzern vom Riesenschnabel löste und aufstapelte. »Wir haben diese Kräne erst seit ein paar Jahren hier in Valence.«

Jacob wollte nicken, doch hielt sich im letzten Moment zurück, wies auf seine Ohren und seinen Mund, zuckte mit den Schultern.

»Kann er nicht sprechen?«, fragte der Schiffer Edward und Margarète.

Edward hustete, unterdrückte offenbar ein Lachen.

»Nein«, warf Margarète ein, »und hören auch nicht.«

Der Schiffer nickte, wandte sich von Jacob ab und arbeitete weiter.

Jacob lenkte den Blick auf das hölzerne Laufrad, in dem Tagelöhner in zerlumpten Kniehosen den Kran antrieben. Sie prusteten am unteren Punkt des Rades, den sie immer nur wenige Schritte überwanden, bis sie wieder am untersten Punkt ankamen. Ihre Köpfe waren rot vor Anstrengung. Es war erstaunlich, dass sie das Gerenne in der Hitze überhaupt aushielten. Jacob atmete tief ein. Auch er lief und lief und kam nirgends an, blieb immer unten. Als er die Ursprache gesucht hatte, hatte er sich abgestrampelt, wollte höher und höher, war auf die höchsten Berge geklettert, hatte mit der Ursprache fliegen wollen und war abgestürzt wie Ikarus. Nun lief er ganz unten, durfte nicht einmal sprechen, musste schweigen, um zu überleben.

Ein Ruck ging durch den Kahn. Die Seile, die ihr Gefährt mit den anderen Schiffen und dem Geschirr der Pferde und Ochsen am Ufer verbanden, spannten sich. Die Treidler riefen einander Anweisungen zu, trieben die Zugtiere mit Gerten an. Der Kahn setzte sich in Bewegung. Jacob atmete auf. Der leichte Wind und die Frische über dem Wasser taten gut, und auch, dass Edward und Margarète ihn anlächelten, statt ihn zum Teufel zu wünschen.

Margarète blinzelte, am Heck stehend, in die Sonne, hob unvermittelt die Hände wie ein Dirigent, deutete erst auf sich selbst, dann auf Jacob und Edward, öffnete und schloss den Mund, ohne zu sprechen, spreizte den Daumen ab, bewegte die Finger wie einen Vogelschnabel. Es war klar, was sie meinte: dass sie lernen müssten, mit den Händen zu reden.

Edward kreuzte die Zeigefinger zu einem Pluszeichen, deutete auf seine Schläfe und dann, in einem schnellen Bogen, gen Himmel. *Eine gute Idee,* sollte das heißen. Margarète applaudierte.

Beide sahen Jacob erwartungsvoll an. Sie glaubten wohl, dass ihm das Sprechen mit den Händen ebenso lag wie das mit dem Mund. Jacobs Herz klopfte. Er betrachtete seine Hände, die auf den Oberschenkeln lagen. Mit den Händen hatte er noch nie etwas zustande gebracht. Mit den Händen zu reden, war so ähnlich wie tanzen, sogar noch schwieriger. Seine Finger wurden schwer wie Blei. *Es steht einem Mann von guten Manieren nicht an, mit den Fingern zu gestikulieren, nicht mit der Zunge, sondern mit dem ganzen Körper zu reden.* Das hatte Erasmus von Rotterdam in seinem Benimmbuch geschrieben. Jacob ließ die Hände liegen, zuckte mit den Schultern.

Margarète runzelte die Stirn. Dann zeigte sie auf sich, legte ihre Handflächen aneinander, klappte sie auf wie ein Buch. Sie wollte eine Geschichte erzählen. Sie ballte die rechte Hand, bewegte sie im Kreis, als rühre sie in einem Topf. Dann zeichnete sie mit den Zeigefingern eine Krone in die Luft, imitierte Flugbewegungen und deutete mit beiden Händen den Buchstaben *k* an. Sie würde also von einem Koch, einem Fürsten und einem Kranich berichten. *Wie schafft sie es bloß,* fragte sich Jacob insgeheim, *so schnell die passenden Gesten zu finden?*

Ihre Hände führten jetzt vor, wie ein Koch an einem Fürstenhof einen Kranich zubereitete. Die Burg zeichnete Margarète mit schnellen präzisen Bewegungen in die Luft. Dann deutete sie an, dass der Koch eine Keule für sich selbst abzweigte. An der Tafel fragte der Fürst, wo denn die zweite Kranichkeule geblieben war. Wie ein Töpfer formte Margarète die dicke ovale Keule. Furchtsam antwortete der Koch, dass Kraniche grundsätzlich nur ein Bein hätten. Um die Angst des Kochs zu zeigen, ließ Margarète die Faust hin und her zittern. Daraufhin nahm der Fürst den Koch mit auf einen Spazierritt, wo sie Kraniche auf einem Bein stehen sahen. *Seht Ihr,* ließ Margarète den Koch mit ihren Händen sagen, *sie haben nur ein Bein.* Der Fürst scheuchte die Vögel auf. Beim Wegfliegen zeigten sie deutlich ihre zwei Beine. Margarète vollführte Flugbewegungen, zeigte auf Jacobs Beine und hob zwei Finger.

Jacob starrte auf Margarètes Hände, die mal zeichneten, mal töpferten, mal schauspielerten und sofort zu verstehen waren. Es waren schöne Hände, schnell und geschmeidig; etwas zu erzählen, passte zu ihrer Zartheit. Sogar auf den Fingern hatte Margarète Sommersprossen, fiel ihm auf. Ihre Locken leuchteten im hellen Licht, das auf dem Wasser glitzerte. Sie berichtete jetzt, wie der Fürst sich anschickte, den Koch zu züchtigen, doch der sagte: *Den Kranich auf dem Teller habt Ihr nicht so angeschrien. Sonst hätte auch der die andere Keule noch herausgestreckt!* Margarète strahlte, ihre grünen Augen glänzten wie Smaragde. *Und diese Frau hat mich vom Scheiterhaufen gerettet,* kam es Jacob. *Lacht mir zu? Gibt sich mit mir ab?*

Margarète zeigte nun, wie der Koch sich vor dem Fürsten straffte. Edward hing mit offenem Mund und verklärtem Blick an Margarètes Fingern. Auch der Schiffer und sein Gehilfe, die Lederhändler und Winzer starrten auf die wirbelnden Hände. Mit dem Pfeifen war es ähnlich gewesen, fiel Jacob auf. Auch das war Margarète leichtgefallen. Margarète konnte das: Worte verwandeln, ihnen eine andere Gestalt geben. Jetzt zeichnete Margarète die Krone und einen lachenden Mund darunter: Der Fürst erließ dem Koch die Strafe. *Wieso,* ging es Jacob durch den Kopf, *ist mir die ganze Zeit nicht aufgefallen, wie unglaublich schön Margarète ist?*

Die Zuschauer johlten und klatschten. Jacob wollte Margarète sagen, wie gut ihre Hände gesprochen hatten. Doch die Worte, die sich in seiner Kehle formten, kämpfte er nieder, musste er niederkämpfen.

Edward sprach sie an seiner Stelle: »Meine Güte, du hast die Hände einer Künstlerin, Margarète.« Das stimmte. Margarète hatte nicht einfach nur »gut« gesprochen, sondern wie eine Künstlerin. Weshalb fand Edward so schnell die besseren Worte?

Margarète warf den Kopf in den Nacken und errötete. Jacob knetete einen Lederfetzen zwischen den Fingern.

»Schöne, bewegliche Hände habt Ihr«, sagte ein älterer Lederhändler, während er auf Margarètes Busen starrte.

Edward räusperte sich. »Wo sind wir denn hier?« Hoch auf einem nackten Uferfelsen erhob sich ein Schloss, umgeben von halb zerstörten Wehrtürmen.

»In Tournon«, antwortete der Schiffer vom Steuerrad aus. »Etwa elf Meilen hinter Valence.«

»Ist das katholisch oder protestantisch?«, hakte Edward nach.

»Katholisch, von der Liga zurückerobert«, wusste ein junger Winzer. Jacob blickte zu Margarète, Edward ebenso. Sie grinste, drehte sich zur Reling und schaute auf das Wasser.

»In der großen Jesuitenbibliothek«, fuhr der Winzer fort, »liegt eine Calvin-Bibel, die niemand anrühren darf, weil sie verhext sein soll.«

Alle lachten, als würden die Religionskriege hier auf dem Fluss nicht gelten, als wären sie nichts weiter als eine Narretei der Landmenschen. Margarètes Lachen hob sich ab, klang wie helle Glocken.

In einer Reihe stellten sich sämtliche Passagiere und der Schiffergehilfe an die Reling und betrachteten Tournon. Edward legte Margarète den Arm um die Taille. Jacob rückte auf dem Ledersack hin und her, ein Kloß bildete sich in seinem Hals. Ihn beachtete niemand und Margarète schon gar nicht. Er riss den Lederfetzen in seinen Fingern entzwei. *Darum hat Thomas Phelippes mir die Tarnung eines Tauben und Stummen empfohlen,* durchfuhr es ihn. *Nicht zu sprechen und nicht zu hören, macht mich nicht nur unverdächtig, es macht mich unsichtbar.*

»Wenn du willst«, sagte Edward zu Margarète, »erzähl uns das ganze Alte Testament mit den Händen, die Psalmen inbegriffen. Ich schaue dir gerne zu.«

Jacob spürte Stiche in der Brust. Er hätte Margarète gern gesagt, dass Gestikulieren und Pfeifen sich ähnelten und dass sie beides konnte. Doch es war unmöglich. Jacob schaute auf die Bodenplanken. *Es geschieht mir ganz recht,* ging es ihm durch den Sinn. Er hatte zu viele Sprachen in sich hineingesoffen. Jetzt musste er ausnüchtern wie ein Trinker, ein Sprachentrinker, ein Sprachensäufer, der nie genug hatte kriegen können und sich sogar nach der Ursprache gestreckt hatte wie nach einer verbotenen Flasche.

Der ältere Lederhändler faselte jetzt vom Wetter, verschlang Margarète mit den Augen, während Edward ihre Taille fester umfasste. Margarète gestikulierte nun sogar beim Sprechen lebhafter. Auch diese Beobachtung hätte Jacob ihr gerne mitgeteilt. Edward zwinkerte Margarète mit seinen hellblauen, in der Sonne glänzenden Augen zu. Sie lächelte ihn an. Jacob sah auf seine dürren Beine und seine dürren Unterarme. Wer war er schon für Margarète? Ein blasser Jammerlappen, den sie vom Scheiterhaufen hatte retten müssen. Und wer war er gegen Edward, wenn er nicht sprechen konnte? Tausend Écus Belohnung … Jacob warf sich rücklings auf den Sack, die Glieder schlaff, sah in den erbarmungslos blauen Himmel. Er war gar nichts ohne Worte. Ohne Worte war er keinen Pfifferling wert.

35: FAST BABEL

Zwei Tage später auf der Rhône: Jacob und seine Begleiter sind in Vienne auf ein großes Handelsschiff umgestiegen, da kein anderes gen Norden treidelt. An Bord begegnet Jacob einer neuen Sprache und springt in die Rhône.

Feuchtwarme Luft lag über dem dunkelblau und grau schillernden Wasser der Rhône, zwischen den Hügeln und unter den dichten Wolken, durch die kaum Licht drang. Es war ein düsterer Tag, an dem man trotzdem schwitzte. Jacob saß auf einer Kiste, an den hinteren Mast des großen Handelsschiffes gelehnt. Er räusperte sich, summte leise, um sich zu vergewissern, ob er überhaupt noch Töne von sich geben konnte. Schon seit zwei Tagen, die sie entnervend langsam die Rhône hinauftreidelten, hatte er kein einziges Wort mehr gesprochen. Während das Schiff aus dem Hafen von Vienne hinausfuhr und das auf halber Höhe eines Hügels gelegene römische Amphitheater an ihnen vorbeizog, betastete Jacob seine Kopfbedeckung: ein Barett mit breiter Krempe und Ohrenklappen, wie es Professoren oft trugen. Margarète hatte es vorhin auf dem Markt in Vienne für ihn gekauft, damit er seine schwarzen Haare verbergen konnte. Sie hatte es ihm mit den Worten überreicht, dass er die Professoren-Kopfbedeckung mehr verdiene als die meisten, die hinter einem Universitätskatheder standen.

Jetzt scherzte sie mit Edward am Heck. Seit er nicht sprechen konnte, erkannte Jacob, war er auch für Margarète und Edward über weite Teile des Tages Luft. Edward nahm eine von Margarètes Locken zwischen die Finger. Sie wandte den Kopf zur Seite, schaute ans Ufer, sodass die Haare aus Edwards Fingern glitten. Nur noch ein paar Stunden würde Margarète bei ihnen sein. Jacobs Brust verengte sich. In Lyon würde sie auf der Saône weiter nach Norden Richtung Dijon treideln, während er und Edward nach Nordosten bis Ulm reiten und von dort aus auf der Donau nach Prag fahren würden. Jacob ließ den Blick an Margarète hinauf- und hinabgleiten, wollte sie in Erinnerung behalten, ihre Sommersprossen, ihre schmalen Handgelenke, die langen Beine, die das hellblaue Kleid umspielte. Margarète sah sich zu ihm um. Schnell und wie ertappt wandte er sich ab und schaute auf das Amphitheater und die strahlend weiße Kathedrale von Vienne. *Wenn ich mich nicht erst seit zwei Tagen ganz auf das Sehen konzentriert hätte statt auf das Hören, wenn ich früher mit dem Sehen angefangen hätte,* dachte Jacob, *und einen Malerblick hätte, könnte ich Margarète jetzt besser erfassen, sie besser in meinem Gedächtnis verankern. Vielleicht könnte ich sie dann sogar zeichnen und mitnehmen.* Das Schiff fuhr an drei großen Mühlrädern vorbei, die Blasebälge und Schleifsteine antrieben. An jedem der fünf Schleifsteine saß ein Geselle, der eine lange Messerklinge schliff. »Die Messer von Vienne sind berühmt«, sagte Margarète zu Edward, »und sehr teuer.« Jacob beugte sich vor, wollte Margarètes Stimme einfangen, das Bild, das ihr Französisch auslöste. Genau beobachtete er die blauen Ovale, die über einen hell glitzernden Grund zogen und sich alle paar Silben drehten. Dieses Bild immerhin könnte er mitnehmen, überlegte Jacob, und es mit seiner Stimme nachzuzeichnen üben, bis er es genauso hinbekäme, wie Margarète sprach. Das war ein Trost, aber nicht so gut wie eine Zeichnung von ihr.

»Schau, wie die Funken am Schleifstein sprühen«, sagte ein Junge auf Ungarisch zu seiner Mutter.

»Vielleicht können wir hier auf dem Schiff spielen und einen Hut herumgehen lassen«, schlug ein Mann mit einer Laute auf Italienisch einem Fiedelspieler vor. Jacob sah die gelben Rechtecke, die aufgeraut waren wie Leinenstoff und zum Italienischen gehörten. Rund zehn Schritte entfernt sprach ein junger Handwerker Flämisch. Jacob blickte sich um. Wie viele Sprachen gab es eigentlich auf diesem Schiff? Sogar sächsisches Deutsch war zu vernehmen, benutzt von einem stämmigen Händler. Es war das erste Mal seit Monaten, fiel Jacob auf, dass er seine Muttersprache wieder hörte. Sie klang völlig fremd und sehr schleppend, als würden die Silben nach und nach herausgedrückt wie eine Wurst aus der Pelle. Jacob musste lachen, unterdrückte es sofort. Erstaunlich, dass die eigene Sprache sich so ungewohnt und eigenartig anhören konnte. Vom Bug her erklangen kehlig-nasale östliche Laute, sanft und melodiös auf und ab wandernd. Welche Sprache war das? Sie löste graue und orangene Punkte aus, die sich umeinander drehten. Jacob reckte den Hals, doch der Sprecher war verstummt.

Die Sonne brach durch die Wolken, ließ das Wasser grün erscheinen. Die Rhône, überlegte Jacob, verband das Mittelmeer mit Nordeuropa. Es war kein Wunder, dass so viele Leute aus verschiedensten Ländern hier zusammenkamen. Am Heck sprach eine Samthändlerin Dänisch. Jacob atmete tief durch, sog die dänischen Silben in sich hinein, lauschte auf das Italienisch des Musikanten, das Ungarisch des Jungen, das Flämisch des Handwerkers, erhaschte auch noch Spanisch und Polnisch. Noch nie hatte er so viele Sprachen auf so kleinem Raum gehört. Sie legten sich ins Zeug, um ihn, den Stummen, der sich ganz auf das Sehen verlegt hatte, zurückzurufen, zu umgarnen. Jacob lehnte den Kopf gegen den Mast und entspannte die Glieder. Es tat gut, sich den Silben hinzugeben. Es war, als käme er wieder in seinem Körper an. Alle diese Sprachen, dieses Sprachengewirr auf engstem Raum, schienen ihn zu bestätigen. Sein schiefgegangenes Leben hatte hier seine Berechtigung. Es passte hierher. Jacob schloss die Augen und lauschte. Allmählich verschmolzen die Sprachen in seinem Ohr und vor seinen Augen, vibrierten in seinen Muskeln, verloren ihren Sinn, ihre alltägliche Zweckmäßigkeit, das Banalste an ihnen, vereinten sich zu einem Rhythmus, einer Kraft, einem Urstrom, der mitriss. Jacob erschauderte: Da war sie gewesen, die Ursprache, einen Atemzug lang, unglaublich wahr. *Die Sprache Gottes ist nicht verloren, sie hat sich nur aufgeteilt,* erkannte er, *auf viele Sprachen, viele Münder, viele Länder und viele Bücher.*

Jacob öffnete die Augen und sah den Wörtern dabei zu, wie sie ihre Wirkung entfalteten. Eine italienische Frau tröstete ihr Kind, und es hörte zu schreien auf. Nur wegen der Worte. Ein Kaufmann an der Reling machte einer pummeligen Seidenspinnerin Komplimente, und sie strahlte. Der Schiffer befahl den Gehilfen, die Segel zu setzen, und sie kletterten die Masten hinauf, als schnellten ihnen die Silben direkt in die Glieder, wie Geister. Flussabwärts waren die zwei hohen Bögen der Steinbrücke von Vienne zu sehen, die einst die Römer gebaut hatten. *Auch diese Brücke ist voller Worte,* dachte Jacob, *voller lateinischer Sätze, die die Steinmetze, die Zimmerer und die Architekten bei ihrem Bau gesprochen haben.* Warme Wellen des Glücks pulsierten durch Jacobs Körper. Die Brücke war zu Stein gewordene Silben. Sie war mehr Wort als Stein. Der Stein vermochte nichts, die Worte alles. Doch zu sehen war nur noch die Brücke. Worte arbeiteten unauffällig und hinterließen keine Spuren. Sobald ihr Werk getan war, schlichen sie sich davon.

Plötzlich spürte Jacob einen Blick auf sich. Einige Schritte von ihm entfernt stand Margarète und sah ihn an. Jacobs Herz pochte ihm bis zum Hals. Wie lange hatte sie ihn schon so angeschaut, mit diesem Blick, der sich für ihn freute? Ihre Hände flogen in die Höhe, er las sie. *Du möchtest am liebsten für immer auf diesem Schiff bleiben, nicht wahr?* Die Worte waren sehr stark in ihren Händen. *Sie greift mitten hinein in den Urstrom der Sprache,* erkannte Jacob, *und formt Skulpturen daraus.* Jacob bekam Gänsehaut. Jetzt malte Margarète einen Turm in die Luft, machte den Mund auf und zu, zeigte dann auf das Schiff: wie Babel, hieß das. *Warum nur,* kreiste es in Jacobs Sinn, *muss sie gehen?*

Der Fluss machte eine Biegung. Dahinter erhoben sich Weinberge. Mehrere Männer setzten sich auf die Bodenplanken am Heck unweit des Mastes, an dem Jacob saß, packten Würfel aus, fragten, ob er mitspielen wolle. Zu ihnen gesellte sich jetzt ein Salzhändler mit rotem Barett und hellbraunen Locken. Jacob erschrak. Das war der Mensch, der in Valence von dem Kopfgeld gesprochen hatte, das auf seine Ergreifung stand! Jacob schüttelte den Kopf, hob die Hände, wies auf Ohren und Mund. Die Würfelspieler ließen ihn unverzüglich links liegen, auch der Salzhändler. Jacob atmete auf. Seine schwarzen Haare konnte dank des Baretts ohnehin niemand sehen. Wahrscheinlich waren seine Augen im hellen Licht auch nicht grau, sondern schillerten blau oder grün.

Die Männer spielten nicht um Geld, suchten wohl nur einen Vorwand, um miteinander ins Gespräch zu kommen. Alle redeten Französisch mit Akzent, bis auf den Salzhändler. Schon bald kreisten Becher und Würfel nur noch nebenher, während die Spieler einander fragten, woher sie kamen und welcher Tätigkeit sie nachgingen. Ein Weinhändler stammte aus Florenz, ein Tuchhändler aus Antwerpen, ein Wappenmaler aus Stockholm und ein Student aus Krakau.

Ein Mann, dessen Hemd entlang der Knöpfe bunt bestickt war und der anstelle eines Gürtels ein breites seidenes Tuch trug, berichtete, dass er als Silberhändler an der Schwarzmeerküste lebe: mit einem starken, gurgelnden auf und ab wandernden Akzent, der grau-orange flimmerte. Jacob hielt den Atem an. Das musste der Mann sein, der vorhin die melodiöse östliche Sprache gebraucht hatte!

Die Mitspieler schauten den Silberhändler bedauernd an. »Das ist ein von den Türken besetztes Gebiet«, murmelte der Stockholmer Wappenmaler.

»Christen dürfen wir trotzdem bleiben«, erwiderte der Mann gelassen, »das stört die Osmanen nicht.«

Sein Akzent war ein bisschen wie der eines Polen oder Russen, aber weicher, südlicher, fast summend. Er hatte türkisblaue Augen in einem dunklen Gesicht, ein freies Lächeln, und hinter seiner Stirn wohnte das Geheimnis seiner Sprache. Jacobs Glieder spannten sich. Er hoffte, dass jemand den Mann danach fragen würde.

»Ihr seid über die Donau gekommen, nehme ich an?«, erkundigte sich der schwedische Wappenmaler.

»Ja, wochenlang auf verschiedenen Schiffen«, antwortete der Silberhändler.

»Und welche Gegend hat Euch auf Eurer Reise am besten gefallen?«, fragte der französische Salzhändler.

»Diese«, sagte der Mann, ohne zu zögern. Offenbar verstand er sich auf Diplomatie. Der Franzose lächelte zufrieden.

»Ansonsten Budapest«, setzte der Mann hinzu, »ein Bad neben dem anderen.«

Hinter den Würfelspielern ging Margarète entlang, hielt inne, musterte den Salzhändler, suchte Blickkontakt zu Jacob, wies auf den jungen Mann mit dem roten Barett. Offenbar hatte auch sie ihn wiedererkannt.

»Bäder sind Brutstätten von Krankheiten«, warf der Florentiner Weinhändler ein.

»Ist das wirklich sicher?«, fragte der Silberhändler. »Seuchen breiten sich oft gerade in Gegenden aus, wo die Bäder geschlossen wurden.«

»Und Eure Sprache ähnelt dem Polnischen?«, fragte der Stockholmer Wappenmaler. Jacob hielt den Atem an: Gott sei gedankt für die Künstler und die Schweden.

Der Mann schüttelte den Kopf. »Nur ein bisschen. Der Klang ist ganz anders.«

»Könnt Ihr etwas sagen?«, fragte der polnische Student.

Ja, unbedingt!, dachte Jacob und beugte sich vor.

Der Mann ließ eine Kette sanfter Laute von seinen Lippen perlen. Einige Worte erschlossen sich vom Polnischen her, die meisten aber klangen neu und fern.

»Klingt schön, aber kompliziert«, sagte der Antwerpener Tuchhändler.

»Das ist es auch«, der Silberhändler nickte, »besonders die Verben. Nehmt zum Beispiel den Satz *Der Hund hat den Fisch gefressen.*« Jacob spürte, wie die Aufmerksamkeit der Zuhörer nachließ. *Lass dich nicht beirren,* beschwor Jacob den Mann innerlich, *erkläre weiter.*

»Je nachdem, ob man selbst gesehen hat, dass der Hund den Fisch gefressen hat«, fuhr der Silberhändler fort, »oder ob man von jemand anders gehört hat, dass der Hund den Fisch gefressen hat, muss man andere Verbformen nehmen; und noch eine dritte Form braucht man, wenn man es gesagt bekommen hat, aber daran zweifelt. Und noch eine andere, wenn man selbst geschlussfolgert hat, dass der Hund den Fisch gefressen hat.«

Die Quelle einer Information wird also immer ganz genau benannt, überlegte Jacob. Dadurch entstanden weniger Gerüchte. In Jacobs Gliedern kribbelte es. Dass es so etwas gab: eine Sprache, die ihre Nutzer dazu anleitete, sie geradezu dazu nötigte, immer offenzulegen, woher eine Information kam. Das blieb sicher nicht ohne Folgen. Das hatte Auswirkungen auf die Art, wie die Menschen eine Situation beobachteten, schärfte ihre Sinne und ihr Denken.

»Wie heißt denn Eure Sprache?« Jacob schaute in die Augen des Mannes. Der erwiderte seinen Blick, runzelte die Stirn, wandte sich abrupt von ihm ab und schaute, verwirrt, im Kreis herum zu den anderen.

Der Salzhändler mit dem roten Barett merkte auf. Jacob fuhr ein Schreck durch sämtliche Glieder: Er hatte die Frage nach der Sprache laut gestellt. Hinter den Würfelspielern stand Margarète, starr vor Entsetzen, die Hand auf den Mund gepresst. Pochend stieg Jacob das Blut in den Kopf. Der französische Salzhändler musterte sein Gesicht und seine Glieder, sein großes Barett, seine Augen, wie ein Jäger, der eine Beute im Visier hatte.

Jacob sprang auf und rannte zur Reling.

»Haltet ihn fest!« Der Salzhändler rappelte sich hoch. »Er wird gesucht!«

Jacob sah ins Wasser, sein Herz raste. Ein kräftiger Schiffergehilfe rannte die Bordwand entlang auf ihn zu. Der Salzhändler näherte sich von hinten. Jacob schloss die Finger um die Reling. »Haltet diesen Mann!«, tönte die Stimme des Salzhändlers erneut. Der Verfolger war bis auf wenige Schritte herangekommen, ebenso wie der Schiffergehilfe, der bereits die Hand nach Jacob ausstreckte.

Mit beiden Beinen sprang Jacob seitwärts über die Reling, flog, dann war es kalt und dunkel. Er ruderte mit den Armen, gelangte an die Oberfläche, schnappte nach Luft, die Strömung ergriff seinen Körper, trieb ihn weg vom flussaufwärts treidelnden Schiff. Jacob riss den Mund auf, schluckte Wasser, hustete, legte den Kopf in den Nacken, sah den Himmel, trat mit den Füßen, es wurde heller, doch er hustete ins Wasser, Wasser spülte ihm in den Hals. Sein Herz raste. Ein Stück Himmel blitzte auf, er japste nach Luft, bekam nicht genug. Dunkles Wasser sprudelte vor seinen Augen, ein schmerzhafter Druck lastete auf seinen Ohren. Seine Hände streckten sich über die Oberfläche, doch seinen Körper zog es nach unten. Er musste atmen, schluckte Wasser, sank tiefer, das Wasser war dunkel, seine Ohren drohten zu zerspringen.

Ein Ziehen an seinem Kragen. Hände fassten ihn unter den Achseln, Beine traten unter ihm im Wasser. Über sich sah er die Wolken. Luft kam, füllte seine Lungen, durchströmte seinen Körper. Die Beine unter ihm stießen schnell und kräftig, die Arme hielten ihn sicher und fest. In sanften, wellenartigen Bewegungen ging es rasch auf das Ufer zu. Jacob spürte Grund unter den Füßen, Sand, hustete, spuckte Wasser, schnappte nach Luft. Über sich sah er grüne Augen, ein sommersprossiges Gesicht: Margarète.

Ihre Hand strich ihm durch die Haare, kühl und feucht. Alles drehte sich, in Jacobs Gliedern pulsierte es. Margarète zog ihre Miederjacke aus, legte sie ihm unter den Kopf.

Jacob rang nach Luft. Er atmete aus und gleich wieder ein. Seine Glieder waren eiskalt. In seinem ganzen Körper pulsierte es. Margarète beugte sich über ihn. Die Haare klebten ihr auf Stirn und Schultern. In ihrem Leib, in den Sommersprossen, den nassen Locken, den schlanken Armen lag eine unbändige Kraft. Es schien, als wäre sie dafür geschaffen, Schlachten zu schlagen und zu siegen.

Er keuchte, atmete tief, sein Puls beruhigte sich. »Es wäre gut, sie zu sammeln.«

Margarète stutzte. »Was?«

»Sprachen. Wir kennen so wenige davon.« Er hustete, spie aus.

Margarète schüttelte den Kopf. »Spuck erst mal in Ruhe die Rhône aus.«

Jacob sah auf ihre geöffneten Lippen und ihre weißen Zähne. »Dauernd rettest du mir das Leben.«

»Zwei Mal ist nicht dauernd«, Margarète knöpfte ihm Hemd und Wams auf, »nicht im Französischen, nicht im Gaskognischen und wahrscheinlich nicht einmal im Deutschen.«

Es durchzuckte Jacobs Glieder, er schreckte hoch. »Uns verfolgt keiner mehr?«

Margarète drückte seine Schulter zurück in den warmen Sand. »Die Strömung hat uns schnell fortgetragen, und schwimmen konnte wohl keiner von denen.« Sie strich ihm die Haare aus dem Gesicht. In Jacobs Hinterkopf prickelte es.

»Woher kannst du es?«

»Als Kind bin ich oft geschwommen.« Sie streckte sich neben ihm im Sand aus, den Kopf auf eine Hand gestützt. Ihre nassen Haare berührten seine Haut.

»Bei uns in Leipzig muss man fürs Schwimmen eine Strafe zahlen«, Jacobs Finger spielten mit einer ihrer Locken, »oder man wird sogar festgenommen.«

»In Bordeaux eigentlich auch.«

»Aber sie haben dich nie erwischt?« Die Sonne wärmte Jacobs Körper, schien durch die Blätter der Bäume, die ebenso grün waren wie Margarètes Augen.

»Ich bin ihnen einfach davongeschwommen.« Ihre Stimme floss sehr klar. Sie sprach so frei, wie sie lachte und wie sie schwamm.

»Wie machst du das bloß?« Sie rieb ihm über die Wange. »Dein Französisch ist selbst jetzt noch perfekt, obwohl du gerade fast ertrunken wärst.«

»Wenn man einmal herausgefunden hat, wo eine Sprache sitzt, kann man es nicht mehr anders machen.«

Margarète knöpfte ihr Kleid auf. »Und wo sitzt das Französische?«

»Vor allem vor der Nasenspitze. Es will immer raus. Fliegen.«

Margarète streifte ihr Kleid ab. Ein Kribbeln zog Jacobs Rückenmark hinab. Margarètes Körper war stark und gleichzeitig zart, wirkte wie eine griechische Statue. Es schien, als wäre sie schon immer hier gewesen, am Wasser, das hinter ihr glitzerte, als würde sie darüber gebieten.

Sie löste die Knöpfe seines Hemdes. Ihre Finger waren kühl und flink wie Fische.

»Und weißt du auch, wo das Gaskognische liegt?« Margarète legte sich auf ihn. Ihre feuchten Brüste schmiegten sich an Jacobs Haut.

»Nein.«

»Ich zeig's dir.« Ihre Lippen pressten sich auf seine.

Jacobs Herz pochte, er umfasste ihren Leib. »Mir willst du auch davonschwimmen, über die Saône nach Dijon.«

Margarète stützte einen Unterarm auf seine Brust, ihre Züge hellten sich auf, als hätte sie ewig auf Worte wie diese von ihm gewartet. »In der Saône schwimmt es sich nicht so gut wie in der Donau. Besonders angenehm soll das Wasser der Moldau sein.« Sie lachte, unbändig, warf den Kopf zurück. »Darin schwimmt es sich wie ein Delfin!« *Was,* fragte sich Jacob, *habe ich mein ganzes Leben getan? Wo ist Margarète vorher gewesen?* Jacob küsste Margarète auf die Wange. »Und deine Nichte, die du unterrichten sollst, in Dijon?«

Margarète legte ihm den Finger auf die Lippen. »Welche Nichte? Und wo liegt Dijon?«

36: JENSEITS DER PANTOMIME

Nach Jacobs und Margarètes Sprung in die Rhône ist Edward unangenehmen Fragen elegant ausgewichen und mit sämtlichem Gepäck in Lyon von Bord gegangen. Dort hat er Jacob und Margarète wiedergetroffen. Nach einem zweiwöchigen Ritt nehmen sie in Ulm ein Schiff nach Passau. An Bord gestikuliert Margarète gegen ein Ultimatum an und erlebt auf einem Landgang einen punktgenauen Faustschlag.

Ihr Notizbuch auf den Knien, saß Margarète auf einer Bank in der Mitte des über zwanzig Schritte langen kiellosen Schiffes, das mit der Strömung die Donau hinuntertrieb. Sie blickte zu den zwei Männern empor, die breitbeinig auf dem Dach der Holzhütte des Schiffes standen und sechs Schritt lange Ruderstangen ins Wasser hielten, um den Kurs zu halten. Nahe am Bug taten zwei weitere Ruderer auf einem erhöhten Podest das Gleiche. Ein solches Gefährt, das wegen seines Zielortes *Wiener Zille* hieß, hatte Margarète noch nie gesehen. Es glitt schneller und müheloser auf dem Wasser, als sie es je bei einem Schiff erlebt hatte. Sie fuhren am Münster von Ulm mit seinem burgähnlichen Turm und den Spitzbogenfenstern vorüber. Die Früchte der Apfel- und Birnbäume am Ufer waren nun, Anfang September, schon bald reif.

Jacob und Edward standen Margarète schräg gegenüber, an der zwei Schritt hohen Bordwand, und starrten auf die Donau. Jacob durfte nicht reden, und Edward hatte einiges von seiner schalkhaften Fröhlichkeit eingebüßt, seit sie, Margarète und Jacob, ein Paar waren. Auf dem Ritt von Lyon nach Ulm, erinnerte sich Margarète, war es Edward sichtlich auf die Nerven gefallen, ihnen beim Glücklichsein zuzusehen. Margarète wandte sich ihrem Notizbuch zu, in das sie, seit sie vor zwei Wochen die Geschichte vom Koch und dem Fürsten mit den Händen erzählt hatte, mehr und mehr Gebärden mit deren jeweiliger Übersetzung eintrug. Margarète blätterte die dreißig Seiten zurück, die sie schon vollgezeichnet und -geschrieben hatte. Auch ein Fingeralphabet hatte sie entworfen. Warum sie das tat und wohin dies führen sollte, überlegte sie einmal mehr, war ihr selbst nicht klar, doch ihr fielen ständig neue Gesten ein. Sie ließen sich nicht zurückdrängen. Die Gesten schienen sie, Margarète, zu suchen und zu finden, nicht umgekehrt. Auch gefiel ihr das Staunen, das sie auslöste, wenn sie sich unter Leuten notgedrungen mit Jacob mittels Gebärden verständigen musste. *Wie,* fragte sich Margarète, *kann man am besten ein Ruder darstellen?* Sie zeichnete zwei Fäuste, die sich kurz auf und ab bewegten, und dann zwei Hände direkt nebeneinander, mit nach innen gekrümmten Fingern, als würden sie eine Stange umschließen. Margarète schlug den Teil auf, in dem sie Grammatikregeln festhielt. *Die Männer tragen Ruder* zeichnete sie in anderer Reihenfolge: *Die Männer Ruder tragen.* Es war klarer, zunächst das Subjekt und das Objekt zu gebärden und erst dann das Verb. Waren Subjekt und Objekt erst einmal festgelegt, konnte das Verb keine großen Verständnisprobleme mehr auslösen.

Margarète merkte, dass Jacob sie beobachtete. Mit dem Rücken gegen die Bordwand gelehnt und den Händen in den Taschen, sah er ihr lächelnd zu. Auf dem Ritt nach Ulm hatte er gesagt, dass ihre Begeisterung für das Erfinden von Gebärden ihn daran erinnerte, wie er sich als Knabe eine Geheimsprache ausgedacht hatte. In seinen Zügen lag auch jetzt eine gönnerhafte Milde, die darauf hindeutete, dass er ihre Notizen als mädchenhafte Spielerei ansah. Margarète legte das Buch zur Seite, erhob sich, zeigte auf die beiden Ruderer und gestikulierte Jacob zu, dass sie auch gern auf die Hütte klettern würde, um eine Ruderstange zu führen, und dass das Leben auf dem Wasser freier war, weil man gleiten durfte. Vor der Geste für *frei* – zwei diagonal hochschnellende Hände – fügte sie ein Pluszeichen für die Steigerungsform ein. Jacobs Aufmerksamkeit glitt von ihren Händen ab, zu ihren Augen und ihrem Mund. Sie hörte zu gestikulieren auf, ging auf ihn zu und kniff ihm in die Wange.

Einige Schritte von ihr entfernt gewahrte Margarète einen blassen, etwa achtjährigen Jungen, der sie ernst anstarrte. Genau genommen schien es, als starre er nicht sie an, sondern ihre Hände. Sie ließ die Hände sinken, und tatsächlich verfolgte der Knabe diese Bewegung. Er trug ein besticktes Wams mit Silberknöpfen, eine Halskrause und einen Hut mit einer Fasanenfeder. Offenbar war er adliger Herkunft. Margarète hob die Hände, die Augen des Jungen leuchteten auf. Langsam gestikulierte sie, dass schönes Wetter sei und ob er, der Junge, in seinem Wams und Hut nicht schwitze. Mit offenem Mund verfolgte der Knabe jede kleinste Gebärde und schüttelte den Kopf. Margarète gestikulierte schneller und berichtete, dass sie schon lange unterwegs sei, und fragte, woher er komme. Hastig malte der Junge mit dem Zeigefinger die Konturen von Kirchen und einer Burg in die Luft, die Zunge zwischen die Lippen gepresst. Rasch verlor er seine Steifheit und zeichnete mit immer ausgelasseneren Bewegungen seine Stadt. Margarète ging in die Hocke. Wieder mit den Händen fragte sie, ob er gern male. Fröhlich glucksend gestikulierte er, dass er lieber Bogen schieße. Er deutete Pfeil und Bogen an und zielte dann auf das Brot, das Edward gerade an der Bordwand aß. Edward hatte die Gebärde mitbekommen, ließ den Brotrest in den Fluss fallen, als ob er ihm aus der Hand geschossen worden wäre, und drehte verdutzt seine leere Hand hin und her. Alle lachten, Margarète am lautesten – und verstummten rasch wieder. Ein hochgewachsener vollbärtiger Mann, ebenfalls in dunklem Wams und Federhut und mit den ernsten dunkelblauen Augen des Jungen, war zu ihnen getreten und schaute durchdringend von einem zum nächsten. Mit ihm erschien ein älterer Mann in Gelehrtenrobe, wohl sein Sekretär.

Der Junge folgte Margarètes Blick, gewahrte den Adligen und seinen Bediensteten und fuhr zusammen. Der Sekretär trat an den Jungen heran, ergriff sein Handgelenk und schlug ihm auf die Finger. Margarètes rechte Hand zuckte, als hätte sie den Schlag bekommen.

Der Bedienstete beugte sich zu dem Jungen herunter, sah ihm in die Augen und öffnete den Mund. »Du darfst nicht mit den Händen reden.« Er sprach sehr langsam und artikulierte jede einzelne Silbe, ja jeden einzelnen Buchstaben, wobei er den Mund weit aufriss und wieder schloss und die Konsonanten knallen und zischen ließ.

Edward kam an Margarètes Seite und raunte ihr zu: »Der renkt sich gleich den Kiefer aus.«

Der Knabe sah dem Bediensteten auf die Lippen und sagte: »Ich darf nicht mit den Händen reden.« Er presste die Silben einzeln mit hohler

Stimme und sehr undeutlich hervor. *Dieser Junge ist taub,* begriff Margarète. Daher seine Empfänglichkeit für die Gesten.

Der Adlige nickte zufrieden über die hilflosen Laute des Knaben.

Der Bedienstete ließ das Handgelenk des Jungen noch nicht los. »Sonst«, hob er wieder an und knallte das *t* heraus wie eine Arkebusensalve, »denken die Leute, dass du kein junger Herzog bist, sondern ein Affe.« Wieder sprach er überartikuliert, während der Junge mit starrem Blick und steifem Körper die Worte von seinen Lippen ablas.

»Fragt sich«, sagte Edward langsam mit weit aufgerissenem Mund und gebleckten Zähnen in der überartikulierten Weise des Sekretärs, »wer hier der Affe ist.«

Margarète lachte. Jacob hielt sich die Hand vor den Mund.

Der Blick des Adligen schoss zu Edward herüber. Seine Augen loderten vor Zorn. Doch Edward verschränkte nur die Arme vor der Brust und grinste.

»Sonst denken die Leute, dass ich kein junger Herzog bin, sondern ein Affe«, stieß der Junge mühsam, Laut für Laut, hervor.

Der Sekretär ließ den Jungen los und lächelte ihm zu.

Der Adlige nahm seinen Sohn bei der Schulter und führte ihn auf halbem Wege zum Bug, wo ein etwa fünfundzwanzigjähriger Diener diverse Säcke stapelte, wohl das Reisegepäck des Herzogs.

Mit Edward und Jacob ließ sich Margarète auf einer Warenkiste im Schatten der Schiffshütte nieder und sah dem Jungen nach, der sich auf eine Bank setzte, Papier und Kohlestift hervorholte und mit großen Bewegungen zeichnete.

»Das muss ein sehr einsamer Junge sein«, Margarète legte ihr Gestenbuch auf die Knie, »in seiner stummen Welt und umgeben von Leuten, die ihm auf die Hände schlagen, wenn er sich mittels Gebärden verständlich machen will.«

»Als er mit dir gestikuliert hat, schien er mir sehr aufgeweckt«, bemerkte Edward und teilte Karten für ein Hombre-Spiel aus.

Margarète seufzte. Sie war es leid, dauernd Hombre zu spielen. Sie beobachtete, wie der Sekretär sich zu dem Jungen setzte, ihm den Kohlestift aus der Hand nahm, eine Seite umschlug und etwas schrieb. Der Knabe sah zu ihr herüber. Margarète winkte. Der Sekretär blickte düster, rüttelte den Jungen an der Schulter und gab ihm den Kohlestift. Der Junge betrachtete, was der Bedienstete geschrieben hatte, und malte langsam die Buchstaben nach.

»Wie viel«, fragte Margarète sich laut, während sie die Karten austeilte, »der Junge wohl von den Lauten und Buchstaben begreift, die auf einer Sprache beruhen, die er nicht hören kann?«

»Dem Vater dürfte es darum gehen«, warf Edward ein, »ihn auf Teufel komm raus zum Sprechen zu bringen, denn Taube und Stumme sind nicht erbberechtigt, weil sie angeblich nicht denken können. Zumindest ist das in England so.«

Jacob nickte, um zu verstehen zu geben, dass es sich auch in deutschen Landen so verhielt. Margarète beobachtete, wie der Junge beim Abmalen der Buchstaben mit jeder Bewegung steifer wurde.

Mit seinen feinen Händen winkte Jacob vor Margarètes Augen und deutete auf die gerade ausgelegte Karte. *Schade,* dachte Margarète, *dass Jacob sich weigert, Gesten zu benutzen. Es wäre schön, seine Hände sprechen zu sehen.* Sie bediente Karo.

Am späten Nachmittag legte das Schiff in Dillingen an. Der Herzog und der Sekretär verließen das Schiff. Der junge Diener bedeutete dem Knaben mit Gesten, dass er an Bord bleiben solle und ein bisschen weiter zeichnen könne.

»Wenn ich dich noch einmal dabei erwische, wie du mit Johannes-Friedrich mit den Händen sprichst, kannst du dir eine neue Stelle suchen!«, rief der Herzog im Gehen dem Diener über die Schulter zu. Der junge Mann schreckte auf und verneigte sich tief vor seinem Herrn.

Margarète wandte sich wieder den Karten zu. Das Spiel war fast zu Ende. »Wollen wir gleich an Land gehen?«, fragte Edward. »Vielleicht ist hier ein bisschen mehr los als in den anderen deutschen Städtchen an der Donau.«

Da sah Margarète, wie Johannes-Friedrich auf sie zugelaufen kam. Auf halbem Wege blieb er stehen und lächelte sie schüchtern an.

Margarète blickte zum Ufer. Der Herzog und sein Sekretär waren nicht mehr zu sehen. Der Diener rief zwar nach dem Jungen, aber halbherzig. Er hatte sich in ein Gespräch mit einer jungen hübschen Frau vertieft. Johannes-Friedrich hob die Hände und gestikulierte *Kartenspielen,* zeigte auf Margarète, hob den Daumen und malte ein Fragezeichen in die Luft. Vielleicht wollte er sie fragen, ob sie gewann.

Margarète gebärdete *immer,* indem sie den gestreckten Zeigefinger mehrmals im Kreis drehte.

Mit schnellen Augenbewegungen verfolgte der Junge die Geste und kam näher.

»Mein fünfter Stich.« Edward legte seine Karten ab. »Dieses Spiel geht ausnahmsweise an mich.« Er sammelte die Karten ein und erhob sich, Jacob tat es ihm nach. Margarète sah auf. Wenn Jacob nicht das große Barett tragen müsste, könnte sie seine pechschwarzen Haare jetzt fast bläulich in der Sonne schillern sehen. Der Junge setzte sich neben Margarète und sah auf ihre Hände. Sie nahm ihr Notizbuch hervor. »Vergesst nicht, Schinken zu kaufen», sagte sie zu Edward. Jacob sah Margarète enttäuscht an und blickte zwischen dem Jungen und dem Buch hin und her. Edward zog ihn an der Schulter. »Lass uns einen saufen.«

Während die beiden Männer von Bord gingen, nahm Margarète mit Johannes-Friedrich die ersten Gesten in ihrem Buch durch. Der Junge ahmte sie sofort nach. Noch während er eine Gebärde vollführte, wartete er schon auf die nächste, begierig wie bei einem Festmahl. Johannes-Friedrichs Wangen röteten sich und seine Augen strahlten. Er gestikulierte rasch und flüssig. Was für ein Gegensatz, bemerkte Margarète, zu der Mühe, mit der er die Lautsprache hervorgestoßen hatte. Im Nu hatten sie zehn Seiten geschafft und schauten in den Grammatikteil, der den Jungen nicht langweilte, sondern ihn dazu anregte, eigene Sätze nach demselben Schema zu gebärden.

Zwei Schatten fielen auf Margarètes Hände und auf die des Jungen. Margarète stockte der Atem. Vor ihnen standen der Herzog und sein Sekretär und starrten missbilligend auf sie herab. Es dämmerte schon, fiel Margarète auf, während ihr Puls schneller ging. Sie mussten mindestens zwei Stunden über dem Gesten-Buch zugebracht haben.

»Dürfte ich fragen, was das zu bedeuten hat?« Die Stimme des Herzogs bebte.

Margarète holte Luft, doch da stand Johannes-Friedrich auf und sagte: »Ich habe sie gebeten. Es ist nicht ihre Schuld.« Er stieß die Laute mit zu Fäusten geballten Händen und einem geraden Blick in das Gesicht seines Vaters hervor.

Der Blick des Herzogs wurde etwas milder. Offenbar beeindruckte ihn der Mut seines Sohnes.

»Der Bitte eines Achtjährigen kann man auch widerstehen«, warf der Sekretär naserümpfend ein.

Der Junge hob die Hände und gebärdete: *Ich möchte die Bewegungen lernen. Sie sind gut.* Der Vater sah seinem Sohn zu. Ein Hauch von Wohlwollen mischte sich in seine Züge. Hatte er bemerkt, wie schnell und fließend sein Sohn die Gesten vollführte?

Der Sekretär schüttelte den Kopf. »Und was sollte das Gefuchtel heißen?«

Margarète hörte Schritte hinter sich. »Wir haben Barsch statt Schinken mitgebracht. Direkt aus der Donau.« Das war Edwards Stimme. Zusammen mit Jacob kam er heran und reichte Margarète den Fisch sowie Pflaumen, Brot und Birnen mit großer Gelassenheit. Margarètes Glieder entspannten sich. Dann sah Edward scheinbar überrascht zum Herzog und seinem Bediensteten hin, obwohl er beide schon im Kommen gesehen haben musste. »Ich sehe, wir haben hohen Besuch.«

Der Herzog atmete tief durch, offenbar bemüht, über Edwards Despektierlichkeiten hinwegzusehen.

Johannes-Friedrich trat einen Schritt auf den Vater zu. »Lasst es mich probieren«, presste er hervor und wies auf das Buch in Margarètes Händen. Dann gestikulierte er: *Sie kann es mir beibringen in den nächsten Tagen.*

Der Sekretär verdrehte die Augen. Auf das Buch blickend, trat der Herzog von einem Fuß auf den anderen.

Margarète erhob sich, knickste vor dem Herzog und schlug vor seinen Augen die Seiten um. »Das sind Gebärden«, sie blätterte vor, »das sind Grammatikregeln und das ist ein Fingeralphabet.«

»Nützlich davon ist nur das Letzte«, warf der Sekretär abschätzig ein.

Der Herzog blickte zu seinem Sohn, der ihn erwartungsvoll, aber nicht flehend ansah. Der Herzog öffnete den Mund und schloss ihn wieder. Schließlich ergriff er Margarètes Hand und verneigte sich. »Herzog Philipp-Ludwig von Pfalz-Neuburg, und dies ist mein Sohn Johannes-Friedrich. Wir sind auf dem Weg nach Vilshofen bei Passau.« Er wies auf seinen Bediensteten. »Christoph Bertuch, mein Sekretär.« Er hatte elegantes Französisch gesprochen. Anscheinend hatte er Margarètes Akzent im Deutschen herausgehört.

»Anne Régnau aus Dijon.« Margarète deutete auf Jacob. »Mein Cousin Pierre Livoges.« Die falschen Namen und der falsche Herkunftsort kamen ihr gewohnheitsbedingt ohne Zögern über die Lippen.

Jacob verneigte sich.

»Kenneth Jones«, fügte Margarète mit einem Kopfnicken auf Edward hinzu, der sich zwar verbeugte, aber nicht so tief, wie es einem Herzog eigentlich gebührte. Margarète unterdrückte ein Grinsen.

»Darf ich fragen«, sagte der Herzog mit einem missbilligenden Blick auf Edward und nach wie vor mit einem gewissen Dünkel in der Stimme, »warum Ihr dieses Buch geschrieben habt?«

Beim Wort *geschrieben* zog der Sekretär Luft durch die Zähne, was wohl bedeuten sollte, dass es sich für ihn lediglich um eine Ansammlung primitiver Zeichnungen handelte.

»Mein Cousin ist taub und stumm«, sagte Margarète, »und da ist es schön, wenn man eine gemeinsame Sprache hat.«

Der Herzog schaute kurz zu Jacob, der auf das Wasser blickte, als verstünde er nichts. Philipp-Ludwig von Pfalz-Neuburg nickte und räusperte sich. »Wie weit fahrt Ihr?«

»Bis Passau.«

»Das sind sieben Tage«, stellte der Herzog fest und holte tief Luft. »Wäre es Euch also recht?«

»Was denn?«, fragte Margarète, als begriffe sie nicht und schlug ihr Buch zu.

Hinter sich hörte sie Edward glucksen.

»Dass Ihr meinen Sohn in der Gestensprache unterweist.« Der Herzog sprach höflich, aber ohne Freundlichkeit.

Edward schob das Kinn vor. »Und was hat sie davon?«

Margarète wedelte mit ihrem Fächer und schmunzelte in sich hinein.

»Fünfzehn bayerische Gulden, wenn das Experiment fehlschlägt, und dreißig, wenn es gelingt«, gab der Herzog zurück. Der Sekretär schaute seinen Herrn wie vom Donner gerührt an. *Dreißig Gulden,* dachte Margarète, *bekomme ich für meine Übersetzung der gesamten zweihundertseitigen Ritterromanze.* Sie blickte zu Jacob, der, den Kopf gesenkt, mit einem Fuß über die Schiffsplanken scharrte.

Der Junge sah fragend zwischen seinem Vater und Margarète hin und her. Sicher hatte er nicht mitbekommen, was da über seinen Kopf hinweg besprochen worden war. Margarète nickte und verneigte sich. Der Herzog und sein Sekretär zogen sich zu ihrem Gepäck zurück.

»Fünfzehn oder dreißig Gulden für ein paar Bewegungen in der Luft«, Edward zwinkerte Margarète zu, »das nenne ich Lebenskunst!«

In den nächsten Tagen saßen Margarète und der Knabe stundenlang auf der Kiste im Schatten der Schiffshütte und übten. Am dritten Tag wurden ihre Gespräche länger, Margarète musste weitere Gesten erfinden und auch Johannes-Friedrich ersann welche, die sie in ihr Notizbuch zeichnete. Immer beredter wurden ihre vier Hände. *Eine neue Sprache,* ging es Margarète durch den Sinn, während ihre Glieder federleicht wurden, *ich bin dabei, eine neue Sprache zu entwickeln, die am Ende vielleicht den Lautsprachen ebenbürtig sein wird. Nein, nicht vielleicht,* spann der Gedanke sich unnachgiebig weiter, *sondern ganz sicher.* Am Abend gelang ihnen sogar eine Unterhaltung über das, was dem Jungen in seinem Leben wichtig war und was er sich erträumte, nämlich Freunde zu finden und mit ihnen von einem Ritterwettkampf zum nächsten zu reiten, um alle zu gewinnen, natürlich, und wenn nicht alle, dann wenigstens die Bogenschießwettbewerbe. Als das Boot einmal leicht schwankte, sah Margarète um sich. Jacob, der mit Edward Karten spielte, schaute finster und mit zusammengekniffenen Lippen zu ihnen herüber, als wolle er die unsichtbare Mauer einreißen, die die Gebärden und dieser fremde adlige Junge zwischen ihm und ihr, Margarète, emporwachsen ließen. Als er ihren Blick bemerkte, wandte er sich abrupt dem Spiel zu und legte eine Karte ab. Edward schmunzelte in sich hinein.

Am Morgen des vierten Tages, nachdem sie die Nacht in Ingolstadt vor Anker gegangen waren, wollte Margarète dem Jungen Gesten in der Gegenwart, der Vergangenheit und der Zukunft beibringen. Wie so oft stand der Herzog schräg gegenüber an der Bordwand und verfolgte mit unverwandtem Blick den Unterricht. *Ob der Junge die Zeiten erfassen wird?*, fragte sich Margarète insgeheim. Verschiedene Orte konnte man sehen, die Zukunft und die Vergangenheit dagegen nicht. Und beim Gestikulieren kam es darauf an, dass der Junge begriff, was er tat – anders als wenn er einfach nur nachplapperte, was der Sekretär ihm vorsprach. Margarète gebärdete: *Wir sitzen auf einem Schiff.* Dann wies sie mit der flachen Hand nach hinten und gestikulierte *Schlafen*. Das war ein guter Beispielsatz. Sie wies nach vorn und vollführte die Geste für *Mittagessen*. Der Junge kniff die Augen zusammen, zeigte nach vorn und gebärdete *zehn Jahre, ich* und *groß*. Margarète applaudierte. Dann war kein Halten mehr. Mit hastigen Gebärden bildete Johannes-Friedrich einen Satz nach dem anderen in verschiedenen Zeiten: *Vor fünf Stunden schien der Mond, Ich ritt über ein Feld* und *Wir werden nur noch vier Tage Unterricht machen*. Beim letzten Satz sah er mit matten Gliedern so bedrückt zu Boden, dass es Margarète die Kehle zuschnürte.

Schnell wandte sie sich dem Herzog zu und rief: »Sätze in verschiedenen Tempi!«

Philipp-Ludwig von Pfalz-Neuburg schürzte die Lippen und sah seinem Sohn dabei zu, wie er mit immer sichereren Gesten zum ersten Mal durch die Zeit reiste.

Am Abend legte die Zille in Regensburg an.

Edward rieb sich die Hände. »Wenn das Regensburger Bier nur halb so gut ist wie sein Ruf, haben wir heute einen schönen Abend.«

Margarète beendete den Unterricht. Mit seinem Vater, dem Sekretär und dem Diener ging der Junge an Land.

Edward sah ihnen nach. »Sie wenden sich nach Westen, gehen wir also nach Osten.«

Margarète stieg mit Jacob und Edward von Bord und sie hielten auf ein Stadttor in östlicher Richtung zu. »Einen Moment!«, rief Margarète aus und lief noch einmal zurück auf das Schiff, um das Gestenbuch zu holen. Sicher gab es in der Stadt so manches, was sie noch nicht mit Gebärden belegt hatte.

Unter dem Rundbogen in der Stadtmauer standen zwei mit Hellebarden bewaffnete Wachen. Margarète nannte ihre falschen Namen und präsentierte die Papiere, die Edward in Ulm von einem Fälscher hatte anfertigen lassen.

»Wohin soll es gehen?«, grantelte der ältere Wachposten.

»Nur kurz an Land«, gab Margarète zur Antwort, »danach fahren wir mit dem Schiff weiter.« Ihren Zielhafen, Passau, zu nennen, unterließ sie. Jacob hatte seinen leeren verständnislosen Blick aufgesetzt, wie immer in solchen Situationen. Margarète vermied es, ihn anzusehen, da sie sonst ein Lachen kaum würde unterdrücken können.

Dankend nahm Margarète die Papiere entgegen, als die Wachen sie durchwinkten, und ging den Männern voraus durch das Tor.

»Und von Passau über den Goldenen Steig nach Prag, die Goldene Stadt«, flüsterte Edward, »es wäre doch gelacht, wenn es mir dort nicht gelänge, wenigstens einmal Gold zu machen, im kaiserlichen Alchemielaboratorium von Rudolf II.«

In Prag, dachte Margarète, *wird Jacob auch endlich wieder sprechen können, denn es ist endlos weit weg von Pau und außerdem verbrennt Rudolf II. weder Hexen noch Ketzer noch Magier.*

Hinter dem Brückenturm bogen sie links in eine Gasse und gingen zwischen Wohnhäusern zu einem großen Platz mit zwei Brunnen und einem Giebeldachbau, den ein viereckiger Turm zierte.

»Das könnte das Rathaus sein«, schätzte Edward. *Es ist herrlich,* dachte Margarète, *im Abendlicht über den Platz zu gehen und sich an den schönen Fassaden zu erfreuen, ohne sich mit den Sorgen und Nöten dahinter befassen zu müssen.* Auch Jacob blickte mit offenem Mund um sich. Margarète ergriff seine Hand, er drückte die ihre. Wahrscheinlich empfand und dachte er gerade das Gleiche wie sie. Margarète spähte um sich, ließ Jacobs Hand los. Der Herzog, andere Passagiere oder die Ruderer konnten jederzeit um die Ecke kommen und sehen, dass sie mit ihrem vermeintlichen Cousin Händchen hielt.

»Ist der Ort hier eigentlich katholisch oder protestantisch?«, fragte Edward.

»Protestantisch«, flüsterte Jacob.

Katholisch oder protestantisch, dachte Margarète. *Wie wenig das noch eine Rolle spielt in meinem Leben.* Das Spionieren, die Liga, Bordeaux, all das schien weit weg zu sein. In einer Taverne hinter dem Rathaus tranken sie Bier, das tatsächlich gut war – Jacob zwei volle Becher. Er trank viel, seit er schweigen musste. Im Dämmerlicht traten sie in die Gasse hinter dem Rathaus und erreichten einen hohen Uhrenturm, der an ein Zeughaus grenzte, in dem Waffen gelagert wurden.

Sie gingen an einer Heuwaage vorbei und setzten sich auf eine kleine von Buchen gesäumte Wiese. Es war noch warm: die sanfte Wärme eines Spätsommerabends. Jacob und Margarète setzten sich so nah zusammen, dass ihre Schultern und Arme einander berührten. Vom Uhrenturm her läutete es halb sieben. Das Ziffernblatt glitzerte im Licht der untergehenden Sonne. Margarète schlug ihr Gestenbuch auf und betrachtete die Heuwaage: einen sechseckigen Spitzturm mit einem lang herausragenden Holzbalken, an dem ein Haken hing.

»Wie soll man Heu gebärden?«, fragte sie.

»Ein dickes Pferd?«, feixte Edward.

Margarète hielt eine Handfläche direkt unter ihren Mund, um eine Pferdeschnauze anzudeuten, und kaute.

Edward nickte, sie zeichnete die Gebärde auf.

»Das kann alles Mögliche heißen«, hörte Margarète direkt neben sich Jacobs Stimme, »zum Beispiel *gefräßig.*«

Margarète blickte sich um. Einige Menschen gingen in zehn Schritten Entfernung vorbei. In der Dämmerung war es weniger gefährlich, wenn Jacob redete, aber keineswegs klug. Sie beugte sich über ihr Buch und zeichnete Zeige-, Mittel- und Ringfinger, die sich zum offenen Mund bewegten. Sie bemerkte, wie Jacob finster auf ihre Schreibhand sah. Auch seine Stimme hatte missmutig geklungen.

Margarète schaute zum Uhrenturm empor. »Und welche Geste passt zu *Die Uhr geht nach?*«

Jacob verdrehte die Augen. »Hast du eigentlich noch etwas anderes im Kopf außer den Gebärden?«

Margarète rückte von ihm ab. »Du hast über ein Dutzend Sprachen im Kopf.«

Edward räusperte sich und stand auf. »Wir sollten zum Schiff zurückgehen. Es wird dunkel.«

Margarète und Jacob folgten Edward an einem Brunnen vorbei. Es war fast Vollmond. Das fahle Licht fiel auf das Kopfsteinpflaster und die Häusermauern. Sie traten in eine menschenleere Gasse mit hohen Wohnhäusern und Gemüsegärten.

»Nur darf ich gerade keine einzige benutzen«, sagte Jacob mit kaum gedämpfter Stimme.

Margarète sah ihn von der Seite an. »Ich habe die Sprache nur erfunden, weil du nicht reden kannst. Wir könnten sie zusammen benutzen, sie sogar zusammen entwickeln, aber dir ist sie einerlei.« Sie stolperte über einen herausstehenden Pflasterstein. »Du hast noch nicht ein einziges Mal in das Buch geschaut.«

»Wann hätte ich das denn tun sollen?« Jacob ging noch immer gebeugt, aber seine Stimme bebte. »Du benutzt es ständig, um dich stundenlang mit einem Achtjährigen zu unterhalten.«

Margarète blieb die Luft weg. Was ging nur in Jacob vor?

»Psst«, fauchte Edward. Am Ende der Gasse kamen ein kleiner Platz und die Stadtmauer in den Blick. Dahinter lag der Hafen.

»Es kann doch nicht sein«, stammelte Margarète, »dass du eifersüchtig auf einen Jungen und ein paar Gesten bist.«

Jacob stockte und wandte sich ihr ruckartig zu. »Weil du in den Jungen und die Gesten verliebt zu sein scheinst!«, raunte er.

»Die Gesten bringen fünfzehn oder gar dreißig Gulden«, gab sie kühl zurück, »und außerdem einen glücklichen Jungen. Das ist schon mal besser als der Scheiterhaufen, den dir deine eigene Besessenheit eingebracht hat.«

Edward sah sich beschwörend zu ihnen um und legte den Finger auf den Mund.

Jacob beachtete ihn jedoch nicht, war erstarrt. Rote Flecken zeichneten sich auf seinem Hals ab. Er holte tief Luft. »Das gefällt dir, nicht wahr?«, rief er aus. »Dass du mit ein paar Gesten mehr erreichst als ich mit über einem Dutzend Sprachen?« Die letzten Worte schrie er regelrecht.

Margarète blieb der Mund offen stehen.

Jacob stöhnte auf. »Und natürlich, dass du mich übertroffen hast: weit!«

Margarète begriff nicht.

»Nun tu doch nicht so!« Jacobs Stimme überschlug sich. »Ich habe die Ursprache gesucht und nicht gefunden, aber du hast eine Sprache erfunden, die …«

Da knallte eine Faust gegen Jacobs Kinn, sodass er zu Boden fiel und reglos liegen blieb. Rasch packte Edward ihn unter den Achseln und zog ihn hinter einen Karren am Straßenrand, bedeutete Margarète, sich ebenfalls zu ducken. »Da hinten kommt der Herzog mit seinem Gefolge über den Platz«, flüsterte Edward, »sie waren fast in Hörweite.«

Vorsichtig spähte Margarète hinter dem Karren hervor und sah die drei Männer und den Jungen über den Platz gehen und durch ein Stadtmauertor Richtung Hafen verschwinden. *Was hat Jacob eben gemeint?*, fragte sich Margarète. *Inwiefern habe ich ihn übertroffen?*

Mit beiden Armen nahm Edward behutsam Jacob vom Boden auf und trug ihn wie ein schlafendes Kind.

»Soll ich dir helfen?«, fragte Margarète.

»Nein, es geht schon.« Schnaufend ging Edward über den Platz und warf ihr einen Seitenblick zu. »Musstest du ihm eigentlich so zusetzen?«

Margarète traute ihren Ohren nicht. »Ich ihm?«

Edward tat große Schritte. »Es geht nicht darum, wer recht hat. Jacob ist nicht er selbst, wenn er stumm und taub sein muss. Er hält das nicht aus.«

Schweigend gingen sie weiter auf die Stadtmauer zu. *Edward,* dachte Margarète, *hat zwar mit mir anzubändeln versucht, doch in Notlagen schlägt sein Herz für Jacob und wird es immer tun.* Das Licht der Fackel zweier Vorübergehender fiel auf Margarètes Hände. Warum, nagte es in ihr, nahm man ihren Händen das Sprechen so übel?

»Wohl zu viel getrunken«, lachte der Wachposten mit einem Blick auf Jacob, während sie durch das Stadttor zur Donau gingen. Margarète betrachtete Jacob, wie er mit baumelnden Beinen in Edwards Armen lag.

Am nächsten Morgen machten die Ruderer schon sehr früh alles zum Ablegen bereit. Johannes-Friedrich, sein Vater und das Gefolge kamen knapp vor dem Ankerlichten aus dem Gasthaus zurück, wo sie die Nacht verbracht hatten. Von ihrer Schlafstätte auf der Warenkiste unter dem Schiffshüttendach sah Margarète auch einige Gelehrte und Studenten zusteigen. Sie streckte sich, schlug die warme Schafswolldecke zurück, vertrat sich die Beine in der frischen Morgenluft, wusch sich das Gesicht an einem Wasserbottich, trug Nelkenparfüm auf und kämmte sich die Haare. Jacob und Edward saßen auf den Bodenplanken am Heck und löffelten die ihnen von einem Ruderer angebotene Buchweizengrütze, ohne zu ihr herüberzuschauen. Während die Zille zwischen einer bewohnten Donauinsel und der Regensburger Stadtmauer entlangfuhr, kam Johannes-Friedrich zu Margarète gelaufen und sie begannen den Unterricht. Zuerst waren Margarètes Glieder noch benommen und ihre Finger zögerlich, doch nach und nach kehrte die Leichtigkeit zurück. Ihre Hände und die des Jungen schienen entschlossen, ungeachtet aller Widerstände, voranzukommen. Der Herzog stand an diesem fünften Tag der Unterweisungen und auch am sechsten immer häufiger unweit der Schiffshütte und verfolgte sehr genau die Gebärden. Dabei bewegten sich leise seine Lippen und seine Finger deuteten Gesten an.

Am siebten Tag, als es von einer Kirche am Ufer zwei Uhr nachmittags schlug, beschleunigte sich Margarètes Puls. Dies war der Zeitpunkt, den sie mit dem Herzog für das Vorführen der Gebärden vereinbart hatte. Schon sah sie, wie Philipp-Ludwig von Pfalz-Neuburg und sein Gefolge sich mitsamt Johannes-Friedrich näherten. Margarètes Finger zitterten leicht, in ihrem Magen rumorte es. Edward und Jacob merkten auf, sammelten ihre Karten zusammen und kamen zu Margarète an die Warenkiste vor der Schiffshütte. Edward legte ihr eine Hand auf die Schulter. »Zeig's ihnen!« Ein warmes Gefühl der Erleichterung durchströmte Margarète. Edward setzte sich schräg hinter sie auf einen Sack an der Hüttenwand.

Der Sekretär und der Diener zogen eine Sitzbank vor die Warenkiste, wobei sie Jacob achtlos zur Seite schoben. Der Herzog und sein Gefolge setzten sich auf die Bank. Johannes-Friedrich nahm neben Margarète auf der Warenkiste Platz. Unschlüssig verharrte Jacob neben der Bank und nestelte in der Tasche seines Wamses herum. Johannes-Friedrich lächelte Margarète fröhlich an. Sie hatte nichts mit dem Jungen für diese Vorführung eingeübt. Dies sollte keine Zirkusvorstellung werden. Nun wurde ihr jedoch etwas mulmig zumute: Was, wenn das Gespräch nicht in Fluss kam?

Jacob hielt auf Margarète zu. Ihr Herz pochte. Er gab ihr einen Zettel und setzte sich neben Edward. Margarète entfaltete das Papier und las: *Deine Luftskulpturen scheinen fast greifbar. Sie sind beinahe wie Materie. Die Gesten kommen der Ursprache näher als jede andere Sprache. Sie haben sehr viel Kraft und können nicht scheitern.*

Margarète starrte auf die Botschaft: Das hatte Jacob also gemeint, als er sagte, sie, Margarète, habe ihn weit übertroffen.

»Dann sind wir gespannt«, unterbrach der Herzog ihre Gedanken. Feierlich nickte er Margarète zu. Sie hob die Hände – und wusste nichts zu sagen. Zu sehr hatten Jacobs Worte sie bewegt. Der Herzog, der Sekretär und der Diener starrten sie mit unbewegten Mienen an. Da gebärdete Johannes-Friedrich, dass der Sekretär ihm jetzt zuschaue, statt ihm auf die Hand zu schlagen.

Margarète kam zu sich und konzentrierte sich auf die Hände des Jungen und ihre eigenen. *Es war eine schöne Fahrt,* gestikulierte sie, *und wir hatten die meiste Zeit schönes Wetter. Auch konnten wir fast in jeder Stadt gutes Essen finden.*

Außer in Ingolstadt, fiel Johannes-Friedrich rasch ein, *da gab es überhaupt nichts Süßes.* Den Namen der Stadt konnte er mithilfe des Fingeralphabets buchstabieren, da Margarète ihm die Namen aller Städte, in denen sie vor Anker gegangen waren, beigebracht hatte. Aus den Augenwinkeln beobachtete sie, wie erst der Herzog zufrieden und dann seine Bediensteten eilfertig nickten.

Dafür hat Ingolstadt aber eine Stadtmauer mit hundert Türmen, gebärdete Margarète, *so eine gibt es nirgendwo sonst.*

Hast du die hölzernen Rohre gesehen, fragte Johannes-Friedrich nun mit schwungvollen Bewegungen, *in denen Wasser fließt und über hundert Schritte weit transportiert wird?*

Ja, bis ins Schloss und in die Häuser am Markt, gebärdeten Margarètes sommersprossige Finger. Es schien Margarète, als wären ihre Hände ihr immer einen Schritt voraus – ebenso wie der Junge, der das Gespräch mehr führte als sie.

Mir hat das Holzmodell der Stadt am besten gefallen. Den Superlativ bildete Johannes-Friedrich mit zwei Pluszeichen vor dem hochgestreckten Daumen.

Welches Holzmodell?, hakte Margarète nach, gestikulierte das Fragepronomen nach dem Substantiv, indem sie die Daumen mit fragendem Gesichtsausdruck in verschiedene Richtungen weisen ließ. Hoffentlich würde der Junge die Satzstruktur so schnell begreifen.

Es steht im Rathaus, kam es ohne Zögern zurück.

Die vier Hände lösten einander nahtlos ab wie in einem normalen Gespräch.

Der Handwerker hat jedes Haus und jeden Turm dargestellt, begeisterten sich die Knabenfinger. *So was möchte ich auch einmal machen.*

Margarète lachte. *Wolltest du nicht Bogenschütze werden?*

Johannes-Friedrichs Hände hielten inne. *Eigentlich schon, aber ich kann auch gleich eine eigene Stadt bauen, mit lauter Arenen zum Bogenschießen.*

Margarète verfolgte die flinken Finger des Jungen, die noch vor wenigen Tagen fast stumm gewesen waren. Sie gebärdete, dass er in dem Falle ein Modell seiner eigenen Stadt bauen könnte. Plötzlich kam es ihr so vor, als würden die vier Hände größer und sich wie zu einer fernen, leisen Musik bewegen. Nach und nach muteten sie an wie unabhängige Wesen, genauso wie einst Jacobs Hand beim Schreiben der Pfiffe in der Kirche von Sallent de Gállego. Margarète bekam Gänsehaut: Sie musste nichts in der Hand halten, wurde ihr bewusst – keinen Bogen und keinen mechanischen Vogel und keinen Grafitstift zum Decodieren und auch keine Laute wie Catherine de Bourbon. Ihre Hände genügten. Die Gebärden waren das, was sie tun musste. Etwas Sinnvolleres und Besseres hatte sie nie getan.

Der Junge lachte. *Und dann baue ich ein Modell von Dijon, wo du herkommst.*

Margarètes Hände hingen in der Luft. Was sollte sie darauf sagen? Da drangen Beifall und Jubelrufe an ihr Ohr. Margarète blickte von den Händen auf, sah den klatschenden Herzog, die applaudierenden Bediensteten und dahinter einen Halbkreis von johlenden Passagieren, über denen sich der helle Himmel wölbte. Das Sonnenlicht glitzerte auf dem Wasser. Ihr schien es wie eine fremde, grelle, laute Welt, so vertieft war sie in das stille Gespräch gewesen.

Ein Gelehrter mit Professorenbarett klatschte lauter als alle anderen. »Das ist wirklich eine eigene Sprache! Das hat mit Pantomime nichts mehr zu tun!«

Jacob sah Margarète, ungläubig den Kopf schüttelnd, strahlend an. Edward reckte beide Daumen in die Höhe.

Während die Zuschauer sich entfernten, wandte Margarète sich an den Herzog. »Wollt Ihr wissen, was wir gesagt haben?«

Der Herzog zog einen Lederbeutel hervor und reichte ihn ihr. »Sechzig Gulden.«

Margarète starrte auf den Beutel. Das war das Doppelte der vereinbarten Summe. Schwer wogen die Münzen in ihrer Hand. Es schien, als hätte der Herzog schon vor der kleinen Vorstellung die Absicht gehabt, ihr diesen Betrag zu geben. Der Sekretär verzog keine Miene. Er war längst eingeweiht, wurde Margarète klar.

»Wie wäre es, wenn Ihr eine Schule für Taube eröffnen würdet?«, fragte Philipp-Ludwig von Pfalz-Neuburg in gelassenem Tonfall.

Margarète traute ihren Ohren nicht. »Wie meint Ihr?«, stammelte sie. »Wir reisen nach Prag.« Auch dieses Angebot des Herzogs, überlegte Margarète, während ihr ein Schauer über die Arme lief, kam nicht aus heiterem Himmel.

»Umso besser«, meinte Philipp-Ludwig von Pfalz-Neuburg unbeirrt, »ich kenne Kaiser Rudolf. Es wird ihm eine Freude sein, eine solche Schule in Prag zu beherbergen. Er wird Euch ein Stadthaus zuweisen. Ich leite es in die Wege.«

Ein leichter Schwindel erfasste Margarète. Eine eigene Gebärdensprachschule? In Prag? Sie lachte leise auf.

»Nun?«, hakte der Herzog von Pfalz-Neuburg nach. In seinen Zügen mischten sich Ermunterung und Ungeduld. Dieser Mensch war es gewohnt, Befehle zu erteilen. Margarète wusste, dass es nur eine Antwort gab. Die Gebärden waren ihre Aufgabe. Dieses Angebot war das Beste, was ihr passieren konnte. Sie reichte dem Herzog die Hand. »Abgemacht.« Als sie den Händedruck des Herzogs spürte, kam es ihr vor, als würde sie sich in die Luft erheben. Margarète sah zu Jacob hinüber. Der blickte finster auf die den Vertrag besiegelnden Hände.

Der Herzog hatte die Regung mitbekommen und sah zu Jacob hin. »Was ist eigentlich mit Eurem Cousin?«, fragte er mit gebieterischem Ausdruck. »Ich habe ihn nie die Gestensprache benutzen sehen.«

Jacob hielt den Kopf gesenkt, aber wippte mit einem Fuß. *Er verfolgt jedes Wort,* wusste Margarète.

Sie schüttelte den Kopf. »Nein, er versteht sie, aber …« Sie ließ die Worte verebben.

Der Herzog stand auf und musterte Jacob mit gehobenem Kinn. »Vielleicht müssen Taube die Gesten sehr früh lernen. Danach geht es möglicherweise nicht mehr«, er strich seinem Sohn über das Haar, »wenn der Betreffende nicht sehr sprachbegabt ist.«

Vom Getreidesack an der Hüttenwand sah Jacob mit vollkommen leerem Gesichtsausdruck auf das Wasser, als hätte er kein einziges Wort verstanden. Edward prustete los, hielt sich die Hand vor den Mund und ließ seinen Lachanfall in einen wenig glaubwürdigen Husten übergehen. Margarète hingegen brach unumwunden in schallendes Gelächter aus. Der Herzog guckte verdutzt.

Margarète schöpfte Atem, trat zu Jacob hin und umarmte ihn. »In meinem Cousin steckt mehr, als Ihr denkt.«

37: UNGARISCH RÜCKWÄRTS

Vierzehn Tage später in Prag: Jacob spricht wieder, balanciert auf der Prager Brücke, begegnet erneut der unbekannten Sprache mit den ungewöhnlichen Verbformen und bittet einen milde lächelnden Mann um eine Dolmetscherposition.

Während sie unter der astronomischen Uhr des Prager Rathauses vorbei Richtung Moldau gingen, hielt Jacob Margarètes Hand. Die hellen Steine der Gebäude leuchteten rötlich im Abendlicht. Es dämmerte schon früher, jetzt, Mitte September. Margarète drückte sich beim Gehen an Jacobs Schulter, wodurch er an die Mauer des Hauses *Zum Goldenen Horn* stieß. »He!«, rief er, stemmte sich seinerseits gegen ihre Schulter. Sie kam vom Weg ab und rempelte einen Handwerker an, der, zur Seite strauchelnd, auf Tschechisch schimpfte: »Könnt Ihr mit dem Saufen nicht wenigstens bis nach acht Uhr warten?« Eine alte Dame mit einem schweren Einkaufskorb über dem Arm wich ihnen gerade noch, mit erstaunlich schnellem Hüftschwung, aus und lächelte versonnen, als wollte sie sagen: *Ja, stimmt, so war sie einmal, die Liebe.*

Die Turmuhren schlugen halb sieben. In Jacobs Magen rumorte es. In dreißig Minuten musste er beim englischen Botschafter Lord Willoughby auf der Kleinseite am jenseitigen Moldauufer vorsprechen. Sie gingen über den Platz beim *Weißen Löwen,* auf den Brunnen mit dem schmiedeeisernen Ziergitter zu. Margarète lief mit wehendem Rock und flatternden Haubenbändern um den Brunnen herum; Jacob versuchte, sie zu fangen. *Noch ist das Leben herrlich,* dachte er, *hier in Prag.* Das dreistöckige Stadthaus, das Herzog Philipp-Ludwig von Pfalz-Neuburg für sie gekauft hatte, war ein wunderbarer Ort zum Wohnen: zahllose Zimmer, ein Obstgarten, ein Brunnen, ein Balkon und sogar ein Erker. Vielleicht würde das Leben auch in dreißig Minuten noch herrlich sein, wenn der Botschafter ihm einen Posten als Dolmetscher verschaffte, statt ihn zu zwingen, für England zu spionieren. Margarète wechselte die Laufrichtung, Jacob geriet aus dem Gleichgewicht, taumelte und fiel mitten in die kunstvoll zu einer Pyramide aufgeschichteten Orangen eines Obsthändlers. »Die baust du wieder auf!«, schrie der Mann auf Italienisch; offenbar einer der vielen Einwanderer. Davon gab es hier etliche, weil Kaiser Rudolf II. Religionsfreiheit gewährte und die Künste und Wissenschaften förderte.

»Komm, schnell!« Margarète lief weiter die Hauptstraße entlang in Richtung der *Drei Granatäpfel*.

Jacob rappelte sich hoch, Orangengeruch in der Nase, rannte Margarète hinterher, warf dem Obsthändler einen entschuldigenden Blick zu. »Ich bin ein englischer Spion und muss heute noch drei Staatsgeheimnisse aufdecken!« Der Obsthändler musste lachen, vielleicht über das Gesagte oder weil er keine Antwort in fließendem Italienisch erwartet hatte.

Jacob schlug Haken zwischen flämisch sprechenden Händlern und quietschenden Fuhrwerken. *Ich bin in einem polyglotten Paradies*, schoss es ihm durch den Kopf, er rannte noch schneller, holte Margarète ein, lief neben ihr Richtung Moldau.

Nachdem sie das Jesuitenkloster mit der Klemenskirche passiert hatten, ragte vor ihnen der viereckige Altstädter Brückenturm empor, über dessen Torbogen die Wappen aller zum Böhmischen Reich gehörenden Länder angebracht waren. Jacob und Margarète eilten unter dem hohen Spitzbogen hindurch. Vor ihnen erstreckte sich einladend die Prager Brücke im Abendlicht. Das Wasser der Moldau schillerte rosa, die Turmspitzen und Dächer der Stadt beidseits des Flusses golden. Nicht umsonst wurde Prag die Goldene Stadt genannt. Jacobs Glieder wurden leicht. Warum sollte es mit dem Dolmetschen nicht klappen? Im vielsprachigen Prag konnte die englische Botschaft einen Dolmetscher sicher gut gebrauchen. Er schaute die Anhöhe am gegenüberliegenden Ufer hinauf zur Burg mit dem Schloss und den spitzen Türmen des Veitsdomes. Edward hatte dort, im Neuen Turm, eine Stelle im Alchemielaboratorium ergattert. Es sei nicht schwierig gewesen, hatte er berichtet. Der Hofalchemist habe ihn nur ein paar Substanzen anrühren lassen und zum Schwarzen, Roten und Goldenen Werk befragt. Jacob rückte sein Wams und sein Barett zurecht. »Sehe ich präsentabel aus?«

Margarète musterte ihn mit geschürzten Lippen, zog ihm das Barett vom Kopf, wuschelte ihm durch die Haare. »Wer über zwölfeinviertel Sprachen spricht, darf aussehen, wie er will.« Sie nahm die Haube ab, setzte sich das schwarze Barett selbst auf.

Jacob zog sich mit den Fingern einen Scheitel, nahm Margarète das Barett wieder ab. »Obwohl es dir besser steht als mir. Was meinst du mit der viertel Sprache?«

Margarète grinste, ging weiter. Kerzendreher drängten sich mit einem Karren an ihnen vorbei.

»Also?«, hakte Jacob nach.

Margarète ließ den Blick über die Brückenmauer schweifen, ohne zu antworten.

»Mein Tschechisch vielleicht«, überlegte Jacob, »mit dem siebten Fall, dem Instrumental, und dem imperfektiven Aspekt komme ich immer noch durcheinander. Auch an meinem Ungarisch muss ich arbeiten«, er musterte Margarètes Gesichtszüge, »das habe ich gestern bemerkt, als ich mit dem ungarischen Freiherrn sprach, der seinen gehörlosen Sohn anmeldete. Beim Anhängen der Kasus-Silben muss ich zu lange nachdenken.«

Margarète beschleunigte ihren Schritt und schmunzelte.

»Auch mein Deutsch ist nicht mehr so gut. Ich sollte mehr Deutsch lesen.« Durch Jacobs Sohlen hindurch drückten die Kanten des Kopfsteinpflasters.

Margarète lachte so laut, dass sich ein Adliger in hellem Wams nach ihr umsah. Sie blieb stehen, hob die Hände und reihte ein Dutzend blitzschnelle Gesten hintereinander.

»Langsamer«, bat Jacob.

»Quod erat demonstrandum.«

Mit der viertel Sprache, dachte Jacob, *hat sie also meine mangelnden Gestenkenntnisse gemeint.* Er hielt seine Hände vor sich hin, spreizte sie. »Du schmeichelst mir. Ein Achtel oder ein Sechzehntel trifft es eher.«

Margarète ergriff seine linke Hand, küsste sie und schaute die Brücke entlang zum anderen Ufer. »Was für ein Glück für diese Stadt, diese Brücke! Angeblich steht sie unter dem Schutz Gottes, weil sie im Jahr 1357, im September, am siebten Tag, um fünf Uhr einunddreißig eingeweiht wurde. Das hat mir ein Uhrmacher auf dem Markt erzählt.«

»1-3-5-7-9-7-5-3-1«, zählte Jacob auf, »fast alles Primzahlen, göttliche Ziffern.« Jacob sah wieder vor sich, wie die junge Frau nachts auf der Lichtung, beim angeblichen Hexensabbat, mit ihrem eigenen Besen vermöbelt wurde, hörte die Leute zählen, bis sechs. Sechsunddreißig Buchstabenquadrate mit sechsunddreißig mal sechsunddreißig Feldern. Jacob verzog den Mund. »An Zahlen glaube ich nicht mehr.«

Margarète lief an die Brückenmauer, mit diesem freudigen Übermut, der sie kennzeichnete, seit sie ihre Schule aufbaute. »Schon erstaunlich, dass die Menschen vor über zweihundert Jahren so genau die Zeit messen konnten.«

Sie rannte auf Jacob zu, stützte die Hände auf seine Schultern, sprang hoch. Mit gebeugten Knien fing Jacob den Schwung ab und hielt sie an den Hüften. Sie schwebte über ihm.

»Findest du, die Prager Brücke ist ein guter Platz für eine Volta?«, jauchzte er.

»Der beste!«

Sanft setzte Jacob sie wieder ab. Mit geröteten Wangen schwang Margarète sich an einer Heiligenskulptur hoch auf die Brückenmauer. Jacob kletterte ihr nach, balancierte auf der höchstens drei Fuß breiten Mauer, zwischen Himmel und Wasser, im goldenen Licht, er müsste Angst haben, doch hatte keine, er lief voran, die Augen geradeaus auf Margarètes Haube und Locken gerichtet. Margarète lief schneller, schwebte über dem Fluss und den Türmen der Stadt, er setzte ihr nach, breitete die Arme aus, jubelte. Es war, als bahnten sie sich den Weg hinauf in den Abendhimmel, als wären sie schon fast da, zu einem Kugelmenschen vereint.

Margarète sprang zurück auf die Brücke, Jacob hechtete hinterher, kam federnd mit beiden Füßen auf. Anerkennend hob Margarète den Daumen, sie liefen dem Kleinseitner Brückenturm entgegen, als kehlige Silben melodiös auf und ab wandernd zu ihnen herüberklangen. Jacob hielt inne, fasste Margarète am Ärmel und lauschte. »Ist sie das nicht?«

»Wer?«

»Die Sprache vom Rhône-Schiff!«

»Wegen der du dich verplappert hast und in den Fluss gesprungen bist?«

Jacob spähte um sich. Ganz sicher: die gleiche auf und ab gehende, singende Melodie, die gleichen orangen und grauen Punkte. Unter dem Spitzbogen des Brückenturms schlenderten zwei Kaufleute mit bestickten Hemden und Tüchern um die Hüften, bogen in die Kleinseitner Uferstraße längs der Moldau ab. Jacob rannte ihnen hinterher.

»He!«, hörte er Margarète hinter sich rufen.

Er holte die Männer ein, stellte sich ihnen in den Weg. Sie guckten ihn misstrauisch an, einer legte die Hand an den Griff seines am Tuchgürtel hängenden Dolches.

Jacob hob die Hände. Die beiden Männer tauschten verdutzte Blicke aus, die Hand des Dolchträgers löste sich von der Waffe.

»Entschuldigung«, keuchte Jacob auf Latein, »ich wollte nur fragen, welche Sprache Ihr da gebraucht.«

Die Männer musterten ihn von oben bis unten, feixten.

»Sie klingt sehr schön«, sagte Jacob, »und ich weiß, dass sie eine außergewöhnliche Grammatik hat.«

Der Dolchträger zuckte mit den Achseln. »Bulgarisch.«

»Bulgarisch?«

Die Männer gingen kopfschüttelnd an ihm vorbei.

»Danke!«, rief Jacob ihnen nach. Margarète hatte ihn eingeholt.

»Bulgarisch«, sagte Jacob, eilte die Hauptstraße der Kleinseite hinauf.

»Wo willst du hin?«, hechelte Margarète neben ihm.

»Dort hinten ist eine Buchhandlung.« Jacob wies die Straße hinauf. »Die haben Grammatiken und Wörterbücher in verschiedensten Sprachen!«

Margarète stöhnte auf. »Aber doch nicht jetzt!« Sie sah zur Turmuhr der Pfarrkirche. »Du hast nur noch zehn Minuten.«

»Die Botschaft ist nicht mehr weit, und ein Dolmetscher mit über zwölfeinachtzehntel Sprachen darf ein wenig auf sich warten lassen!« Jacob lief bergan zur Buchhandlung, öffnete die schmale Kiefernholztür und fragte den Verkäufer, der ein zerkratztes Lederwams trug, nach Werken über die bulgarische Sprache. Der gedrungene Mann verneigte sich und verschwand hinter einem schäbigen Regal.

»Du bist unheilbar.« Schnaufend erreichte Margarète die Verkaufstheke.

»Wenn du eine eigene Sprache erfindest, darf ich doch wohl noch eine bestehende entdecken, oder?«, lachte Jacob. Der Buchhändler kam mit rund achtzig uneingebundenen Seiten zurück.

Jacob blätterte sie durch, suchte den Teil mit den Verben.

Margarète bezahlte und zog Jacob am Ärmel aus dem Laden. Jacob blätterte, neben Margarète eine Querstraße hinaufeilend, durch den Verbteil, betrachtete eine Tabelle nach der anderen. Irgendwo mussten doch die Endungen stehen, die die Bulgarisch Sprechenden dazu anhielten, immer die Quelle einer Aussage anzugeben.

Sommersprossige Finger legten sich auf die Seite, Margarète zog ihm das Buch aus der Hand. »Heute Abend, nach deinem Besuch beim Botschafter.« Plötzlich blieb Margarète wie versteinert stehen, starrte mit offenem Mund. Jacob folgte ihrem entgeisterten Blick. Zwei Adlige mit Federn am Barett gingen vorbei, musterten Margarète mit düsterer Miene von Kopf bis Fuß, warfen einen abschätzigen Blick auf Jacob und flüsterten miteinander.

Margarète eilte links in eine Gasse, ohne sich umzudrehen und mit starr nach vorn gerichtetem Blick.

»Was ist denn?«, fragte Jacob. »Wer waren die Männer?«

Margarète eilte weiter, wohl um so viel Abstand zwischen sich und die beiden Männer zu bringen wie nur möglich.

»Folgen sie uns?«, fragte sie.

Jacob sah sich um. »Nein.«

»Zwei Ligisten aus Bordeaux«, stieß Margarète hervor, »Freunde des Barons Florimond de Vaillac.«

Sie waren am dreistöckigen Haus *Zum Goldenen Kleeblatt* angelangt, das einen großen Torbogen und ein Giebeldach aufwies und in dem der englische Botschafter residierte. Von der Pfarrkirche schlug es sieben.

Jacob nahm Margarètes Hand. »Was sollen die denn noch von dir wollen?«

Margarète lachte. »Für wie viel Geld gibst du mir deine Unbedarftheit? Ich bin bereit, viel dafür zu zahlen.«

Jacob begriff nicht.

»Sie könnten sich rächen wollen, Jacob. Ich habe der Liga den Rücken gekehrt und lebe mit einem Protestanten.« Sie drückte Jacobs Hand. »Obendrein hat Florimond de Vaillac sich, glaube ich, gewisse Hoffnungen gemacht, was mich betrifft.«

»Er war in dich verliebt?«

Margarète spähte um sich. »Ich sollte nicht ewig vor dieser protestantischen Botschaft herumstehen.« Sie küsste Jacob auf die Wange, eilte die Straße hinunter und winkte.

Besorgt sah Jacob ihr nach und läutete die Glocke. Ein Diener in schwarzem Umhang öffnete, verbeugte sich und führte Jacob eine Wendeltreppe hinauf. Im zweiten Stockwerk wies der Diener ihm einen Stuhl in einem Vorzimmer zu. An den Wänden hingen Gobelins. Auf einem von ihnen, den die letzten Strahlen der Prager Abendsonne beschienen, waren Merkur und die Königstochter Herse in einem Garten abgebildet. In einem Holzregal standen Dutzende Bücher. Über der Tür zum Empfangssaal des Botschafters hing ein Menschenschädel, der sicher an die Vergänglichkeit gemahnen sollte. Direkt darüber befand sich ein großes Porträt, wohl das Lord Willoughbys: ein älterer Mann, stattlich, mit grauen kurzen Haaren, einem Vollbart, blauen Augen, einem schmalen Gesicht und einer Hakennase. Er lächelte milde. Jacob lächelte zurück. Dieser Mann würde ihn nicht dazu zwingen, ein schlechter Spion zu werden.

Drinnen waren gedämpfte Stimmen zu vernehmen. Jacob blickte aus dem Fenster über die Dächer der Stadt. Für ihn gab es keine bessere. Nie hatte er sich irgendwo leichter und freier gefühlt. Auch Edward mit seinem halben Ohr hatte hier eine Anstellung gefunden. Erkundigungen über seine Vergangenheit hatte es nicht gegeben. Jacob schlug die Beine übereinander. Edward, ein Dieb, und Margarète, eine ehemalige Liga-Spionin, hatten Glück in dieser Stadt. Warum nicht auch er? Bald schimmerte nur noch ein rötlicher Streifen über den Hügeln im Westen. Eine Weile saß Jacob im Halbdunkel, bis der Diener die Fackel nahe des südlichen Fensters ansteckte. Es schlug Viertel vor acht. Ob er eines der Bücher vom Regal nehmen durfte? Besser nicht. Jacobs Magen knurrte. Im Kopf sagte er eine Canzone auf, die Petrarca für seine Geliebte geschrieben hatte: *Ob grün, rot, pfirsichblütenfarben her sie schreite, Sie muss vor allen ragen …*

Die Tür öffnete sich. Ein Mann mit Halskrause und schwarzem Gewand, wohl ein Gelehrter, ging an Jacob vorbei zum Ausgang, ohne zu grüßen. Offenbar war seine Audienz beim Botschafter nicht allzu erfolgreich gewesen. Jacob blickte auf das milde Porträt-Lächeln über der Tür. Für ihn würde es gut laufen, versicherte er sich selbst. Der Diener bat höflich und mit erneuter Verbeugung um Jacobs Empfehlungsschreiben, das Thomas Phelippes versiegelt hatte. Was wohl darin stand? Der Diener verschwand hinter der Tür. Jacob reckte die Glieder und sah zum aufgegangenen Halbmond über Prag hinauf.

»Lord Willoughby lässt bitten«, sagte der Diener mit kehliger Stimme. Jacob stand auf, seine Füße, die eingeschlafen waren, kribbelten.

Er trat in einen von Talglichtern, Kerzen und Fackeln erleuchteten Saal mit massiver Holzbalkendecke. Die Wände waren mit Gemälden und Stuck verziert. Lord Willoughby saß an einem großen Tisch, der mit Pergament- und Papierbögen übersät war. Er sah nur ein wenig älter aus als auf dem Porträt über der Eingangstür. Die Falten waren etwas tiefer, die Wangen ein wenig eingefallener. Das Lächeln, mit dem er Jacob empfing, fiel ebenso mild aus wie auf dem Gemälde. Nur seine Hakennase hatte etwas Gebieterisches, ein Aspekt, den der Maler offenbar nicht hatte wiedergeben wollen. Sie verlieh ihm fast das Aussehen eines Adlers, umso mehr als der Mann, der sich nun hinter seinem Arbeitstisch erhob, Jacob um beinahe einen Kopf überragte. *Vielleicht wäre es besser gewesen,* dachte Jacob, *keine Petrarca-Canzone aufzusagen, sondern sich eine Strategie für das Gespräch mit dem Botschafter zu überlegen.*

Der Lord setzte sich, wies Jacob einen Stuhl vor seinem Arbeitstisch an, nahm das Empfehlungsschreiben in die kräftigen Hände, wendete es hin und her, blickte auf. »Eine wahre Lobeshymne, die Thomas Phelippes da auf Euch geschrieben hat. Und das will etwas heißen. Thomas Phelippes gerät selten ins Schwärmen, schon gar nicht über Polyglotten.«

Jacob rückte auf dem Stuhl hin und her, fragte sich, ob Thomas Phelippes und John Dee unbehelligt bis England gekommen waren.

»Ihr habt lange gebraucht von Südfrankreich hierher«, stellte der

Lord fest. Seine Hakennase schien noch mehr hervorzutreten. War das ein Vorwurf?

»Es tut mir leid, Mylord«, sagte Jacob, »ich musste einen Teil der Strecke schwimmen.«

Die Worte waren genauso schnell heraus, wie er vorhin mit Margarète auf der Brückenmauer entlanggelaufen war. Jacob räusperte sich verlegen.

Der Botschafter hob die grauen Brauen, schaute ihn mit großen Augen an, dann lachte er. »Ich sehe, Prag tut Euch gut, wie es den meisten Menschen guttut, die lange auf der Flucht waren.«

Jacob nickte. »Es ist schön, in einer Stadt zu sein, wo man an jeder Straßenecke eine andere Sprache hört, Mylord.«

»Euer Englisch klingt wunderbar.«

»Vielen Dank, Mylord.«

Die Augen des Botschafters schienen durch ihn hindurchzublicken. »Ihr habt einen leichten Midlands-Akzent. Der Einfluss von Edward Kelley?«

Jacob bekam ein flaues Gefühl. Dieser Mann wusste alles über ihn, was Thomas Phelippes wusste.

Willoughby las erneut eine Passage des Schreibens. »Stimmt es tatsächlich, dass Ihr zugegeben habt, ein Teufelsbündler zu sein, nur weil der Richter Euch mit Lärm und sprachlichen Fehlern gefoltert hat?«

Jacob schreckte auf. Das stand in dem Schreiben? Woher wusste Thomas Phelippes das?

»Gerichtsschreiber schnattern gern alles weiter«, sagte der Botschafter, »und auch Richter, wenn sie eitel genug sind.«

Der Lord legte das Empfehlungsschreiben aus den Händen. »Wie ist Euer Tschechisch?«, fragte er auf Tschechisch.

»Ich lerne es gerade«, gab Jacob in derselben Sprache zurück. »Die Grammatik ist schwierig und natürlich auch die Aussprache.«

Willoughby lächelte. »Es scheint, Ihr sprecht es schon jetzt besser, als ich es je sprechen werde.«

»Ich habe nur einen einfachen Satz gesagt, Mylord.«

»Und jetzt schon zwei: fehlerfrei und mit dem perfektesten Akzent der Welt.« Aus dem grauen Vollbart kam das milde Lächeln des Porträts. Jacob entspannte sich. Das Gespräch nahm eine vielversprechende Richtung. Jetzt galt es nur noch, den richtigen Moment abzupassen, um den Lord nach einer Dolmetscherposition zu fragen.

»Spanisch geht auch, nehme ich an?«, fragte Willoughby auf Spanisch, »an Rudolfs Hof wird viel Spanisch gesprochen, weil er seine Kindheit bei seinem Onkel, Philipp II. von Spanien, verbracht hat.«

»Ich versuche mein Bestes«, gab Jacob auf Spanisch zurück, »und hoffe, es nicht mit dem Gaskognischen durcheinanderzubringen, welches ich viel gebrauche.« Jacobs Herz setzte aus. Er sollte besser nicht auf Margarète zu sprechen kommen, die für die Liga spioniert hatte. Der Botschafter gehörte zur Gegenseite. »Gebraucht habe«, fügte er hastig hinzu, »in Südfrankreich.«

Der Lord atmete tief ein und schaute Jacob gleichmütig an wie jemand, der schon etliche Menschen sich hatte verplappern hören. »Wir wissen von Margarète Labé und dass sie hier im Auftrag des Herzogs von Pfalz-Neuburg eine Schule für Taube eröffnet, und dass sie nicht mehr für die Liga arbeitet, wissen wir auch.«

Jacob senkte den Blick. Das Spanisch des Lords klang sehr gut, und dass er Nachrichten über Margarète hatte, die erst aus der Zeit nach der letzten Begegnung mit Thomas Phelippes in der weiten Ebene zwischen Pau und Toulouse stammten, war beunruhigend.

»Euer Spanisch ist jedenfalls auch wunderbar«, sagte der Lord wieder auf Englisch. »Wie sieht es mit Eurem Französisch und Flämisch aus?«

Jacob antwortete auf Französisch. »Niederländisch spreche ich, wie man mir sagte, wie ein Antwerpener Fischer.«

Der Lord lächelte. »Ein schönes leichtes Französisch habt Ihr. Meiner Zunge ist das nicht möglich, sie ist zu schwer.«

»Danke, Mylord.«

»Wahrscheinlich könnt Ihr auch noch Ungarisch rückwärts.«

»Das wäre zu viel verlangt«, sagte Jacob auf Ungarisch rückwärts.

Der Lord schüttelte den Kopf, seine Augen blitzten auf. »Ich nehme an, das war Ungarisch rückwärts und kein Kauderwelsch?«

Jacob nickte und dachte: *Jetzt wäre ein günstiger Augenblick, auf die Dolmetscherposition zu sprechen zu kommen.*

Der Gesichtsausdruck des Lords wurde melancholisch, dann geschäftsmäßig. Er räusperte sich. »Ich besorge Euch eine Stelle als Schreiber am Hof. Da könnt Ihr Eure Ohren und Augen offen halten, ohne dass irgendjemand ahnt, dass Ihr alles versteht. Ihr könnt Gespräche und Texte in fremden Sprachen auf katholische Umtriebe gegen England abklopfen und an mich weitergeben.«

Jacob schien es, als würde der Raum sich verdunkeln. »Dafür eigne ich mich nicht, Mylord.«

Willoughby lehnte sich zurück, stützte die Ellenbogen auf die Armlehnen, faltete die Hände vor dem Mund, sodass nur noch die Adlernase und die Augen sichtbar waren. »Das sagen viele, die bei uns anfangen und sich nicht selbst beworben haben.«

Nicht selbst beworben: Die Engländer waren Meister in Euphemismen. »Es liegt mir wirklich nicht.« Jacobs Stimme zitterte leicht. Er gab sich einen Ruck und richtete sich auf. »Als Dolmetscher könnte ich England viel nützlicher sein.«

Das Gesicht des Lords blieb regungslos. Er rieb sich über den Vollbart. »Als Dolmetscher würdest du dich mit Sicherheit besser eignen als jeder, der nicht Ungarisch rückwärts spricht.«

Der Lord war zum *thou,* dem englischen *Du,* übergegangen. Das war kein gutes Zeichen. Willoughby beugte sich vor und zwinkerte Jacob zu. »Aber Ungarisch-Rückwärtssprecher sollten sich nicht damit zufriedengeben, Papageien zu sein.«

Jacob bäumte sich auf. »Als Spion werde ich England nicht nützen, sondern nur schaden.«

Der Lord schmunzelte wie auf einen zappelnden Fisch. Jacobs Kehle verengte sich.

»Ich kann mir vorstellen«, sagte der Botschafter, tief einatmend, »dass es sich mit so einem polyglotten Kopf nicht allzu klar denken lässt, aber dass du England doppelt und dreifach dein Leben verdankst, ist dir bewusst, nicht wahr?«

»John Dee und Edward Kelley.« Jacob blickte auf seine Hände.

»Und Thomas Phelippes hat dich nicht nur auf deiner Reise vor so manchem Ungemach bewahrt, sondern dir obendrein die schöne Frau erhalten, die die Güte und wohl auch die Torheit besessen hat, sich in dich zu verlieben.«

Das kann nicht in dem Brief stehen, dachte Jacob, *denn den hatte Thomas Phelippes schon geschrieben, bevor er den Mönch tötete.* Ob Thomas Phelippes auf dem Rückweg einen Engländer getroffen hatte, der inzwischen Prag erreicht hatte?

Jacob nickte. Es stimmte: Er schuldete England sein Leben und seine Liebe. Mehr konnte man niemandem schulden.

Das milde Lächeln des Botschafters deutete sich wieder an. »Glaube mir, es ist auch besser für dich. Die Geschichte von der Flucht eines Ursprachenkenners vom Scheiterhaufen in Pau dürfte in nächster Zeit zehnfach vergrößert hier eintreffen. Derzeit befindet sie sich mitsamt der exakten Beschreibung deiner äußeren Erscheinung etwa auf der Höhe von Ingolstadt.«

Jacobs Wangen wurden heiß. Gleichzeitig spürte er einen kalten Luftzug vom Fenster her.

Willoughby faltete die Hände auf der Tischplatte. »Und wenn du jetzt anfängst, in rund einem Dutzend Sprachen zu glänzen, braucht man hier nur eins und eins zusammenzuzählen.«

Jacobs Glieder zogen sich zusammen. »Rudolf entzündet keine Scheiterhaufen, Mylord.«

Der Botschafter beugte sich vor, dämpfte die Stimme. »Nein, aber man munkelt, dass er in seltenen Fällen der Folter nicht abgeneigt ist; zum Beispiel, wenn jemand ihm das Geheimnis der Sprache der Schöpfung nicht verraten will.«

Mit seinen kräftigen Fingern ergriff Lord Willoughby die Feder auf seinem Schreibtisch und hielt sie waagerecht vor seine mit einer Goldkette geschmückte Brust. »Und dass er Leute, die er für Betrüger oder Aufschneider hält«, der Botschafter sprach düster und nachdrücklich, »im besten Fall in Zellen und im schlechtesten Fall in kleine Schaukäfige sperrt, dürftest du bei einem kleinen Spaziergang über das Burggelände bereits festgestellt haben.«

Jacob würgte es in der Kehle. Es sah so aus, als bliebe ihm tatsächlich nur die Wahl zwischen Spionieren, Folter und Käfig.

»Für Rudolf ist es wichtiger«, fuhr der Botschafter fort, »die Geheimnisse der Welt und des Kosmos zu ergründen, als sein Königreich halbwegs unbeschadet durch unsere wirren Zeiten zu lenken.« Sein Gesicht nahm einen missbilligenden Ausdruck an. Er legte sich einen Bogen Pergament zurecht. Während er mit kräftigen, kratzenden Federstrichen schrieb, redete er weiter. »Melde dich morgen beim Hofschreiber Nikolaus Kolbecius. Er ist ein Bekannter von mir; gemäßigter Katholik, sehr umgänglich und wenig an Politik interessiert. Ich empfehle dich ihm als zweisprachigen Assistenten für Deutsch und Tschechisch.«

Jacob atmete schwer. Er wollte fort aus diesem Raum.

Der Lord faltete das Schreiben, versiegelte es mit Bienenwachs. »Benutze möglichst keine weiteren Sprachen und wenn, dann höchstens radebrechend.« Er erhob sich, Jacob ebenfalls, mit bebenden Gliedern.

Der Botschafter überreichte ihm das Schreiben. »Und lass dir nicht einfallen, davonzulaufen oder die Seite zu wechseln, um das Land zu verraten, dem du am meisten verdankst.« Seine Stimme klang sachlich, fast ein wenig feierlich. »In dem Fall sähe ich mich leider gezwungen, Rudolf II. über einige Mittelsmänner einen Hinweis auf den legendären Ursprachenkenner von Pau zukommen zu lassen.«

Jacob kribbelte es im Nacken. Er nahm den Pergamentbogen mit einer Verneigung entgegen. Sein Gegenüber lächelte milder als draußen über der Tür. »Du erstattest mir alle vierzehn Tage Bericht. Vierzig Taler pro Monat plus das Gehalt als Schreiber. Davon lässt sich gut leben.«

»Danke, Mylord.«

Der Botschafter streckte Jacob die Hand entgegen. »Arbeite an deinem Flämisch. Die gespaltenen Niederlande sind derzeit einer der Brennpunkte Europas.« Damit war Jacob entlassen.

In der Dunkelheit ging er die Straße hinunter Richtung Moldau, mit großen Schritten, die er schlecht abfederte, die Hände in den Taschen seiner weiten Kniehose. Seine Glieder waren schwer wie Blei. Der Mond hing hell über den Türmen der Stadt. In Gruppen zogen Fackelträger krakeelend in die Gasthäuser. Aus dem *Schwarzen Reh* drang Tanzmusik, das Klacken von Absätzen und lautes Johlen. Mit dem Fuß trat Jacob gegen die Mauer der Gaststätte und schrie zornig auf. Es war Erpressung, eiskalt wie das Lachen im Buch *Soyga*. Es war der Preis, den er für seinen Hochmut zahlen musste, für seine wahnwitzige Suche nach der Sprache Gottes. Aus den *Drei Roten Herzen* flog Jacob ein Körper direkt vor die Füße: ein junger Mann, dick, mit Pickeln im Gesicht, in Gelehrtenkleidung. »Immer diese Büchernarren, die kein Bier vertragen!«, rief eine kräftige Stimme, wohl die des Wirts, bevor die Tür zuschlug.

Jacob ging achtlos an dem Betrunkenen vorbei und erreichte die Moldau. So schwarz wie ausgegossenes Pech floss sie im Mondschein. Auf der Brücke kamen ihm Dutzende Menschen entgegen. Im flackernden Licht der Fackeln, die sie trugen, flimmerte die schmale Brückenmauer. *Kaum zu glauben,* kam es Jacob in den Sinn, *dass ich und Margarète heute nicht abgestürzt sind, dass wir uns getraut haben, dort entlangzubalancieren. Nun,* dachte er, während er einen Stein vor sich herschoss, *das Abstürzen habe ich jetzt allein besorgt.*

38: VÖLLIG FLIESSENDES ITALIENISCH

Jacob, Margarète und Edward sind seit vier Wochen in Prag. Jacob und Edward arbeiten beide auf der Prager Burg: Jacob als Schreiber und Spion, Edward im Alchemistenlaboratorium. Dort versucht man, unedle Metalle in Gold zu verwandeln, was eigentlich unmöglich ist. Es können jedoch Legierungen gelingen, die golden glitzern und von den Zeitgenossen für Gold gehalten werden. Während Edward mit rotem und weißem Pulver experimentiert, decodiert Jacob einen Brief.

Jacob saß am Arbeitstisch der Schreibstube im zweiten Stock des Alten Hofpalastes, den Rudolf II. seinen Bediensteten überlassen hatte, und übersetzte eine Liste mit für die Burg zu beschaffenden Waren vom Deutschen ins Tschechische. Er musste viele Wörter nachschlagen, doch es machte Freude, er lernte dazu. Durch das hohe Fenster fiel helles frühherbstliches Licht in den Raum mit der stuckverkleideten Decke. Jacob sah zu den bunten Glasscheiben des Veitsdomes hinüber. *Wie schön wäre es doch, einfach nur der Sekretär des Hofschreibers zu sein,* dachte er, *ein regelmäßiges Gehalt und ein ruhiges Leben zu haben, Menschen von überallher auf der Burg zu treffen und mit ihnen zu plaudern.* Die Tür öffnete sich, ein Bote trat ein. »Hier, Post, damit dir die Arbeit nicht ausgeht.« Der gedrungene Mann legte einige Briefe auf den kleinen Tisch am Eingang, zwinkerte Jacob zu und verschwand. Jacob schob seine sehr weiten Ärmel hoch. Schon seit seinem ersten Arbeitstag hatte Margarète ihn genötigt, stets nur Baretts mit Ohrenklappen und Kleidung mit Puffärmeln sowie dicke Strickstrümpfe zu tragen, um seine dünnen Glieder zu verbergen. Das hatte sich als weise Voraussicht erwiesen, denn vor wenigen Tagen hatte Edward berichtet, dass zwei Verkäufer auf dem Markt über den dürren, bleichen, grauäugigen Ursprachenkenner von Pau mit pechschwarzen Haaren gesprochen hatten, der angeblich vierzig Sprachen konnte und beim kleinsten Geräusch und beim geringsten Sprachschnitzer in Ohnmacht fiel. Seufzend übersetzte Jacob weiter, schlug das Wort für *Stockfisch* nach.

»Was du mir bringst, sind Andeutungen, Kleinigkeiten. Das reicht nicht«, hatte Lord Willoughby beim letzten Treffen gesagt, als Jacob dem Botschafter Bericht erstattete. Dann hatte er sich vorgebeugt und mit drohender Stimme hinzugefügt: »Ich habe den Eindruck, du verschweigst mir Dinge – Namen, Orte, Pläne.«

Jacob rieb sich mit der Feder über das Kinn. Er hatte nichts verschwiegen. Er hatte einfach nach gar nichts gesucht. Er hatte den Schreiber gegeben und weiter nichts. Sein Blick fiel auf die gerade gelieferten Briefe. Er beugte sich vor und blickte aus dem Fenster. Unten auf der von Handwerkerhütten gesäumten Gasse zwischen dem alten Palast und dem Veitsdom stand Nikolaus Kolbecius und sprach mit einem Glasermeister aus der Dombauhütte. Jacob erhob sich, schaute noch einmal zum Fenster hinaus. Der Hofschreiber war noch immer mit dem Glasermeister beschäftigt. Jacob ging zum kleinen Tisch, sah die Briefe durch. Hitze stieg in ihm hoch. Dies war seine erste Handlung als Spion. Alle Briefe waren versiegelt und ohne Absender. Sollte er einfach alle unter sein Wams stecken? Das wäre zu auffällig: Vielleicht hatte Kolbecius den Boten ja kommen sehen. Besser nur ein Schreiben nehmen, aber welches? *Wenn ich eine Nachricht übermitteln wollte, die brisant ist,* überlegte Jacob, *würde ich es nicht in Form eines dicken Pergamentbogens mit riesigem Siegel tun.* Er nahm das kleinste und unauffälligste Schreiben. Es war an einen englischen Adligen namens Sir Albert Norton adressiert, der gestern das höfische Reitturnier gewonnen hatte und als recht überheblich galt. Jacob steckte den gefalteten Papierbogen, der mit italischer Schrift versehen und somit von einem gelehrten Menschen stammen musste, tief unter sein Wams, stapelte die anderen Briefe wieder übereinander.

Da öffnete sich die Tür. Jacob erstarrte. Eine schwere Hand legte sich auf seine Schulter. »Ich brauche dich morgen, Jacob.« Das war Kolbecius' Stimme. Er musste das Gespräch mit dem Glasermeister beendet haben, kaum dass sich Jacob vom Fenster entfernt hatte.

Jacob drehte sich mit hämmerndem Herzen um. »Wofür?«, stammelte er. Nikolaus Kolbecius sah ihn fröhlich an. Unter seinen schweren Tränensäcken waren die Wangen gerötet. Er schien keinerlei Argwohn zu hegen. »Als Dolmetscher, morgen um elf Uhr«, stieß er hervor, »der Glasermeister erwartet einen Händler aus Venedig. Da gibt es das beste Glas, aber auch die größten Schlitzohren.« Er lachte.

Woher wusste der Hofschreiber, dass er Italienisch sprach? Jacob spürte, wie er rot wurde. Er hustete. »Ich kann kein Italienisch.« Er rückte das Barett zurecht, senkte die Augen.

Kolbecius winkte ab. »Ich habe dich neulich mit dem jungen Schmied aus Rom sprechen hören.«

Jacob stieg noch mehr Blut in den Kopf. Er hatte mit einem der Schmiede, dessen italienischen Singsang er aus dem Tschechischen herausgehört hatte, ins Italienische gewechselt. Er hatte kurz vorher ein Glas Wein getrunken, er war nur leicht beschwipst gewesen, aber seine Begierde nach einem Gespräch in dieser melodiösen Sprache hatte gegen die gebotene Zurückhaltung gesiegt, zumal der Schmied sehr jung und freundlich war. Ihm war nicht bewusst gewesen, dass es bei dem Gespräch Zuhörer gegeben hatte, und schon gar nicht den Hofschreiber. Es war das einzige Mal seit seiner Ankunft, dass er der Versuchung nachgegeben hatte, und das, obwohl es in Prag von Sprachen nur so wimmelte und an jeder Straßenecke eine Verlockung lauerte. Und gerade bei diesem einen Mal, als er nur ein wenig genascht hatte, war er beobachtet und belauscht worden.

Jacob schüttelte den Kopf. »Ich kann es nicht gut.«

Der Hofschreiber nahm die Briefe, die der Bote gebracht hatte, ging an seinen Arbeitstisch. »Auch wenn ich das nicht wirklich beurteilen kann: Dein Italienisch klang sehr schön und in jedem Fall völlig fließend.«

»Es mag Euch so vorgekommen sein«, sagte Jacob so ruhig wie möglich, nestelte an den Rüschen seines weiten Ärmels, »aber ich kann kaum Italienisch. Ich würde das Geschäft sicher ruinieren und den Glasermeister verärgern.«

Kolbecius nahm ihn genau in den Blick. Jacob eilte an seinen Schreibtisch, setzte sich und beugte sich über die Warenliste. Der Brief unter seinem Wams rutschte nach oben, ragte aus dem Ausschnitt hervor. Verflucht. Jacob lehnte sich weit über die Tischplatte, schob das Papier nach unten, ergriff die Feder und setzte die Warenliste fort.

Nikolaus Kolbecius machte sich an seinen Unterlagen auf dem Tisch zu schaffen, rückte sich einen Bogen und das Tintenfass zurecht, begann, etwas zu schreiben. Jacob vertiefte sich in seine Übersetzung. Dabei verdeckte der weite Puffärmel die Hälfte der Seite.

»Jacob?«, hörte er die Stimme des Hofschreibers.

Jacobs Puls ging schneller. Der Hofschreiber stand vor ihm, eine Holzkiste in den Händen. »Bringst du die Thaddaeus Hagecius? Sie ist fälschlicherweise hier gelandet. Er ist wahrscheinlich im Alchemielaboratorium oben im Neuen Turm. Übergib sie ihm persönlich, sonst klauen die anderen Alchemisten die Hälfte weg.«

»Natürlich.« Jacob stand auf, nahm die Kiste und ging zur Tür.

Kolbecius öffnete ihm grinsend. »Und geh vorsichtig. Hagecius arbeitet mit hochexplosiven Stoffen und wir wollen ja nicht, dass wir die Einzelteile schlecht Italienisch Sprechender auf der Gasse aufsammeln müssen, nicht wahr?«

Jacob nickte, wandte sich rasch zur Treppe, eilte die zwei Stockwerke hinunter und dann durch den über sechzig Schritt langen Vladislav-Saal mit den Rippengewölben, in dem es nach Pferden roch, weil hier am Vortag das Reitturnier stattgefunden hatte. Kaufleuten und Unterhändlern ausweichend, schlängelte Jacob sich zum Ausgang. Ziemlich sicher hatte Kolbecius ihm einen Bären aufgebunden, als er sagte, der Inhalt der Kiste wäre explosiv. Bei jedem Schritt klackerte es in der Kiste. Offenbar befanden sich viele Fläschchen und Phiolen darin.

Im milden Oktoberlicht ging Jacob zwischen Dom und Sankt-Georgs-Kloster entlang. An der Burgmauer hingen in rund fünf und zehn Schritten Höhe zwei Käfige, beide ziemlich klein und spärlich mit Stroh ausgelegt. Derzeit saß kein Gefangener darin. Mit einem flauen Gefühl im Magen bog er links ein. Eine Wasserträgerin zwinkerte ihm zu. Die weite Kleidung ließ ihn wohl vorteilhaft aussehen. Jacob betrat den massiven Rundturm. *Hier also arbeitet Edward,* dachte er und stieg die Wendeltreppe hinauf. Dabei schabte der Stoff seiner weit geschnittenen, knielangen Pluderhosenbeine aneinander. Aus dem Laboratorium roch es ähnlich wie im Kellergewölbe John Dees, nur intensiver, nach erhitzten Metallen, Moder, Verwesung, Ölen und Pflanzen. Jacob öffnete die Tür. Ihm gingen die Augen über: Dies war keine düstere Kammer, sondern ein heller hoher Saal mit einem Dutzend Athanoren, an denen je zwei bis drei Alchemisten arbeiteten. Gehilfen betätigten Blasebälge, reichten Tinkturen, legten Kohle nach. Überall auf den Regalen standen Pulver und Flüssigkeiten. Hell tanzte das Sonnenlicht auf den Athanoren, glänzte auf den Kupellen und flackerte in den Kupferbecken.

Aus den Augenwinkeln sah Jacob jemanden winken: Edward, der an einem Athanor am südöstlich ausgerichteten Fenster gemeinsam mit einem blonden Hünen und einem schmächtigen Lockenkopf arbeitete. Jacob ging an einem Pult vorbei, auf dem ein dickes Buch mit alchemistischen Rezepten lag, zu Edward hin, der ihm auf halbem Weg entgegenkam.

»Was treibt dich in dieses schönste Laboratorium der Welt?« Edward machte eine weite Armbewegung. »Das ist besser als der scheppernde Beutel mit ein paar ärmlichen Utensilien, den ich früher auf der Schulter über die Landstraßen getragen habe. Da kann man schon mal ganz anders arbeiten.« Edward zog Jacob an den Athanor, wirkte heimisch in diesem Laboratorium. *Er kann hier auf der Burg das Beste aus seinen Fähigkeiten machen,* ging es Jacob durch den Kopf, *während ich selbst meine Fähigkeiten verbergen muss.*

Wieder bei seinem Athenor angelangt, begann Edward in einem Mörser einige Pflanzenteile zu zerkleinern.

Jacob stellte die Kiste ab. »Ich soll die hier dem Ersten Hofalchemisten Thaddaeus Hagecius geben.«

»Das wird momentan nicht gehen«, sagte der blonde Riese, der einen seltsamen braunen Stein zerstieß.

»Der Magenstein eines Pferdes, dient der Entgiftung«, erläuterte Edward und wies dann mit dem Kopf in Richtung des schräg gegenüberliegenden Fensters. Dort schnitzte der schlanke Hagecius, den Jacob schon des Öfteren auf dem Burggelände gesehen hatte, in braunem Hemd und weitem, von Tinkturen beflecktem Wams, eine Pflanzenwurzel zu einer Art Menschlein. Er arbeitete geschickt und konzentriert. *Ist das Teil des Schwarzen oder des Roten Werks,* fragte sich Jacob.

Wahrscheinlich eher des Roten, weil das Menschwerden Leben und gleichzeitig Vergänglichkeit bedeutet.

»Eine Alraunenwurzel«, sagte Edward.

»Und weil er daran herumschneidet, kann ich ihn nicht stören?«

Edward grinste. »Der Mann schräg hinter ihm, der gerade einen Drachenwurz aus dem Tontopf gräbt, ist der Kaiser.«

Jacob setzte das Herz aus. »Was?«

Er reckte den Hals. Der Mann, der ein rötliches Gewächs aus dem Tontopf zog, war klein, trug ein versteiftes Wams aus schwarzem Seidendamast, einen Degen und eine Fasanenfeder im kurzkrempigen Hut über hellblonden Haaren. Da war er leibhaftig: Rudolf II., der Kaiser, der Herrscher des Heiligen Römischen Reiches Deutscher Nation, König von Böhmen und Ungarn, Erzherzog von Österreich. Bisher hatte Jacob ihn noch nicht zu Gesicht bekommen. Der zu Menschenscheu und Melancholie neigende Kaiser hatte sich zahlreiche überdachte Laubengänge errichten lassen, in denen er sich ungestört auf dem Burggelände bewegen konnte, ohne irgendjemandem zu begegnen.

»Krieg den Mund wieder zu«, Edward stieß ihn an. »Der Mann ist nur zufällig bei der Geburt in eine goldene Wiege gefallen, weiter nichts.«

Der Lockenkopf, der gerade zerkleinerte Pflanzen in eine Schale schüttete, blickte Edward missbilligend an.

Der Hüne beäugte die Kiste. »Mach doch schon mal auf, dann können wir die Substanzen direkt in die Regale einordnen.«

Jacob unterdrückte ein Schmunzeln. »Der Hofschreiber hat gesagt, ich soll die Kiste persönlich an Hagecius übergeben.«

Edward entleerte zwei Säckchen, eines mit rotem und eines mit weißem Pulver, in eine Schale mit einer dunklen Flüssigkeit. Jacob hielt inne. Der Soldat auf der Wiese vor Mechterstädt hatte ihn damals zu rotem und weißem Pulver befragt.

»Umso besser«, Edward gab Quecksilber in eine Flasche mit einer hellen Flüssigkeit, »dann kannst du mir ein bisschen beim Goldmachen über die Schulter schauen.« Der Inhalt der Flasche färbte sich strahlend blau. Jacob verstand nicht, was Edward tat. Dies sah weder nach einem Schwarzen noch nach einem Roten Werk aus.

Edward schüttete den mit den zwei Pulvern versetzten dunklen Saft und die blaue Substanz in ein Kupferbecken mit Wasser. Alles vermischte sich rasch zu einem rotbräunlichen Schlamm. Die anderen beiden Alchemisten stießen einander an, blickten raunend und wie gebannt auf die gerade entstandene dickflüssige Masse. Wahrscheinlich war es gar nicht so einfach, sie zu erzeugen. Edward stellte den Schlamm auf den Athanor, legte ein Stück Blei in einen Tiegel, ließ es schmelzen. Er tat alles mit leichten, fließenden Bewegungen, seine Augen nahmen blitzschnell Maß, seine Hände arbeiteten geschickt, als wüssten sie von allein, was zu tun war. Leichtfüßig drehte er sich zwischen Athanor, Tiegel und Arbeitstisch wie ein routinierter Tänzer. Die beiden anderen Alchemisten verfolgten, während sie halbherzig ihre Stößel betätigten, jeden von Edwards Handgriffen. Ganz offensichtlich war er ihnen ebenbürtig, wenn nicht sogar überlegen, was Jacob, wie er sich eingestehen musste, überraschte.

»Ich bin an dem Übergang vom Schwarzen zum Roten Werk«, erläuterte Edward mit ungewohnt sachlicher Stimme. Nun füllte er die rotbraune Masse in den Tiegel mit Blei.

Im Gegensatz zu mir, überlegte Jacob, *der ich nur Sprachen kann und noch mal Sprachen, ist Edward vielseitig, wechselt mit erstaunlicher Leichtigkeit vom Stehlen zum Decodieren, zum Medizinmischen, zur Alchemie, zum Bogenschießen – als hätte er sieben Leben.*

Der Hüne fragte, den zerkleinerten Pferdemagenstein in zwei Häufchen teilend, wie nebenher: »Deine zwei Pulver am Anfang, das weiße und das rote, was war das denn?« Der Singsang in seinem Deutsch klang wie der eines Dänen.

Edward lachte und blieb die Antwort schuldig.

»Kommt Ihr aus Dänemark?«, fragte Jacob.

Edward blickte Jacob alarmiert an, befürchtete wohl, dass er gleich ins Dänische wechseln könnte. Der Hüne nickte. »Nicolaus Olsson.« Er gab Jacob die Hand.

»David Zacharias aus Wien«, stellte sich der Lockenkopf vor.

»Die Alchemisten hier kommen von überallher«, warf Edward ein.

»Dort ist einer aus Ungarn, einer aus Russland, einer aus Schweden«, bestätigte Zacharias und wies mit dem Finger auf Männer an verschiedenen Athanoren. »Kaiser Rudolf will Alchemisten, die gut sind«, sagte er nun mit gestrafften Schultern und stolz emporgerecktem Kinn, »wo sie herkommen, welche Religion sie haben, wen sie betrogen oder wen sie getötet haben, ist ihm egal.«

Jacob war es schummerig, wie schon in Dees Laboratorium. Die Kiste in den Händen, ging er zu einer zehn Schritt entfernten Bank, die abseits am Fenster stand, sog die frische Luft von draußen ein, setzte sich, spürte den rechteckigen Brief unter seinem Wams. Er blickte sich um: Alle schütteten Flüssigkeiten und Pulver hin und her, betätigten Blasebälge, Stößel oder Messer. Der Kaiser war von hier aus gar nicht zu sehen. Thaddaeus Hagecius ging gerade von einem Athanor zum nächsten, schaute nun in Edwards Tiegel und klopfte ihm auf die Schulter. Als Jacob sich erhob, um Hagecius die Kiste zu geben, wurde der Erste Hofalchemist vom Kaiser herbeigewunken und eilte sofort an seinen Platz zurück. Jacob ließ sich wieder auf die Bank fallen. Niemand beachtete ihn. Er war für diese höfischen Alchemisten nichts weiter als ein unkundiger kleiner Schreiber. Und der Kaiser dürfte ihn noch nicht einmal bemerkt haben, so sehr wimmelte es an diesem Hof von Dienern, Gehilfen und Boten. *Hier,* dachte Jacob, *bin ich vor der menschlichen Neugierde so sicher wie auf einem einsamen Feld im Wald.* Er nahm den Brief hervor, erbrach das Siegel. Das Schreiben war verschlüsselt. Jacob zog die Brauen hoch, nahm seinen Grafitstift und sein Notizbuch hervor. Der Code wies unterschiedliche Häufigkeiten von Buchstaben auf. Um bestimmte Lettern scharten sich besonders viele verschiedene andere Buchstaben. Diese Lettern mussten Vokale sein, denn nur Vokale konnten sich mit einer Vielzahl anderer Buchstaben verbinden. Jacob probierte es mit Buchstabengleichsetzungen, schob hin und her, wandte Caesar-Verschiebungen und das Temura-Verfahren an, las nur die ersten Buchstaben, nur die letzten. Schließlich hatte er die Botschaft in seinem Notizbuch festgehalten:

> *Wir treffen uns am 10. November in der Herberge Zum Windspiel in Dover, wo wir falsche Papiere bekommen. Von dort reisen wir mit Chesterton und Hall und einer Eskorte bewaffneter Glaubensbrüder Richtung London.*
> *Richard Rowlands*

Jacob hielt den Atem an. Richard Rowlands: Das war jener katholische Spion, der ihn bei Christoffel Plantijn in Antwerpen hatte anwerben wollen. Dieses Schreiben zettelte offenbar eine katholische Verschwörung an. Schnell steckte Jacob den Brief unter das Wams. Rowlands, Norton und eventuell noch weitere Katholiken wollten also nach England übersetzen und sich dann nach London aufmachen. Was hatten sie dort vor? Jacob sah zu Edward hinüber, der gerade mit ruhiger Hand eine Kupelle voll glühender Kohlen auf den Tiegel legte. Jacob stützte die Ellenbogen auf die Knie, rieb sich mit den Händen über das Gesicht. Da waren sie, die Namen, die Lord Willoughby von ihm wollte, und gleich vier. Konkret war es auch. Vielleicht planten diese Katholiken sogar einen Anschlag auf Königin Elisabeth. Davon hatte es in den letzten Jahren einige gegeben. Richard Rowlands hatte in Antwerpen furchtsam und gehetzt gewirkt. *Genauso wie ich selbst inzwischen,* fiel Jacob auf. Rowlands hatte etwas Freundliches an sich gehabt. Jacob spürte wieder den kameradschaftlichen Druck des Engländers auf seiner Schulter, bevor der Mann in einer Seitengasse neben dem Antwerpener Rathaus verschwunden war. Rowlands könnte sterben, wenn dieser Brief in die Hände des englischen Geheimdienstes fiel, ebenso wie seine Komplizen – vielleicht schon in vier Wochen, am 10. November, in Dover.

Jacob sah von Athanor zu Athanor. Ihm wurde heiß, während eine Ecke des Schreibens sich in seine Brust bohrte.

39: DER RUF DES KNALLGOLDES

Im Alchemistenlaboratorium des Kaisers Rudolf II. experimentiert Edward mit einer Substanz aus Weingeist und destilliertem Urin und hat am Ende einen freien Blick auf die Prager Brücke.

Edward schaute auf die in allen Farben schillernde Kristalluhr an der westlichen Wand des Laboratoriums. Noch rund fünfzehn Minuten, dann würde sich der Inhalt seines Tiegels verfestigen, möglicherweise zu Gold. Edwards Glieder waren zum Bersten gespannt, während er die Substanz im Tiegel mit einer Weinrebe umrührte. Noch nie war ihm die Mischung so gut gelungen, alle Stoffe waren haargenau dosiert und im perfekten Gleichgewicht. Edward bedeckte das metallene Gefäß wieder mit der Kupelle glühender Kohlen. Nun musste er irgendwie die Aufmerksamkeit des Kaisers auf sich ziehen. Edward nahm ein Fläschchen mit Aurum fulminans, auch Knallgold genannt, aus seinem Bündel und schmunzelte. Damit würde es glücken. Mit dunklen stechenden Augen sah David Zacharias sofort zu ihm herüber, rätselte offenbar über die Zusammensetzung des rotbraunen Pulvers im Fläschchen. Edward wandte ihm den Rücken zu. Aurum fulminans kannten bisher nur einige wenige deutsche Alchemisten. Wahrscheinlich wusste nicht einmal Thaddaeus Hagecius davon.

Langsam und vorsichtig öffnete Edward die Phiole, hielt Abstand zum Feuer. Wenn auch nur ein Funke auf die rund einhundert Gramm in seinem Gefäß sprang, würde er dem Kaiser nicht als Goldmacher, sondern als Brandstifter auffallen, der sein gesamtes Laboratorium abfackelte und den halben Turm noch mit dazu.

»Ist das Schwarzpulver?«, höhnte Zacharias über sein vorsichtiges Vorgehen. Olsson lachte.

»So ähnlich, nur besser.« Edward entnahm einen halben Fingerhut des Pulvers und gab es in eine Metallschale. *Wenn der Kaiser den Moment der Transmutation mit eigenen Augen erlebt,* dachte Edward, *wird hinterher nichts mehr so sein wie vorher. Dann wäre dieser Tag, die nächste Stunde dieses Tages, der Höhepunkt meines Lebens. Dann wäre ich nicht mehr ein Niemand, den irgendwann, inmitten irgendwelcher armseliger Träumereien von einer besseren Zukunft, die Pest, die Ruhr oder eine zu schnell fahrende Kutsche hinwegraffen wird.* Edward sah aus dem Fenster in den hellen Morgen. Er würde leben, richtig leben, in die andere Welt wechseln, die Welt der Sorglosen, zu der er jetzt, nach seiner Aufnahme in das kaiserliche Alchemistenlaboratorium, nur gerade einmal einen Spaltbreit die Tür geöffnet hatte. Von der er vieles nur ahnte und das meiste sicherlich nicht einmal ahnte.

Edward blickte zur Uhr: noch zehn Minuten. Er eilte zu Jacob, der am offenen Fenster saß und am Daumen nagend zu Boden blickte.

Als Edward näher kam, hob Jacob kaum den Kopf, schien tief in Gedanken.

»Jacob«, Edward kniete sich neben ihn, »in meinem Tiegel brodelt es vielversprechend. Es könnte mir heute ein Goldenes Werk gelingen!«

»Heute?« Jacob blickte verwirrt. Er war blass.

»Es wird hier jetzt gleich gewaltig knallen«, flüsterte Edward, »sonst gewinne ich die Aufmerksamkeit des Kaisers nicht. Für Seine Durchlaucht bin ich bisher nur eine Fliege, weiter nichts.«

Jacob nickte. »Eine Fliege bin ich auch, höchstens.«

Edward rüttelte seinen Gefährten am Ärmel. »Wenn das hier klappt, kaufe ich mir einen Palazzo mit drei Erkern und lade dich zum besten Wein der Welt ein!«

Jacob wich seinem Blick aus, sah ins Leere. »Wein ist gut.« *Warum,* fragte sich Edward, *ist er nur so missmutig?*

Edward wandte sich zur Uhr: nur noch fünf Minuten. Er legte Jacob eine Hand auf das Knie. »Halt dir gleich die Ohren zu.« Er sprang auf, eilte zum Athanor zurück, stellte die Metallschale mit dem Aurum fulminans auf einen Spatel mit besonders langem Stiel. Zacharias und Olsson zerkleinerten mit ihren Mörsern ein wenig Schöllkraut, verfolgten dabei jedoch genau, was Edward tat. *Das kleine rotbraune Pulverhäufchen am Ende des Spatels,* dachte Edward, *soll also mein Leben verändern.* Er ergriff den Spatelstiel. In seinen Schläfen pochte es, seine

Knie zitterten, doch seine Hand war ruhig, wie beim Bogenschießen. Langsam bewegte er das Aurum fulminans auf die Flamme des Athanors zu.

Der Knall war ohrenbetäubend, krachte wie Donner unter dem hohen, weiten Gewölbe des Turmsaals. Unwillkürlich zuckte Edward zusammen. Zacharias schrie auf, von überallher klangen Schreckensrufe, einige Gehilfen rannten in Panik zur Tür hinaus. Jetzt stieg, wie aus dem Nichts, der rote Rauch empor, schillerte purpur, war dicht wie Morgennebel. In Edward breitete sich eine tiefe Ruhe aus. Er legte den Spatel auf den Tisch. Die Schreckensschreie gingen in ein staunendes Raunen über. Alle starrten stumm und wie verzaubert auf die langsam dahinziehenden Rauchschwaden. Olsson blickte Edward an, als hätte er gerade ein Wunder vollbracht. Thaddaeus Hagecius kam herüber, nickte Edward anerkennend zu, begutachtete die Pulverreste im Schälchen, roch daran.

»Knallgold«, sagte er, »ich habe davon gehört. Weingeist und destillierter Urin, nicht wahr? Hast du es selbst gemischt?«

Der Hofalchemist kannte die Substanz also doch. Edward nickte. »Vitriolöl gehört noch hinein sowie verschiedene Erden.«

Thaddaeus schürzte die Lippen. »Sehr gut.«

Da näherte sich, rasch den Rauch durchschreitend, die Gestalt des Kaisers. Edwards Puls beschleunigte sich. Er verbeugte sich tief. Die Augen des Kaisers hefteten sich auf ihn. »Wie hast du das gemacht?« Der Kaiser sprach leise und freundlich.

»Das ist Aurum fulminans, es wird auch Knallgold genannt«, sagte Edward und wunderte sich, wie selbstbewusst er klang, »es ist bei meiner Transmutation Teil des Roten Werkes, Sire.«

»Rot auf jeden Fall«, murmelte der Kaiser, den purpurnen Rauch betrachtend, der bis in den letzten Winkel seines Laboratoriums zog. Edward verneigte sich erneut, das Gesicht zu Boden gewandt, damit niemand – und schon gar nicht der Kaiser – merkte, dass er ein Lachen unterdrückte.

»Wie weit ist deine Transmutation?«, hörte er den Kaiser fragen.

»Fast am Ende, Sire.« Edward richtete sich auf und entfernte die Kupelle mit den glühenden Kohlen vom Tiegel. Der Kaiser blickte hinein. Sämtliche Alchemisten hatten sich genähert und einen Halbkreis vor Edwards Athanor gebildet. Edward rührte die Flüssigkeit erneut mit einer Weinrebe um und setzte das Metallgefäß mit leicht zitternden Händen auf eine Steinplatte. Die Flüssigkeit auf dem Boden des Tiegels verdickte sich, gerann und wurde hart. Edwards Herz raste. Alle reckten mit angehaltenem Atem die Hälse und stellten sich auf die Zehenspitzen, um in den Tiegel zu schauen. Die schwarze Kruste platzte auf. Darunter glänzte es. Edward ballte die Hand zur Faust, in seinen Gliedern kribbelte es. Der Kaiser rief überrascht aus. Edward tauchte eine Tonkelle tief in den Tiegel, holte einen der Klumpen heraus: Er glänzte in einem hellen Gold. Edward unterdrückte einen Jubelschrei. Der Kaiser nahm die Tonkelle, hielt sie vor die Augen, betrachtete den goldenen Klumpen. »Das Licht der Welt«, hauchte er, »das Licht der Welt.« Edward hörte die Worte wie eine leise Musik, die langsam anschwoll.

Beifall erhob sich, wurde lauter, brandete durch den Raum. Edward schwindelte es. Zacharias, Olsson und die anderen Alchemisten drängten sich um ihn, klopften ihm auf die Schulter. Hagecius reichte ihm förmlich die Hand. »Meine Ehrerbietung. Das ist eine hervorragende Transmutation.« Es lachte aus Edward heraus. Er schien ganz in diesem Lachen zu sein, kaum noch in seinem Körper.

Der Kaiser legte die Tonkelle zurück in den Tiegel, straffte die Schultern, hob mit feierlicher Miene die Hand. Sofort verstummte der gesamte Saal.

»Hiermit«, rief der Kaiser aus, »ernenne ich Edward Kelley zum Ritter!«

Edward stand wie gebannt. Die Worte des Kaisers schienen vor ihm innezuhalten, dann rauschten sie in ihn hinein. Im Halbkreis erhob sich ein Raunen. Ehrfürchtig traten alle mehrere Schritte zurück. Edward blieb allein in der Mitte zurück. Der Kaiser zog sein Schwert aus der Scheide, Edward kniete nieder, blickte mit bebenden Gliedern auf die spitzen, geschlitzten und mit Perlen besetzten Schuhe des Kaisers, fühlte die Klinge des Schwerts auf seiner rechten Schulter, dann auf der linken. »Besser Ritter als Knecht«, sprach der Kaiser mit weihevoller Stimme die Formel des Ritterschlags. Edward wagte nicht zu atmen, erhob sich. *Besser Ritter als Knecht,* hallte es in ihm nach. Er hatte die Seite gewechselt. Er hatte es geschafft.

»Ihr sollt Ländereien erhalten«, sagte der Kaiser, »und einen Palazzo über der Stadt. Ferner ernenne ich Euch zum offiziellen Hofalchemisten.«

Die Worte klangen unwirklich. Edward verneigte sich. Ob der Palazzo einen Erker hatte? Edward unterdrückte ein Grinsen und hielt Ausschau nach Jacob. Er stand in der letzten Reihe, unweit der Tür.

»Außerdem«, der Kaiser lächelte Edward freundschaftlich an, während alle mit offenem Mund lauschten, »schenke ich Euch eines meiner grauen Andalusierpferde.« Edward lief ein Schauer über Arme und Beine. Ein ehrerbietiges Zischeln ging durch die Reihen. Vom Kaiser einen Andalusier geschenkt zu bekommen, galt als der denkbar höchste Gunstbeweis.

»Ein Hoch auf den neuen Hofalchemisten!«, rief Thaddaeus Hagecius aus. »Ein Hoch auf den neuen Hofalchemisten!«, schallte es zurück. Alle Alchemisten und Gehilfen reckten die Arme hoch, warfen ihre Hüte und Baretts in die Luft. Edward stand in der Mitte des Kreises. Seine Glieder fühlten sich gleichzeitig benommen und schwerelos an. Er sah, wie Jacob verhalten mitjubelte, sich allmählich zur Tür bewegte und verschwand.

40: IM GESTENPARADIES

In ihrer Gehörlosenschule nimmt Margarète neue Gesten für reife Oktoberfrüchte aus der Luft, erhält eine überraschende Buchanfrage und erwartet einen Konkurrenten.

Margarète lief in die Küche, setzte sich an den massiven Eichentisch und schlang Milchsuppe, Weizenbrot, Speck und Eier hinunter. Die stumme Haushälterin, die sie vor einer Woche eingestellt hatte, lachte und bedeutete ihr mit Gebärden, langsamer zu essen. Margarète hatte Mühe, diesem Rat nachzukommen, wie sie überhaupt Mühe hatte, irgendetwas langsam zu tun, seit sie ihre Schule eröffnet hatte. Jeder Tag erschien ihr wie ihr letzter, als müsste sie die versäumte Zeit aufholen und in den nächsten Stunden alles schaffen, wofür sie auf der Welt war. Sie lehnte sich zurück und sammelte ihre Gedanken. Heute wollte sie den Schülern beibringen, wie man Konditionalsätze bildete. Die Gesten dafür waren nicht schwer. Am Anfang des Wenn-Satzes wurde der kleine Finger gegen die Wange gelegt und die Brauen hochgezogen und vor dem Dann-Satz eine Pause gemacht. Die Frage war aber, ob die Schüler den Unterschied zwischen realen, irrealen und unerfüllbaren Konditionalsätzen erfassen würden.

Die Türglocke läutete. Das musste der Kaufmann von der Kleinseite sein, der seinen tauben Sohn vorbeibringen wollte. Margarète lief nach unten und öffnete. Draußen stand in nagelneuem Seidenwams, schwarzer Samthose und bestickten Seidenstrümpfen Edward. Seit seinem Triumph im kaiserlichen Alchemistenlaboratorium hatte Margarète ihn nicht mehr gesehen. Sie warf sich in seine Arme. Er hatte eine starke Weinfahne. Margarète küsste ihn auf die Wange. »Schön, dass du vorbeikommst!« Sie trat zurück. »Dass du überhaupt Zeit hast! Musst du nicht Gold machen oder deine Ländereien verwalten?«

Edward kniff ihr in die Wange. »Ich habe heute schon drei Unzen Gold geschissen, ein Dutzend Pächter herumkommandiert und Bordelaiser Wein im Erker getrunken.« Zumindest die letzte Behauptung schien zu stimmen. Margarète hielt inne, sah draußen an der Pferdetränke einen Andalusier mit weiß geflecktem grauem Fell stehen. Seine lange Mähne war dunkelgrau, sein Kopf fast strahlend weiß. »Was für ein schönes Pferd!« Ein junger Diener nahm dem Tier den Sattel ab.

»Dein Diener?«

Edward nickte verlegen. »Ich bezahle ihn gut.« Er schloss die Tür. »Die Stute ist viel zu schnell für die engen Prager Gassen, sie bräuchte ein weites Feld und ein paar Verfolger, um auf Touren zu kommen.« Im Flur blickte Edward auf die umherliegenden Bretter und Werkzeuge. »Ich dachte, ich könnte vielleicht beim Einrichten helfen, auch wenn ich niemals einen Nagel so schnell einschlagen werde wie du.«

»Musst du nicht deinen eigenen Palazzo einrichten? Wo liegt er eigentlich?«

»Nahe der Burg. Vom Erker aus sehe ich über die ganze Stadt und abends sogar die Betrunkenen, die über die Prager Brücke torkeln.«

Margarète geleitete ihn den Korridor hinunter, freute sich, seine Stimme zu hören, seinen englischen Singsang.

Sie gingen an seilspringenden Schülerinnen vorbei sowie an einigen Handwerkern, die ein Pult und Tische zusammenzimmerten. Zwei Jungen kamen ihnen, einen Ball prellend, entgegengelaufen, fragten Edward mit den Händen, wer er sei und was er hier mache. Edward gestikulierte, dass er erstens einer schön geformten Dame und zweitens einem stummen Skelett einen Besuch abstatte. Lachend schlug Margarète ihm auf die Finger.

»Hat unser Polyglotter inzwischen die Sprache des Hauses gelernt?«, fragte Edward.

Margarète schüttelte den Kopf.

Edward blickte in einen Unterrichtsraum, in dem eine große Tafel hing und diverse Tische und Stühle standen. Er sah zur hohen mit Stuck verkleideten Decke empor. »Alle Achtung! Und du unterrichtest schon, obwohl die Handwerker noch arbeiten? Wie viele Schüler hast du denn schon?«

»Ein knappes Dutzend und es kommen immer mehr Anmeldungen.«

»Wo ist denn unser Meisterspion?«, fragte Edward.
Margarète seufzte. »Noch im Bett.«
»Muss er nicht zur Burg hoch?«
»Doch.«

Während sie die Treppe hochstiegen, schlug es von der Teynkirche halb neun. Sie betraten das Schlafzimmer, wo Edward das Himmelbett, den körpergroßen Spiegel, den Eichenschrank, den Kachelofen und die verglasten Fenster bestaunte. »Vielleicht sollte ich eine Bogenschieß-Schule aufmachen.«

Jacob wälzte sich im Schlaf herum, murmelte etwas.

Edward beugte sich vor. »Was sagt er?«

Margarète zuckte mit den Achseln. »Er benutzt irgendwelche Sprachen, die ich nicht kenne, er scheint sie abzuwechseln. In letzter Zeit macht er das dauernd im Schlaf, vor allem wenn er zu Lord Willoughby muss, um Bericht zu erstatten. Heute Abend ist es wieder so weit.«

Edward horchte auf. »Vielleicht benutzt er im Traum so viele Sprachen, weil er sie am Tag nicht verwenden darf.«

Margarète nickte. »Manchmal frage ich mich, wie lange er das Spionieren noch aushält und wie lange Prag«, sie seufzte, »und wie lange mich und die Schüler mit unseren Gebärden und unserer Begeisterung.«

Margarète sah in den Spiegel und richtete ihre Haube. »Ich muss mit dem Unterricht anfangen. Kommst du mit?«

Edward folgte ihr nach unten, wo sie nahe dem Ausgang zu Hof und Garten eine Kurbel betätigte. Überall, auf dem Hof, im Flur und im behelfsmäßig hergerichteten Schlaf- und Speisesaal, drehten sich daraufhin große Holzadler quietschend um ihre eigene Achse. Edward blickte auf den kreiselnden Adler direkt vor ihnen. »Was ist denn das?«

»Eine sichtbare Glocke anstelle einer hörbaren; vom besten Automatenbauer Prags ausgeführt.«

Edward pfiff anerkennend durch die Zähne. »Aber sicher dein Einfall?«

Margarète lachte. »Sicher.«

»Warum ein Adler?«

»Weil Adler so gut sehen und meine Schüler sehen alle doppelt so gut wie ich.«

Edward trat an den kreiselnden Adler heran, strich ihm über die Flügel. »Er erinnert mich an Dees Vogel.«

»Daran muss ich beim Kurbeln auch immer denken.«

»Immer?« Edward sah sie eindringlich an.

Margarète blickte in den Hof hinaus. »Es war schön in den Pyrenäen, auf den Schiffen und Wiesen. Es war eine gute Zeit, gefährlich, schwierig, aber gut.«

Edward schien ihre Worte aufzusaugen. »Sehnst du dich zurück?«

Margarète schüttelte den Kopf. »Nein, damals hing ich in der Luft, hatte keine Aufgabe.«

Von allen Seiten kamen Schüler herbeigelaufen und sammelten sich vor dem Adler am Ausgang.

»In der Luft zu hängen, ist nicht das Schlechteste«, sagte Edward mehr zu sich selbst als zu Margarète.

Gefolgt von den Schülern gingen sie am sprudelnden Brunnen vorbei in den Garten. Das Licht der Oktobersonne fiel auf das satte Grün der Gräser, auf die roten und gelben Blätter der Buchen und Kastanien, die reifen Früchte im Gemüsegarten. Alles schien prall, übervoll von einem langen warmen Sommer.

Edward blickte sich um. »Fast ein Garten Eden.«

Da kam Jacob aus dem Haus. Margarètes Puls beschleunigte sich. Er schlurfte, hatte zerzauste Haare, sein Wams war nicht zugeknöpft, das Hemd hing über der Hose. Er hatte eine Schüssel Milchsuppe und ein Stück Brot in der Hand, wirkte, als wäre er nicht hier, sondern ganz woanders. Er hatte stets gewirkt, als wäre er mit seinen Gedanken nur zur Hälfte anwesend, wo auch immer er sich befand. Es war etwas, was Margarète an ihm liebte. Doch nun schien es, als genügte eine Böe, um den schmalen Körper fortzutragen. Edward winkte ihm, Jacobs Augen blitzten auf wie lange nicht. Margarète spürte einen Stich in der Brust.

Die Kinder wiesen auf Äpfel, Birnen, Brombeeren, Ahornblätter, Kastanien und Löwenzahn. Margarète vollführte die entsprechenden Gesten. Wellen schwappten durch ihren Körper in ihre Finger. Die Kinder saugten die Gebärden auf, ahmten sie nach, als hätten sie sie schon immer in sich getragen. Edward sah mit schnellen Augenbewegungen ungläubig auf Margarètes Hände. »Du wirst immer noch besser.«

Jacob reichte Edward das Brot und die Milchsuppe, lehnte sich mit hinter dem Rücken verschränkten Händen an eine Buche. Die Schüler setzten sich im Halbkreis ins Gras. Johannes-Friedrich von Pfalz-Neuburg trat vor und erzählte Äsops Fabel vom Fuchs und vom Raben, die Margarète ihm vor zwei Tagen beigebracht hatte.

»Äsop!«, rief Margarète dem fragend blickenden Edward zu.

Der schlürfte genüsslich die Milchsuppe. »Äsop?«

Margarète lachte, während die Kinder an den Fingern des Jungen hingen. »Mit Gesten geht alles: Fabeln, Oden, Gedichte, Mythen, Rhetorik, Mathematik, Geschichte, die Bibel, nur Latein geht nicht. Sprachen gehen nicht.«

Margarète biss sich auf die Zunge. Was plapperte sie da? Warum hatte sie das mit den Sprachen hinzufügen müssen? Sie schielte zu Jacob hinüber, der, immer noch die Hände auf dem Rücken, ins Blätterdach einer Kastanie blickte.

Als Johannes-Friedrich fertig war, legte Margarète den kleinen Finger auf die Wange, zog die Brauen hoch und gestikulierte *Wenn die Sonne scheint, werfen die Bäume Schatten*. Dann vollführte sie die Bewegungen mit zur Seite geneigtem Kopf und führte *Wenn es regnen würde, wären wir im Haus* vor. Dann neigte sie den Kopf hintereinander zu beiden Seiten, während sie *Wenn es geregnet hätte, wären wir alle nass, aber wir sind trocken* vormachte. Einige Kinder blickten ratlos, andere nickten, stießen einander an und probierten eigene Bedingungssätze aus. Johannes-Friedrich gestikulierte *Wenn Winter wäre, hätten die Bäume keine Blätter*. Aneta, eine Hutmachertochter, zeigte mit schiefem Kopf auf sich, dann auf einen Vogel und gestikulierte *Fliegen*. Nach und nach begriffen immer mehr Schüler das Prinzip, und Margarète schaute ihnen zu, wie sie kraft ihrer Hände die Wirklichkeit hinter sich ließen.

Jacob und Edward zogen sich zur Gartenmauer zurück. Margarète spitzte die Ohren, hörte Edward berichten, dass die ihm vom Kaiser geschenkten Ländereien auch einen Weinberg einschlossen. »Ein Leben lang Wein umsonst. Du musst mal kommen, im Erker mit mir trinken und auf die Moldau gucken.«

Jacob holte ein Schreiben mit erbrochenem Siegel aus der Hosentasche und hielt es Edward mit düsterer Miene hin: Es war der Brief, den er decodiert hatte und in dem die Namen katholischer englischer Verschwörer standen, wusste Margarète. Jacob hatte ihn ihr am Vorabend gezeigt. Vera, ein Mädchen mit langen braunen Zöpfen, zupfte Margarète am Rock und gebärdete *Wenn es keine Kirche gäbe, könnte ich morgen nicht beten.* Margarète streichelte ihr über den Scheitel. Nun drängten sich alle Schüler vor, zeigten ihr Bedingungssätze in allen drei Varianten. Aus den Augenwinkeln sah Margarète, wie Edward mit den Achseln zuckte. Margarète horchte genauer hin. Edward holte Luft. »Du hast sie nicht gebeten, ein Komplott zu schmieden.« Jacob stampfte mit dem Fuß auf, zischte etwas, das nicht zu verstehen war. Daniel, der Sohn eines Freiherrn, winkte vor Margarètes Augen und führte ihr den Satz *Wenn wir die Äpfel ernten, werden wir viel Saft trinken* vor.

»Ich will nicht ihren Tod verschulden, egal, was sie vorhaben!«, war Jacob zu vernehmen.

»Wenn du den Brief nicht weitergibst, stirbt vielleicht die Königin«, sagte Edward, »sieh es doch mal so. Du rettest ihr das Leben.«

Aneta formte Daniels Satz in einen irrealen Bedingungssatz um.

»Seit wann scherst du dich um das Leben von Monarchen«, rief Jacob, »seit du selbst fast einer bist?«

Vera zog Margarète am Ärmel und gestikulierte *Wenn ich zum Markt gegangen wäre, hätte ich Eier gekauft,* als das Geräusch von reißendem Papier zu hören war. Jacob hatte den Brief entzweigerissen, tat es noch einmal, zweimal, dreimal, warf die Schnipsel hoch in die Luft. Margarètes Glieder gefroren. Die Kinder folgten ihrem entsetzten Blick und schauten Jacob und die langsam um ihn herum zu Boden rieselnden Papierfetzen reglos an.

Jacob eilte an der Mauer entlang zum Haus. *Er hat einen ganz anderen Schritt,* fiel Margarète auf, *schnell und entschlossen, den Kopf erhoben.* Margarètes Puls raste, es schien, als wankte der Boden unter ihren Füßen. Er würde es tun: fortgehen aus Prag, fort von ihr. Schon fiel die Tür hinter ihm ins Schloss. Hitze stieg Margarète in Hals und Wangen. Edward lief zu ihr, sie ergriff seine Hand. »Er ist verrückt geworden«, sagte Edward. Sie liefen ins Haus, die Treppe hinauf und den Korridor hinunter zum Schlafzimmer.

Als Margarète und Edward eintraten, stand Jacob vor dem Bett. Er hatte sein Bündel ausgebreitet, Bücher und Kleidungsstücke auf das Bett geworfen. Jetzt packte er seine Schreibutensilien zusammen, ohne zu ihnen hinüberzublicken.

Margarète blieb auf halbem Weg zum Bett stehen, Edward lehnte sich in den Türrahmen. »Was soll denn das jetzt?«

Jacob warf sein achtsprachiges Wörterbuch auf das Bett.

»Lass den Unsinn.« Edwards Stimme war ruhig.

Jacob legte seine Wämser und Hosen auf das Tuch.

»Du bist hier sicherer als irgendwo anders«, sagte Margarète. Ihre Kehle war dermaßen zugeschnürt, dass sie kaum sprechen konnte.

Jacob verknotete die Enden des Bündels. »Auf der Flucht muss ich niemanden verraten.« Er warf sich das Bündel über die Schulter, stand aufrecht, sah Edward gerade in die Augen, dann Margarète. Sie fröstelte. *Es ist wie damals auf dem Scheiterhaufen,* ging es Margarète durch den Sinn, *je mehr Jacob mit dem Rücken zur Wand steht, je bedrohter er ist, desto stärker wird er.*

»Und wenn sie dich gefangen nehmen«, Edward stellte sich in die Tür, »irgendwo auf freiem Feld, wo dir niemand helfen kann, wo wir weit weg sind?«

Jacob nahm das Bündel fester, trat einen Schritt auf Edward und die Tür zu. »Ich werde ohne eure Hilfe auskommen müssen.« Er machte einen weiteren Schritt, hielt inne, sah auf das Regal. Dort lag das Gestenbuch. Er stockte, umschloss das Buch mit der Hand, blickte Margarète fragend an. Sie nickte. Sie brauchte es nicht mehr, kannte es auswendig. Jacob steckte den Band in sein Bündel. *Indem er meine Sprache mitnimmt,* dachte Margarète mit klopfendem Herzen, *macht er mir ein großes Geschenk.*

Sie trat auf ihn zu, schlang die Arme um ihn. »Aber es ist nur geliehen. Du musst es mir wiederbringen.«

Jacob drückte sie fest an sich. Margarète kämpfte die Tränen nieder.

Er ging zur Tür, wo Edward stand. Die beiden Männer sahen einander reglos an. *Jacob ist schmal gegen Edward,* dachte Margarète, *doch sein starker Wille steckt in jeder Körperfaser.* Edward öffnete den Mund, schloss ihn wieder und trat zur Seite.

Jacob legte ihm eine Hand auf die Schulter und ging hinaus.

»Nimm meinen Andalusier, er steht vor dem Haus, mit ihm bist du schneller!« Edward drehte sich nach Jacob um. »Sag meinem Diener das Wort *Erfurt,* das ist unsere Losung für vertrauliche Nachrichten. Dann wird er dir das Pferd überlassen.«

Jacob stockte, sah Edward überrascht und belustigt an. »Erfurt?«

Edward errötete. Was, fragte sich Margarète, mochte das Wort für die beiden bedeuten?

»Nun mach schon, dass du wegkommst!«, rief Edward aus.

Margarète schwindelte, ein bitterer Geschmack breitete sich in ihrem Mund aus.

Jacob lachte ihnen zu, übermütig jetzt. »Danke!« Rasch rannte er die Treppe hinunter.

Mit weichen Knien trat Margarète hinaus auf den Balkon. Von dort aus würde sie Jacob die Gasse entlangreiten sehen. Margarète seufzte auf und ging zum Geländer. Edward trat neben sie und blickte über die Dächer. »Er kommt zurück, ganz sicher. Sie können ihn nicht ewig für einen Ursprachenkenner halten.«

Wahrscheinlich stimmte das. Margarète nickte und stützte die Ellenbogen auf das Geländer. »So oder so wird er in etwa sechs Monaten wieder bei mir sein, zumindest ein Teil von ihm.«

Edward stutzte, starrte an Margarète hinab. »Nein!«

»Doch.«

Edward wies in Richtung der Gasse. »Und Jacob weiß nichts davon? Will davonreiten und ahnt nichts?«

Margarète schüttelte den Kopf.

»Immerhin wird das Kind am richtigen Ort geboren«, stammelte Edward, »es wird einmal durch die Prager Straßen laufen und zehnsprachig zurückkommen.«

»Mindestens«, lachte Margarète, während ihr Tränen die Wangen herunterliefen, die sie sofort abwischte. »Und es wird das erste Kind der Welt sein, das mit der Gebärdensprache aufwächst. Am Ende wird es sie besser beherrschen als ich.«

Hufe klapperten auf dem Kopfsteinpflaster. Margarète fuhr zusammen, sie lehnte sich vor. Jacob stand in den Steigbügeln. Ein paar Händler mit Karren wichen ihm und der grauen Stute mit dem wehenden dunkelgrauen Schweif gerade noch rechtzeitig aus. Jacob drehte sich nicht um und verschwand in einer Staubwolke.

41: WALISISCH, DREIMAL GEDREHT, NACH BELLASO, GEMATRISCH IM QUADRAT UND MIT CHINESISCHEM SCHLÜSSELWORT

Wenige Tage später: Jacob sieht ein ostafrikanisches Nashorn in einem Kronleuchter hängen, begegnet dem Buch Soyga wieder und hört den Kaiser lachen.

Die Zellentür aus schweren Eisengittern fiel scheppernd hinter Jacob ins Schloss. Drei Soldaten in Brustpanzern führten ihn den Gang des Daliborka-Turms auf der Prager Burg hinunter, an etlichen Zellen vorbei. Einer der Soldaten, ein hochrangiger offenbar, in kostspieliger Kleidung aus Seide, hielt ihn am Oberarm fest. Wohin sie ihn brachten, hatten sie ihm nicht gesagt. Wahrscheinlich zum Verhör. Jacob richtete den Blick geradeaus und knirschte mit den Zähnen. Eine Folter würde er nicht lange aushalten. Doch wie sollte er denen, die ihn verhören würden, klarmachen, dass er die Ursprache nicht beherrschte? Wenn er sie kennen würde, so könnte er ihnen darlegen, würde er sich in Luft auflösen, Mauern und Fesseln sprengen, stünde gar nicht vor ihnen. Dann hätte er sich auch nicht kurz hinter Iglau achtzig Meilen südöstlich von Prag einfangen und anderthalb Tage lang im Daliborka-Turm einsperren lassen. Als sie vor das Tor des Gefängnisturms traten, blendete Jacob das Licht der Nachmittagssonne.

Die Soldaten führten ihn zwischen dem Weißen Turm und dem Rosenbergpalast, dessen Eingang von einer halben Rundkuppel überwölbt war, entlang. Hatte Lord Willoughby seine Drohung wahrgemacht und ihn verraten, fragte sich Jacob, nachdem er nicht zur letzten Zusammenkunft erschienen war? Hatte Nikolaus Kolbecius die Gerüchte vom Ursprachenkenner von Pau mitbekommen und ihn wegen seines fließenden Italienisch und seiner grauen Augen angezeigt, nachdem er nicht mehr zur Arbeit gekommen war? Oder, Jacob stockte der Atem, hatten sie ihn gar nicht festgenommen, weil sie ihn für einen Ursprachenkenner hielten, sondern weil er ein Spion war? War Kolbecius doch misstrauisch geworden, weil er ihn, Jacob, über dem Stapel Briefe ertappt hatte? An der Fassade des Weißen Turms, in dem sich ebenfalls Gefängniszellen befanden, hing ein Käfig in rund fünf Schritten Höhe. Darin saß, auf spärlich ausgelegtem Stroh, ein zerlumpter jüngerer Mann. Was der wohl getan hatte? Hatte er überhaupt etwas getan? Jacobs Magen zog sich zusammen, während sie an den Holzhütten im Schatten des Veitsdomes vorbeigingen. Die Handwerker, Brotbäcker und Schmiede schauten ihn neugierig an und flüsterten. Als Jacob stehen blieb, um sich einen Stein aus seinen löchrigen Schuhen zu schütteln, schob der Soldat ihn ungeduldig weiter. Unvermittelt sah Jacob vor seinem inneren Auge Margarète, wie sie mit ausgebreiteten Armen über ihm schwebte, auf der Prager Brücke, spürte ihre Hüften in seinen Händen, den Stoff ihres Kleides an den Fingerkuppen.

Der spitze Stein bohrte sich in seine Fußsohle. Wenn er tot war, würde er den immerhin nicht mehr spüren. Jacob lachte bitter auf. Der Soldat, der ihn führte, schaute ihn überrascht an. »Na, so wird beim Gespräch mit dem Kaiser wenigstens einer lachen. Der Kaiser tut es nämlich nie.«

Der Kaiser? Sie wollten ihn doch nicht etwa geradewegs zu Rudolf II. bringen? Jacob schüttelte leise den Kopf. Soldaten trieben gern ihre Späße mit Gefangenen und dieser war offenbar keine Ausnahme. Links tat sich nun der frühere Königspalast mit seinen abgebröckelten Mauersteinen auf, wo er als Schreiber gearbeitet hatte. War das Nikolaus Kolbecius, der aus dem Fenster im zweiten Stock lugte? Ja, er war es, doch der Hofschreiber zog den Kopf schnell zurück. Ob dieser freundliche Mensch ihn wirklich angezeigt hatte? Der Soldat verstärkte seinen Griff. Jacob schüttelte im Gehen den Stein an den Rand des Schuhs. Sie gingen am Veitsdom und an der Allerheiligenkirche vorbei. Dahinter erschien die prunkvolle Seite der Burg: der rund hundert Schritte lange neue Palastflügel aus weißem Sandstein mit dem Astronomieturm und die spanischen Ställe mit den Andalusierpferden. Aber dort gab es sicher keine Folterkeller. Die lagen in seinem Rücken, im Schwarzen Turm und im Daliborka-Turm, aus dem er kam. Was sollte er auf der prunkvollen Seite der Burg?

Der spitze Stein schnitt ihm wieder in die Fußsohle. Er schrie auf. Der Soldat verdrehte die Augen, ließ ihn los. »Schüttle deinen Schuh schon aus.« Während Jacob in die Hocke ging, richteten die drei Soldaten die Spitzen ihrer Hellebarden auf ihn. Er holte den Stein heraus. Kaum hatte er den Schuh wieder zugebunden, zog der ranghohe Soldat ihn hoch, bugsierte ihn weiter, auf den Eingang des neuen Palastflügels unweit des Astronomieturms zu. Hier hatten nur wenige Zutritt: Gesandte, Botschafter, Astronomen von Rang, Wissenschaftler, Maler oder Bildhauer. Die Soldaten führten ihn geradewegs durch das Tor. Was sollte das?

Links und rechts des von der Nachmittagssonne durchfluteten Ganges befanden sich große Säle voller Pferdegeschirr: goldbestickte Sättel aus rotem Samt mit vergoldeten Messingsteigbügeln und hohem Knauf, wahrscheinlich waren es türkische, in Schlachten erbeutet. Diener und Sattler liefen in Samtgarnitur zwischen den Sälen hin und her, musterten Jacobs schmutziges Hemd, in dem sich Strohhalme verfangen hatten, wandten sich ab, wie um reinere Luft zu atmen. Der Soldat führte ihn eine breite Marmortreppe hinauf.

Im zweiten Stock erstreckte sich ein hoher Gewölbesaal mit Gemälden. Ein Bild zeigte einen Feldhasen, der echter aussah als jeder Artgenosse, der in freier Natur über die Wiesen sprang. Daneben hing ein Porträt Rudolfs II., aus einzelnen Leinwandlamellen zusammengesetzt wie ein Gitter. Während Jacob voranging, den Blick weiterhin auf das Porträt gerichtet, verschwand jedoch das Bild Rudolfs II. und verwandelte sich in das eines anderen Adligen, den Jacob nicht kannte. *Es ist unglaublich, was Maler können,* dachte Jacob. Dagegen war er mit seinen Sprachen gar nichts. Das Bild daneben maß über fünf Schritte und zeigte zwei hohe spitze Berge, die über einem grünen Tal aufragten, vielleicht eine böhmische Landschaft. Der Kaiser, so hatte Jacob erfahren, reiste ungern, wollte aber über Gemälde seine Ländereien kennenlernen. Der Soldat zerrte ihn am Kragen weiter. »Wir sind hier nicht bei einer Schlossbesichtigung.«

Am Ende des Korridors, am Eingang zum kaiserlichen Palast, erreichten sie eine massive Tür aus Eichenholz mit vergoldeten Handgriffen auf Kopfhöhe. Jacobs Brust zog sich zusammen. Er musste sich tatsächlich vor dem Empfangssaal des Kaisers befinden. Das ergab keinen Sinn. Wie weit wollten sie ihren Scherz treiben? Der Soldat ließ ihn los, wich aber nicht von seiner Seite. Die beiden anderen Soldaten postierten sich mit ihren Hellebarden am Treppenaufgang. Vor der Tür warteten, auf gepolsterten Lehnstühlen, ein Dutzend Männer, deren Federbaretts, Goldketten, Samtmäntel, Degen und mit Perlen und Edelsteinen bestickte Wämser gut und gern dem Wert einer Burg entsprachen. Wahrscheinlich handelte es sich um Gesandte von Herzögen und Fürsten, vielleicht sogar von Königen. Ihre Diener saßen auf einer langen Holzbank oder standen in Pulks beieinander. Alle unterbrachen jetzt ihre Gespräche, sahen zwischen Jacob und dem Soldaten hin und her, begriffen sicherlich, dass er ein Gefangener war, beschauten ihn von Kopf bis Fuß, rümpften die Nase, grinsten oder starrten misstrauisch. Für wen oder was hielten sie ihn? Für einen Dieb, einen Betrüger, einen Spion, einen Ketzer? Das meiste davon traf zu.

Ein Diener in dunklem Wams, der vor der Tür stand, trat ein paar Schritte vor, blickte kurz auf Jacob, dann auf den Soldaten, der nickte, woraufhin der Diener die Tür öffnete und im Saal verschwand.

»Das darf doch jetzt bitte nicht wahr sein!« Ein Adliger in grünem Samtmantel und mit zwei Diamantringen an den Fingern starrte den Soldaten zornig an. »Dieser zerlumpte Gefangene da kommt sofort an die Reihe, kaum dass er eintrifft. Und wir warten hier zum Teil schon seit Tagen!«

»Vor uns spazieren scharenweise Bildhauer, Maler, Astronomen und Alchemisten hier rein«, ereiferte sich ein hochgewachsener Gesandter, dessen Hose mit einer besonders großen, von Schleifen geschmückten Schamkapsel versehen war, »und jetzt auch noch Halunken! Wie viele

Leute muss ich umbringen, bestehlen oder was auch immer, um endlich vorgelassen zu werden?«

Der Adlige im grünen Samtmantel beugte sich vor, wobei er seinen Degen fest umklammert hielt, als wolle er ihn jeden Moment ziehen. »Ich komme im Namen des Königs von Frankreich!« Seine Augen weiteten sich, als würde ihm die Ungeheuerlichkeit dessen, was er sagte, erst jetzt voll bewusst. »Ich habe Dinge von größter Wichtigkeit mit dem Kaiser zu besprechen! Und warte seit drei Tagen!«

Der Soldat blickte starr geradeaus.

»Und ich«, fiel ein kleiner, beleibter Bischof mit violetter Kappe ein, »komme im Auftrag des Papstes und warte seit sechs Tagen!«

Der Soldat entgegnete nichts. Jacobs Muskeln spannten sich. Doch ehe er sich regen konnte, sank bereits der Arm des Soldaten blitzschnell auf seine Schulter. »Du rührst dich nicht von der Stelle«, raunte er.

»Da könnten die Türken durch die Straßen von Prag marschieren«, rief der Gesandte mit der großen Schamkapsel, ein mehrfach versiegeltes Schreiben hin und her wedelnd, »und Rudolf würde immer noch ausschließlich Sternengucker, Alchemisten und Gesindel vorlassen!«

Jacob pochte das Blut in den Ohren. Es konnte doch nicht sein, dass sie ihn wirklich vor den Kaiser brachten. Wozu? Wenn Rudolf II. das Geheimnis der Sprache der Schöpfung aus ihm herauspressen wollte, gab es dafür doch Folterknechte.

Die große Eichentür öffnete sich, der Diener wies Jacob in den Raum.

Jacobs Glieder bewegten sich nicht, er wollte weg, nur fand sich kein Fluchtweg; vor ihm lag der Saal, hinter ihm der Treppenaufgang mit den Soldaten. Der Soldat schob ihn vorwärts. »Unerhört!«, »Unglaublich!«, schimpfte es hinter Jacob. Die Diener in der Ecke bei der Tür flüsterten: »Wer ist das bloß?«, und: »Warum interessiert sich der Kaiser derart für diesen Gauner?«

Die Türen schlossen sich hinter Jacob und dem Soldaten. Der erste Mensch, den Jacob unter der hochgewölbten, mit Fresken verzierten Decke im rundum holzvertäfelten Raum erblickte, war der Hofalchemist Thaddaeus Hagecius. Er trug sehr viel prächtigere Kleidung als vor knapp anderthalb Wochen im Laboratorium: einen roten Seidenumhang, ein mit Perlen besetztes Wams sowie eine Goldkette. An einem Apparat mit langem Riemen und Schleifstein stand in grauem Satin, eine Pfauenfeder im schwarzen Barett, der Kaiser. Jacobs Herz setzte aus. Er würde wirklich vom Kaiser verhört werden oder jedenfalls in dessen Beisein! Es würde um die Ursprache gehen, nicht um Spionage. Einen Spion konnte man aufknüpfen, ohne dass es den Kaiser scherte, doch die Ursprache könnte ihn reizen, genauso wie ihn die Alchemie reizte. Rudolf II. legte einen großen weiß schimmernden Diamanten an den Schleifstein, sah nicht auf. Der Kaiser war bekannt dafür, dass er Diamanten schliff, wusste Jacob. Er hatte sogar ein eigenes Schleifverfahren entwickelt. Zu seinen Füßen lag, lang gestreckt und gähnend, ein Löwe. Jacob starrte auf die spitzen Eckzähne des Tiers. Er hatte schon von diesem Löwen gehört. Der Kaiser hatte ihn von klein auf an sich gewöhnt.

Neben dem Soldaten trat Jacob vor. Der Soldat verbeugte sich bei jedem zweiten Schritt vor dem Kaiser, Jacob tat es ihm nach, bis sie vor dem Arbeitstisch aus Mahagoniholz angekommen waren, hinter dem Hagecius stand. Jacobs Puls raste. Als er sich aufrichtete, fiel sein Blick auf eine Kanne mit einer vergoldeten Tülle, die am Rand des Arbeitstisches stand. Sie war aus einem faserigen braunen Material gefertigt.

»Kokosnuss von einer Insel im Indischen Meer.« Das war die Stimme des Kaisers. Er hatte in freundlichem Ton gesprochen, Jacob dabei aber nicht angesehen, war nach wie vor mit dem Diamanten beschäftigt, hielt ihn ins Sonnenlicht und betrachtete das funkelnde Farbenspiel.

Hagecius nickte dem Soldaten zu. Der verließ rücklings, sich mehrmals vor dem Kaiser verneigend, den Saal.

»Du bist also derjenige, der die Sprache Enochs entziffert hat?«, fragte Hagecius in sachlichem Ton auf Latein.

Jacob verschränkte die Hände hinter dem Rücken, knetete die Finger aneinander. Es würde also tatsächlich um die Ursprache gehen.

»Nein«, sagte er kaum wahrnehmbar. Er hatte einen Kloß im Hals, räusperte sich. Im Kronleuchter über dem Ersten Hofalchemisten sah er ein riesiges Skelett mit langer Wirbelsäule und einem Horn über dem Gebiss hängen.

»Nashorn, aus Ostafrika«, sagte der Kaiser, erneut freundlich und beiläufig, während er mit einem Lappen über den Riemen des Schleifsteins wischte.

»Und wie bist du dann vom Scheiterhaufen in Pau entkommen?«, fragte Hagecius, setzte sich in den Lehnstuhl hinter dem Mahagonitisch.

Jacob zuckte zusammen. Der Hofalchemist hatte in seiner Frage zwei Deklinationsfehler begangen. Dabei hatte Jacob ihn schon sehr gewandt Latein sprechen hören.

Jacob öffnete den Mund, schloss ihn wieder, wusste nicht, was er sagen sollte. Er hatte nicht damit gerechnet, ohne Folter befragt zu werden.

Ein hoher, quietschender Ton bohrte sich in seinen Schädel. Er konnte sich nicht erinnern, je einen derart gnadenlosen, spitzen Klang vernommen zu haben. Das Quietschen blieb hoch, ließ nicht nach. Der Kaiser hatte begonnen, den Diamanten zu schleifen. Jacob atmete tief ein, sah rote Kreise.

»Nun?« Hagecius hob die Augenbrauen, während der Kaiser den Diamanten noch näher an den Schleifstein schob, woraufhin der Ton noch höher und lauter wurde. Jacob wurde heiß. Jeden Moment würden seine Ohren sich schärfen und das Geräusch zu einem Furiengeschrei anschwellen. Dann würde er alles gestehen, was diese beiden Männer wollten.

»Ich war nie in Pau.«

Hagecius verzog den Mund, glaubte ihm offenbar nicht. Was wusste er, fragte sich Jacob. Wenn Lord Willoughby ihn angezeigt hatte, wusste der Hofalchemist so gut wie alles. Jacob überkam ein leichter Schwindel. Wenn es aber der Hofschreiber Nikolaus Kolbecius war, konnte sein Gegenüber nur Mutmaßungen anstellen, Beweise hatte er nicht.

Der Kaiser hielt den Diamanten wieder ins Licht. Er glitzerte mehr als vorher, in mehr Farben. Mit der anderen Hand streichelte Rudolf II. die Mähne des Löwen.

Hagecius beugte sich vor. »Du kannst also kein Bearnesisch?« Er hatte das Prädikat falsch konjugiert: Beging er den plumpen Fehler absichtlich?

»Nein.« Jacob spürte Schweiß auf der Oberlippe.

Der Kaiser legte den Diamanten wieder an den Schleifstein, das Geräusch erfüllte den Saal bis in jeden Winkel.

»Wo warst du in den Monaten, bevor du nach Prag gekommen bist?«

»Ich …«

»Ja?«

»Ich war in Erfurt.«

Hagecius kniff die Augen zusammen, während das Schreien und Pfeifen des Diamanten unter dem Schleifstein unvermindert weiterging. Eine Weile war nur dieses Kreischen zu hören. Hagecius und der Kaiser blickten Jacob in die Augen.

»Und was hast du in Erfurt gemacht?«, fragte Hagecius.

Ein falsches Partizip: Nicht einmal ein Lateinschüler im dritten Lernjahr begeht so einen Fehler, dachte Jacob, *und schon gar nicht ein Gelehrter wie Hagecius.* Jacobs Glieder entspannten sich, seine Brust wurde weit. Die Fehler machten ihm nichts, wurde ihm klar. Das gellende Geräusch des Schleifsteins quälte ihn nicht. Schon seit Wochen – das wurde ihm erst jetzt bewusst – hatten seine Ohren sich nicht mehr geschärft. Das ständige Hämmern der Handwerker in Margarètes Stadthaus hatte ihn nicht gestört, nicht das Seilschlagen und das Ballprellen der tauben Schüler, nicht die Glocken des Veitsdomes unweit der Schreibstube oder die der Teynkirche gegenüber seinem und Margarètes Schlafzimmer, nicht der Lärm der Schmiede und Zimmermänner in der Handwerkergasse der Burg. Nicht einmal dieses Diamantenschleifen, das wohl unangenehmste Geräusch, das ihm je begegnet war, peinigte ihn. Jacob ballte die Hände hinter dem Rücken. Früher hatte ihn sogar das Scheppern von Besteck in ein Chaos aus Klängen gestürzt. Und jetzt? Nichts. Durch Jacobs Körper ging eine Woge der Erleichterung. Sie konnten ihm nichts anhaben, nicht einmal mit dem Schleifen eines Diamanten. Er war geheilt, begriff er. Margarète hatte ihn geheilt. Oder auf einem Schiff zahllose Sprachen zu hören. Oder dass drei Menschen ihm das Leben gerettet hatten, obwohl er es nicht verdiente. Oder mit Freunden an einem Lagerfeuer zu sitzen, unter freiem Himmel, auf einer endlosen Wiese, beim Gesang Tausender Zikaden.

»Was hast du in Erfurt gemacht?« Hagecius hatte eine Feder vom Arbeitstisch genommen, strich sich damit über das glatt rasierte Kinn.

»Gedolmetscht«, antwortete Jacob, »und übersetzt.« Das hatte er damals in Erfurt so sehr gewollt, doch sein überfeines Gehör hatte ihm einen Strich durch die Rechnung gemacht.

Hagecius atmete tief durch, der Kaiser wischte sich mit einem bestickten Taschentuch den Schweiß von der Stirn. Offenbar hatten sie erwartet, dass er unter dem lauten Schleifgeräusch und ihrer Fehlersalve zusammenbrechen würde wie bei seinem Verhör in Pau. Hatte Willoughby ihnen von dem Erfolg der akustischen Folter des Richters von Pau berichten lassen? Oder hatten die Gerüchte vom überempfindlichen Ursprachenkenner, die auf dem Prager Markt die Runde machten, den Kaiser erreicht?

Hagecius beugte sich noch weiter vor. »Übersetzt?« Ihm schienen die Fragen auszugehen.

Das würde jetzt tatsächlich gehen, kam es Jacob in den Sinn. *Übersetzen, Dolmetschen, Lehren, alles, was ich nur will, egal wo, egal ob zehn Schmiede hundert Hufeisen schmieden, drei Schritte von mir entfernt. Es gibt keine Grenzen mehr für mich.*

»Welche Sprachen hast du gedolmetscht?«, fragte Hagecius in perfektem Latein. Seine Befrager waren offenbar mit ihrer Strategie am Ende.

»Deutsch, Latein, Tschechisch.« Sollte er besser mit der Aufzählung aufhören oder nicht? Jacobs Herz machte einen Sprung. Vielleicht konnte er den Kaiser und Hagecius überzeugen, ihm eine Position als Dolmetscher zu geben, hier und jetzt, am Hof. »Französisch, Italienisch, Spanisch«, fügte er hinzu.

Hagecius zog die Augenbrauen hoch. Der Kaiser hatte ganz mit dem Schleifen aufgehört, stand mit herabhängenden Armen da und hörte zu. Jacob wagte ein leises Lächeln. Mit etwas Glück würde er als Hofdolmetscher wieder aus diesem Saal hinausgehen.

Der Kaiser kam auf ihn zu. Jacob bekam Gänsehaut. Der Mann bewegte sich geschmeidig und wendig. In den Händen hielt er eine silberne Laute.

»Eine spanische Laute«, sagte der Kaiser in einwandfreiem Spanisch, »hast du so was schon mal gesehen?« Rudolf II. hatte sich direkt an ihn gewandt, ihm eine unverfängliche Frage gestellt, von Mensch zu Mensch, als wäre er selbst kein Kaiser und Jacob kein Gefangener.

»Nein, noch nie, Euer Majestät«, gab Jacob auf Spanisch zurück.

Der Kaiser merkte auf. »Kannst du Laute spielen?«

Jacob hob die Hände. »Nein, Euer Majestät.«

»Mein Unterricht ist lange her.« Der Kaiser setzte sich auf einen Stuhl neben Jacob. Er war jetzt ganz nah, Jacob hörte seinen Atem.

Der Kaiser stimmte die Saiten. Auf der Brust, unterhalb des vorstehenden langen Kinns, trug er eine glitzernde Kette mit einem goldenen Anhänger, der wie ein Widderfell aussah: das Emblem des Ritterordens vom Goldenen Vlies. Mit seinen kräftigen Fingern zupfte der Monarch erstaunlich schnell und sanft die nah beieinanderliegenden Saiten, den Blick auf die linke Hand gerichtet. In seinen hellen Augen flackerte Sehnsucht auf, eine einfache und starke Sehnsucht, wie sie alle Menschen empfanden. Die Laute klang silbern und schön, wie aus einer fernen Welt, voller Licht. Und der Kaiser spielte für ihn, einen Schustersohn aus Leipzig.

Jacob hörte, wie sich die große Eichentür öffnete. »Es zieht ein Gewitter auf, Euer Majestät«, sagte jemand, »falls Ihr vorher noch hinüber ins Gartenschloss möchtet?«

Jacob wandte sich um, schaute über die Schulter durch das große Ostfenster nach draußen. Der Himmel war blau und wolkenlos.

Der Kaiser hörte zu spielen auf, abrupt, sah ihn an, ernst, triumphierend. Dann blickte Rudolf II. zu Hagecius hinüber, der zufrieden lächelte. Im gleichen Moment war es Jacob, als würden Ozeane über ihm zusammenstürzen. Dieser Raum schien plötzlich eiskalt und riesengroß. Der Mann, der ein Gewitter angekündigt hatte, hatte Bearnesisch gesprochen.

Jacob warf sich auf die Knie, legte die Handflächen auf die Marmorplatten des Fußbodens. Ihm kam es so vor, als würde ein riesiges Beil über ihm geschwungen, das im nächsten Augenblick sein Genick zerschlagen würde.

»Kein Bearnesisch, ja?« Hagecius' Stimme, stark und fest, klang wie ein Sturm, der sich erst noch zusammenbraute.

Jacobs Stirn war heiß, sein Herz raste. Der Kaiser hatte ihn eingelullt, mit Lautentönen, Vertraulichkeit – und mit spanischen Worten, die einen ähnlichen Klang hatten wie das Bearnesische und so seine Ohren schon auf das Bearnesische eingestimmt.

Der Kaiser entfernte sich mit schnellen kurzen Schritten. Jacob pochte es heiß in den Ohren. Wie hatte er sich nur so überschätzen können? Wie hatte er sich auch nur einen Moment lang einbilden können, einen Hofalchemisten und einen Kaiser hinters Licht führen zu können? Oder vom Kaiser wie ein Vertrauter behandelt zu werden?

Im Raum war es still. Seine Glieder zitterten. Die Tür fiel ins Schloss, wohl der Bearnesisch-Sprecher, der wieder ging.

»Du bist also in Pau von den Calvinisten als Teufelsbündler verurteilt worden und dann mithilfe der Sprache Enochs vom Scheiterhaufen geflohen?« Hagecius sprach in sachlichem Ton.

Jacob richtete den Oberkörper auf. Der Erste Hofalchemist blickte ihn unverwandt an und drehte einen Pergamentbogen mit erbrochenem Siegel zwischen den Händen. Der Kaiser hatte sich auf seinen mit rotem Samt überzogenen Thron gesetzt und betrachtete Jacob forschend. Der Löwe ging an der Seitenwand auf und ab.

»Ja«, sagte Jacob, seine Zunge war knochentrocken, »ich war in Pau und zum Tode verurteilt, aber die Sprache Enochs beherrsche ich nicht.«

»Ah so.« Hagecius lehnte sich zurück, als wolle er zu verstehen geben, dass sie alle Zeit der Welt hatten, bis Jacob gestand.

»Geflohen bin ich mit der Hilfe Gottes und von Freunden, deren Güte ich nicht verdient habe.«

»Und wie?«, fragte Hagecius.

»John Dee ließ einen von ihm mit großem Können konstruierten Vogel kreisen, während ich eine Fantasiesprache benutzte. Die Menschen glaubten, ich beherrschte die Sprache Enochs und hätte Gewalt über den Vogel sowie über das Gewitter, das an dem Morgen ausbrach, und flohen.«

»Eine Fantasiesprache?« Hagecius schaute überrascht, legte das

Schreiben mit dem erbrochenen Siegel auf den Tisch. Der Oberkörper des Kaisers hob und senkte sich, als würde er ein Lachen unterdrücken, doch sein Gesicht wirkte gleichmütig. Im nächsten Moment blickte er unbeteiligt auf die großen Tatzen des Löwen, der immer noch vor der Ostwand hin- und herlief.

»Und woher hattest du diese Fantasiesprache?«, fragte Hagecius.

»Ich habe sie erfunden.«

Hagecius runzelte die Stirn. »Warst du nicht in den Pyrenäen, um die Pfeifsprache der Hirten zu entschlüsseln, die eine Brücke zur Sprache Enochs ist?«

»Doch.« Jacobs Knie schmerzten. Offenbar wussten sie alles. Diese beiden Männer führten ihn wie eine Marionette.

»Und?«

»Ich habe die Pfiffe zwar entschlüsselt, aber …«

»Das hast du?« Der Kaiser schaute ihn mit offenem Mund an.

Hagecius kniff die Augen zusammen. »Demonstriere es.«

»Ich kann es nicht sehr gut.«

»Nur einen Beispielsatz!« Der Kaiser beugte sich vor.

Jacobs Puls raste, er schloss die Augen. Er versuchte, sich die Lippen zu befeuchten, doch seine Zunge war knochentrocken. Er pfiff Margarètes Namen, vorwärts, dann rückwärts. Es war das Erste, was ihm einfiel. Die Töne hallten unter der Decke, strömten in ihn zurück, er sah Margarète, wie sie in den Bergen unweit von Aas die Finger in den Mund steckte und pfiff, als gäbe es nichts Leichteres. Seine Pfiffe wurden stärker, glänzten vor seinen Augen, brachen sich in allen Farben wie vorhin der Diamant des Kaisers. Als Nächstes erzählte er pfeifend von Margarètes Händen, die mehr sagen konnten als alle Worte und alle Pfiffe.

Er öffnete die Augen. Hagecius und der Kaiser blickten ihn an, ihre Gesichter waren weicher geworden.

»Und was hieß das?«, fragte Hagecius in sanftem Ton.

»Dass ich der größte Tor bin, der auf Gottes Erdboden herumläuft.«

Der Kaiser stutzte, lächelte und bedeutete Jacob, sich auf den Stuhl zu setzen, wo er zuvor Laute gespielt hatte.

Jacob stand auf, setzte sich, atmete tief ein.

»Und wieso hast du die Sprache Enochs nicht gefunden?«, fragte Hagecius.

»Das angebliche Buch *Enoch,* das ich hatte ...«

»Woher?« Hagecius' Stimme klang wieder schärfer.

Jacob blickte auf seine Oberschenkel. »Ich habe es gestohlen.«

»Von wem?«

»Von John Dee, bei dem ich in Diensten war.«

»Und dafür hat der Hofastronom dir geholfen, vom Scheiterhaufen zu entkommen?«

Jacob sah auf. »Ich sagte schon, dass ich seine Güte nicht verdient habe.«

Hagecius rieb sich über das Kinn. Der Kaiser hatte das Gesicht auf eine Hand gestützt und schaute Jacob interessiert an.

»Das angebliche Buch *Enoch* also?«, nahm Hagecius den Faden wieder auf.

»Stellte sich als Scherz heraus.«

Hagecius schaute überrascht zum Kaiser hinüber. »Als Scherz?«

»Morgens um zehn sollt Ihr Kohl essen.«

»Entschuldigung?«, fragte der Erste Hofalchemist und zog die Brauen zusammen.

»Dieser Satz stand in dem Buch«, sagte Jacob, »in verschiedenen Sprachen, diagonal, rückwärts, senkrecht, waagerecht. Immer dieselbe Botschaft: *Morgens um zehn sollt Ihr Kohl essen.*«

Der Brustkorb des Kaisers hob und senkte sich wieder, doch sein Gesicht spiegelte nur Aufmerksamkeit.

An den Kaiser gewandt sagte Hagecius: »Ich weiß nicht, ob dieser Ernährungsratschlag der Gesundheit besonders zuträglich ist.«

»Kohl ist gut«, sagte der Kaiser und schaute nach wie vor Jacob an, »immer gut.«

Hagecius erhob sich und ging zum Bücherregal, das die gesamte Querwand hinter dem Mahagonitisch einnahm. Er beugte sich zum untersten Regal hinab und zog ein in dunkelbraunes Kalbsleder gebundenes Buch heraus, mit Messingbeschlägen an den Ecken und mit Blattgold geschmückten Bünden auf dem Rücken und Kranichen auf dem Einband. Jacob stockte der Atem: das Buch *Soyga!* Wie war es hierhergekommen? Jacob sah wieder Dees Finger, die sich auf den Rücken des Buches legten, dann darüber hinwegglitten. So hatte es angefangen. Thomas Phelippes hatte vorgehabt, das Buch zu verkaufen. Vielleicht hatte es ein Unterhändler des Kaisers erworben, vielleicht war es durch mehrere Hände gegangen und schließlich hier eingetroffen. *Es hat die gleiche Reise gemacht wie ich,* dachte Jacob, *nur den letzten Teil in anderer Gesellschaft, doch jetzt ist es hier.*

Hagecius legte das Buch auf den Tisch, schlug auf den Einband, die Haken sprangen aus den Ösen, die Seiten öffneten sich. Jacob schien es, als würde das Buch die Arme ausbreiten. Wenn er darlegte, dass jener Satz tatsächlich in den Quadraten stand, würden sie ihm glauben, dass er die Sprache der Schöpfung nicht beherrschte. Dann wäre er frei. Der Hofalchemist schlug das Titelblatt auf.

»Ich nehme an, das ist das Buch?« Hagecius winkte Jacob an den Tisch.

Er kam heran. »Ja.«

»Die Notiz stammt von dir?« Hagecius zog einen Zettel aus der Wamstasche. Währenddessen fiel Jacobs Blick auf einen Abschnitt des Schreibens, das Hagecius zuvor in den Händen gehalten und auf dem Tisch abgelegt hatte. Unwillkürlich las er ein paar Zeilen in der Mitte des Pergamentbogens:

> *... hat dieser protestantische Sachse mithilfe der Pfeifsprache der Hirten von Aas das Buch Soyga entschlüsselt und beherrscht seither die Sprache Enochs, mit deren Hilfe er vom Scheiterhaufen in Pau floh.*

Jacob setzte das Herz aus. Hagecius war der aus der Wamstasche gezogene Zettel hinuntergefallen, er bückte sich danach. Jacob erhaschte die Unterschrift des Schreibens: *Baron Florimond de Vaillac.* Jacob unterdrückte einen Schreckenslaut. Hagecius richtete sich auf, bemerkte Jacobs Blick auf den Brief, steckte ihn blitzschnell und errötend ein. *Baron Florimond de Vaillac,* schoss es Jacob durch den Kopf. Das Bild des spitzbärtigen Ligisten aus Bordeaux tauchte vor seinem inneren Auge auf. Er war ihm hin und wieder im Château begegnet. Und natürlich, fiel Jacob ein, während Hitze in ihm hochstieg, hatten de Vaillacs Freunde ihn, Jacob, und Margarète vor einigen Wochen hier in Prag gesehen. Wenn sie ihn sogleich benachrichtigt hatten, könnte de Vaillac über schnelle Pferdepost inzwischen an den Kaiser geschrieben haben, um sich an Margarète und vielleicht auch an ihm, der ihre Liebe gewonnen hatte, zu rächen. Was stand wohl sonst noch in dem Brief?

Inzwischen hatte Hagecius den Notizzettel auf den Tisch gelegt. Es war jener, erinnerte sich Jacob, den er aus Dees Notizbuch gerissen hatte, um die Chiffre vor den Quadraten zu lösen. *Lingua avium* hatte er zweimal unterstrichen, mit dicken kräftigen Linien. Wie viel unbekümmerte Zuversicht doch in diesem Schriftzug lag. Es schien Jacob, als hätte er die Worte vor einer Ewigkeit zu Papier gebracht, fast in einem früheren Leben.

»Ja, die Notiz ist von mir«, sagte Jacob.

De Vaillac ist jedoch offensichtlich nicht der Einzige, der mich angezeigt hat, überlegte Jacob. Seine Gedanken überschlugen sich. Vieles von dem, was Hagecius und der Kaiser wussten, hatte der Baron nicht ahnen können. Der Brief war wahrscheinlich zu den anderen Angaben hinzugekommen, die auf Willoughby, Kolbecius oder auf Gerüchte in den Prager Gassen zurückgehen konnten.

Hagecius schob das Buch zu Jacob hin. *Es kann mich nicht mehr betören,* dachte Jacob, *doch es kann mich vielleicht retten.* Vorsichtig legte er die Finger auf die Seiten, blätterte nach hinten zu den Buchstabenquadraten. In den Knicken, den Eselsohren, den Poren und Rissen spürte er eine große Verletzlichkeit des Buches, die ihm vorher nie aufgefallen war. Er schlug das zweite Buchstabenquadrat auf. Seine Randnotizen waren ausradiert worden, wahrscheinlich mit Brotstücken, ebenso die Kreise, die er um die Wörter gezogen hatte. Andere Kreise waren neu gezogen, offenbar zur Verwirrung. Sie stammten sicher von Thomas Phelippes. Jacob fuhr mit dem Finger über zwei der Kreise, stellte sich den jungen Agenten vor, wie er die Kreise eingefügt hatte, mit der hohen Konzentration, die er bei der Lösung des sechsten Bellaso-Rätsels in Dees Bibliothek aufgebracht hatte. Die Kreise waren geschickt gesetzt, erschwerten den Zugang zur Lösung. So hatte Thomas sichergestellt, dass niemand die Lösung fand und er das Buch zu einem hohen Preis verhökern konnte. *Auch Thomas,* dachte Jacob, *hätte dieses Buch entschlüsseln können.*

Zu John Dees Randnotizen waren weitere in kleiner eiliger Schrift hinzugekommen: Aufzeichnungen, die zeigten, dass jemand die Quadrate zu entziffern versucht hatte, aber nicht eine Handbreit an das Geheimnis herangekommen war. Hagecius? Jacob sah vom Buch auf in das Gesicht des Hofalchemisten. Der blickte wie ertappt aus dem Fenster.

Der Kaiser war zu ihnen getreten, schnell und leise, schaute diagonal und senkrecht über die Buchstaben. Sein Zeigefinger deutete auf ein äthiopisches Zeichen. »Was ist das?«

»Äthiopisch, Euer Majestät«, sagte Jacob, »ein *b*. Von weiter vorn muss man hier diagonal und rückwärts lesen, hier ist noch ein äthiopisches *g*, dann ergibt sich das englische Wort *cabbage* für *Kohl*.«

Hagecius beugte sich über die Seite. »Tatsächlich.«

»Dann eine Zeile tiefer springen und senkrecht lesen. Eine Caesar-Verschiebung um vier Stellen ergibt bretonisch *debriñ,* das heißt *essen*.

Hagecius fuhr sich durch die grauen Haare.

»Der Satz fängt hier an: Senkrecht rückwärts und mit Temura-Verfahren ergibt sich בוקר; *bokär,* Hebräisch für *Morgen*.« Der Kaiser und Hagecius verfolgten genau Jacobs Fingerbewegungen, hörten atemlos zu. Jacob fasste Zuversicht. Er musste nur die Wahrheit sagen. Zwischen ihm und der Freiheit lag nur noch die Wahrheit. »*Um zehn* steht hier auf Ungarisch, in persischen und arabischen Buchstaben.«

»Das gibt es doch nicht.« Hagecius starrte auf die Schriftzeichen.

»*Sollt Ihr* ist auf Griechisch codiert: waagerecht übereinander. Man muss jeden zweiten Buchstaben auslassen.«

Der Kaiser blätterte weiter bis zum sechsten Quadrat, dessen viele Zeichen in fremden Schriften ihn aufmerken ließen. »Das hier, bitte.«

»Darin verbirgt sich ein Bellaso-Quadrat mit dem Schlüsselwort *qarmbo,* Euer Majestät, *Kohl* auf Chaldäisch.« Jacob erinnerte sich, wie er dieses Quadrat gelöst hatte, wie schwer es ihm gefallen war, wie seine Fingerkuppen am Papier geklebt hatten. Es war noch immer leicht gewellt. Mehr von ihm war nicht übrig im Buch *Soyga* als diese Spuren der Anstrengung. Die Spuren seines Erfolgs waren ausradiert. »Der Anfang ist hier«, sagte Jacob, »ein *z*, das im Bellaso-Quadrat auf der Q-Zeile ein *b* ergibt. In der A-Zeile wird dann das äthiopisch geschriebene *b* zu *o*, in der R-Zeile wird das chaldäische *m* zu *r* und so ergibt sich Schritt für Schritt *boreol*, das bedeutet *morgens* auf Walisisch.«

»Walisisch und dazu noch Bellaso.« Hagecius schüttelte den Kopf.

»Dann *um zehn* auf Polnisch und *sollt Ihr* auf Arabisch.«

Hagecius seufzte. Es war offensichtlich, dass der Hofalchemist sich an den Quadraten versucht hatte.

Jacob fuhr fort: »*Kohl essen* ist gematrisch verschlüsselt: Diese Reihe hebräischer Buchstaben hat den Wert fünfhundertzwei, genau wie *brassicam edere*.«

»Huh.« Hagecius blies Luft aus. Die Augen des Kaisers strahlten.

»Ich gratuliere«, sagte der Erste Hofalchemist und schüttelte Jacob die Hand.

Auch der Kaiser beglückwünschte ihn, drückte Jacobs Hand fest, mit warmen Fingern.

Jacob durchströmten Wellen des Glücks, die seinen Körper fast zerspringen ließen. Dann klappte, unvermittelt, der große vorstehende Unterkiefer des Kaisers hinunter, die gelblichen Zähne wurden sichtbar und ein heiserer, tiefer Ton entströmte seinem offenen Mund, wurde höher, zu einem Lachen, laut und klar, stieg in Kaskaden auf und ab. »Morgens um zehn sollt Ihr Kohl essen«, stieß er hervor, seine Wangen röteten sich. »Wunderbar. Darauf muss man erst mal kommen!« Sein ganzer Körper wurde vom Lachen geschüttelt, Tränen quollen aus den blauen Augen, die Pfauenfeder am Barett wackelte hin und her, der Kaiser stützte sich auf dem Tisch ab, schnappte nach Luft. »Und dann auch noch rückwärts und nach Bellaso!« Mit seinem Taschentuch wischte er sich die Tränen von den Wangen, gluckste. Hagecius starrte mit offenem Mund auf den Kaiser. Offensichtlich hatte der Hofalchemist ihn noch nie lachen sehen.

»Ich glaube«, der Kaiser schöpfte Atem, »du bist der einzige Mensch unter der Sonne, der dieses Buch lesen kann.«

Jacob verneigte sich. Als er sich aufrichtete, fiel sein Blick wieder auf das Buch *Soyga,* das dalag wie ein gestrandeter Vogel mit ausgebreiteten Flügeln. Der Kaiser steckte sein Taschentuch in die Wamstasche, atmete tief ein, ging zu seinem Thron zurück und setzte sich.

»Und du spionierst für die Engländer.« Hagecius' Worte trafen Jacob wie Peitschenhiebe. Der Hofalchemist schaute ihn mit zusammengepressten Lippen ernst an, zog, ohne Jacob aus den Augen zu lassen, ein Buch aus der Schublade des Tisches, warf es neben das Buch *Soyga.* Jacob erstarrte: Es war sein Notizbuch. Sie hatten es ihm, wie sein gesamtes Gepäck, bei der Gefangennahme abgenommen. Darin hatte er die Botschaft des Briefes an Sir Albert Norton sowie die Adresse Lord Willoughbys festgehalten.

Jacob rührte sich nicht, sagte nichts.

»Auf unsere Nachfragen hin hat Nikolaus Kolbecius berichtet, dass er dich einmal über einen Stapel gerade gelieferter Briefe gebeugt vorfand und du wirktest, als wärst du sehr in Verlegenheit. Außerdem hat Sir Norton den Hofschreiber inzwischen mehrmals nach einer an ihn adressierten Sendung gefragt.«

Hagecius' Blick war bohrend. Jacob verschränkte die Hände hinter dem Rücken, nickte.

»Hast du den Brief an die Engländer weitergeleitet?« Hagecius' Lippen bebten, seine Augen loderten regelrecht vor Zorn. Wie Norton und seine Mitverschwörer war Hagecius Katholik, fiel Jacob ein, ebenso wie der Kaiser, der mit ernster Miene zuhörte. An diesem Hof hasste man religiöse Fehden, Intoleranz und Verrat.

»Nein.« Die Feindseligkeit des Hofalchemisten schnürte Jacob die Kehle zu. »Ich habe den Brief zerrissen. Ich bin aus Prag geflohen, weil ich niemanden verraten wollte.«

Hagecius lachte spöttisch auf. Jacob zuckte zusammen. »Sehr ehrenhaft«, höhnte der Hofalchemist, »wurde es dir mit dem Preisgeben von Menschenleben allmählich zu viel, nachdem du bereits ein Dutzend Männer auf dem Gewissen hattest?«

Ein Dutzend Männer? Was meinte der Hofalchemist?

»An den Galgen gebracht«, stieß Hagecius hervor, »in Pau, schon vergessen?«

Jacobs Herz stockte. Der Hofalchemist spielte auf die Ligisten im Château de Béost an. Jacob sah, wie Hagecius' Hand zu seiner Wamstasche ging, in die er das Schreiben des Barons Florimond de Vaillac gesteckt hatte. *Der Baron,* schoss es Jacob durch den Kopf, *muss mir den Verrat in die Schuhe geschoben haben.* Jacob zitterten die Knie. Für Verrat konnte er gehängt werden. »Das war ich nicht.«

Hagecius fixierte ihn mit finsterem Blick, ebenso der Kaiser.

»Ich wusste nicht, dass in der Burg, wo ich ein Pilgerzimmer bewohnte, auch Ligisten waren«, stammelte Jacob, »ich hatte nichts als die Pfiffe der Hirten im Kopf und das Buch *Soyga.*«

Hagecius atmete tief ein. »Und wer war es dann? Wer hat die Ligisten preisgegeben, wenn nicht du?«

Thomas Phelippes. Der Name lag Jacob auf der Zunge. Das Blut pochte ihm in den Schläfen. »Ich kann es nicht sagen.«

»Margarète Labé?«, skandierte der Hofalchemist.

»Nein«, schoss es aus Jacob heraus. Er sah auf die Tischkante. »Jemand, der ihr das Leben gerettet hat.«

»Geht es konkreter?«, fauchte Hagecius mit vorgebeugtem Oberkörper.

Der Kaiser räusperte sich. »Es ist gut, Hagecius, es ist gut.«

Der Hofalchemist verneigte sich vor dem Kaiser und trat einen Schritt zurück. Jacob atmete auf.

»Was also«, fragte der Kaiser, während er sich in seinem Thron zurücklehnte, »würde dir gefallen im Leben?«

»Entschuldigung? Euer Majestät?«

Der Kaiser schlug die Beine übereinander. »Was würde dir gefallen im Leben?« Jacob schaute auf die Kraniche des Einbands des Buches *Soyga*. Erst einmal überhaupt leben. Der Kaiser wiederholte seinen Satz erneut, diesmal auf Latein, und dann, nach einer Pause, langsam, als spräche er mit einem Dummkopf, noch einmal auf Deutsch.

Jacob starrte noch immer auf die Kraniche.

»Eigentlich dürfte dir diese einfache Frage als Allerletztem Mühe bereiten, nicht wahr?« Der Kaiser zwinkerte Hagecius zu. »Einfache grammatische Struktur, einfaches Vokabular, obendrein in deiner Muttersprache.«

Hagecius grinste, während er sich wieder hinter den Arbeitstisch setzte und Jacob allein neben dem Buch *Soyga* stehen ließ. »Vielleicht, Sire«, sagte Hagecius, »versteht er es besser auf Walisisch, dreimal gedreht, nach Bellaso, gematrisch im Quadrat und mit einem chinesischen Schlüsselwort.«

»Möglich.« Der Kaiser nickte. »Nun?«

»Ich …« Jacob schwindelte. Er stützte sich an der Tischkante ab. »Sprachen sammeln«, kam es schließlich aus ihm heraus, »sehen, wie die Sprachen ferner Länder klingen, wie sie aufgebaut sind, wie sie das Denken prägen.« Seine Worte hallten unter dem Gewölbe wider, trafen die Ohren des Kaisers, der leise nickte wie jemand, dem ein Geheimnis anvertraut wurde. »Gut.« Er straffte sich. »Tausendfünfhundert Taler im Jahr, dazu eine Schiffsreise in die Neue Welt?«

Jacob verneigte sich, stammelte: »Danke, Sire.«

Als er sich aufrichtete, fiel sein Blick wieder auf das Buch *Soyga*. Nun hatte es ihm doch noch den Weg gebahnt, den Weg zu den Sprachen der Welt.

»Es hat fünfhundert Golddukaten gekostet, Majestät«, sagte Hagecius und schaute missmutig auf das Buch.

»Das war es wert«, gab der Kaiser zurück, während ein Lächeln über seine Lippen huschte. Er kraulte die Mähne des Löwen, der sich neben dem Thron niedergelassen hatte. »Und wir können es gut brauchen«, fügte er hinzu. Er sprach leise und mehr zu sich selbst.

Hagecius schaute ihn fragend an. »Majestät?«

Der Kaiser schmunzelte in sich hinein. »Wir werden es ausstellen, als das Buch, das der Entflohene von Pau besessen hat. Es werden etliche kommen, um es zu sehen und zu entschlüsseln. Die besten Kryptologen der Welt werden hierherpilgern, und sie werden es nicht schaffen. Wir werden einen unglaublichen Spaß daran haben.«

Hagecius steckte die Haken des Buches *Soyga* vorsichtig, mit neu erwachter Ehrfurcht, in die Ösen, nickte Jacob freundlich zu, um ihm zu bedeuten, dass er sich entfernen konnte. Dem Kaiser zugewandt, kniete Jacob nieder, doch Rudolf II. drehte mit aus dem Fenster gerichtetem

Blick eine Strähne der Löwenmähne zwischen den Fingern und schien ihn nicht mehr wahrzunehmen. Jacob ging, wie vorher der Soldat, rücklings und sich mehrmals verneigend, auf die schwere Eichentür zu. Der Diener öffnete ihm die Tür, zwinkerte ihm, den Rücken zum Hofalchemisten und zum Kaiser gewandt, freundlich zu. Dann beugte der Diener sich hinaus und rief den Soldaten vor der Tür zu: »Der Mann kann gehen. Er ist frei!« Der letzte Satz pulsierte durch Jacobs Körper hindurch. Einen schöneren Satz gab es nicht. Die Soldaten gingen die Stufen hinunter. Jacob trat hinaus, die Tür schloss sich hinter ihm. Die Wartenden verstummten, starrten ihn ungläubig an.

Jacob fühlte, wie sich ein riesiger Freudenschrei in seinem Körper staute. Er eilte zur Treppe, lief hinunter. Lange Schatten fielen auf die Stufen. Er musste über eine Stunde beim Kaiser gewesen sein.

Jacob machte einen weiten Sprung über die letzten fünf Stufen, jauchzte auf, lief fast in Nikolaus Kolbecius hinein, der sich anschickte, die Treppe hinaufzugehen. *Der Mann hat mich nicht angezeigt,* dachte Jacob. Der Hofalchemist hatte gesagt, dass Kolbecius lediglich auf *Nachfragen* hin über ihn gesprochen hatte. Der Hofschreiber sah die Stufen empor, über die Jacob gerade gesprungen war. »Das war aber ein langer Satz«, lachte der Hofschreiber, »mit mindestens fünf Kommata und vier Relativpronomina!«

»Noch dazu auf Italienisch«, rief Jacob, lief aus dem Tor hinaus und wandte sich zum Hofschreiber um, »nach Amerika dolmetsche ich für Euch!« Er lief quer über den Platz, drehte sich mit ausgebreiteten Armen um die eigene Achse und schaute, wie zum ersten Mal, auf die Türme und Dächer der Goldenen Stadt.

42: GERMANÍA

Sevilla, Anfang Januar 1583: Jacob sieht paradiesische Früchte, schreibt einen überfälligen Brief und glänzt – allerdings nicht als Einziger – in einer neuen Sprache.

Jacob saß am Hafen von Sevilla unweit des Stadttores der Puerta del Arenal gegen einen Weizensack gelehnt und schaute auf den Guadalquivir-Fluss. Vor den Karacken mit bauchigem Rumpf und den wendigeren nur zwanzig Schritt langen viermastigen Karavellen, die im grünlichen Wasser schaukelten, gingen Mulatten, Mauren und Schwarze hin und her, verkauften riesige Orangen, Zitronen und Blumen mit Blüten in grellen Farben, die aussahen, als kämen sie direkt aus dem Paradies. Es war warm an diesem Januarmorgen, fast wie im nordeuropäischen Frühherbst. Vom Turm der Iglesia Mayor im Nordosten, der größten Kathedrale der Welt, läutete es zehn majestätische Schläge. Noch eine Stunde: Dann würde sein Schiff nach Amerika ablegen.

Jacob sah auf seine unbedeckten Unterarme. Im Januar keinen Mantel tragen zu müssen, war ein Geschenk. In Prag lag jetzt wahrscheinlich Schnee und Margarète brachte ihren Schülern lauter Wintervokabeln bei. *Noch nie in meinem Leben,* dachte Jacob, *war ich so weit im Süden. Nehmt Euch vor den Krokodilen in Afrika in Acht,* hörte er Simons Sächsisch, sah den schmalen Jungen, wie er barfüßig den Pfad von Pforta entlanggelaufen war und ihm, Jacob, zum Abschied »gratiam habeo« hinterherrief. Nur hundertzwanzig Meilen südlich von Sevilla lag Gibraltar und jenseits davon Afrika. Er war fast dort, fast bei den Krokodilen. Hatte er damals eigentlich den Dank des Jungen erwidert? Simon hatte zu ihm gehalten bei der Visitation, das Spiel der anderen nicht mitgemacht. Als der Junge Platons Mythos von den Kugelmenschen auslegte, hatte er von zwei unvollkommenen Hälften gesprochen und ihn, Jacob, dabei durchdringend angesehen. *Natürlich habe ich das damals nicht begriffen,* dachte Jacob, *wie ich überhaupt kaum irgendetwas begriff*. Jacob seufzte. Und natürlich hatte er sich nicht bei Simon bedankt. Jacob kaufte einem Mauren eine Orange ab. Ihr Saft war unglaublich süß, stieg ihm in den Kopf wie junger Wein.

Über eine Zugbrücke schleppten Matrosen Kisten und Säcke an Bord der Karavelle, die ihn nach Amerika bringen würde. Die Männer scherzten gelassen, als wäre so eine Umseglung des halben Globus gar nichts. Jacob verschränkte die Hände im Nacken, sah den glitzernden Guadalquivir hinunter, der achtzehn Meilen flussabwärts in den Atlantik mündete. Wie die Indianersprachen wohl waren? Sie waren noch unbekannter, noch unerforschter als der amerikanische Kontinent, gleich einer völlig weißen Landkarte. Und er würde sie als einer der Ersten ergründen, gleich einem, der zum ersten Mal durch frisch gefallenen Schnee lief. In Jacobs Gliedern kribbelte es. Ob die Indianer Laute produzierten, die es in Europa nicht gab? Ob sie mehr Zeiten unterschieden? Oder benannten sie, wie die Bulgaren, immer genau die Quelle einer Information? Oder konjugierten sie die Verben unterschiedlich, je nachdem, ob sie schnelle oder langsame Handlungen bezeichneten, feige oder mutige? Oder bildeten sie die Vergangenheitsform, indem sie die Gegenwartsform rückwärts sagten? Jacob lachte. Er könnte ein Buch über die Indianersprachen schreiben. Vielleicht schaffte sein Band es sogar bis Mortlake, in Dees Bibliothek. Vielleicht würde das Buch ihn unsterblich machen. Vielleicht würde Dee es lesen. Vielleicht würde Dee davor tanzen, mit einem andern.

»Wo bitte geht es nach Amerika?« Jacob schreckte auf. Jemand hatte ihn von hinten angesprochen, in grün umrandetem Englisch.

Er fuhr herum: In seidenen Kniehosen und perlenbesetztem Wams, mit hellblau strahlenden Augen im stoppelbärtigen Gesicht und leicht melancholischem Lächeln stand Edward vor ihm. Jacob sprang auf, Edwards Arme schlossen sich um ihn, Jacob ließ sich hineinfallen, roch Korianderparfüm, Tabak und Wein.

»Was machst du hier?«, stammelte Jacob. Edward wirkte unwirklich, hier in Sevilla, vor den Karavellen.

»Ich dachte, ich sehe mir mal Amerika an.« Edward grinste spitzbübisch. Es war unfassbar, dass dieses Grinsen hier war, ihm, Jacob, bis hierher nachgereist war. »Und versuche«, fuhr Edward fort, »einen törichten Polyglotten davor zu bewahren, in einem indianischen Kochtopf zu landen.«

»Aber«, Jacob trat einen Schritt zurück, blickte auf Edwards Handkarren voller Samt, Seide, Phiolen und Fläschchen, »was ist mit deinem Palazzo in Prag und deiner Stellung?«

Edward winkte ab.

»Weiß Rudolf, dass du fort bist?«

»Inzwischen wohl schon.« Edward nahm einen Schluck aus seiner Trinkflasche.

Jacob schwirrte der Kopf. »Rudolf wird dich suchen.«

Edward legte die Flasche ab und versetzte Jacob einen Stoß in die Rippen. »Das bin ich gewohnt.« Jacob geriet ins Taumeln, fing sich, machte einen Satz auf Edward zu und schubste ihn, sodass der rücklings auf den Weizensack fiel, warf sich auf ihn. »Du bist verrückt.«

Edward drehte Jacob auf den Rücken und grinste auf ihn herunter. »Danke, gleichfalls.« Jacob winkelte die Beine an, schnaufte. »Und du bist sicher, du tust das Richtige?« Er stieß Edward von sich herunter. Der rollte vom Sack auf die Erde, riss Jacob am Kragen mit sich. Jacob plumpste auf Edward, der aufstöhnte. »Das Richtige gibt es nur in der Mathematik.« Edwards Arme umklammerten Jacob, wälzten ihn herum. Sie drehten sich mehrfach umeinander, Jacob sah Edwards lachendes Gesicht mal über, mal unter sich, erblickte den blauen Himmel, den staubigen Boden, wieder den blauen Himmel. Sie kugelten umher: zwei Hälften eines Kugelmenschen. Gemeinsam würden sie den Himmel erobern, den Horizont des Meeres, Amerika. Jacob ließ sich neben Edward fallen, streckte die Arme von sich.

»Eine ziemliche Nussschale.« Edward stützte sich auf die Ellenbogen und wies auf die Karavelle. »Und damit sollen wir bis in die Neue Welt kommen?«

Wir klingt gut, dachte Jacob, *besser als Hebräisch, besser als die Ursprache.*

Edward zeigte auf einen rothaarigen Burschen um die neunzehn Jahre, der die Augen etwas tiefer gerichtet hielt als alle anderen, die sich am Kai entlangschoben. Jacob setzte sich auf.

»Da«, flüsterte Edward. Mit einem Messer hatte der Rothaarige einem durch die Menge eilenden Kaufmann blitzschnell den Geldbeutel vom Gürtel geschnitten. Der Dieb ließ sich auf einem Stein nieder, rund zehn Schritte von ihnen entfernt. Ein anderer, kaum älter, mit schwarzen Locken, gesellte sich zu ihm. Feixend teilten sie die Münzen.

»Spanisch reden sie nicht, oder?«, wunderte sich Jacob.

Edward schüttelte den Kopf. »Wahrscheinlich Germanía. So nennt man hier die Sprache der Diebe. Sie haben einen eigenen Code.«

»Germanía?«

»Weil die Deutschen alle Diebe sind, nicht wahr?« Edward grinste. »Verstehst du sie?«

Jacob hielt den Atem an. »Nein, zu leise.«

»Aber du kannst ihr Gespräch lauter hören, wenn du willst?«

»Nicht mehr.«

»Schade.«

Jacob nickte. »So gesehen ja.« Er hob die Hände, rieb die Daumen aneinander, bildete mit Daumen und Zeigefinger einen Halbkreis vor der Brust, wies mit beiden Händen auf seine Schultern, drehte die offenen Handflächen nach oben.

Edward blieb der Mund offen stehen. »Du hast die Gestensprache gelernt!«

»Auf der Reise von Prag hierher hatte ich viel Zeit.« Jacob zog Margarètes Gestenbuch aus dem Bündel.

»Was hast du eben gesagt, mit den Händen?«

»Dass wohl jede Medaille eine Kehrseite hat.«

Jacob schlug eine Seite im hinteren Viertel von Margarètes Gestenbuch auf, wies auf eine breite Linie. »Die hat Margarète gezogen, als wir uns voneinander verabschiedet haben, nachdem ich vom Kaiser den Auftrag zur Reise nach Amerika bekommen habe.«

Edward blickte auf Margarètes präzise Gestenbeschreibungen und Zeichnungen. »Warum hast du Lump dich eigentlich nicht von mir verabschiedet?«, fragte er.

»Weil ich ein Lump bin.« Der Abschied von Margarète und von Prag war ihm schon schwer genug gefallen.

Edward seufzte. »Hoffen wir, dass es wenigstens in den Sprachen der Indianer keine Kreisschlüsse gibt.«

Jacob fuhr mit dem Finger über die Linie im Buch. »Margarète meinte, wenn ich die Gesten bis hierher beherrsche, wird sie mir bei meiner Rückkehr ein besonderes Geschenk machen.«

Edward runzelte die Stirn, dann hellte sich sein Gesicht auf, als wäre ihm ein Gedanke gekommen. »Hat sie noch genauer ausgeführt, was für ein Geschenk?«

Jacob schüttelte den Kopf. »Nein, sie hat nur gemeint, dass es mir entsprechen würde.«

Edward fuhr sich mit der Hand über den Mund, als unterdrücke er ein Schmunzeln, und nahm dann eine ernste Miene an. »Wie weit bist du?«

»Erst hier«, Jacob schlug eine Seite knapp bei der Hälfte auf, »aber die Schiffsreise ist lang.«

Edward rollte mit den Augen. »Das wird ja eine lustige Überfahrt.«

Jacob steckte das Buch wieder ein. »Weiß Margarète, dass du mich begleitest?«

Edward steckte Daumen und Zeigefinger in den Mund, holte tief Luft und pfiff: einen langen scharfen Ton in der Mittellage, einen Schlenker nach oben, einen kurzen tiefen Ton. Jacob hielt den Atem an. Edwards Pfiffe waren klar, er modellierte sie sehr deutlich, sie sahen nicht samtig aus, sondern strahlten wie die der Hirten. Jacob lief ein Schauer den Rücken hinab. Er sah den Valentin-Fluss vor sich, die scharlachroten Flügel des Mauerläufers, Margarètes Auflachen, nachdem sie ihn nass gespritzt hatte. Edwards Pfiffe, fiel Jacob auf, waren so stark wie sein eigenes Latein. Er reihte die Töne vor seinem inneren Auge auf: Edward pfiff Englisch, nicht Bearnesisch. »Ich konnte ihr schlecht verschweigen«, übersetzte Jacob, »dass sich deine Überlebenschancen um etwa hundert Prozent erhöht haben.«

Jacob grinste. »Du bist der erste Englisch-Pfeifer der Welt!«

Edward wischte die feuchten Finger am Wams ab. »Zusammen pfeifen und gestikulieren wir vielleicht fast so gut wie Margarète.«

»Passagiere!« Ein Matrose winkte mit beiden Armen von der Karavelle aus. »Einsteigen, Passagiere!«

Während sie die Zugbrücke entlanggingen, kreiste eine Möwe über dem vorderen Mast der Karavelle, wieder und wieder, in großen Schleifen, mit weit ausgebreiteten Flügeln. Es war kein Adler, nicht so majestätisch wie Dees Vogel – und doch. Jacob wies auf die Möwe, buchstabierte John Dees Namen mit Margarètes Fingeralphabet. Sie waren wieder zu viert: Dee, Margarète, Edward und er selbst, einen Atemzug lang.

Am Ende der Zugbrücke stand ein Bote, um Briefe der Reisenden in Empfang zu nehmen. Jacob zog einen Grafitstift aus der Tasche, legte einen Bogen Pergament auf das Geländer und schrieb:

An meinen lieben Discipulus Simon Thanner,
ich hoffe, es geht Dir gut und der Winter ist nicht zu hart. Du warst mein bester Schüler. Lerne fleißig weiter!
Ganz bis Afrika bin ich nicht gekommen. Ich bin schon in Sevilla auf eine Sprache gestoßen, die ich nicht verstehe, obwohl sie Germanía heißt. Jetzt fahre ich nach Amerika. Wenn ich zurück bin, kannst Du mich in Prag besuchen. Möge es Dir gut gehen bis dahin – und gratiam habeo.
Jacob Greve, Sevilla, Januar 1583

Darunter notierte er seine Prager Adresse, faltete den Bogen, versah ihn mit Simons Namen und der Anschrift von Pforta. Der Tisch in der düsteren Ecke der kleinen Schulbibliothek in Pforta tauchte vor Jacobs innerem Auge auf. Er atmete tief die schon etwas salzige Luft ein und übergab dem Boten den Brief.

An der Reling schauten Jacob und Edward flussabwärts. Die Karavelle legte ab. Die weißen Segel flatterten im Wind.

EPILOG

Wenige Tage nach Jacobs Abreise aus Prag trugen Tagelöhner ein schweres Holzpult in den zweiten Stock vor das kaiserliche Empfangszimmer im neuen Palastflügel auf der Prager Burg.

»Vor das Fenster, bitte«, wies Thaddaeus Hagecius sie an.

Schnaufend stellten die Männer das Pult schräg gegenüber der großen Eichentür ab. Die auf eine Audienz beim Kaiser Wartenden blickten herüber, dankbar für die Abwechslung.

Hagecius legte das Buch *Soyga* auf das Pult, schlug das sechste Quadrat auf, unterdrückte ein Schmunzeln und trat zur Seite.

Ein junger Gesandter kam herbei. »Ist das das Buch des Mannes, der in Pau mithilfe der Sprache Enochs vom Scheiterhaufen entkam?«

Hagecius nickte.

»Ich habe davon gehört.«

Kein Wunder, dachte Hagecius, *schließlich ist dies ein vom Kaiser höchstpersönlich in Auftrag gegebenes Gerücht.*

Der junge Mann musterte die Buchstaben. Andere Wartende stellten sich hinter ihm an.

Einige Wochen später reichte die Schlange bis hinaus auf den Hof.

Hin und wieder schritt der Kaiser vorbei und sagte: »Wisst Ihr, dass Kohl sehr gesund ist? Besonders morgens um zehn.« Die Angesprochenen nickten höflich, verbeugten sich tief und blickten dem Kaiser verständnislos nach.

Wie lange werden die Leute dem Rätsel noch aufsitzen, ohne es zu lösen, fragte sich Hagecius, als er an einem Februarmorgen des Jahres 1583 an der Reihe von Menschen entlangging. *Wie lange wird Jacob der Einzige bleiben, der den Code geknackt hat? Einige Jahre? Einige Jahrhunderte?*

GLOSSAR

Athanor (arabisch at-tannūr = Backofen): alchemistischer Ofen
Der Athanor war turmförmig und meist aus Backsteinen gebaut. Darin konnte eine Substanz über einen längeren Zeitraum mit einer bestimmten Temperatur behandelt werden.

Bearnesisch (auch Bearnaisisch): Sprache des Béarn, einer historischen französischen Provinz in den westlichen Pyrenäen; die Sprache gehört zur okzitanisch-romanischen Sprachgruppe und ähnelt dem Gaskognischen.

Branle (von französisch branler = wiegen, schaukeln): Meist beschwingter Rund- oder Ringeltanz, der zuerst im 15. Jahrhundert erwähnt wird und bei dem die Tänzer sich im Kreis aufstellen. Der Branle wurde gleichermaßen im bürgerlichen wie im höfischen Milieu getanzt.

Buchbünde: Fachbezeichnung für die Schnüre oder Bänder, die quer über einen Buchrücken verlaufen und sowohl zur Verbindung der Druckbögen als auch zur Befestigung des Buchblocks an den Buchdeckeln dienen.

Caesar-Verschiebung: Einfaches Verschlüsselungsverfahren der Kryptologie. Dabei werden die Buchstaben des Alphabets um eine bestimmte Anzahl von Stellen verschoben. So kann man das Wort KOENIG verschlüsseln, indem man es NRHQLJ schreibt. Hierbei handelt es sich um eine Verschiebung um drei Stellen.

Chiffre: Ein durch Verschlüsselung erzeugter Geheimtext.

Gaillarde: Fröhlicher Tanz im Dreiertakt, der im 16. Jahrhundert an vielen europäischen Höfen beliebt war.

Gematrie-Verfahren (von hebräisch גימטריה gimatr-ja): Methode der jüdischen Zahlenmystik, der Kabbala(h). Dabei werden Buchstaben nach unterschiedlichen Schlüsseln in ihre entsprechenden Zahlenwerte überführt, um aus diesen Bedeutungen zu erschließen und Beziehungen herzustellen.

Großes Alchemistisches Werk; Vom Schwarzen Werk über das Rote Werk zum Goldenen Werk: Der Alchemist strebt die Vervollkommnung an. Dabei gilt es, auf verschiedenen Ebenen, drei Phasen zu durchlaufen.
Das Schwarze Werk hängt mit dem Tod zusammen. Hier dominieren Substanzen, die eine schwarze oder dunkle Farbe aufweisen.
Das Rote Werk entspricht dem Leben. Hier dominieren rote Substanzen wie das Blut oder Rosenblätter etc.
Das Goldene Werk entspricht der Ewigkeit. Hier dominieren Substanzen von goldener Farbe und auch das Gold selbst.

Grüne Sprache: Bezeichnung, die John Dee und andere Gelehrte und Alchemisten für jene Sprache verwendeten, die Gott bei der Erschaffung der Welt benutzte. Auch die Engel beherrschten diese Sprache. Adam benutzte sie demzufolge im Paradies, u. a., um die Tiere zu benennen. Grün wurde diese Sprache auch deshalb genannt, weil sie mit dem Paradies, der Fruchtbarkeit und dem Entstehen des Lebens verbunden ist.

Imperfektiver Aspekt: Sprachwissenschaftlicher Begriff, der im Gegensatz zum perfektiven Aspekt jene Verbformen bezeichnet, die Ereignisse und Zustände als unabgeschlossen, andauernd oder wiederholt darstellen.

In principio erat Verbum et Verbum erat apud Deum et Deus erat Verbum: Im Anfang war das Wort, und das Wort war bei Gott, und Gott war das Wort. So beginnt das erste Kapitel des neutestamentlichen Johannesevangeliums. Es legt das Kommen Jesu Christi als Fleischwerdung des ewigen Wortes aus. Somit steht die Fleischwerdung Christi im Einklang mit der alttestamentlichen Darstellung der Schaffung der Welt, die sich ebenfalls durch Gottes Wort vollzog.

Jahrsiebt: Die Einteilung des menschlichen Lebens in jeweils sieben Jahre währende Abschnitte (Jahrsiebte) war in der Frühen Neuzeit recht verbreitet und geht u. a. auf den Philosophen Philon von Alexandria kurz nach Christi Geburt zurück.

Kupelle: In der Alchemie gebräuchliches und aus Pflanzen- oder Knochenasche gepresstes Gefäß zur Reinigung und Abtrennung von Edelmetallen aus Legierungen.

L'Hombre (von spanisch hombre = Mann): Ein wahrscheinlich im 14. Jahrhundert in Spanien erfundenes Kartenspiel für drei Personen, das einst weitverbreitet war.

Monstra te esse matrem: »Erzeige Dich als Mutter«; die Losung der Katholischen Liga aus dem Lobgesang auf die heilige Maria.

Oxymoron (von altgriechisch τὸ ὀξύμωρον, aus oxys = scharf(sinnig) und moros = dumm): Rhetorische Figur, bei der eine Formulierung aus zwei gegensätzlichen, einander widersprechenden oder sich gegenseitig ausschließenden Begriffen gebildet wird, z. B. »alter Knabe« oder »schwarze Sonne«.

Ritterorden vom Goldenen Vlies: Ein 1430 gegründeter burgundischer Ritterorden; das Ziel des Ordens war die Erhaltung des katholischen Glaubens, der Schutz der Kirche und die Wahrung der unbefleckten Ehre des Rittertums.

scheitrecht: Veraltet für waagrecht und geradlinig.

Schlüssel: Im Bereich der Kryptologie ein Kennwort, das benutzt wird, um einen Klartext zu verschlüsseln und so einen Geheimtext zu erhalten. Es kann sich aber auch um eine Liste von Buchstabengleichsetzungen eines bestimmten Codes handeln.

Sprache des Lichts: Einer der Ausdrücke der Zeitgenossen für die Sprache, mit der Gott die Welt erschuf. Der allererste Ausspruch Gottes bei der Schaffung der Welt lautete: »Es werde Licht!«
Man ging davon aus, dass die Menschen über die sanften Strahlen der Sonne den Willen Gottes empfangen.

Steganografie (von altgriechisch στεγανός [steganós] = bedeckt und γράφειν [gráphein] = schreiben): Methode zur Übermittlung geheimer Botschaften, bei der die Nachricht nicht verschlüsselt wird wie in der Kryptografie, sondern vielmehr auf die ein oder andere Weise versteckt wird, sodass der Text nicht sichtbar ist (z. B. Geheimtinte), oder aber möglichst unauffällig in einen scheinbar harmlosen Text eingebettet wird.

Temura-Verfahren (von hebräisch תמורה): Methode der jüdischen Zahlenmystik, der Kabbala(h). Dabei werden Buchstaben nach bestimmten Mustern gegeneinander ausgetauscht.

Tormarke: Eine Eisenmünze mit Stadtwappen, die der Reisende bei seiner Ankunft am Stadttor erhielt und dort bei Verlassen der Stadt auch wieder abgeben musste.

Utrechter Union : Im Jahr 1579 schlossen sich die verschiedenen nördlichen Provinzen und Städte der Niederlande in einem in Utrecht unterzeichneten Vertrag zusammen, um sich der spanischen Herrschaft entgegenzustellen. Dagegen hatten sich die katholischen Südprovinzen zuvor in der Union von Arras ausdrücklich zum katholischen Spanien bekannt.

Vaqueta (bearnesisch = kleine Kuh): Lokale Währung im Béarn, u. a. während der Regentschaft Heinrichs III. von Navarra in den Jahren 1572–1589.

Volta: Ein im 16. und 17. Jahrhundert in ganz Europa verbreiteter, sinnenfroher und temperamentvoller Paartanz im Dreivierteltakt. Die Volta wurde als unzüchtig angesehen, weil ihre lebhaften Bewegungen und Drehungen, bei denen die Damen durch die Luft gewirbelt wurden, es ermöglichten, einen Blick auf die Beine und die Unterröcke zu erhaschen.

Zitterlingspilz (lateinisch: tremella nestoc): Bei Alchemisten beliebter Pilz, da er alle Phasen des alchemistischen Werks – die schwarze, die rote und die goldene – von sich aus, auf natürliche Weise, durchläuft. Wenn man den Zitterling in einer dicht verschlossenen Flasche verwahrt, zerstört er sich selbst und verbreitet beim Öffnen der Flasche den Geruch von Exkrementen und Verwesung. Sowie er sich aufzulösen beginnt, gibt er eine Flüssigkeit ab, die sich erst himmelblau, dann violett und purpur verfärbt, bis sie sich zu einem goldgelben Ton aufhellt.

ZUM HISTORISCHEN UND FAKTISCHEN HINTERGRUND DES ROMANS

KAPITEL 1

Die Hirten von Aas benutzten bis in die 1950er-Jahre eine Pfeifsprache, mit der sie sich in der Umgebung des Pic de Ger verständigten. Diese Sprache ist ausgestorben, aber es gibt Filme und Bücher darüber, weil Linguisten sie noch rechtzeitig dokumentierten. Mittlerweile wird sie wieder an der Schule von Laruns, in der Nähe von Aas, sowie an der Universität in Pau unterrichtet.

Noch heute werden rund 60 Pfeifsprachen in den verschiedensten Teilen der Welt benutzt, meist in unwegsamen Gebirgsregionen, aber auch in dichten Urwäldern. Am bekanntesten ist vielleicht die Pfeifsprache *El Silbo* auf der Kanareninsel La Gomera. Häufig beherrschen sie nur noch Ältere. Handys sind eine große Konkurrenz für Pfeifsprachen. Allerdings ist Pfeifen gratis und funklochresistent!

Die Suche nach der Sprache der Schöpfung galt damals nicht nur unter Philosophen, sondern sogar unter Geistlichen wie beispielsweise Papst Leo X. als legitim (siehe Deborah E. Harkness: *John Dee's Conversations with Angels: Cabala, Alchemy, and the End of Nature*. Cambridge 1999, S. 171).

Gemäß dem Alten Testament ist die Schöpfung ein verbaler Akt:

Und Gott sprach: *Es werde Licht! und es ward Licht.*
Und Gott sprach: *Es werde eine Feste zwischen den Wassern, und die sei ein Unterschied zwischen den Wassern. Und es geschah also.*
Und Gott sprach: *Es sammle sich das Wasser unter dem Himmel an sondere Örter, dass man das Trockene sehe. Und es geschah also.*

Entsprechend meinten die Menschen, zumal die Gelehrten, dass Gott zur Erschaffung der Welt eine Sprache benutzt hatte. Wenn man diese Sprache wiederfände, so die Vorstellung, würde es genügen, beispielsweise das Wort »Blume« in dieser Sprache zu sagen, um eine Blume entstehen zu lassen.

Meine weibliche Hauptfigur Margarète Labé ist als eine unabhängige Frau angelegt. Im 16. Jahrhundert war die Stellung der Frau besser, als man es vielleicht erwarten würde. Noch bis in die Zeit der Romanhandlung hinein war Frauenberufstätigkeit weitverbreitet. Frauen arbeiteten in zahlreichen Berufen – ein Erbe des Mittelalters, als Frauen noch sehr viel mehr Rechte besaßen (vergleiche Martin Blais: *Sacré Moyen Âge*. Québec 1997, ab S. 80: Les professions et les métiers féminins). Frauen arbeiteten nachgewiesenermaßen z. B. als Apothekerinnen, Dachdeckerinnen, Schmiedinnen, Schlosserinnen, Schleiferinnen, Falknerinnen, Bäckerinnen, Töpferinnen, Bierbrauerinnen, Quasten-, Bürsten- und Kerzenmacherinnen, Kürschnerinnen, Handschuh-, Beutel- und Hutmacherinnen, Abschreiberinnen, Schriftstellerinnen und Briefdruckerinnen, Näherinnen, Schneiderinnen und Flickerinnen. In vielen Berufen hatten sie eine eigene Zunftordnung und bildeten Lehrtöchter aus. Handels- und Kauffrauen waren ebenso keine Seltenheit. Gelöbnisse und Bürgschaften der Kauffrauen waren vielerorts uneingeschränkt verbindlich. Frauen handelten oft mit den Waren, die ihre Männer herstellten. Außerdem arbeiteten viele im Groß- und Fernhandel als Unternehmerinnen. Es gab sogar Ärztinnen, die an Universitäten studiert hatten, und Frauen, die an Universitäten wie Bologna und Padua Rechtswissenschaften lehrten.

Ferner existierten Frauenklöster, wo Mädchen Latein, Griechisch, Hebräisch sowie Fechten, Reiten und vieles andere mehr lernten. Einige Frauen trugen Männerkleider, um sich als Amazone zu stilisieren. Im 15. Jahrhundert ist sogar der Fall einer professionellen Jeu-de-Paume-Spielerin namens »Margot« belegt, die gegen die meisten Männer gewann. Nicht zuletzt regierten in der Frühen Neuzeit vielerorts Frauen: Elisabeth in England; Maria Stuart in Schottland; Isabella in Kastilien;

Marie de Guise in Schottland; Christina in Lothringen; Christine in Schweden; Katharina von Medici in Frankreich; Johanna III. (Jeanne d'Albret) in Navarra und im Béarn.

Andererseits begann im 16. Jahrhundert auch die Degradierung und Verdrängung der Frauen. Besonders die Mechanisierung vieler Handwerke, die im 16. Jahrhundert anfing (vor allem durch Mühlen), führte dazu, dass Arbeitsplätze seltener und Arbeiterinnen verdrängt wurden. Bald waren sie juristisch ihrem Mann untergeordnet, ihr Besitz ging mit der Heirat auf ihren Ehemann über. Ab dem 17. Jahrhundert mussten sie den Namen des Mannes annehmen.

Die Figur der Margarète ist an zwei historische Frauen angelehnt: an die englische Übersetzerin Margaret Tyler und an die französische Lyrikerin Louise Labé – daher auch ihr Name.

Margaret Tyler starb 1595 und übersetzte um 1580 eine Ritterromanze aus dem Spanischen ins Englische. Mit ihrer Übersetzung der Ritterromanze von Diego Ortúñez de Calahorra war sie in vielerlei Hinsicht eine Pionierin: indem sie als Frau eine Übersetzung anfertigte – was allerdings nicht so selten war, wie man vielleicht denkt. Indem sie als Frau ein weltliches und kein religiöses Werk übersetzte – was allerdings sehr selten war; und indem sie die allererste Übersetzung einer spanischen Romanze ins Englische abfasste – eine damals noch seltene Sprachkombination. Sie kam aus einfachen Verhältnissen und erhielt ihre beachtliche Bildung vielleicht als Hausmädchen im humanistischen und katholischen Haushalt von Thomas Howard, Duke of Norfolk. Ihre Übersetzung war sehr erfolgreich und wurde mehrfach aufgelegt. Autoren wie Shakespeare und Bunyan haben Anleihen daraus gemacht.

Louise Labé wurde 1522 als Tochter eines reichen Seilfabrikanten in Lyon geboren. Sie lernte Reiten, Fechten, Lautespielen, Singen, Tanzen, Griechisch, Latein, Französisch, Italienisch und Spanisch. Im Jahr 1555 veröffentlichte sie ihre bis heute bedeutsamen Gedichte, die von Rainer Maria Rilke ins Deutsche übertragen wurden. Labé kleidete sich gern wie ein Schildknappe und versammelte in ihrem Salon in Lyon Literaten und Schöngeister. Sie starb 1566.

Florimond de Vaillac ist an den Comte de Vaillac angelehnt, der im Zeitraum des Romans Gouverneur des Châteaus Trompette in Bordeaux war. Dabei handelte es sich um eine Zwingburg, mit der die französischen Könige nach dem Ende des Hundertjährigen Krieges die Stadt Bordeaux in Schach hielten, die bis 1453 dreihundert Jahre lang zu England gehört hatte und englandfreundlich war. Der Gouverneur war Ligist und ein Gegner des auf Ausgleich bedachten Bürgermeisters von Bordeaux, Michel de Montaigne.

Das Château von Béost besteht bis heute.

Der junge Mönch Jacques Clément ist an den gleichnamigen Dominikanermönch angelehnt (1567–1589), der im Juli 1589, mit zweiundzwanzig Jahren, den französischen König Henri III. erstach. Er war Mitglied der Katholischen Liga und vollkommen fanatisiert. Er wurde nach der Tat von den königlichen Wachen getötet, später gevierteilt und verbrannt. Der damalige Papst Sixtus V. sah ihn als Märtyrer und erwog, ihn heiligzusprechen. Die Liga stufte die Tat als einen Racheakt für die zuvor von Henri III. angeordnete Ermordung ihres Anführers, Henri de Guise, ein. Zum Zeitpunkt der Romanhandlung war Jacques Clément eigentlich erst fünfzehn, nicht siebzehn Jahre alt.

Bei diversen lateinischen und altgriechischen Sätzen dieses und anderer Kapitel half mir Dr. Ludger Koreng, ehemals Lehrer für Latein und Altgriechisch an der Diltheyschule Wiesbaden; andere lateinische Sätze lieferten mir Mitglieder des Lateinforums http://www.latein24.de.

KAPITEL 2

Die Landesschule Pforta besteht seit 1543, bis heute. Sie wurde durch Herzog Moritz von Sachsen gegründet. Die Schule entstand in den Gebäuden eines ehemaligen Zisterzienserklosters und fußte auf der geistigen Bewegung des Humanismus. Ihre Schüler stammten aus Familien unterschiedlicher Stände: Adlige, Beamte, Geistliche, aber auch immerhin zu einem Siebtel aus Handwerkerfamilien. Um aufgenommen zu werden, mussten sie eine Prüfung bestehen. Die Schüler zahlten keine Schulgebühren, weder für die Wohnung und die Kost noch für die Lehre.

Derartige Bildungseinrichtungen brachte der Humanismus in großer Zahl überall in Europa hervor, was eine gewisse soziale Mobilität, insbesondere für Handwerkersöhne in den Städten, nach sich zog.

Der Rektor der Schule im Jahr 1582 war Jakob Lindner. Sein Nachname ist in den Roman eingegangen.

Die Schüler und Lehrer sprechen im Roman nicht das Deutsch des 16. Jahrhunderts. Das wäre eine schwer lesbare Mischung aus vielen heute ungebräuchlichen Worten, einer altertümlichen Grammatik sowie zahlreichen eingestreuten lateinischen Vokabeln bis hin zu Küchen- oder Gelehrtenlatein. So durfte in Schulpforta nur Latein gesprochen werden, auch während der Pausen und Mahlzeiten.

In Pforta gab es wahrscheinlich keine Schulkleidung. Die Knaben bekamen aber Tuch gestellt. »Zerschnittene Kleidung« nach Landsknechtmanier, wie sie Johannes von Saltza trägt, galt als unehrbar und nicht fromm und war in Pforta eigentlich untersagt.

Über den Alltag von Pforta im 16. Jahrhundert gibt es eine erstaunliche Fülle detaillierter Informationen. In Wirklichkeit wurde das Mittagessen übrigens schon um neun Uhr morgens eingenommen! Die erste Lektion begann um Viertel nach sechs, noch vor dem Frühstück, Wecken war um fünf Uhr.

Hebräisch wurde eigentlich erst ab 1588 verbindliches Unterrichtsfach in Pforta.

Die im Kapitel geschilderten Speisen stammen aus überlieferten Speiseordnungen von Pforta. Bei den Mahlzeiten wurde aus der Bibel gelesen: mittags auf Latein, abends dieselben Textstellen auf Deutsch. Theaterspielen war üblich, aber umstritten. Die Gegenargumente, die der Kantor nennt, finden sich in historischen Quellen der Schule. Ballschlagen auf dem Hügel war eine der wenigen körperlichen Aktivitäten und erfolgte nur im Sommer.

Martin Luthers Haltung zum Schultheater war sehr positiv. In seinen *Tischreden* heißt es:

Comödien zu spielen soll man um der Knaben in der Schule willen nicht wehren, sondern gestatten und zulassen, erstlich daß sie sich üben in der lateinischen Sprache, zum anderen, daß in Comödien fein künstlich erdichtet, abgemahlt und fürgestellt werden solche Personen, dadurch die Leute unterrichtet, was einem Knecht, Herrn, jungen Gesellen und Alten gebühre, wohl anstehe, was er thun soll … zudem werden darinnen beschrieben und angezeigt die listigen Anschläge und Betrug der bösen Bälge, desgleichen was der Eltern und jungen Knaben Amt sey, wie sie ihre Kinder und jungen Leute zum Ehestande ziehen und halten, wenn es Zeit mit ihnen ist, und wie die Kinder den Eltern gehorsam seyn und freien sollen etc. Solches wird in Comödien fürgehalten, welches dann sehr nütz und wohl zu wissen ist.

Die walisischen Sätze stammen von Dr. Britta Schulze-Thulin (www.schulze-thulin.de) und Siân Roberts von einem Walisisch-Internetforum.

KAPITEL 5

Die Route von Jacobs Fluchtweg wurde angeregt von Hardy Eidam, dem Direktor des Erfurter Stadtmuseums.

Die Michaelisstraße hieß im 16. Jahrhundert noch Platea Michaelis. Da dieser Name sich einem modernen Leser aber nicht klar erschließt, erscheint im Buch der Name, den sie seit 1826 trägt.

KAPITEL 6

Edward Kelley beruht auf der gleichnamigen realen Person (geboren 1555, gestorben wahrscheinlich 1595 oder 1597). Zum Zeitpunkt der Romanhandlung im Jahr 1582 wäre er damit siebenundzwanzig Jahre alt. Über ihn wird behauptet, dass ihm am Pranger von Lancaster ein oder beide Ohren abgeschnitten wurden, vermutlich wegen Urkundenfälschung oder Falschmünzerei. Er hatte in Oxford studiert, wurde aber der Universität verwiesen und war eine Zeit lang Apothekerlehrling. Ferner wurde er lange und hartnäckig wegen des Diebstahls eines Diamanten verfolgt. Außerdem war Edward Kelley tatsächlich Medium für die Engelsgespräche von John Dee (1527–1608), dem Alchemisten, Astronomen, Mathematiker und Höfling Elisabeths I. von England. Dee wollte mithilfe dieser Gespräche die Sprache finden, mit der Gott die Welt erschuf.

Die Worte, die Edward in der Engelssprache sagt, sind dem *Complete Enochian Dictionary* entnommen. Dieses *Wörterbuch der Engelssprache* enthält die Engelsanrufungen, die Edward Kelley vermeintlich in Trance diktierte und die Dee aufschrieb. Außerdem finden sich darin Wortlisten, die Linguisten auf der Basis dieser Anrufungen erstellt haben: Englisch auf der einen und die Engelssprache auf der anderen Seite. Noch heute gibt es Menschen, die mit dieser Sprache die Geister anrufen. Die Forschung geht davon aus, dass Edward Kelley diese Sprache erfunden hat: eine beachtliche Leistung!

Edwards sozialrevolutionäre Ansichten waren zur damaligen Zeit nicht selten; vergleiche zum Beispiel die *Hoch verursachte Schutzrede* des evangelischen Theologen und Bauernkriegsanführers Thomas Müntzer aus dem Jahr 1524:

Sieh zu, die Grundsuppe des Wuchers, der Dieberei und Räuberei sind unsere Herren und Fürsten. Sie nehmen alle Geschöpfe zum Eigentum. Die Fische im Wasser, die Vögel in der Luft, die Pflanzen auf Erden, ihnen muss alles gehören.

Darüber lassen sie dann Gottes Gebot ausgehen unter die Armen und sagen: Gott hat befohlen, du sollst nicht stehlen. Aber selber halten sie sich nicht daran. So sie nun alle Menschen peinigen, den armen Ackermann, Handwerkmann und alles, das da lebt, schinden und schaben. So er sich dann vergreift am Allergeringsten, so muss er hängen. Da saget denn der Doktor Lügner: Amen. Die Herren machen das selber, dass ihnen der arme Mann feind wird. Die Ursache des Aufruhrs wollen sie nicht wegtun. Wie kann es die Länge gut werden? So ich das sage, muss ich aufführerisch sein! Wohlhin!

Für viele Sprachen gab es zu Jacobs Zeit weder Grammatiken noch Wörterbücher. Hätte Jacob damals gelebt, hätte er sich folglich viele Sprachen erschließen müssen: über andere Sprachen, die er schon kannte, oder über Texte, die es in mehreren Sprachen gab, was besonders häufig bei religiösen Schriften der Fall war.

Die Wahrscheinlichkeit, dass 1582 bereits ein Manuskript des persischen Dichters Rūmī (1207–1273) in Sachsen kursierte, ist nicht allzu hoch. Erste Rūmī-Manuskripte gelangten aber nachgewiesenermaßen immerhin schon Anfang des 17. Jahrhunderts nach Europa. Somit ist es auch nicht ganz ausgeschlossen, dass sich schon früher das eine oder andere Manuskript nach Norden verirrte, zumal die Sammelleidenschaft damals beträchtlich war.

Generell sprechen meine Protagonisten, insbesondere Edward, oft recht unverhohlen über Körperliches. Das ist typisch für die Menschen der Frühen Neuzeit, die diesbezüglich freizügiger waren als wir heute. Unsere recht große Schamhaftigkeit könnte eine Nachwirkung der Prüderie des 19. Jahrhunderts und der ersten Hälfte des 20. Jahrhunderts sein. Hier eine Kostprobe aus dem Reisetagebuch des Essayisten und Bürgermeisters von Bordeaux, Michel de Montaigne, die einen sehr offenen Umgang mit körperlichen Regungen zeigt. Er berichtet Folgendes von einem Badeaufenthalt in Italien:

Als ich im Bad die Dusche auf den Unterleib gerichtet hielt, schien mir dies die Blähungen auszutreiben. Zugleich ging die Schwellung meines rechten Hodens eindeutig zurück, an der ich sehr oft leide. Deshalb bin ich mir ziemlich sicher, dass diese Schwellung von den Fürzen herrührt, die sich im Hoden verfangen.

Und an anderer Stelle:

Der Nierensand, den ich ständig ausschied, schien mir viel gröber als sonst, und bei seinem Abgang verspürte ich im Schwanz unbeschreibliche Stiche.

KAPITEL 7

Heinrich von Navarra wird im Jahr 1589 tatsächlich Heinrich IV., König von Frankreich.

KAPITEL 8

Bei der Schilderung der Via Regia unterstützte mich Dr. Jürgen Fischer, Projektberater Via Regia.

Das Buch *Soyga* besaß Dee wirklich. Dee meinte, es könnte sich um eine codierte Abschrift des Buches *Enoch* handeln. Enoch, der in alttestamentlicher Zeit lebte und biblischen und apokryphen Quellen zufolge direkt entrückt wurde – also, ohne zu sterben, ins Paradies einging –, soll die Sprache niedergeschrieben haben, die Adam benutzte, um die Tiere und Vögel zu benennen. Diese Sprache soll Adam direkt von Gott empfangen haben.

John Dee befürchtete, dass bei den Engelsgesprächen die »Dinge tatsächlich erscheinen könnten«, von denen die Rede ist. »Else, all things called would appear«, schreibt er in *A True and Faithful Relation,* einem Bericht über seine Gespräche mit Engeln. Vergleiche hierzu auch Deborah E. Harkness: *John Dee's Conversations with Angels: Cabala, Alchemy, and the End of Nature.* Cambridge University Press 1999, S. 175 ff., insbesondere S. 178.

Wortlisten, Engelsnamen und -anrufungen sind wieder an den *Complete Enochian Dictionary* angelehnt.

Es gab einen »Mr. Clerkson«, der diverse Engelsmedien an John Dee vermittelte. Seine Adresse und sein Beruf sind hingegen erfunden.

Das Sorbisch der Soldaten und von Jacob verdankt sich Prof. Dr. Eduard Werner, Sprachexperte für Sorbisch an der Universität Leipzig.

KAPITEL 9

Richard Rowlands ist an die gleichnamige historische Person angelehnt, die von 1550 bis 1640 lebte. Er war englischer Katholik und wurde wegen einer Schrift über den 1581 im protestantischen England hingerichteten Jesuiten Edmund Campion verfolgt und floh nach Frankreich. Im Jahr 1585 wurde Antwerpen von den Katholiken zurückerobert und den Spanischen Niederlanden einverleibt. Rowlands siedelte sich dort an und war u. a. als Spion, Graveur und Schmuggler tätig. Er lebte bis ins hohe Alter von zweiundneunzig Jahren in Antwerpen. Allerdings erlebte die Stadt nach der spanischen Eroberung einen kulturellen und wirtschaftlichen Niedergang. Von hunderttausend Antwerpenern gingen sechzigtausend fort.

Christoffel Plantijn ist zum Zeitpunkt der Erzählung einundsechzig Jahre alt (um 1520 geboren). Er war einer der berühmtesten Buchdrucker seiner Zeit und so bekannt, dass er von Peter Paul Rubens porträtiert wurde.

In Antwerpen spionierte eine zwielichtige Gestalt mit irischen Wurzeln namens Michael Moody für Königin Elisabeth.

Giovan Battista Bellaso hat in der Mitte des 16. Jahrhunderts berühmte Werke zur Kryptografie verfasst und zehn kryptografische Rätsel entworfen. Soweit bekannt ist, wurden sie von den Zeitgenossen nicht entschlüsselt. Erst im 21. Jahrhundert gelang es, sie zu decodieren. Das dargestellte Rätsel ist keine der zehn Bellaso-Herausforderungen, sondern ein Beispiel aus seinem Werk zur Kryptografie, zu dem es entsprechende Erläuterungen gibt.

KAPITEL 10

Der Code der Templer ist der Internetseite http://kryptografie.de von Oliver Kuhlemann entnommen.

Der Schlossgarten von Pau war tatsächlich sehr berühmt und prächtig. Auch die Heckenskulpturen sind historisch verbrieft.

Der französische Mathematiker François Viète (1540–1603) war ein moderater Katholik, der im Auftrag des Königs von Frankreich um das Jahr 1589 die hoch komplizierte Chiffre des spanischen Königs Philipp II. knackte. Als Philipp II. davon erfuhr, war er so perplex, dass er sich den Erfolg des Franzosen nur aufgrund eines Pakts mit dem Teufel erklären konnte. Tatsächlich wandte er sich an den Papst und verlangte, Viète als Hexer und schwarzen Magier zu exkommunizieren und vor ein kirchliches Gericht zu stellen. Papst Pius III., der selbst komplizierte Chiffren benutzte, lehnte das Ansinnen ab.

Johanna von Navarra, in Frankreich als Jeanne d'Albret bekannt, herrschte über das Béarn von 1555 bis zu ihrem Tod im Jahr 1572. Die Calvinistin erließ 1571 insgesamt siebenundsiebzig Verordnungen. Die Verordnung 74 beispielsweise verbietet jede Art von Tanz: »… deffendons toute espèce de danse«.

Bei der Beschreibung der Brieftauben unterstützte mich Prof. Dr. Daniel Haag-Wackernagel von der Universität Basel, Autor einer Kulturgeschichte der Taube.

KAPITEL 11

Den damaligen nationalen Stereotypen zufolge galten die Deutschen als trinkfreudig, locker und lässig (!), schlicht, unraffiniert und diebisch. Vergleiche John Hale: *The Civilization of Europe in the Renaissance*. New York 1994, S. 51 ff.

John Dee hatte tatsächlich stets mit dem schlechten Ruf eines schwarzen Magiers zu kämpfen. Er selbst litt sehr darunter und veröffentlichte bereits 1577 die Schrift *Famous and Rich Discoveries,* in der er sich gegen »unwahre Berichte« wehrte, in denen er als »Teufelsanrufer« und »größter Erzzauberer des ganzen Königreiches« verleumdet werde.

Ein Ereignis, das zu diesem Ruf beitrug, war die Aufführung des Theaterstücks *Peace* von Aristophanes im großen Saal des Trinity College, Cambridge, im Jahr 1546. Dort ließ Dee – als neunzehnjähriger Student – einen großen künstlichen Käfer fliegen, auf dem ein Schauspieler saß. Das Publikum verstand nicht, wie das funktionierte, und glaubte, es wäre Zauberei im Spiel. Dee schrieb aber 1570 in seiner *Mathematical Preface to Elements of Geometry of Euclid of Megara* über Bühnenmechanik und erwähnte Pneumatik, Spiegel und Federn.

Tatsächlich wurde Dees Bibliothek während eines längeren Auslandsaufenthaltes des Gelehrten Ende der 1580er-Jahre geplündert, möglicherweise von einfachen Leuten, die gegen den angeblichen schwarzen Magier aufgebracht waren.

Verbürgt ist auch die Gewohnheit von Elisabeth I., ihre Berater neben ihrem Pferd hergehen zu lassen. Sie besuchte Dee mehrmals in Mortlake. Dee sagte tatsächlich voraus, dass die Seeflotte beim Aufstieg Englands eine Schlüsselrolle spielen und Spaniens Vorrangstellung infrage stellen würde. Auch dass Nordamerika kolonialisiert und ein britisches Empire entstehen würde, prophezeite er. Er war auch der Erste – nach einigen Quellen lediglich einer der Ersten –, der den Ausdruck *British Empire* benutzte. Dee meinte, dass England eine Vorrangstellung in der Welt zustehe, und war damit ein Vordenker und Wegbereiter des British Empire.

In seinem *Mysteriorum Libri Quinque,* das zwischen 1581 und 1583 entstand, hat John Dee tatsächlich den 1588 stattfindenden Angriff der spanischen Armada auf England für die Zeit um 1587/8 vorhergesagt. Wörtlich steht dort: »1587 a great preparation of ships against England by the King of Spayn, the Pope and other Princis called Cathlik«. Es kann sich aber auch um intelligente Schlussfolgerungen auf Basis der bestehenden politisch-militärischen Lage gehandelt haben.

Die Saturn-Jupiter-Konjunktion im feurigen Trigonus ereignete sich 1588, und Astronomen erwarteten große Umwälzungen. Manche befürchteten gar den Weltuntergang. Tycho Brahe rechnete mit dem Ende der Vorherrschaft der katholischen Kirche.

KAPITEL 12

Francis Walsingham (1532–1590) war der Chef des Geheimdienstes der protestantischen Königin Elisabeth I. von England.

Dees Engelsmedium war tatsächlich Edward Kelley, mit dem er über Jahre zusammenarbeitete, von dem er aber zunächst befürchtete, es könnte sich um einen Spion handeln.

Zum Engel Padiel vergleiche Benjamin Woolley: *The Queen's Conjurer – The Life and Magic of Dr Dee.* London 2001, S. 76.

Dees Diener hieß eigentlich »Edmund Hilton«, aber wegen der Namensähnlichkeit mit Edward Kelley wurde er im Roman zu »George«.

Dee wollte mithilfe der Sprache der Schöpfung als Gottes Helfer auf Erden agieren. Er war gegen religiöse Spaltungen und träumte von einer universalen Religion.

Das Gebet, das John Dee in alle vier Himmelsrichtungen spricht, steht in seiner *De Heptarchia Mystica.* Aufschluss über die hochfliegenden Ziele, die Dee mit den Engelsgesprächen verfolgte, gibt auch folgender Ausschnitt aus *A True and Faithful Relation,* ein Bericht, den Dee über seine Engelsgespräche schrieb und der an Fausts *Habe nun, ach!*-Monolog erinnert. Hier der Original-Wortlaut:

All my life time I had spent in learning: but for this forty years continually, in sundry matters, and in divers Countries, with great pain, care and cost, I had from degree to degree, sought to come by the best knowledge that man might attain unto in the world: And I found (at length) that neither any man living, nor any book I could yet meet withal, was able to teach me these truths I desired, and longed for: And therefore I concluded with myself, to make intercession and prayer to the giver of wisdom, as I might know the natures of his creatures; and also enjoy means to use them to his honour and glory.

KAPITEL 13

Thomas Phelippes (1556–1625) arbeitete für Walsingham und war 1582 erst sechsundzwanzig Jahre alt. Er hat in Cambridge studiert und gehört wohl zu den ersten einer ganzen Reihe von Cambridge-Studenten, die für den britischen Geheimdienst rekrutiert wurden.

Er sah laut Berichten ähnlich aus wie beschrieben, war ein exzellenter Kryptologe und konnte hervorragend Akzente nachahmen, aber auch Handschriften.

KAPITEL 14

Catherine de Bourbon spielte tatsächlich gut Laute und war eine Naschkatze. Häufig wurde sie mit Süßigkeiten beschenkt. Auch galt sie allgemein als gute Diplomatin.

König Heinrich von Navarra wurde im Jahr 1589 Heinrich IV., König von Frankreich. Er verabschiedete das Edikt von Nantes, das allgemeine Religionsfreiheit zusicherte. Er war humanistisch erzogen worden und um eine Versöhnung der feindlichen Lager bemüht. Ferner galt er als Lebemann und Frauenheld. Der Frieden von Fleix wurde eigentlich bereits 1580 von den genannten Parteien geschlossen.

Catherine und Heinrich sandten tatsächlich den Familienschatz 1583 von Pau nach Navarrenx, da der Druck auf das schlecht geschützte Pau vonseiten katholischer Armeen zunahm. Bei dieser Gelegenheit ließ Catherine eine detaillierte Bestandsaufnahme des Inhalts der zehn Truhen anfertigen, wobei den Truhen biblische Namen zugewiesen wurden – neben *Lazarus* beispielsweise auch *Hiob, Esau, Abraham* und *Moses*.

KAPITEL 15

John Dees Bibliothek und Haus stehen heute nicht mehr. Es gibt aber Aufzeichnungen über den Bestand seiner Bibliothek.

Giordano Bruno, der wegen seiner Theorie einer unendlichen Anzahl von Welten in einem unendlichen Weltall im Jahr 1600 als Ketzer hingerichtet wurde, kam eigentlich erst 1583 nach England. Er hatte Kontakte zu John Dees Gelehrtenkreis. Ob er dem Hofastronomen persönlich begegnete, ist historisch allerdings nicht gesichert.

Der Gedanke, dass Menschenfresserei der Folter und grausamen Hinrichtungen vorzuziehen sei, stammt eigentlich von Michel de Montaigne. In seinen *Essais* schreibt der französische Philosoph wörtlich:

Es ist doch viel barbarischer, einen lebenden Menschen zu martern, als ihn nach dem Tode aufzuessen; einen Körper, der noch alles fühlt, zu foltern, ihn langsam zu verbrennen, ihn von Hunden und Schweinen totbeißen und totquetschen zu lassen, […] unter dem Vorwand von Glauben und Frömmigkeit, als ihn zu braten und zu verspeisen, nachdem er gestorben ist. […] Wir können die Wilden also Barbaren nennen, wenn wir ihr Vorgehen von der Vernunft aus beurteilen, aber nicht, wenn wir sie mit uns vergleichen; denn wir sind in vieler Beziehung barbarischer.

KAPITEL 16

Das Buch *Soyga* steht heute in der British Library. Dee wünschte sich sehr, die darin befindlichen Buchstabenquadrate lesen zu können: »Oh, my great and long desyre hath byn to be able to read those tables of Soyga.«

So verzeichnet er folgenden Dialog zwischen sich selbst und dem Engel Uriel, bei dem Edward Kelley als Engelsmedium fungierte:

Dee: Ist mein Buch Soyga *von Wert?*
Uriel: Jenes Buch wurde Adam im Paradies von Gottes Engeln enthüllt.
Dee: Oh, seit langem habe ich das große Verlangen, die magischen Quadrate des Buches Soyga *lesen zu können.*

(John Dee: *A True and Faithful Relation of What Passed for Many Years Between Dr. John Dee and Some Spirits.* Hrsg. von Méric Casaubon, London 1659.)

Das Buch *Soyga* ist voller Listen, Tabellen, Zaubersprüche, Anrufungen, Geisternamen und astrologischen Konjunktionen. Das Original des Buches ist verloren, aber es gibt zwei Kopien: Manuskripte, die aus dem späten Mittelalter oder der Frühen Neuzeit stammen. Dees Exemplar – höchstwahrscheinlich das Manuskript Sloane 8 in der British Library – hat hundertsiebenundvierzig Seiten. Das ganze Buch enthält zahlreiche verschlüsselte Wörter, rückwärts zu lesende Begriffe etc., die typisch für magische, kabbalistische Bücher der damaligen Zeit sind. Die letzten sechsunddreißig Doppelseiten enthalten je ein Buchstabenquadrat: die »tables of Soyga«, die Dee so gern entziffern wollte. Jedes Quadrat besteht aus sechsunddreißig waagerechten und sechsunddreißig senkrechten Feldern mit lateinischen Buchstaben sowie einigen Zeichen, die an Altgriechisch erinnern.

Buchstaben zahlreicher anderer Schriften – wie sie in anderen magischen Büchern häufig vorkamen – sind hinzugedichtet. Das gilt auch für die kostbaren Farben, die zumindest im Manuskript Sloane 8 der British Library nicht benutzt wurden.

KAPITEL 17

Der Justizpalast von Pau wurde eigentlich erst 1586 errichtet.

KAPITEL 22

Auch im calvinistischen Béarn gab es Hexenprozesse, allerdings nicht so viele wie d'Espalungue andeutet.

KAPITEL 23

In einem Artikel über die Pfeifsprache auf La Gomera berichtet H. M. Quedenfeldt im Jahr 1887:

Die Insulaner haben aber in früheren Jahren zu Weihnachten, dem Hirtenfest, in der Kirche Freudenpsalmen gepfiffen, und der dabei vorkommende Unfug veranlasste das Verbot, welches im Jahr des Heils 1862 vom Altar her unter Androhung schwerer Strafen ausgesprochen werden musste, aber nicht ausführbar gewesen wäre, hätten nicht die Väter der Stadt San Sebastian sich in der Kirche verteilt und während der Weihnachtsmesse die Türe schließen lassen. Vorher und nachher wurde aber in den Straßen umso lauter gepfiffen.

Diese Episode liegt der Darstellung des gepfiffenen Vaterunser im Roman zugrunde.

KAPITEL 25

Der US-Mathematiker Jim Reeds hat die Buchstabenquadrate im Buch *Soyga* analysiert und herausgefunden, dass sie alle nach einem bestimmten, ziemlich komplizierten Schema aufgebaut sind, aber keine Botschaft enthalten. Er hält es für möglich, dass das Buch ein Scherz oder eine Finte ist. In der damaligen Zeit, so Reeds, hätten rätselhafte magische Bücher sich gut verkauft, und es sei denkbar, dass jemand ein solches Buch mit magischer Aura und rätselhaften Codes und Buchstabenquadraten schrieb, um einen guten Preis dafür zu erzielen.

Der Hexensabbat war eine weitverbreitete Vorstellung in der Frühen Neuzeit. Häufig wurde die Teilnahme von angeblichen Hexen unter der Folter zugegeben. Ob es solche Messen wirklich gab oder ob sie nur eine kollektive Vorstellung waren, lässt sich schwer sagen. In seinem Buch *La vie quotidienne dans les Pyrénées sous l'Ancien Régime* liefert Jean-François Soulet eine detaillierte Beschreibung solcher Zusammenkünfte in den Pyrenäen (S. 275 ff.). Er führt aus, dass es sich um Zauberriten handelte, die besonders in Zeiten von großer Armut und Not vermehrt auftraten.

KAPITEL 28

Der Name Horace de Lancre ist angelehnt an den Richter Pierre de Lancre (1553–1631), der im Jahr 1609 eine Hexenjagd in den Pyrenäen durchführte und siebzig Hexen verbrannte.

Die Überlegungen de Lancres zur Farbe Grün sind angeregt durch die Forschungen des französischen Historikers Michel Pastoureau: *Vert: Histoire d'une couleur.* Paris 2013.

KAPITEL 29

Die Mechanik von Dees flügelschlagendem Adler und der entsprechenden Umlauf-Apparatur geht zurück auf Christian Schneider aus Wiesbaden, Physiklehrer.

KAPITEL 33

Thomas Phelippes trug zur Aufdeckung der Verschwörung der katholischen Maria Stuart gegen ihre Cousine, Königin Elisabeth I., bei. Er entschlüsselte eine Botschaft an Maria, in der die Ermordung Elisabeths vorgeschlagen wird. Der Brief wurde an Maria weitergeleitet, und zwar mit einem gefälschten Postscriptum aus der Feder von Thomas Phelippes, das folgendermaßen lautete:

Ich wüsste gern den Namen und den Rang eines jeden der sechs Männer, die den Plan ausführen sollen, denn nur so wird es möglich sein, Euch weitere Ratschläge in dieser Frage zukommen zu lassen. Ferner bitte ich Euch, mir von Zeit zu Zeit zu berichten, wie es um Eure Pläne steht, und mir mitzuteilen, welche Personen von dem Vorhaben unterrichtet sind.

Maria Stuart antwortete hierauf und unterschrieb damit ihr Todesurteil. Als Phelippes diesen Beweis in den Händen hielt, zeichnete er auf die Rückseite einen Galgen, was einiges über seinen Charakter verrät.

Seine Karriere ging in Wirklichkeit nicht so steil weiter, wie er es sich am Ende des Kapitels erträumt. Ab dem Alter von achtunddreißig Jahren wird er nur noch sporadisch vom englischen Geheimdienst beschäftigt und verliert sein festes Einkommen, später auch seine Pension. Zweimal wird er wegen Schulden und einmal wegen vermeintlichen Verrats inhaftiert. Insgesamt verbringt er über sechs Jahre im Gefängnis.

Papst Sixtus hatte tatsächlich die Absicht, John Dee während seiner Reisen auf dem Kontinent verhaften zu lassen, um ihn in Rom zu seinen magischen Praktiken zu befragen.

KAPITEL 34

Die Kranich-Geschichte, die Margarète erzählt, stammt aus dem *Dekameron* von Boccaccio.

KAPITEL 35

Jacob begegnet hier dem grammatischen Phänomen der Evidentialität: Dabei geben grammatische Merkmale wie beispielsweise Verbendungen an, woher der Sprecher das Wissen über die in seiner Äußerung enthaltene Information hat.

Zur Evidentialität im Bulgarischen (Satzbeispiel: Der Hund hat den Fisch gefressen) vergleiche http://en.wikipedia.org/wiki/Bulgarian_verbs#Past_Aorist_.28Aoristus.29

Schwimmen galt in der Frühen Neuzeit als sittenlos und wurde häufig bestraft.

KAPITEL 36

Auf der Donau fuhren im 16. Jahrhundert jene Schiffe, die damals »Wiener Zillen« hießen und seit dem 19. Jahrhundert »Ulmer Schachteln« genannt werden. Sie brauchten rund neun Tage von Ulm nach Wien. Die im Kapitel geschilderte Fahrt von Ulm nach Passau dauert etwas länger als damals üblich. Informationen zu diesen Schiffen hat Dr. Wolf-Henning Petershagen, Experte für die »Ulmer Schachteln« und die Geschichte Ulms.

Die meisten im Kapitel geschilderten Gebärden stammen aus der amerikanischen oder deutschen Gebärdensprache.

In den Jahren 1571 bis 1573 schuf der Drechslermeister Jakob Sandtner zwei Modelle von Ingolstadt. Während das große Stadtmodell im Auftrag des bayerischen Herzogs Albrecht V. entstand und in München ausgestellt wurde, waren die Auftraggeber für das kleine Modell die Räte der Stadt Ingolstadt. Dieses Modell sieht Johannes-Friedrich bei seinem Gang durch Ingolstadt.

Das Bewässerungssystem Ingolstadts war für damalige Verhältnisse sehr modern.

KAPITEL 37

Die Schilderung des historischen Prag ist angelehnt an folgende Internetseite: http://www.wwppxjg.kralovskacesta.cz/en/tour.html

Ein Lord Willoughby war in den 1580er-Jahren englischer Botschafter in Prag. Im Roman ist nur der Name übernommen.

KAPITEL 38

Rudolf II. verlegte seinen Regierungssitz eigentlich erst 1583 von Wien nach Prag, lebte aber 1582 bereits vornehmlich dort. Insgesamt ist das Goldene Prag Rudolfs II. im Roman ein wenig vorverlegt.

Der Neue Turm heißt heute Mihulka-Turm bzw. Pulverturm.

Thaddaeus Hagecius beruht auf der gleichnamigen historischen Person.

Die Beschreibung von Edwards alchemistischer Transmutation basiert auf Jacqueline Dauxois: *Der Alchimist von Prag – Rudolf II. von Habsburg. Eine Biographie*. Düsseldorf/Zürich 1997, S. 204/5.

Anregungen zu den alchemistischen Passagen kamen von: Prof. Dr. Dietmar Linke, Experte für anorganische Chemie und die Geschichte der Chemie, von der BTU Cottbus; Prof. Dr. Christoph Meinel, Wissenschaftshistoriker an der Universität Regensburg; Prof. Dr. Christian Reichardt, Chemiker an der Universität Marburg; Dr. Georg Steinhäuser, Chemiker vom Atominstitut an der Universität Wien.

KAPITEL 39

Die Idee mit dem Aurum fulminans (Knall und roter Rauch) stammt von Prof. Dr. Dietmar Linke, BTU Cottbus.

KAPITEL 41

Rudolf II. hatte wirklich einen Löwen von klein auf an sich gewöhnt.

Die erwähnten Gegenstände gehörten Rudolf II., wenn auch die meisten erst später als 1582. Bei dem Hasen-Gemälde handelt es sich um Albrecht Dürers Werk *Der Feldhase* von 1502, das Rudolf II. tatsächlich besaß – allerdings erst ab 1588.

AUSWAHL-BIBLIOGRAFIE

Bausani, Alessandro: *Geheim- und Universalsprachen – Entwicklung und Typologie*. Stuttgart 1970.

Beifuss, Annika Katja: *Rhetorischer Spagat – (Selbst-)Inszenierungen englischer Autorinnen in der frühen Neuzeit*. E-Book, 2011.

Blais, Martin: *Sacré Moyen Âge!*. Saint-Laurent, Québec 1997.

Boehn, Max von: *Menschen und Moden im 16. Jahrhundert*. München 1964.

Boněk, Jan: *Esoterisches Prag. Rudolf II. und sein kaiserliches Prag: ein Mann, der die Geschichte schrieb; die Prager Burg – das Zentrum Europas; siebenunddreißig goldene Jahre der Stadt*. Prag 2008.

Boutruche, Robert u. a.: *Bordeaux de 1453 à 1715*. Bordeaux 1966.

Büchsenschütz, Karl: *Damit es an gelahrten Leuten in unsern Landen nicht Mangel gewinne – Schulpforta, 450 Jahre Schulgeschichte*. Leipzig 1993.

Burke, Peter: *Wörter machen Leute – Gesellschaft und Sprachen im Europa der frühen Neuzeit*. Berlin 2006.

Busnel, R.-G. u. a.: »Sur l'aspect phonétique d'une langue sifflée dans les Pyrénées françaises«, in: *Proceedings of the International Congress of Phonetical Science*. Helsinki 1962.

Butterworth, Philip: *Magic on the Early English Stage*. Cambridge 2005.

Carroll, Stuart: *Martyrs and Murderers – The Guise Family and the Making of Europe*. Oxford 2009.

Chareyre, Philippe: *La construction d'un État protestant – Le Béarn au XVIe siècle*. Pau 2010.

Charlton, Kenneth: *Women, Religion and Education in Early Modern England*. E-Book, Routledge, London 1999.

Crouzet, Denis: »L'imaginaire du zèle ligueur: entre conversion et possession«, in: *histoire online* 6/2006.

Dauxois, Jacqueline: *Der Alchimist von Prag – Rudolf II. von Habsburg. Eine Biographie*. Düsseldorf/Zürich 1997.

Dee, John: *The Private Diary of Dr. John Dee, and the Catalogue of His Library of Manuscripts, From the Original Manuscripts, in the Ashmolean Museum at Oxford, and Trinity College Library, Cambridge*. Hrsg. von James Orchard Halliwell, London 1968.

Dee, John: *A True and Faithful Relation of What Passed for Many Years Between Dr. John Dee and Some Spirits*. Hrsg. von Méric Casaubon, London 1659.

Dee, John: *De Heptarchia Mystica*. Hrsg. von Joseph H. Peterson, 1997.

Desplat, Christian: *Sorcières & diables en Beárn – Fin XIVe-début XIXe siècle*. Pau 1988.

Dirnbeck, Josef: *Die Inquisition – Eine Chronik des Schreckens*. München 2001.

Dülmen, Richard van: *Kultur und Alltag in der Frühen Neuzeit – 16. bis 18. Jahrhundert*. München 1999.

Eco, Umberto: *Die Suche nach der vollkommenen Sprache*. München 1997.

Edighoffer, Roland: *Die Rosenkreuzer*. München 1995.

Emrich, Hinderk M. u. a.: *Welche Farbe hat der Montag? – Synästhesie: Das Leben mit verknüpften Sinnen*. Stuttgart 2002.

Erasmus, Desiderius: *Literary and Educational Writings*. Hrsg. von J. Kelley Sowards, Toronto 1978–1986.

French, Peter J.: *John Dee – The World of an Elizabethan Magus*. London 1972.

Gräf, Holger Thomas/ Pröve, Ralf: *Wege ins Ungewisse – Eine Kulturgeschichte des Reisens 1500–1800*. Frankfurt am Main 2001.

Haag-Wackernagel, Daniel: *Die Taube – Vom heiligen Vogel der Liebesgöttin zur Straßentaube*. Basel 1998.

Hale, John: *Die Kultur der Renaissance in Europa*. München 1993.

Harkness, Deborah E.: *John Dee's Conversations with Angels: Cabala, Alchemy, and the End of Nature*. Cambridge 1999.

Heumann, Hans: *Schulpforta: Tradition und Wandel einer Eliteschule*. Erfurt 1994.

Hoffmann, Hilmar: *Tauben – Reisende Boten*. Duisburg 1963.

Kennedy, Gerry/Churchill, Rob: *Der Voynich-Code – Das Buch, das niemand lesen kann*. Berlin 2005.

Kummer, Christian: *Beschreibung der Unbeständigkeit der bösen Engel und Dämonen – Pierre de Lancres Hauptwerk »Tableau de l'inconstance des mauvais anges et démons« von 1612 im Spiegel der modernen Geschichtsforschung*. Dissertation, Wien 2009.

Laharie, Claude: *Le Protestantisme en Béarn des origines à la Révolution, XVIe-XVIIIe siècle – catalogue, textes et documents de l'exposition*. Pau 1987.

Laycock, Donald C.: *The Complete Enochian Dictionary – A Dictionary of the Angelic Language as Revealed to Dr. John Dee and Edward Kelley.* London 2001.

Luria, A. R.: *The Mind of a Mnemonist – A Little Book About a Vast Memory.* New York 1968.

Marshall, Peter H.: *The Mercurial Emperor – The Magic Circle of Rudolf II in Renaissance Prague.* London 2007.

Melchior-Bonnet, Sabine: *Catherine de Bourbon – l'insoumise.* Paris 1999.

Montaigne, Michel de: *Essais.* Reclam, Stuttgart 2003.

Montaigne, Michel de: *Tagebuch der Reise nach Italien über die Schweiz und Deutschland von 1580 bis 1581.* Hrsg. von Hans Stilett, Frankfurt am Main 2002.

Pánek, Jaroslav: *Rudolfine Prague – 1576–1612, a Guidebook.* Prag 2006.

Pastoureau, Michel: *Vert: Histoire d'une couleur.* Paris 2013.

Pike, Ruth: *Aristocrats and Traders – Sevillian Society in the Sixteenth Century.* The Library of Iberian Resources Online (gedruckte Ausgabe: Cornell University Press, Ithaca 1972).

Pistor, Wilhelm C. M.: *Das Ganze der Feld- und Hoftaubenzucht, nebst einer Anleitung zum Abrichten der Brief- oder Posttauben.* Hanau 1831.

Platter, Thomas: *Beschreibung der Reisen durch Frankreich, Spanien, England und die Niederlande 1595–1600.* Hrsg. von Rut Keiser, Basel 1968.

Putzger, Friedrich Wilhelm: *Historischer Weltatlas.* Berlin 1991.

Quedenfeldt, H. M.: »Pfeifsprache auf der Insel Gomera«, in: *Zeitschrift für Ethnologie* XIX/1887, S. 731 – 741.

Reeds, Jim: *John Dee and the Magic Tables in the Book of Soyga.* Internet PDF, 1998.

Ribera, Jean-Michel: *Diplomatie et espionnage – Les ambassadeurs du roi de France auprès de Philippe II – Du traité du Cateau-Cambrésis (1559) à la mort de Henri* III *(1589).* Paris 2007.

Roberts, R. J./Watson, A. G.: *John Dee's Library Catalogue.* London 1990.

Schleiner, Louise: »Margaret Tyler – Translator and Waiting Woman«, in: *English Language Notes* 29 (3).

Schmeh, Klaus: *Versteckte Botschaften – Die faszinierende Geschichte der Steganografie.* Hannover 2009.

Schultze, Jürgen/Fillitz, Hermann: *Prag um 1600 – Kunst und Kultur am Hofe Rudolfs II.* Wien 1988.

Singh, Simon: *Codes – Die Kunst der Verschlüsselung; Geschichte, Geheimnisse, Tricks*. München 2002.

Smith, David Francis: *The Library of Doctor John Dee as it Relates to Libraries in the English and European Renaissances*. Chapel Hill 1999.

Soulet, Jean-François: *La vie quotidienne dans les Pyrénées sous l'Ancien Régime, du XVIe au XVIIIe siècle*. Paris 1974.

Strasser, Gerhard Friedrich: *Lingua universalis – Kryptologie und Theorie der Universalsprachen im 16. und 17. Jahrhundert*. Wiesbaden 1988.

Taylor, Rosalind M.: *The Longbow in English History*. Indianapolis 1932.

Tucoo-Chala, Pierre: *Catherine de Bourbon – Une calviniste exemplaire*. Biarritz 1997.

Unsworth, Rebecca: »Hands Deep in History – Pockets in Men and Women's Dress in Western Europe, c. 1480–1630«, in: *Costume* 51 (2)/2017, S. 148–170.

Wood, Cameo: *Reclaiming the Divine Tongue – The Place of the Book of Enoch in the Search for Angelic Languages*. Bennington College, PDF Internet.

Woolley, Benjamin: *The Queen's Conjurer – The Life and Magic of Dr Dee*. London 2001.

Zimmermann, Margarete: *Französische Frauen der frühen Neuzeit – Dichterinnen, Malerinnen, Mäzeninnen*. Darmstadt 1999.

INTERESSANTE INTERNETLINKS

Zu Pfeifsprachen: http://www.lemondesiffle.free.fr

Navigierbare Karte des frühneuzeitlichen London: http://mapoflondon.uvic.ca

DANKSAGUNG

Mein herzlicher Dank gilt allen, die den Roman unterstützt und begleitet haben.

Am Anfang stand ein Workshop zum Schreiben historischer Romane, bei dem ich Claudia Westermann und Christiane Krambeck kennenlernte. Seither haben sie über die Jahre sämtliche Kapitel in zahlreichen Versionen gegengelesen und kommentiert. Mit Scharfsinn und Sensibilität haben sie sich in Jacob, Margarète und die anderen Figuren hineinversetzt, wertvolle Anregungen gegeben und wichtige Fragen gestellt. Ihr unermüdlicher Zuspruch und Ansporn haben mir geholfen, dranzubleiben und so manche schwierige Klippe zu nehmen.

Wertvolle Rückmeldungen bekam ich auch in diversen Schreibgruppen, insbesondere in der Mainzer Autorengruppe und in der von Martina Weber geleiteten Darmstädter Textwerkstatt.

Meine Agentin Hannah Nuspliger-Fosh von der Zürcher Agentur Liepman hat den Roman aus der Flut unverlangt eingesandter Manuskripte herausgefischt, mir wichtige Hinweise zur Optimierung gegeben und den Text an den Droemer Verlag vermittelt. Dort besorgte Dr. Heike Fischer ein einfühlsames und kenntnisreiches Lektorat. Unter Führung von Christine Steffen-Reimann arbeitete das Team von Droemer mit Verve an Cover und Vermarktung.

Viele Experten unterstützten meine Arbeit. Dr. Ludger Koreng aus Wiesbaden übersetzte zahlreiche Passagen ins Lateinische, Altgriechische und Hebräische. Die Idee, dass Edward mit Knallgold experimentieren könnte, stammt von Prof. Dr. Dietmar Linke, Chemiker der BTU Cottbus. Bei der Schilderung der Brieftauben unterstützte mich Prof. Dr. Daniel Haag-Wackernagel von der Universität Basel. Die historische Via Regia führte mir Dr. Jürgen Fischer, Projektberater Via Regia, vor Augen. Der US-Mathematiker Jim Reeds, der das Buch *Soyga* entschlüsselt hat, gab mir hilfreiche Hinweise zur möglichen Strategie und Denkweise des anonymen Urhebers.

